John (Hrsg.)

Besteuerung und Unternehmenspolitik

Besteuerung und Unternehmenspolitik

Festschrift für Günter Wöhe

Herausgegeben von
Gerd John

Verlag Franz Vahlen München

CIP-Titelaufnahme der Deutschen Bibliothek

Besteuerung und Unternehmenspolitik : Festschrift für Günter Wöhe / hrsg. von Gerd John. -
München : Vahlen, 1989
ISBN 3-8006-1367-0
NE: John, Gerd [Hrsg.]; Wöhe, Günter: Festschrift

ISBN 3 8006 1367 0

Satz: Fa. Falkner GmbH, Inning/A.

Inhaltsverzeichnis

Günter Wöhe zum 65. Geburtstag

Prof. Dr. *Gerd John*, Universität Regensburg

Am 2. Mai 1989 vollendet Prof. Dr. Dr. h. c. mult. *Günter Wöhe* sein 65. Lebensjahr. Zu diesem Anlaß widmen ihm Kollegen, Praktiker und Schüler in Würdigung seiner Verdienste um die Entwicklung der Betriebswirtschaftslehre diese Festschrift.

Günter Wöhe wurde 1924 in Zeitz (Sachsen-Anhalt) geboren. Nach dem Abitur im Jahre 1942 begann er das Studium der Geschichte und Philosophie an der Universität Halle, das jedoch bald durch Kriegsdienst, Verwundung und Kriegsgefangenschaft unterbrochen wurde. 1946 konnte er sein Studium fortsetzen. Neben Geschichte und Philosophie studierte er nun auch Wirtschaftswissenschaften an der Universität Würzburg und legte dort 1951 das Examen als Diplom-Volkswirt ab. 1954 promovierte er mit einer volkswirtschaftlichen Dissertation zum Dr. rer. pol. Die Habilitation für Betriebswirtschaftslehre erfolgte 1958 mit einer Arbeit über methodologische Grundprobleme der Betriebswirtschaftslehre. Als Privatdozent nahm er 1959 eine Lehrstuhlvertretung an der Universität des Saarlandes wahr. An der gleichen Universität wurde er 1960 zum ordentlichen Professor der Betriebswirtschaftslehre, insbesondere Betriebswirtschaftliche Steuerlehre und Revisions- und Treuhandwesen, ernannt. Dieser Universität blieb er trotz ehrenvoller Rufe an die Universität Frankfurt am Main (1964) und Erlangen-Nürnberg (1970) treu. 1964 wurde ihm die Leitung des neu gegründeten Instituts für Betriebswirtschaftliche Steuerlehre und Revisions- und Treuhandwesen übertragen. 1984 nahm er eine Gastprofessur an der Universität Kobe/Japan wahr und hielt während dieser Zeit Vorträge an der Waseda- und der Meiji-Universität in Tokio und der Universität Matsujama.

Schon sehr früh war *Günter Wöhe* auch in der Erwachsenenbildung tätig. So lehrt er seit vielen Jahren an der Verwaltungs- und Wirtschaftsakademie des Saarlandes und an der Akademie für Arbeit und Sozialwesen. Bereits 1960 wurde er stellvertretender Studienleiter, 1976 Studienleiter der Verwaltungs- und Wirtschaftsakademie. 1969 wurde ihm die Studienleitung der Akademie für Arbeit und Sozialwesen übertragen. Trotz hoher Arbeitsbelastung hat sich *Wöhe* auch weiteren Aufgaben, um deren Übernahme er wegen seiner Sachkompetenz gebeten war, nicht verschlossen: So ist er Mitglied des Prüfungsausschusses für Wirtschaftsprüfer der Länder Hessen, Rheinland-Pfalz und des Saarlandes, geschäftsführendes Vorstandsmitglied des Deutschen Wissenschaftlichen Steuerinstituts, Vorsitzender des Verwaltungsrates des Bundes der Steuerzahler Saarland sowie Mitglied und stellvertretender Vorsitzender des Beirates beim Präsidium des Bundes der Steuerzahler.

Das wissenschaftliche Werk von *Günter Wöhe* ist außerordentlich umfangreich und vielseitig. Zu seinen Veröffentlichungen gehören 13 Bücher und über 200 Beiträge in Fachzeitschriften, Sammelwerken und Handwörterbüchern. Es genügt an dieser Stelle, auf die wichtigsten Buchveröffentlichungen kurz einzugehen, um die Bedeutung *Wöhes* für die Entwicklung der Betriebswirtschaftslehre zu skizzieren.

Einer der Forschungsschwerpunkte *Wöhes* wird durch die 1959 veröffentlichte Habilitationsschrift „Methodologische Grundprobleme der Betriebswirtschaftslehre“ dokumentiert. Mit dieser Thematik hat er sich auch in einigen Aufsätzen beschäftigt, von denen vor allem ein Beitrag über neuere Entwicklungstendenzen in der Betriebswirtschaftslehre im Handwörterbuch der Betriebswirtschaft und zuletzt ein Aufsatz in der Festschrift zum 80. Geburtstag von *Peter Scherpf* über „Die Aufgaben der Betriebswirtschaftlichen Steuerlehre und das Postulat der Wertfreiheit“ zu nennen sind. *Wöhes* Untersuchungen zu Methodenproblemen sind wesentliche Grundlage für die weiteren Forschungsbeiträge geblieben. Dies gilt in besonderem Maße für die Bestimmung des Erkenntnisobjekts und der Forschungsmethoden der Betriebswirtschaftslehre und das Bekenntnis zu einer wertfreien Betriebswirtschaftslehre.

Einem größeren Leserkreis bekannt wurde *Wöhe* mit seiner „Einführung in die Allgemeine Betriebswirtschaftslehre“, die erstmals 1960 erschien und inzwischen bereits in 16. Auflage - ergänzt durch ein „Übungsbuch zur Einführung in die Allgemeine Betriebswirtschaftslehre“ - vorliegt. Im Zuge der Neuauflagen wurden wichtige Erweiterungen und Vertiefungen vorgenommen, so daß der Umfang von ursprünglich 380 Seiten auf 1340 Seiten in der 16. Auflage stieg. Der große Erfolg dieses Lehrbuchs (mit bisher 650000 verkauften Exemplaren) dürfte vor allem drei Gründe haben: Als die erste Auflage erschien, bestand ein Mangel an Gesamtdarstellungen zur Allgemeinen Betriebswirtschaftslehre auf dem neuesten Stand der betriebswirtschaftlichen Forschung; hier konnte *Wöhe* eine Lücke schließen. Der zweite Grund liegt in der Vollständigkeit der Problembehandlung, soweit dies im Rahmen einer Einführung in die nicht in allen Einzelheiten exakt abgrenzbare Allgemeine Betriebswirtschaftslehre überhaupt möglich ist; zur Vollständigkeit gehört dabei auch die Einbeziehung wichtiger steuerlicher Aspekte in einzelnen Abschnitten des Buches wie bei der Wahl der Rechtsform und des Standortes, bei Problemen der Finanzierung und der Bilanzierung. Der dritte Grund dürfte in der systematischen und didaktisch geschickten Aufbereitung des behandelten Stoffes liegen; *Wöhe* versteht es, auch komplizierte Zusammenhänge ohne Verlust an wissenschaftlicher Exaktheit einfach und verständlich darzustellen und beim Leser Interesse an ökonomischen Fragestellungen zu wecken.

Einen besonderen Forschungsschwerpunkt im Rahmen der Allgemeinen Betriebswirtschaftslehre bilden Bilanzierungsprobleme. Dokumentiert wird dies durch zahlreiche Aufsätze zu diesem Problembereich und durch das Lehrbuch „Bilanzierung und Bilanzpolitik“, das erstmals 1971 erschien und nun bereits in der 7. Auflage vorliegt. Die Fülle an Informationen, die hier vermittelt werden, dürfte ein wichtiger Grund für das große Interesse sein, das dieses Buch gefunden hat: Die Problembehandlung reicht von der Bilanzierungstechnik bis zum Konzernabschluß, sie umfaßt Bilanztheorie und Bilanzrecht und schließt neben der Handelsbilanz auch die Bilanzierung für steuerliche Zwecke ein.

Von besonderer wissenschaftlicher Bedeutung für die Entwicklung der Betriebswirtschaftslehre sind *Wöhes* Arbeiten zur Betriebswirtschaftlichen Steuerlehre, zu denen neben einer Fülle von Aufsätzen in Fachzeitschriften und Sammelwerken zu Grundfragen und Spezialproblemen dieser betriebswirtschaftlichen Teildisziplin sein inzwischen mehrbändiges Lehrbuch „Betriebswirtschaftliche Steuerlehre" sowie die „Grundzüge der Betriebswirtschaftlichen Steuerlehre" und „Die Steuern des Unternehmens" gehören. Die „Betriebswirtschaftliche Steuerlehre" erschien zunächst in zwei Bänden: Band I im Jahr 1962 und Band II in zwei Halbbänden 1963 und 1965. Der entscheidende Unterschied zu bisherigen Systemvorschlägen und Monographien lag in der Integration der BetriebswirtschaftlichenSteuerlehre in das System der Allgemeinen Betriebswirtschaftslehre, die ihren Niederschlag darin findet, daß sich die in den Lehrbüchern zur Steuerlehre und zur Allgemeinen Betriebswirtschaftslehre behandelten Problembereiche entsprechen. Die Gründe für eine selbständige Schrift neben der Allgemeinen Betriebswirtschaftslehre sieht *Wöhe* allein in dem Umfang der zu bewältigenden Probleme und in der lehr- und prüfungsmäßigen Verselbständigung des (Wahl-) Faches Betriebswirtschaftliche Steuerlehre an deutschen Universitäten. Das entscheidend Neue an *Wöhes* Schrift war die starke Betonung des Einflusses der Besteuerung auf unternehmerische Entscheidungen, in neueren Auflagen in Steuerwirkungs- und Steuergestaltungslehre (Steuerplanung und Steuerpolitik) differenziert. Heute gilt dieser von *Wöhe* als erste Hauptaufgabe der Betriebswirtschaftlichen Steuerlehre formulierte Aspekt als selbstverständlich. Die zweite Hauptaufgabe sieht *Wöhe* in der Untersuchung des Einflusses der Besteuerung auf das betriebliche Rechnungswesen, untergliedert in Ermittlung von Steuerbemessungsgrundlagen, Gestaltung von Bemessungsgrundlagen (insbesondere Steuerbilanzpolitik) und Ermittlung von Berechnungsgrundlagen für Steuerzahlungen, die für Dritte einzubehalten und abzuführen sind; diese Untersuchungen sind neben der Darstellung der entscheidungsrelevanten Steuerarten Gegenstand des ersten Bandes. Die dritte - normative - Aufgabe der Betriebswirtschaftlichen Steuerlehre, die in der kritischen Würdigung des jeweils geltenden Steuerrechts und von Reformvorhaben gesehen und in der 6. Auflage als Steuerrechtsgestaltungslehre bezeichnet wird, findet an verschiedenen Stellen des Gesamtwerkes ihren Niederschlag; die Notwendigkeit solcher Untersuchungen aus der Sicht der Betriebswirtschaftslehre wird heute kaum noch bestritten.

Mit *Wöhes* Lehrbuch begann eine Neuorientierung der Betriebswirtschaftlichen Steuerlehre in Forschung und Lehre. Noch heute ist - trotz aller Differenzierungen im einzelnen, unterschiedlicher Schwerpunktsetzungen und unterschiedlich weiter Fassung des Erkenntnisobjektes - durch das von *Wöhe* vorgelegte umfangreiche Gesamtwerk das Forschungs- und Lehrprogramm der Betriebswirtschaftlichen Steuerlehre an deutschen Universitäten abgesteckt.

Dank der Aktivitäten des Steuergesetzgebers und der sich häufig ändernden Steuerrechtsprechung sind die steuerrechtlichen Grundlagen der Betriebswirtschaftlichen Steuerlehre einem steten Wandel unterworfen. Lehrbücher zur Betriebswirschaftlichen Steuerlehre sind daher immer der Gefahr ausgesetzt, daß sie hinsichtlich der steuerrechtlichen Grundlagen rasch überholt sind. Der große Erfolg von *Wöhes* Lehrbuch und die damit verbundenen Neuauflagen erlaubten jedoch vor allem in den von Steuerrechtsänderungen am stärksten betroffenen Teilen stets eine schnelle Aktualisierung. So liegt der erste Band inzwischen bereits in der 6. Auflage vor; berücksichtigt man, daß seit 1972 der Abschnitt über Steuerarten zusätzlich in einer selbständigen Schrift mit ihrerseits insgesamt fünf Auflagen unter dem Titel „Die Steuern des Unternehmens“ erschien, so konnte dieser Teil des Gesamtwerkes bisher zehnmal dem neuesten Stand der Gesetzgebung angepaßt werden.

Inzwischen wurde - in der 6. Auflage - der erste Band zweckmäßigerweise in zwei Halbbände geteilt. Im Vergleich zur Erstauflage ist mit den Neubearbeitungen in den vergangenen Jahren auch eine erhebliche Erweiterung des Umfangs eingetreten. Sie bezieht sich vor allem auf eine Vertiefung der Darstellung des Steuerartenrechts, die Behandlung zusätzlicher entscheidungsrelevanter Steuerarten, die erweiterte kritische Würdigung des geltenden Rechts und eine ausführliche Diskussion von Reformvorhaben sowie ergänzende Abschnitte zum Besteuerungsverfahren und zur steuerlichen Betriebsprüfung. Neu gestaltet, vertieft und ergänzt wurde auch der bisherige 1. Halbband des 2. Bandes, der nun in 3. bzw. 4. Auflage selbst wieder in zwei Halbbände gegliedert ist. In Bearbeitung ist noch der bisherige zweite Halbband, der als Band III - ebenfalls in zwei Halbbänden - erscheinen soll. Es bleibt zu wünschen, daß der Jubilar diese umfangreiche Arbeit bald abschließen kann.

Die wissenschaftlichen Leistungen *Wöhes* haben Anerkennung und Ehrung gefunden. Seine intensive Beschäftigung mit den Problemen der Unternehmensbesteuerung war der Grund für seine Berufung in die unabhängige Steuerreformkommission durch den damaligen Bundesfinanzminister Dr. h.c. *Franz Josef Strauß* im Jahre 1968. Eine ausführliche Würdigung seiner Tätigkeit in dieser Kommission wollte *Strauß* in dieser Festschrift selbst vornehmen; sein plötzlicher Tod verhinderte dieses Vorhaben. Schwerpunktmäßig hat sich *Wöhe* während der Kommissionstätigkeit mit den Fragen der steuerlichen Gewinnermittlung und der Körperschaftsteuer befaßt. Wenn auch der Gesetzgeber die theoretische Begründung der Kommission für ein körperschaftsteuerliches Anrechnungsverfahren verwarf, so hat er mit dem neuen Körperschaftsteuergesetz doch die wesentlichen Elemente des Reformvorschlags übernommen. *Wöhe* hat damit die Steuergesetzgebung auf diesem Gebiet wesentlich beeinflußt. Die Tätigkeit in der Steuerreformkommission führte *Wöhe* auch nach Japan: 1974 erläuterte er auf Einladung der japanischen Regierung vor Vertretern des japanischen Finanzministeriums die deutschen Pläne zur Körperschaftsteuerreform.

Zweimal wurde *Wöhe* die Ehrendoktorwürde verliehen: 1977 von der Universität Duisburg (Dr. rer. oec. h.c.) und 1989 von der Hochschule Lüneburg (Dr. rer. pol. h.c.). In Anerkennung seiner wissenschaftlichen Leistungen insbesondere auf dem Gebiet des Rechnungswesens wurde ihm 1987 der Dr. Kausch-Preis der Fritz Carl Wilhelm Stiftung (Zürich) an der Hochschule St. Gallen verliehen.

Als ehemaliger Mitarbeiter denke ich dankbar an die Zeit zurück, in der ich an *Wöhes* Lehrstuhl tätig sein durfte. *Wöhe* ist für seine Mitarbeiter stets Vorbild, geschätzter Ratgeber und väterlicher Freund. Ihn interessiert nicht nur die wissenschaftliche und berufliche Entwicklung, sondern sehr stark auch das persönliche Wohlergehen seiner Mitarbeiter. Seine Fürsorge beschränkt sich dabei nicht auf die Zeit der „Betriebszugehörigkeit“, sondern ist auf Dauer gerichtet. Seine ehemaligen Mitarbeiter, insbesondere seine Schüler, wissen dies zu schätzen und schulden ihm großen Dank.

Wer weiß, wie sehr *Günter Wöhe* die wissenschaftliche Arbeit liebt, wer seinen unermüdlichen Arbeitseifer und seine bewundernswerte Arbeitsdisziplin kennt, geht nicht davon aus, daß er sich mit Vollendung des 65. Lebensjahres zur Ruhe setzen wird. Deshalb seien die herzlichsten Glückwünsche zum Geburtstag verbunden mit dem Wunsch, daß dem Jubilar seine Schaffenskraft noch viele Jahre bei guter Gesundheit erhalten bleiben möge.

Zur Bestimmung von Koordinations-Eliten aus Jahresabschlüssen

Prof. Dr.Dr. h.c. *Horst Albach*, Rheinische Friedrich-Wilhelms Universität Bonn

A. Einleitung

Die Erinnerung an die Würzburger Habilitationsschrift zu methoden-kritischen Fragen der Betriebswirtschaftslehre ist noch ganz frisch[1], da wird *Günter Wöhe* 65 Jahre alt. *Günter Wöhe* hat die Studenten der Betriebswirtschaftslehre durch seine Lehrbücher zur allgemeinen Betriebswirtschaftslehre und zur betrieblichen Steuerlehre wie kein anderer in den letzten Jahren geprägt. Er gehört zur Elite des Faches. Meine Glückwünsche zum 65. Geburtstag möchte ich mit einigen Überlegungen zur Messung von Eliten verbinden.

B. Der Begriff der Elite

Ich unterscheide zwei Arten von Eliten:
- die Leistungs-Elite,
- die Koordinations-Elite.

I. Die Leistungs-Elite

„Brauchen wir Eliten?" fragt der Vorstand der Deutschen Bank in seinem Geschäftsbericht 1982. Mit den Worten „Jedes Volk braucht seine Leistungs-Elite" gab *Hans-Dietrich Genscher* im Jahre 1983 eine positive Antwort und leitete damit die Diskussion über die Forderung nach privaten Eliteuniversitäten und nach Hochbegabtenförderung bereits im Schulalter ein[2].

An diese Rede erinnert die Zeitschrift „Innovatio" in ihrem Januar/Februar-Heft 1988 unter dem Schwerpunktthema „Elite kontrovers". Zwar sind sich praktisch alle Autoren dieses Heftes darin einig, daß die Demokratie Leistungs-Eliten braucht, kontrovers ist aber, ob zur Förderung von Hochbegabten, die ja später einmal zur Elite gehören und möglicherweise Privilegien genießen werden, staatliche Mittel eingesetzt und besondere Förderungsinstrumente geschaffen werden sollen. *Hans Maier* spricht die Vorurteile gegenüber der Elite-Förderung in manchen Kreisen der Öffentlichkeit am Beispiel der *Studienstiftung des deutschen Volkes* an, die als „ein elitärer Verein, der reihum Intelligenzbestien züchtet", und als „Gruselkabinett des Leistungsdrucks" bezeichnet wird[3].

---

[1] *Wöhe, G.*, Methodologische Grundprobleme der Betriebswirtschaftslehre, Meisenheim am Glan 1959.

[2] *Genscher, H.-D.*, Auflese statt Auslese? Vortrag, gehalten 1983 vor der BDA, in: Innovatio 1/2, 1988, S. 23-24.

[3] *Maier, H.*, Finden und Fördern, in: Innovatio 1/2, 1988, S. 44-45.

Bemerkenswert an der neuen Diskussion um „Eliten in der Demokratie" ist, daß der Begriff der Elite stets in Verbindung mit dem Wort „Leistung" gebracht wird. Bemerkenswert ist freilich auch der Bedeutungsverfall des Begriffes Elite in jüngster Zeit und das Absinken des Begriffes zu einem Wort der Trivialsprache der Werbung: Ein Automobilhersteller wirbt für ein neues Modell mit dem Hinweis, es sei der „gemeinsame Nenner weltweiter Eliten"[4]. Aber möglicherweise hat die Werbeagentur auch nur das „ornamentale Element" jeder Elite ansprechen wollen; denn auch dies ist ja nicht zu übersehen: die Deutschen schmücken sich wieder mit Eliten - mit Spitzensportlern, mit „Managern des Jahres", mit Preisträgern von Bundesjugendwettbewerben. Leistungselite ist wieder „in". Von der Notwendigkeit einer „Koordinations-Elite" in der Demokratie haben nur wenige, zum Beispiel *Kaltenbrunner* in seinem Büchlein „Elite - Erziehung für den Ernstfall" kurz und mit dem Ausdruck des Bedauerns über ihre Nichtexistenz gesprochen[5].

Leistungs-Eliten in der Demokratie sind gekennzeichnet durch fünf Merkmale:

- hohe Begabung einzelner Individuen (Begabung),
- Drang aller Individuen, sich hervorzutun (Motivation),
- Bereitschaft einiger Individuen, sich mit den Hochbegabten zu messen (Wettbewerb),
- Bereitschaft aller, herausragende Leistungen anzuerkennen (Belohnung),
- Umsetzung der Belohnung in Gemeinwohl (externe Effekte individueller Hochleistungen).

Selbst wenn man die drei ersten Merkmale als in der Natur des Menschen angelegt versteht, so hängen doch die Merkmale Belohnung und externe Effekte von der Organisation der Gesellschaft ab. Die Bereitschaft, herausragende Leistungen zu belohnen, ist nur dann gegeben, wenn die Kosten der Belohnung geringer sind als die durch das Belohnungssystem bewirkte Gemeinwohlsteigerung. Die Gemeinwohlsteigerung ist ihrerseits umso größer, je mehr Sichtbarkeit und gesellschaftliche Belohnung der Höchstleistung die Anstrengungen und die Leistungen auch der anderen Mitglieder der Gesellschaft positiv beeinflussen. Die Zusammenhänge sind in *Abbildung 1* dargestellt. Die Darstellung zeigt ein sich selbst bestätigendes System. Die Förderung der Hochbegabten bewirkt bessere Leistungen aller Menschen in der Gesellschaft, mehrt das Gemeinwohl und rechtfertigt so die Förderung der Hochbegabten.

Die Zusammenhänge sind in dieser Form jedoch keineswegs gesichert.

Zum einen gibt es Leistungs-Eliten, die mit ihren Leistungen weder direkt noch indirekt zum Gemeinwohl beitragen. Dabei verstehe ich „Leistungs-Elite" im Sinn *Paretos* als eine Menge von Menschen, die auf einem bestimmten Gebiet besonders erfolgreich sind[6]. Zu dieser Menge können nach *Pareto* Anwälte, Geschäftsleute, Schachspieler, Dichter, Dirnen und Diebe gehören.

Nun mag zwar die Sichtbarkeit eines großen Bankraubes die Bereitschaft mancher weniger Begabter erhöhen, sich an dem Wettbewerb der Bankräuber um Re-

---

[4] *BMW AG* Kundeninformation vom 10.06.1988.

[5] *Kaltenbrunner, G.-K.*, Elite. Erziehung für den Ernstfall, Asendorf 1984, S. 48 ff.

[6] *Pareto, W.*, Traktat der allgemeinen Soziologie, in: Ausgewählte Schriften, Frankfurt, Berlin, Wien 1976, § 2027.

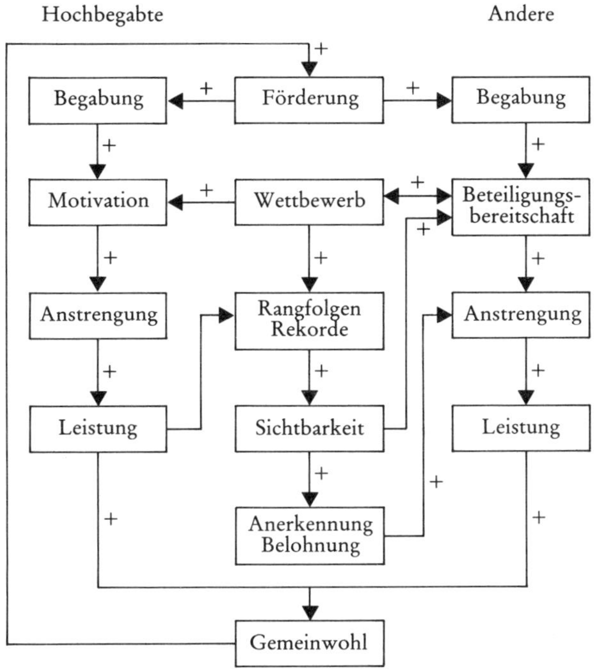

Abb. 1: Wirkungen von Leistungs-Eliten

kordeinnahmen zu beteiligen, doch haben die daraus resultierenden erhöhten Leistungen einen negativen externen Effekt auf das Gemeinwohl.

Zum anderen ist keineswegs gesichert, daß der Nettoeffekt des Leistungswettbewerbes in der Demokratie stets positiv ist. Sichtbarkeit von Begabungsunterschieden hat nicht nur anspornende, sondern auch demotivierende Wirkungen auf die weniger Begabten. Wer bei einem Dichter-Wettbewerb feststellt, daß er nicht *Rilke*, sondern ein - um *Pareto* noch einmal zu zitieren - „Verseschmied ist, der durch das Rezitieren seiner Sonette die Leute in die Flucht jagt“[7], der wird sich, demotiviert, von der Dichtkunst abwenden. Dies hat nur dann einen besonders positiven Effekt für die Gesellschaft, wenn er sich an einem anderen Wettbewerb beteiligt, bei dem er hervorragende Leistungen erbringen kann, z.B. bei der Züchtung von Brieftauben. Eine offene Gesellschaft wird deshalb einen Brieftauben-Wettbewerb veranstalten. In der Demokratie erhöht sich so die Anzahl der Wettbewerbe und damit auch die Anzahl der Rekordinhaber. Das aber vermindert, wenn nicht die Sichtbarkeit der Rekorde in der Gesellschaft - immerhin werden sie im Guinness-Buch der Rekorde, dem Gotha der Leistungs-Elite, fein säuberlich aufgezeichnet -, so doch die Höhe der Belohnung und damit die Anstrengung. Die Vermehrung der olympischen Disziplinen verbessert nicht die Leistungen unserer Leichtathleten, sondern verlängert den Fernsehkonsum. Die Inflation wissenschaftlicher Preise

[7] *Pareto, W.*, a.a.O.

bewirkt nicht mit Sicherheit mehr herausragende wissenschaftliche Leistungen, sondern vor allem eine - freilich willkommene - Verminderung der marginalen Steuerbelastung der Geehrten. Man muß also die Nebenwirkungen eines Systems der Pluralität von Leistungs-Eliten und die Gefahr der Übersteuerung dieses Systems sehen. Dies wird schematisch in *Abbildung 2* dargestellt. Das hier vorgestellte System bestätigt sich nicht selbst, jedenfalls nicht notwendigerweise. Es macht auf die Möglichkeit des „Aussteigens" aus der Leistungsgesellschaft, auf die Verweigerung von Anstrengungen als systemimmanente Folge des Leistungswettbe-

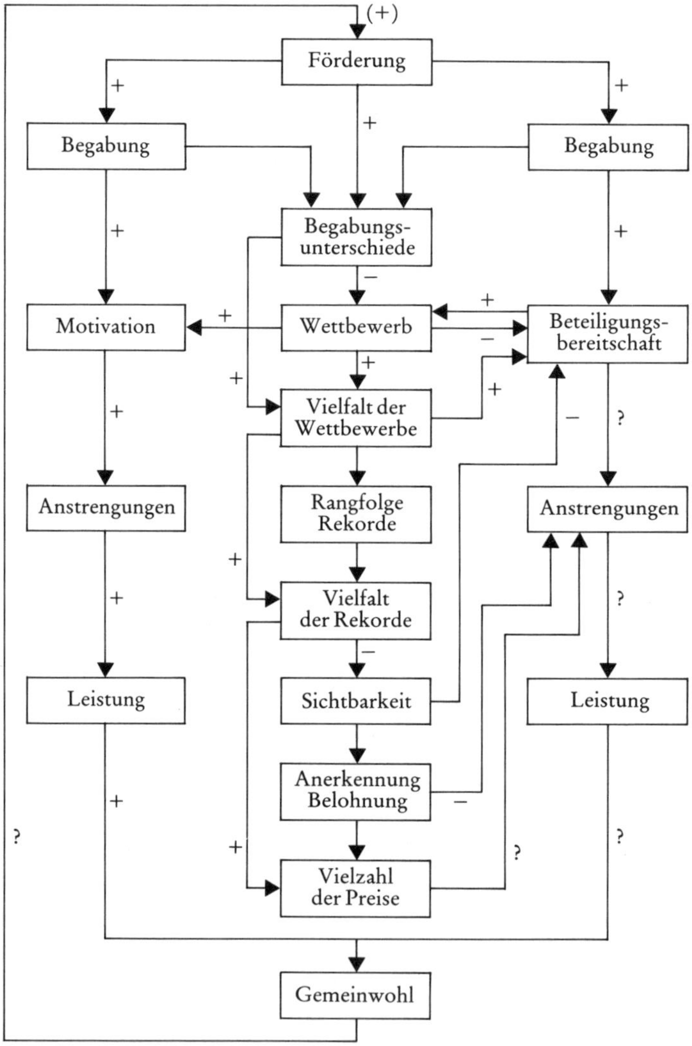

Abb. 2: Wirkungen und Nebenwirkungen von Leistungs-Eliten

werbs aufmerksam. Je perfekter das System der Leistungseliten in der Demokratie funktioniert, umso größer ist die Gefahr, daß das System Gleichgültigkeit, ja, Leistungsverweigerung produziert. Das System ist nicht stabil. Förderung von Hochbegabten bedarf der ständigen Rückkopplung. Gleichwohl wird man in der gegebenen Situation davon ausgehen dürfen, daß der Nettoeffekt einer Förderung von Leistungs-Eliten für die Gesellschaft positiv ist.

Das ist keineswegs gesichert in einem dritten Fall. Ihn will ich zunächst an einem einfachen Beispiel demonstrieren. Hochpotenzbegabte erreichen in Gesellschaften, die einen solchen Wettbewerb institutionell garantieren und nicht inkriminieren, sicher eine höhere Kinderzahl als weniger Potente. Die Zahl der Kinder zu maximieren, mag auch im eigenen Interesse eines gesicherten Lebensabends und im Gesamtinteresse des Überlebens der Gesellschaft liegen. Wenn nun aber alle Mitglieder der Gesellschaft viele Kinder haben, geht es bei endlichen Ressourcen allen Mitgliedern der Gesellschaft irgendwann schlechter.

Dieses einleuchtende Beispiel läßt sich auf unsere Situation leicht übertragen. Wenn ein Individuum sich durch Verlängerung seiner Bildungszeit vor den anderen hervortun will, dann wird diese Investition in Humankapital möglicherweise erfolgreich und gleichzeitig für die Gesellschaft nützlich sein. Wenn alle im Wettbewerb um Lebenschancen ihre Bildungszeit verlängern, geht es allen schlechter - jedenfalls dann, wenn der Leistungswettbewerb um den Erwerb akademischer Grade keine Zeit mehr für die Anwendung des Gelernten im Berufsleben läßt: „Vom Studium in die Pension" ist kein gesellschaftlich sinnvolles Motto für einen Leistungswettbewerb.

Oder auch: es gibt eine militärische Leistungs-Elite. Ihre Anstrengungen führen zu Spitzenleistungen in der Sicherung des Friedens durch Abschreckung. Das erhöht das Gemeinwohl. Ihre Anstrengungen bewirken aber auch den Rüstungswettlauf. Das mindert das Gemeinwohl gegenüber einem Zustand, in dem die am Wettbewerb Beteiligten gemeinsam weniger rüsten.

Man möchte meinen, daß Individuen mit rationalen Erwartungen - oder auch adaptiven Erwartungen, wenn die Reaktionen nur schnell genug erfolgen - den Leistungswettbewerb in solchen Situationen abschaffen und durch solidarisches Verhalten aus individueller Einsicht in die Notwendigkeit ersetzen. Dies ist jedoch nicht gesichert, denn es besteht stets die Gefahr, daß einer der Beteiligten das solidarische Verhalten der anderen zum eigenen Vorteil opportunistisch auszunutzen sucht. Dies erkennend, geben auch die anderen ihr solidarisches Verhalten auf. Hier versagt also der Leistungswettbewerb. Es bedarf der die Interessen aller Beteiligten koordinierenden Hand einer Institution, wenn das erreichbare Gemeinwohl nicht verfehlt werden soll.

Der Frage, ob die demokratisch gewählten Vertreter des Volkes in den staatlichen Institutionen - Parlament und Regierung - nicht nur notwendig, sondern auch hinreichend sind, diese Koordination zu gewährleisten, wende ich mich im folgenden Abschnitt zu.

Doch zuvor möchte ich die bisherigen Überlegungen zusammenfassen:

(1) Leistungs-Eliten sind in einer Demokratie notwendig und wichtig. Die Förderung von Hochbegabten kann das Gemeinwohl erhöhen und findet darin ihre Rechtfertigung.

(2) Leistungs-Eliten haben positive, aber auch negative Auswirkungen auf die übrigen Mitglieder der Gesellschaft. Eine Verminderung der negativen Wirkungen durch Erhöhung der Vielfalt der Leistungs-Eliten ist nur bis zu einem bestimmten Punkt optimal[8].
(3) Manche Leistungs-Eliten gefährden in bestimmten Situationen gerade durch ihre positiven Anreizwirkungen auf die übrigen Mitglieder der Gesellschaft das Gemeinwohl.
(4) Nicht jede Leistungs-Elite trägt zum Gemeinwohl bei. Nicht jede Hochbegabung ist förderungswürdig. Es gibt „Leistungs-Eliten", die ein hohes gesellschaftliches Schädigungspotential aufweisen.

Das heißt aber
- Leistungs-Eliten bedürfen je einzeln ihrer gesellschaftlichen Legitimation,
- Leistungs-Eliten bedürfen der Kontrolle ihrer Auswirkungen auf die Gesellschaft,
- Leistungs-Eliten müssen in bestimmten Situationen zu solidarischem Handeln gezwungen werden können.

Stets bedarf es also einer koordinierenden Instanz, damit Leistungs-Eliten das Gemeinwohl mehren. Diese koordinierende Instanz soll im folgenden Abschnitt untersucht werden. Ich nenne sie die **Koordinations-Elite in der Demokratie**.

II. Die Koordinations-Elite

Mit dem letzten Satz der Zusammenfassung habe ich die These des folgenden Abschnitts bereits vorweggenommen: die staatlichen Instanzen unserer demokratischen Ordnung sind notwendige, aber nicht hinreichende Institutionen, um in allen denkbaren Situationen die Koordination der Einzelinteressen zum Gemeinwohl zu gewährleisten. Hinreichende Bedingung ist die Existenz einer Koordinations-Elite.

Diese These ist für viele sicher schockierend. Für alle diejenigen freilich, die den „Grundkonsens aller aufrechten Demokraten" beschwören und doch wissen, daß der Grund, auf dem dieser Konsens steht, immer schmaler wird, dürfte sie kaum überraschend sein. So viel sei aber schon hier zur Verdeutlichung gesagt: Ohne notwendige Bedingungen gibt es kein Optimum, aber mit notwendigen Bedingungen allein auch nicht: es bedarf der zusätzlichen Bedingung der Koordinations-Elite, um das Optimum zu sichern.

Ich definiere zunächst den Begriff der Koordinations-Elite:
(1) Die Koordinations-Elite ist eine Gruppe. Dabei handelt es sich um eine informelle Gruppe im soziologischen Sinne. Sie ist durch häufigen Augenkontakt definiert.
(2) Die Koordinations-Elite koordiniert die Einzelinteressen der gesellschaftlichen Gruppen zu dem, was man als das Gemeinwohl bezeichnen könnte.

---

[8] Wenn die Zahl der Leistungs-Eliten die Zahl der Mitglieder der Gesellschaft erreicht, gibt es keinen Wettbewerb mehr. Jeder ist Weltmeister in seiner eigenen Disziplin.

(3) Die Mitglieder der Koordinations-Elite besitzen das Vertrauen der jeweiligen gesellschaftlichen Gruppen, die ihre Einzelinteressen durchsetzen möchten.
(4) Notwendige Voraussetzungen für die Aufnahme in die Koordinations-Elite sind **fachliche Kompetenz**, **Initiative** und **Verantwortung**. Hinreichende Voraussetzungen für die Aufnahme sind **Verläßlichkeit**, **Loyalität** und **Verfügbarkeit**.
(5) Die Koordinations-Elite ist offen und nicht randscharf.

C. Die Messung von Koordinations-Eliten

I. Die Messung von Leistungs-Eliten

Wilfredo Pareto hat sich bei seiner Analyse von Leistungs-Eliten auch mit dem Messungsproblem beschäftigt, wer zur Leistungs-Elite gerechnet werden muß. Eine Definition sei im folgenden wiedergegeben:

„Dem tüchtigen Schmarotzer, der die Leute hereinzulegen und durch die Paragraphen des Strafgesetzbuches zu schlüpfen weiß, werden wir, entsprechend der Anzahl von Einfaltspinseln, die ihnen ins Netz gingen, und den Geldsummen, die er ihnen aus der Nase zu ziehen wußte, eine Acht, Neun oder Zehn zubilligen"[9], also die der Leistungs-Elite vorbehaltenen Noten.

Daß *Günter Wöhe* zur Leistungs-Elite der Betriebswirtschaftslehre gehört, liegt auf der Hand. Seine allgemeine Betriebswirtschaftslehre liegt noch in der 16. Auflage vor, seine Betriebliche Steuerlehre in der 6. Auflage. Das ist eine eindeutige Maßzahl für die Zugehörigkeit zur Elite in der Betriebswirtschaftslehre.

II. Die Messung von Koordinations-Eliten

1. Vorbemerkung

Die Personen der **Leistungs-Elite** bilden keine soziale Gruppe. Sie wirken, wenn überhaupt, einzeln als Vorbilder für andere. Die Mitglieder der **Koordinations-Elite** dagegen bilden eine soziale Gruppe.

Diese Gruppe existiert; sie ist keine Wunschvorstellung oder politische Forderung. Ihre Existenz läßt sich nachweisen, ja, sogar quantitativ messen. Das soll im folgenden geschehen.

Ich setze mich damit zwar dem Vorwurf von *Rüegg* aus, daß ich „aus meiner Intelligenz den dümmsten Gebrauch" mache[10], aber der Nachweis ist wichtig, weil

---

[9] *Pareto*, a.a.O.

[10] Vgl. *Rüegg, W.*, Eliten in der Demokratie. Reform und Repräsentanz, in: Elite. Zukunftsorientierung in der Demokratie, Veröffentlichungen der Walter Raymond-Stiftung, Band 20, Köln 1982, S. 9, hier S. 10.

ich mir nicht vorwerfen lassen möchte, etwas noch nicht Vorhandenes, und zwar etwas Undemokratisches, zu fordern. Der Nachweis der Existenz einer Koordinations-Elite ist offenbar auch nicht trivial, denn immer wieder wird behauptet, eine Koordinations-Elite sei zwar nötig, aber in unserem Staatswesen nicht existent.[11].

2. *Die Koordinations-Elite in der Wirtschaft*

Als Koordinations-Elite in der Wirtschaft bezeichne ich diejenige Gruppe von Personen, die sich bei Aufsichtsrats-Sitzungen der 50 umsatzstärksten aus den 295 börsennotierten Industrieaktiengesellschaften der Bonner Stichprobe häufig treffen. Zur Berechnung wurden die Geschäftsberichte 1986 herangezogen. Häufig treffen sich alle Personen, die sich in drei oder mehr Aufsichtsräten begegnen, sowie diejenigen Personen, die mehr als drei Kontakte zu jeweils einer anderen Person in zwei verschiedenen Aufsichtsräten aufweisen. *Abbildung 3a* zeigt das Ergebnis. Danach gehören zwölf Personen zur Koordinations-Elite der Wirtschaft[12].

Die Bedeutung der Kommunikationsbeziehungen in diesem Netzwerk kann durch das Zentralitätsmaß der Knoten in dem sozialen Netz gemessen werden. Das Zentralitätsmaß wurde zunächst aus den Daten der *Abbildung 3a* berechnet. Sodann wurden die Kontakte zwischen diesen Personen in Aufsichtsräten ermittelt, die nicht zum Ausgangssample gehören[13]. Das erweiterte Netzwerk zeigt *Abbildung 3b*. Aus diesen Daten wurde ein zweites Zentralitätsmaß berechnet. In einem dritten Schritt wurde geprüft, wie häufig sich die genannten zwölf Personen in Wissenschaftsorganisationen sowie im *Kuratorium Sporthilfe* treffen[14]. Es wurde deutlich, daß Institutionen wie *Wissenschaftsrat*, *VW-Stiftung*, *Bosch-Stiftung* und die politischen Stiftungen für den hier definierten Personenkreis keine Kommunikationszentren sind. Unter Einschluß der Kontakte in diesen Wissenschafts- und Sportorganisationen ergibt sich ein noch dichteres Kommunikationsnetz, wie es

[11] *Kaltenbrunner*, a.a.O., S. 48; *Zöller, M.*, Voraussetzungen und Hindernisse für die Entstehung von Eliten, in: *Walter Raymond-Stiftung*, Elite, a.a.O., S. 221, hier S. 226.

[12] Sicher ergäbe sich eine etwas andere Gruppe, wenn die Basis der Berechnungen alle deutschen börsennotierten Aktiengesellschaften oder gar alle deutschen Unternehmen gewesen wäre. Die Berechnung hat nur modellhaften Charakter. Die hier ermittelte Liste ist auch nicht deckungsgleich mit der Liste der „ungewöhnlichen Profile", die das manager-magazin 1987 veröffentlicht hat, oder den „neuen Bossen", die *Simoneit* im Jahre 1966 porträtiert hat, oder auch den „Kronprinzen" der Wirtschaft, die von *Simon* 1969 als die kommenden Mitglieder der Elite vorgestellt wurden. Bei diesen Listen war wohl eher die herausragende, ungewöhnliche Leistung als die Intensität der Kommunikation mit anderen Funktionsträgern Auswahlkriterium. Im manager-magazin heißt es ausdrücklich: „Wir brauchen die Elite. Und es gibt sie". Diese Redaktion hat zwanzig ungewöhnliche Persönlichkeiten ausgewählt, die in diesem Jahr Bemerkenswertes geleistet haben, die aus dem Rahmen fallen.

[13] Die Quelle hierfür bildete: Leitende Männer und Frauen der Wirtschaft, Verlag Hoppenstedt & Co, Darmstadt usw., Ausgabe 1986 (wird jedes Jahr überarbeitet).

[14] Zu den Wissenschaftsorganisationen gehören *Max-Planck-Gesellschaft*, *Stifterverband für die deutsche Wissenschaft*, *Deutsche Forschungsgemeinschaft*, *Krupp-Stiftung*, *Thyssen-Stiftung*, *Studienstiftung des deutschen Volkes*, *Alexander von Humboldt-Stiftung*, *VW-Stiftung*, *Robert Bosch-Stiftung*, *Peter Klöckner-Stiftung*, *Konrad Adenauer-Stiftung*, *Hanns Seidel-Stiftung*, *Friedrich Ebert-Stiftung*, *Friedrich Naumann-Stiftung*, *Wissenschaftsrat*.

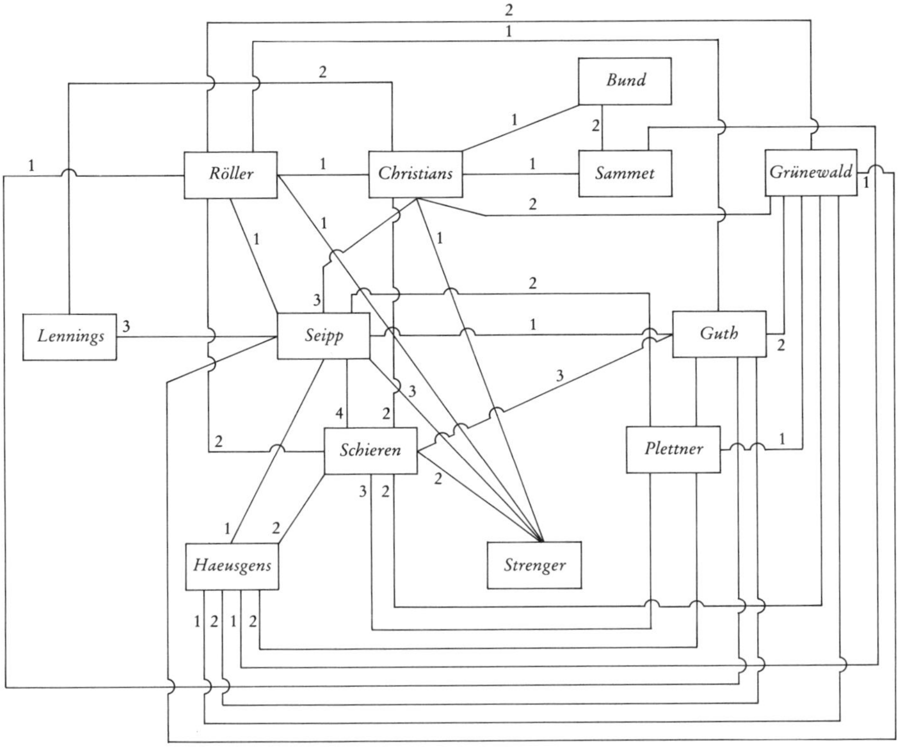

* Basis: die 50 umsatzstärksten deutschen Industrie-Aktiengesellschaften.

*Abb. 3a: Die Koordinations-Elite der Wirtschaft**

Abbildung 3c darstellt. Mit diesen zusätzlichen Informationen wurde ein drittes Zentralitätsmaß berechnet. *Tabelle 1* zeigt das Ergebnis.

3. *Die Koordinations-Elite in der Wissenschaft*

Auch in der Wissenschaft existiert, so erstaunlich das erscheinen mag, nicht nur eine Leistungs-Elite, sondern auch eine Koordinations-Elite. Ihre Existenz wird im folgenden ähnlich dem Vorgehen in der Wirtschaft nachgewiesen, das Koordinationsgewicht ihrer Mitglieder wird gemessen.

Definiert man als wissenschaftspolitisch relevant die bereits genannten Institutionen und leitet aus den Kontakthäufigkeiten in deren Gremien die Gruppe der Personen ab, die zur Koordinations-Elite der Wissenschaft gezählt werden können, dann erhält man neun Namen. Dabei ist eine etwas strengere Definition als im Bereich der Wirtschaft angelegt worden. Diese neun Personen gehören mindestens drei Gremien gleichzeitig an und haben jeweils drei und mehr Kontakte untereinander. *Abbildung 4* zeigt das Kommunikationsdiagramm. *Tabelle 2* gibt die Zen-

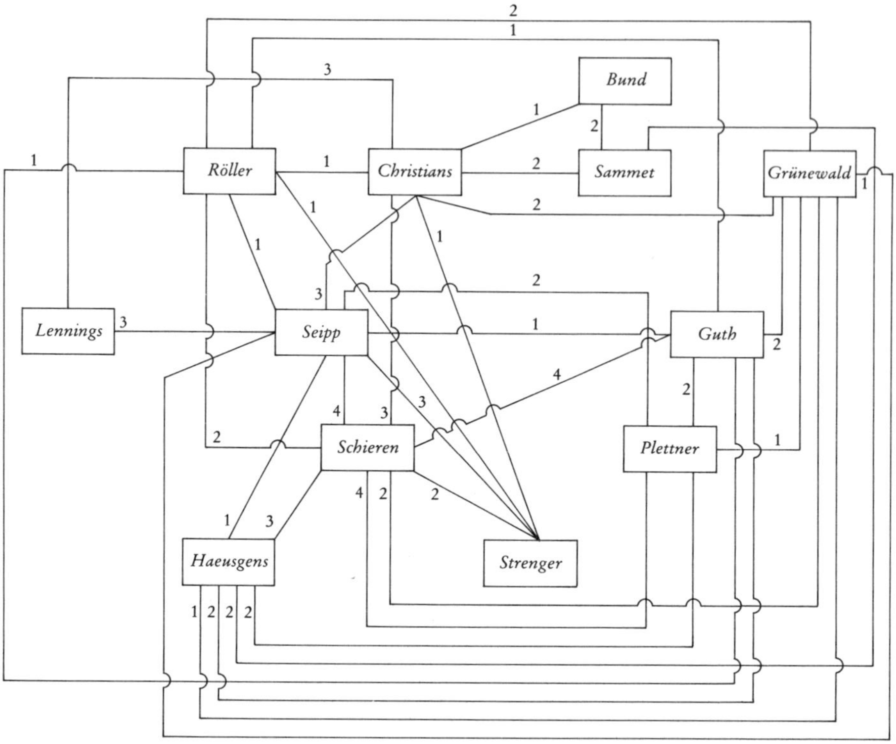

* Basis: Zuzüglich Kontakte zu weiteren Aufsichtsräten der 12 Personen.

*Abb. 3b: Die Koordinations-Elite der Wirtschaft**

Tabelle 1: Zentralitätsmaße / Gruppe der Wirtschaftler

Name (1)	50 umsatzstärkste Industrie-Aktiengesellschaften* (2)	(2) zusätzlich weiterer Aufsichtsratsmandate der 12 Personen (3)	(3) zuzüglich Mitgliedschaften in Wissenschaftsorganisationen und Sporthilfe (4)
1. *Schieren*	0,33	0,37	0,30
2. *Seipp*	0,31	0,24	0,21
3. *Lennings*	0,08	0,15	0,19
4. *Sammet*	0,06	0,15	0,19
5. *Grünewald*	0,20	0,14	0,19
6. *Röller*	0,15	0,14	0,18
7. *Plettner*	0,16	0,14	0,15
8. *Guth*	0,20	0,19	0,15
9. *Christians*	0,20	0,20	0,13
10. *Strenger*	0,11	0,09	0,12
11. *Haeusgens*	0,15	0,15	0,10
12. *Bund*	0,05	0,04	0,09
Summe	2,00	2,00	2,00

* Basis: Bonner Stichprobe

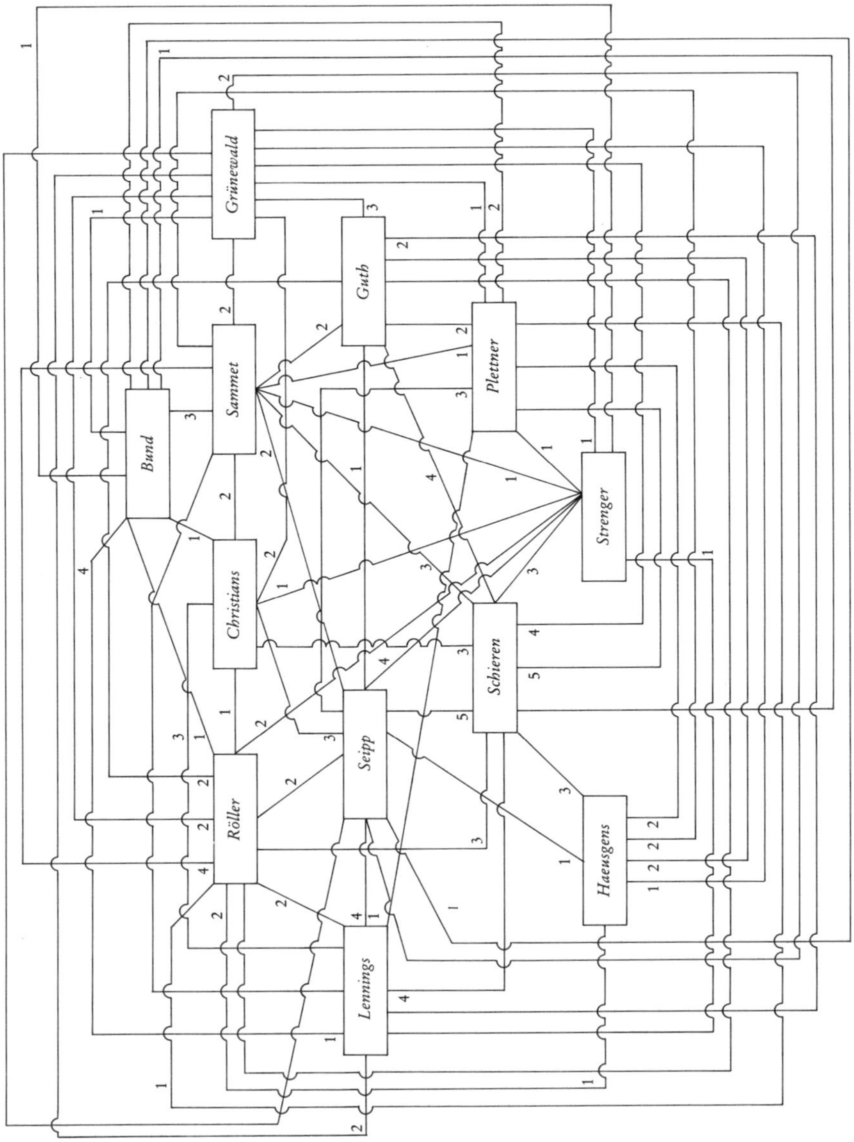

*Abb. 3c: Die Koordinations-Elite der Wirtschaft**

* Basis: wie *Abb. 3b*, zuzüglich Kontakte der Personen untereinander in Wissenschaftsorganisationen und Sporthilfe.

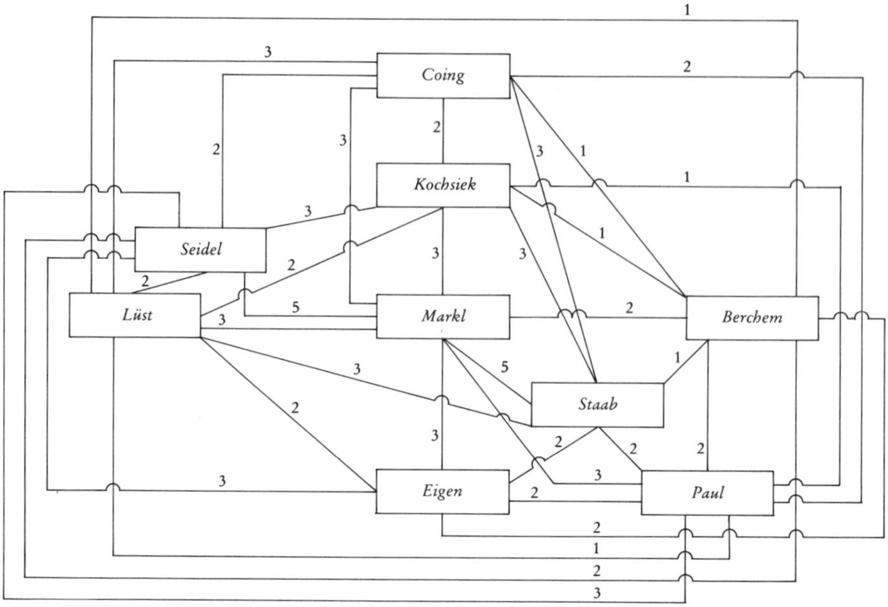

* Basis: Kontakthäufigkeiten in den folgenden Gremien: *Deutsche Forschungsgemeinschaft, Max-Planck-Gesellschaft, Studienstiftung des deutschen Volkes, Alexander von Humboldt-Stiftung, Krupp-Stiftung, Thyssen-Stiftung, Stifterverband für die deutsche Wissenschaft, VW-Stiftung, Robert Bosch-Stiftung, Peter Klöckner-Stiftung, Konrad Adenauer-Stiftung, Hanns Seidel-Stiftung, Friedrich Ebert-Stiftung, Friedrich Naumann-Stiftung, Wissenschaftsrat.*

*Abb. 4: Die Koordinations-Elite der Wissenschaft**

tralitätsmaße wieder. Ferner gibt die Tabelle an, wie intensiv die Mitglieder der Wissenschaftselite mit der Wirtschaftselite über die Kommunikation in gemeinsamen Gremien verflochten sind.

Tabelle 2: Zentralitätsmaße und Verflechtungsmaße / Gruppe der Wissenschaftler

Name (1)	Wissenschafts-organisationen (2)	Verflechtung mit Wirtschaftselite* (3)
Markl	0,33	0,25
Seidel	0,30	0,22
Staab	0,28	0,25
Lüst	0,21	0,25
Coing	0,19	0,25
Paul	0,19	0,17
Kochsiek	0,18	0,22
Eigen	0,17	0,22
Berchem	0,15	0,22
Summe	2,00	2,00

* Zahl der Kontakte zu Zahl der möglichen Kontakte, normiert auf 2,00.

Als Ergebnis dieses Definitionsversuches bleibt festzuhalten: Es existiert eine Gruppe von Personen, die in engem Kontakt über ihre jeweilige Funktion hinaus stehen. Diese Kommunikationsbeziehungen sind nicht auf den Bereich der Wirtschaft beschränkt. Sie erstrecken sich auch auf die Wissenschaft. Es ist davon auszugehen, daß ähnliche Kommunikationsbeziehungen auch im politischen Bereich nachweisbar sind.

Bibliographie

Akerlof, G. A., Loyalty Filters, in: American Economic Review 73, 1983, S. 54-63.

Derlien, H.-U., Continuity and Change in the West German Federal Executive Elite 1994-1984. Paper, presented at the ECPR Joint Sessions of Workshops, Rimini, April 5-10 1988, Workshop on Patterns of Elite Transformation in Western Democracies (Ms).

Elite. Zukunftsorientierung in der Demokratie. Veröffentlichungen der Walter Raymond-Stiftung, Bd. 20, Köln 1982.

Emge, M., Leistungseliten als Vorbild. Moralität, Kultur und fachliche Qualifikation als Voraussetzung für Glaubwürdigkeit, in: *Weigelt, K.* (ed), Werte. Leitbilder. Tugenden. Zur Erneuerung politischer Kultur, Mainz 1985 (Studien zur politischen Bildung 8), S. 485-494.

Fischer, F., Bündnis der Eliten. Zur Kontinuität der Machtstrukturen in Deutschland 1871-1945, Düsseldorf 1985.

Geißler, E. E., Die Schule. Theorien, Modell, Kritik, Stuttgart 1984.

Geißler, E. E., Allgemeinbildung: Grundausstattung des mündigen Bürgers, in: *Bundesministerium für Bildung und Wissenschaft* (ed), Allgemeinbildung im Computerzeitalter. Überlegungen zu einem zeitgemäßen Bildungsverständnis, Bonn 1986 (Grundlagen und Perspektiven für Bildung und Wissenschaft 15).

Geißler, E. E., Über das Verhältnis von Bildungs- und Beschäftigungssystemen. Vortrag, gehalten bei der Jahrestagung des Vereins für Socialpolitik in Berlin am 14.-16.9.1987, im Druck.

Geißler, E. E., Aufgaben der Zukunft - Bildungsauftrag des Gymnasiums. Vortrag, gehalten beim Abschlußkongreß der Initiative „Gymnasium/Wirtschaft", veranstaltet vom Institut der deutschen Wirtschaft Köln am 18.5.1988, im Druck.

Geißler, E. E., Leistung. Zur Problematik eines Begriffs, in: Die Realschule 95, 1987, Heft 8, S. 336-341.

Genscher, H.-D., Auflese statt Auslese? Vortrag, gehalten 1983 vor der BDA, in: Innovatio 1/2, 1988, S. 23-24.

Groethuysen, B., Die Entstehung der bürgerlichen Welt- und Lebensanschauung in Frankreich, 2 Bde., Halle 1927.

Hank, R., Was ist Begabung? Vierteilige Artikelserie in der Frankfurter Allgemeinen Zeitung vom 2.7., 9.7., 16.7. und 23.7.1988.

Herzog, D., Politische Führungsgruppen, Darmstadt 1982.

Howard, R. A., On Making Life and Death Decisions, in: *Schwing, Richard C./Albers, Walter A. Jr.* (eds), Societal Risk Assessment: How Safe is Safe Enough, New York, London 1980, S. 89ff.

Institut für Demoskopie Allensbach (ed), Meinungsführer sind sie nicht. Allensbacher Umfragen zeigen einen weiten Abstand zwischen Ansichten der Spitzen von Wirtschaft, Politik und Verwaltung und den Ansichten der Bevölkerung (Allensbacher Berichte 1988, Nr. 20).

Kaltenbrunner, G.-K., Elite. Erziehung für den Ernstfall, Asendorf 1984.

Leitende Männer und Frauen der Wirtschaft, Verlag Hoppenstedt & Co., Darmstadt, Ausgabe 1986 (wird jedes Jahr überarbeitet).

Lobkowicz, N., Eliten. Vortrag, gehalten am 3. Juli 1984 in Mainz (Ms).

Lobkowicz, N., Jugend und Leistung. Vortrag, gehalten am 21. November 1986 in Donauwörth (Ms).

Lowell Field, G., Elitism, London 1980.

Lübbe, H., Der Breite fehlt die Höhe, in: Innovatio 1/2, 1988, S. 63-68.
Maier, H., Finden und Fördern, in: Innovatio 1/2, 1988, S. 44-45.
Merkle, H. L., Eliten und ihre Förderung, in: *Merkle, H.L.*, Bruchzonen der Gegenwart. Gedanken über Politik und Wirtschaft, Stuttgart 1984, S. 511-527.
Mittelstraß, J., Fortschritt und Eliten. Analysen zur Rationalität der Industriegesellschaft, Konstanz 1984 (Konstanzer Universitätsreden 150).
Pareto, W., Traktat der allgemeinen Soziologie, in: Ausgewählte Schriften, Frankfurt, Berlin, Wien 1976.
Pernoud, R., Les Origines de la Bourgeoisie, Paris 1947.
Rahn, H., Die Bedeutung der Schule in Verbindung mit den Bundeswettbewerben. Vortrag, gehalten auf der Tagung „Förderung besonders befähigter Schüler" in Donaueschingen im Oktober 1987 (Ms).
Rüegg, W., Eliten in der Demokratie. Reform und Repräsentanz, in: Elite. Zukunftsorientierung in der Demokratie, Veröffentlichungen der Walter Raymond-Stiftung, Bd. 20, Köln 1982, S. 9-28.
Rüegg, W., Akademische Elitenbildung im Mittelalter und in der modernen Demokratie, in: *Solzbacher, C./Wollersheim, H.-W.* (eds), Wege in die Zukunft. Pädagogische Perspektiven im pluralistischen Staat, Festschrift für Erich E. Geißler zum 60. Geburtstag, Bonn 1988, S. 213-235.
Schneider, W., Zur Rolle des Wissens bei kognitiven Höchstleistungen, in: Psychologie in Erziehung und Unterricht 35, 1988, S. 161-172.
Schwabe, K. (ed), Deutsche Hochschullehrer als Elite. 1815-1945, Boppard 1988 (Deutsche Führungsschichten in der Neuzeit 17).
Simon, K.-G., Die Kronprinzen. Eine Generation auf dem Weg zur Macht, Frankfurt 1969.
Simoneit, F., Die neuen Bosse. So wird man Generaldirektor, Düsseldorf, Wien 1966.
Sombart, W., Der Bourgeois, München, Leipzig 1913.
Voss, R. von, Leistungselite in der modernen Industriegesellschaft, in: *Solzbacher, Claudia/ Wollersheim, H.-W.* (eds), Wege in die Zukunft. Pädagogische Perspektiven im pluralistischen Staat, Festschrift für Erich E. Geißler zum 60. Geburtstag, Bonn 1988, S. 157-168.
Weinert, F. E./Waldmann, M. R., Das Denken Hochbegabter - Intellektuelle Fähigkeiten und kognitive Prozesse, in: Zeitschrift für Pädagogik 6, 1985, S. 789-804.
Weinert, F. E./Wagner, H. (eds), Die Förderung Hochbegabter in der Bundesrepublik Deutschland. Probleme, Positionen, Perspektiven, Bad Honnef 1987.
Zöller, M., Voraussetzungen und Hindernisse für die Entstehung von Eliten, in: Elite. Zukunftsorientierung in der Demokratie, Veröffentlichungen der Walter Raymond-Stiftung, Bd. 20, Köln 1982, S. 221-230.

Zur Eigenkapitalausstattung der Unternehmungen in der Bundesrepublik Deutschland

Prof. Dr. *Hartmut Bieg*, Universität des Saarlandes

A. Technischer Fortschritt und Finanzwirtschaft

Sollen in der Bundesrepublik die bisherigen Arbeitsplätze erhalten oder wegfallende Arbeitsplätze durch neue ersetzt werden, so muß die Wirtschaft auf dem Weltmarkt qualitativ hochwertige Produkte anbieten, die zudem in immer kürzeren Abständen der technologischen Entwicklung anzupassen sind. In nicht wenigen Branchen ist die wirtschaftliche Situation gekennzeichnet durch Angebotsüberhang und entsprechend harten Wettbewerb. Dabei hat die ausländische Konkurrenz zum Teil ganz erhebliche Vorteile, nicht zuletzt auf der Kostenseite. Diese Situation dürfte sich nach der geplanten Verwirklichung des Gemeinsamen Marktes in der Europäischen Gemeinschaft, also nach dem 31. Dezember 1992, noch verschärfen. Da die Wettbewerbsvorteile einer hochentwickelten Industriegesellschaft aber vor allem darin bestehen, daß mit neuen, attraktiven Produkten oder Problemlösungen neue Nachfrage und neue Märkte erschlossen werden können, ist es notwendig, jahrzehntelang gut funktionierende Unternehmungskonzepte und -strategien neu zu überdenken, die Angebotspalette durch intensive Forschungs- und Entwicklungsanstrengungen zu verjüngen, aber auch moderne Produktionsverfahren einzusetzen. Die zunehmende Spezialisierung der Fertigungsverfahren bedeutet dabei nicht nur, daß die kapitalintensiven Produktionsanlagen nur für eine begrenzte Zeit und für einen engen Anwendungsbereich eingesetzt werden können. Diese Anlagen können zudem nur von sehr gut ausgebildeten Mitarbeitern bedient werden. Mit all diesen Anstrengungen gilt es, die bisherige Marktposition zu sichern, aber auch in neue, attraktivere Märkte im In- und Ausland einzudringen.

Wie schwierig das sein kann, zeigen nicht zuletzt die erschreckend zahlreichen Insolvenzen der letzten Jahre. Selbstverständlich liegen deren Ursachen auch auf anderen als produktionstechnischen Gebieten - beispielsweise in den häufig stark begrenzten Möglichkeiten der Unternehmungen, die als notwendig erkannten Veränderungen zu finanzieren, nicht zuletzt bedingt durch ihre unzureichende Eigenkapitalausstattung.

Letztlich entscheiden nicht die technischen Eigenschaften von Produkten und Verfahren über ihren „Wert" im betriebs- und volkswirtschaftlichen Sinn, sondern allein die Resonanz der Märkte. Voraussetzung des Markterfolges ist die ökonomische Nutzbarmachung und Verwertung der Innovation - und Vorbedingung hierfür wiederum ist ihre Finanzierung.

Nicht selten scheitern möglicherweise lohnende Unternehmungsgründungen und Unternehmungserweiterungen, Produkt- und Verfahrensneuerungen - und die dazu notwendigen Forschungs- und Entwicklungstätigkeiten -, aber auch der Einstieg in fremde Märkte an den unzureichenden Finanzierungsmitteln oder daran, daß man das damit verbundene Risiko im Verhältnis zum vorhandenen Kapital als zu hoch ansieht. Inwieweit es gelingen wird, die strukturellen Anpassungsprobleme in allen Bereichen, also auch im finanzwirtschaftlichen Bereich, zu lösen, entscheidet über die zukünftige wirtschaftliche Stellung der Bundesrepublik Deutschland unter den Industrienationen, aber auch über die wirtschaftliche Lage der bundesdeutschen Unternehmungen und - davon nicht zu trennen - ihrer Arbeitnehmer.

In einer grundsätzlich marktwirtschaftlich organisierten Wirtschaftsordnung müssen diese Probleme in erster Linie von den privaten Unternehmungen selbst bewältigt werden. Aufgabe der Politik ist es allerdings, den Strukturwandel zu unterstützen und - soweit erforderlich - mit gezielten Maßnahmen zu erleichtern. Dabei ist nicht zu übersehen, daß der politische Handlungsspielraum enger geworden ist. Die öffentlichen Haushalte stoßen an Belastungsgrenzen. Zudem darf die kritische Einstellung der Öffentlichkeit gegenüber staatlichen Hilfen für die private Wirtschaft - auch aus ordnungspolitischen Überlegungen - nicht übersehen werden.

Die finanzwirtschaftlichen Probleme dieses strukturellen Anpassungsprozesses sind vom Kapitalmarkt zu lösen. Er soll denjenigen Unternehmungen, die Produkt- und Prozeßinnovationen planen, die dazu notwendigen Finanzierungsmittel zur Verfügung stellen, soll also eine - direkte oder indirekte - Verbindung herstellen zwischen den kapitalsuchenden Unternehmungen und den Besitzern dieser Finanzierungsmittel, die entweder eine relativ sichere Anlage dieser Mittel gegen Zahlung eines vertraglich vereinbarten betrags- und zeitabhängigen Zinses anstreben oder aber risikoreiche Kapitalbeteiligungen mit der Chance einer überdurchschnittlichen Kapitalrendite einzugehen bereit sind.

Bei den Unternehmungseigentümern liegt es, Risikokapital, sprich: Eigenkapital, in ausreichendem Umfang für alle zur Realisierung anstehenden Anpassungsmaßnahmen zur Verfügung zu stellen. Denn neben den damit verbundenen Unsicherheiten und der Gefahr finanzieller Verluste kommt ausschließlich ihnen die Chance zu, hohe Renditen zu erzielen.

Zwar kann von der öffentlichen Hand eine Beteiligung an den unternehmerischen Risiken durch Einbringung von Risikokapital solange nicht verlangt werden, als sie nicht Miteigentümerin eines Betriebes ist. Berechtigt ist aber die Forderung, der Staat dürfe die Eigenkapitalbeschaffung und den Einsatz von Eigenkapital - unabhängig von Rechtsform, Größe und Branche der Unternehmungen - zumindest nicht behindern. Ich meine sogar, er müsse zur Lösung der Anpassungsprobleme beitragen, indem er die Bereitschaft der Eigentümer fördert, ihren Unternehmungen Risikokapital zur Verfügung zu stellen. Nur so sind sie in der Lage, finanzwirtschaftlich unabhängig, schnell und flexibel auf Änderungen der ökonomischen Situation zu reagieren.

B. Erhebungen zur Eigenkapitalausstattung - Zum Problem unterschiedlicher Meßkonzepte

Die *Deutsche Bundesbank* und das *Statistische Bundesamt* veröffentlichen jährlich Zahlen zur Finanzierungssituation der Unternehmungen. Nach den Angaben des *Statistischen Bundesamtes* ergibt sich für das Verarbeitende Gewerbe (ohne Baugewerbe), für den Großhandel einschließlich der Handelsvermittlung und für das Baugewerbe die folgende Entwicklung[1]:

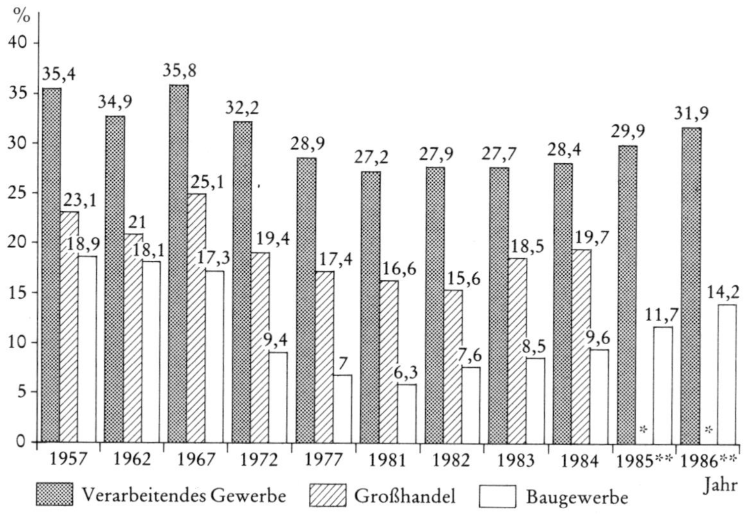

* Zahlen nicht verfügbar
** Vorläufige Berechnungen

Abb. 1: Eigenkapitalquote von Unternehmungen des Verarbeitenden Gewerbes, des Großhandels und des Baugewerbes

Die genannten Branchen weisen demnach sämtlich einen Rückgang der Eigenkapitalquote im Zeitablauf aus, die allerdings - z.B. wegen der unterschiedlichen Gewinnsituation nicht völlig unerwartet - von Branche zu Branche unterschiedlich ist.

Vergleicht man die vom *Statistischen Bundesamt* und die von der *Deutschen Bundesbank* ermittelten Ergebnisse[2] - und zwar jeweils für die Gesamtheit aller in die jeweilige Untersuchung einbezogenen Unternehmungen -, so ergibt sich zwischen 1972 und 1986 folgendes Bild[3] (siehe *Abb. 2*).

In beiden Untersuchungen wird zwischen 1972 und 1983 ein deutlicher Rückgang der Eigenkapitalquote festgestellt. Erst seit 1984 (*Statistisches Bundesamt*) bzw. 1985 (*Deutsche Bundesbank)* belegen die Zahlen eine wieder ansteigende Eigenkapitalquote. Aber: Die Eigenkapitalquoten, die von beiden Institutionen für die einzelnen Bilanzstichtage ermittelt werden, differieren doch jeweils um etwa 6 Prozentpunkte.

Es geht hier keineswegs um die Frage, welche Zahlen nun die „richtigen" sind. Die Zahlen müssen z.B. schon deswegen voneinander abweichen, weil der Kreis der jeweils einbezogenen Unternehmungen völlig unterschiedlich ist. So bezieht

---

[1] Quelle: Statistische Jahrbücher. Die Werte wurden errechnet aus (Grundkapital + Rücklagen): Nettobilanzsumme. Vernachlässigt wurden die „Posten mit Rücklagenanteil".

[2] Quelle: Monatsberichte der Deutschen Bundesbank.

[3] Das *Statistische Bundesamt* stellt derzeit Zahlen nur bis einschließlich 1984 zur Verfügung.

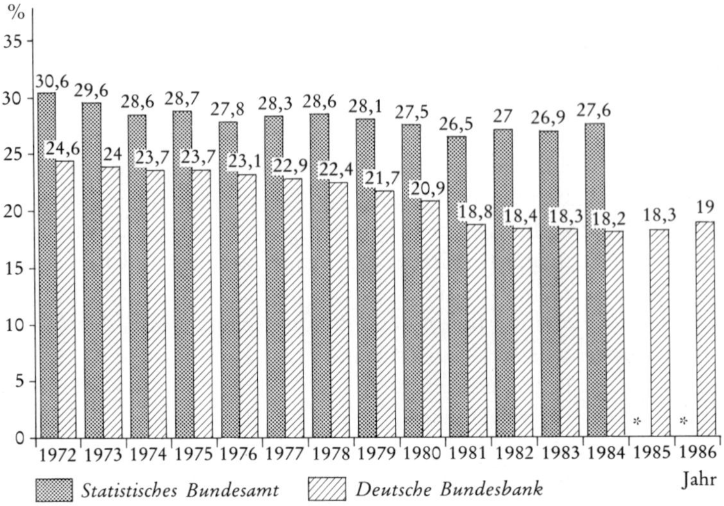

* Zahlen nicht verfügbar

Abb. 2: Eigenkapitalquote von Unternehmungen nach Erhebungen des Statistischen Bundesamtes und der Deutschen Bundesbank

sich die vom *Statistischen Bundesamt* errechnete Eigenkapitalquote ausschließlich auf 1495 Aktiengesellschaften (1984). Die Untersuchung der *Deutschen Bundesbank*[4] dagegen erfaßt unabhängig von der Rechtsform alle Umsatzsteuerpflichtigen, deren Wechsel von ihr zum Rediskont angenommen werden - hier ist der Kreis also zum einen wesentlich größer (1984 und 1985: rund 65000 bis 70000). Zum anderen findet hier - durch die am Rediskontverfahren beteiligten Kreditinstitute - bereits eine Qualitätsselektion statt, kauft die *Deutsche Bundesbank* doch ausschließlich Wechsel an, deren Verpflichtete ihr als zahlungsfähig bekannt sind. Daß die von der *Bundesbank* ermittelten Werte dennoch kleiner sind als die vom *Statistischen Bundesamt* veröffentlichten Werte, liegt an der bei Kapitalgesellschaften gegenüber Personengesellschaften und Einzelkaufleuten deutlich höheren Eigenkapitalquote sowie an der Tatsache, daß die umsatzstärkeren Unternehmungen - häufig Aktiengesellschaften - erkennbar höhere Eigenkapitalquoten aufweisen als umsatzschwächere Betriebe[5].

Diese Hinweise auf den unterschiedlichen Kreis der einbezogenen Unternehmungen verstellen aber letztlich den Blick auf den wesentlichen Gesichtspunkt der Ermittlung von Eigenkapitalquoten.

Von wesentlich größerer Bedeutung für unser Urteil über derartige Zahlen dürfte nämlich der folgende Zusammenhang sein. Wer die Frage stellt, welche Eigenkapitalquote nun die „richtige" sei, ist ganz offensichtlich der Meinung, Eigenkapital

[4] Vgl. hierzu auch: *Irsch, Norbert/Zimmermann-Trapp, Astrid*: Die Eigenkapitalausstattung und Investitionstätigkeit der Unternehmen in der Bundesrepublik Deutschland. Wirtschaftswissenschaftliches Studium 1986, S. 315-317.

[5] Vgl. Verhältniszahlen aus den Jahresabschlüssen der Unternehmen in der Bundesrepublik Deutschland für 1983. Sonderdruck der Deutschen Bundesbank Nr. 6, S. 10f.

sei eine ganz bestimmte, eine exakt feststellbare Größe, und er ist der Meinung, deren Verhältnis zu einer anderen, ebenso exakt feststellbaren Größe, der Bilanzsumme, lasse sich selbstverständlich auch exakt feststellen. Diese Meinung ist allerdings alles andere als richtig.

Eigenkapital ist immer definiert als die Differenz zwischen einem nach bestimmten Regeln abgegrenzten und bewerteten Vermögensbestand und den letztlich aus diesem Vermögensbestand termingerecht zu tilgenden Schulden. Formal führt das zu der bekannten Darstellung in der - wegen dieses Differenzcharakters des Eigenkapitals - stets ausgeglichenen Bilanz. Die Abgrenzungs- und Bewertungsregeln für den Vermögensbestand und die Schulden sind allerdings nicht für alle Fälle in gleicher Weise und eindeutig fixiert. Vielmehr entscheidet über den Inhalt von Bilanzen, also darüber, was an Vermögen und Schulden überhaupt auszuweisen ist, und über den Wertansatz der verschiedenen Vermögens- und Schuldpositionen ausschließlich die mit einer Bilanz jeweils verfolgte Zielsetzung.

Handelsbilanzen dienen in erster Linie, Steuerbilanzen dienen ausschließlich der Feststellung eines Gewinnbetrages, der der Unternehmung nach den Vorstellungen des Gesetzgebers entzogen werden kann, ohne ihren Fortbestand zu gefährden[6]. Dieser Gewinn entspricht aber - sehen wir von Einlagen und Entnahmen der Eigentümer ab - der Veränderung der Eigenkapitalposition gegenüber dem vorangegangenen Bilanzstichtag. Damit bestimmt die Gewinnermittlungsfunktion der Bilanz über das, was in Handels- und Steuerbilanzen als Vermögen und Schulden auszuweisen ist und mit welchem Wertansatz dies zu geschehen hat.

Einigkeit besteht für Handels- und Steuerbilanz zwar über die Anwendung einiger Grundprinzipien[7], etwa

- über das Nominalwertprinzip, das in Zeiten steigender Preise zur vielkritisierten „Scheingewinnbesteuerung" führt,
- über das Realisationsprinzip, das den Ausweis des Gewinns erst im Augenblick seiner Realisierung durch den Umsatzakt erlaubt,
- über das Imparitätsprinzip, das einen Ausweis erst erkannter, noch nicht realisierter Verluste aus einem Geschäft erlaubt oder erzwingt,
- aber auch über das Verbot des Ausweises selbst geschaffener immaterieller Wirtschaftsgüter und eines originären Firmenwerts.

Trotz dieser Grundprinzipien liegt die Eigenkapitalgröße jedoch nicht eindeutig fest. Ansatz- und Bewertungswahlrechte erlauben es den Unternehmungen nämlich, den Vermögens- und Schuldenausweis - und damit die Eigenkapitalgröße (und damit wiederum den Gewinn) - ihren Zielsetzungen entsprechend zu gestal-

---

[6] Grundlegend zum Verhältnis beider Bilanzen vgl. *Wöhe, Günter*: Handelsbilanz und Steuerbilanz. Steuerkongreß-Report 1973, München und Berlin 1973, S. 291-317; zum Maßgeblichkeitsprinzip ders.: Sind die Anforderungen an die Ordnungsmäßigkeit der Buchführung nocht zeitgemäß? Steuerkongreß-Report 1967, München, Berlin 1967, S. 213-223; zur „Umkehrung" dieses Prinzips nach neuem Handelsrecht ders.: Bilanzierung und Bilanzpolitik. 7. Aufl., München 1987, S. 204-208, insbes. S. 207f. Vgl. auch *Bieg, Hartmut*: Wider den Ausschließlichkeitsanspruch der Bewertungsvorschriften bei der Bestimmung des Inhalts der Handelsbilanz! Steuer und Wirtschaft 1976, S. 339-350.

[7] Vgl. hierzu *Wöhe, Günter*: Betriebswirtschaftliche Steuerlehre I/2. Der Einfluß der Besteuerung auf das Rechnungswesen des Betriebes. Steuerbilanz - Vermögensaufstellung - Steuerliche Betriebsprüfung. 6. Aufl., München 1986, S. 108-123.

ten. Innerhalb der von Handels- und Steuerrecht gesetzten Grenzen kann das ausgewiesene Eigenkapital einerseits durch Erhöhung des in der Bilanz ausgewiesenen Vermögens entsprechend vergrößert werden. Dieselbe Auswirkung hätte im übrigen die Aufhebung bestimmter Aktivierungsverbote. Andererseits kann man den Eigenkapitalausweis aber auch erhöhen, indem man einen niedrigeren Ansatz des Fremdkapitals wählt, z.B. die Bildung bestimmter Rückstellungen unterläßt.

Damit der Steueranspruch des Fiskus aber nicht durch bilanzpolitische Maßnahmen[8] allzu weit in die Zukunft verlagert werden kann, sind die Ansatz- und Bewertungsspielräume in der Steuerbilanz weniger großzügig bemessen als in Handelsbilanzen. Dies zeigen - um nur zwei Beispiele zu nennen - die Behandlung der Gemeinkosten bei der Ermittlung der Herstellungskosten[9] und die Behandlung des derivativen Firmenwerts[10].

Der bilanzpolitische Spielraum in Handelsbilanzen wiederum ist abhängig von der Rechtsform. Handelsbilanzen von Kapitalgesellschaften sollen mit ihren Gliederungs- und Bewertungsvorschriften den vom Gesetzgeber anerkannten Informations- und Zahlungsbemessungsinteressen verschiedener Gruppen, in erster Linie der Gläubiger und Anteilseigner, Rechnung tragen. Demgegenüber bestehen für Nicht-Kapitalgesellschaften auch nach neuem Handelsrecht wesentlich größere Bilanzierungsfreiheiten. Dies ist ein weiterer Grund für die von *Deutscher Bundesbank* und *Statistischem Bundesamt* abweichend ermittelten Eigenkapitalquoten.

Trotzdem haben derartige Berechnungen im Zeitvergleich eine gewisse Aussagekraft, solange der Kreis der erfaßten Unternehmungen dieselben Ansatz- und Bewertungsvorschriften zu beachten hat und zudem die dabei bestehenden Wahlrechte nicht allzu groß sind.

Bilanzrelationen wie die Eigenkapitalquote kann der Bilanzierende auch durch sein tatsächliches Verhalten verschieben. Dies liegt - wie der Fall des Leasing zeigt - an den herrschenden Bilanzierungskonventionen. Angenommen, eine Unternehmung sei Eigentümer eines Verwaltungsgebäudes. Sie entschließe sich aus irgendwelchen Gründen, dieses Verwaltungsgebäude an eine Leasing-Gesellschaft zu verkaufen, mit dieser aber einen langfristigen, unkündbaren Mietvertrag abzuschließen, der ihr die Nutzung im seitherigen Umfang gegen Zahlung einer fest vereinbarten Miete erlaubt.

Entspricht der vereinbarte Kaufpreis gerade dem seitherigen Buchwert des Gebäudes, so findet zunächst lediglich eine Umschichtung auf der Aktivseite statt. Werden die liquiden Mittel jetzt zur Tilgung irgendwelcher Schulden verwendet, so verringert sich die Bilanzsumme, ohne daß sich das ausgewiesene Eigenkapital verändert hätte. Der Ausweis eines höheren Anteils des Eigenkapitals an der Bilanzsumme ist die Folge. Dazu kommt es allerdings nur, weil aufgrund der heute herrschenden Bilanzierungskonventionen die aus dem unkündbaren Leasing-

---

[8] Vgl. hierzu *Wöhe, Günter*: Bemerkungen zur Steuerbilanzpolitik. Betriebswirtschaftliche Forschung und Praxis 1977, S. 216-229.

[9] Vgl. hierzu *Wöhe, Günter*: Betriebswirtschaftliche Steuerlehre I/2. a.a.O. (FN 7), S. 132-155.

[10] Vgl. hierzu *Wöhe, Günter*: Betriebswirtschaftliche Steuerlehre I/2. a.a.O. (FN 7), S. 248-269; ders.: Zur Bilanzierung und Bewertung des Firmenwertes. Steuer und Wirtschaft 1980, S. 89-108.

Vertrag zwingend und unausweichlich auf den Leasing-Nehmer zukommenden Zahlungsverpflichtungen grundsätzlich in Bilanzen nicht zum Ausweis kommen.

Im übrigen läßt dieses Beispiel auch Zeitvergleiche in einem anderen Licht erscheinen, da Leasing erst seit den sechziger Jahren in der Bundesrepublik einen breiteren Bekanntheitsgrad fand, und da die Bedeutung des Leasing seither ständig zugenommen haben dürfte[11].

Allerdings dürfte der Verkauf zum Buchwert in vielen Fällen unrealistisch sein, hat doch der Buchwert häufig allenfalls am Rande mit dem aktuellen Tageswert der Vermögensgegenstände zu tun. Das liegt in erster Linie am Einfluß des Vorsichtsprinzips auf die handels- und steuerrechtlichen Bewertungsvorschriften. Aus Vorsichtsgründen wird nämlich verhindert, daß Geldbeträge bereits zu einem Zeitpunkt als Gewinn ausgewiesen werden, in dem der Umsatz noch nicht über den Markt vollzogen wurde. Dies wird mit der ansonsten bestehenden Gefahr begründet, daß die Gewinne bereits besteuert bzw. ausgeschüttet werden, ohne daß ihnen später realisierte Gewinne gegenüberstünden. Dieser Gefahr trägt man durch das sogenannte Anschaffungswertprinzip Rechnung, also durch das Verbot, einen im Betrieb vorhandenen Gegenstand mit einem höheren Wertansatz als seinen Anschaffungs- oder Herstellungskosten auszuweisen.

Anteilseigner und Fiskus können aufgrund des Prinzips des Bilanzzusammenhangs oder der Bilanzidentität[12] darauf vertrauen, daß diese Unterbewertung, die zunächst den Gewinnausweis verhindert, später - wenn auch vielleicht sehr viel später - im Zuge des Umsatzprozesses oder der Auflösung der Unternehmung wegfallen wird, wodurch ein entsprechender Gewinn anfällt. Aus Vorsichtsgründen wird die Gewinnverschiebung in die Zukunft akzeptiert.

Wer allerdings nicht am Periodengewinn partizipiert, sondern an einer Vermögenssubstanz, z.B. in Gestalt der Vermögensteuer, der kann mit einer Nachversteuerung nicht rechnen. Wird die Bemessungsgrundlage zu einem Stichtag zu niedrig angesetzt, so gibt es keinen Ausgleich durch eine später entsprechend höhere Bemessungsgrundlage. Hier braucht es Bewertungsvorschriften, die die Wertsteigerungen berücksichtigen, die zu einem bestimmten Stichtag eingetreten sind[13]. Diesen Zusammenhang berücksichtigen die Ansatz- und Bewertungsvorschriften für die Vermögensaufstellung, einer Gegenüberstellung von Vermögen und Schulden zum Zwecke der Ermittlung der Vermögensteuerbemessungsgrundlage, also nicht zum Zwecke der Ermittlung des Periodengewinns. Die Zwecke der Vermögensaufstellung einerseits und der Handels- und Steuerbilanz andererseits - und dementsprechend auch die Ansatz- und Bewertungsvorschriften für Vermögen und Schulden - sind also völlig unterschiedlich.

Deswegen verwundert es auch nicht, daß zu einer völlig anderen Beurteilung der Eigenkapitalquote kommen muß, wer die Eigenkapitalziffer aus Vermögensauf-

---

[11] So berichtet die *Deutsche Bundesbank*, „in den Aufschwungjahren 1983/86 (habe) das Leasing von Maschinen und Immobilien, bei dem z.T. ganze Fertigungsstätten oder Bürogebäude von den Unternehmen angemietet werden, weiter an Bedeutung gewonnen"; Monatsbericht Juli 1988, S. 22.

[12] Vgl. *Wöhe, Günter*: Bilanzierung und Bilanzpolitik. a.a.O. (FN 6), S. 195-200.

[13] Vgl. *Wöhe, Günter*: Betriebswirtschaftliche Steuerlehre I/2. a.a.O. (FN 7), S. 407-411.

stellungen errechnet, so etwa das *Wirtschafts- und Sozialwissenschaftliche Institut des Deutschen Gewerkschaftsbundes*, das die Einheitswertstatistiken des *Statistischen Bundesamtes* heranzieht, die allerdings zuletzt zum 1.1.1977 erhoben wurden[14].

Daraus ergeben sich für alle erfaßten Unternehmungen, außer Kreditinstituten, Versicherungsgesellschaften und Beteiligungsgesellschaften die folgenden Eigenkapitalquoten (jeweils für den Beginn des Jahres): 1966: 42,7%; 1969: 42,5%; 1972: 37,3%; 1974: 39,8%; 1977: 39,8%.

Die Verfasser der Studie schätzen den Eigenkapitalanteil am 1.1.1982 auf etwa 37%, was dem Stand von 1972 entspräche. Ein derart bedrohlicher Rückgang der Eigenkapitalquote deutscher Unternehmungen wie aus den Handels- und Steuerbilanzen läßt sich aus den Zahlen der Einheitswertstatistik also nicht ablesen. Und dies, obwohl auch dort die Einheitswerte des Grundvermögens - und damit das Eigenkapital - tendenziell unterbewertet sind, da noch heute die mit dem Faktor 1,4 multiplizierten Werte zum 1.1.1964 zugrunde gelegt werden[15].

Alle bisher ermittelten Zahlen gehen ganz offensichtlich davon aus, die Unternehmung bestehe weiter und zahle ihre Schulden aus den Umsatzerlösen zurück. Eigenkapital soll aber gerade in bedrohlichen Situationen eine Rolle spielen, in denen das Vermögen sich nicht mehr zu den im normalen Geschäftsverkehr üblichen Preisen liquidisieren läßt, sondern - in Abhängigkeit von Geschwindigkeit und Umfang der Liquidisierungsaktion - zu erheblich niedrigeren Liquidationserlösen. Selbstverständlich ist die Differenz zwischen einem derart bewerteten Vermögensbestand und den Schulden erneut eine andere, eine sehr viel niedrigere.

Kommt man übrigens aufgrund derartiger Überlegungen zu der Überzeugung, das Vermögen decke die Schulden nicht mehr, so liegt bei Unternehmungen ohne persönliche Haftung der Eigentümer für die Schulden der Unternehmung, kurz: bei Kapitalgesellschaften, Überschuldung vor, was die Unternehmungsleitung zur Konkursanmeldung verpflichtet[16]. Daß diese Entscheidung nicht auf der Grundlage der Zahlen von - Unternehmungsfortführung unterstellenden - Handels- bzw. Steuerbilanzen getroffen werden kann, leuchtet ein.

Unterschiedliche Meßkonzepte liefern also unterschiedliche Eigenkapitalquoten. Es läßt sich offensichtlich nicht einmal Übereinstimmung hinsichtlich des Trends der Entwicklung der Eigenkapitalquote im Zeitablauf herstellen[17]. Deswegen sollte man das Problem der Eigenkapitalausstattung anders angehen. Es ist die Frage zu stellen, wieviel denn den Unternehmungen in einer Periode als Risikoka-

---

[14] Vgl. *Scheibe-Lange, Ingrid/Volkmann, Gert/Welzmüller, Rudolf*: Die Eigenkapitalquote der Unternehmen in der Bundesrepublik Deutschland. WSI-Arbeitsmaterialien, Heft 3, Düsseldorf 1983.

[15] Vgl. § 121a BewG.

[16] Vgl. hierzu *Bieg, Hartmut*: Bankbilanzen und Bankenaufsicht. München 1983, S. 17f.

[17] Deswegen sind auch bei Vergleichen mit anderen Industrieländern (1985: Bundesrepublik Deutschland 18,3%; USA 59,4%; Großbritannien 46,4%, Frankreich 28,7% und Japan 18,5% Eigenkapitalquote; vgl. *Commerzbank Aktiengesellschaft*: Bericht der Abteilung Volkswirtschaft: Eigenkapitalquoten der Unternehmer weltweit verbessert. 22.7.1988) deren Meßkonzepte zu berücksichtigen; vgl. *Perlitz, Manfred/Küpper, Herbert/Löbler, Helge*: Vergleich der Eigenkapitalausstattung deutscher, US-amerikanischer und britischer Unternehmen. Zeitschrift für Unternehmens- und Gesellschaftsrecht 1985, S. 16-49.

pital zur Verfügung gestellt wird, wieviel dagegen anderen Anlageformen zugeführt wird. Daran muß sich die Frage anschließen, warum es zu dieser Situation kommt.

C. Die Geldvermögensbildung der inländischen privaten Haushalte

Nach der „Gesamtwirtschaftlichen Finanzierungsrechnung" der *Deutschen Bundesbank*[18] betrug das Bruttogeldvermögen[19] der inländischen privaten Haushalte zum 31. Dezember 1987 2429 Mrd., also 2,4 Billionen Deutsche Mark[20]. Die Zahlen belegen auch: Für den Aufbau der ersten Billion DM Bruttogeldvermögen benötigten die inländischen privaten Haushalte 28 Jahre (1948-1976), für die zweite Billion nur noch 8 Jahre (1977-1984). Der Anteil der in Form von Eigenkapital in Unternehmungen eingelegten Beträge machte mit 118 Mrd. noch nicht einmal 5% aus[21]. Es verbleiben also Geldforderungen der inländischen privaten Haushalte von 2,3 Billionen DM. Berücksichtigt man die Geldverbindlichkeiten der inländischen privaten Haushalte am 31. Dezember 1987, so betrug die Nettoforderungsposition dieses Sektors rd. 2150 Mrd. DM. Diese Zahl liegt um ca. 6% über dem bundesdeutschen Bruttosozialprodukt des Jahres 1987 (2023 Mrd. DM).

Da jeder Forderung eine exakt gleich hohe Verbindlichkeit gegenübersteht, müssen den Netto-Geldforderungen der inländischen privaten Haushalte exakt gleich hohe Netto-Geldschulden anderer Wirtschaftssubjekte gegenüberstehen. Netto-Schuldner waren am 31.12.1987 mit

- rund 440 Mrd. DM die öffentliche Hand (einschließlich den Sozialversicherungen),
- rund 900 Mrd. DM die Wohnungswirtschaft,
- rund 310 Mrd. DM das Ausland und
- rund 500 Mrd. die inländischen Unternehmungen (einschließlich dem finanziellen Sektor, also Bundesbank, Kreditinstitute und Versicherungen).

Die in *Abbildung 3* vorgenommene Aufspaltung des Bruttogeldvermögens nach den von den privaten Haushalten gewählten Anlageformen zeigt, daß nur knapp

---

[18] Vgl. hierzu und zum folgenden: *Deutsche Bundesbank*: Ergebnisse der Gesamtwirtschaftlichen Finanzierungsrechnung für das Jahr 1987. Monatsbericht Mai 1988, S. 24-31, 56-69; vgl. auch *Deutsche Bundesbank*: Zahlenübersichten und methodische Erläuterungen zur gesamtwirtschaftlichen Finanzierungsrechnung der Deutschen Bundesbank 1960-1987. Sonderdrucke der Deutschen Bundesbank Nr. 4. 5. Aufl., Frankfurt/Main 1988.

[19] Geldvermögen (weit gefaßt) = Gläubiger-Schuldner-Verhältnisse + Aktienbesitz + sonstige Beteiligungen + Ansprüche gegen Versicherungen + Bestände an finanziellem Gold (Forderung gegen Ausland). Aktien und festverzinsliche Wertpapiere sind dabei zu Tageskursen angesetzt.

[20] 31.12.1967: 366 Mrd. DM; 31.12.1972: 670 Mrd. DM; 31.12.1977: 1152 Mrd. DM; 31.12.1982: 1749 Mrd. DM; 31.12.1985: 2189 Mrd. DM; 31.12.1986: 2336 Mrd. DM.

[21] Ende 1986 betrug der Anteil ca. 6% (140 Mrd. von 2,3 Billionen DM). Der Rückgang der Quote resultiert aus dem Verfall der Börsenkurse nach dem 19. Oktober 1987.

Position	Bestand am 31.12.1987	
	in Mrd. DM	in % des Bruttogeldvermögens
Geldeinlage bei Banken	(1 154,2)	(47,5)
- Spareinlagen	694,2	28,6
- Termingelder und Sparbriefe	277,4	11,4
- Bargeld und Sichtguthaben	182,6	7,5
Bausparkassen	117,1	4,8
Versicherungen	496,1	20,4
Festverzinsliche Wertpapiere	353,3	14,6
Aktien	118,4	4,9
Sonstige Forderungen, insbesondere Ansprüche gegen betriebliche Pensionsfonds und Geldmarktpapiere	189,4	7,8
Summe	2428,5	100,0

Abb. 3: Bestand des Bruttogeldvermögens inländischer privater Haushalte am 31. Dezember 1987

5% als Risikokapital angelegt war. Insgesamt erbrachte das Bruttogeldvermögen ein Bruttoeinkommen von schätzungsweise 98,5 Mrd. DM; bezogen auf das zum Jahresbeginn 1986 vorhandene Geldvermögen entspricht dies einer durchschnittlichen Rendite von etwa 4,5%. „Nicht ganz die Hälfte der verzinslich angelegten Ersparnisse privater Haushalte (war dabei) in Anlageformen gebunden, die von der zum 1. Januar 1989 eingeführten Quellensteuer auf Zinserträge nicht oder - wie die Zinsen im Rahmen des Lebensversicherungssparens - nur z.T. erfaßt werden“[22].

Dabei erhöhte sich das Bruttogeldvermögen der privaten Haushalte im Jahre 1987 nach den Ausgaben für den privaten Verbrauch und den Anlagen in der Wohnungswirtschaft bei einer Sparquote von 13,5% um 142 Mrd. DM[23]. Das sind ca. 2300 DM pro Kopf der Bevölkerung. Wiederum wurden nur etwa 3,5% dieses Betrages Unternehmungen als Risikokapital zur Verfügung gestellt.

Weshalb diese Zahlen? Sie machen zumindest eines deutlich: Der Mangel an Risikokapital kann nicht auf einen Mangel an Kapital zurückgeführt werden. Es gibt keinen Mangel an Kapital. Aber derjenige Sektor unserer Volkswirtschaft, der heute allein Geldvermögen ansammelt, die privaten Haushalte, stellen den Unternehmungen Risikokapital nur in unbedeutendem Umfang zur Verfügung. 1987 etwa legten sie ihr Geld überwiegend bei Banken (42%), bei Versicherungen (29%) und in festverzinslichen Wertpapieren (20%) an, etwa 8% ihrer neuentstandenen Forderungen richteten sich gegen betriebliche Pensionseinrichtungen.

Trotz dieses Anlageverhaltens haben Unternehmungen die Möglichkeit, sich mit diesen Geldern zu finanzieren. Soweit die festverzinslichen Papiere von Unternehmungen ausgegeben werden, fließen ihnen die Beträge von den Haushalten ohne-

[22] *Deutsche Bundesbank*: Ergebnisse der gesamtwirtschaftlichen Finanzierungsrechnung ..., a.a.O. (FN 18), S. 30.

[23] Vgl. *Deutsche Bundesbank*: Ergebnisse der gesamtwirtschaftlichen Finanzierungsrechnung für das Jahr 1987. Monatsbericht Mai 1988, S. 30.

hin zu. Im Falle der neu entstandenen Ansprüche gegen betriebliche Pensionsfonds müssen die Unternehmungen die Beträge nicht bereits jetzt, sondern erst später - beim Eintritt des Versorgungsfalls - an die Haushalte herausgeben. Die den Banken zugeflossenen Beträge werden von diesen zu einem großen Teil in Form von Krediten an die Unternehmungen weitergegeben; Kreditinstitute tragen dabei den unterschiedlichen Zielvorstellungen ihrer - risikolose Kapitalanlagen suchenden - Einleger einerseits und - risikoreiche Projekte beabsichtigenden - Kreditnehmer andererseits Rechnung, indem sie als Finanzintermediäre die ihnen als Einlagen zugeflossenen Beträge an die Kreditnehmer weiterleiten, wobei sie eine Transformation des Risikos, aber auch der Fristen und Losgrößen vornehmen. In allen Fällen handelt es sich aber um Fremdkapital, mit dem sich die Unternehmungen hier finanzieren.

Um das Anlageverhalten der privaten Haushalte zu verstehen, muß man die Rechtsstellung der Eigenkapitalgeber und der Fremdkapitalgeber und die daraus resultierende Risikosituation kennen.

D. Rechtsstellung und Risikosituation von Eigen- und Fremdkapitalgebern

Zwischen Fremdkapitalgeber und Schuldner wird ein schuldrechtlicher Vertrag abgeschlossen. Er enthält regelmäßig Vereinbarungen über Höhe und Termine der Zinszahlungen sowie über die Modalitäten der Kredittilgung. Diese Zahlungsverpflichtungen des Schuldners sind von der Höhe seines Periodengewinns völlig unabhängig. Der Gläubiger erhofft sich zwar diese Zins- und Tilgungszahlungen aus den laufenden Einzahlungsüberschüssen der möglichst rentabel arbeitenden Schuldnerunternehmung. Die Zahlungen sind aber auch zu leisten, wenn der Schuldner Verluste erwirtschaftet. Muß der Schuldner gar die Geschäftstätigkeit einstellen, so sind sie aus den Liquidationserlösen zu erbringen.

Im letzten Fall erhoffen sich aber alle Gläubiger Befriedigung aus dieser Haftungsmasse. Jetzt haben Gläubiger, die über vorher vertraglich vereinbarte Sicherheiten verfügen, einen Vorsprung vor der Konkurrenz der übrigen Gläubiger, stehen ihnen doch Teile der Haftungsmasse allein zur Verfügung. Für die Gesamtheit der Gläubiger, die über keine Sicherheiten verfügen, verbleibt nur der meist außerordentlich kleine Teil der Haftungsmasse, der nicht durch Sicherungsrechte einzelner Gläubiger belastet ist.

Die beschriebene, relativ risikoarme, da durch Sicherheiten abgesicherte Stellung eines Gläubigers, der termingerecht mit festen Zinszahlungen und mit der Kredittilgung rechnen kann, streben offenbar die privaten Haushalte an, wenn sie ihre Ersparnisse anlegen. Anlagen bei Banken und Versicherungen können sie wegen der bestehenden Staatsaufsicht und wegen zahlreicher Sonderregelungen für diese Wirtschaftszweige als gesichert ansehen. Die Ansprüche gegen Unternehmungen aufgrund erworbener Schuldverschreibungen sind eher aufgrund der bei der Emissionsgenehmigung (§§ 795, 808a BGB) und bei der Börseneinführung überprüften

Bonität des Schuldners als wegen ihrer Unterlegung mit Grundpfandrechten abgesichert; hängt doch die Werthaltigkeit dieser Grundpfandrechte ausschließlich von der Verwertungsmöglichkeit dieser Industriegrundstücke, und damit von deren Wert für potentielle Erwerber, ab. Einen Verlust ihrer Ansprüche gegen betriebliche Pensionseinrichtungen müssen die bezugsberechtigten privaten Haushalte seit Bestehen des Pensions-Sicherungs-Vereins nicht mehr befürchten.

Mit einem Verlust der angelegten Gelder müssen die privaten Haushalte bei den von ihnen bevorzugten Anlageformen also nicht rechnen. Sie können aber mit einem festen Strom von Einzahlungen rechnen, wobei die Zinshöhe zudem nur wenig mit der Bonität des Schuldners, also mit dem eingegangenen Risiko, viel dagegen mit der Geldmengenpolitik der *Deutschen Bundesbank,* aber auch der Zentralbanken anderer Staaten zu tun hat.

Unvergleichlich anderen Chancen und Risiken ist aber ausgesetzt, wer Eigenkapital in eine Unternehmung einbringt. Er partizipiert am wirtschaftlichen Erfolg „seiner" Unternehmung. Exakt kann dieser Erfolg allerdings erst ermittelt werden, wenn die Unternehmung ihre Geschäftstätigkeit eingestellt, alle Vermögensgegenstände „versilbert" und alle Schulden beglichen hat. Da jedoch der Wunsch besteht, schneller am Unternehmungserfolg zu partizipieren und schneller Informationen über den Erfolg zu bekommen, um daraus Folgerungen ziehen zu können, ermittelt man Jahreserfolge, wobei die bereits erwähnten - am Vorsichtsprinzip orientierten - Bewertungsprinzipien zu beachten sind.

Somit partizipiert der Eigenkapitalgeber - entsprechend seinem Anteil am gesamten Eigenkapital oder entsprechend den vertraglichen Absprachen - Jahr für Jahr an dem, was der Unternehmung nach Abdeckung aller Aufwendungen von den Erträgen verbleibt. Dieser in der Gewinn- und Verlustrechnung ermittelte Gewinn entspricht wegen der Zusammenhänge der doppelten Buchhaltung aber betragsgenau der erfolgsbedingten Erhöhung des Eigenkapitals. Der Betrag, der den Eigentümern erwächst, sei es in Form von Gewinnausschüttungen, sei es in Form von Zuschreibungen zum Eigenkapital, etwa zu den Rücklagen, ist also auch abhängig von den als Aufwendungen verrechneten Fremdkapitalzinsen.

Und damit hängt zusammen, was in Gewinnzeiten für einen geringen Eigenkapitalanteil der Unternehmung spricht - nämlich der Hebel- oder Leverage-Effekt. Wer in einer mit Gewinn arbeitenden Unternehmung für einen immer größer werdenden Fremdkapitalanteil Zinsen bezahlt, die unter der Rentabilität des gesamten eingesetzten Kapitals liegen, der erreicht, daß dem immer kleiner werdenden Eigenkapitalanteil die gesamte Differenz zwischen Gesamtkapitalrentabilität und fixiertem Fremdkapitalzins zuwächst. Er „hebelt" seine Eigenkapitalrentabilität nach oben.

Wie aber, wenn eine Unternehmung sich bei verschlechterter wirtschaftlicher Lage einer fixierten Auszahlungsverpflichtung für Fremdkapitalzinsen gegenübersieht, die die Rentabilität des gesamten eingesetzten Kapitals übersteigt? Dann wirkt der Leverage-Effekt selbstverständlich immer noch, diesmal allerdings in die andere Richtung. Die Aufwendungen sind nicht mehr durch Erträge gedeckt, es entstehen Verluste, das Eigenkapital sinkt um diesen Verlustbetrag. Und diese Auswirkungen auf das Eigenkapital sind um so gravierender, je geringer der Anteil des Eigenkapitals am Gesamtkapital ist.

Es ist leicht einzusehen: Weil der Unternehmungsleitung nicht alle zukünftigen Verlustgefahren bekannt sind, muß sie Eigenkapital als Verrechnungspuffer (keineswegs als Liquiditätspuffer!) zur Verfügung haben. Je niedriger das Eigenkapital ist bzw. durch Periodenverluste geworden ist, desto vorsichtiger muß eine verantwortungsbewußte Unternehmungsleitung bei ihren Entscheidungen sein. Sie will schließlich nicht riskieren, daß dieses Eigenkapital vollends durch (weitere) Verluste aufgezehrt wird. Die Bereitschaft zu Unternehmungsgründungen und Innovationen - beides zeichnet sich durch besonders hohe Risiken aus - wird durch eine niedrige Eigenkapitalquote also nicht gerade gefördert.

Gläubiger werden nur dann in größerem Umfang Gelder ausleihen, wenn sie davon überzeugt sind, daß die gesetzlichen Vorschriften dazu beitragen, die Erfüllungsfähigkeit der Schuldner zu erhalten und bei fehlender Erfüllungswilligkeit der Schuldner eine Durchsetzung der Forderungen zu erreichen[24]. Letztlich ist die moderne „Geldwirtschaft nur dann leistungsfähig, wenn unter den Beteiligten hinreichend wirtschaftliches Vertrauen herrscht: Dieses Vertrauen wird auch durch Haftung geschaffen“[25]. Daß auch Gläubiger an einer „ausreichenden“ Eigenkapitalhöhe interessiert sind, zeigt der folgende Zusammenhang. Er macht zudem deutlich, warum das Eigenkapital auch als Risikopuffer bezeichnet wird.

Solange das vorhandene Eigenkapital die aus den übernommenen Risiken zu erwartenden Verluste übersteigt, kann jeder Gläubiger sicher sein, daß das Vermögen, das dem Schuldner nach Eintritt der erwarteten Verluste verbleibt, zur termingerechten und vollständigen Befriedigung aller - also auch seiner - Ansprüche ausreichen wird. Durch die Bereitstellung und Erhaltung eines den übernommenen Risiken „angemessenen“ Eigenkapitals soll also letztlich die Gesamtheit der Gläubiger vor Vermögensverlusten geschützt werden. Insoweit stellt also ein als ausreichend angesehenes Eigenkapital die Voraussetzung jeder Kreditzusage bzw. Kreditprolongation dar, soweit sich der Gläubiger nicht ausreichende Sicherheiten beschaffen kann[26]. Den Kreditinstituten kommt dabei über die unmittelbare Kreditgewährung weitere Verantwortung zu, falls - wie von Albach[27] angeführt - hohe Fremdkapitalanteile von externen Kapitalgebern als Signal verstanden werden, daß die über Insider-Informationen verfügende Hausbank Vertrauen in den Kreditnehmer setzt, so daß sich die übrigen, weniger gut informierten (aktuellen und po-

---

[24] Vgl. hierzu *Bieg, Hartmut*: Gläubigerschutzprinzip. In: Handwörterbuch des Steuerrechts und der Steuerwissenschaften. Hrsg. von *Georg Strickrodt, Günter Wöhe, Christian Flämig, Günther Felix* und *Heinz Sebiger*, mitbegründet von *Wilhelm Hartz*. 2. Aufl., München und Bonn 1981, S. 686-689.

[25] *Deppe, Hans-Dieter*: Finanzielle Haftung heute - Obsoletes Relikt oder marktwirtschaftliche Fundamentalleistung. In: Zweihundert Jahre Geld und Brief - Herausforderungen an die Kapitalmärkte. Festgabe an die Niedersächsische Börse zu Hannover aus Anlaß ihres 200jährigen Bestehens. Hrsg. von *Carsten P. Claussen, Lothar Hübl* und *Hans-Peter Schneider*. Frankfurt/Main 1987, S. 180.

[26] Vgl. zum Zusammenhang zwischen Insolvenzanfälligkeit und Eigenkapitalausstattung sowie zur Problematik der Ermittlung einer ausreichenden Eigenkapitalhöhe aber auch *Schneider, Dieter*: Lücken bei der Begründung einer „Eigenkapitallücke“. Der Betrieb 1986, S. 2293-2298.

[27] Vgl. *Albach, Horst*: „Finanzierungsregeln“ und Kapitalstruktur der Unternehmung. In: Finanzierungshandbuch. Hrsg. von *F. Wilhelm Christians*. 2. Aufl., Wiesbaden 1988, S. 624f.

tentiellen) Kreditgeber veranlaßt sehen, der Unternehmung weiterhin Vertrauen entgegenzubringen.

Dieser vermutete mittelbare Einfluß der Kreditinstitute auf die Entscheidung anderer Kreditgeber ist vor allem deswegen von Bedeutung, weil Kreditinstitute offensichtlich ihr Kreditrisiko durch Sicherheiten, insbesondere durch erstrangige Grundpfandrechte, so weitgehend reduzieren, daß in der Bundesrepublik im Konkursfall durchschnittlich 79% ihrer Forderungen befriedigt werden[28]. Da auch Lieferanten, hauptsächlich aufgrund von Eigentumsvorbehalten, eine Quote von mehr als 60% erzielen[29], verwundert es nicht, daß alle unbesicherten Gläubiger im Konkursfall mit nennenswerten Bedienungsquoten kaum zu rechnen haben. Bei dem sehr hohen Anteil masseloser Konkurse - ca. 70% - und einer durchschnittlichen Deckungsquote von 2-3% für die nicht bevorrechtigten Konkursforderungen[30] ist das Unternehmerrisiko in einem hohen Maße mit auf die Gläubiger übergegangen, die nicht über ausreichende Sicherheiten verfügen. Auch diese niedrige Deckungsquote ergibt sich letztlich nur, weil anderen Gläubigern bei der Besicherung juristische Fehler unterlaufen, so daß es dem Konkursverwalter gelingt, Vermögenswerte für die Masse freizukämpfen[31].

Ob die Kreditinstitute eine Ausweitung der Fremdkapitalquote fördern, weil sie - verglichen mit den anderen Gläubigergruppen - ihr Risiko sehr viel besser abgesichert haben, über wesentlich bessere Informationen verfügen und deswegen rechtzeitig - vor den übrigen Gläubigern - geeignete Maßnahmen einleiten können, läßt sich aufgrund der verfügbaren Informationen nicht beantworten.

Man versteht aber angesichts des üblichen Umfangs der Besicherung von Bankkrediten die Klagen, bei Unternehmungsgründungen seien die Banken nicht immer besonders hilfreich. Gerade in diesem Stadium fehlen typischerweise die für Kreditbesicherungen so geschätzten Grundstücke.

Kreditinstitute können und wollen sich heute nicht mehr in dem Umfang im Gründergeschäft betätigen wie am Ende des letzten Jahrhunderts. Sie können dies - streng genommen - nicht wegen der im Kreditwesengesetz aus Gründen des Gläubigerschutzes festgelegten Beschränkung der Anteilsrechte an anderen Unternehmungen[32]. Sicher wollen sie es angesichts der immer wieder erhobenen Vorwürfe gegen die Industriebeteiligung der Großbanken auch nicht mehr. Deswegen müssen andere, auch von Kreditinstituten entwickelte und betriebene Organisationsformen - etwa Kapitalbeteiligungsgesellschaften oder Venture Capital - bei Unternehmungsgründungen oder bei risikoreichen Investitionen Finanzierungsfunktionen übernehmen.

---

[28] Vgl. *Gessner, Volkmar/Rhode, Barbara/Strate, Gerhard/Ziegert, Klaus A.*: Die Praxis der Konkursabwicklung in der Bundesrepublik Deutschland. Hrsg. vom *Bundesministerium der Justiz*. Köln 1978, S. 175f.

[29] Ebenda.

[30] Vgl. *Uhlenbruck, Wilhelm*: Typische Symptome in den durch Strukturwandel gefährdeten Betrieben - Versuch einer Insolvenzanalyse. Die Betriebswirtschaft 1977, S. 313.

[31] Vgl. *Steiner, Manfred*: Unternehmenskredit und Insolvenzrisiko. Stuttgart 1980, S. 64.

[32] Vgl. § 12 KWG sowie Grundsatz I.

E. Schuldendeckungspotential und Handelsbilanz

Da die Gläubiger sich im Falle des Zusammenbruchs aus dem Vermögen der Schuldnerunternehmung befriedigen wollen, möchten sie aus deren Handelsbilanz gerne erfahren, ob ein hierzu ausreichender Vermögensbestand vorhanden ist. Damit stellt sich zwangsläufig die Frage, ob die Handelsbilanz diese weitere Aufgabe der Information über das Schuldendeckungspotential überhaupt erfüllen kann, nachdem alle ihre Ansatz- und Bewertungsregeln unter dem Gesichtspunkt der Gewinnermittlung zustande gekommen sind.

Der Grad der Schuldendeckung, also des Überschusses der Vermögenswerte über die Schulden - und zwar im Falle des Unternehmungszusammenbruchs - kann nur ermittelt werden, wenn man einerseits alle Vermögensgegenstände kennt, die zur Befriedigung der Schulden zur Verfügung stehen, und dies zu den Werten, mit denen sie sich in diesem Fall wahrscheinlich realisieren ließen. Andererseits muß man alle in diesem Fall zwingend zu erfüllenden Verbindlichkeiten in ihrer vollen Höhe kennen.

Damit ist beschrieben, wie eine Bilanz aussehen müßte, deren Eigenkapitalziffer über den nach vollständiger Schuldentilgung den Eigentümern verbleibenden Restbetrag informieren soll. Damit ist aber auch beschrieben, wie eine Bilanz von Kapitalgesellschaften aussehen müßte, die die Aufgabe hat, bei Überschuldung den Konkurs des Schuldners auszulösen.

Anhand von drei Punkten möchte ich deutlich machen, daß Handelsbilanzen - und Steuerbilanzen - nicht über das im Konfliktfall vorhandene Schuldendeckungspotential informieren, und daß sie sich deswegen auch nicht als Konkursauslösungsinstrument eignen.

Erstens ist das Vermögen - entsprechend dem going-concern-Prinzip - mit Werten angesetzt, die von der Fortführung der Unternehmung ausgehen. Bei Zerschlagungen lassen sich in der Regel aber nur erheblich niedrigere Erlöse erzielen. Solange die Summe der gegenüber dem Handelsbilanzansatz erzielten Mindererlöse das vorhandene Eigenkapital nicht übersteigt, können die Schulden in voller Höhe aus den Liquidationserlösen getilgt werden. Je geringer die ausgewiesene Eigenkapitalziffer, desto geringer ist aber auch der Betrag, um den die Liquidationserlöse unter den Handelsbilanzansätzen liegen dürfen, ohne daß die Schuldner auf Teile ihrer Forderungen verzichten müssen.

Ein zweiter Punkt: Trotz der seit 1. Januar 1987 geltenden grundsätzlichen Passivierungspflicht für Pensionsrückstellungen[33] wird der Schuldenausweis in den Jahresbilanzen unvollständig bleiben. Nach Handels- und Steuerrecht besteht nun zwar das vom Bundesgerichtshof[34] bestätigte Passivierungswahlrecht nicht mehr; grundsätzlich müssen also unabdingbare Verpflichtungen des Arbeitgebers aus unverfallbaren Pensionszusagen in Handelsbilanzen erscheinen. Die Übergangsregelungen des Art. 28 Abs. 1 Satz 1 EGHGB sehen aber weiterhin ein Passivierungs-

[33] Vgl. § 249 Abs. 1 HGB.
[34] Urteil vom 27. Feburar 1961, II ZR 212/59, Betriebs-Berater 1961, S. 426.

wahlrecht vor für die vor dem 1. Januar 1987 gegebenen Pensionszusagen („Altzusagen“) sowie für nach dem 31. Dezember 1986 vorgenommene Erhöhungen dieser Zusagen. Daneben besteht auf Dauer ein Passivierungswahlrecht für mittelbare Verpflichtungen aus Zusagen für eine laufende Pension oder eine Pensionsanwartschaft, z.B. über eine Unterstützungskasse, sowie für unmittelbare und mittelbare ähnliche Verpflichtungen[35]. Allerdings müssen im Fall der Nichtpassivierung die in der Bilanz nicht ausgewiesenen Rückstellungen für laufende Pensionen, für Pensionsanwartschaften und für ähnliche Verpflichtungen von Kapitalgesellschaften, nicht dagegen von Unternehmungen anderer Rechtsformen, in einem Betrag im Anhang ausgewiesen werden[36]. Zumindest für Nicht-Kapitalgesellschaften informiert somit der Jahresabschluß nicht zutreffend über die Lage der Unternehmung. Dies gilt auch für kleine und mittelgroße Kapitalgesellschaften, die aufgrund der erleichterten Gliederungsvorschriften gemäß § 266 Abs. 1 Satz 3 bzw. § 327 Nr. 1 HGB die Pensionsrückstellungen nicht gesondert ausweisen müssen, so daß die Fehlbetragsangabe dort die gesamte Rückstellungsposition betrifft; nicht gebildete Pensionsrückstellungen lassen sich dabei nicht herausrechnen.

Noch aus einem dritten Grund informieren Handelsbilanzen nicht zutreffend über die Deckung der Schulden durch Vermögenspositionen. Üblicherweise sind Unternehmungen eine Vielzahl von Garantieverpflichtungen und sogenannten Dauerschuldverhältnissen, z.B. Miet- und Pachtverträge, Leasing-Verträge sowie Dienstverträge eingegangen. Über die hieraus vertragsgemäß entstehenden Verpflichtungen informieren Bilanzen grundsätzlich überhaupt nicht. In der Buchhaltung erscheinen nur die Teilbeträge, die aufgrund der Vertragsvereinbarungen zu bestimmten Terminen fällig werden. Unter diesen Aspekten ist die Feststellung erlaubt, daß viele Unternehmungen in der Bundesrepublik für den Konfliktfall nicht hinreichend gerüstet sind, daß sie für diesen Fall nicht über ausreichende Vermögensbestände verfügen, um alle auf sie zukommenden Verpflichtungen erfüllen zu können. Für bereits bestehende Unternehmungen kann das aber nur bedeuten, daß sie versuchen müssen, das mit festen Zinszusagen versehene Fremdkapital abzubauen - zugunsten von zusätzlichem Eigenkapital. Für neu zu gründende Unternehmungen kann es nur bedeuten, daß von Beginn an die Relation zwischen Eigen- und Fremdkapital besondere Aufmerksamkeit verdient.

F. Unternehmungsinsolvenzen

Verschiedene Untersuchungen zur Insolvenzentwicklung und zu den Insolvenzursachen stützen diese Forderung. Die Zahl der Insolvenzen[37] hat sich von 1970 bis 1986 in der Bundesrepublik von etwa 4200 auf rund 18900 Fälle im Jahr erhöht.

---

[35] Vgl. Art. 28 Abs. 1 Satz 2 EGHGB.

[36] Vgl. Art. 28 Abs. 2 EGHGB; vgl. zum Gesamtkomplex auch *Wöhe, Günter*: Bilanzierung und Bilanzpolitik. a.a.O. (FN 6), S. 563-576.

[37] Eröffnete Konkurse, mangels Masse abgewiesene Konkursanträge und eröffnete Vergleichsverfahren abzüglich Anschlußkonkurse.

1986 betrafen etwa 13600 Fälle Unternehmungen und freie Berufe. 1987 gab es erstmals wieder einen Rückgang der Insolvenzen um ca. 7% auf 17589, davon 12098 Unternehmungen und freie Berufe[38]; für diese wird 1988 ein erneuter Rückgang um 8% auf 11100 Insolvenzen erwartet[39].

Insolvenzen	1987
Insolvenzen von	
- nicht eingetragenen Unternehmungen	3352
- eingetragenen Einzelunternehmungen	1204
- Personengesellschaften	1095
davon GmbH & Co. KG	(739)
- GmbH	6413
- AG und KGaA	18
- eingetragene Genossenschaften	1
- sonstige Unternehmungen	15
	12098
Alter der insolventen Unternehmungen	
- unter 8 Jahren	8974
- 8 Jahre und mehr	3124
	12098

Abb. 4: Insolvenzen von Unternehmungen und freien Berufen im Jahre 1987

Dabei war 1981 die relative Häufigkeit der Insolvenzen bei Gesellschaften mit beschränkter Haftung mit 16 pro 1000 Unternehmungen über sechsmal so hoch wie bei Einzelunternehmungen und über dreimal so hoch wie bei Personengesellschaften[40]. Angesichts der hohen Zahl der GmbH (1986: 346371) und noch weiter wachsender Tendenz ist diese Tatsache besonders beängstigend. 1986 wiesen über die Hälfte der insolventen Unternehmungen die Rechtsform der GmbH auf. Auch die ab dem 1. Oktober 1981 vorgeschriebene Erhöhung des Mindeststammkapitals von 20000 auf 50000 DM konnte hier nicht erkennbar Abhilfe schaffen.

In dem hier interessierenden Zusammenhang sind die folgenden Feststellungen von besonderer Bedeutung. Junge Unternehmungen sind besonders gefährdet. Knapp die Hälfte der insolventen Unternehmungen wies 1980 ein Alter von vier Jahren oder weniger auf[41]. Von 1973 bis 1980 haben die Insolvenzen bei Unternehmungen mit einem Alter bis zu acht Jahren um ca. 16% zugenommen, während sie bei Unternehmungen mit einem Alter von über acht Jahren um etwa 40% abgenommen haben[42].

---

38 Die restlichen Gemeinschuldner sind natürliche Personen, Nachlässe und sonstige.

39 Vgl. Die Bank 1988, S. 356.

40 Ca. 2,5 mal so hoch wie bei Aktiengesellschaften; vgl. *Cuny, Reinhard H./Haberstroh, Dieter*: Gesetzgeberische Ursachen steigender Insolvenzzahlen. Betriebs-Berater 1983, S. 718.

41 Vgl. *Rödl, Helmut*: Insolvenzrisiken und ihre Früherkennung. In: Zum Problem der Insolvenzverhütung in mittelständischen Betrieben. Hrsg. von *Fritz Blenkers*. 2. Aufl., Göttingen 1981, S. 35-69, insbesondere S. 46.

42 Vgl. *Mischon, Claudia/Mortsiefer, Hans-Jürgen*: Zum Stand der Insolvenzprophylaxe in mittelständischen Betrieben. - Eine empirische Analyse. Göttingen 1981. S. 39.

Zudem: Bei einer fundierten Analyse von Insolvenzursachen werden unzureichende Finanzierungsverhältnisse nach Fehlern in der Unternehmungsführung, insbesondere wegen mangelhafter Unternehmerqualifikation, als zweitwichtigste Ursache ermittelt - noch vor Problemen des Absatzes[43].

Wenn Einigkeit darüber besteht, daß die Unternehmungen in der Zukunft in noch größerem Maße risikobehaftete Investitionschancen nutzen müssen, wollen sie an der technologischen Entwicklung teilhaben, und wenn angesichts dieser Risiken die derzeitige Eigenkapitalausstattung als zu niedrig angesehen wird, so stellt sich die Frage: Durch welche Maßnahmen kann man zur Verbesserung der Eigenkapitalausstattung bestehender und neu zu gründender Unternehmungen beitragen?

G. Möglichkeiten einer Verbesserung der Eigenkapitalausstattung

I. Verbesserte Gewinnsituation

Niedrige Gewinne beeinflussen die Attraktivität der Unternehmungen für die Anleger, die doch neues Eigenkapital im Wege der Außenfinanzierung zur Verfügung stellen sollen. Dies nicht nur, weil sie damit auch nur entsprechend niedrige Gewinnausschüttungen erwarten können. Es gibt noch einen weiteren Grund. Von der *Deutschen Bundesbank* wurde in verschiedenen Untersuchungen für die Zeiträume 1970-1973 und 1981-1986[44] ein enger Zusammenhang zwischen der Gewinnsituation einerseits und der Investitionstätigkeit andererseits nachgewiesen[45]. Unternehmungen mit hoher (Umsatz-) Rentabilität investieren deutlich mehr als ertragsschwache Unternehmungen, tragen damit in der Regel deutlich mehr zur Schaffung und Erhaltung von Arbeitsplätzen bei. Sie finanzieren diese Investitionen zudem überwiegend aus selbst erwirtschafteten Mitteln, also aus Abschreibungsgegenwerten und zurückbehaltenen Gewinnen, aber auch aus Investitionszuschüssen, obwohl sie aufgrund der guten Ertragsaussichten potentielle Kapitalgeber am ehesten zur Zuführung neuen Eigenkapitals reizen. Weniger rentabel arbeitenden Unternehmungen gelingt diese Initialzündung durch zunächst selbstfi-

[43] Vgl. *Reske, Winfried/Brandenburg, Achim/Mortsiefer, Hans-Jürgen*: Insolvenzursachen mittelständischer Betriebe. - Eine empirische Analyse. 2. Aufl., Göttingen 1978, S. 177f. Vgl. auch *Buchmann, Peter*: Analyse großer Insolvenzen der letzten Jahre. Kreditpraxis 1987, S. 59-63. Nach einer Untersuchung von „Creditreform" war unzureichende Eigenkapitalausstattung 1986 sogar der wichtigste Grund von Unternehmungszusammenbrüchen; vgl. Handelsblatt vom 24. Februar 1987.

[44] Vgl. *Deutsche Bundesbank*: Die Bedeutung der Ertragsverhältnisse der Unternehmen für Investitionen und Beschäftigung. Monatsbericht April 1986, S. 17-24; *Deutsche Bundesbank*: Die Bedeutung der Ertragsverhältnisse der Unternehmen für Investitionen und Beschäftigung in den Jahren 1983-1986. Monatsbericht April 1988, S. 29-35.

[45] Vgl. hierzu auch *Irsch, Norbert*: Erträge, Eigenkapitalausstattung und Investitionsneigung - Thesen und empirische Belege. Konjunkturpolitik 1985, S. 319-335.

nanzierte Investitionsprojekte dagegen in aller Regel nicht, setzen doch niedrige Periodengewinne auch der Verstärkung der Selbstfinanzierung über höhere nicht ausgeschüttete Gewinne Grenzen, da auch die Gewinnausschüttungsvorstellungen der Anleger nicht ohne Gefahr enttäuscht werden dürfen. Gerade diese Unternehmungen sind daher auf die Zuführung neuen Eigenkapitals angewiesen, vermögen potentielle Kapitalgeber aber aufgrund fehlender Gewinnaussichten nicht zu überzeugen.

Eine Verbesserung der Gewinnsituation der Unternehmungen könnte demnach viel zur Verbesserung der Eigenkapitalsituation beitragen. Wenn allerdings - wie im Durchschnitt der Jahre 1971 bis 1986 - die Anlage in festverzinslichen Papieren eine um 3,7 Prozentpunkte höhere Rendite abwirft als die Nettoverzinsung des in Unternehmungen eingesetzten Eigenkapitals[46], ganz zu schweigen vom Verhältnis der Barrenditen, dann kann man nicht erwarten, daß die privaten Haushalte risikobehaftete Aktien den praktisch als risikolos angesehenen Rentenpapieren vorziehen[47].

Es kommt hinzu, daß Erträge aus Gläubigerpapieren wegen der dort bestehenden Verpflichtung zur Selbstdeklaration grundsätzlich eher der Besteuerung entzogen werden können als etwa die der Quellenbesteuerung in Form der Kapitalertragsteuer unterliegenden Dividenden. Dies gilt wegen der Festsetzung des Steuersatzes auf 10% auch nach Einführung der Quellensteuer auf Zinserträge zum 1. Januar 1989.

II. Aufnahme neuer Gesellschafter

Wenn der Selbstfinanzierungskraft der Unternehmungen Grenzen gesetzt sind, so ist immer dann die Aufnahme neuer Gesellschafter erforderlich, wenn der seitherige Gesellschafterkreis zusätzliches Eigenkapital nicht aufbringen kann. Neue Gesellschafter sind aber nur unter zwei Bedingungen zu gewinnen: Sie müssen darauf vertrauen können, daß ihnen Informations-, Kontroll- und Mitspracherechte eingeräumt werden, die sie vor einer Benachteiligung gegenüber anderen Gesellschaftern schützen. Und sie müssen damit rechnen können, daß sich die Übernahme des Risikos lohnt. Aus Gewinnausschüttungen und Wertsteigerungen der Anteilsrechte wollen sie eine größere Vermögensmehrung erzielen als dies durch eine risikolose Anlage möglich wäre.

---

[46] Vgl. *Institut der deutschen Wirtschaft*: Unternehmenserträge - Risiko nicht belohnt. Informationsdienst des Instituts der deutschen Wirtschaft vom 4. August 1988, S. 4-5.

[47] Vgl. *Gruhler*: Aspekte der Eigenkapitalausstattung deutscher Unternehmen unter besonderer Berücksichtigung der Unternehmensgröße, der Rechtsform und des Wirtschaftsbereichs. Vortrag auf dem 1. Bayreuther Symposion für Betriebswirtschaftslehre. 3.-4.3.1983, S. 14. Da zwischen 1980 und 1985 die Sachvermögensrendite stets unterhalb der Realzinsen für festverzinsliche Wertpapiere lag, engagierten sich auch Unternehmungen stärker in Geld- als in Sachkapital und erwirtschaften rund 40% ihres Gewinns aus Finanzanlagen (1965-1969: durchschnittlich nur 23%); vgl. Informationsdienst des *Instituts der deutschen Wirtschaft*: Unternehmens-Renditen - Ein Zwischenhoch. iwd Nr. 10 vom 10. März 1988, S. 5.

Damit ist die Bereitschaft der seitherigen Eigentümer angesprochen, ihre Rechte mit neuen Kapitalgebern zu teilen, anderen Einblick zu gewähren, mit ihnen auch den Gewinn zu teilen. Insbesondere in gutgehenden mittelständischen Unternehmungen besteht aber nach wie vor die Vorstellung, man müsse Herr im eigenen Haus bleiben.

Wer so denkt, sollte sich allerdings über eines klar sein: Freiwillig kann diesen Standpunkt nur aufgeben, wer etwas anzubieten hat. Sobald Verluste erwirtschaftet werden, ist es zu spät, neue Gesellschafter zu finden. Das anlageinteressierte Publikum winkt ab. Es bleibt meist nur die weit folgenschwerere Anlehnung an eine andere, größere Unternehmung. Selbst wenn das vermieden werden kann, sind zumindest großen Kreditgebern umfangreiche Informations-, Kontroll- und Mitspracherechte einzuräumen.

Wo aber abzusehen ist, daß sich z.B. aus der technischen Innovation, aus kostenbedingten Rationalisierungen, aus der Entwicklung neuer Produkte oder aus der Erschließung neuer Märkte ein Finanzierungsvolumen ergeben wird, das von den seitherigen Eigentümern nicht erbracht werden kann, dort sollte man sich rechtzeitig nach neuen Eigenkapitalgebern umsehen.

Der Gang an die Börse wurde seit 1984 vermehrt angetreten; diese Entwicklung wurde allerdings am 19. Oktober 1987 zunächst jäh unterbrochen. Für die große Zahl eigenkapitalsuchender Unternehmungen ist es aber nach wie vor illusorisch, über eine Umwandlung in eine Aktiengesellschaft nachzudenken. Ihnen ist auch nicht mit der Einführung des geregelten Marktes zum 4. Mai 1987[48] gedient. Für sie, die nicht-emissionsfähigen, mittelständischen Unternehmungen, bietet es sich derzeit[49] an, über sogenannte Unternehmens- oder Kapitalbeteiligungsgesellschaften Eigenkapital zu beschaffen[50]. Diese - in der Regel von einzelnen Kreditinstituten oder von Kreditinstituts- und Versicherungsgruppen gegründeten - Gesellschaften legen - ähnlich wie die Managementgesellschaften auf dem Investmentsektor - einen oder mehrere Kapitalbeteiligungsfonds auf. Das anlagesuchende Publikum erwirbt Zertifikate an einem Fonds, der nun das ihm zugeflossene Kapital in verschiedene nicht börsenfähige Gesellschaften als Eigenkapital einbringt.

Diese Fondskonstruktion hat den Vorteil, daß durch viele Kleinbeteiligungen die Bonitätsrisiken gestreut werden. Dies vermindert die Wahrscheinlichkeit größerer Verluste. Somit können die Bonitätsanforderungen an die eigenkapitalsu-

---

[48] Vgl. *Schmidt, Hartmut/Döhrmann, Andreas*: Der geregelte Markt. Wirtschaftswissenschaftliches Studium 1987, S. 623-626.

[49] Zu weitergehenden Überlegungen siehe auch: Bericht der Kommission „Zweiter Börsenmarkt“: Börsenzugang für kleine und mittlere Unternehmen. Hrsg. vom *Minister für Wirtschaft, Mittelstand und Technologie Baden-Württemberg*, Stuttgart 1987.

[50] Eine gesetzliche Regelung findet sich im Gesetz über Unternehmensbeteiligungsgesellschaften (UBGG) vom 24. Dezember 1986, BGBl. I, S. 2488ff. Vgl. dazu auch:*Hesse, Wolf-Ekkehard*: Neue gesetzliche Rahmenbedingungen für die Bereitstellung von Eigenkapital. Der Betrieb, Beilage Nr. 1/87 zu Heft 4 vom 23. Januar 1987. Hier werden auch die weiteren Gesetze besprochen, mit denen die Rahmenbedingungen für die Bereitstellung von Eigen- und Fremdkapital durch private und institutionelle Anleger verbessert werden sollen (2. Gesetz zur Förderung der Vermögensbildung der Arbeitnehmer durch Kapitalbeteiligungen, Gesetz zur Verbesserung der Rahmenbedingungen für institutionelle Anleger, Gesetz zur Einführung eines neuen Marktabschnitts an den Wertpapierbörsen).

chenden Unternehmungen gesenkt werden, ohne daß das Verlustrisiko des Anlegers, also des Käufers der Fondszertifikate, bestimmte Grenzen überstiege.

Die bisher dargestellten Instrumente eignen sich für Unternehmungen, die bereits Erfolge auszuweisen haben, die lediglich an Finanzierungsgrenzen stoßen und neues Eigenkapital benötigen. Davon zu unterscheiden sind neu zu gründende Unternehmungen, deren Gründer zwar über eine gute Idee verfügen, deren Organisation und Management aber erst noch aufzubauen sind. In der bevorstehenden Aufbauphase benötigen sie eine sehr intensive Betreuung. Die Betreuungsfunktion, aber auch die Bereitstellung der notwendigen Infrastruktur können sogenannte Gründerzentren, Innovationszentren, Technologieparks übernehmen[51].

Diese Unternehmungen benötigen aber auch Kapitalgeber, die größere Risiken zu tragen bereit sind als das normale Anlagepublikum. Die Beschaffung des Risikokapitals kann auch über sogenannte Venture Capital-Gesellschaften erfolgen.

Bei dieser Wagnis- oder Risikofinanzierung, die sich in der Bundesrepublik im Gegensatz zu den USA nicht durchgesetzt hat, beteiligt sich eine Kapital- (und Management-) Gesellschaft bereits im Gründungsstadium an einer Unternehmung. Neben der Managementleistung erhält die Unternehmung also Kapital - meist in Form einer Minderheitsbeteiligung -, das sie - zumindest in dieser Höhe - nicht über den Kapitalmarkt oder über Kredite beschaffen könnte. Die Venture Capital-Gesellschaft beschafft sich dieses Kapital von risikobereiten privaten Anlegern, aber auch von Kreditinstituten und Versicherungen. Sie trägt die zwangsläufig auftauchenden Anfangsverluste mit. Ihre Beteiligung ist nicht darauf gerichtet, aus der laufenden Unternehmung Gewinnausschüttungen zu erhalten. Vielmehr soll - meist nach einem Rechtsformwechsel - eine Börseneinführung und eine Veräußerung der von der Venture Capital-Gesellschaft gehaltenen Anteile erfolgen. Mit dem dabei erzielten Überschuß über das ursprünglich eingelegte Kapital sollen nicht nur die Vermögensverluste aus den nicht erfolgreichen Unternehmungen abgedeckt, sondern auch die der Risikosituation angemessenen Renditeerwartungen der Kapitalgeber der Venture Capital-Gesellschaft erfüllt werden[52].

Es kann nicht übersehen werden, daß den Kreditinstituten bei der Aufnahme neuer Gesellschafter und bei der Erschließung zusätzlicher Finanzierungsmöglichkeiten durch Inanspruchnahme seither vernachlässigter Kapitalmarktsegmente eine wichtige Bedeutung zukommt[53]. Über die Beratung bei Finanzierungsfragen hinaus erwarten aber insbesondere die mittelständischen Unternehmungen weitere Beratungsleistungen ihrer Hausbank, nicht zuletzt auch bei Unternehmungsgrün-

---

[51] Vgl. *Wilhelm, Herbert/Corsten, Hans/Peckedrath, Peter*: Erste Analyse ausgewählter Technologieparks in der Bundesrepublik Deutschland - Ergebnisse einer Befragung. Zeitschrift für betriebswirtschaftliche Forschung 1985, S. 618-630.

[52] Vgl. *Fischer, Lutz*: Problemfelder und Perspektiven der Finanzierung durch Venture Capital in der Bundesrepublik Deutschland. Die Betriebswirtschaft 1987, S. 8-32; *May, Friedrich W./Dahmann, Klaus*: Teilnahme am Venture Capital-Geschäft. Kreditpraxis 3/1987, S. 29-34.

[53] Vgl. hierzu *Guthardt, Helmut*: Kreditinstitute als Träger der Unternehmensfinanzierung. Finanzierungshandbuch. Hrsg. von *F. Wilhelm Christians*. 2. Aufl., Wiesbaden 1988, S. 33-59, insbes. S. 39-43.

dungen[54], scheitert doch jeder zweite der pro Jahr etwa 300000 Unternehmungsgründer innerhalb von drei bis fünf Jahren.

III. Beseitigung steuerlicher Hemmnisse

Zum Abschluß möchte ich noch ein weiteres Hemmnis ansprechen, das einer Eigenkapitalausweitung entgegensteht: nämlich das Steuerrecht, das die Eigen- und Fremdfinanzierung in vielerlei Hinsicht unterschiedlich behandelt, wobei die Finanzierung mit Eigenkapital grundsätzlich benachteiligt wird. Dies gilt für den Vorgang der Kapitalbeschaffung ebenso wie für die laufende steuerliche Belastung. Kapitalgeber verhalten sich also auch aus steuerlichen Überlegungen nicht gerade unvernünftig, wenn sie die Gläubigerstellung präferieren. Dies muß berücksichtigen, wer Maßnahmen ergreifen will, die zu einer besseren Ausstattung der Unternehmungen mit Risikokapital führen sollen.

Zunächst zur unterschiedlichen Behandlung des Kapitalbeschaffungsvorgangs im verkehrsteuerlichen Bereich. Während die Einbringung von Fremdkapital keine verkehrsteuerlichen Auswirkungen hat, löst der Erwerb neuer Anteilsrechte an inländischen Kapitalgesellschaften durch den ersten Erwerber grundsätzlich Gesellschaftsteuer aus[55]. Ein derartiger Ersterwerb der Gesellschaftsrechte an Kapitalgesellschaften - wozu nach den Vorschriften des Kapitalverkehrsteuergesetzes auch in der Rechtsform der GmbH & Co KG geführte Unternehmungen zählen[56] - liegt bei der Gründung und bei späteren Kapitalerhöhungen vor. Da die Gesellschaftsteuer an den Erwerb der Gesellschaftsrechte anknüpft, ist sie auch dann in voller Höhe zu entrichten, wenn das Nominalkapital nicht vollständig eingezahlt wird.

Der Steuersatz beträgt 1%[57]. Er wird grundsätzlich auf den Wert der für die erworbenen Gesellschaftsrechte erbrachten Gegenleistung angewendet, also entweder auf den zugeführten Geldbetrag oder auf den gemeinen Wert der zugeführten Sachgüter, mindestens aber auf den Wert der Gesellschaftsrechte[58]. Die effektive Belastung ist allerdings niedriger, da die Gesellschaftsteuer als abzugsfähige Betriebsausgabe anerkannt wird, so daß die Gewinnsteuerbemessungsgrundlage um den Betrag der Gesellschaftsteuer gekürzt wird.

Von größerer Bedeutung sind allerdings die laufenden steuerlichen Belastungsunterschiede. Zunächst zur Vermögensteuer. Bei beiden Formen der Außenfinanzierung werden der Unternehmung Wirtschaftsgüter zugeführt. Ihr Bruttovermögen erhöht sich also. Da im Falle der Fremdfinanzierung aber entsprechende Verbindlichkeiten entstehen, die bei der Ermittlung des Einheitswertes des Betriebsvermögens abgezogen werden dürfen, erhöht sich die Vermögensteuerbelastung

---

[54] Vgl. *Weber, Barbara/Ziegler, Werner*: Existenzgründungsberatung als Bankdienstleistung. Zeitschrift für das gesamte Kreditwesen 1987, S. 284-290.

[55] Vgl. § 2 Abs. 1 KVStG.

[56] Vgl. § 5 Abs. 2 KVStG.

[57] Vgl. § 9 KVStG.

[58] Vgl. § 8 KVStG.

des Kreditnehmers nicht. Vermögensteuer fällt nur beim Gläubiger an. Die Bemessungsgrundlage erhöht sich dagegen, wenn Eigenkapital zugeführt wird. Dabei sind zwei Fälle zu unterscheiden.

Bei Einzelunternehmungen und Personengesellschaften erhöht die Kapitaleinbringung das Betriebsvermögen, das dem Eigentümer bzw. den Gesellschaftern zuzurechnen, also bei ihm bzw. ihnen zu versteuern ist. Innerhalb der anderen Vermögensarten tritt dafür aber eine entsprechende Vermögensminderung ein. Die Eigenkapitalzuführung stellt also nur eine Vermögensumschichtung dar. Zu einer Veränderung der Vermögensteuerbelastung kann es - bei einem für das Vermögen einheitlichen Steuersatz von 0,5%[59] - allenfalls aufgrund der für die verschiedenen Vermögensarten unterschiedlichen Bewertungsvorschriften kommen.

Kapitalgesellschaften verfügen über eine eigene Rechtspersönlichkeit. Die Folge ist, daß es zu einer steuerlichen Doppelbelastung kommt, da die Kapitalgesellschaften Vermögensteuer in Höhe von 0,6%[60] auf den Einheitswert des Betriebsvermögens zu zahlen haben, obwohl der Wert der Gesellschaftsrechte bereits bei den Anteilseignern der Vermögensteuer unterliegt.

Wegen des körperschaftsteuerlichen Anrechnungsverfahrens hat die Finanzierungsform grundsätzlich keinen Einfluß auf die Körperschaftsteuerbelastung. Letztlich fällt bei der Eigen- wie bei der Fremdfinanzierung nur die individuelle Einkommensteuer bei den Kapitalgebern an.

Mit der Absicht, die Steuerbelastung der Unternehmungen zu vermindern, wurde zum 1. Januar 1983 nicht nur der Vermögensteuersatz für Kapitalgesellschaften von 0,7 auf 0,6% gesenkt. Auch im Bereich der Gewerbesteuer wurden Veränderungen vorgenommen, die eine Entlastung der Unternehmungen brachten, allerdings - wie zu zeigen ist - um den hohen Preis einer Bevorzugung der Fremdfinanzierung.

Bei der Ermittlung der gewerbesteuerlichen Bemessungsgrundlage „Gewerbeertrag“ ist von dem nach einkommen- bzw. körperschaftsteuerlichen Vorschriften ermittelten Gewinn auszugehen, der dann um bestimmte, im Gewerbesteuergesetz genannte „Hinzurechnungen“ und „Kürzungen“ zu verändern ist. Bei der langfristigen Finanzierung, die vor allem als Alternative zur Einlagenfinanzierung anzusehen ist, muß eine Besonderheit beachtet werden.

Kreditzinsen, die von der Unternehmung an Gläubiger gezahlt werden, vermindern als abzugsfähige Betriebsausgabe den einkommen- bzw. körperschaftsteuerpflichtigen Gewinn. Bei der Ermittlung des Gewerbeertrags waren diesem Gewinn vor dem 1. Januar 1983 die langfristigen Fremdkapitalzinsen in voller Höhe hinzuzurechnen. Damit entsprach der Gewerbeertrag bei langfristiger Fremdfinanzierung dem Gewerbeertrag, der sich auch bei Zuführung von Eigenkapital ergeben hätte. Die Gewerbeertragsteuer übte unter diesen Umständen keinen Einfluß auf die Wahl der Finanzierungsform aus.

Eine entsprechende Regelung galt vor dem 1. Januar 1983 auch für die Gewerbekapitalsteuer. Bei der Ermittlung der Bemessungsgrundlage „Gewerbekapital“ ist vom Einheitswert des Betriebsvermögens - ermittelt nach den Vorschriften des Be-

---

[59] Vgl. § 10 Nr. 1 VStG.
[60] Vgl. § 10 Nr. 2 VStG.

wertungsgesetzes - auszugehen. Dieser Einheitswert ist um bestimmte „Hinzurechnungen“ und „Kürzungen“ zu verändern. Auch hier wurde die vermögensteuerliche Behandlung des langfristigen Fremdkapitals vor dem 1. Januar 1983 durch die gewerbesteuerliche Hinzurechnungsvorschrift für „Dauerschulden“ vollkommen rückgängig gemacht. Das gesamte langfristige Fremdkapital war dem Einheitswert des Betriebsvermögens hinzuzurechnen. Eigenkapital wie „Dauerschulden“ hatten dieselbe Steuerbelastung zur Folge. Unter diesen Umständen hatte auch die Gewerbekapitalsteuer auf die Wahl der Finanzierungsform keinen Einfluß.

Unter dem Gesichtspunkt der Steuerentlastung der Wirtschaft wurden die beschriebenen Hinzurechnungsvorschriften für „Dauerschulden“ und für die hierauf gezahlten Zinsen geändert. Heute sind dem einkommen- bzw. körperschaftsteuerpflichtigen Gewinn bei der Ermittlung des Gewerbeertrags nur noch 50% der Zinsen auf „Dauerschulden“ wieder hinzuzurechnen[61]. Entsprechend sind dem Einheitswert des Betriebsvermögens bei der Ermittlung des Gewerbekapitals heute nur noch 50% des langfristigen Fremdkapitals, soweit es 50000 DM übersteigt, wieder hinzuzurechnen[62].

Während also der gesamte Gewinn der Gewerbeertragsteuer und das gesamte Eigenkapital der Gewerbekapitalsteuer unterliegen, trifft die Gewerbeertragsteuer heute nur noch die Hälfte der Zinsen auf das langfristige Fremdkapital und die Gewerbekapitalsteuer nur noch die Hälfte der „Dauerschulden“.

Die Auswirkungen der Finanzierungsform werden also heute - im Gegensatz zur Zeit vor dem 1. Januar 1983 - durch die gewerbesteuerlichen Vorschriften nicht mehr vollständig eliminiert. Gewerbeertrag- wie Gewerbekapitalsteuer beeinflussen demnach heute die Entscheidung über die Finanzierungsform eindeutig zugunsten der Fremdfinanzierung.

Wurde diese Wirkung beabsichtigt, so sollten Regierung und Parlament allerdings nicht mehr über die mangelhafte Eigenkapitalausstattung klagen. Sie selbst haben im Gewerbesteuergesetz Rahmenbedingungen gesetzt, die dem Kaufmann geradezu den Weg zur Eigenfinanzierung verbauen, ihm den Weg zur Fremdfinanzierung schmackhaft machen. War es ein Versehen im Zuge der Entlastungsbemühungen? Dann sollte dies geändert werden. Steuerentlastungen dürfen - so meine ich - nicht zu Lasten der Finanzierungsneutralität der Besteuerung gehen.

---

[61] Vgl. § 8 Nr. 1 GewStG.

[62] Vgl. § 12 Abs. 2 Nr. 1 GewStG.

Beteiligungs-Sondervermögen und Unternehmensbeteiligungsgesellschaften

Geeignete Instrumente der Vermögensbildung und des indirekten Zugangs nicht emissionsfähiger Unternehmen zum organisierten Kapitalmarkt?

Dr. *Jürgen Bilstein*, Eschborn

Meinem Kollegen Dr. *Herbert Schäffner* danke ich für seine Unterstützung.

A. Die politische Zielsetzung

Die staatlich geförderte Vermögensbildung richtete sich lange Zeit überwiegend auf das Konten-, Bauspar- und Lebensversicherungssparen. Die Förderung von Beteiligungen der Arbeitnehmer am Produktivvermögen im Rahmen der sozialen Marktwirtschaft ist inzwischen durch die Gesetze zur Förderung der Vermögensbildung durch Kapitalbeteiligungen von 1983 und 1986 ausgebaut worden[1]. Im Rahmen des Zweiten Gesetzes zur Förderung der Vermögensbildung durch Kapitalbeteiligungen wurden die Beteiligungsmöglichkeiten vor allem erweitert durch neue Wege der indirekten außerbetrieblichen Beteiligung an mittelständischen Unternehmen, deren Anteile nicht am organisierten Kapitalmarkt gehandelt werden. Eine weitere Akzentverschiebung sieht das Steuerreformgesetz 1990 vom 25. Juli 1988[2] vor, wonach die Förderung auf Vermögensbeteiligungen (20%) sowie Bausparen und diesem ähnliche Anlageformen (10%) beschränkt wird. Die Förderung für das Konten- und Versicherungssparen entfällt.

Unternehmen, die in der Rechtsform der Einzelunternehmung, den verschiedenen Ausgestaltungen von Personengesellschaften oder in der Rechtsform der Gesellschaft mit beschränkter Haftung geführt werden, stoßen auf besondere Schwierigkeiten, wenn sie von außen zusätzliches Eigenkapital aufnehmen wollen. Jede Beteiligung an solchen Unternehmen ist durch Individualität geprägt, so daß sich ein allgemeiner Markt für Anteile an diesen Unternehmen nicht bilden kann. Daher kommt eine direkte Beteiligung der Mitarbeiter an diesen Unternehmen nur in Ausnahmefällen in Betracht.

In diesem Zusammenhang ist zur Diskussion gestellt worden, die Übertragbarkeit von GmbH- und KG-Anteilen zu erleichtern, um analog zum Aktienmarkt einen Handel zu ermöglichen. Auch wenn die praktisch kaum lösbaren steuerlichen Probleme bei einem laufenden Handel in KG-Anteilen (Ergänzungsbilanzen) ausgeklammert werden, bleiben Zweifel, ob dieser Vorschlag den Bedürfnissen der Gesellschafter gerecht wird. Von Abschreibungs-Kommanditgesellschaften und geschlossenen Immobilienfonds abgesehen, bei denen durchaus Interesse an einem Sekundär-Markt besteht, sind Kommanditgesellschaft und GmbH typische Rechtsformen mittelständischer Familiengesellschaften, bei denen der Gesellschafterkreis bewußt in einer bestimmten Form zusammengehalten werden soll. Wenn Einigkeit besteht, Veränderungen im Gesellschafterkreis durchzuführen, läßt sich dies auch realisieren. Wenn keine Einigkeit besteht, hilft auch eine leichtere Übertragbarkeit nichts, da in diesem Punkt die Ausgestaltung des Gesellschaftsvertrages angesprochen ist. Im übrigen aber dürfte die für die Fungibilität vorauszusetzende Standardisierung der Rechte und Pflichten der Gesellschafter nicht möglich und im Sinne einer Flexibilität dieser Gesellschaftsformen auch nicht erwünscht sein.

---

[1] Vgl. BGBl. I 1983, S. 1592, BGBl. I 1986, S. 2295

[2] Vgl. BGBl. I, S. 1093

Potentielle Kapitalgeber haben bei diesen Unternehmen kaum Möglichkeiten, durch entsprechende Vorkehrungen ihre Kapitaleinlage gegen Verlust zu schützen. Der „tätigen Beteiligung“, die hier die besten Voraussetzungen schaffen würde, stehen in der Regel zu viele persönliche und sachliche Umstände sowohl von seiten des Kapitalgebers als auch des Kapitalnehmers entgegen. Angesichts der unzureichenden Ressourcen des nicht organisierten Risikokapitalmarkts bedarf es eines Instrumentariums, das diesen Unternehmen einen mittelbaren Zugang zum organisierten Kapitalmarkt für Risikotitel eröffnet und zugleich geeignet ist, die Interessen der Anleger zu wahren. Solche Instrumente könnten dazu beitragen, die Kapitalausstattung und Investitionskraft der Unternehmen zu verbessern. Nach einer Erhebung der Deutschen Bundesbank betrugen die haftenden Eigenmittel aller Unternehmen gemessen an der bereinigten Bilanzsumme 1987 nur 19,5% gegenüber noch 30% in 1965, als die Bundesbank mit dieser Erhebung begann. Im Jahre 1985 war mit 18,2% ein Tiefpunkt erreicht[3].

Mit dem Zweiten Gesetz zur Förderung der Vermögensbildung der Arbeitnehmer durch Kapitalbeteiligungen vom 19. Dezember 1986 bietet der Gesetzgeber mit Beteiligungs-Sondervermögen von Kapitalanlagegesellschaften eine neue Form des Investmentsparens an. Eine Kapitalsammelstelle, die im Wettbewerb zu anderen steht, tritt zwischen die Vielzahl der Anleger und Beteiligungsunternehmen ohne Zugang zum Kapitalmarkt. Damit hat der Gesetzgeber ein Vermögensbildungsmodell geschaffen, das überbetrieblich einsetzbar ist, ohne jedoch die Nachteile und ordnungspolitischen Störfaktoren früher vorgeschlagener Tariffonds aufzuweisen.[4] Gleiches gilt für Unternehmensbeteiligungsgesellschaften, welche die Erfordernisse des Gesetzes über Unternehmensbeteiligungsgesellschaften vom 17. Dezember 1986[5] erfüllen. Ziel ist auch hier, insbesondere mittelständischen Unternehmen den indirekten Zugang zum Aktienmarkt zu erschließen sowie breiten Anlegerschichten die Möglichkeit zu geben, sich indirekt an mittelständischen Unternehmen zu beteiligen[6]. Beide Anlagemöglichkeiten werden im Rahmen der Vermögensbildung in gleicher Weise gefördert[7]. Der Erfolg dieser neuen Instrumente und damit der Grad, mit dem der Gesetzgeber sein Ziel erreichen wird, hängt davon ab, wie die Anforderungen der Anleger auf der einen und die der Beteiligungsnehmer auf der anderen Seite erfüllt werden können.

---

[3] Monatsberichte der Deutschen Bundesbank, November 1988, S. 18f.

[4] Zu früheren Plänen der Bundesregierung vgl. *Wöhe, G.*, Die Interdependenzen zwischen Vermögensbildung, Gewinnbeteiligung und Mitbestimmung, Die Aktiengesellschaft, 1974, S. 97ff.

[5] BGBl. I, S. 2488

[6] Vgl. BT-Drucksache 10/6193, S. 13

[7] Vgl. § 2 Abs. 1 Nr. 2a und f Fünftes Vermögensbildungsgesetz, § 19a Abs. 3 Nr. 1 und 5 EStG

B. Anforderungen an Modelle indirekten Beteiligungssparens

Anders als z.B. in den USA, wo Publikumsgesellschaften bis weit in mittelständische Größenordnungen hinein der dominierende Unternehmenstyp sind, gibt deutschen Gesellschaften ein i.d.R. im weiteren Sinne familiär verbundener Personenkreis das Gepräge.[8] Diese Struktur beeinflußt in hohem Maße die Nachfrage und das Angebot nach Eigenkapital und seinen verschiedenen rechtsformabhängigen Ausgestaltungsmöglichkeiten. Vermögenspolitische Konzepte, die Unternehmen den indirekten Zugang zum organisierten Kapitalmarkt eröffnen sollen, können nur erfolgreich sein, wenn in ausreichendem Umfang auf die individuellen Belange der Beteiligungsunternehmen eingegangen werden kann.

Entscheidungen über die Eigenkapitalausstattung, den Gesellschafterkreis und die Rechtsform sind von grundsätzlicher Bedeutung für das Beteiligungsunternehmen. Unternehmen, die Eigenkapital bei Kapitalsammelstellen aufnehmen, deren Anteile auch im Rahmen der betrieblichen Vermögensbildung placiert werden, müssen darauf vertrauen können, daß ihr Partner unabhängig ist und ausschließlich nach wirtschaftlichen Kriterien entscheidet.

Das Eingehen von Beteiligungen ist kein Massengeschäft. Die Prüfung des Beteiligungsvorhabens und der Zukunftsaussichten des Unternehmens verlangen eine entsprechende Expertise. Gleiches gilt für die laufende Überwachung und Betreuung der Engagements.

Breite Anlegerkreise können nur angesprochen werden, wenn wirksame Anlegerschutzvorschriften bestehen. Hierzu gehören neben einem Organisationsrahmen insbesondere eine ausgewogene Risikomischung im Beteiligungs-Portefeuille sowie eine ausreichende Publizität. Desgleichen haben die Anleger einen Anspruch darauf, daß ihre Mittel rentabel angelegt werden. Das beste Regulativ hierfür ist Wettbewerb zwischen den Kapitalsammelstellen.

Der fehlende direkte Zugang der Beteiligungsunternehmen zum organisierten Kapitalmarkt erfordert, daß die Kapitalsammelstellen ihrerseits fungible Titel ausgeben können, ohne daß der Anleger im Vergleich zu einer Direktanlage steuerlich schlechter behandelt wird.

C. Organisationsrahmen

I. Beteiligungs-Sondervermögen

Bei Beteiligungs-Sondervermögen handelt es sich um nach dem KAGG zugelassene Investmentfonds, deren Mittel im Rahmen vorgegebener Anlagegrenzen in

[8] Vgl. *Reuter, D.*, Gutachten B zum 55. Deutschen Juristentag, München 1984, S. B 17

Wertpapieren und stillen Beteiligungen anzulegen sind. Verwaltet werden die Sondervermögen von Kapitalanlagegesellschaften, die als Kreditinstitute besonderen gesetzlichen Vorschriften unterliegen[9] und Bezeichnungsschutz[10] genießen. Die Kapitalanlagegesellschaften haben die Sondervermögen von ihrem eigenen Vermögen getrennt zu halten.[11] Abweichend von reinen Wertpapier-Sondervermögen, die im Miteigentum der Anteilsinhaber stehen können, wird die Kapitalanlagegesellschaft bei Beteiligungs-Sondervermögen als Treuhänderin für die Anleger Eigentümer aller zum Beteiligungs-Sondervermögen gehörenden Gegenstände.[12]

Die Refinanzierung der Beteiligungs-Sondervermögen erfolgt über die Ausgabe von Anteilscheinen, in denen die Ansprüche der Anleger gegenüber der Kapitalanlagegesellschaft verbrieft werden.[13] Sie können auf den Inhaber oder auf den Namen lauten. Allein aus Praktikabilitätsgründen dürften Namenspapiere allerdings die Ausnahme bleiben.

Der Ausgabepreis[14] für einen Anteilschein hat dem anteiligen Wert am Sondervermögen zuzüglich eines in den Vertragsbedingungen der Kapitalanlagegesellschaft festgelegten Aufschlags zur Kostendeckung zu entsprechen. Bei Ausgabe des ersten Anteilscheins muß jedes Sondervermögen in so viele Anteile zerlegt werden, daß der Einzelwert nicht mehr als 100,- DM beträgt. Die Anteilscheininhaber können verlangen, daß ihnen gegen Rückgabe der Anteilscheine ihr Anteil ausgezahlt wird[15], was eine laufende Bewertung des Sondervermögens voraussetzt.

Stößt die Rücknahme von Anteilscheinen an Wertpapier-Sondervermögen wegen der Fungibiltät der Vermögensgegenstände nicht auf besondere Schwierigkeiten, ist diese Voraussetzung bei Beteiligungs-Sondervermögen im Hinblick auf die nach dem Anlagekatalog zu haltenden stillen Beteiligungen nur begrenzt gegeben. Die naheliegende und für Grundstückssondervermögen geltende Regelung, die Rückzahlung befristet zu verweigern[16], hat der Gesetzgeber im Gesetzgebungsverfahren verworfen[17].

Die Kapitalbeteiligungsgesellschaften werden also Wert auf Verträge legen müssen, die es ihnen ermöglichen, im Bedarfsfall, d.h. bei höheren Nettoabflüssen, stille Beteiligungen an Dritte abtreten zu können. Als Erwerber kommen insbesondere mit den Beteiligungs-Sondervermögen konkurrierende Kapitalbeteiligungsgesellschaften oder Unternehmensbeteiligungsgesellschaften in Betracht. Fördert die jederzeitige Rücknahmepflicht aus Sicht des Anlegers die Akzeptanz der Anlage, bleiben erhebliche Zweifel, ob Beteiligungsunternehmen derartige Vertragsklauseln hinnehmen werden. Angesichts der ebenfalls zu vereinbarenden Informations-, Kontroll- und Zustimmungsrechte der Kapitalanlagegesellschaft zur Wahrung der Interessen der Anleger[18] bedarf es eines besonderen Vertrauensverhältnis-

---

[9] Vgl. § 2 KAGG
[10] Vgl. § 7 KAGG
[11] Vgl. § 6 Abs. 1 KAGG
[12] Vgl. § 25f KAGG
[13] Vgl. § 18 Abs. 1 KAGG
[14] Vgl. § 21 KAGG
[15] Vgl. § 25h KAGG
[16] Vgl. § 36 KAGG
[17] Vgl. BT-Drucksache 10/5981, S. 17 und 41
[18] Vgl. § 25c Abs. 1g KAGG

ses zwischen dem Beteiligungsunternehmen und der Kapitalanlagegesellschaft, auf das ein Kapitalgeber Rücksicht zu nehmen hat. Die Möglichkeit eines „fliegenden Wechsels" dürfte daher die Akzeptanz von Beteiligungs-Sondervermögen auf Seiten potentieller Beteiligungsunternehmen vermindern.

Durch die Regelung der Beteiligungs-Sondervermögen im KAGG gelten die dort verankerten Anlegerschutzvorschriften auch für diese neue Form des Investmentsparens. Angesichts der Besonderheiten der Anlagen sind die für Wertpapier-Sondervermögen geltenden Vorschriften ergänzt worden. Von besonderer Bedeutung in diesem Zusammenhang ist die Zuweisung zusätzlicher Aufgaben auf die Depotbanken, denen nach § 12 KAGG die Verwahrung der Sondervermögen, die Ausgabe und Rücknahme von Anteilscheinen sowie die Ermittlung des Inventarwerts der Sondervermögen gemäß § 21 Abs. 2 KAGG obliegt.

Nach § 25g KAGG hat die Depotbank bei Beteiligungs-Sondervermögen die Aufgabe, den Bestand der stillen Beteiligungen laufend zu überwachen und zu bewerten. Die Kapitalgesellschaft darf nur mit Zustimmung der Depotbank über die zum Sondervermögen gehörenden stillen Beteiligungen verfügen oder Beteiligungsverträge ändern. Die Depotbank ist verpflichtet, diese Zustimmung zu erteilen, wenn dies mit den gesetzlichen Vorschriften und den Vertragsbedingungen des Sondervermögens übereinstimmt und die Interessen der Anteilscheininhaber gewahrt werden[19]. Aus der Gesetzesbegründung ergibt sich, daß die Depotbank nur die Rechtmäßigkeit zu prüfen habe. Die Prüfung der Zweckmäßigkeit sei allein Aufgabe der Kapitalanlagegesellschaft. Auf der anderen Seite haben die Depotbanken aber dafür zu sorgen, daß „die Interessen des Beteiligungsunternehmens oder der Kapitalanlagegesellschaft nicht über die Belange der Anleger gesetzt werden"[20]. Mit einer nur formalen Prüfung läßt sich dieses Ziel nicht erreichen.

Zum Schutz der Anleger enthalten die Vorschriften zu Beteiligungs-Sondervermögen ferner besondere Publizitätsvorschriften. Damit die Anleger erkennen können, in welchem Umfang und mit welchen Mitteln ihre Interessen von der Kapitalanlagegesellschaft gewahrt werden, müssen die Vertragsbedingungen Angaben darüber enthalten, welche Informations-, Kontroll- und Zustimmungsrechte die Kapitalanlagesellschaft in allen Beteiligungsverträgen vereinbaren wird[21].

Die laufende Berichterstattung berücksichtigt ebenfalls die Besonderheiten der Beteiligungs-Sondervermögen. Im jährlich zu veröffentlichenden Rechenschaftsbericht ist die Entwicklung des Bestandes der stillen Beteiligungen darzustellen. Insbesondere sind die Abgänge durch Auflösung oder durch Veräußerung stiller Beteiligungen jeweils gesondert anzugeben.[22] In den Vermögensaufstellungen und den Anzeigen an das *Bundesaufsichtsamt für das Kreditwesen*[23] hat die Kapitalanlagegesellschaft den Bestand der zum Beteiligungs-Sondervermögen gehörenden stillen Beteiligungen mit folgenden Mindestangaben aufzuführen[24]:

---

[19] Vgl. § 25g Abs. 2 KAGG
[20] Vgl. BT-Drucksache 10/5981, S. 41
[21] Vgl. § 25j Abs. 1 KAGG
[22] Vgl. § 25j Abs. 2 KAGG
[23] Vgl. § 25 Abs. 2 KAGG
[24] Vgl. § 25j Abs. 3 KAGG

- Firma, Rechtsform, Sitz und Gründungsjahr;
- Gegenstand des Unternehmens;
- Höhe des Eigenkapitals;
- Höhe der stillen Beteiligung und des ermittelten Wertes;
- Erwerbszeitpunkt und Laufzeit der stillen Beteiligung;
- die Höhe der Erträge des letzten Geschäftsjahres aus der stillen Beteiligung.

In der Vermögensaufstellung, nicht jedoch in den gesetzlich vorgeschriebenen Meldungen an das *Bundesaufsichtsamt für das Kreditwesen*, kann die Angabe der Firma und des Sitzes der Beteiligungsunternehmen unterbleiben. Auch ist es gestattet, den ermittelten Wert aller stillen Beteiligungen in einem Gesamtbetrag anzugeben. Mit diesen Publizitätserleichterungen sollen die Kapitalanlagegesellschaften Wünschen von Beteiligungsunternehmen Rechnung tragen können, die nicht möchten, daß die aufgenommene stille Beteiligung der Öffentlichkeit bekannt wird. Mit der Angabe des Wertes der stillen Beteiligungen in einem Gesamtbetrag sollen Schwierigkeiten für die Kapitalanlagegesellschaft bei der Veräußerung von stillen Beteiligungen sowie unerwünschte Rückschlüsse auf die Ertragsentwicklung der einzelnen Beteiligungsunternehmen vermieden werden[25]. Mit dieser Regelung, die den generellen Tendenzen zu einer im Interesse der Anleger zunehmenden Publizität und Offenlegungspflichten entgegenläuft, wird Rücksicht genommen auf die bei kleinen und mittleren Unternehmen noch vielfach anzutreffende Scheu vor Transparenz der wirtschaftlichen Verhältnisse.

II. Unternehmensbeteiligungsgesellschaften

Bei Unternehmensbeteiligungsgesellschaften nach dem UBGG handelt es sich um eine weiterentwickelte Form der seit Jahren aktiven Beteiligungsgesellschaften. Ausländischen Beispielen folgend, hat neben Gruppen privater Initiatoren insbesondere die deutsche Kreditwirtschaft ab Mitte der sechziger Jahre durch Gründung sog. Kapitalbeteiligungsgesellschaften einen Weg gesucht, die Eigenmittelversorgung kleinerer und mittlerer Unternehmen zu verbessern. Anlaß war, daß bei stürmischem Wachstum und zurückbleibenden Möglichkeiten zur Selbstfinanzierung für viele dieser Unternehmen der Zwang zur Erschließung neuer Kapitalquellen akut wurde. Schon damals spielte der Gedanke eine Rolle, die entstehenden Beteiligungsportefeuilles, sobald sie nach Umfang und Risikomischung hierfür geeignet sein würden, im Publikum zu placieren.

Mit dem Gesetz über Unternehmensbeteiligungsgesellschaften vom 17. Dezember 1986[26] hat der Gesetzgeber einen Organisationsrahmen geschaffen, mit dem der mittelbare Zugang nicht börsennotierter Unternehmen zum Kapitalmarkt erleichtert werden soll. Die Zielsetzung des Gesetzes soll vor allem dadurch erreicht werden, daß bei Einhaltung der gesetzlich definierten Merkmale Unternehmensbeteiligungsgesellschaften von der Vermögensteuer und der Gewerbesteuer befreit

---

[25] Vgl. BT-Drucksache 10/5981, S. 43

[26] BGBl. I, S. 2488

sind[27]. Außerdem ist die Beteiligung als stiller Gesellschafter an einem Unternehmen oder am Gesellschaftsanteil eines anderen von der Umsatzsteuer befreit[28].

Der gesetzlich definierte Unternehmensgegenstand umfaßt ausschließlich den Erwerb, die Verwaltung und die Veräußerung von Anteilen oder Beteiligungen als stiller Gesellschafter an Unternehmen mit Sitz und Geschäftsleitung im Inland. Die Anteile der Beteiligungsunternehmen dürfen im Erwerbszeitpunkt weder zur amtlichen Notierung oder zum Geregelten Markt an einer inländischen Börse zugelassen sein noch an einem inländischen organisierten Markt gehandelt werden[29].

Für Unternehmensbeteiligungsgesellschaften ist die Rechtsform der Aktiengesellschaft vorgeschrieben. Ihren Sitz und ihre Geschäftsleitung müssen sie im Inland haben[30].

Ein Unternehmen, das unter der Bezeichnung „Unternehmensbeteiligungsgesellschaft" tätig wird, bedarf der Anerkennung durch die zuständige oberste Landesbehörde[31]. In Verbindung mit dem Bezeichnungsschutz[32] und den Anzeige- und Vorlagepflichten[33] wird für die Anleger ähnlich wie bei den Beteiligungs-Sondervermögen eine Art Gütesiegel geschaffen.

Unternehmensbeteiligungsgesellschaften sind Beschränkungen bei der Kapitalbeschaffung auferlegt. Primäres Refinanzierungsmittel ist die Ausgabe von Aktien. Eine Kapitalbeschaffung über Schuldverschreibungen, stille Beteiligungen oder Genußrechte ist ihnen verwehrt[34].

Eine Kreditaufnahme ist nur in engen Grenzen möglich. Sie ist nur gestattet, wenn mindestens 80% des Eigenkapitals in Anteilen oder Beteiligungen als stiller Gesellschafter angelegt sind. Die Kredite dürfen 30% des Eigenkapitals der Unternehmensbeteiligungsgesellschaft nicht überschreiten. Ausgenommen von der Kreditbegrenzung sind Darlehen, die aus öffentlichen Mitteln für die Refinanzierung von Beteiligungen gewährt werden.[35] Die Möglichkeit, begrenzt Kredite aufnehmen zu können, eröffnet den Unternehmensbeteiligungsgesellschaften eine gewisse finanzielle Flexibilität. Dies ist vor allem vor dem Hintergrund zu sehen, daß die Unternehmensbeteiligungsgesellschaften den relativ starren Kapitalerhöhungsvorschriften des Aktiengesetzes unterworfen sind.

Eine Unternehmensbeteiligungsgesellschaft ist mit einem Grundkapital von mindestens 2 Mio. DM auszustatten. Die Aktien sind voll einzuzahlen[36]. Im Hinblick auf die Anlagegrenzen des § 4 UBGG ist das Mindestkapital als zu niedrig anzusehen. Ausreichen dürfte es allenfalls für die Gründungsphase einer Unternehmensbeteiligungsgesellschaft.

---

[27] Vgl. § 3 Nr. 19 VStG, § 3 Nr. 23 GewStG
[28] Vgl. § 4 Nr. 8j UStG
[29] Vgl. § 2 Abs. 2 UBGG
[30] Vgl. § 2 Abs. 1 und 3 UBGG
[31] Vgl. §§ 1 Abs. 1, § 14 UBGG; in Hessen Wirtschaftsministerium
[32] Vgl. § 20 UBGG
[33] Vgl. § 21 UBGG
[34] Vgl. § 7 UBGG
[35] Vgl. § 5 UBGG
[36] Vgl. § 2 Abs. 4 UBGG

Innerhalb von zehn Jahren nach Anerkennung der Unternehmensbeteiligungsgesellschaft müssen mindestens 70% der Aktien öffentlich zum Erwerb angeboten werden[37]. An das öffentliche Angebot knüpft das UBGG eine Reihe von Voraussetzungen, die dem Anlegerschutz dienen[38]. Aktien der Unternehmensbeteiligungsgesellschaften dürfen öffentlich zum Erwerb nur angeboten werden, wenn sie zur amtlichen Notierung oder zum Geregelten Markt an einer inländischen Börse zugelassen sind und die Unternehmensbeteiligungsgesellschaft einen Börsenzulassungsprospekt (amtlicher Handel) oder einen Unternehmensbericht (Geregelter Markt) veröffentlicht hat. Der Börsenzulassungsprospekt oder der Unternehmensbericht verlangt über jedes Unternehmen, an dem die Unternehmensbeteiligungsgesellschaft einen Anteil hält oder als stiller Gesellschafter beteiligt ist, mindestens folgende Angaben:

- Firma, Rechtsform, Sitz und Gründungsjahr;
- Gegenstand des Unternehmens;
- Höhe des Eigenkapitals;
- Höhe des Anteils der Unternehmensbeteiligungsgesellschaft am Kapital des Unternehmens oder der Einlage als stiller Gesellschafter;
- Erwerbszeitpunkt des Anteils, bei einer Beteiligung als stiller Gesellschafter Erwerbszeitpunkt und Laufzeit;
- die Höhe der Erträge des letzten Geschäftsjahres aus dem Anteil oder aus von der Unternehmensbeteiligungsgesellschaft als stiller Gesellschafter geleisteten Einlagen.

Wie bei Beteiligungs-Sondervermögen kann bei einer Beteiligung als stiller Gesellschafter die Angabe der Firma und des Sitzes unterbleiben. Für Beteiligungen, die nicht in Form einer stillen Beteiligung eingegangen werden, ist die Publizitätspflicht jedoch weitergehend. Besondere Berichtspflichten über die Beteiligungsunternehmen enthalten die Vorschriften des UBGG zum Anhang, der nach den §§ 325-327 HGB zu veröffentlichen ist[39]. Erste Erfahrungen von Unternehmensbeteiligungsgesellschaften zeigen, daß diese Vorschriften sich bei der Akquisition von Beteiligungsunternehmen sehr störend auswirken. Der Vorstand der *Deutsche Beteiligungs AG Unternehmensbeteiligungsgesellschaft* führt im Geschäftsbericht 1986/1987 aus, daß er mit einer in diesem Umfang nicht erwarteten Publizitätsscheu der mittelständischen Firmenkundschaft zu kämpfen habe. „Die Möglichkeit, im Rahmen einer UBG das eigene Unternehmen öffentlich präsentieren und unter dem Schirm eines erfahrenen Partners an die Öffentlichkeit treten zu können, um so langfristig für eine positive Selbstdarstellung zu sorgen, wird nicht nur nicht genutzt, sondern führt in der Mehrzahl der Fälle zu einer bedauerlichen Reserviertheit gegenüber Beteiligungsgesellschaften im Sinne des UBGG." Es werde großer Anstrengungen bedürfen, den Wert öffentlicher Darstellung der eigenen Leistung im Bewußtsein einer Vielzahl mittelständischer Unternehmer zu verankern. Nur dann werde sich auf Dauer der Kapitalmarkt mittelbar über die Unternehmensbe-

---

[37] Vgl. § 9 UBGG
[38] Vgl. §§ 10, 11 UBGG
[39] Vgl. § 12 Abs. 2 UBGG

teiligungsgesellschaften zur Eigenkapitalversorgung nicht emissionsfähiger Adressen erschließen lassen[40].

Die Pflicht, innerhalb von zehn Jahren 70% der Aktien placieren zu müssen, ist nicht ohne weiteres gleichbedeutend damit, daß sich die Initiatoren einer Unternehmensbeteiligungsgesellschaft zurückziehen müssen. Unternehmensbeteiligungsgesellschaften können wie jede andere Aktiengesellschaft 50% ihres Grundkapitals in Form von Vorzugsaktien begeben. Bei Placierung der Vorzugsaktien und 40% der Stammaktien sind 70% des Grundkapitals untergebracht. Den Gründern verbleiben 60% des stimmberechtigten Kapitals. Diese Möglichkeit ist bedeutsam für Kreditinstitute, die Kapitalbeteiligungen im Rahmen eines umfassenden Finanzierungsangebotes anbieten wollen.

III. Vergleich

Der wesentliche Unterschied zwischen den erweiterten Vorschriften des KAGG und dem UBGG besteht darin, daß der Organisationsrahmen für Unternehmensbeteiligungsgesellschaften liberaler gefaßt ist. Die Unternehmensbeteiligungsgesellschaften unterliegen anders als die Beteiligungs-Sondervermögen der Kapitalanlagegesellschaften nicht den weitergehenden Regulierungsvorschriften des KWG und damit auch nicht der Aufsicht durch das *Bundesaufsichtsamt für das Kreditwesen*. Die Kontrolle ist der zuständigen obersten Landesbehörde zugewiesen. Ferner verzichtet das UBGG – systemgerecht – auf die Einschaltung von Depotbanken.

Durch die Mehrfachkontrolle, die sich nur mit qualifiziertem Personal durchführen läßt, werden Beteiligungs-Sondervermögen tendenziell höhere Kosten verursachen als Unternehmensbeteiligungsgesellschaften. Die Errichtung von Beteiligungs-Sondervermögen stellt für Kapitalanlagegesellschaften eine grundlegend neue Aufgabe dar, für die sie – anders als Beteiligungsgesellschaften – noch nicht gerüstet sind. Der Abschluß von Beteiligungsverträgen erfordert ein völlig anderes Managementprofil als die Vermögensanlage in fungiblen Wertpapieren. Die bestehenden Beteiligungsgesellschaften hingegen sind mit diesen Aufgaben vertraut.

Eine Reihe von Unternehmensbeteiligungsgesellschaften sind inzwischen gegründet worden. Ihre Initiatoren gehören vorwiegend dem Bank- und Versicherungsgewerbe an. Die einzige Unternehmensbeteiligungsgesellschaft, deren Vorzugsaktien von nom. 15 Mio. DM an der Börse (Geregelter Markt) eingeführt sind, ist die *Deutsche Beteiligungs AG Unternehmensbeteiligungsgesellschaft*, Königstein/Taunus. Die Stammaktien von nom. 15 Mio. DM werden gemeinsam von der *Deutschen Bank AG*, Frankfurt am Main, und dem *Bankgeschäft Karl Schmidt*, Hof (Saale), gehalten. Am Ende des Geschäftsjahres 1986/87 war diese Unternehmensbeteiligungsgesellschaft an 14 Unternehmen mit einem Investitionsvolumen von 55,9 Mio. DM beteiligt. Die Eigenmittel der Gesellschaft (gezeichnetes Kapital, Kapitalrücklage und Gewinnrücklagen) betrugen damals 61,1 Mio. DM.

---

[40] Vgl. Geschäftsbericht 1986/87

D. Anlagekataloge

I. Beteiligungs-Sondervermögen[41]

Beteiligungs-Sondervermögen haben die Mittel der Anleger im wesentlichen in Wertpapieren anzulegen, die an einer deutschen Börse zum amtlichen Handel oder zum Geregelten Markt zugelassen oder in den geregelten Freiverkehr einbezogen sind. Bis zu 30% des Sondervermögens dürfen in stillen Beteiligungen an inländischen Unternehmen, deren Anteile in keinem organisierten Markt gehandelt werden, angelegt werden, wenn zuvor ein von der Kapitalanlagegesellschaft bestellter Abschlußprüfer im Sinne des § 319 Abs. 1 HGB bestätigt hat, daß für die aus dem Beteiligungs-Sondervermögen zu leistende Einlage eine zum Zeitpunkt der Leistung angemessene Gegenleistung vereinbart ist. Stille Beteiligungen an einem Unternehmen dürfen 5% des Wertes des Sondervermögens nicht übersteigen. Konzernunternehmen im Sinne des § 18 AktG gelten als ein Unternehmen.

Der Erwerb von stillen Beteiligungen ist auf insgesamt 30% des Wertes des Sondervermögens begrenzt. Dies soll gewährleisten, daß mit dem Ziel einer angemessenen Risikomischung in einem Beteiligungs-Sondervermögen außer stillen Beteiligungen auch andere Vermögensgegenstände, d.h. börsennotierte Wertpapiere und Bankguthaben, enthalten sind. Da das Sparen in Beteiligungswerten gefördert werden soll, ist der Erwerb von Schuldverschreibungen für Beteiligungs-Sondervermögen ebenfalls auf 30% begrenzt[42].

Spätestens acht Jahre nach Bildung müssen sich in einem Beteiligungs-Sondervermögen stille Beteiligungen an mindestens zehn Beteiligungsunternehmen befinden, deren Wert mindestens 10% des Wertes des Sondervermögens zu betragen hat. Unterschreitet die Gesamtzahl oder der Gesamtbetrag der im Beteiligungs-Sondervermögen befindlichen stillen Beteiligungen diese Grenzen und behebt die Kapitalanlagegesellschaft diesen Mangel nicht innerhalb eines Jahres, darf sie danach bis zur Behebung des Mangels keine Anteilscheine ausgeben. Ist eine Abhilfe nicht innerhalb von zwei Jahren möglich, kann die Bankaufsichtsbehörde die Kündigung der Verwaltung des Beteiligungs-Sondervermögens verlangen. Diese Vorschriften verdeutlichen die Probleme, die sich aus den Anlagevorschriften und -grenzen ergeben. Werden die Grenzen weitgehend ausgeschöpft, können sich bei hohen Rückgaben von Anteilscheinen Überschreitungen ergeben. Insofern wird ein Sicherheitsspielraum einzukalkulieren sein, so daß stille Beteiligungen voraussichtlich den Höchstwert von 30% nicht erreichen werden.

Stille Beteiligungen dürfen nur veräußert werden, wenn die Gegenleistung den im Bewertungsverfahren ermittelten Wert nicht oder nur unwesentlich unterschreitet[43]. Diese Regelung erscheint insbesondere dann bedenklich, wenn ein potentieller Erwerber einer stillen Beteiligung an einem Unternehmen, dessen Situa-

---

[41] Vgl. §§ 25b, 25c KAGG

[42] Vgl. BT-Drucksache 10/5981, S. 35

[43] Vgl. § 25i KAGG

tion kritisch geworden ist, nur bereit ist, einen Preis zu zahlen, der unter dem nach dem gesetzlich geregelten Verfahren ermittelten Wert liegt. Die Kapitalanlagegesellschaft kann somit gezwungen sein, diese stille Beteiligung mit der Gefahr einer weiteren Wertminderung zu Lasten des Beteiligungs-Sondervermögens „durchhalten" zu müssen.

II. Unternehmensbeteiligungsgesellschaften[44]

Nach den Anlagegrundsätzen des UBGG dürfen Unternehmensbeteiligungsgesellschaften folgende Anlagen tätigen:

- Aktien, die weder zur amtlichen Notierung oder zum Geregelten Markt an einer inländischen Börse zugelassen sind noch an einem inländischen organisierten Markt gehandelt werden;
- Aktien, die in Ausübung von Bezugsrechten, die der Unternehmensbeteiligungsgesellschaft gehören, erworben werden;
- Geschäftsanteile an einer Gesellschaft mit beschränkter Haftung;
- Kommanditanteile;
- Beteiligungen als stiller Gesellschafter im Sinne des § 230 HGB an Unternehmen, deren Anteile weder zur amtlichen Notierung oder zum Geregelten Markt an einer inländischen Börse zugelassen sind noch an einem inländischen organisierten Markt gehandelt werden. Die Beteiligung als stiller Gesellschafter kann auch in atypischer Form erfolgen, d.h. eine Teilnahme an stillen Reserven ist möglich;
- Bezugsrechte, sofern die Aktien, aus denen die Bezugsrechte herrühren, entsprechend den vorstehenden Regelungen erworben werden könnten;
- Aktien, die der Unternehmensbeteiligungsgesellschaft bei einer Kapitalerhöhung aus Gesellschaftsmitteln zustehen.

Voraussetzung generell ist, daß die Beteiligungsunternehmen ihren Sitz und ihre Geschäftsleitung im Inland haben.

Die Unternehmensbeteiligungsgesellschaft darf ferner ihren Beteiligungsunternehmen Gesellschafterdarlehen gewähren. Überschießende Liquidität dürfen die Unternehmensbeteiligungsgesellschaften nur zu Anlagen bei Kreditinstituten im Inland oder zum Ankauf von DM-Schuldverschreibungen mit Ausnahme von Wandel- oder Gewinnschuldverschreibungen verwenden, sofern diese zur amtlichen Notierung oder zum Geregelten Markt an einer inländischen Börse zugelassen sind.

Das Portefeuille von Unternehmensbeteiligungsgesellschaften soll aus Anteilen oder Beteiligungen als stiller Gesellschafter an mindestens zehn Unternehmen bestehen. Die Aktien einer Unternehmensbeteiligungsgesellschaft dürfen erst öffentlich angeboten werden, wenn diese Mindestgrenze erfüllt ist. Die Anlagen in einem Unternehmen sind auf 20% des Eigenkapitals der Unternehmensbeteiligungsgesellschaft begrenzt. Dabei gelten Anteile oder stille Beteiligungen an Konzernun-

---

[44] Vgl. §§ 3, 4 UBGG

ternehmen im Sinne des § 18 AktG als Anteile oder Beteiligungen an demselben Unternehmen.

Beteiligt sich die Unternehmensbeteiligungsgesellschaft an Aktiengesellschaften und Gesellschaften mit beschränkter Haftung, so darf sie nicht mehr als 49% der Stimmrechte erlangen. Ausgenommen ist nur der Erwerb von Anteilen an Unternehmen, die weniger als fünf Jahre bestehen. In diesem Fall muß der Beteiligungsbesitz innerhalb einer Frist von zehn Jahren auf eine Minderheitsbeteiligung zurückgeführt werden. Hierdurch soll die Möglichkeit verbessert werden, auch Beteiligungen in der Gründungs- oder Aufbauphase eines Unternehmens einzugehen, in der die Partner i.d.R. nur über begrenzte finanzielle Mittel verfügen, jedoch ein vergleichsweise hoher Kapitalbedarf gegeben ist.

Der Erwerb von Aktien insgesamt ist auf 50% des Eigenkapitals der Unternehmensbeteiligungsgesellschaft begrenzt. Gesellschafterdarlehen dürfen nur bis zur Höhe des Buchwerts der an dem Unternehmen gehaltenen Anteile oder stillen Beteiligungen gewährt werden und zusammen mit dem Buchwert der an diesen Beteiligungsunternehmen gehaltenen Anteile oder stillen Beteiligungen 20% des Eigenkapitals der Unternehmensbeteiligungsgesellschaft nicht übersteigen.

Unzulässig sind Beteiligungen an Unternehmen, an denen Mitglieder von Organen der Unternehmensbeteiligungsgesellschaft beteiligt sind. Auch dürfen an diesen Personenkreis gemäß § 6 Abs. 4 KBGG keine Beteiligungen verkauft oder von ihm erworben werden.

III. Vergleich

Der Vergleich der Anlagekataloge zeigt, daß die Unternehmensbeteiligungsgesellschaften nach dem UBGG sich wesentlich besser auf die Bedürfnisse der Beteiligungsunternehmen einstellen können und eine größere Gestaltungsfreiheit für ihr Portefeuille besitzen. Mit Ausnahme der Beteiligung als vollhaftender Gesellschafter stehen ihnen alle Rechtsformen zur Verfügung. Im Gegensatz zu den Beteiligungs-Sondervermögen, die nur typische stille Beteiligungen erwerben dürfen, können sie individuelle Lösungen anbieten.

Unternehmensbeteiligungsgesellschaften führen den Beteiligungsunternehmen Eigenkapital zu. Die stillen Beteiligungen der Beteiligungs-Sondervermögen hingegen sind kein vollhaftendes, unbefristet zur Verfügung stehendes Eigenkapital, sondern allenfalls eigenkapitalähnliche Mittel in Form eines langfristigen, nachrangigen Gläubigerverhältnisses.

Unternehmensbeteiligungsgesellschaften und damit ihre Aktionäre partizipieren somit am Wertzuwachs ihrer Anteile. Bei den typischen stillen Beteiligungen ist dies ausgeschlossen. Eine Beteiligung am Produktivvermögen über Beteiligungs-Sondervermögen ist nicht gegeben, soweit die Vermögenswerte auf typisch stille Beteiligungen und Schuldverschreibungen entfallen. Erreicht werden kann lediglich eine Beteiligung an Unternehmensgewinnen, die aber durch den Abschluß von Mindestverzinsungen wieder relativiert wird. Auf die Vereinbarung einer Mindestverzinsung bei stillen Beteiligungen werden die Kapitalanlagegesellschaften aber aus Gründen der „Performance“ nicht verzichten können.

E. Die Bewertung des Portefeuilles

I. Beteiligungs-Sondervermögen

Die Bewertung der stillen Beteiligungen war das schwierigste Thema im Gesetzgebungsverfahren überhaupt. Zur Preisfeststellung der Anteilscheine, die nicht gehandelt werden, für die aber eine jederzeitige Rücknahmepflicht besteht, ist die laufende Bewertung jeder eingegangenen stillen Beteiligung erforderlich. Für die übrigen Vermögensgegenstände des Sondervermögens sind Marktpreise feststellbar.

Für die Bewertung der stillen Beteiligungen wird in § 25b i.V.m. § 25d KAGG ein Ertragswertverfahren vorgeschrieben, das durch die Rechtsverordnung vom 14. Dezember 1988 (BGBl. I S. 2237) näher geregelt wird. Bei der Bestimmung des Ertragswertes sind folgende Faktoren zu berücksichtigen:

- Der erwartete Ertrag aus der Beteiligung. Er kann nach § 25b Abs. 1 Nr. 2b KAGG in eine Festverzinsung und einen variablen Gewinnanteil aufgespalten werden. Eine bestimmte Relation schreibt das KAGG nicht vor. Da die stille Beteiligung eine Beteiligung am Gewinn voraussetzt, dürfte eine Festverzinsung ohne Gewinnanteil nicht mit der Intention des Gesetzes übereinstimmen;
- die Umlaufrendite von Anleihen des Bundes und der Sondervermögen Deutsche Bundesbahn und Deutsche Bundespost mit annähernd gleicher Restlaufzeit;
- der erwartete Rückzahlungsbetrag;
- die vertraglich zu fixierende Laufzeit bzw. Restlaufzeit der stillen Beteiligung;
- die im Vergleich zu Anleihen eingeschränkte Veräußerbarkeit (Fungibilität) und das höhere Risiko der stillen Beteiligung.

Eine Kapitalanlagegesellschaft darf für ein Beteiligungs-Sondervermögen eine stille Beteiligung nur erwerben, wenn zuvor ein von der Kapitalanlagegesellschaft bestellter Abschlußprüfer im Sinne des § 319 Abs. 1 Satz 1 HGB, der nicht zugleich Abschlußprüfer der Kapitalanlagesellschaft sein darf, bestätigt, daß für die aus dem Beteiligungs-Sondervermögen zu leistende Einlage eine angemessene Gegenleistung vereinbart und zu erwarten ist[45].

Aus § 25i Abs. 1, 2 KAGG i.V.m. § 2 Abs. 2 der Bewertungsverordnung ist zu schließen, daß der Wert der stillen Beteiligung zum Zeitpunkt des Erwerbs dem Einlagebetrag entsprechen muß. Damit der Ertragswert rechnerisch der Einlage entspricht, wird unterstellt, daß die Differenz zwischen dem vereinbarten internen Zinssatz der Beteiligung und dem Kapitalmarktzinssatz dem Risikozuschlag und damit der Risikoeinschätzung der Kapitalanlagegesellschaft entspricht. Der Wirtschaftsprüfer hat bei seiner Angemessenheitsprüfung nach § 25b Abs. 1 Nr. 2b KAGG zu bestätigen, daß der sich so ergebende Risikozuschlag angemessen ist. Nach der Bewertungsverordnung beträgt der Mindestzuschlag 2,5%. Bei dieser Festsetzung hat sich der Verordnungsgeber an den in der Praxis der Unternehmensbewertung üblichen Risikozuschlägen orientiert[46].

---

[45] Vgl. § 25b Abs. 1 Nr. 2b KAGG
[46] Vgl. BR-Drucksache 117/88, S.4

Bei der Angemessenheitsprüfung im Zuge der Erstbewertung hat der Wirtschaftsprüfer den Wert der stillen Beteiligung als Grenzpreis zu bestimmen. Gesucht wird folglich der Wert, der bei gegebenen Erträgen, gegebenem Rückzahlungsbetrag, Kapitalmarktzinssatz und Risikozuschlag für die stille Beteiligung höchstens bezahlt werden darf. Aus dieser Zielsetzung folgt, daß der Wirtschaftsprüfer bei der Erstbewertung als Kontrollgröße den Risikozuschlag ermitteln muß, den er bei einer bestimmten Beteiligung mindestens für erforderlich hält. Diese Vorgehensweise schließt nicht aus, daß die Kapitalanlagegesellschaft einen höheren Risikozuschlag durchsetzt. Sichergestellt sein muß lediglich, daß der rechnerische Risikozuschlag der Kapitalanlagegesellschaft nicht unter der Risikoschätzung des Wirtschaftsprüfers und dem in der Verordnung vorgeschriebenen Mindestzuschlag von 2,5% liegt. In diesem Fall dürfte die stille Beteiligung nicht erworben werden. Ein in Verhandlungen mit den Beteiligungsunternehmen durchgesetzter höherer Risikozuschlag der Kapitalanlagegesellschaft, d.h. es wird ein unter dem Grenzpreis liegender Einlagebetrag gezahlt, ist unschädlich und dürfte den Normalfall darstellen.

Nach dem Erwerb muß der Wert der stillen Beteiligung durch die Depotbank börsentäglich neu festgestellt werden. Für das erste Jahr der Besitzzeit gilt folgende Regelung: Erwarteter Ertrag, Rückzahlungsbetrag und Risiko sind durch die Beteiligungsvereinbarungen festgelegt und die Überprüfung des Wirtschaftsprüfers bestätigt. Während des ersten Jahres sind lediglich der Kapitalmarktzinssatz und die Restlaufzeit zu variieren.

Spätestens zwölf Monate nach Erwerb der stillen Beteiligung muß der Wirtschaftsprüfer den erwarteten Ertrag, den Rückzahlungsbetrag und das Risiko der stillen Beteiligung neu feststellen. Er hat diese Werte der Depotbank mitzuteilen, die bei ihrer börsentäglichen Bewertung die neuen Werte berücksichtigen muß. Hierdurch kann es zu Wertsprüngen kommmen.

Der Anfangsrisikozuschlag soll auch in späteren Zeiten grundsätzlich als Zuschlag zur Anleiherendite beibehalten werden. Der Wirtschaftsprüfer darf und muß bei seinen Feststellungen der Risikoprämie hiervon nur dann und insoweit abweichen, als es veränderte Umstände und der Anlegerschutz erfordern.

Im Gegensatz zur Grenzpreisfestlegung bei einer Erstbewertung soll in der laufenden Bewertung ein fairer Schiedspreis ermittelt werden, der die gegensätzlichen Interessen von eintretenden, ausscheidenden und verbleibenden Anteilseignern zu berücksichtigen hat. Anstelle des subjektiven Wertes aus Sicht der Kapitalanlagegesellschaft bei Erwerb der stillen Beteiligung ist folglich ein objektiver Wert aus Sicht der Anleger des Fonds und möglicher Erwerber von Anteilscheinen zu ermitteln. Daher muß der Wirtschaftsprüfer nicht mehr das Mindestrisiko, sondern ein durchschnittliches Risiko der stillen Beteiligung bestimmen. Dabei ist der Wirtschaftsprüfer jedoch an die Höhe des Unterschiedsbetrages nach der Erstbewertung gebunden, soweit sich Veräußerbarkeit und Risiko der stillen Beteiligung seit dem Zeitpunkt des Erwerbs der stillen Beteiligung nicht verändert haben und keine sonstigen wichtigen Gründe eine Abweichung vom Unterschiedsbetrag erfordern[47].

---

[47] § 2 Abs. 2 KAGG-Bewertungsverordnung vom 14.12.1988

Bezüglich der Auswirkungen auf den Wertansatz der stillen Beteiligung sind folgende Fälle zu unterscheiden:

- Die Risikoeinschätzung des Wirtschaftsprüfers im Erwerbszeitpunkt und bei den Folgebewertungen ist gleich. Seine Risikoeinschätzung entspricht zugleich der Risikoeinschätzung der Kapitalanlagegesellschaft. Solange sich keine anderen Faktoren ändern, entspricht der Wert der stillen Beteiligung dem Einlagebetrag.
- Die Risikoeinschätzung des Wirtschaftsprüfers bei Folgebewertungen ist höher als im Erwerbszeitpunkt, entspricht jedoch der ursprünglichen Risikoeinschätzung der Kapitalanlagegesellschaft. Auch in diesem Fall verändert sich der Wert der Beteiligung nicht, sofern sich nicht andere Bewertungsfaktoren ändern.
- Die Risikoeinschätzung des Wirtschaftsprüfers bei Folgebewertungen ist höher als bei der Erstbewertung. Sie liegt zugleich über der Risikoeinschätzung der Kapitalanlagegesellschaft. Wenn es die veränderten Umstände und der Anlegerschutz erfordern – nur dann wird sich die Risikoeinschätzung des Prüfers verändern – kann er den Risikozuschlag erhöhen mit der Folge, daß ceteris paribus der Wert der stillen Beteiligung unter den Einlagebetrag sinkt.

II. Unternehmensbeteiligungsgesellschaften

Bei Unternehmensbeteiligungsgesellschaften nach dem UBGG stellt sich die Frage der Bewertung der nicht fungiblen Beteiligungswerte nicht. Die Unternehmensbeteiligungsgesellschaften finanzieren sich über die Ausgabe von Aktien, für die an der Börse Marktpreise festgestellt werden. Für die Bewertung des Portefeuilles innerhalb der Gesellschaften gelten die handelsrechtlichen Vorschriften.

III. Vergleich

Das Verfahren zur Bewertung stiller Beteiligungen von Beteiligungs-Sondervermögen erscheint auf den ersten Blick praktikabel. Die einfache Barwertformel darf jedoch nicht den Blick dafür verstellen, daß komplizierte Sachverhalte vereinfacht oder nicht berücksichtigt werden. Nach der Gesetzesbegründung[48] wird die Bewertung der stillen Beteiligung u.a. durch folgende Umstände erleichtert:

- Im Unterschied zur Bewertung ganzer Unternehmen und zur Bewertung von unbefristeten Unternehmensbeteiligungen sind die künftigen Erträge stiller Beteiligungen in Beteiligungs-Sondervermögen nur für eine begrenzte Anzahl von Jahren vorauszuschätzen. Dies vereinfache und erleichtere die Bewertung.
- Neben den jährlichen Erträgen hat das Beteiligungs-Sondervermögen am Ende der Laufzeit der stillen Beteiligung die Rückzahlung der Einlage zu erwarten. Der vereinbarte Rückzahlungsbetrag enthält keinen Anteil an den stillen Reserven des Beteiligungsunternehmens. Die Bewertung stiller Beteiligungen in Be-

[48] Vgl. BT-Drucksache 10/5981, S. 33f., 38f.

teiligungs-Sondervermögen sei dadurch einfacher und sicherer als die Bewertung von ganzen Unternehmen und von Substanzbeteiligungen an Unternehmen.

- Das Beteiligungsunternehmen muß sich verpflichten, seine Jahresabschlüsse nach den für große Kapitalgesellschaften geltenden Vorschriften zu erstellen und dem Abschlußprüfer zur Durchführung der laufenden Bewertung die Informationsrechte nach § 320 Abs. 1 Satz 2, Abs. 2 Satz 1 HGB einzuräumen.

Diese Faktoren reichen für eine Rechtfertigung des sehr pauschalen Bewertungsverfahrens nicht aus. Der Verzicht auf die Beteiligung an stillen Reserven vereinfacht die Schätzung des Rückzahlungsbetrages, nicht dagegen die Schätzung der laufenden Erträge, auf denen Unternehmensbewertungen üblicherweise aufbauen. Die Fixierung der Laufzeit verringert die bei der Schätzung der Zukunftserträge auftretenden Probleme nicht. Ob im Anschluß an die Schätzung die erwarteten Erträge mit dem Diskontierungsfaktor für eine bestimmte Laufzeit oder mit dem Faktor für die ewige Rente abgezinst werden ist dann nur eine formale Frage. Die Auskunfts- und Informationsrechte sind für eine Unternehmensbewertung auf Grundlage interner Daten zwingend notwendig, sie vereinfachen die Bewertung aber nicht.

Zu den bei jeder Unternehmensbewertung gegebenen Problemen hinsichtlich Ermittlung und Beurteilung künftiger Erträge tritt bei der Bewertung der stillen Beteiligung eine weitere Schwierigkeit hinzu. Da der stille Gesellschafter nicht an den stillen Reserven des Beteiligungsunternehmens partizipiert, führt die Legung von Reserven während der Dauer der stillen Beteiligung zu einer Minderung der Gewinnansprüche. Auch die Erstellung des Jahresabschlusses nach den Vorschriften für große Kapitalgesellschaften ermöglicht noch Spielräume für die Ergebnisgestaltung, wenn sie im Beteiligungsvertrag nicht von vornherein ausgeschlossen werden.

Zumindest in den ersten Jahren der Laufzeit einer stillen Beteiligung mit einer Gesamtlaufzeit von beispielsweise 10-15 Jahren dürften die Vorteile gegenüber einer „normalen" Unternehmensbewertung begrenzt sein. Der Abschlußprüfer muß zwar nur die wahrscheinlichen Erträge der folgenden drei Geschäftsjahre und den daraus resultierenden Ertragsmittelwert ermitteln. Da der Durchschnittsertrag jedoch als für die gesamte Laufzeit konstant angesehen wird, muß der Wirtschaftsprüfer dennoch die langfristigen Entwicklungsmöglichkeiten (Chancen und Risiken) des Unternehmens analysieren. Eine deutliche Vereinfachung für die Ermittlung der Bewertungsfaktoren dürfte sich erst bei überschaubarer Restlaufzeit ergeben.

Das Risiko einer stillen Beteiligung setzt sich aus zwei Komponenten zusammen. Die erste Komponente stellt das beteiligungsspezifische Risiko einer konkreten stillen Beteiligung dar. Es ist beispielsweise davon abhängig, in welcher Bandbreite die Ergebnisse des Unternehmens schwanken, mit welcher Häufigkeit und Geschwindigkeit sich Marktveränderungen vollziehen und in welchem Umfang der technische Fortschritt in der Branche eine Rolle spielt. Die zweite Komponente ergibt sich aus dem im Vergleich zu Anleihen öffentlicher Emittenten generell höheren Risiko stiller Beteiligungen und ihrem Fungibilitätsnachteil. Beide Komponenten werden pauschal im Risikozuschlag erfaßt. Eine derartige Vereinfachung kann die fehlenden Marktpreise für stille Beteiligungen nicht ersetzen. Aus dem Umstand, daß die Bewertung von Grundstücks-Sondervermögen Sachverständigenausschüssen nach § 32 KAGG übertragen wird, sollte nicht abgeleitet werden, daß dies auch für andere Anlagen ohne organisierten Markt zweckmäßig oder „machbar" ist.

Die Börsenbewertung der Unternehmensbeteiligungsgesellschaften erspart die zweifelhaften und eine Scheingenauigkeit hervorrufenden Bewertungsversuche der Einzelbeteiligungen. Die bei an der Börse gehandelten Papieren nie auszuschließenden spekulativen, fundamental nicht begründeten Einflüsse auf die Wertentwicklung erscheinen im Vergleich zu den Bewertungsproblemen bei Aufnahme nicht fungibler stiller Beteiligungen in die Portefeuilles von Beteiligungs-Sondervermögen als das kleinere Übel. Gegen allgemeine Markttendenzen können sich infolge des Prinzips der Risikomischung auch Aktienfonds nur begrenzt stellen. Es ist nicht ersichtlich, wie angesichts des geschaffenen Organisationsrahmens die Portefeuilles von Unternehmensbeteiligungsgesellschaften bei ausreichender Transparenz und Publizität zum Spielball besonderer Spekulationen werden sollten.

F. Die steuerliche Behandlung

I. Beteiligungs-Sondervermögen

Nach dem Grundsatz der Transparenz werden die Anleger von Beteiligungs-Sondervermögen steuerlich letztlich so behandelt wie Direktanleger. Durch die Zwischenschaltung des Sondervermögens soll prinzipiell keine höhere aber auch keine niedrigere steuerliche Belastung eintreten.

Das Sondervermögen ist daher von der Körperschaftsteuer, der Gewerbesteuer und der Vermögensteuer befreit. Kapitalertragsteuer und Körperschaftsteuer werden erstattet bzw. vergütet. Eine begrenzte Steuerpflicht besteht in der Form der Ausgleichsteuer für die Anrechnung und Vergütung von Körperschaftsteuer. Bei Beteiligungs-Sondervermögen ist dies jedoch nur von Bedeutung bei Anlagen in Aktien. Die Steuerbefreiung des Beteiligungs-Sondervermögens wird nicht dadurch ausgeschlossen, daß eine stille Beteiligung aufgrund geschlossener Vereinbarungen steuerrechtlich nicht als typische stille Beteiligung, sondern als Mitunternehmerschaft nach § 15 Abs. 1, 2 EStG zu beurteilen ist. Für diesen Fall wird ausgeschlossen, daß Ausschüttungen auf Anteilscheine, die aus Erträgen einer steuerlich als atypisch zu qualifizierenden stillen Beteiligung resultieren, nachträglich bei den Anteilscheininhabern zur Anrechnung oder Vergütung von Körperschaftsteuer führen, wenn zum Betriebsvermögen des Beteiligungsunternehmens Anteile an einer unbeschränkt steuerpflichtigen Kapitalgesellschaft gehören. Durch diese Vorschrift sollen praktische Schwierigkeiten vermieden werden, welche die nachträgliche Anrechnung oder Vergütung von Körperschaftsteuer bei den Anteilscheininhabern verursachen würde.

Die Befreiung der Beteiligungs-Sondervermögen von der Gewerbesteuer hat Rückwirkungen auf den Gesellschaftsvertrag zwischen der Kapitalanlagegesellschaft und dem Beteiligungsunternehmen. Nach § 25c Abs. 1c KAGG ist im Beteiligungsvertrag festzulegen, in welchem Umfang das Beteiligungsunternehmen im Falle der Abtretung an einen gewerbesteuerpflichtigen Erwerber diesem die Gewerbesteuer zu erstatten hat. Durch die Gewerbesteuerbefreiung verlagert sich die Gewerbesteuerbelastung der stillen Beteiligung und der Erträge aus dieser Beteiligung auf das Beteiligungsunternehmen[50]. Bei einer Veräußerung der stillen Beteiligung durch die Kapitalanlagegesellschaft an einen gewerbesteuerpflichtigen Erwerber entfällt die gewerbesteuerliche Hinzurechnung der stillen Beteiligung und ihrer Erträge beim Beteiligungsunternehmen, weil sie bei dem gewerbesteuerpflichtigen Erwerber zur Steuer herangezogen werden. Die Frage der Gewerbesteuerpflicht wird der Erwerber bei seinen Konditionen berücksichtigen. Ergebnis könnte sein, daß dieser möglicherweise nicht den im Rahmen des vorgeschriebenen Bewertungsverfahrens ermittelten Wert zahlen will. Daher wird den Kapitalbeteiligungsgesellschaften die Möglichkeit eingeräumt, im Beteiligungsvertrag zu regeln, daß bei einem etwaigen Verkauf der stillen Beteiligung das Beteiligungsunternehmen einem gewerbesteuerpflichtigen Erwerber die Gewerbesteuer erstatten wird. Nach der Gesetzesbegründung[51] stellt dies keine Benachteiligung des Beteiligungsunternehmens dar, da im Falle einer Abtretung der stillen Beteiligung an einen gewerbesteuerpflichtigen Erwerber die Gewerbesteuerbelastung für die stille Beteiligung entfällt und dem Unternehmen das Beteiligungskapital zu günstigeren Konditionen zur Verfügung stehen würde. Diese Aussage ist jedoch nur dann zutreffend, wenn kein Hebesatzgefälle besteht.

II. Unternehmensbeteiligungsgesellschaften

Die Unternehmensbeteiligungsgesellschaften nach UBGG sind von der Gewerbesteuer und der Vermögensteuer befreit[52], wodurch die bei Zwischenschaltung einer Kapitalgesellschaft zwischen Beteiligungsunternehemen und Anleger sonst prinzipiell eintretende weitere Steuerbelastung vermieden wird. Das vermögensteuerliche Schachtelprivileg[53] und die gewerbesteuerlichen Kürzungsvorschriften[54] allein reichen hierzu nicht aus. Das vermögensteuerliche Schachtelprivileg setzt eine Beteiligung von mindestens 10% an einer Kapitalgesellschaft voraus, die seit mindestens 12 Monaten vor dem maßgebenden Abschlußzeitpunkt bestehen muß. Ohne eine Befreiung von der Vermögensteuer wären Beteiligungen an Kapitalgesellschaften, die diese Voraussetzungen nicht erfüllen, und an Personengesellschaften im Vergleich zu einer Direktbeteiligung der Anleger doppelt belastet. Gleiches gilt im Falle der Gewerbesteuer für Beteiligungen an Kapitalgesellschaften unterhalb

[50] § 8 Nr. 3, § 12 Abs. 3 Nr. 1 GewStG
[51] Vgl. BT-Drucksache 10/5981, S. 37
[52] Vgl. § 3 Abs. 1 Nr. 19 VStG, § 2 Nr. 23 GewStG
[53] Vgl. § 102 GewStG
[54] Vgl. §§ 9,12 GewStG

der Schachtelgrenze. Gewerbesteuerpflichtigen Anlegern und Gründern stehen ihrerseits trotz der Steuerbefreiung der Unternehmensbeteiligungsgesellschaften die gewerbesteuerlichen Schachtelprivilegien zu, wenn die allgemeinen Voraussetzungen erfüllt sind.

Die Befreiung der Unternehmensbeteiligungsgesellschaften von der Gewerbesteuer wirkt sich im Falle typisch stiller Beteiligungen bei den Beteiligungsunternehmen steuererhöhend aus. Die Gewinnanteile der Unternehmensbeteiligungsgesellschaften sind nach § 8 Nr. 3 GewStG dem Gewebeertrag des Beteiligungsunternehmens hinzuzurechenen. Entsprechendes gilt für das Gewerbekapital gemäß § 12 Abs. 2 Nr. 1 GewStG. Diese Regelungen führen dazu, daß die Gewinne bzw. das gebundene Vermögen letztlich einmal mit Gewerbesteuer belastet werden. Daß sie im Falle der Unternehmensbeteiligungsgesellschaft nicht bei dieser, sondern beim Beteiligungsunternehmen entfällt, kann durch die Konditionengestaltung ausgeglichen werden.

Für die Körperschaftsteuer hat der Gesetzgeber keine besonderen Regelungen getroffen. Das körperschaftsteuerliche Anrechnungssystem vermeidet für anrechnungsberechtigte Aktionäre eine steuerliche Mehrfachbelastung von Gewinnen.

III. Vergleich

Während die steuerliche Behandlung der Unternehmensbeteiligungsgesellschaften für die Vermögen- und die Gewerbesteuer der von Beteiligungs-Sondervermögen entspricht, führen die körperschaftsteuerlichen Regelungen zu einer Ungleichbehandlung. Bei Anlagen über Unternehmensbeteiligungsgesellschaften werden die Anleger nicht so behandelt, als ob sie sich direkt an den Beteiligungsunternehmen beteiligt hätten. Höhere Belastungen entstehen bei Veräußerungsgewinnen.

Verkaufen Beteiligungs-Sondervermögen aus ihrem Portefeuille z.B. Aktien, so können die Anteilscheininhaber, die ihre Anteilscheine im Privatvermögen halten, die auf Veräußerungsgewinne entfallende Ausschüttung steuerfrei vereinnahmen. Verkauft eine Unternehmensbeteiligungsgesellschaft Anteile an Kapitalgesellschaften, so entsteht bei ihr ein körperschaftsteuerlicher Gewinn mit Folgesteuerpflicht beim Aktionär im Falle der Ausschüttung. Bei einer Direktbeteiligung würde ein steuerfreier Veräußerungsgewinn entstehen, wenn die Spekulationsfrist abgelaufen ist und es sich nicht um eine wesentliche Beteiligung gemäß § 17 EStG handelt. Werden Anteile an Personengesellschaften veräußert, könnte ein Anleger bei Direktbeteiligung die Begünstigung aus den §§ 16, 34 EStG nutzen. Durch die Zwischenschaltung der Unternehmensbeteiligung wird die Steuerbelastung auf das normale Niveau angehoben.

Im Gesetzgebungsverfahren ist vorgeschlagen worden, bei Unternehmensbeteiligungsgesellschaften Veräußerungsgewinne generell oder zumindest bei ihrer Reinvestition von der Körperschaftsteuer zu befreien. Der Gesetzgeber hat aber von einer gesonderten Regelung der steuerlichen Behandlung von Veräußerungsgewinnen der Unternehmensbeteiligungsgesellschaften abgesehen, weil dies im Rahmen der Neufassung von § 6b EStG in der nächsten Legislaturperiode geschehen sollte[55]. Mit dem Steuerreformgesetz 1990 ist ab 1990 die Möglichkeit, Gewinne aus der Veräußerung von Kapitalanteilen auf erworbene Kapitalanteile zu übertragen, jedoch gestrichen worden. Sonderregelungen für Unternehmensbeteiligungsgesellschaften sind nicht getroffen worden, so daß es bis auf weiteres bei der ungleichen steuerlichen Behandlung von Unternehmensbeteiligungsgesellschaften und Beteiligungs-Sondervermögen bleibt.

G. Fazit

Der Vergleich und die Analyse der neu geschaffenen Instrumente der Vermögensbildung mit dualer Zielsetzung führen zu dem Ergebnis, daß die Unternehmensbeteiligungsgesellschaften das geeignetere der beiden Instrumente sind.

Unternehmensbeteiligungsgesellschaften können in vielfältiger Form die Nachfrage nach vollhaftendem Eigenkapital kleinerer und mittlerer Unternehmen ohne Zugang zum organisierten Kapitalmarkt erfüllen. Sie können individuelle Lösungen anbieten und auch solche Beteiligungen eingehen, deren Rendite nicht unerheblich vom Wertzuwachs der Beteiligung bestimmt werden kann. Die Beteiligungs-Sondervermögen hingegen sind festgelegt auf typische stille Beteiligungen mit möglichst hohen laufenden Gewinnanteilen, die sich nicht für alle finanziellen Situationen der Beteiligungsunternehmen eignen.

Der Organisationsrahmen der Unternehmensbeteiligungsgesellschaften ist – unter Wahrung von Anlegerschutzgesichtspunkten – flexibler und kostengünstiger. Außerdem vermeidet er das aufwendige Bewertungsverfahren für stille Beteiligungen, das die fehlenden Marktpreise hierfür nicht ersetzen kann.

Entscheidend ist ferner, daß die Unternehmensbeteiligungsgesellschaften den Anlegern eine tatsächliche Beteiligung am Produktivvermögen vermitteln, mit der diese auch an der Wertentwicklung der Beteiligungsunternehmen – wenn auch nur indirekt – partizipieren können.

Praktische Erfahrungen mit Beteiligungs-Sondervermögen liegen noch nicht vor, da die Bewertungsverordnung für stille Beteiligungen erst am 14. Dezember 1988 erlassen worden ist. Zu einer nachhaltigen Verbesserung der Eigenmittelversorgung kleinerer oder mittlerer Unternehmen wird dieses Instrument nicht führen. Mit der Beimischung stiller Beteiligungen zu handelbaren Wertpapieren entsteht gegenüber normalen Aktienfonds nicht nur keine darüber hinausgehende Beteiligung am Produktivvermögen, das Ergebnis wird vielmehr eine Verwässerung sein.

---

[55] Vgl. BT-Drucksache 10/6193, S. 21

Zur steuerlichen Erfassung von Zinseinkünften Einzel- und gesamtwirtschaftliche Auswirkungen der Quellensteuer

Prof. Dr. *Ulrich Döring*, Hochschule Lüneburg

A. Problemstellung

Die Betriebswirtschaftliche Steuerlehre, deren Aufgabenstellung[1] und heutige Gestalt untrennbar mit dem wissenschaftlichen Werk von *Günter Wöhe* verbunden ist, will den Einfluß der Besteuerung auf das betriebliche Rechnungswesen untersuchen, sie will außerdem den Einfluß der Besteuerung auf unternehmerische Entscheidungen herausarbeiten und sie will schließlich den Gesetzgeber bei der Abfassung und die Rechtsprechung bei der Auslegung von Steuergesetzen mit konstruktiver Kritik begleiten. Daß zwischen der zweiten und dritten Teilaufgabe der Betriebswirtschaftlichen Steuerlehre ein enger Zusammenhang besteht, läßt sich am Beispiel der 1989 eingeführten Quellensteuer auf Zinseinkünfte demonstrieren.

Selten hat eine Steuerrechtsänderung eine so breite öffentliche Diskussion ausgelöst wie die Einführung der Quellensteuer auf Zinseinkünfte. Das ist einerseits verwunderlich, denn in der amtlichen Begründung zu dieser Gesetzesänderung heißt es ausdrücklich, daß sich angesichts der Anrechenbarkeit der Quellensteuer für all jene „Bürger, bei denen die Kapitalerträge bisher schon zu einer Steuerbelastung führten"[2] – das sind die steuerehrlichen Bürger – nichts ändere. Andererseits hat die Finanzverwaltung schon im Jahre 1986 die Einführung einer Quellensteuer auf Zinseinkünfte erwogen, diesen Plan aber nach eingehender Prüfung wegen der insgesamt negativen Steuerwirkungen verworfen.

Welche Steuerwirkungen wird das Quellenabzugsverfahren für Zinseinkünfte mit sich bringen? Sollen wir der in der amtlichen Gesetzesbegründung vertretenen These von geringfügigen oder der 1986 von der Finanzverwaltung ausgesprochenen Warnung vor gravierenden negativen Steuerwirkungen Glauben schenken? Die Betriebswirtschaftliche Steuerlehre kann bei der Beantwortung dieser Fragen behilflich sein. Sie untersucht zunächst, wie die Quellensteuer auf Zinseinkünfte die **Entscheidungskalküle** der betroffenen Wirtschaftssubjekte beeinflußt. Kommt sie dabei zu dem Ergebnis, daß die Veränderung der steuerlichen Rahmenbedingungen einzelwirtschaftliche Anpassungshandlungen auslöst, kann sie hieraus Rückschlüsse auf einzel- und gesamtwirtschaftliche **Steuerwirkungen** ziehen[3].

---

[1] Zur Aufgabenstellung der Betriebswirtschaftlichen Steuerlehre vgl. *Wöhe, Günter*, Die Aufgaben der Betriebswirtschaftlichen Steuerlehre und das Postulat der Wertfreiheit, in: Unternehmung und Steuer, Festschrift zur Vollendung des 80. Lebensjahres von Peter Scherpf, hrsg. von *Lutz Fischer*, Wiesbaden 1983, S. 8. Zitierweise: *Wöhe, Günter* (Aufgaben)

[2] Vgl. Bundesrats-Drucksache 100/88 vom 23.3.1988, Gesetzentwurf der Bundesregierung, S. 207

[3] So gesehen stellen Steuerplanungslehre und Steuerwirkungslehre keine Gegensätze dar. Untersuchungen zur Steuerwirkungslehre setzen eine Beschäftigung mit einzelwirtschaftlicher Steuerplanung voraus. Anders *Schneider, Dieter*, Betriebswirtschaftliche Steuerlehre als Steuerplanungslehre oder als ökonomische Analyse des Steuerrechts? In: Unternehmung und Steuer, Festschrift für Peter Scherpf, hrsg. v. *Lutz Fischer*, Wiesbaden 1983, S. 21ff.

Anhand der Ergebnisse der Steuerwirkungsanalyse wird schließlich geprüft, welchen Beitrag eine Steuerrechtsänderung – hier: die Einführung einer Quellensteuer auf Zinseinkünfte – zur Erreichung bestimmter **gesetzgeberischer Ziele** leistet. Neben konjunktur- und wachstumspolitischen Zielen sind hier klassische Besteuerungsgrundsätze wie Einfachheit, fiskalische Ergiebigkeit, Gleichmäßigkeit und Entscheidungsneutralität der Besteuerung zu nennen. Wenn die Betriebswirtschaftliche Steuerlehre im Rahmen ihrer dritten Hauptaufgabe Steuerrechtsänderungen anhand vorgegebener Ziele beurteilt und den Gesetzgeber dabei gegebenenenfalls kritisiert, erfüllt sie nicht nur eine einzelwirtschaftliche, sondern eine wichtige gesellschaftspolitische Funktion. Es gehört zu den wissenschaftlichen Verdiensten von *Günter Wöhe*, diese Aufgabenstellung der Betriebswirtschaftlichen Steuerlehre sehr früh erkannt und sich in der konstruktiven Kritik des Gesetzgebers sehr eifrig geübt zu haben.

B. Steuersystem und Steuerkontrolle

I. Steuergerechtigkeit und Durchsetzungskontrolle

Die Steuerbelastung wird für die Bürger umso erträglicher, je stärker sie von der Gerechtigkeit der Lastenverteilung überzeugt sind. Das Postulat nach gleichmäßiger und gerechter Steuerlastverteilung durchzieht von jeher die finanzwissenschaftliche Diskussion. Die Tatsache, daß die Angehörigen eines Gemeinwesens ihre Vorstellung von gleichmäßiger und gerechter Steuerlastverteilung im Zeitverlauf modifizieren können, ändert nichts an der fundamentalen Bedeutung dieses Besteuerungsprinzips.

In Sachen Steuergerechtigkeit erwarten die Bürger vom staatlichen Hoheitsträger zweierlei: Erstens Steuergesetze, die eine gleichmäßige und gerechte Steuerlastverteilung möglich machen und zweitens eine Steuerverwaltung, die potentiellen Hinterziehern eine Steuerverkürzung unmöglich macht. Die breite Masse der Bürger betrachtet die Besteuerung nur dann als gerecht, wenn sie sicher sein kann, daß jeder Einzelne nach dem Buchstaben des Gesetzes seine Steuerverpflichtungen zu erfüllen hat.

Steuergerechtigkeit und Kontrolle der Durchsetzung von Steuergesetzen gehören also untrennbar zusammen. Wenn die Mehrheit befürchten muß, daß eine Minderheit wegen mangelnder Durchsetzungskontrolle Steuerverkürzungsmöglichkeiten nutzen kann, verstärkt sich auch bei der Mehrheit der Steuerwiderstand. Auf dem Boden eines mehrheitlichen Steuerwiderstands entwickelt sich aber leicht ein gesteigertes Hinterziehungsklima. Mangelnde Durchsetzungskontrolle des Fiskus kann also schnell einen Akzelerationsprozeß in Richtung Steuerhinterziehung auslösen und damit auch das beste Steuersystem aus den Angeln heben.

II. Die Erfassung von Zinseinkünften im Rahmen der Einkommensteuer

Die Auffassung, daß man mit einer Besteuerung des persönlichen Einkommens einer gleichmäßigen und gerechten Steuerlastverteilung sehr nahe kommt, darf wohl als herrschende finanzwissenschaftliche Lehrmeinung bezeichnet werden. *Günter Wöhe* hat sich diese Einschätzung der Einkommensteuer zu eigen gemacht, denn sie kann „wie keine andere Steuer so ausgestaltet werden, daß sie an die **wirtschaftliche Leistungsfähigkeit** der Steuerpflichtigen anknüpft und somit ein Haupterfordernis einer als gerecht empfundenen Besteuerung erfüllt".[4]

An welche Steuerbemessungsgrundlage die Einkommensteuer anknüpfen sollte, was als Einkommen zu betrachten ist, welche Bezugsgröße zur Erreichung einer gerechten Steuerlastverteilung herangezogen werden sollte, ist noch nicht abschließend geklärt. Mehrheitlich neigt die Finanzwissenschaft heute zu der Auffassung, daß der Reinvermögenszugang einer Periode unabhängig von seiner Verwendung (Konsum oder Ersparnisbildung) zur Einkommensteuer herangezogen werden sollte. Die von *Georg von Schanz* entwickelte Reinvermögenszugangstheorie hat seit dem Ende des vergangenen Jahrhunderts die Quellentheorie weitgehend verdrängt, wonach nur regelmäßig wiederkehrende Einkünfte, also Beträge, die stetig aus einer bestimmten Quelle fließen, zum Einkommen gehören. Die deutsche Besteuerungspraxis hat bei der Definition des steuerpflichtigen Einkommens beide Lehrmeinungen zu einem Kompromiß zusammengefaßt. Die Unterschiede zwischen finanzwissenschaftlichem Einkommensbegriff (Reinvermögenszugangstheorie bzw. Quellentheorie) und steuerrechtlicher Einkommensdefinition können jedoch im folgenden vernachlässigt werden, weil hier nur Zinseinkünfte von Interesse sind, die in jeder der genannten Einkommensversionen zum Bestandteil der Einkommensteuerbemessungsgrundlage gehören.

1. Selbstdeklaration und Steuerkontrolle

Die Einkommensteuer basiert auf dem Prinzip der Selbstdeklaration, d.h. der Steuerpflichtige muß im Rahmen einer Einkommensteuererklärung sein Einkommen selbst angeben. Auf der Grundlage der abgegebenen Steuererklärung wird die Steuerschuld im Wege des Veranlagungsverfahrens von der Finanzbehörde festgestellt.

Die Selbstdeklaration gibt einem Steuerpflichtigen die Möglichkeit der Steuerhinterziehung, indem er „den Finanzbehörden oder anderen Behörden über steuerlich erhebliche Tatsachen unrichtige oder unvollständige Angaben macht (oder) die Finanzbehörden pflichtwidrig über steuerlich erhebliche Tatsachen in Unkenntnis läßt".[5] Steuerhinterziehung ist eine Straftat, die der Gesetzgeber mit einer Freiheits- oder Geldstrafe belegt.

Um den Finanzbehörden die Möglichkeit zu geben, Steuerhinterziehungen aufzudecken, hat der Steuergesetzgeber die Buchführungspflicht (§§ 140f. AO) und

---

[4] *Wöhe, Günter*, Die Steuern des Unternehmens, 5. Aufl., München 1983, S. 28. Zitierweise: *Wöhe, Günter* (Steuern)

[5] § 370 Abs. 1 Nr. 1 und 2 AO

die Außenprüfung (§§ 193ff. AO) eingeführt. Die Steuerkontrolle durch Buchführungspflicht und Außenprüfung erstreckt sich im wesentlichen nur auf den betrieblichen Bereich. Erzielt ein Steuerpflichtiger dagegen Zinseinkünfte im privaten Bereich, greift diese Steuerkontrolle nicht. Während die im betrieblichen Bereich vereinnahmten Zinseinkünfte der Steuerkontrolle durch Buchführungspflicht und Außenprüfung unterliegen, war die Finanzbehörde bei den Zinseinkünften im privaten Bereich bislang darauf angewiesen, den Angaben des Steuerpflichtigen zu vertrauen.

Die im privaten Bereich fehlende Steuerkontrolle über Zinseinkünfte läßt sich durch flächendeckende **Kontrollmitteilungen** oder durch ein **Quellenabzugsverfahren** realisieren. Beim ersten Kontrollverfahren werden die Banken verpflichtet, den Finanzbehörden unter Angabe des Zahlungsempfängers und des genauen Betrages alle Zinszahlungen zu melden. Wenn der Zinsempfänger weiß, daß die Finanzbehörde auch ohne sein Zutun über die Höhe seiner Zinseinkünfte informiert ist, wird er von sich aus vollständige und richtige Angaben in seiner Steuererklärung machen.

Das zweite Kontrollverfahren, der Quellensteuerabzug, bietet die Möglichkeit, Steuerhinterziehung bei Zinseinkünften zu unterbinden und trotzdem die Anonymität des Zinsempfängers zu wahren. Wie die Arbeitgeber verpflichtet werden, vom Bruttoentgelt des Arbeitnehmers die im Quellenabzugsverfahren erhobene Lohnsteuer zu berechnen und an die Finanzbehörde abzuführen, so werden die Kreditnehmer verpflichtet, vor Auszahlung der Zinsen an die Kreditgeber die Quellensteuer zu ermitteln und an den Fiskus weiterzuleiten. Die Bezieher der (Netto-) Zinseinkünfte haben dann die Möglichkeit, im Rahmen ihrer Einkommensteuererklärung die abgeführte Quellensteuer als Vorauszahlung auf ihre Einkommensteuerschuld in Abzug zu bringen.

Ob durch eine Quellensteuer auf Zinseinkünfte die Hinterziehung von Einkommensteuer unmöglich gemacht wird, hängt von der Wahl des Steuersatzes ab. Einkommensteuerhinterziehung läßt sich nur durch einen Quellensteuersatz vermeiden, der mit dem Spitzensteuersatz der Einkommensteuer identisch ist. Ein Quellensteuersatz von beispielsweise 20% lädt alle Steuerpflichtigen, deren individueller Grenzsteuersatz über 20% liegt, ein, die Zinseinkünfte bei der Einkommensteuererklärung zu verschweigen und die Quellensteuer contra legem als Definitiv-Steuer zu betrachten. Je niedriger der Gesetzgeber den Quellensteuersatz veranschlagt, desto größer wird die Zahl potentieller Steuerhinterzieher, die einer Belastung der Zinseinkünfte mit dem höheren individuellen Grenzsteuersatz ausweichen wollen.

Selbst ein Quellensteuersatz, der mit dem Spitzensteuersatz der Einkommensteuer identisch ist, leistet im Hinblick auf eine Vermeidung von Hinterziehungsmöglichkeiten weniger als das Rechtsinstitut der Kontrollmitteilungen. Daß potentielle Steuerhinterzieher Kontrollmitteilungen über ihre Zinseinkünfte noch mehr zu fürchten haben als einen Quellensteuerabzug in Höhe des Einkommensteuerspitzensatzes, hat zwei Gründe: Erstens halten Kontrollmitteilungen, die die Anonymität des Kreditgebers aufheben, den Steuerpflichtigen nicht nur zur Abgabe einer vollständigen Einkommen-, sondern auch zur Abgabe einer vollständigen Vermögensteuererklärung an. Letzteres ist bei einer Quellensteuer zum Spitzensteuersatz nicht der Fall. Der zweite Punkt betrifft die Herkunft des Kapitals, aus dem die Zinseinkünfte fließen. Die Quellensteuer läßt dem potentiellen Steuerhinterzieher die Möglichkeit der Anonymität. Der Fiskus vereinnahmt die Quellensteuer ohne nach dem Namen des Kapitalgebers und der Herkunft des Kapitals zu fragen. In einem Kontrollmitteilungssystem wird der Kapitalgeber namhaft gemacht und muß mit Nachforschungen über die Herkunft des Kapitals rechnen. Solche Nachforschungen müssen all denen unangenehm sein, die zwar ihre Kapitalerträge regelgerecht versteuern, die aber das Kapital rechtswidrig aus unversteuertem Einkommen gebildet haben.

2. *Steuerkontrolle und Steuerumgehung*

Kontrollmitteilungen und Quellensteuer sind Instrumente zur Disziplinierung steuerunehrlicher Kapitalanleger. Mit diesen Disziplinierungsmaßnahmen stößt die Steuerhoheit aber schnell an nationale Grenzen. Sobald es jenseits dieser Grenzen auch nur einen Staat gibt, der auf Kontrollmitteilungen verzichtet und der keine Quellensteuer erhebt, bildet sich ein **zwischenstaatliches Steuergefälle**. „Neben dem Bestehen eines Steuergefälles zwischen zwei und mehreren potentiellen Standorten müssen zwei weitere Voraussetzungen erfüllt sein, damit die Besteuerung als Standortfaktor wirksam werden kann“[6]. Es muß erstens eine gesetzlich garantierte Freizügigkeit geben und es muß zweitens eine echte Wahlmöglichkeit zwischen mindestens zwei Standorten gegeben sein, d.h. es muß eine positive **steuerliche Standortelastizität** bestehen.

Beide Bedingungen zur Ausnutzung eines internationalen Steuergefälles sind erfüllt: Nach der Liberalisierung des Kapitalverkehrs durch die Bundesrepublik Deutschland ist der Kapitalexport in jedes beliebige Land gestattet. Außerdem ist Geldkapital, anders als Grundbesitz, Humankapital oder Betriebsvermögen, ein extrem mobiler Faktor, d.h. mit sehr hoher Standortelastizität ausgestattet.

Bei gegebener Risikostruktur drängt es Geldanlagen in die Anlagealternative mit der höchsten Verzinsung nach Steuern. Weil internationaler Kapitaltransfer kaum Aufsehen verursacht, und weil die damit verbundenen Transaktionskosten extrem niedrig sind, reagieren internationale Kapitalanleger sofort auf Veränderungen im zwischenstaatlichen Steuergefälle. Für den einheimischen Fiskus heißt dies: der Versuch einer Disziplinierung steuerscheuer Kapitalanleger durch Kontrollmitteilung oder Quellenabzugsverfahren kann inländische Anleger vertreiben und ausländische Anleger abschrecken. Der inländische Finanzplatz verliert in den Augen der Anleger an Attraktivität. Schon eine kleine nationale Steueränderung, z.B. die Erhöhung einer Quellensteuer von 20 auf 25%, kann große Kapitalbewegungen auslösen, denn die internationalen Geldmärkte sind durch einen hohen Grad an Marktvollkommenheit gekennzeichnet und reagieren folglich schon auf sehr kleine (Netto-) Preisänderungen.

---

[6] *Wöhe, Günter*, Betriebswirtschaftliche Steuerlehre, Band II, 2. Halbband, 3. Aufl., München 1982, S. 298. Zitierweise: *Wöhe, Günter* (Steuerlehre)

Welche Reaktionen lassen sich in der Theorie erwarten, wenn der inländische Fiskus für Zinseinkünfte Kontrollmitteilungen oder eine Quellensteuer einführt? Die Literatur hat diese Frage bisher nur sehr pauschal beantwortet. Nach Geiger würden Kontrollmitteilungen „erhebliche negative Auswirkungen auf den Kapitalmarkt haben"[7]. Er spricht von einem Rückgang der Sparneigung, die durch eine Flucht in Sachinvestitionen und durch eine Kapitalflucht ins Ausland ausgelöst werden könnte; eine „mit Sicherheit zu erwartende ... Anhebung des Zinsniveaus"[8] sei die Folge.

Ähnlich äußert sich *Schlesinger*[9]. Auch er spricht von einer möglichen Flucht in die Sachwerte, wie sie 1984 bei Einführung einer (nicht anrechenbaren) Quellensteuer in Österreich zu beobachten gewesen sei, von einem Rückgang der Sparquote infolge steuerverminderter Zinsgutschriften, einer Zunahme der Kapitalflucht ins Ausland, einem Anstieg des inländischen Zinsniveaus und erhöhten Zinsbelastungen für einen defizitären Staatshaushalt. Ehrlicher spricht von ähnlichen Effekten[10] wie *Schlesinger*, schränkt sie aber auf den Fall ein, daß vor Einführung von Kontrollmitteilungen bzw. Quellensteuer in erheblichem Umfang Steuern hinterzogen wurden, „denn soweit Zinseinkommen bisher richtig deklariert wurden, besteht durch Änderung des Bankenerlasses (durch Einführung von Kontrollmitteilungen; Anm. d. V.) kein Motiv ... zur Einschränkung der Spartätigkeit oder zur Kapitalflucht"[11].

Die bisher vorliegende Literatur unterscheidet bei der Beschreibung möglicher kapitalmarktmäßiger Auswirkungen nicht zwischen einer Quellensteuer und einem Kontrollmitteilungssystem. In beiden Fällen spricht man pauschal von negativen Auswirkungen auf den Kapitalmarkt. Die möglichen Auswirkungen am Kapitalmarkt sind abhängig von den Reaktionen der Marktteilnehmer auf die steuerlichen Kontrollmaßnahmen. Die Marktteilnehmer sind aber keineswegs eine homogene Gruppe, sondern sie lassen sich einteilen in Steuerin- und Steuerausländer einerseits und - ein Aspekt, den *Ehrlicher* aufgreift - in Steuerehrliche und Steuerhinterzieher andererseits.

Will man die potentiellen Reaktionen dieser Gruppen auf eine mögliche Quellensteuer oder auf ein Kontrollmitteilungssystem im Inland modellmäßig untersuchen, muß man von bestimmten Prämissen ausgehen. Hierbei mögen folgende Unterstellungen gelten:

(1) In einer **Welt ohne Steuern** liege das Kapitalmarktgleichgewicht bei einem Zinssatz von 6%, d.h. im In- und Ausland weisen Titel mit vergleichbarer Risikostruktur eine Rendite von 6% aus.
(2) Der inländische Kapitalmarkt ist gemessen am ausländischen sehr klein.

---

[7] *Geiger, Helmut*, Zur Diskussion über die steuerliche Erfassung von Kapitaleinkünften, in: Sparkasse 1986, S. 88

[8] Ebenda, S. 88

[9] Vgl. *Schlesinger, Helmut*, Zur Besteuerung von Kapitalerträgen, in: Öffentliche Finanzen, Kredit und Kapital, Festschrift für W. Ehrlicher, hrsg. von *D. Cansier* und *D. Kath*, Berlin 1985, S. 243f.

[10] Vgl. *Ehrlicher, Werner*, Zur Besteuerung der Kapitalerträge, in: Sparkasse 1986, S. 448

[11] Ebenda, S. 445

(3) Der Kapitalverkehr zwischen dem In- und Ausland unterliegt in beiden Richtungen keinerlei Beschränkung.
(4) Die Transaktionskosten sind gleich Null; die Depotgebühren im In- und Ausland sind gleich hoch.
(5) In einer **Welt mit Steuern** werde im In- und Ausland eine Einkommensteuer auf Zinseinkünfte in Höhe von 40% erhoben; die Kapitalanleger streben nach einer höchstmöglichen Verzinsung nach Steuern.
(6) Neben der unbeschränkten Steuerpflicht nach dem Wohnsitzstaatprinzip[12] gibt es keine beschränkte Steuerpflicht.
(7) Die Gesamtheit der Steuerpflichtigen im In- bzw. Ausland setzt sich zusammen aus solchen, die ihre Zinseinkünfte ordnungsgemäß deklarieren und versteuern und solchen, die Steuerhinterziehung betreiben.
(8) Im Inland wird alternativ
    (a) eine Quellensteuer von 20% als anrechenbare Vorauszahlung auf die Einkommensteuer für in- und ausländische Bezieher inländischer Zinseinkünfte
    (b) ein Kontrollmitteilungssystem, bei dem inländische Kreditinstitute der inländischen Steuerbehörde den Namen, den Kapital- und den Zinsbetrag in jährlichen Abständen mitteilen

    eingeführt.
(9) Im Ausland wird weder eine Quellensteuer erhoben noch werden Kontrollmitteilungen gemacht.
(10) Wer bisher Steuern hinterzogen hat, wird auch nach Einführung der Quellensteuer bzw. der Kontrollmitteilungen versuchen, Steuern zu hinterziehen.

Welchen Einfluß wird in einem einfachen statischen Modell die Einführung einer **Quellensteuer** im Inland auf den Kapitalmarktzins im In- und Ausland haben? Im In- und Ausland konnten bisher 6% Bruttorendite erzielt werden; für Steuerhinterzieher betrug die Nettorendite somit ebenfalls 6%. Würde der Markt auf die Quellensteuereinführung im Inland nicht reagieren, würden Hinterzieher im Inland nach Abzug der Quellensteuer 4,8% und im Ausland quellensteuerfrei 6% erwirtschaften. Da es für Steuerhinterzieher - nicht für Steuerehrliche - aufgrund der Quellensteuer zu einem Steuergefälle zugunsten des Auslands kommt, werden Kapitaltransaktionen in Richtung Ausland ausgelöst. In- und ausländische Hinterzieher werden ihre Depots umschichten, indem sie inländische Titel verkaufen und quellensteuerfreie ausländische Titel erwerben. Infolge dieser Tauschoperation wird die Kapitalmarktrendite für inländische Titel wegen des Angebotsdrucks steigen, für ausländische Titel wird sie tendenziell sinken. Die Steuerarbitrage wird von den Steuerhinterziehern solange betrieben, bis die Bruttorendite für ausländische Titel exakt der Rendite nach Quellensteuerabzug bei den inländischen Titeln entspricht.

Dieses neue Gleichgewicht wird in einem Anpassungsprozeß erreicht, der sich angesichts der Marktrelationen - Bedingung (2) - in großen Renditeänderungen auf

[12] Vgl. *Rose, Gerd*, Betrieb und Steuern, 5. Buch, Grundzüge des Außensteuerrechts, Wiesbaden 1982, S. 23; *Wöhe Günter* (Steuerlehre), a.a.O. S. 246ff.

dem kleinen Markt für inländische und kleinen Renditeänderungen auf dem großen Markt für ausländische Titel niederschlägt. Sollte der Markt für die Auslandstitel so groß sein, daß sich der gesamte Zinsanpassungsprozeß auf dem Inlandsmarkt abspielt, wird dort der Bruttozins (i^*_q) nach Einführung der Quellensteuer auf

$$i^*_q = \frac{i}{1 - s_q}$$

ansteigen, wobei i den ursprünglichen Gleichgewichtszins (0,06) und s_q den Quellensteuersatz (0,20) symbolisiert.

Der neue Bruttozins i^*_q für inländische Titel wird auf 7,5% ansteigen. Das Angebot jedes in- und ausländischen Hinterziehers trägt dazu bei, den Zins für inländische Titel von i in Richtung i^*_q zu bewegen. Ist die Anzahl der Steuerhinterzieher groß genug, genauer gesagt: fällt ihr Angebot an inländischen Titeln stark genug ins Gewicht, die Bruttorendite für inländische Titel von i auf i^*_q zu steigern, sind verbleibende Steuerhinterzieher, die die Umtauschoperation noch nicht durchgeführt haben, zwischen quellenbesteuerten inländischen und quellensteuerfreien ausländischen Titeln indifferent. Wenn auch nur ein Steuerhinterzieher in inländischen Titeln bleibt, kann man sicher sein, daß i^*_q erreicht ist.

Welchen Einfluß wird die Einführung von **Kontrollmitteilungen** im Inland auf den Kapitalmarktzins für in- und ausländische Titel haben? Der inländische Fiskus kann nur inländische, nicht ausländische Kreditinstitute zur Abgabe von Kontrollmitteilungen zwingen. Bezüglich der Aufhebung ihrer Anonymität sind nur Steuerinländer von solchen Kontrollmitteilungen betroffen, es sei denn, der inländische Fiskus würde die empfangenen Kontrollmitteilungen an das Wohnsitzfinanzamt eines Steuerausländers weitergeben. Gehen wir zunächst davon aus, daß eine solche Weitergabe an den ausländischen Fiskus ausgeschlossen ist.

Inländische Hinterzieher können dem durch Kontrollmitteilungen induzierten Steuerzugriff des inländischen Fiskus dadurch ausweichen, daß sie ihr Kapital ins Ausland, allgemein: in den kontrollmitteilungsfreien Raum transferieren. Hierzu bieten sich zwei Möglichkeiten an: der Titeltausch im Wege des Verkaufs im Inland und Neuerwerbs im Ausland bzw. Überweisung der in- und ausländischen Titel von einem inländischen auf ein ausländisches Depot.

Bei Titelüberweisung kann sich der inländische Anleger dem Zugriff des inländischen Fiskus entziehen, ohne seine Bestände zu veräußern. Ohne Veräußerung gibt es keine Kursänderung, ohne Kursänderung keine Renditeänderung; das Zinsniveau für in- und ausländische Titel bleibt also unverändert. Die Einführung der Kontrollmitteilungen läßt das Kapitalmarktgleichgewicht unberührt.

Eine solche Steuerumgehung durch unmittelbaren Transfer der Depotbestände ins Ausland ist eine theoretische Möglichkeit, welche die Wirkung der Ankündigung von Kontrollmitteilungen auf die Psyche der Anleger außer acht läßt. Durch ein Kontrollmitteilungssystem wird das **Bankgeheimnis** partiell aufgehoben. Niemand garantiert dem Steuerhinterzieher, daß die Aufhebung des Bankgeheimnisses nicht noch einen Schritt weitergeht, wobei die inländische Steuerbehörde vom unmittelbaren Transfer der Depotbestände an ein ausländisches Kreditinstitut unterrichtet werden könnte. Statt des unmittelbaren Transfers wird es der vorsichtige Hinterzieher vorziehen, Spuren zu verwischen und die im Inland gehaltenen Titel zu veräußern und den Veräußerungserlös zum Erwerb neuer Titel durch ein ausländisches Kreditinstitut zu verwenden.

Auf den ersten Blick möchte man vermuten, daß der inländische Anleger mit Hinterziehungsabsicht im Inland inländische Titel abstößt und durch ein ausländisches Kreditinstitut ausländische Titel erwirbt. Wäre dies der Fall, käme es auch im Kontrollmitteilungsmodell zu einem gespaltenen Kapitalmarktzins bei in- und ausländischen Titeln. Der Zinssatz für inländische Titel würde von i auf i^*_k steigen, wobei

$$i^*_k = \frac{i}{1 - s}$$

den Wert von 10% annehmen müßte, denn nach Abzug der Einkommensteuer s in Höhe von 40% auf inländische Titel verbleiben 6% Nettoverzinsung, was dem Bruttozins für ausländische Titel entspricht.

Zu einer solchen Marktspaltung wird es aber **nicht** kommen, denn anders als bei der Quellensteuer verläuft die, das Steuergefälle markierende, Bruchstelle nicht zwischen inländischen und ausländischen Titeln, sondern zwischen Titeln, die von Inländern im Inland und solchen, die von Inländern im Ausland gehalten werden. Da es dem steuerhinterziehenden Inländer unbenommen bleibt, im Ausland inländische Titel zu erwerben, wird ein Angebotsdruck im Inland allenfalls **vorübergehend** die Kurse sinken und die Renditen steigen lassen. Der anschließend im Ausland ausgelöste Nachfrageschub nach möglichst hochverzinslichen (inländischen) Titeln wird den Markt wieder zu seinem ursprünglichen Gleichgewichtszins i bringen.

Nach unseren bisherigen Annahmen war davon auszugehen, daß ausschließlich hinterziehungswillige Steuerinländer auf ein im Inland angekündigtes Kontrollmitteilungssystem reagieren, indem sie ihre Inlandsdepots ab- und entsprechende Auslandsdepots aufbauen. Hinterziehungswillige Ausländer reagierten nicht, beließen also ihre Depotbestände im Inland, weil sie annahmegemäß darauf vertrauten, daß der inländische Fiskus die von inländischen Banken empfangenen Kontrollmitteilungen über Ausländerguthaben nicht an die ausländischen Finanzbehörden weitergibt. In der Realität ist aber eher davon auszugehen, daß die Ausländer den Glauben an die Diskretion der inländischen Finanzbehörden völlig verlieren, sobald der Fiskus zu Kontrollmitteilungen übergeht. Deshalb muß man unterstellen, daß die hinterziehungswilligen Ausländer genauso reagieren wie die Inländer: Positionen im Inland werden ab-, solche im Ausland werden aufgebaut.

III. Das Steuerdilemma

Kontrollmitteilungen sind nach weit verbreiteter Ansicht ein Instrument, Zinseinkünfte einer ungeschmälerten Besteuerung zuzuführen. In abgeschwächter Form gilt diese Aussage auch für eine (anrechenbare) Quellensteuer auf Zinseinkünfte. Nur wenn der Quellensteuersatz s_q unterhalb des Spitzensteuersatzes liegt, verbleibt Kapitalanlegern, deren Spitzensteuersatz s über s_q liegt, eine Hinterziehungsmöglichkeit in Höhe von $K \cdot i \cdot (s - s_q)$. Hierbei steht K als Symbol für den Kapitaleinsatz.

Unsere modellmäßigen Überlegungen im vorangegangenen Abschnitt haben gezeigt, daß hinterziehungswillige Kapitalanleger auf den Einsatz fiskalischer Instrumente zur Eingrenzung ihres Hinterziehungsspielraums mit Steuerumgehung reagieren. Je größer die Anzahl der potentiellen Steuerhinterzieher, desto mehr Steuerpflichtige wandern von quellenbesteuerten Inlandsanlagen in quellensteuerfreie Auslandsanlagen bzw. von kontrollierten Inlandsdepots in unkontrollierte Auslandsdepots.

Damit kommt der Fiskus in ein echtes Steuerdilemma: Wenn es viele Steuerhinterzieher gibt, sind Kontrollmechanismen zur Unterbindung der Steuerhinterziehung zwar notwendig, aber sie sind wirkungslos, weil viele mit einer Abwanderungsstrategie antworten. Gibt es dagegen nur wenige Steuerhinterzieher, sind Quellensteuern und Kontrollmitteilungen zwar wirksam, aber überflüssig.

Ehe eine Finanzhoheit Quellensteuern bzw. Kontrollmitteilungen zur Bekämpfung der Steuerhinterziehung einsetzt, muß sie bestimmte Vorarbeiten leisten. Zur Unterbindung von Ausweichstrategien muß sie entweder den freien Kapitalverkehr abschaffen - was vermutlich niemand will - oder sie muß die internationale Staatengemeinschaft zu einem einheitlichen Vorgehen in Richtung Quellensteuer oder Kontrollmitteilungen veranlassen - was vermutlich niemand kann.

Ist keine dieser beiden Voraussetzungen erfüllt, bringt die **Quellensteuer** unter den einfachen Annahmen des obigen **Modells** dem Fiskus keine Mehreinnahmen, aber den inländischen Kreditnehmern erhebliche Mehrbelastungen. Die Mehrbelastung der Kreditnehmer schlägt bei den steuerehrlichen Zinsempfängern positiv zu Buche, deren Habenzins von i auf i^*_q ansteigt. **Kontrollmitteilungen** werden am Kapitalmarkt, aber auch an der Finanzkasse spurlos vorübergehen. Lediglich die inländischen Banken werden Depotkunden und mit diesen entsprechende Provisions- und Depotgebühren verlieren.

C. Ziele und praktische Auswirkungen der „Kleinen Kapitalertragsteuer"

Zum 1.1.1989 hat der Gesetzgeber eine Steuer eingeführt, die von der Finanzverwaltung bagatellisierend als „Kleine Kapitalertragsteuer" bezeichnet wird[13]. Der folgende kurze Blick auf die rechtliche Ausgestaltung der „Kleinen Kapitalertragsteuer" wird zeigen, daß es sich hierbei um nichts anderes handelt als um eine Quellensteuer auf Zinseinkünfte, eine Quellensteuer, die auf die Einkommen- bzw.

[13] Vgl. *Bundesministerium der Finanzen*, Finanznachrichten 47/87 vom 9.11.1987, S. 1; *Häfele, Hansjörg*, „Kleine Kapitalertragsteuer - Brücke zu mehr Steuerehrlichkeit", Frankfurter Allgemeine Zeitung vom 12.4.1988, S. B 4

Körperschaftsteuerschuld anrechenbar ist. Deshalb soll im folgenden die übliche Bezeichnung „Quellensteuer" beibehalten werden.

Im vorangegangenen Abschnitt stand die Frage zur Diskussion, wie Kapitalanleger bei bestimmten Zielsetzungen aus **theoretischer Sicht** auf veränderte steuerliche Rahmenbedingungen (Kontrollmitteilung bzw. Quellensteuer) reagieren werden. Die Untersuchung hatte modellmäßigen Charakter, d.h. die Ergebnisse waren an bestimmte Modellprämissen gebunden, die nur ein schemenhaftes Abbild der Wirklichkeit sein konnten.

In diesem Abschnitt soll der Versuch gemacht werden, die Ziele und die **praktischen Auswirkungen** einer real existierenden Quellensteuer in Umrissen zu beschreiben. Im Rahmen dieser Steuerwirkungsanalyse fragen wir, welchen Beitrag die neue Quellensteuer auf Zinseinkünfte zur Gleichmäßigkeit der Besteuerung und zur Sanierung der Staatsfinanzen leistet. Außerdem werden wir die Quellensteuerfolgen für Kapitalanbieter und für Kapitalnachfrager untersuchen.

I. Rechtliche Ausgestaltung der Quellensteuer

Von der geplanten Quellensteuer sind nur **inländische** Kapitalerträge, d.h. Erträge, deren Schuldner Wohnsitz, Geschäftsleitung oder Sitz im Inland haben, betroffen.

Im einzelnen wird auf folgende Kapitalerträge eine zehnprozentige Quellensteuer erhoben[14]:

- Zinsen aus Schuldverschreibungen,
- Zinsen aus Schuldscheindarlehen,
- Zinsen aus Guthaben und Einlagen bei Kreditinstituten und Bausparkassen,
- Ausschüttungen aus Investmentanteilen und
- Erträge aus Kapitalansammlungsversicherungen

Für die Kapitalerträge aus Kapitalansammlungsversicherungen gilt die Besonderheit, daß mit der Quellensteuer die Einkommensteuerschuld endgültig abgegolten ist.

Von der Quellensteuer ausgenommen sind[15]:

- Zinsen aus Spareinlagen mit gesetzlicher Kündigungsfrist (3 Monate),
- Auslandsanleihen,
- rechnungsmäßige Zinsen aus Kapitalansammlungsversicherungen,
- einkommensteuerfreie Zinsen gem. §§ 3, 3a EStG und
- Interbankgeschäfte (d.h. die Kapitalerträge, bei denen der Gläubiger auch ein inländisches Kreditinstitut oder eine inländische Zweigstelle eines ausländischen Kreditinstituts ist).

---

[14] Vgl. BMF-Dokumentation 1/88 vom 11.1.1988 und „Neue Wirtschaftsbriefe" vom 26.10.1987, S. 3133. Zur weiteren Spezifikation der o.g. „Sammelbegriffe" vgl. Bundesrats-Drucksache 100/88 vom 23.3.1988, a.a.O., S. 306ff. und die vorläufig letzte Fassung des Gesetzestextes, abgedruckt in der Bundes-Drucksache 11/2529 vom 11.6.1988, S. 23-26

[15] Vgl. BMF Dokumentation 1/88 a.a.O. und Bundesrats-Drucksache 100/88, a.a.O. S. 307ff.

Die einbehaltene Quellensteuer wird im Rahmen der Einkommensteuer- bzw. Körperschaftsteuererklärung auf die Einkommensteuer- bzw. Körperschaftsteuerschuld der jeweiligen Steuerpflichtigen angerechnet. Steuerpflichtige, die nicht zur Einkommensteuer veranlagt werden, können eine Nichtveranlagungs-Bescheinigung des Wohnsitzfinanzamtes nach § 44a Abs. 2 EStG beantragen, aufgrund derer das Bundesamt für Finanzen die einbehaltene und abgeführte Kapitalertragsteuer erstattet.

II. Ziele der Quellensteuer

Schon eine Woche nach Bekanntwerden der Quellensteuerpläne der Bundesregierung ist es *Walter Kannengießer* gelungen, die Ziele der Finanzverwaltung in einer prägnanten Artikelüberschrift zusammenzufassen: „Quellensteuer: Auf der Suche nach Geld und Gerechtigkeit“[16].

Ohne Zweifel verfolgt der Gesetzgeber mit der Quellensteuer auf Zinseinkünfte das Ziel, der **Gleichmäßigkeit** der Besteuerung in dieser Grauzone der Besteuerungspraxis stärker zum Durchbruch zu verhelfen. Im Jahre 1977 sind nach Angaben der Volkswirtschaftlichen Gesamtrechnung den privaten Haushalten knapp 44 Mrd. DM an Geldvermögenserträgen zugeflossen. Im gleichen Jahr wurden nach der letzten verfügbaren Einkommensteuerstatistik knapp 8 Mrd. DM als Einkünfte aus Kapitalvermögen ausgewiesen. Das entspricht einer Deklarierungsquote von 18%. Eine Reihe von Literaturbeiträgen[17] hat sich mit der Diskrepanz zwischen vereinnahmten und versteuerten Kapitalerträgen auseinandergesetzt und ist zu dem Ergebnis gekommen, daß es die Existenz von Freibeträgen, Freigrenzen, Pauschbeträgen und legaler Steuerfreiheit bestimmter Geldvermögenserträge unmöglich macht, die tatsächliche Hinterziehungsquote zu ermitteln. Unstreitig ist freilich auch, daß ein kleinerer oder größerer Teil der Kapitalanleger einen Teil seiner Zinseinkünfte vor Einführung der Quellensteuer nicht deklariert hat. Diese Steuerhinterziehung wurde begünstigt durch den Bankenerlaß[18], der den Schutz des Bankgeheimnisses vor dem Fiskus garantiert.

Das Streben nach Steuergerechtigkeit schließt die Verfolgung **fiskalischer Ziele** nicht aus. Die Finanzverwaltung war im Herbst 1987 auf der Suche nach Geld **und** Gerechtigkeit – in dieser Reihenfolge. Es gibt einige Anhaltspunkte dafür, daß sich die Finanzverwaltung bei Einführung der Quellensteuer stärker von fiskalischen

---

[16] *Kannengießer, Walter*, Quellensteuer: Auf der Suche nach Geld und Gerechtigkeit, Frankfurter Allgemeine Zeitung vom 16.10.1987, S. 15f.

[17] Vgl. *Rehm, Hannes*, Zur Besteuerung von Kapitalerträgen, in: StuW 1984, S. 232ff.; *Schlesinger, Helmut*, a.a.o., S. 239ff.; *Ehrlicher, Werner*, a.a.o., S. 443; *Tofaute, Hartmut*, Zur Problematik der besseren steuerlichen Erfassung von Einkünften aus Kapitalvermögen, in: WSI Mitteilungen 1986, S. 303ff.

[18] Vgl. Erlaß der Verwaltung für Wirtschaft und Finanzen des Vereinigten Wirtschaftsgebietes vom 2.8.1949 - III S. 1171 - 23/49; ersetzt durch das Schreiben des BMF IV A 7-S 0230-79 an die Finanzminister (Finanzsenatoren) der Länder betr. Ermittlung bei Kreditinstituten vom 31.8.1979.

als von ethischen Motiven leiten ließ: Erstens erwartet man von der Quellensteuer ab 1989 ein jährliches Steuermehraufkommen in Höhe von 4,3 Mrd. DM, das zur Finanzierung der Steuerreform 1990 dringend benötigt wird. Zweitens nimmt es der Gesetzgeber bei der Realisierung seines Quellensteuervorhabens mit dem Prinzip der Gleichmäßigkeit der Besteuerung nicht so genau. Als Verstoß gegen die Gleichmäßigkeit der Besteuerung ist hier nur die Quellensteuerfreiheit für Zinseinkünfte aus Sparguthaben mit gesetzlicher Kündigung anzuführen[19]. Drittens haben sich Finanzpolitiker schon wiederholt mit dem Gedanken einer gleichmäßigeren steuerlichen Erfassung von Zinseinkünften getragen und immer geschah es in Zeiten akuter Finanznot. Ob 1981, 1982 oder 1983 - in Zeiten großer Haushaltslücken erfreuten sich Pläne zur gleichmäßigen Besteuerung von Zinseinkünften besonderer Beliebtheit[20].

Daß bei Einführung der Quellensteuer fiskalische Gründe im Vordergrund gestanden haben müssen, zeigt auch der folgende Sachverhalt: Der Bundesrechnungshof hatte in seinem Rechenschaftsbericht[21] aus dem Jahre 1985 Zweifel an der Lückenlosigkeit der steuerlichen Erfassung von Zinseinkünften geäußert und die Bundesregierung aufgefordert, über entsprechende Maßnahmen zur vollständigen Erfassung von Zinseinkünften nachzudenken. Die Bundesregierung hat in ihrer Stellungnahme[22] die Einführung einer Quellensteuer entschieden abgelehnt und dabei wie folgt argumentiert: Es könne „auch bei Kapitaleinkünften grundsätzlich davon ausgegangen werden, daß die Bürger ihren Pflichten zur Anmeldung der zu besteuernden Einnahmen nachkommen“[23]. Außerdem stehe die Einführung einer Quellensteuer in krassem Widerspruch zur gerade erst verfügten Abschaffung der Quellensteuer[24] auf Zinsgutschriften, die ausländischen Inhabern deutscher Teilschuldverschreibungen zuflossen. Schließlich sei bei Einführung der Quellensteuer zu befürchten, daß inländische Kapitalanleger ins Ausland abwandern, daß ausländische Anleger den inländischen Kapitalmarkt meiden, daß folglich das Zinsniveau im Inland steige und der Finanzplatz Bundesrepublik Deutschland an Attraktivität verliere.

Klarer hätte eine Stellungnahme der Finanzpolitiker **gegen** die Quellensteuer nicht ausfallen können. Schon im Oktober 1987, also nur 18 Monate später, vollzog die Finanzpolitik eine totale Kehrtwendung und entschloß sich zur Einführung der Quellensteuer. Die eigenen Argumente gegen die Quellensteuer waren sicherlich nicht in Vergessenheit geraten, sondern nur dem Diktat knapper Kassen zum Opfer gefallen.

---

[19] Vgl. hierzu das Monitum des Wissenschaftlichen Beirats beim Bundesministerium der Finanzen; abgedruckt in: BMF-Dokumentation 1/88, a.a.O., S. 2

[20] Vgl. *Rehm, Hannes*, a.a.o., S. 230f.; *Schlesinger, Helmut*, a.a.O., S. 238

[21] Vgl. *Bundesrat*, Unterrichtung durch den Bundesrechnungshof. Bemerkungen des Bundesrechnungshofes 1985 zur Haushalts- und Wirtschaftsführung; Bundesrats-Drucksache 558/85 vom 2.12.1985, S. 89ff.

[22] Bericht des Bundesministeriums der Finanzen für den Rechnungsprüfungsausschuß des Deutschen Bundestages vom 20.3.1986

[23] *Bundesministerium der Finanzen*, Finanznachrichten 13/88 vom 10.2.1988, S. 3

[24] Gemeint ist die sog. Kuponsteuer für ausländische Kapitalanleger, die 1965 aus außenwirtschaftlichen Gründen eingeführt und im August 1984 abgeschafft worden war.

III. Praktische Auswirkungen der Quellensteuer

1. *Einfluß auf das Zinsniveau*

Im vorangegangenen Abschnitt haben wir die Vermutung geäußert, daß bei Einführung einer Quellensteuer das Zinsniveau unter bestimmten modelltheoretischen Annahmen steigt. Im folgenden soll geprüft werden, ob die Quellensteuer 1989 in diesem Punkt den theoretischen Erwartungen entsprochen hat.

a) Der Ankündigungseffekt der Quellensteuer

Das Manuskript zu diesem Beitrag mußte im Sommer 1988, also sechs Monate vor dem Wirksamwerden der Quellensteuer 1989 fertiggestellt werden. Trotzdem muß es möglich sein, die Auswirkungen der Quellensteuer auf das Zinsniveau herauszuarbeiten, denn Steuerwirkungen zeigen sich nicht erst nach dem Inkrafttreten einer Steueränderung, sondern schon nach deren Ankündigung.

Die Bonner Pläne zur Einführung einer zehnprozentigen Quellensteuer auf Zinseinkünfte aus Inlandstiteln wurden am 9. Oktober 1987 an der Börse bekannt. Die Kulisse reagierte noch am selben Tag mit umfangreichen Verkäufen inländischer Rentenwerte. Es kam an diesem Tag zu Kursverlusten bis zu 1,50 Prozentpunkten. Allein am Tag der Quellensteuerankündigung erhöhte sich die **Durchschnittsrendite** der Anleihen von Bund, Bahn und Post von 6,38 auf 6,58 Prozent. Diese mit Kursverlusten einhergehende Renditesteigerung war nach Angaben der Süddeutschen Zeitung[25] der größte Tagessprung, seitdem diese Kennzahl errechnet wird.

Zinssteigerungen an einem einzigen Tag reichen nicht aus, die These von der zinstreibenden Wirkung der Quellensteuer zu belegen. Schon nach wenigen Tagen meldete eine andere Zeitung[26]: „Die Börsianer haben den ‚Quellensteuer-Schock' vom vergangenen Freitag überwunden".

So uneinheitlich die ersten Reaktionen des Rentenmarktes auf die Ankündigung der Quellensteuer waren, so widersprüchliche Zins-(änderungs)prognosen wurden aus der Politik und der Finanzwirtschaft geäußert. Regierungskreise wiegelten ab: Wegen des niedrigen Quellensteuersatzes „sei mit keinerlei negativen Auswirkungen auf die Finanzmärkte zu rechnen"[27] und „dauerhafte Veränderungen des Anlageverhaltens dürften deshalb kaum zu befürchten sein"[28]. Andererseits warnte der Präsident der Deutschen Bundesbank in ungewöhnlich deutlicher Form vor der Gefahr von quellensteuerbedingten Zinssteigerungen[29].

---

[25] Vgl. Süddeutsche Zeitung vom 10.10.1987 („Quellensteuerplan verschreckt Börse")

[26] Frankfurter Rundschau vom 14.10.1987 („Kapitalmärkte erholen sich vom Bonner Schock")

[27] Neue Züricher Zeitung vom 12.10.1987 („Bonn plant Quellensteuer auf Kapitalerträge")

[28] So der Staatssekretär im Bundesministerium der Finanzen, *Hans Tietmeyer*; Frankfurter Rundschau vom 14.10.1987 („Kapitalmärkte erholen sich vom Bonner Schock")

[29] Vgl. Frankfurter Allgemeine Zeitung vom 16.10.1987 („Pöhl: Quellensteuer kann Zinsniveau erhöhen")

Fragt man nach der Kursentwicklung für einige ausgewählte, von einer künftigen Quellensteuer betroffene Wertpapiere, dann ergibt sich folgendes Bild:

Übersicht 1: Kursentwicklung von Bundesanleihen

Titel	7.10.87	12.10.87	14.10.87	19.10.87
Bundes-Anleihe 6,125% 1987/97	94,50	93,75	93,90	91,40
Bundes-Anleihe 5,75 % 1987/97	92,00	91,00	91,20	88,80
Bundes-Anleihe 6,375% 1987/97	96,50	95,30	95,40	92,85
Stichtag „Quellensteuer": 9.10.1987				

Bundesanleihen haben sich nach Bekanntgabe der Quellensteuerpläne zunächst deutlich abgeschwächt, konnten sich dann erholen und sind am 19.10.1987, dem Tag des allgemeinen Börsenkrachs, erneut stark gefallen.

An dieser Stelle wird deutlich, wie schwierig es ist, steuerlich bedingte Kurs- und Renditeschwankungen empirisch nachzuweisen. Einerseits schlägt sich - wenn überhaupt - eine Änderung der steuerlichen Rahmenbedingungen nicht von heute auf morgen, sondern erst über einen längeren Zeitraum in veränderten Kursen und Renditen nieder. Selbst auf den hochentwickelten Finanzmärkten reagieren Anbieter und Nachfrager nicht mit unendlicher Anpassungsgeschwindigkeit. Andererseits wird es bei zunehmender Ausweitung des Untersuchungszeitraums immer schwieriger, steuerliche Kursänderungen von nichtsteuerlichen Kurseinflußfaktoren zu trennen. So ist es plausibel, anzunehmen, daß der Kursrutsch am 19.10.1987 in allererster Linie auf den allgemeinen Börsenkrach zurückgeht, aber niemand kann die Möglichkeit ausschließen, daß ein (kleinerer) Teil der Kurseinbuße dieses Tages auch auf das Konto Quellensteuerankündigung geht.

b) Separation des Steuereffekts

Die Bundesanleihe 1986/96 mit einem Nominalzins von 5,5% notierte am 7.10.1987, also unmittelbar vor Bekanntwerden der Bonner Quellensteuerpläne mit 90,60%. Das entsprach einer Rendite von 7,11%. Am 20.4.1988, also etwa sechs Monate nach Bekanntgabe der Quellensteuerpläne notierte die gleiche Bundesanleihe mit 95,60%, was einer Effektivverzinsung von 6,30% entsprach. Es wäre sicherlich abwegig zu behaupten, die Zinssenkung in Höhe von 0,81% sei eine Folge der angekündigten Quellensteuer. Und ebenso abwegig wäre es, eine etwaige Zinssteigerung ursächlich auf die Quellensteuer zurückzuführen. Kursbildung und Zinsentwicklung am Kapitalmarkt sind von **vielen Faktoren** abhängig, zu denen sicherlich auch die Besteuerung gehört.

Im folgenden soll trotz der multikausalen Problemstruktur versucht werden, den Quellensteuereffekt zu isolieren, d.h. ihn von anderen Kurseinflußfaktoren (Bonität des Schuldners, Inflationserwartungen, Währungsparitäten u.a.) zu trennen. Die eingangs aufgestellte Hypothese, wonach sich die Zinsen einer quellenbesteuerten Anlage so stark erhöhen, daß ihre Rendite nach Abzug der Quellensteuer der Bruttoverzinsung der quellensteuerfreien Anlagemöglichkeit entspricht, soll auf diese Weise einem **empirischen Test** unterzogen werden.

Bei modellmäßiger Betrachtung läßt sich der Steuereinfluß sehr leicht isolieren: durch eine ceteris-paribus-Klausel werden alle übrigen Parameter ausgeschaltet und Änderungen werden allein auf die Einflußgröße „Steuern" zurückgeführt. Bei der empirischen Überprüfung der Modellergebnisse muß man nach Umweltbedingungen suchen, die der modellmäßigen ceteris-paribus-Annahme entsprechen. Nur so läßt sich der Steuereffekt empirisch isolieren.

Die These, daß sich die Kreditzinsen um die Quellensteuer erhöhen, daß also die Quellensteuer nicht von den steuerpflichtigen Kreditgebern getragen, sondern daß sie auf die Kreditnehmer **überwälzt** wird, ließe sich empirisch einwandfrei überprüfen, wenn es gelänge, die Renditen zweier Anleihen zu vergleichen, die bezüglich ihrer Laufzeit und Risikostruktur völlig identisch sind und die sich nur hinsichtlich der Quellenbesteuerung unterscheiden. Ideal wäre es, eine Bundesanleihe X zu finden, deren Tranche A quellensteuerfrei und deren Tranche B seit dem 9. Oktober 1987 mit einer Quellensteuerankündigung belastet ist. Der Kurs- bzw. Renditeunterschied ließe sich allein als Steuereffekt erklären.

Da es solche Idealbedingungen in der Wirklichkeit nicht gibt, muß man sich mit einer zweitbesten **Näherungslösung** abfinden: Man vergleicht die Kursentwicklung einer quellensteuerfreien DM-Auslandsanleihe mit derjenigen einer quellenbesteuerten Bundesanleihe gleicher Restlaufzeit. Damit lassen sich die beiden wesentlichen kursbestimmenden Einflußfaktoren, das Währungsrisiko und das Risiko der Änderung des Kapitalmarktzinses als gleichlaufend ausschalten. Wenn das Währungs- und das Zinsänderungsrisiko bei beiden Anleihen **identisch** sind, können sie als entscheidungsirrelevant ausgeschaltet werden. Als Kursbestimmungsfaktoren verbleiben dann nur die **Unterschiede** zwischen beiden Anleihen: das von der Bonität des Schuldners abhängige Forderungsausfallrisiko und die unterschiedliche Quellenbesteuerung.

In einem vergleichsweise kurzen Beobachtungszeitraum von sechs bis acht Monaten gibt es in der bonitätsmäßigen Einschätzung einer großen Schuldneradresse, wie etwa der Bundesrepublik Deutschland oder der Weltbank, erfahrungsgemäß keine tiefgreifenden Veränderungen. Wenn es aber bei beiden zu vergleichenden Anleihen keine Änderungen in der Einschätzung des Währungs- und Zinsrisikos und keine nennenswerten Änderungen in der Einschätzung des Forderungsausfallrisikos gibt, dann lassen sich Veränderungen der Kursrelationen nur noch auf die eine entscheidende **Kurseinflußgröße** „Quellensteuer" zurückführen.

Ausgangsgrößen zur Separation des Steuereffekts sind die in *Übersicht 2* beschriebenen Anleihen.

Übersicht 2: Renditevergleich vor Quellensteuerbekanntgabe

Schuldner	Zins	Laufzeit	Kurs 7.10.1987	Rendite 7.10.1987
Bundesrepublik Deutschland	5,5%	1986/96	90,60	7,11%
Weltbank	6 %	1986/96	92,90	7,25%

Vor Bekanntgabe der Quellensteuerpläne war die Effektivverzinsung der Weltbankanleihe um 0,14 Prozentpunkte höher als diejenige der Bundesanleihe, was auf die offensichtlich geringere Wertschätzung der Schuldneradresse „Weltbank" zurückzuführen ist. Wenn die Quellensteuerankündigung für die Bundesanleihe keine Zinswirkungen gehabt hätte, müßte es auch in Zukunft bei einem unveränderten Renditevorsprung der Weltbank-Anleihe geblieben sein.

Um unsere Quellensteuerüberwälzungshypothese einem empirischen Test zu unterziehen, sollen im folgenden die **Renditerelationen** vor und nach Bekanntgabe der Quellensteuerpläne einander gegenübergestellt werden. Wenn vor Bekanntgabe der Quellensteuerpläne ein Renditevorsprung der Weltbank (0,14 Prozentpunkte) besteht, der nach dem Stichtag der Bekanntmachung in einen Renditevorsprung der Bundesanleihe umschlägt, wäre unsere These von der zinssteigernden Wirkung einer Quellensteuer bestätigt.

Die Kursbildung bei Anleihen und damit auch deren Effektivverzinsung unterliegt gewissen **Zufallsschwankungen**, die an einem Börsentag in diese, am anderen in jene Richtung gehen können. Um das Gewicht solcher Zufallsschwankungen zu verringern, sollen die Renditerelationen nicht nur für **einen** Stichtag vor und **einen** Stichtag nach dem 9.10.1987 ermittelt werden. Vielmehr soll für jede der beiden Anleihen eine **Durchschnittsrendite** mehrerer Handelstage vor dem Stichtag und mehrerer Handelstage nach dem Stichtag gebildet werden.

Übersicht 3: Renditevergleich Bundesanleihe - Weltbank-Anleihe

Bundesanleihe		Weltbank-Anleihe
Rendite vor Quellensteuerbekanntgabe		
Rendite	1987	Rendite
6,52	26.08.	6,82
6,67	02.09.	6,87
6,83	09.09.	7,14
6,85	16.09.	7,05
6,87	23.09.	7,05
7,00	30.09.	7,21
7,11	07.10.	7,25
6,84	∅	**7,06**
Rendite nach Quellensteuerbekanntgabe		
Rendite	1988	Rendite
6,19	04.03.	5,78
6,24	18.03.	5,78
6,22	25.03.	5,82
6,30	05.04.	5,82
6,19	13.04.	5,73
6,18	15.04.	5,71
6,30	20.04.	5,77
6,23	∅	**5,77**

Übersicht 3 macht deutlich, daß sich die Effektivverzinsung der Weltbank-Anleihe im Betrachtungszeitraum um 1,29 Prozentpunkte ermäßigt hat. Hätte die Quellensteuer keinen Einfluß auf die Zinsstruktur, müßte sich auch die Effektivverzinsung der Bundesanleihe um 1,29 Prozentpunkte ermäßigt haben. Das aber ist nicht geschehen: Die Effektivverzinsung der Bundesanleihe hat sich nur um 0,61 Prozent-

punkte verringert. Bezogen auf die Renditeentwicklung der quellensteuerfreien Weltbank-Anleihe hat es also bei der Bundesanleihe einen Zinsanstieg um 0,68 Prozentpunkte gegeben, der auf die Ankündigung der Quellensteuer zurückzuführen ist. Der quellensteuerbedingte relative Zinsanstieg der Bundesanleihe betrug 0,68 Prozentpunkte bei einer (durchschnittlichen) Ausgangsverzinsung vor Quellensteuerankündigung in Höhe von 6,84%. Nach unserer Quellensteuerüberwälzungshypothese hätte der Zins vor Quellensteuer $i = 6{,}84\%$ auf $i^*_q = 7{,}6\%$, also um 0,76 Prozentpunkte ansteigen müssen[30]. Da es tatsächlich einen **relativen Zinsanstieg** um 0,68 Prozentpunkte gegeben hat, wird unsere Überwälzungshypothese durch den Renditevergleich Bundesanleihe - Weltbank-Anleihe fast vollständig bestätigt.

Zur empirischen Untermauerung der Quellensteuerüberwälzungshypothese werden in der folgenden *Übersicht 4* drei weitere Bundesanleihen drei fristenkongruenten quellensteuerfreien DM-Auslandsanleihen gegenübergestellt. Dabei werden die Durchschnittsrenditen vor und nach dem Quellensteuerstichtag nach der gleichen Methode ermittelt wie in *Übersicht 3*.

Übersicht 4: Renditevergleich zwischen quellenbesteuerten Bundesanleihen und quellensteuerfreien DM-Auslandsanleihen

		Relativer Zinsanstieg der Bundesanleihe
Bundesanleihe 6% 1986/98	Schweden-Anleihe 6,125% 1986/98	
∅-Rendite vor Quellensteuerbekanntgabe		
6,92%	**7,20%**	
∅-Rendite nach Quellensteuerbekanntgabe		
6,27%	**5,91%**	0,64%
Bundesanleihe 5,75% 1987/97	Österreich-Anleihe 5,875% 1987/97	
∅-Rendite vor Quellensteuerbekanntgabe		
6,81%	**7,17%**	
∅-Rendite nach Quellensteuerbekanntgabe		
6,24%	**6,00%**	0,60%
Bundesanleihe 6,125% 1987/97	Quebec-Anleihe 6,00% 1987/97	
∅-Rendite vor Quellensteuerbekanntgabe		
6,75%	**7,28%**	
∅-Rendite nach Quellensteuerbekanntgabe		
6,16%	**5,96%**	0,73%

Auch hier ergibt sich ein relativer Zinsanstieg für die Bundesanleihe, der zwischen 0,73 und 0,60 Prozentpunkten liegt. Daraus folgt, daß der Ankündigungseffekt der Quellensteuer schon im April 1988, also acht Monate vor Inkrafttreten des Gesetzes, ausreicht, die Effektivverzinsung quellenbesteuerter Inlandstitel so weit nach oben zu treiben, daß die künftige Quellensteuerbelastung der Bundesanleihe am

[30] Vgl. die Formel auf S. 80

oberen Ende (d.h. im Vergleich zur Quebec-Anleihe) zu 97% und am unteren Ende (d.h. im Vergleich zur Österreich-Anleihe) zu 80% eskomptiert ist.

Daß sich die Effektivverzinsung der Bundesanleihe noch nicht um die **volle** Quellensteuerbelastung erhöht hat, muß nicht als Widerspruch zu unserer Überwälzungshypothese angesehen werden: Innerhalb von sechs Monaten (bis April 1988) haben die Märkte durch Zinssteigerungen bei Bundesanleihen 80% bis 97% der künftigen Quellensteuerbelastung vorweggenommen. Bis zum Inkrafttreten des Gesetzes haben sie mehr als acht Monate Zeit, um die restliche Quellensteuerüberwälzung zu vollziehen.

2. *Steuerfolgen für Kapitalanbieter*

Modellmäßige Überlegungen und empirische Tests haben gezeigt, daß schon die Ankündigung einer Quellensteuer ausreicht, eine große Zahl hinterziehungswilliger Kapitalanleger in den quellensteuerfreien Anlagebereich zu vertreiben. Durch vermehrtes Angebot von und verminderte Nachfrage nach quellenbesteuerten Titeln kommt es zu Kursrückgängen und einem entsprechenden Anstieg der Effektivverzinsung. Die Folge ist ein gespaltener Markt, auf dem sich quellensteuerfreie Titel mit i und quellenbesteuerte Titel mit $i^*_q = i/(1 - s_q)$ rentieren.

Was ändert sich nach Einführung der Quellensteuer für die Kapitalanbieter? „Da auch diese Kapitalertragsteuer (gemeint ist die Quellensteuer, Anm.d.V.) grundsätzlich voll auf die Einkommen- und Körperschaftsteuerschuld angerechnet werden kann, ändert sich für diejenigen Bürger, die ihre Kapitalerträge bisher schon versteuert haben, im Ergebnis nichts“[31]. Das Gegenteil ist richtig: für die steuerunehrlichen Anleger wird sich nichts ändern, die steuerehrlichen Kapitalanleger können dagegen ihre Position verbessern.

Vor Ankündigung einer zehnprozentigen Quellensteuer beträgt der einheitliche Marktzins i annahmegemäß 6,75%. Nach Ankündigung der Steuer kommt es zu einer Marktspaltung: quellensteuerfreie Titel rentieren sich weiterhin mit i = 6,75%, quellenbesteuerte Inlandstitel rentieren sich jetzt mit $i^*_q = 7{,}5\%$. **Steuerhinterzieher** wandern entweder in den quellensteuerfreien Raum und erzielen nach wie vor 6,75% oder sie erwerben quellenbesteuerte Anlagen zu 7,5% Bruttozins, so daß nach Abzug der Quellensteuer 6,75% verbleiben. Für Steuerhinterzieher ändert sich also nichts.

Anders ist es bei **steuerehrlichen Anlegern**: Unter dem alten Steuerregime kauften sie Inlandsanleihen zu 6,75%, nach Abzug der individuellen Einkommensteuer (40%) verblieb eine Nettorendite von 4,05%. Nach Einführung der Quellensteuer erwerben sie Papiere mit einer Bruttoverzinsung von 7,5% und erzielen eine Nettorendite von 4,5%.

Daraus folgt: Nach Einführung einer Quellensteuer auf Inlandstitel müssen die inländischen Schuldner höhere Kreditkosten tragen. Die Zinsen aus diesen In-

[31] So der Bundesminister der Finanzen anläßlich der Vorlage des Referentenentwurfs zum Steuerreformgesetz 1990 in einer Erklärung vor der Bundespressekonferenz am 14.1.1988; Bundesministerium der Finanzen, Finanznachrichten 5/88 vom 15.1.1988, S. 2

landstiteln fließen steuerehrlichen und steuerunehrlichen Kapitalanlegern zu. Die von den Inlandsschuldnern zu erwirtschaftenden Mehrkosten fließen – zum größeren Teil – als Mehrerlös in die Kassen steuerehrlicher Anleger und soweit – zum geringeren Teil – Steuerhinterziehung von Inlandsschuldverschreibungsinhabern betrieben wird als Mehreinnahme in die Kassen des Fiskus.

3. Steuerfolgen für Kapitalnachfrager

a) Fremdfinanzierungskosten im Inland

Durch die Ankündigung einer Quellensteuer - das konnte nachgewiesen werden - hat sich das Zinsniveau für Inlandsschuldverschreibungen deutlich erhöht. Bis zum Inkrafttreten der Quellensteuer werden die Kurse der Inlandstitel - gemessen am Kursniveau für DM-Auslandsanleihen - vermutlich weiter fallen und die Effektivverzinsung wird soweit ansteigen, daß der „Inlandszins" nach Abzug der Quellensteuer in etwa dem „Bruttoauslandszins" entspricht.

Kreditnehmer, die über eine Finanzierungsgesellschaft Zugang zum ausländischen Kapitalmarkt haben, können sich im Ausland - bei Vorliegen eines Doppelbesteuerungsabkommens, das die Anrechnungs- bzw. Freistellungsmethode für Zinseinkünfte vorsieht - verhältnismäßig billig (zu i) verschulden. Kleine und mittlere Unternehmen, die den Zugang zum ausländischen Kapitalmarkt nicht haben, müssen sich im Inland entsprechend teurer (zu i^*_q) verschulden.

b) Folgen für die Eigenkapitalausstattung

Seit Jahren, insbesondere nach Inkrafttreten des Haushaltsbegleitgesetzes 1983[32], wird die **mangelnde Finanzierungsneutralität** der Besteuerung in der einschlägigen Literatur[33] **kritisiert**. Steht eine Kapitalgesellschaft vor der Wahl, zur Finanzierung eines Investitionsprojekts 100 000 DM als Eigen- oder Fremdkapital aufzunehmen, dann wird sie sich bei isolierter steuerlicher Betrachtung für die Fremdfinanzierung entscheiden. Will sie den Kapitalgebern eine jährliche Entschädigung in Höhe von 21 000 DM in Form von Fremdkapitalzinsen (i_F) bzw. Bardividende und KSt-Erstattungsanspruch (i_A) zukommen lassen, dann muß sie im Falle der Eigenfinanzierung vor Steuern 25 926 DM, im Falle der Fremdfinanzierung aber nur 22 875 DM erwirtschaften[34].

---

[32] Gesetz zur Wiederbelebung der Wirtschaft und Beschäftigung und zur Entlastung des Bundeshaushalts, BStBl. I 1982, S. 972-985

[33] Vgl. *Wagner, Franz W.* und *Dirrigl, Hans*, Die Steuerplanung der Unternehmung, Stuttgart/New York 1979, S. 81ff.; *Bierich, Marcus*, Der Einfluß der Besteuerung auf die Kapitalbeschaffung der Unternehmen, ZfbF 1983, S. 41ff.; *Schneeloch, Dieter*, Eigenfinanzierung oder Finanzierung durch Gesellschafterdarlehen, StuW 1984, S. 40ff.; *Siegel, Theodor*, Besteuerung und Kapitalstruktur, BFuP 1984, S. 223ff.; *Wöhe, Günter* und *Bieg, Hartmut*, Grundzüge der Betriebswirtschaftlichen Steuerlehre, 2. Aufl., München 1984, S. 344ff., *Kruschwitz, Lutz*, Besteuerung und Kapitalstruktur, in: Handbuch Finanz- und Rechnungswesen, 12. Nachlieferung (B. I. 14), Landsberg/Lech 1987, S. 1ff.

[34] Vgl. *Rose, Gerd*, Betriebswirtschaftliche Steuerlehre, Wiesbaden 1986, S. 241

Die stärkere steuerliche Belastung der Eigenfinanzierung ist zurückzuführen auf

- die selbständige Vermögensteuerpflicht juristischer Personen,
- die fehlende Abzugsfähigkeit der Vermögensteuer juristischer Personen von der Körperschaftsteuerbemessungsgrundlage und
- die teilweise Abzugsfähigkeit der Dauerschulden (Dauerschuldzinsen) von der Bemessungsgrundlage der Gewerbekapitalsteuer (Gewerbeertragsteuer)[35].

Während die Fremdkapitalzinsen i_F dem Kapitalgeber bis Ende 1988 in voller Höhe zuflossen und einem „Hinterziehungsanreiz"[36] ausgesetzt waren, unterliegen Bardividende + KSt-Erstattungsanspruch (i_A) einem Quellensteuerabzug in Höhe von 36 + 16 = 52%[37]. Hinterziehungsgedanken der Zinsempfänger auf der einen Seite und eine fehlende Quellensteuer für Zinseinkünfte auf der anderen Seite machten „Fremdfinanzierung auch dann noch günstiger als Eigenfinanzierung, wenn man die vermögen- und die gewerbesteuerliche Benachteiligung der Eigenfinanzierung beseitigt (hätte)"[38]. Das bedeutet: Bei Steuerhinterziehungsabsichten der Zinsempfänger wird die Fremdfinanzierung durch Fehlen einer Quellensteuer zusätzlich privilegiert. *Schlesinger*[39] hat einschränkend darauf hingewiesen, daß die Finanzierungsneutralität der Besteuerung durch das Fehlen einer Quellensteuer nur unwesentlich beeinträchtigt wird, da sich die fremdfinanzierenden Unternehmen zur Hauptsache bei Kreditinstituten verschulden, die ihre Zinseinnahmen auch ohne Quellenabzugsverfahren ordnungsgemäß versteuert haben. Der von *Kruschwitz* beschriebenen Hinterziehungsgefahr begegnen wir aber immer dann, wenn private Anleger Industrieobligationen gezeichnet haben.

„Die Einführung des Quellenabzugsverfahrens für Zinseinkünfte würde indirekt die Eigenfinanzierung fördern"[40]. Mit diesem Gedanken greift auch *Siegel* das Problem der Finanzierungsneutralität der Besteuerung auf, an der es aus zwei Gründen mangelt: Erstens sorgt die Besteuerung auf der Unternehmensebene für eine stärkere Belastung der Eigenfinanzierung. Zweitens gab es für hinterziehungswillige Anteilseigner vor Einführung der Quellensteuer auf Zinseinkünfte ein gravierendes Steuergefälle auf der Gesellschafterebene. Bardividende und KSt-Erstattungsanspruch (i_A) unterliegen einem Quellensteuerabzug in Höhe von 52%. Fremdkapitalzinsen (i_F) konnten dagegen bislang **faktisch** steuerfrei vereinnahmt werden. Bei Einführung einer entsprechend hohen Quellensteuer auf Zinseinkünfte würde das Steuergefälle für hinterziehungswillige Anteilseigner auf der Gesellschafterebene abgebaut. Damit würde **eine** Ursache steuerlich bedingter Attraktivität der Fremdfinanzierung entfallen, was sich in einer Tendenz zur Erhöhung der Eigenkapitalquote niederschlagen würde.

---

35 Eigenkapital und Dividendenzahlungen unterliegen in voller, Dauerschulden und zugehörige Zinszahlungen nur in halber Höhe der Gewerbekapital- bzw. Gewerbeertragsteuer.

36 Vgl. *Kruschwitz, Lutz*, a.a.O., S. 26

37 Zur Berechnung vgl. *Wöhe, Günter* (Steuern), a.a.O., S. 107

38 *Kruschwitz, Lutz*, a.a.O., S. 26

39 Vgl. *Schlesinger, Helmut*, a.a.O., S. 244

40 *Siegel, Theodor*, a.a.O., S. 229

Nach Ankündigung einer Quellensteuer auf Zinseinkünfte zeichnet sich – die Deutsche Bundesbank hat sehr frühzeitig vor dieser Möglichkeit gewarnt[41] - eine deutliche Erhöhung des inländischen Zinsniveaus ab. Durch Überwälzung der Quellensteuer auf die Kreditnehmer bleibt für hinterziehungswillige Kapitalanleger die Nettorendite aus Forderungstiteln unverändert. Von der Angebotsseite her gibt es also keinen Grund zu verstärkter Beteiligungsfinanzierung. Ein Substitutionsprozeß in Richtung Eigenfinanzierung wird aber von der Nachfrageseite ausgelöst, weil sich für die Unternehmen die Kosten der Fremdfinanzierung spürbar erhöht haben.

c) Auswirkungen auf das Investitionsvolumen

Die Möglichkeit des Ausweichens in quellensteuerfreie Räume erlaubt den Kapitalgebern eine Überwälzung der Quellensteuer auf die Kreditnehmer. Im Zuge dieser Steuerüberwälzung kommt es zu einer Erhöhung des Zinsniveaus. Für die kreditsuchenden Unternehmen steigen die Finanzierungskosten. Die quellensteuerbedingte Erhöhung des Kalkulationszinsfußes verringert das Volumen rentabler Investitionsmöglichkeiten. Eine überwälzbare Quellensteuer wirkt also unabhängig von Eigen- oder Fremdfinanzierung bei allen inlandsfinanzierten Investitionen **wachstumshemmend**.

4. Folgen für die Gleichmäßigkeit der Besteuerung

Wenn - wie immer behauptet - die Einkommensteuer in besonderer Weise zur Erreichung einer gleichmäßigen und gerechten Steuerlastverteilung geeignet ist, dann muß die Finanzverwaltung Vorkehrungen treffen, die eine lückenlose Erfassung des gesetzlich definierten Einkommens ermöglichen. Gleichmäßige Steuerlastverteilung ist nicht nur eine Frage der Kodifizierung, sondern auch der Durchsetzung von Steuersystemen.

Anders als die Steuerreformkommission, in die *Günter Wöhe* seine Vorstellungen zur Reform der Unternehmensbesteuerung eingebracht hat, hat sich der *Wissenschaftliche Beirat beim Bundesministerium der Finanzen* zum Fürsprecher des Quellenabzugsverfahrens für Zinseinkünfte gemacht. Die Quellensteuer diene dazu „die verbreitete Steuerhinterziehung bei Zinseinkünften zu vermindern" und sei als Instrument „entsprechend dem Ziel der Einkommensteuer, das **gesamte** Einkommen zu belasten, zu begrüßen"[42]. Noch krasser plädiert *Tipke* für eine Quellensteuer: „Die Versteuerung der Zinsen wird zur Sache der Dummen und Skrupelhaften"[43], wenn die Finanzverwaltung keine geeigneten Schritte zur lückenlosen steuerlichen Erfassung von Zinseinkünften ergreift.

---

[41] Vgl. Frankfurter Allgemeine Zeitung vom 16.10.1987 („Pöhl: Quellensteuer kann Zinsniveau erhöhen")

[42] *Wissenschaftlicher Beirat beim Bundesministerium der Finanzen*, BMF-Dokumentation 1/88, a.a.O., S. 2

[43] *Tipke, Klaus*, Steuergerechtigkeit in Theorie und Praxis, Köln 1980, S. 156

Im folgenden soll geprüft werden, ob die Quellensteuer 1989 wirklich geeignet ist, die weitverbreitete Steuerhinterziehung bei Zinseinkünften zu unterbinden und der Gleichmäßigkeit der Besteuerung zum Durchbruch zu verhelfen. Zwei Argumente sprechen dagegen: ein quantitatives und ein qualitatives.

Mit 10% ist der Quellensteuersatz viel zu niedrig, um der Steuerhinterziehung wirksam zu begegnen. Bei einem so geringen Quellensteuersatz werden potentielle Hinterzieher die Chance der Anonymität nutzen und unter Verzicht auf die Anrechnungsmöglichkeit der Quellensteuer ihre Zinseinkünfte weiterhin verschweigen. Auch der *Wissenschaftliche Beirat* sieht diese Gefahr und hätte sich im Prinzip eine höhere Quellensteuer gewünscht. „Lediglich die enge außenwirtschaftliche Verknüpfung der Bundesrepublik und die offensichtliche Sensibilität der internationalen Finanzmärkte sprechen dafür, unter Umständen **schrittweise** vorzugehen“[44]. Wie klug eine solche Ankündigung vor dem Hintergrund der „offensichtliche(n) Sensibilität der Finanzmärkte“ ist, mag dahingestellt bleiben.

Gewichtiger ist das zweite, qualitative Argument gegen die Tauglichkeit der Quellensteuer als Instrument zur Vermeidung der Steuerhinterziehung: Solange hinterziehungswillige Kapitalanleger die Möglichkeit haben, in einen quellensteuerfreien Raum auszuweichen, bleibt die Quellensteuer ein stumpfes Schwert im Kampf um die Gleichmäßigkeit. Anlegern, welche die Erträge ihres Kapitals nicht der Quellensteuer unterwerfen wollen, bietet sich eine ganze Palette von Ausweichmöglichkeiten: sie reicht von der Flucht in die Sachwerte, über Spareinlagen mit gesetzlicher Kündigungsfrist, über DM-Auslandsanleihen und Eurogeldanlagen bis zu Einlagen bei ausländischen Kreditinstituten und zum Erwerb von Wertpapieren im Ausland.

Angesichts vielfältiger Ausweichmöglichkeiten bleibt nach Einführung der Quellensteuer 1989 nur die Erkenntnis, daß man eine gute und gerechte Sache mit untauglichen Mitteln verfolgt. Von der Hoffnung auf Eindämmung der Steuerhinterziehung bleibt nur ein bitterer Nachgeschmack in Form gestiegener Inlandszinsen und eines enormen Verwaltungsaufwands bei Finanzverwaltung und Kreditwirtschaft.

5. *Beitrag zur Haushaltssanierung*

a) Erwartete Mehreinnahmen

Als Folge der verbesserten Erfassung der Kapitaleinkünfte mit Hilfe der Quellensteuer erwartet die Bundesregierung ein jährliches **Steuermehraufkommen** in Höhe von 4,3 Mrd. DM. Eine konkrete Antwort auf eine parlamentarische Anfrage[45] nach der Berechnungsgrundlage für die erwarteten Mehreinnahmen ist die Bundesregierung schuldig geblieben. Bei Beantwortung dieser Anfrage mußte die Finanzverwaltung eingestehen, weder über zuverlässiges Zahlenmaterial zum bisherigen

---

[44] *Wissenschaftlicher Beirat beim Bundesministerium der Finanzen,* BMF-Dokumentation 1/88, a.a.O., S. 2

[45] Vgl. *Bundesministerium der Finanzen,* Finanznachrichten 13/88 vom 10.2.1988, S. 4

Umfang der Steuerhinterziehung noch zum Umfang der erwarteten Unterbindung der Steuerhinterziehung zu verfügen. Mit solider Finanzplanung hat also die Budgetierung erwarteter Mehreinnahmen in Höhe von 4,3 Mrd. DM wenig zu tun.

Die Analyse der Zinsentwicklung bei Bundesanleihen und diversen DM-Auslandsanleihen hat die Vermutung bestätigt, daß selbst ein geringer Quellensteuersatz von 10% Kapitalbewegungen in den quellensteuerfreien Raum auslöst. In den ersten vier Monaten des Jahres 1988 flossen nach Berichten der Deutschen Bundesbank[46] per Saldo 24 Mrd. DM in den Erwerb ausländischer Wertpapiere. Dies entsprach dem gesamten Anlagevolumen des Jahres 1987. Besonders kräftig hat sich der Kapitalexport im Zuge des Erwerbs von DM-Auslandsanleihen ausgeweitet. Daß dieser umfangreiche Kapitalexport und „das Renditegefälle von etwa einem Drittel Prozentpunkt, das sich unter Vorwegnahme der künftigen Steuerregelung herausgebildet hat"[47] ein hohes Maß an Quellensteuerumgehung zum Zweck fortgesetzter Hinterziehung signalisiert, dürfte unbestritten sein.

Wenn aber die Mehrzahl der Steuerhinterzieher der Quellensteuer ausweicht, ist es um die von der Finanzverwaltung erwarteten Mehreinnahmen schlecht bestellt. Statt der erwarteten 4,3 Mrd. DM wird sich in der Finanzkasse nur ein Bodensatz bilden, der im wesentlichen auf die quellensteuerliche Erfassung der Lebensversicherungserträge[48] mit Ausnahme der rechnungsmäßigen Zinsen zurückzuführen ist. Allenfalls hinterziehungswillige Kleinsparer ohne „internationale Ausweicherfahrung" werden die Quellensteuer zähneknirschend hinnehmen und zu einem bescheidenen Steuermehraufkommen beitragen.

b) Mehrausgaben als Folge der Quellensteuer

Die Mehreinnahmen aufgrund der Quellensteuer werden mit größter Wahrscheinlichkeit nicht den erwarteten Umfang von 4,3 Mrd. DM erreichen. Den eher bescheidenen Mehreinnahmen werden aber erhebliche Mehrausgaben gegenüberzustellen sein.

Diese Einschätzung läßt sich zunächst mit dem Hinweis auf zusätzlichen **Verwaltungsaufwand** begründen. Noch wenige Monate vor Ankündigung der Quellensteuer durch die Bundesregierung stellte die Finanzverwaltung mit Blick auf eine mögliche Quellensteuer (oder Kontrollmitteilungen) folgendes fest: „Beiden Maßnahmen wäre gemeinsam, daß sie einen hohen Verwaltungsaufwand insbesondere bei Kreditinstituten, aber auch bei der Finanzverwaltung erfordern würden, der zudem zu einem großen Teil ineffektiv wäre. Nutzlos wäre er z.B. in den Millionen Fällen, in denen Kapitalerträge aus den zuvor geschilderten Gründen am Ende steuerbefreit bleiben. Nicht erforderlich wäre der Aufwand weiter bei den

---

[46] Vgl. Monatsberichte der Deutschen Bundesbank Juni 1988, Frankfurt am Main 1988, S. 77

[47] Vgl. Handelsblatt vom 22.06.1988 („Bundesbank registriert nun die von der Quellensteuer befürchteten Auswirkungen")

[48] Dies umso mehr, als die Quellensteuer auf diese Lebensversicherungserträge definitiven Charakter hat und mit einer Versicherungssteuer verglichen werden kann.

Steuerpflichtigen, die ihre Kapitaleinkünfte ordnungsgemäß versteuern"[49]. Dem ist nichts hinzuzufügen.

Mehrausgaben werden auf die öffentlichen Kassen nicht nur infolge des zusätzlichen Verwaltungsaufwands, sondern vor allem wegen **erhöhter Kreditzinsen** zukommen. Die Öffentliche Hand ist mit rd. 900 Mrd. DM verschuldet. Die Erhöhung des Zinsniveaus um ein halbes Prozent kostet die Öffentliche Hand folglich 4,5 Mrd. DM/Jahr. Das entspricht etwa dem Betrag, den sich die Finanzverwaltung als Steuermehreinnahme aus der Quellensteuer **erhofft**.

Die *Übersichten 3* und *4* zeigen, daß sich der Bund vor Ankündigung der Quellensteuer um 0,25 bis 0,53 Prozentpunkte billiger verschulden konnte als erste ausländische Adressen im Wege von DM-Auslandsanleihen. Nach Ankündigung der Quellensteuerpläne liegt die Effektivverzinsung von Bundesanleihen rund 0,30 bis 0,35 Prozentpunkte **über** derjenigen von DM-Auslandsanleihen. Der Bund hat somit durch die Quellensteuer seine Zinsposition im Vergleich zu ausländischen Schuldnern um 0,60 bis 0,88 Prozentpunkte verschlechtert. Im Zuge der Umschuldung werden sukzessive alle derzeit noch „niedrig" verzinslichen Zahlungsverpflichtungen in solche mit aktuellen, d.h. um 0,60 bis 0,88 Prozentpunkte erhöhten Zinskonditionen umzutauschen sein. Nach Abschluß dieser Umtauschaktion wird auf die Öffentliche Hand eine quellensteuerbedingte Mehrbelastung von gut 5 Mrd. DM pro Jahr zukommen, eine Mehrbelastung, der eine nicht begründete Mehreinnahmenerwartung in Höhe von 4,3 Mrd. DM gegenübersteht.

D. Konsequenzen für den Gesetzgeber

Einfachheit der Besteuerung, Gleichmäßigkeit der Besteuerung, fiskalische Ergiebigkeit, Vereinbarkeit mit gesamtwirtschaftlichen, insbesondere konjunktur- und wachstumspolitischen Zielen und Entscheidungsneutralität gesetzlicher Normen sind Prüfsteine jeder Steuerrechtsänderung. Wie ist eine an diesen Kriterien gemessene Quellensteuer 1989 insgesamt zu bewerten?

Die Quellensteuer - mit ihrem Erhebungs- und Erstattungsverfahren schon aufwendig genug - wird zusätzlich kompliziert durch das Antragsverfahren zur Ausstellung von Nichtveranlagungsbescheinigungen. Im Gegensatz zu den Erwartungen der Finanzverwaltung[50] wird dieses in hunderttausenden von Fällen durchzuführende Antrags- und Bescheinigungsverfahren umständlich und kostspielig. Wir schließen uns dem ursprünglichen Urteil der Finanzverwaltung an, daß das Quellensteuerverfahren „einen hohen Verwaltungsaufwand erfordern würde, der zu ei-

---

[49] Besteuerung der Kapitaleinkünfte, Bericht des Bundesministeriums der Finanzen für den Rechnungsprüfungsausschuß des Deutschen Bundestages, hrsg. v. Presse- und Informationsamt der Bundesregierung, Aktuelle Beiträge zur Wirtschafts- und Finanzpolitik Nr. 42/1986 vom 2.5.1986, S. 12

[50] Vgl. *Bundesministerium der Finanzen*, Finanznachrichten 47/87 vom 9.11.1987, S. 1

nem großen Teil ineffektiv wäre"[51]. Die Quellensteuer widerspricht somit dem Prinzip der **Einfachheit** der Besteuerung, ein Manko, das freilich durch einen höheren Zielerreichungsgrad bei der Gleichmäßigkeit der Besteuerung wettgemacht werden könnte[52].

Die Quellensteuer auf Zinseinkünfte orientiert sich zwar am Ziel der **Gleichmäßigkeit** der Besteuerung, aber sie leistet keinen nennenswerten Beitrag zur Zielerreichung. Sie will zwar zu einer Gleichbehandlung aller Steuerpflichtigen beitragen und Einkünfte aus Kapitalvermögen ebenso umfassend besteuern wie andere Einkünfte, insbesondere wie Einkünfte aus nichtselbständiger Arbeit, aber sie scheitert bei diesem Vorhaben kläglich. Der Quellensteuer unterliegen zwar alle Bezieher von Zinseinkünften, ihr eigentlicher Zweck liegt aber in der steuerlichen Erfassung potentieller Steuerhinterzieher. Diese haben aber auch jetzt noch ausreichend Gelegenheit, die Quellensteuer durch Ausweichen in legale und illegale Freiräume zu umgehen. Die Besteuerungsabsicht stößt ins Leere.

Über die **fiskalische Ergiebigkeit** der Quellensteuer kann noch kein abschließendes Urteil gefällt werden. Der außergewöhnliche Verkaufserfolg, dessen sich DM-Auslandsanleihen seit Ankündigung der Quellensteuer erfreuen[53] und die deutlichen Zinssteigerungstendenzen bei quellenbesteuerten Inlandstiteln lassen aber den Schluß zu, daß hinterziehungswillige Kapitalanleger in großem Umfang in den quellensteuerfreien Raum ausweichen. Das belastet die fiskalische Ergiebigkeit dieser Steuererhebungsform in zweifacher Weise: erstens durch magere Ergebnisse auf der Einnahmen- und zweitens durch erhebliche Zinsmehrbelastungen auf der Ausgabenseite des öffentlichen Haushalts.

In Zeiten überdurchschnittlicher Arbeitslosigkeit kommt **wachstumspolitischen Aspekten** der Besteuerung besondere Bedeutung zu. Auch hier wirkt die Quellensteuer kontraproduktiv. Die Quellensteuer, die den Kapitalexport fördert und die Inlandszinsen[54] erhöht, bremst die Wachstumskräfte im Inland. Viele Investitionen, die bei faktischer Steuerfreiheit der Zinseinkünfte gerade noch rentabel waren, werden nach dem von Zinssteigerungen begleiteten Quellensteuerdurchgriff unterbleiben.

Entscheidungsneutralität der Besteuerung ist dann gegeben, wenn die Wirtschaftssubjekte die Steuern in ihren Entscheidungskalkülen vernachlässigen können. Entsteht dagegen zwischen mindestens zwei Handlungsmöglichkeiten ein **Steuergefälle**, löst die Besteuerung Anpassungshandlungen aus. Letzteres ist auch bei der Quellensteuer der Fall. Die Quellensteuer auf inländische Titel schafft ein Steuergefälle zu Auslandstiteln, die für hinterziehungswillige Anleger de facto steuerfrei bleiben. Durch einzelwirtschaftliche Anpassungsmaßnahmen kommt es zum Kapitalexport und zu Zinssteigerungen für quellenbesteuerte Inlandstitel. Die

---

[51] Besteuerung der Kapitaleinkünfte, Bericht des Bundesministeriums der Finanzen ..., a.a.O., S. 12.

[52] Zur konkurrierenden Zielsetzung dieser beiden Besteuerungsgrundsätze vgl. Gutachten der Steuerreformkommission 1971, Schriftenreihe des Bundesministeriums der Finanzen, Heft 17, Bonn 1971, S. 29 (TZ 35)

[53] Vgl. Monatsberichte der Deutschen Bundesbank Juni 1988, a.a.O., S. 15-18

[54] Gemeint ist der Zinsanstieg bei quellenbesteuerten Titeln inländischer Schuldner.

Allokationseffizienz wird von den steuerlichen Anpassungsmaßnahmen negativ berührt[55].

Was ist von einer Quellensteuer zu halten, die keinem der oben genannten Besteuerungskriterien gerecht wird? Was soll der Gesetzgeber tun? Worauf sind die Schwächen der Quellensteuer zurückzuführen?

Die negativen Auswirkungen der Quellensteuer sind nur zum geringen Teil eine Folge der Erhebungstechnik und zum überwiegenden Teil eine Folge des **Einkommensteuersystems.** Die Quellensteuer ist nur ein Instrument zur Durchsetzung des von der Einkommensteuer erhobenen Zinsbesteuerungsanspruchs. Wer die negativen Steuerfolgen auf dem inländischen Kapitalmarkt und das binnenwirtschaftliche Wachstum beseitigen will, muß seinen Blick nicht auf die Abschaffung der Quellensteuer, sondern auf die Abschaffung der Einkommensteuerpflicht für Kapitalerträge richten. Wenn - wie bei der Einkommensteuer - das disponible Einkommen unabhängig von seiner Verwendung (Konsum oder Ersparnisbildung) erfaßt wird, wenn also auch die Ersparnisse einer einkommensteuerlichen Belastung unterliegen, versuchen viele Wirtschaftssubjekte, der Besteuerung der Ersparnisse auszuweichen. Solange ihnen internationale Besteuerungsunterschiede die hierzu notwendigen Freiräume bieten, haben alle Maßnahmen zur Durchsetzung des inländischen Besteuerungsanspruchs negative Folgen für die binnenwirtschaftliche Entwicklung.

Vor dem Hintergrund internationaler Steuerfreiräume steht der einheimische Gesetzgeber vor der Wahl, im geltenden Einkommensteuersystem nachteilige binnenwirtschaftliche Steuerfolgen in Kauf zu nehmen oder auf die Besteuerung der Ersparnisbildung ganz zu verzichten und die Einkommensteuer durch eine **Konsumsteuer** zu ersetzen. Eine so tiefgreifende Systemänderung hätte aber nicht nur weitreichende strukturelle Konsequenzen für eine seit Jahrzehnten gewachsene Steuerrechtsprechung und Besteuerungspraxis, sondern sie berührte auch die **ethische** Grundfrage einer gleichmäßigen und gerechten Steuerlastverteilung. Ob einer Konsumsteuer der Vorzug vor einer Einkommensteuer herkömmlicher Prägung zu geben wäre, bleibt eine politische Entscheidung, denn das Beratungsmandat einer um Wertfreiheit bemühten Betriebswirtschaftlichen Steuerlehre endet dort, wo Aussagen über eine gerechte Steuerlastverteilung mit ethischen Wertvorstellungen verbunden werden müssen.

---

[55] In diesem Sinne auch *Ehrlicher, Werner*, a.a.O., S. 448

Die Gewerbesteuer - ewiges Stiefkind der Steuerreform?

Dr. *Armin Feit*, Präsident des Bundes der Steuerzahler

Der Jubilar, dem diese Ausführungen gewidmet sind, Herr Professor Dr. Dr. h.c. *Günter Wöhe*, hat über seine akademische Tätigkeit hinaus stets auch zu aktuellen und grundsätzlichen steuerpolitischen Fragen Stellung bezogen. Davon zeugt seine Mitgliedschaft in der *Steuerreformkommission* von 1970, deren Ergebnisse[1] zu einem großen Teil auch heute noch von unverminderter Aktualität sind[2], und eine Reihe von Einzelstellungnahmen. In einer sachlich-nüchternen und ideologiekritischen Untersuchung aus dem Jahre 1976[3] kommt er zu dem Ergebnis, daß die Gewerbesteuer gegen fast alle anerkannten Prinzipien der Besteuerung verstößt und darüber hinaus schwere gesamtwirtschaftliche Nachteile aufweist. *Wöhe* empfiehlt eine „Radikallösung": Totale Abschaffung der Gewerbesteuer und Ersatz des Steuerausfalls durch die Umsatzsteuer[4]. Da der Gesetzgeber entgegen den Empfehlungen der Steuerreformkommission untätig blieb und im Rahmen der Steuerreform 1975 den Abbau der Gewerbesteuer nicht in Angriff nahm, bezeichnete *Wöhe* die Gewerbesteuer damals als Stiefkind der Steuerreform.

Obwohl die genannte Veröffentlichung des Jubilars zwölf Jahre zurückliegt, wird sie auch im jüngsten Schrifttum häufig und zustimmend zitiert[5]. Dieser Festschriftsbeitrag bietet nun die willkommene Gelegenheit, ausführlicher als es ein wissenschaftlicher Fußnotenapparat erlaubt, die bleibende Aktualität und die ungeschmälerte Überzeugungskraft der grundsätzlichen Ausführungen *Wöhes* zur Gewerbesteuer und zur Steuerreform 1975 darzulegen.

---

[1] Gutachten der Steuerreformkommission 1971, Schriftenreihe des Bundesministeriums der Finanzen, Heft 17, 1971.

[2] So auch *K. Geiger*, Die „große" Steuerreform - Was ist aus dem Gutachten der Steuerreformkommission geworden? - in: Der Bundesfinanzhof und seine Rechtsprechung, Grundfragen - Grundlagen, Festschrift für Hugo von Wallis, 1985, S. 553 und 564.

[3] *G. Wöhe*, Die Gewerbesteuer - ein Stiefkind der Steuerreform, in: Der Bürger als Objekt der staatlichen Finanzpolitik, Festschrift für Willy Haubrichs zum 65. Geburtstag, hrsg. von *G. Schmölders*, *G. Wöhe* und *E. H. Buchholz*, 1976, S. 127 ff.

[4] Ebenda, S. 148.

[5] Vgl. z.B. *D. Dziadkowski*, Umgestaltung, Revitalisierung oder Ersatz der Gewerbesteuer?, in: Steuer und Wirtschaft 4/87, S. 331; *R. Wendt*, Zur Vereinbarkeit der Gewerbesteuer mit dem Gleichheitssatz und dem Prinzip der Besteuerung nach der Leistungsfähigkeit, in: Betriebs-Berater 19/87, S. 1258; *B. Scholz*, Das Gewerbesteuer-Teilanrechnungsmodell - ein Beitrag zur Reform der kommunalen Steuern?, in: Betriebs-Berater, Beilage 11 zu Heft 25/88.

I

Als *Wöhe* im Jahre 1976 seine Abhandlung zur Gewerbesteuer veröffentlichte, hatte der Gesetzgeber gerade eine Steuerreform beschlossen[6]. Heute, zwölf Jahre später, sind wir in der gleichen Situation. Wieder hat der Gesetzgeber eine Steuerreform verabschiedet[7]. Und wieder enthält sie keine Reform der Gewerbesteuer.

Nun kann man heute wie damals nicht nur die Gewerbesteuer im Blick haben. Ihre Reform ist - wie *Wöhe* sagt - im Zusammenhang mit allen übrigen Steuerreformmaßnahmen zu sehen[8]. Obwohl die Gewerbesteuer quasi irreparable Mängel aufweist, könnten doch einige von ihnen wie zum Beispiel die Doppelbelastung des Betriebsgewinns und des Betriebsvermögens mittelbar abgeschwächt werden, wenn Entlastungen bei Einkommen- und Körperschaftsteuer oder Vermögensteuer vorgenommen würden. Dies würde sich nicht zuletzt im internationalen Vergleich der betrieblichen Steuerbelastung niederschlagen. Allerdings kämen die Mängel und Gefahren der Gewerbesteuer vor dem Hintergrund einer derart reduzierten Belastung der Betriebe noch deutlicher zur Geltung und würden die Reformbedürftigkeit dieser Abgabe noch verstärken.

Mit der Steuerreform der siebziger Jahre sollten Fehlentwicklungen im Steuerrecht beseitigt werden[9]. Dazu gehörten Ungleichmäßigkeiten durch Überschneidung und Überlagerungen von Einzelsteuern, ferner Ungleichmäßigkeiten durch Doppelbelastungen und unterschiedlich aktuelle Bewertungen der einzelnen Vermögensarten sowie Verstöße gegen das Prinzip der Einfachheit und Sparsamkeit der Steuererhebung. Die Steuerreform 1975 wurde so gründlich wie keine andere durch eine Steuerreformkommission vorbereitet, der, wie erwähnt, der Jubilar an-

---

[6] Gesetz zur Reform der Einkommensteuer, des Familienlastenausgleichs und der Sparförderung (Einkommensteuerreformgesetz) vom 5.8.1974, BGBl I S. 1769. Die Einkommensteuerreform galt als Schwerpunkt dieser Steuerreform. Zu ihr gehören ferner die Abgabenordnung vom 16.3.1976, BGBl I S. 613, und das Körperschaftsteuerreformgesetz vom 31.8.1976, BGBl I S. 2597, jeweils mit Einführungsgesetzen. Bereits vor der Einkommensteuerreform waren verabschiedet worden das Gesetz zur Reform des Vermögensteuerrechts und zur Änderung anderer Steuergesetze vom 17.4.1974, BGBl I S. 949, und das Gesetz zur Reform des Erbschaftsteuer- und Schenkungsteuerrechts, ebenfalls vom 17.4.1974, BGBl I S. 933.

[7] Steuerreformgesetz 1990, BGBl I 1988 S. 1093. Schwerpunkt dieser Steuerreform ist wiederum die Einkommensteuer. Das Steuerreformgesetz enthält eine Reihe zusätzlicher Änderungen, insbesondere des Körperschaftsteuerrechts, der Familienbesteuerung und des Lohnsteuerrechts. Die Bundesregierung zählt zur Steuerreform auch Steuersenkungsmaßnahmen der Jahre 1986 und 1988, nämlich das Gesetz zur leistungsfördernden Senkung und zur Entlastung der Familie (Steuersenkungsgesetz 1986/1988) v. 26.6.1985, BGBl I S. 1153, und das Gesetz zur Änderung des Einkommensteuergesetzes (Steuersenkungs-Erweiterungsgesetz 1988) vom 14. Juli 1987, BGBl I S. 1629. Der von der Bundesregierung nachträglich vorgetragenen Drei-Stufen-Theorie der Steuerreform kann nicht gefolgt werden, weil sie im Steuersenkungs- und Steuersenkungserweiterungsgesetz keine inhaltliche Grundlage besitzt. Daß mit diesen Gesetzen Steuersenkungen von insgesamt rd. 45 Mrd. DM beschlossen wurden, soll damit nicht in Frage gestellt werden. Siehe dazu aber auch Fn 15.

[8] *G. Wöhe*, Die Gewerbesteuer (Fn 3), S. 127.

[9] *G. Wöhe*, Die Gewerbesteuer (Fn 3), S. 128.

gehörte. Die Politiker in Regierung und Parlament brachten aber trotz dieser Vorarbeit nicht viel mehr als eine umfangreiche Steuerrechtsänderung[10] zustande, die nur in Teilbereichen, nämlich bei der Körperschaftsteuer und der Abgabenordnung, als eine echte Reform bezeichnet werden kann. Die übrigen Steuerrechtsänderungen dienten der Anpassung des Steuerrechts an die Geldentwertung oder trugen politischen und ideologischen Vorgaben Rechnung[11]. Die Dringlichkeit des Gewerbesteuerabbaus wurde durch diese Reform nicht verringert[12].

Natürlich gleicht die Steuerreform 1990 nicht in allen Einzelheiten ihrer Vorgängerin aus dem Jahre 1975. So wurde diesmal keine Steuerreformkommission eingesetzt. Allerdings lagen mehrere Ausarbeitungen zu einer systematischen Neuordnung der Einkommensteuer und zur Vereinfachung des Steuerrechts vor[13]. Unterschiede bestehen ferner hinsichtlich des Entlastungsvolumens. Die Steuerreform 1975 war mit einer Steuermindereinnahme von rd. 4 Mrd. DM verbunden[14]. Die Reform 1990 wird hingegen eine Nettoentlastung von 19 Mrd. DM mit sich bringen, die allerdings durch nachträglich beschlossene Anhebung von Verbrauchsteuern auf etwa 10 Mrd. DM schrumpfen dürfte[15].

Ansonsten kann jedoch in vielem Übereinstimmung zwischen beiden Steuerreformen festgestellt werden. Wiederum besitzen nur wenige Steuerrechtsänderungen Reformcharakter. Zu ihnen gehört insbesondere die Einführung eines linear-progressiven Tarifverlaufs bei der Einkommensteuer. Der Abbau von Steuersubventionen kam über einen Einstieg nicht hinaus, zumal in diesem Zusammenhang auch Sonderregelungen abgebaut wurden, die durchaus steuerpolitische Berechti-

---

[10] Vgl. *J. Lang*, Das Einkommensteuergesetz 1975 - Gewinn an Steuergerechtigkeit und Steuervereinfachung?, in: Steuer und Wirtschaft 4/74, S. 318; *F. Klein*, Steuerreform statt Steueränderungsgesetze, in: Deutsches Steuerrecht 4/79, S. 95.

[11] *G. Wöhe*, Die Gewerbesteuer (Fn 3), S. 129.

[12] Ebenda, S. 132.

[13] Vgl. *K. Tipke*, Steuerrecht, 11. Aufl., 1987; *A. Raupach*, *K. Tipke*, *A. Uelner*, Niedergang oder Neuordnung des deutschen Einkommensteuerrechts?, 1985; *J.W. Gaddum*, Steuerreform: Einfach und gerecht!, 1986; *J. Lang*, Reformentwurf zu Grundvorschriften des Einkommensteuergesetzes, 1985; *Karl-Bräuer-Institut des Bundes der Steuerzahler,* Steuervereinfachung, 1986; *J. Lang*, Die einfache und gerechte Einkommensteuer, 1987; *Arbeitsgruppe Steuerreform*, Steuern der Neunziger Jahre - Leitlinien für eine Reform, 1987.

[14] Vgl. Steuerreform 1975, in: Bulletin der Bundesregierung 90/74, S. 928, 940. Hinzu kamen Mehrausgaben aus der Umstellung auf die Kindergeldlösung von rd. 10 Mrd. DM.

[15] Zu den geplanten Steuermehreinnahmen aus der Erhöhung von Verbrauch- und Verkehrsteuern siehe Entwurf eines Gesetzes zur Änderung von Verbrauchsteuergesetzen (Verbrauchsteueränderungsgesetz 1988), BR-Drs. 361/68, und Entwurf eines Gesetzes über Maßnahmen zur Entlastung der öffentlichen Haushalte (Haushaltbegleitgesetz 1989), BR-Drs. 360/88. Demnach belaufen sich die Mehreinnahmen des Bundes aus der Erhöhung von Mineralölsteuersätzen auf rd. 5 Mrd. DM, aus der Einführung einer Steuer auf Erdgas und Flüssiggase auf 1,7 Mrd. DM und aus der Anhebung der Tabaksteuer auf 350 Mio. DM, insgesamt also auf rd. 7 Mrd. DM im Jahre 1989. Aus der Anhebung der Versicherungsteuer soll der Bund 1989 zusätzlich etwa 1 Mrd. DM einnehmen, den Ländern sollen aus der Anhebung der Kraftfahrzeugsteuer für Diesel-Pkw Mehreinnahmen von 720 Mio. DM zufließen. Für das Steuerreformjahr 1990 ergeben sich aus den gleichen Maßnahmen Mehreinnahmen von rd. 9,3 Mrd. DM. Da die Verbrauchsteuern zur Bemessungsgrundlage der Umsatzsteuer gehören, können aus den Verbrauchsteuererhöhungen unter bestimmten Bedingungen auch Umsatzsteuermehreinnahmen resultieren, deren Volumen von der Bundesregierung auf 980 Mio. DM im Jahre 1989 und auf rd. 1 Mrd. DM im Jahre 1990 geschätzt wird. Vgl. BR-Drs. 361/88, S. 25.

gung besaßen. Die Steuerreform bewirkt zudem nur eine vorübergehende Minderung der Abgabenbelastung[16], insbesondere macht sie nicht den Anstieg des Belastungsniveaus rückgängig, zu dem mehr als ein Jahrzehnt heimlicher Steuererhöhungen geführt haben. Auch die Vereinfachung des Steuerrechts gelang per Saldo nicht - vereinfachenden Steuerrechtsänderungen stehen zahlreiche neue, komplizierende Vorschriften gegenüber[16a]. Schließlich hat es wiederum nicht an politischen und ideologischen Rücksichtnahmen gefehlt.

Im Hinblick auf die Besteuerung der Betriebe ist festzustellen, daß sie zwar an den Entlastungen des Steuerreformgesetzes teilhaben, durch den Abbau von Steuervergünstigungen und Sonderregelungen aber auch wieder belastet werden. Ob die Wirtschaft nun per Saldo Netto-Zahler[17] oder Netto-Gewinner[18] der Steuerreform ist, läßt sich wohl nicht mit Sicherheit feststellen, weil manche Steuerrechtsänderungen nur schwierig den einzelnen Bereichen der Volkswirtschaft zuzuordnen sind[19]. Aber selbst wenn die Wirtschaft nicht als Netto-Zahler einzustufen wäre oder sogar in geringfügigem Maße entlastet würde, müßte man zu dem Ergebnis kommen, daß die Mängel und Gefahren der Gewerbesteuer durch die Steuerreform 1990 auch mittelbar nicht vermindert wurden. Im internationalen Belastungsvergleich dürfte die Bundesrepublik nach wie vor eine Spitzenposition einnehmen[20]. Wie im Jahre 1975 gehören deshalb zu den unerledigten Reformaufgaben insbesondere eine die Gewerbesteuer umfassende Reform der Unternehmensbesteuerung sowie eine durchgreifende Vereinfachung des Steuerrechts[21, 22].

---

[16] Vgl. *Karl-Bräuer-Institut des Bundes der Steuerzahler*, Verbrauchsteuererhöhung schädlich und vermeidbar, Nr. 23 der Stellungnahmen, 1988, S. 6.

[16a] *R. Borell*, Steuerreform und Steuervereinfachung, in: Orientierungen zur Wirtschafts- und Gesellschaftspolitik, 38 (4/88), S. 33ff.

[17] So *W. Ritter* in dem Handelsblattgespräch: Die Unternehmen sind der eindeutige „Nettozahler" der großen Steuerreform, in: Handelsblatt v. 1.8.88. Vgl. auch *W. Ritter*, Steuerreform - und was nun?, in: Steuerberater-Jahrbuch 1987/88, 1988, S. 47 ff., insbes. S. 59 f.

[18] Siehe die Entgegnung von O. *Schlecht*, Die deutsche Wirtschaft profitiert von der Steuerreform, in: Handelsblatt v. 10.8.88.

[19] Dies haben *W. Fuest* und *R. Kroker* recht anschaulich am Beispiel der Steuersenkungen 1986 und 1988 aufgezeigt. Vgl. *W. Fuest*, *R. Kroker*, Irrtümer in der aktuellen Steuerdiskussion, Beiträge zur Wirtschafts- und Sozialpolitik, hrsg. vom Institut der deutschen Wirtschaft, Bd. 149, 1987, S. 17 ff.

[20] *W. Leibfritz*, Steuerreform international: Der Wagen rollt, in: ifo-Schnelldienst 16-17/87, S. 86.

[21] Sollte im Rahmen dieser Steuervereinfachung der Abbau einheitswertabhängiger Steuern nicht zu erreichen sein, würde auch die Neufeststellung der Einheitswerte des Grundbesitzes zu den Reformvorhaben gehören, wie es *Wöhe*, Die Gewerbesteuer (Fn 3), S. 132, für notwendig erachtet hat. Voraussetzung für eine solche Neufeststellung wäre allerdings eine Vereinfachung der mit ihrem gegenwärtigen Anwendungsbereich beizubehaltenden Ertrags- und Sachwertverfahren sowie eine Anpassung der Meßzahlen und Freibeträge bei den einheitswertabhängigen Steuern zur Vermeidung von Steuermehreinnahmen. Vgl. zu den steuer- und verfassungsrechtlichen Details *Karl-Bräuer-Institut des Bundes der Steuerzahler*, Einheitsbewertung verfassungswidrig? Stellungnahme zu Fragen des Ersten Senats des Bundesverfassungsgerichts, 1986.

[22] Vgl. dazu *R. Borell*, Wege zur weiteren Steuervereinfachung, Vortrag, gehalten auf der Fachkonferenz „Perspektiven für eine Steuerreform nach 1990" der Konrad-Adenauer-Stiftung, Oktober 1988.

II

Als besonders störende Hindernisse für eine sachgerechte Steuerreform haben sich erneut politische und ideologische Rücksichtnahmen erwiesen. Was *Wöhe* an den Beispielen der Auswahl der Steuerreformmaßnahmen aus den Vorschlägen der *Steuerreformkommission*, der Abschaffung der Kinderfreibeträge zugunsten eines einheitlichen Kindergeldes und der verzögerten Einführung des Anrechnungsverfahrens belegt[23], findet sich auch in der Steuerreform 1990.

Der Spitzensteuersatz der Einkommensteuer sollte nach den Erklärungen der Koalitionsparteien vor der Bundestagswahl 1987 auf 50 v.H. oder unter 50 v.H. gesenkt werden, zusammen mit dem Körperschaftsteuersatz[24]. Für eine solche Maßnahme können steuerpolitische, wachstumspolitische und verfassungsrechtliche Gründe geltend gemacht werden[25]. Kann man schon bezweifeln, ob es mit einer gerechten Besteuerung vereinbar ist, mehr als die Hälfte des Einkommenszuwachses wegzusteuern, so besteht gar kein Zweifel mehr an der Ungerechtigkeit einer solchen Besteuerung, wenn zur versteckten Milderung ihrer Belastungswirkung progressiv entlastende Subventionen gewährt werden. Wachstumspolitisch nachteilig kann sich die hohe Belastung zusätzlichen Einkommens auswirken, weil sie die Leistungsbereitschaft dämpfen kann, aber auch, weil die zur Entschärfung der hohen Spitzensteuer gewährten Subventionen dazu beitragen, Kapital fehlzuleiten, Strukturen festzuschreiben und Wachstum zu drosseln. Schließlich wird immer mehr anerkannt, daß die Besteuerung auch das Grundrecht auf Eigentum berührt und verfassungsrechtliche Zweifel bestehen, wenn die Gesamtbelastung die Nähe der 50 v.H.-Grenze erreicht[25a].

Die Koalitionsverhandlungen im Februar 1987 brachten insofern ein unzureichendes Ergebnis[26]. Der Einkommensteuerspitzensatz wurde nur auf 53 v.H. gesenkt, der Körperschaftsteuersatz immerhin auf 50 v.H.. Die Mehrzahl der Unternehmen muß also weiterhin mit einer Belastung zusätzlichen Einkommens von über 50 v.H. rechnen[27]. Darüber hinaus wurde die Übereinstimmung des

---

[23] *G. Wöhe*, Die Gewerbesteuer (Fn 3), S. 129, 132.

[24] Vgl. *D. Kohler*, Die Parteien und die Steuerpolitik, in: Der Steuerzahler 3/86, S. 39 f.

[25] Vgl. dazu *G. Wöhe*, Kritische Anmerkungen zur Steuer- und Ausgabenpolitik, in: Grenzen für den Steuerstaat, Referate und Protokolle vom Deutschen Steuerzahlerkongreß 1985 in Stuttgart, hrsg. v. Präsidium des Bundes der Steuerzahler, 1985, S. 55 f.

[25a] So *K. H. Friauf* in seinem Vortrag auf der Jahrestagung der Deutschen Steuerjuristischen Gesellschaft „Steuerrecht und Verfassungsrecht" am 19./20.9.1988; *P. Kirchhof*, Empfiehlt es sich, das Einkommensteuerrecht zur Beseitigung von Ungleichbehandlungen und zur Vereinfachung neu zu ordnen? Gutachten F für den 57. Deutschen Juristentag, 1988, S. F 82.

[26] Siehe dazu *K. Tipke*, Über Steuerreform und Steuergerechtigkeit, in: Festschrift Zeidler, 1986, S. 720 ff. Nach einem Bericht der Frankfurter Allgemeine Zeitung vom 18.2.1987 („Anhaltender Widerstand der CDU im Bonner Streit um die Steuerreform") sprachen sich die CDU-Ministerpräsidenten, die CDU-Sozialausschüsse und der CDU-Generalsekretär, letzterer mit Blick auf die Wahlen in Hessen, gegen eine Einbeziehung des Spitzensteuersatzes in die Tarifreform aus.

[27] Die deutschen Unternehmen sind in ihrer überwiegenden Mehrzahl Personengesellschaften, die der Einkommensteuer unterliegen. Der Mittelstandsbericht der Bundesregierung, BT-Drs. 10/6090, S. 14, nennt einen Anteil der Personengesellschaften an der Gesamtheit aller Gesellschaften von 90 v.H.

Körperschaftsteuersatzes auf einbehaltene Gewinne mit dem höchsten Grenzsteuersatz der Einkommensteuer aufgehoben, obwohl sich der *Wissenschaftliche Beirat beim Bundesfinanzministerium* kurz zuvor gegen eine solche Differenzierung ausgesprochen hatte[28]. Zugleich blieben Arbeitnehmervergünstigungen, die nur wenigen der Arbeitnehmer zugute kamen[29], vom Subventionsabbau weitgehend verschont, und zwar auch aus wahltaktischen Gründen (Landtagswahl Baden-Württemberg). Der Einsatz verantwortlicher Politiker für selektive Arbeitnehmerprivilegien erscheint umso unverständlicher, als Grundfreibetrag und Kinderfreibetrag, an deren entlastender Wirkung Arbeitnehmer elementar interessiert sein müßten, nur unzureichend erhöht und verfassungswidrig niedrig belassen wurden[30].

Daß die Steuerreform 1990 ebenso wie die Steuerreform 1975 steuerstrukturpolitisch wenig ergiebig ist, scheint kein Zufall zu sein. Vielmehr deutet die Übereinstimmung beider Reformen in diesem Punkt darauf hin, daß *Wöhe* in seiner Analyse der Steuerreform 1975 offensichtlich Typisches für Steuerreformen angesprochen hat. Es scheint ein Grundmuster „Steuerreform" zu geben, das ziemlich unabhängig ist von den anstehenden Reformfragen, dafür aber umso mehr in Zusammenhang steht mit den Verhaltensweisen von Politikern in Regierung und Parlament[31]. Offensichtlich muß die Zustimmung zu steuerstrukturpolitisch wichtigen Reformen von mächtigen Interessengruppen „erkauft" werden, die meinen, ihre Präsenz sich selbst und ihren Mitgliedern insbesondere vor Wahlen unter Beweis stellen zu müssen. Da sich dafür politische und ideologische Fragen viel besser eignen, weil ihre Diskussion weniger Sachverstand verlangt, kommt es scheinbar zwangsläufig dazu, daß Steuerreformen neben ein oder zwei steuerstrukturpolitisch wichtigen Rechtsänderungen eine Vielzahl von finanz- und steuerwissenschaftlich unqualifizierten, das Steuerrecht störenden Einzelregelungen zugunsten von durchsetzungsstarken Interessengruppen enthalten[32].

Auch bei der anstehenden Gewerbesteuerreform wurden die Weichen schon vor Jahren in die falsche Richtung gestellt. Bundeskanzler *Kohl* gab den Gemeinden eine sogenannte Gewerbesteuergarantie, die er wiederholt bekräftigte[33]. Sie besagt, daß die Bundesregierung keine Reform der Gewerbesteuer vorschlagen werde, der die Beteiligten nicht zustimmen könnten. Da die Gemeinden auf der Gewerbesteu-

---

[28] *Wissenschaftlicher Beirat beim Bundesministerium der Finanzen*, Stellungnahme zur Tarifstruktur der Körperschaftsteuer, 1987.

[29] So z.B. § 3b EStG, Abschn. 53 Abs. 3 LStR.

[30] Vgl. *Karl-Bräuer-Institut des Bundes der Steuerzahler*, Kinderfreibetrag und Grundgesetz, Heft 65 der Schriftenreihe, 1989; dass., Keine Abstriche an Steuersenkung 1990, 1987, S. 17f.

[31] Nach Untersuchungen von *K. Tipke* steht die Bundesrepublik Deutschland mit der Mißerfolgsbilanz durchaus nicht allein. „In fast allen parlamentarischen Demokratien werden fast gebetsmühlenhaft vor der Wahl Steuerreformen versprochen, die ein systematisches, einfaches Steuerrecht bringen sollen, dann aber im Laufe der folgenden Legislaturperiode mehr oder weniger zu versanden pflegen". *K. Tipke*, Über Steuerreform und Steuergerechtigkeit (Fn 26), S. 718. Siehe auch die Ausführungen von *Tipke*, ebenda, S. 724 ff.

[32] *K. Tipke* kommt ebenfalls zu dem Ergebnis, daß „Steuerreformvorhaben ... offenbar besonders agitations- und demagogieanfällig sind". *K. Tipke*, Über „richtiges Steuerrecht", in: Steuer und Wirtschaft 3/88, S. 280.

[33] Bundeskanzler *Kohl* hatte vor der Hauptversammlung des Deutschen Städtetages am 14. Juni 1983 erklärt: „Die Belastung der Betriebe durch ertragsunabhängige Steuern muß abneh-

er beharren, ja sogar ihre Revitalisierung gefordert haben [34], scheint der Weg zu einer steuerpolitischen vernünftigen Reform der Gewerbesteuer verbaut. Die Meldung, Bundeskanzler *Kohl* habe den Unternehmen während seines Aufenthalts in Tibet zugesagt, daß es in der nächsten Legislaturperiode zu einer Reform der Unternehmensbesteuerung kommen werde, die auch die Gewerbesteuer umfassen solle, wurde vom Bundespresseamt dementiert[35].

Auf den ersten Blick mag eine Beteiligung der betroffenen Gruppen an der Gewerbesteuerreform einleuchtend erscheinen. Sie birgt jedoch die Gefahr eines steuerpolitischen Kuhhandels, in dem der finanzpolitische Sachverstand nur allzu leicht zu kurz kommt[36]. Darüber hinaus besteht die Gefahr, daß Gemeinden und Wirtschaft sich zum Nachteil eines Dritten, nämlich der Allgemeinheit der Steuerzahler, einigen. Denn letztendlich ist es der Steuerzahler, der für den Kuhhandel einzustehen hat. Ihn trifft es, wenn die Erfordernisse der Steuergerechtigkeit und -einfachheit sowie wachstums- und beschäftigungspolitische Erfordernisse mißachtet werden, sei es in Form einer teilweisen Beibehaltung der Gewerbesteuer, einer komplizierten Anrechnungsregelung oder eines belastungsverschärfenden Ersatzes für die Gewerbesteuer. Das Parlament würde seine Zustimmung zu einem entsprechenden Gesetzentwurf der Bundesregierung wohl kaum versagen, schon um die ihm zugrundeliegende Gruppenübereinkunft zur Gewerbesteuer nicht zu gefährden. Die sogenannte Gewerbesteuergarantie läuft also in der Tendenz auf einen Ausschluß der Allgemeinheit und ihrer Interessen hinaus, die ja gerade durch das Parlament vertreten werden sollen. Kommen aber finanzpolitischer Sachver-

men. Gleichzeitig müssen wir dem Anliegen der Gemeinden entgegenkommen, die Gewerbesteuer als eine zentrale Steuerquelle zu bewahren." Antwort des Parlamentarischen Staatssekretärs *Häfele* vom 12.9.1983 auf die Frage des Abgeordneten *Gobrecht*, BT-Drs. 10/395, S. 8. Anläßlich der Hauptversammlung des Deutschen Städtetages am 12. Juni 1985 hat der Bundeskanzler die Zusage wiederholt, daß weitere Eingriffe in die Gewerbesteuer in dieser Legislaturperiode nicht zur Diskussion stehen und ohne ein Konzept für die Neuordnung des Gemeindefinanzsystems, dem die Betroffenen zustimmen können, auch später nicht in Betracht kommen würden. Antwort des Parlamentarischen Staatssekretärs *Voss* vom 21. Juni 1985 auf die Frage des Abgeordneten *Poß*, BT-Drs. 10/3594, S. 14. Vgl. auch BT-Drs. 10/3276, S. 10. In seiner Antwort vom 18. Februar 1986 auf die Frage des Abgeordneten *Poß* führte der Parlamentarische Staatssekretär *Häfele* ergänzend aus, daß in erster Linie die Vertreter der Wirtschaft und der Kommunen aufgerufen seien, die gegensätzliche Interessenlage abzuklären und Einigungspunkte zu finden (BT-Drs. 10/5082, S. 10). In der Antwort der Bundesregierung auf die Große Anfrage zur Lage der Städte, Gemeinden und Kreise (BT-Drs. 11/2822, S. 30) weist das Innenministerium darauf hin, der Bundeskanzler habe mehrfach öffentlich erklärt, daß die Gewerbesteuer den Kommunen als wichtige Einnahmequelle erhalten bleibe, so lange keine Ersatzlösung gefunden sei, die von allen Beteiligten mitgetragen werden könne und die den Gemeinden einen entsprechenden finanziellen Ausgleich bei Wahrung iherer finanziellen Selbstverantwortung sichere. Der Vorsitzende der Kommunalpolitischen Vereinigung der CDU und CSU, *Waffenschmidt*, der zugleich Parlamentarischer Staatssekretär im Bundesinnenministerium ist, erinnerte bei der Vorlage eines Schwerpunktprogramms seiner Vereinigung den Bundeskanzler an dessen „Gewerbesteuergarantie" (Handelsblatt v. 28.7.88).

[34] Der Städtetag 12/86, S. 775 ff.

[35] Die Welt v. 22.7.87.

[36] *K. Tipke*, Einkommensteuer-Fundamentalreform, in: Steuer und Wirtschaft 2/86, S. 164 ff.

stand und das Allgemeininteresse zu kurz, ist die ökonomische und politische Legitimation einer solchen Gewerbesteuerreform von vornherein fraglich.

Es widerspricht ferner dem demokratischen Prinzip, eine so bedeutende Reform wie die der Gewerbesteuer zur Sache eines Interessenausgleichs von Gemeinden und Wirtschaft zu erklären und dem Parlament praktisch nur noch die formale Ratifizierung des Gruppenkompromisses zu überlassen. Mit den demokratischen Spielregeln ist eine derartige Präjudizierung des Parlaments nicht vereinbar. Verfassungsrechtliche Bedenken bestehen nicht zuletzt auch dagegen, daß der Bundeskanzler durch seine Gewerbesteuergarantie die Formulierung von Politikinhalten, die eigentlich er selbst im Interesse des gesamten deutschen Volkes zu leisten hätte, an die beteiligten Gruppen quasi delegiert.

Die Erfahrungen mit den Steuerreformen 1975 und 1990 sowie die Festlegungen, mit denen die Reform der Unternehmensbesteuerung vorweg belastet wurde, sollten allerdings nicht zur Resignation veranlassen. So muß schon um der demokratischen und rechtsstaatlichen Ordnung willen das politische Privileg der Gemeinden und der Wirtschaft, am Gemeinwohl orientierte Gewerbesteuerreformvorschläge mit Bindungswirkung für die Bundesregierung und mittelbar auch für das Parlament ablehnen zu dürfen[37], reduziert werden auf die gebotene Beachtung kommunal- und wirtschaftspolitischer Aspekte im Gesetzgebungsverfahren. Ferner hat die amerikanische Steuerreform des Jahres 1986 gezeigt, daß die Durchsetzung von Gruppeninteressen unterbunden werden kann, wenn die politisch Verantwortlichen den festen Willen dazu besitzen[38]. Insoweit hat diese Steuerreform auch Modellcharakter für die Reform der Gewerbesteuer und der Unternehmensbesteuerung insgesamt[39]. Daß durchaus etwas beim Abbau der Gewerbesteuer erreicht werden kann, wenn einmal nicht bestimmte Gruppeninteressen das Allgemeininteresse in den Hintergrund drängen, läßt nicht zuletzt die Entwicklung des Gewerbesteuerrechts seit der Steuerreform 1975 erkennen.

III

Zu den Steuerrechtsänderungen seit dem Jahre 1975, die die großen Linien der Gewerbesteuer nicht unverändert ließen, gehören das Steueränderungsgesetz 1977[40], das Steueränderungsgesetz 1979[41] und das Haushaltbegleitgesetz 1983[42]. Durch das

---

[37] Den Gemeinden wird damit in dieser Frage faktisch eine absolute Veto-Position eingeräumt, die noch nicht einmal die Bundesländer besitzen.

[38] Vgl. die Schilderung der Steuerreformtaktik bei *M. Zöller*, Eine plebiszitäre Zange, Die amerikanische Steuerreform als Lehrstück in politischer Führung, in: Frankfurter Allgemeine Zeitung vom 13.12.1986, S. 15.

[39] Vgl. *A. Feit*, Der Reagan-Plan hat Modellcharakter, in: Wirtschaftsdienst 7/85, S. 333 ff.

[40] Gesetz zur Änderung des Umsatzsteuergesetzes, des Bundeskindergeldgesetzes, des Einkommensteuergesetzes und anderer Gesetze (Steueränderungsgesetz 1977) vom 16.8.1977, BGBl I 1977 S. 1586.

[41] Gesetz zur Änderung des Einkommensteuergesetzes, des Gewerbesteuergesetzes und anderer Gesetze (Steueränderungsgesetz 1979) vom 30.11.1978, BGBl I 1978 S. 1849.

[42] Gesetz zur Wiederbelebung der Wirtschaft und Beschäftigung und zur Entlastung des Bundeshaushalts (Haushaltbegleitgesetz 1983) vom 20.12.1982, BGBl I 1982 S. 1587.

Steueränderungsgesetz 1977 wurde ein Freibetrag bei der Gewerbeertragsteuer von 24 000 DM eingeführt, der an die Stelle der Ertragsstufenregelung trat. Ferner wurde die Freigrenze von 6 000 DM bei der Gewerbekapitalsteuer ersetzt durch einen Freibetrag von 60 000 DM. Auf diesen Betrag wurde auch der Freibetrag bei der Lohnsummensteuer angehoben, der bislang 9 000 DM betragen hatte und an eine Lohnsummen-Höchstgrenze von 24 000 DM gebunden war.

Während mit diesen Änderungen, so beachtlich sie zunächst erscheinen, hauptsächlich der Geldentwertung Rechung getragen wurde, gingen die Änderungen des Steueränderungsgesetzes 1979 über derartige Anpassungen hinaus. Neben einer Erhöhung des Freibetrages bei der Gewerbesteuer von 24 000 auf 36 000 DM und einer Erhöhung des Freibetrages bei der Gewerbekapitalsteuer von 60 000 DM auf 120 000 DM wurde nämlich ein Freibetrag von 50 000 DM für die Hinzurechnung von Dauerschulden zum Gewerbekapital eingeführt, die Mindestgewerbesteuer gestrichen und die Lohnsummensteuer abgeschafft. Insoweit kann von einem Teilabbau der Gewerbesteuer und - im Hinblick auf die Entschärfung der Hinzurechnungsbestimmungen - durchaus von einem Reformansatz gesprochen werden.

Das Haushaltbegleitgesetz 1983 ging auf diesem Weg noch einen Schritt weiter, indem es die Hinzurechnung von Dauerschuldzinsen begrenzte (ab 1983 auf 60 v.H., ab 1984 auf 50 v.H.) und in gleicher Weise mit der Hinzurechnung von Dauerschulden verfuhr, soweit diese den Kürzungsbetrag von 50 000 DM überschreiten. Mit diesen Rechtsänderungen wurde der Objektsteuercharakter der Gewerbesteuer abgebaut, aber nicht beseitigt.

Angesichts der Untätigkeit des Steuer**reform**gesetzgebers fragt es sich natürlich, warum der Steuer**änderungs**gesetzgeber beim Abbau der Gewerbesteuer relativ erfolgreich sein konnte. Vieles spricht dafür, daß sowohl beim Steueränderungsgesetz 1979 als auch beim Haushaltbegleitgesetz 1983 Sonderfaktoren wirksam waren, die den bei Steuerreformen verstärkt einsetzenden politischen und ideologischen Kuhhandel zumindest teilweise verhinderten. So wurde der Abbau der Lohnsummensteuer, obwohl er stets diskutiert wurde[43], doch relativ überraschend und ohne große Vorankündigung in den Entwurf des Steueränderungsgesetzes 1979 aufgenommen[44]. Und beim Haushaltbegleitgesetz 1983 war erst so kurze Zeit seit dem Regierungswechsel vergangen, daß die Einflußnahme der Gemeindever-

---

[43] Vgl. *Präsidium des Bundes der Steuerzahler*, Die Lohnsummensteuer, Argumente für die Abschaffung einer unzeitgemäßen Steuer, 1976.

[44] Ausgangspunkt dieser Entwicklung war der Bonner Weltwirtschaftsgipfel vom 16. und 17. Juli 1978 gewesen. Die beteiligten Staats- und Regierungschefs hatten sich auf eine umfassende Strategie für Wachstum und Beschäftigung geeinigt (Bulletin der Bundesregierung 80/78 v. 19.7.1978, S. 757). Bereits am 28. Juli 1978, also zehn Tage nach dem Wirtschaftsgipfel, beschloß das Bundeskabinett den Beitrag der Bundesrepublik zur Abwehr der weltweiten Störungen des wirtschaftlichen Gleichgewichts. Dazu gehörte auch der Abbau der Lohnsummensteuer „zur Steuervereinfachung sowie aus beschäftigungspolitischen Gründen" (Bulletin der Bundesregierung 85/78 v. 2.8.1978, S. 805 f.). Der Deutsche Städtetag beklagte in seinem Gemeindefinanzbericht 1979 nachträglich die schnelle Ankündigung des Lohnsummensteuerabbaus. Bemühungen des Deutschen Städtetages wurde offenbar entgegengehalten, daß der Beschluß nun einmal in der Welt und daher politisch nicht mehr zurückzunehmen sei. Außerdem seien die technischen und kommunalpolitischen Schwierigkeiten nicht durchschaubar gewesen. Vgl. Der Städtetag 2/79, S. 66.

bände offenbar noch nicht wirksam geworden war[45]. Sie schlug sich erst in der sogenannten Gewerbesteuergarantie des Bundeskanzlers nieder, die er erstmals im April 1983, also kurze Zeit nach Verabschiedung des Haushaltbegleitgesetzes 1983[46], gegenüber dem Stuttgarter Oberbürgermeister *Rommel* abgab[47]. Allerdings kann auch sie die Möglichkeiten des Steueränderungsgesetzgebers zum Abbau der Gewerbesteuer nicht begrenzen, weil sie nur für den Fall eines vollständigen Abbaus der Gewerbesteuer gelten soll[48].

Eine Bestätigung der Hypothese vom relativ größeren Erfolg des Steuer**änderungs**gesetzgebers mag man der Diskussion um die Steuerreform 1990 entnehmen. Als sich in den Koalitionsverhandlungen vom Februar 1987 abzeichnete, daß eine Senkung des Einkommensteuer-Spitzensatzes auf 50 v.H. politisch nicht durchzusetzen war, kam die Alternative ins Gespräch, die Steuerbelastung durch eine Anrechnung der Gewerbesteuer auf die Einkommensteuer zu vermindern. Dieser Vorschlag überraschte zwar, hatte ihn doch keine der Parteien in ihren Steuerreformplänen[49] aus der Vorwahlzeit erwähnt. Jedoch zögerte sich die Beschlußfassung zu lange hinaus[50]. Die Einbringung des Vorschlags in eine Koalitionsverhandlung, deren kontroverser Verlauf, das ablehnende Votum des Wissenschaftlichen Beirats beim Bundesfinanzministerium[51], die verfassungsrechtlichen Bedenken der Ministerialbürokratie[52], die Stellungnahmen der organisierten Interessen[53] - all dies mag dazu beigetragen haben, daß das Anrechnungsverfahren letztendlich in den Koalitionsverhandlungen abgelehnt wurde.

So bedeutsam Steueränderungsgesetze für den Abbau der Gewerbesteuer sind[54], wäre es doch falsch, sich allein auf diese zufälligen Gelegenheiten zur Durchset-

---

[45] Am 1.10.1982 wurde *H. Kohl* zum Bundeskanzler gewählt. Schon in seiner Regierungserklärung vom 13.10.1982 kündigte er Entlastungen bei der Gewerbesteuer an, um die Ertragschancen der Unternehmen zu verbessern und die Bildung von Eigenkapital zu stärken (Bulletin der Bundesregierung 93/82 v. 14.10.1982, S. 857). Der Beschluß der Bundesregierung, zur Wiederbelebung der Wirtschaft und der Beschäftigung die Hinzurechnung von Dauerschulden und Dauerschuldzinsen zu kappen, erfolgte bereits am 27.10.1982, also drei Wochen nach Regierungsübernahme (Bulletin der Bundesregierung 101/82 v. 29.10.1982, S. 931).

[46] Siehe Fn 42.

[47] Antwort des Parlamentarischen Staatssekretärs Dr. *Häfele* vom 7. Juni 1983 auf die Frage des Abg. *Holtz*, BT-Drs. 10/141, S. 17 f. Oberbürgermeister Rommel war zu dieser Zeit Präsident des Deutschen Städtetages.

[48] Zur Problematik dieser Gewerbesteuergarantie siehe oben S. 7 ff.

[49] *D. Kohler*, Die Parteien und die Steuerpolitik (Fn 24).

[50] Die Koalitionsverhandlungen begannen am 5.2.1987. Über die Steuerreform wurde von Anfang an bis zum 24.2.1987 verhandelt (FAZ v. 25.2.1987).

[51] BMF-Finanznachrichten 8/87 v. 19.2.1987, S. 2.

[52] Die zuständigen Ressorts erarbeiteten unter Federführung von Kanzleramtsminister *Schäuble* ein Gutachten zur Verfassungsmäßigkeit des Anrechnungsmodells. Die Welt v. 16.2.1987.

[53] Der *DIHT* hatte zunächst der Senkung des Spitzensteuersatzes eindeutig den Vorzug gegeben. In einer gemeinsamen Erklärung vom 13.2.1987 haben *DIHT* und *BDI* erklärt, daß auch eine ausreichende Anrechnung der Gewerbesteuer auf Einkommen- oder Körperschaftsteuer die erforderliche Entlastung herbeiführen könnte.

[54] Hierbei sind die gegenläufigen Effekte der Hebesatzerhöhungen zu beachten. Von 1976 bis 1986, also in einem Zeitraum von 11 Jahren, ist der durchschnittliche Hebesatz der Gewerbesteuer von 319 v.H. auf 359 v.H. angestiegen. Vgl. *Statistisches Bundesamt*, Fachserie 14, Finanzen und Steuern, Reihe 10.1, Realsteuervergleich.

zung rationaler Politik zu verlassen. Hinzu kommt, daß eine grundlegende Reform der Gewerbesteuer, wie sie *Wöhe* zurecht verlangt, nicht ohne Änderung der Finanzverfassung zu verwirklichen ist. Dazu aber bedarf es einer gründlichen, sachverständigen und ideologiefreien Vorbereitung, die steuerpolitischen ad hoc-Maßnahmen zumeist fehlt.

IV

Wöhe hat die Reformnotwendigkeit der Gewerbesteuer mit folgenden Argumenten überzeugend begründet[55]. Die Gewerbesteuer hat als Objektsteuer in einem modernen Steuersystem keinen Platz mehr. Zudem weist sie erhebliche steuersystematische, erhebungstechnische, betriebswirtschaftliche und gesamtwirtschaftliche Mängel auf. Zu den steuersystematischen Mängeln gehört insbesondere, daß die Gewerbesteuer gegen den Grundsatz einer Besteuerung nach der Leistungsfähigkeit verstößt[56]. Aber auch mit dem Äquivalenzprinzip ist die Gewerbesteuer nicht zu rechtfertigen, weil sie die kommunalen Leistungen, die den Betrieben zugerechnet werden könnten, weit übersteigt, ferner, weil diese Leistungen nicht nur den Betrieben, sondern auch der Allgemeinheit zugute kommen, und schließlich, weil die Betriebe für kommunale Leistungen in der Regel bereits Gebühren und Beiträge entrichten[57]. Für denjenigen Teil der Gewerbesteuer, der als Umlage von den Gemeinden an Bund und Länder abzuführen ist, kommt offensichtlich keine Rechtfertigung mit dem Äquivalenzprinzip in Betracht.

Wöhe kritisiert ferner die Mehrfachbesteuerung der gleichen ökonomischen Tatbestände[58] und den Verstoß gegen die Wettbewerbsneutralität[59]. Er stellt fest, daß die Gewerbesteuer gegen die im Grundgesetz geforderte Einheitlichkeit der Lebensverhältnisse verstößt[60], einer konjunkturgerechten kommunalen Ausgaben-

---

[55] *G. Wöhe*, Die Gewerbesteuer (Fn 3), S. 133 ff.

[56] Vgl. dazu auch *Karl-Bräuer-Institut des Bundes der Steuerzahler*, Abbau und Ersatz der Gewerbesteuer, Heft 57 der Schriftenreihe, 1984, S. 22; in jüngster Zeit hat *Wendt* dargelegt, daß die Gewerbesteuer in Widerspruch steht zu dem verfassungsrechtlichen Gebot der Besteuerung nach der individuellen Leistungsfähigkeit und dem in Art. 3 Abs. 1 GG verankerten Grundsatz der staatsbürgerlichen Lastengleichheit, weil das zur Rechtfertigung der Sonderbelastung der Gewerbetreibenden herangezogene Äquivalenzprinzip nicht überzeuge. Vgl. *R. Wendt*, Zur Vereinbarkeit der Gewerbesteuer (Fn 5), S. 1257 ff.

[57] Vgl. *Karl-Bräuer-Institut des Bundes der Steuerzahler*, Zur Reform der Gemeindesteuern, Heft 31 der Schriftenreihe, 1975, S. 34ff.; *R. Wendt*, Zur Vereinbarkeit der Gewerbesteuer (Fn 5). S. 1260 ff. Auch *Chr. Flämig* hat auf der diesjährigen Tagung der Deutschen Steuerjuristischen Gesellschaft e.V. in seinem Vortrag „Die Ausgestaltung der Gewerbesteuer als verfassungsrechtliches Problem" festgestellt, daß das Äquivalenzprinzip die Gewerbesteuer in ihrer derzeitigen Gestaltung und mit ihrem derzeitigen Volumen nicht rechtfertigen könne.

[58] *G. Wöhe*, Die Gewerbesteuer (Fn 3), S. 138 f.

[59] Ebenda, S. 139.

[60] Ebenda, S. 140 f.

politik entgegensteht[61] und Einflußnahmen großer Betriebe auf die kommunale Willensbildung Vorschub leistet[62]. Diese Kritik der Gewerbesteuer trifft auch heute noch zu. Wenn im folgenden die Argumentation in zwei Punkten ergänzt wird, ist dies auf zwischenzeitliche Änderungen im Gewerbesteuerrecht[63] und die Anstrengungen zur Vollendung des Binnenmarktes[64] zurückzuführen.

Zu den gesamtwirtschaftlichen Nachteilen der Gewerbesteuer gehört unter anderem die Gefahr des Substanzverlustes. Sie war 1976, als der Jubilar seinen Beitrag zur Reform der Gewerbesteuer veröffentlichte, größer als heute, weil damals die Lohnsummensteuer noch erhoben wurde. Sie mußte ebenso wie die Gewerbekapitalsteuer auch in gewinnlosen Jahren gezahlt werden[65], so daß es zu Eingriffen der Besteuerung in das Betriebsvermögen kommen konnte. *Wöhe* hat darauf hingewiesen, daß die Lohnsummensteuer bei starker Konjunkturabschwächung die Arbeitsplätze gefährde. Komme es zu Entlassungen, so würden die Gemeinden einen Teil ihrer Einnahmen aus der Lohnsummensteuer verlieren[66].

Mit der Abschaffung der Lohnsummensteuer durch das Steueränderungsgesetz 1979[67] bestehen die Gefahren der Substanzbesteuerung und der Arbeitsplatzvernichtung nicht mehr, soweit sie durch diese Teilgewerbesteuer verursacht wurden. Auch ist zu berücksichtigen, daß die Hinzurechnung von Dauerschulden und Dauerschuldzinsen durch das Haushaltbegleitgesetz 1983[68] merklich begrenzt worden ist. Dennoch weist die Gewerbesteuer auch heute noch spürbar ertragsunabhängige Elemente auf. Nach Schätzungen der Bundesregierung sind etwa 20 v.H. des Gewerbesteueraufkommens ertragsunabhängig[69]. Man kann deshalb durchaus weiterhin davon ausgehen, daß die ertragsunabhängigen Elemente der Gewerbesteuer die Gefahr von Substanzeingriffen in sich bergen und dadurch mittelbar auch Arbeitsplätze gefährden.

Wöhe hat im Zusammenhang mit den wettbewerbsverzerrenden Wirkungen der Gewerbesteuer darauf hingewiesen, daß deutschen Betrieben aufgrund der Gewerbesteuer erhebliche Wettbewerbsnachteile im grenzüberschreitenden Warenverkehr entstehen. Diese Wettbewerbsverzerrungen müßten im Rahmen der Steuerharmonisierung der EG ausgeglichen werden. Inzwischen hat die Steuerharmonisierung erheblich an Aktualität und Dringlichkeit gewonnen. Anlaß ist die Vollendung des Binnenmarktes zum 31. Dezember 1992, Zweck die Beseitigung der Steuergrenzen innerhalb der Europäischen Gemeinschaft. Die europäischen Regierungen erwarten von der Vollendung des Binnenmarktes ein stärkeres Wirtschaftswachstum und eine höhere Beschäftigung[70]. Zur Vollendung des Binnenmarktes

---

[61] *G. Wöhe*, Die Gewerbesteuer (Fn 3), S. 142.

[62] Ebenda, S. 142 f.

[63] Siehe oben S. 8 f.

[64] Siehe dazu sogleich unten.

[65] *G. Wöhe*, Die Gewerbesteuer (Fn 3), S. 142.

[66] Ebenda.

[67] Siehe Fn 41.

[68] Siehe Fn 42.

[69] Antwort des Parlamentarischen Staatssekretärs Dr. *Häfele* vom 18. Februar 1986 auf die Anfrage des Abg. Struck, BT-Drs. 10/5082, S. 10 f.

[70] Nach dem sog. *Cecchini*-Bericht soll das Wachstum um 7 Prozent zunehmen, das Preisniveau sinken und die Zahl der Arbeitsplätze um 5 Millionen ansteigen können. Vgl. *P. Cecchini*, Europa '92, 1988, S. 123 ff.; S. 134.

hat sich die Gemeinschaft in Artikel 13 der Einheitlichen Europäischen Akte[71] verpflichtet, die am 1.7.1987 in Kraft getreten ist. Art. 17 der Einheitlichen Europäischen Akte fordert den Rat auf, die Umsatzsteuern, die Verbrauchsabgaben und sonstige indirekte Steuern zu harmonisieren, soweit dies für die geplante Errichtung und das Funktionieren des Binnenmarktes notwendig ist. Nach Ansicht der Kommission und des Europäischen Rates verlangt die Vollendung des Binnenmarktes eine Annäherung der Mehrwertsteuer und der Verbrauchsteuern, damit die Steuergrenzen fallen können.

Die Harmonisierung von Umsatz- und Verbrauchsteuern kann ihren Zweck, einen einheitlichen Binnenmarkt in Europa herzustellen, nicht erfüllen, solange nicht auf deutscher Seite auch die Gewerbesteuer in die Harmonisierungsbemühungen einbezogen wird. Von Luxemburg abgesehen kennt kein Mitgliedstaat der EG eine der deutschen Gewerbesteuer in Konstruktion und Gewicht vergleichbare Steuer. Da der deutsche Export gegenwärtig an der Grenze zwar von der deutschen Umsatzsteuer, aber nicht von der Gewerbesteuer entlastet wird, ergeben sich schon heute Wettbewerbsverzerrungen für deutsche Anbieter im Ausland[72]. Und weil der Import an der Grenze zwar mit Einfuhrumsatzsteuer, aber nicht mit einer Einfuhrgewerbesteuer belastet wird, besitzen gewerbliche Produkte aus dem Ausland insoweit einen Wettbewerbsvorteil in der Bundesrepublik. Diese Wettbewerbsverzerrungen könnten künftig noch stärker stören, wenn die Vollendung des Binnenmarktes den Wettbewerb verschärft. Der gemeinsame Binnenmarkt ohne steuerliche Wettbewerbsverzerrungen stünde gleichsam nur auf dem Papier.

Die Kommission der Europäischen Gemeinschaften verkennt diese Zusammenhänge nicht. Sie hat die Harmonisierung anderer Steuern als der Mehrwert- und Verbrauchsteuern nur deshalb nicht für erforderlich gehalten, weil diese Abgaben nicht zu Grenzkontrollen Anlaß geben[73]. Die Kommission hat ferner mitgeteilt, daß sie es vermeiden wollte, den Mitgliedstaaten zusätzliche Anpassungsverpflichtungen aufzuerlegen. Es ist deshalb falsch, aus den Harmonisierungsbemühungen der Kommission den Schluß zu ziehen, der gemeinsame Binnenmarkt erfordere keinen Abbau der Gewerbesteuer[74]. Bei ökonomischer Betrachtung kann kein Zweifel daran bestehen, daß das steuerrechtliche Unikat Gewerbesteuer nach Abschaffung aller Grenzkontrollen weiterhin eine unsichtbare, aber fühlbare Steuergrenze für gewerbliche Lieferungen ins Ausland errichtet, die letzlich auch auf das Angebot an Arbeitsplätzen durchschlägt.

---

[71] Einheitliche Europäische Akte, Abschnit II, Artikel 13, BGBI II 1986 S. 1107.

[72] Vgl. die entsprechenden Ausführungen des Wirtschaftsausschusses des Bundesrates, BR-Drs. 165/88.

[73] Vgl. dazu und zum fogenden: Gesamtmitteilung der Kommission, BT-Drs. 11/1321, S. 4. Die Kommission beruft sich auf Art. 99 des EWG-Vertrages, der als Harmonisierungsobjekt ausdrücklich nur die Umsatzsteuern, die Verbrauchsabgaben und sonstige indirekte Steuern nennt, soweit deren Harmonisierung für die Errichtung und das Funktionieren des Binnenmarktes notwendig ist.

[74] So ist beispielsweise der Präsident des Deutschen Landkreistages, *Köhler*, der Ansicht, daß auch mit Blick auf die Schaffung des gemeinsamen Binnenmarktes der Abbau der Gewerbesteuer nicht zwingend sei; denn die Gewerbesteuer „wird aus EG-Sicht nicht grundsätzlich zur Disposition gestellt und ist deshalb nicht in Gefahr". Kommunalpolitische Blätter 4/88, S. 288.

Gegen diese ökonomische Betrachtung wird in jüngster Zeit immer häufiger eingewandt, die anderen Mitgliedstaaten würden ebenfalls Gewerbesteuern oder ihnen gleichartige Steuern auf kommunaler Ebene erheben[75]. Insbesondere wird auf die französische „taxe professionelle“ und die englischen „rates“ hingewiesen. Die taxe professionelle ist zwar anders ausgestaltet, kann aber, wie Untersuchungen des *Instituts der deutschen Wirtschaft* bestätigen, belastungsmäßig der deutschen Gewerbesteuer in etwa gleichgestellt werden[76]. Bei den „rates“ handelt es sich allerdings um eine Art von Grundsteuer[77]. Eine Grundsteuer wird jedoch in Deutschland und Frankreich zusätzlich zu Gewerbesteuer und taxe professionelle erhoben, so daß die rates im Grunde genommen mit keiner dieser beiden Steuern verglichen werden können. Dies gilt auch nach der Umwandlung der rates für Gewerbetreibende und Selbständige zu einer zentral verwalteten Grundsteuer, die mit einem landeseinheitlichen Hebesatz erhoben und deren Aufkommen auf die einzelnen Gemeinden in Abhängigkeit von der Anzahl der Gemeindemitglieder verteilt wird[78]. Schließlich ist zu berücksichtigen, daß taxe professionelle und rates inzwischen gesenkt wurden[79], so daß über die gestaltungsmäßigen Unterschiede hinaus nun auch Unterschiede im Gewicht bestehen.

Es trifft schließlich auch nicht zu, daß der Abbau der Gewerbesteuer die Harmonisierung der Mehrwertsteuersätze erschweren würde. Richtig ist, daß zwischen der Harmonisierung der Mehrwertsteuersätze und dem Abbau der Gewerbesteuer ein enger sachlicher Zusammenhang besteht. Beide Maßnahmen sind zur Vollendung eines Binnenmarktes ohne Wettbewerbsverzerrungen erforderlich. Da aus der Harmonisierung der Mehrwertsteuersätze Mehreinnahmen entstehen dürften, während der Abbau der Gewerbesteuer zu Mindereinnahmen führt, besteht insofern auch ein enger finanzieller Zusammenhang zwischen beiden Maßnahmen. Eine Erschwernis, diese sachlichen und finanziellen Zusammenhänge zu verwirklichen, ergibt sich nur scheinbar aus den Harmonisierungsvorschlägen der Kommission.

Die Kommission schlägt für die Mehrwertsteuer zwei Steuersätze vor, nämlich einen Normalsteuersatz und einen ermäßigten Steuersatz[80]. Die Steuersätze sollen nach der Harmonisierung zwischen 14 v.H. und 20 v.H. (Normalsteuersatz) und zwischen 4 v.H. und 9 v.H. (ermäßigter Steuersatz) liegen. Da sich die deutschen

---

[75] So der Abg. *Apel* in der Anhörung des Finanzausschusses zur Steuerharmonisierung in der EG am 3.2.1988, Ausschuß-Protokoll Nr. 14, S. 60 f, 69. Ähnlich die Gemeinden und ihre Interessenverbände, z.B. *Willi Weiblen*, Gewerbesteuer und Europäische Gemeinschaft, in: Das rathaus 9/88, S. 539 ff.

[76] Unternehmens- und Investitionsbesteuerung im internationalen Vergleich, in: iw-trends, hrsg. vom *Institut der deutschen Wirtschaft*, 1/87, S. A-9.

[77] Vgl. *W. Heuser*, Art. Großbritannien, in: *A. Mennel*, Steuern in Europa, USA, Kanada und Japan, Loseblatt, S. 39 f.

[78] Antwort des Parlamentarischen Staatssekretärs *Häfele* auf die Frage des Bundesministers a.D. *Apel*, BMF-Finanznachrichten 57/88 v. 8.9.1988.

[79] Vgl. den Mitarbeiter der EG-Kommission, *P. B. Knudsen*, auf der Anhörung des Finanzausschusses (Fn 75), S. 70 f. Die taxe professionelle soll nach Angabe von *Knudsen* künftig weiter gesenkt werden.

[80] Vorschlag für eine Richtlinie des Rates zur Ergänzung des gemeinsamen Mehrwertsteuersystems und zur Änderung der Richtlinie 77/388/EWG-Annäherung der MWSt-Sätze-KOM (87) 321 endg./2 - (BT-Drs. 11/1322).

Mehrwertsteuersätze von 7 v.H. und 14 v.H. im mittleren Bereich oder an der unteren Schwelle dieser Korridore befinden, müssen sie scheinbar nicht erhöht werden. Tatsächlich dürfte der deutsche Mehrwertsteuersatz von 14 v.H. jedenfalls nicht auf Dauer beizubehalten sein[81].

Würden die Steuergrenzen heute fallen, bestünde ein z.T. erhebliches Steuergefälle zwischen den Nachbarstaaten und der Bundesrepublik. Im Normalsteuersatz liegen Dänemark (heute 22 v.H., nach Harmonisierung 20 v.H.), Belgien (19 v.H.), Frankreich (18,60 v.H.) und die Niederlande (20 v.H.) weit über unserem Satz von 14 v.H.. Lediglich Luxemburg (12 v.H., nach Harmonisierung 14 v.H.) liegt etwa auf gleicher Höhe. Aus diesem Steuersatzgefälle könnte sich nach Aufhebung der Steuergrenzen ein Anreiz zur Verlagerung der privaten Endnachfrage in die Bundesrepublik (und Luxemburg) ergeben[82]. Zunehmen dürfte hauptsächlich die Nachfrage nach technisch hochwertigen Gebrauchsgütern, insbesondere in den grenznahen Gebieten und beim Direktversand an ausländische Endabnehmer[83]. Damit könnten erhebliche Steuerausfälle für die Nachbarstaaten verbunden sein. Diese Nachbarstaaten und die EG-Kommission dürften dann politischen Druck auf die Bundesrepublik ausüben, ihren Mehrwertsteuersatz von 14 v.H. anzuheben[84]. Es ist deshalb verfehlt, einen Gegensatz zwischen Steuerharmonisierung und Gewerbesteuerabbau zu behaupten.

Gegen eine Entlastung des Exports von Gewerbesteuer wird mitunter eingewandt, sie sei wegen des Äquivalenzcharakters der Gewerbesteuer nicht geboten. Es sei - mit anderen Worten - durchaus vertretbar, wenn auch der ausländische Konsument seinen Teil zur Finanzierung der kommunalen Leistungen an die Unternehmen beitrage, weil diese auch durch die exportierte Produktion verursacht worden seien. Diese Argumentation hält jedoch einer näheren Überprüfung nicht stand, weil das Aufkommen an Gewerbesteuer die kommunalen Leistungen für Betriebe weit übertrifft und die Unternehmen bereits zur Finanzierung dieser Leistungen über Gebühren und Beiträge herangezogen wurden. Ein Teil der Gewerbesteuer wird zudem an Bund und Länder in Form der Gewerbesteuerumlage abgeführt. Da also die Gewerbesteuer in Wahrheit keine Äquivalenzabgabe ist, gibt es keinen Grund, den Export von dieser Abgabe nicht zu entlasten.

---

81 Vgl. *R. Parsche*, EG-Mehrwertsteuerharmonisierung für die Bundesrepublik kurzfristig problemlos - längerfristig Satzanhebung wahrscheinlich, in: ifo-Schnelldienst 6/88.

82 Vgl. dazu auch die Ausführungen des Ausschusses für Wirtschaftspolitik der Europäischen Gemeinschaften in seinem Bericht „Wirtschaftliche Aspekte der Annäherung der indirekten Steuern" vom 6.4.1988, S. 9 ff.

83 Hinzu käme die Nachfrage von Unternehmen, die außerhalb des Mehrwertsteuersystems stehen (Banken, Versicherungen, Krankenhäuser). Vgl. dazu *A. J. Rädler*, Einige Überlegungen zum EG-Steuerprogramm 1992, in: Umsatzsteuer-Rundschau 4/88, S. 108.

84 Zur Finanzierung eines vollständigen Gewerbesteuer-Abbaues müßte eine Anhebung der Mehrwertsteuer um 2 oder 3 v.H.-Punkte vorgenommen werden. Vgl. *Karl-Bräuer-Institut des Bundes der Steuerzahler*, Abbau und Ersatz der Gewerbesteuer (Fn 56), S. 40 ff. Jedoch würde bereits eine Anhebung des Mehrwertsteuersatzes um einen Prozentpunkt ausreichen, um mindestens einen Teilabbau der Gewerbesteuer zu finanzieren. Würden ergänzend Steuervergünstigungen und Finanzhilfen verringert und gestrichen, könnte dieser Teilabbau zu einem vollständigen Abbau der Gewerbesteuer erweitert werden.

V

Aus den zahlreichen Mängeln und Gefahren der Gewerbesteuer zieht *Wöhe* den Schluß, daß diese Abgabe vollkommen abgebaut und der Steuerausfall durch die Umsatzsteuer ersetzt werden muß[85]. Wöhe kommt zu diesem Ergebnis nach einer Darstellung und Beurteilung der damals vorliegenden Reform- und Abbauvorschläge. Inzwischen sind eine Vielzahl neuer Reformvorschläge veröffentlicht worden. Es ist jedoch anzunehmen, daß der Jubilar auch nach Durchsicht dieser Reformvorschläge bei seinem Vorschlag bleiben würde. Nach seiner Ansicht sind nämlich solche Vorschläge abzulehnen, die die Mängel der Gewerbesteuer nicht beseitigen, sondern nur abschwächen[86]. Insbesondere hat *Wöhe* diejenigen Vorschläge zurückgewiesen, die die ertragsunabhängige Belastung verstärken würden[87]. Diese Mängel haften mehr oder minder - neben anderen Unzulänglichkeiten - auch den meisten neueren Gewerbesteuerreformvorschlägen an.

Wegen der Vielzahl der Vorschläge kann hier nicht auf jeden einzelnen eingegangen werden[88]. Grundsätzlich kann unterschieden werden zwischen drei Gruppen von Vorschlägen: Vorschlägen zur Beibehaltung der Gewerbesteuer in veränderter Form, Vorschlägen zur Beibehaltung der Gewerbesteuer in unveränderter Form bei Anrechnung auf eine andere Steuer und Vorschlägen zur Abschaffung der Gewerbesteuer und Beteiligung der Gemeinden am Umsatzsteueraufkommen.

Als Gewerbesteuer in veränderter Form ist zunächst die **Wertschöpfungsteuer** zu bezeichnen, wie sie vom *Wissenschaftlichen Beirat beim Bundesministerium der Finanzen* vorgeschlagen[89] und vom *Sachverständigenrat* gutgeheißen[90] wurde. Sie geht auf frühere Reformvorschläge von Finanzwissenschaftlern zurück, die diesen Gremien angehören oder angehört haben[91]. Wie der Name der Abgabe schon andeutet, ist Bemessungsgrundlage die Wertschöpfung oder - anders ausgedrückt -

---

[85] *G. Wöhe*, Die Gewerbersteuer (Fn 3), S. 148.

[86] Ebenda, S. 148 f. *Wöhe* hat diesen Standpunkt der theoretischen Konsequenz auch an anderer Stelle vertreten, so zum Beispiel im Artikel Körperschaftsteuer, Reform der, in: Handwörterbuch des Steuerrechts, 1. Auflg., 1972, S. 665.

[87] *G. Wöhe*, Die Gewerbesteuer (Fn 3), S. 149.

[88] Hinweise auf weitere Reformvorschläge bei *K. Tipke*, Steuerrecht (Fn 15), S. 433; *D. Dziadkowski*, Umgestaltung, Revitalisierung oder Ersatz der Gewerbesteuer? (Fn 5), S. 330 ff.; *R. Wendt*, Abschaffung und Ersetzung der Gewerbesteuer aus verfassungsrechtlicher und verfassungspolitischer Sicht, in: Betriebs-Berater 25/87, S. 1677, Fn 2, sowie *Karl-Bräuer-Institut des Bundes der Steuerzahler*, Abbau und Ersatz der Gewerbesteuer (Fn 56).

[89] *Wissenschaftlicher Beirat beim Bundesministerium der Finanzen*, Gutachten zur Reform der Gemeindesteuern in der Bundesrepublik Deutschland, Schriftenreihe des Bundesministeriums der Finanzen, Heft 31, 1982.

[90] *Sachverständigenrat zur Begutachtung der gesamtwirtschaftlichen Entwicklung*, Sondergutachten, Zur wirtschaftlichen Lage im Oktober 1982, BT-Drs. 9/2027, Tz. 79 f.; ders., Jahresgutachten 1986/87, BT-Drs. 10/6562, Tz. 285 ff.; ders., Jahresgutachten 1987/88, BT-Drs. 11/1317, Tz. 299 ff.

[91] *K. Schmidt*, Zur Reform der Unternehmensbesteuerung, in: Finanzarchiv, N.F. Bd. 22, 1962/1963, S. 35 ff.; *A. Oberhauser*, Die Eignung der Wertschöpfungsteuer als Gemeindesteuer, in: Kommunale Finanzen und Finanzausgleich, hrsg. v. *H. Timm* und *H. Jecht*, Schriften des Vereins für Socialpolitik, N.F. Bd. 32, 1964, S. 241 ff.

der „Beitrag einer Wirtschaftseinheit zur Herstellung von Gütern und Dienstleistungen“[92]. Der Beirat schlägt vor, diesen Beitrag durch Addition der Faktorentgelte (Löhne, Gewinne, Mieten, Pachten, Zinsen) zu ermitteln[93]. In ihrer umfassendsten Form würde die Abgabe die Wertschöpfungen aller Sektoren mit Ausnahme der Arbeit im eigenen Haushalt erfassen, also beispielsweise auch die Wertschöpfung staatlicher Ämter und Behörden, der Landwirtschaft, der Wohnungswirtschaft und der Freien Berufe. Die Wertschöpfungsteuer soll ferner mit einem beschränkten Hebesatzrecht ausgestattet werden und als Betriebsausgabe bei der Einkommensteuer abzugsfähig sein.

In die gleiche Richtung wie die Wertschöpfungsteuer geht der Vorschlag des *Deutschen Städtetages* zur **Umgestaltung der Gewerbesteuer**[94]. Nach ihm sollen künftig alle Unternehmer der Gewerbesteuer unterliegen. Zu diesem Zweck soll die Legaldefinition des Unternehmers in § 2 Abs. 1 UStG in das neue Gewerbesteuergesetz übernommen werden. Jedoch soll die Landwirtschaft von der Gewerbesteuerpflicht generell ausgenommen werden, weil es an Besteuerungsgrundlagen fehle und die Landwirtschaft bereits mit Grundsteuer belastet werde. Ferner plädiert der Deutsche Städtetag für eine Überprüfung der subjektiven Gewerbesteuerbefreiungen des § 3 GewStG; insbesondere sollten nach seiner Ansicht die Deutsche Bundespost, die Deutsche Bundesbahn, die Bundesbank sowie Monopolverwaltungen des Bundes und eine Reihe von Spezialkreditinstituten gewerbesteuerpflichtig werden.

Bemessungsgrundlage der erweiterten Gewerbesteuer soll die Wertschöpfung sein mit ihren Elementen Gewinn (bzw. Einkünfte aus Vermietung und Verpachtung), Mieten und Pachten, Zinsen und Löhne. Für die einzelnen Bemessungsgrundlagen sollen unterschiedliche Freibeträge gelten, die insgesamt ein „Existenzminimum“ steuerfrei belassen sollen. Ferner sollen auf die einzelnen Bemessungsgrundlagen unterschiedliche Steuermeßzahlen angewendet werden, um das Gewicht der ertragsunabhängigen Elemente nicht zu stark werden zu lassen. Die verschiedenen Steuermeßbeträge sollen wie bei der heutigen Gewerbesteuer zu einem einheitlichen Gewerbesteuermeßbetrag zusammengefaßt werden. Auf diesen sollen die Gemeinden einen von ihnen zu bestimmenden Hebesatz anwenden können.

Zu den Modellen, die die Gewerbesteuer in veränderter Form weiterführen würden, gehört schließlich auch der Vorschlag einer **Betriebsteuer**, der vom *Kronberger Kreis* entwickelt und vom *Frankfurter Institut* veröffentlicht wurde[95]. Er

---

92 *Wissenschaftlicher Beirat* (Fn 89), S. 57.

93 Ebenda, S. 58.

94 *Deutscher Städtetag*, Vorschlag zur Umgestaltung der Gewerbesteuer vom 17.9.1986, in: Der Städtetag 12/86, S. 776 ff. Dieser Vorschlag war bereits in einem Positionspapier des Deutschen Städtetages vom April 1986 für die gemeinsame Arbeitsgruppe der Innen- und Finanzminister der Länder enthalten, das vom Deutschen Städte- und Gemeindebund mitgetragen wurde. Der Landkreistag verweigerte seine Zustimmung, weil seine Forderung nach unmittelbarer Beteiligung der Landkreise an einer Wachstumsteuer, insbesondere an der Einkommensteuer, vom Deutschen Städtetag und vom Deutschen Städte- und Gemeindebund abgelehnt und nicht in das Positionspapier aufgenommen wurde. Vgl. *H. Karrenberg*, Zum Stand der Gewerbesteuerdiskussion, in: Zeitschrift für Kommunalfinanzen, 8/86, S. 174/175.

95 Die Reform des Gemeindesteuersystems, Vorschläge des Kronberger Kreises, in: Frankfurter Institut, Argumente zur Wirtschaftspolitik 17/88.

knüpft ebenfalls an die Wertschöpfung an. Diese soll jedoch durch Abzug des Vorumsatzes vom Umsatz ermittelt werden, also durch das sogenannte Subtraktionsverfahren. Auf die derart ermittelte Wertschöpfung sollen die Gemeinden ein Hebesatzrecht anwenden können. Betriebsteuerpflichtig sollen alle diejenigen Betriebe sein, die heute der Umsatzsteuer unterliegen. Für nicht umsatzsteuerpflichtige Körperschaften sollen die Gemeinden einen Ausgleich durch die übergeordnete Körperschaft erhalten. Schließlich ist zu berücksichtigen, daß die Betriebsteuer Bestandteil einer Gemeindesteuer sein soll, die daneben noch eine Einwohnersteuer und eine Grundsteuer umfaßt. Denn eine nicht unerhebliche Komponente dieses Modells ist, daß der für die Gemeindesteuer beschlossene Hebesatz einheitlich auch für ihre Teilsteuern gelten soll. Ferner ergibt sich aus dem Konzept der dreigliedrigen Gemeindesteuer, daß Anrechnungsvorschriften erforderlich sind, um Doppel- und Mehrfachbelastungen zu vermeiden.

Mißt man die Wertschöpfungsteuer und ihre Spielarten an den Kriterien, die *Wöhe* für den Ersatz der Gewerbesteuer aufgestellt hat[96], eignen sie sich nicht für diesen Zweck. Denn die Wertschöpfungsteuern würden die Gewerbesteuer nicht abbauen, sondern im Gegenteil den bereits erreichten Abbau ertragsunabhängiger Elemente wieder rückgängig machen und die Gewerbesteuer darüber hinaus zu einer mehr oder weniger umfassenden allgemeinen Ertragsbesteuerung ausbauen.

Damit würde zu den Anfängen der Einkommensbesteuerung zurückgekehrt, als die Erfassung des Einkommens noch nicht möglich war und deshalb auf die Erträge zurückgegriffen werden mußte[97]. Die Wertschöpfungsteuer würde alle Unzulänglichkeiten dieser Besteuerung aufweisen, zu deren Vermeidung die Einkommensteuer beigetragen hat, nämlich insbesondere die Unmöglichkeit, die persönlichen Verhältnisse des Besteuerten zu berücksichtigen. Der Vorschlag des Deutschen Städtetages, von der Besteuerungsgrundlage, also der Wertschöpfung, ein Existenzminimum abzusetzen, läßt recht deutlich die steuertechnische Unterlegenheit der Wertschöpfungsteuer als einer Belastung des Einkommens in seiner Entstehungsphase erkennen. Denn dieses Existenzminimum müßte ja nicht nur einmal, sondern so oft gewährt werden, wie Individuen an den Erträgen eines Betriebes im weitesten Sinne teilhaben. Dann aber würden Mehrfachgewährungen bei Personen auftreten, die Erträge aus mehreren Betrieben beziehen. Mit anderen Worten: eine individualisierte Einkommensteuer, wie sie unseren Gerechtigkeitsvorstellungen, den verfassungsrechtlichen Vorgaben und dem Prinzip einer Besteuerung nach der Leistungsfähigkeit entspricht, läßt sich nur in der Phase der individuellen Einkommenserzielung verwirklichen.

Die Wertschöpfungsteuer und ihre Spielarten stehen ferner im Widerspruch zu der Forderung *Wöhes*, daß eine Reform der Gewerbesteuer insbesondere nicht das Gewicht der ertragsunabhängigen Belastung vergrößern dürfe[98]. Die Lohnsumme besitzt nämlich einen zumeist beherrschenden Anteil an der Wertschöpfung; hinzu kommen die ebenfalls ertragsunabhängigen Mieten, Pachten und Zinsen. Die

---

[96] Siehe oben S. 116.

[97] Vgl. *Karl-Bräuer-Institut des Bundes der Steuerzahler*, Abbau und Ersatz der Gewerbesteuer (Fn 56), S. 22.

[98] *G. Wöhe*, Die Gewerbesteuer (Fn 3), S. 149.

Wertschöpfungsteuer ist daher auch als Super-Lohnsummensteuer bezeichnet worden[99]. Eine Erweiterung der Zahl der Steuerpflichtigen und die Anwendung ermäßigter Meßzahlen (Deutscher Städtetag[100]) könnte die erhöhte Ertragsunabhängigkeit immerhin mildern. Jedoch würde dann die Gefahr von steuerlichen Substanzeingriffen für nahezu alle Bereiche der Volkswirtschaft bestehen.

Ergänzend sei erwähnt, daß die Wertschöpfungsteuer darüber hinaus eine Reihe steuerpolitischer, gesamtwirtschaftlicher und kommunalpolitischer Mängel aufweist[101]. Die Wertschöpfungsteuer ist ebenso wenig wie die Gewerbesteuer mit dem Äquivalenzprinzip zu rechtfertigen[102]. Auch neuere Interpretationen des Äquivalenzprinzips helfen insoweit nicht weiter.

Der *Wissenschaftliche Beirat* hat das Äquivalenzprinzip in seiner Fassung als gruppenmäßige Äquivalenz mit dem Grundsatz des Interessenausgleichs verbunden[103]. Jede der sozialen Gruppen in der Gemeinde (Gewerbe und Wohnbevölkerung) soll die zur Deckung ihres eigenen, spezifischen Bedarfs dienenden Gemeindeausgaben finanzieren. Damit soll verhindert werden, daß eine der Gruppen zur Finanzierung von Ausgaben herangezogen wird, die der anderen Gruppe zugute kommen[104]. Gegen eine derartige gruppenorientierte Klassifizierung von Steuern hat sich *Wöhe* schon im Jahre 1976 gewandt, als er darauf hinwies, daß im Falle der Überwälzung auch Arbeitnehmer mit Gewerbesteuer belastet werden[105]. Dies gilt natürlich erst recht für die Wertschöpfungsteuer, die nach Ansicht des *Wissenschaftlichen Beirats* weitgehend überwälzbar sein würde[106]. Daß das Prinzip des Interessenausgleichs darüber hinaus eine Reihe weiterer Mängel aufweist, sei hier nur erwähnt, aber nicht weiter behandelt[107]. Jedenfalls erscheint der Grundsatz des Interessenausgleichs nicht dazu geeignet, die äquivalenztheoretische Rechtfertigung von Gewerbesteuer bzw. Wertschöpfungsteuer zu „retten".

Hingegen knüpft der Betriebsteuervorschlag nicht ausdrücklich an das Äquivalenzprinzip an. Sein Grundgedanke ist, daß kommunale Leistungen finanziert werden müssen, und zwar sowohl in den Gewerbestandorten als auch in den bevorzugten Wohngemeinden. Deshalb müsse das Einkommen sowohl am Ort seiner Entstehung als auch am Ort des Zuflusses erfaßt und besteuert werden, im ersten Fall durch die Betriebsteuer, im zweiten Fall durch die Einwohnersteuer. Aber auch diese Rechtfertigung überzeugt letztlich nicht, weil die Trennung zwischen Entstehung und Zufluß künstlich ist. Sie läßt außer acht, daß - wie *Wöhe* es formuliert hat

---

[99] Vorschlag des Kronberger Kreises zur Reform des Gemeindesteuersystems, in: Aktuelle Steuerrundschau 3-4/88, S. 29.

[100] Siehe oben S. 17.

[101] Für eine eingehendere Analyse der Wertschöpfungsteuer siehe *Karl-Bräuer-Institut des Bundes der Steuerzahler*, Abbau und Ersatz der Gewerbesteuer (Fn 56), S. 75 ff.

[102] Zur Rechtfertigung der Gewerbesteuer durch das Äquivalenzprinzip siehe oben S. 14.

[103] *Wissenschaftlicher Beirat beim Bundesministerium der Finanzen*, Gutachten zur Reform der Gemeindesteuern (Fn 89), S. 32 f.

[104] Ebenda, S. 34.

[105] *G. Wöhe*, Die Gewerbesteuer (Fn 3), S. 135, 137.

[106] *Wissenschaftlicher Beirat beim Bundesministerium der Finanzen*, Gutachten zur Reform der Gemeindesteuern (Fn 89), S. 75.

[107] Vgl. *Karl-Bräuer-Institut des Bundes der Steuerzahler*, Abbau und Ersatz der Gewerbesteuer (Fn 56), S. 85 ff.

- die Vorstellung eines „Unternehmens an sich", das eine steuerliche Leistungsfähigkeit hat, die neben der steuerlichen Leistungsfähigkeit der Personen besteht, denen die Erträge des Unternehmens als Einkommen zufließen, nicht zutreffend ist[108]. Soweit die Erträge Arbeitnehmern zufließen, kommt es durch die proportionale Vorbelastung mit Wertschöpfungsteuer zu einer Zurückdrängung des Leistungsfähigkeitsprinzips, die umso weniger hinzunehmen ist, als die Wertschöpfungsteuer soziale Aspekte nicht berücksichtigen kann - im Unterschied zur Umsatzsteuer, die einen halbierten Steuersatz auf lebensnotwendige Güter kennt. Hinzu kommt, daß eine solche Betriebsteuer Projekten Vorschub leistet, die über die Einrichtung eines Sondersteuerrechts für Betriebe massiven Einfluß auf die betrieblichen Dispositionen nehmen wollen[109].

Die Wertschöpfungsteuer würde zudem die Besteuerung komplizieren[110], und zwar auch in der Form der umgebauten Gewerbesteuer und in der Form der Betriebsteuer, weil die genaue Ermittlung der Bemessungsgrundlage „Wertschöpfung" schwierig ist[111]; zu weitgehende Vereinfachungen könnten jedoch nur allzu leicht Belastungs- und Wettbewerbsverzerrungen nach sich ziehen. Weitere Komplizierungen entstehen, wenn für die einzelnen Wertschöpfungsbestandteile unterschiedliche Steuermeßzahlen vorgesehen werden. Zudem würde die Besteuerung in Erhebung und Entrichtung aufwendiger, weil der Kreis der Steuerpflichtigen erweitert würde.

Die Wertschöpfungsteuer belastet ferner die Investitionen und verschlechtert damit tendenziell die Voraussetzungen für ein angemessenes Wachstum und eine Zunahme der Beschäftigung[112]. Des weiteren ist sie wie die Gewerbesteuer mit Wettbewerbsverzerrungen verbunden, die sich im nationalen Bereich aus dem Hebesatzrecht, im internationalen Bereich aus der fehlenden Entlastung des Exports und Belastung des Imports an der Grenze ergeben. Bei unterschiedlichen Meßzahlen für Teile der Wertschöpfung kommen Wettbewerbsverzerrungen in Abhängigkeit von der Arbeits- bzw. Kapitalintensität der Produktion und der Finanzierung hinzu.

Ein scheinbarer Vorteil der Wertschöpfungsteuer ist die Verringerung der übermäßigen Steuerkraftunterschiede insbesondere zwischen Gemeinden gleicher Größenklasse[113]. Allerdings wird sie in dieser Beziehung nicht besser eingestuft als die Modelle einer Umsatzsteuerbeteiligung der Gemeinden[113]. Schließlich vermag

---

[108] *G. Wöhe*, Die Gewerbesteuer (Fn 3), S. 135.

[109] Vgl. Unser Konzept: Humaner Fortschritt, ökologische Erneuerung und Vollbeschäftigung, Beschluß zur Wirtschafts- und Finanzpolitik, Parteitag in Münster v. 30.8.-2.9.1988, in: Politik, hrsg. vom Vorstand der SPD, Nr. 7 (1988), S. 9.

[110] Vgl. *Karl-Bräuer-Institut des Bundes der Steuerzahler*, Abbau und Ersatz der Gewerbesteuer (Fn 56), S. 75 ff.

[111] Vgl. dazu *H. Wedell*, Die Wertschöpfung als Maßgröße für die Leistungsfähigkeit eines Unternehmens, in: Der Betrieb 1976, S. 209 f.

[112] Die wachstumspolitische Wirkung dürfte weniger nachteilig sein, wenn die Wertschöpfung wie vom Kronberger Kreis vorgeschlagen im Vorumsatzabzugsverfahren ermittelt wird, weil dann die Investitionen ganz oder teilweise für abzugsfähig erklärt werden können und dadurch ganz oder teilweise steuerfrei bleiben.

[113] Vgl. *W. Strauß*, Probleme und Möglichkeiten einer Substituierung der Gewerbesteuer, 1984, S. 188 ff.; *K. Schmidt*, Reform des Gemeindesteuersystems, in: ifo-schnelldienst 30/85, S. 15.

die Wertschöpfungsteuer die kommunalpolitische Willensbildung nicht zu verbessern, weil sie wohl ebenso unmerklich sein dürfte wie die Gewerbesteuer. In der Regel dürfte die Mehrzahl der Gemeindebürger nicht unmittelbar von ihr betroffen sein. Etwas anderes mag gelten, wenn die Wertschöpfungsteuer wie im Modell des Kronberger Kreises in eine umfassende Gemeindesteuer eingebettet wäre. Dann könnten auch die Hebesatzunterschiede von Gemeinde zu Gemeinde in Grenzen bleiben. Jedoch bestehen gerade wegen der Forderung nach einer einheitlichen Höhe des Hebesatzes für die Teilsteuern der Gemeindesteuer Vorbehalte der Gemeindeverbände gegen dieses Modell.

Ohne Zweifel sind die Pläne zur Einführung einer Wertschöpfungsteuer auch verfassungsrechtlich relevant. Da für die Beurteilung einer Steuer ihr Charakter und nicht ihre Bezeichnung maßgebend ist[114], sind sowohl die „erweiterte“ Gewerbesteuer als auch die „Betriebsteuer“ des Kronberger Kreises aus verfassungsrechtlicher Sicht Wertschöpfungsteuern. Bemessungsgrundlage und Abgrenzung der Steuerpflicht lassen bei diesen Abgaben eine Qualifizierung als Gewerbesteuer im Sinne des Grundgesetzes nicht zu. In der Finanzverfassung ist jedoch eine allgemeine Wertschöpfungsteuer im Katalog der zur Staatsfinanzierung verfügbaren Steuern nicht vorgesehen. Auch ist die Wertschöpfungsteuer weder als spezielle Verbrauch- oder Verkehrsteuer anzusehen. Das Schweigen der Finanzverfassung ist auch gar nicht verwunderlich, weil der Verfassungsgeber zunächst einmal von den überkommenen Steuern und Steuerarten ausgegangen ist. Die Einführung einer Wertschöpfungsteuer (und die Abschaffung der Gewerbesteuer) würde also eine Verfassungsänderung erfordern. Dazu bedarf es der Zustimmung von zwei Dritteln der Mitglieder des Bundestages und zwei Dritteln der Stimmen des Bundesrates[115].

VI

Die Beibehaltung der Gewerbesteuer in unveränderter Form kennzeichnet die sogenannten Anrechnungsmodelle. Bei ihnen wird die Gewerbesteuerschuld ganz oder teilweise auf die Einkommen-/Körperschaftsteuer- oder Umsatzsteuerschuld angerechnet und damit belastungsmäßig ganz oder teilweise abgebaut. Was zunächst als „Königsweg“ zum Abbau der Gewerbesteuer erscheinen mag, stellt sich jedoch bei näherer Betrachtung als wenig empfehlenswert heraus.

Eine Anrechnung der Gewerbesteuer auf eine andere Steuer wurde zuerst vom *Deutschen Industrie- und Handelstag* vorgeschlagen[116]. Die Gewerbesteuer sollte auf die Umsatzsteuer in voller Höhe angerechnet werden; für den Fall, daß die Gewerbesteuer die Umsatzsteuer übersteigen würde, wurden Erstattungen vorgesehen. Mit der Anrechnung sollte der Abzug der Gewerbesteuer als Betriebsausgabe entfallen. Der Einnahmenausfall aus der Anrechnung, von dem Bund und Länder

---

[114] BVerfGE 7, 244 (251 f.).
[115] Art. 79 Abs. 2 GG.
[116] Gewerbesteuer auf neuem Kurs, DIHT 201, 1982.

als Steuergläubiger der Umsatzsteuer betroffen sein würden, sollte durch eine Anhebung der Umsatzsteuersätze um zwei Prozentpunkte ausgeglichen werden.

Ein wesentlicher Mangel dieses Vorschlags ist, daß sich die Gemeinden durch Anhebung der Hebesätze Mehreinnahmen zu Lasten von Bund und Ländern beschaffen könnten. Der bundesstaatliche Finanzausgleich würde gleichsam zur Disposition der Gemeinden stehen. Eine Koppelung von Gewerbesteuer-Hebesatz und Grundsteuerhebesatz wird als nicht ausreichend zum Schutz des bundesstaatlichen Finanzausgleichs angesehen[117]. Außerdem wurde eingewandt, die Anrechnung bei der Umsatzsteuer stünde nicht in Einklang mit den EG-rechtlichen Vorschriften über den Vorsteuerabzug[118].

Zur Entkräftung dieser Kritik wurde zunächst vom rheinland-pfälzischen Wirtschaftsministerium ein Modell zur Anrechnung der Gewerbesteuer auf die Einkommen- und Körperschaftsteuer vorgestellt. Mit ihm wurde den europarechtlichen Bedenken Rechnung getragen. Es folgte ein Modell des rheinland-pfälzischen Finanzministeriums zur Anrechnung der Gewerbesteuer auf die Einkommen-/ Körperschaftsteuer (oder Umsatzsteuer), beschränkt auf diejenige Gewerbeertragsteuer, die einem Hebesatz von 200 Prozentpunkten entspricht. Die darüber hinaus anfallende Gewerbeertragsteuer sowie die Gewerbekapitalsteuer sollten wie bisher als Betriebsausgabe abzugsfähig sein[119]. Mit diesem Modell sollten auch die finanzausgleichspolitischen Gefahren einer finanziellen Selbstbedienung der Gemeinden beseitigt werden.

Die Anrechnungsmodelle sind in erster Linie politische Modelle. Sie sollen zwischen den Reformvorstellungen der Gemeinden und der Wirtschaft vermitteln[120]. Mit dem Teilanrechnungsmodell mag auch durchaus eine Lösung gefunden worden sein, die eine unentgeltliche Selbstbedienung der Gemeinden aus der dem Bund und den Ländern zustehenden Finanzmasse unterbindet. Jedoch würde die Gewerbesteuer nur teilweise abgebaut, so daß auch ein Teil ihrer Mängel und Gefahren weiter bestünde, vor allem die Konjunkturanfälligkeit ihres Aufkommens, das übermäßige Steuerkraftgefälle zwischen den Gemeinden und die Gefahr einer Verzerrung der kommunalen Willensbildung. Hinzu kommt, daß die Teilanrechnung mit einer erheblichen Komplizierung der Steuerschuldberechnung des Betriebes verbunden wäre[121], was angesichts der geminderten belastungsmäßigen und fiskalischen Bedeutung der Gewerbesteuer unangemessen erscheint. Auch in staatspolitischer Sicht müssen Bedenken angemeldet werden. Die Verwirklichung des Anrechnungsmodells entspräche nicht den Anforderungen eines kooperativen Föderalismus. Statt kommunale und staatliche Besteuerung auf der Grundlage steuersystematischer und gesamtwirtschaftlicher Anforderungen sowie unter Berücksichti-

---

[117] Vgl. dazu im einzelnen *Karl-Bräuer-Institut des Bundes der Steuerzahler*, Abbau und Ersatz der Gewerbesteuer (Fn 56), S. 102 f.

[118] Ebenda, S. 104 f.

[119] Vgl. Landtag Rheinland-Pfalz, Drs. 10/2185, und B. *Scholz*, Das Gewerbesteuer-Teilanrechnungsmodell (Fn 5).

[120] Diese Vermittlungsintention wird ausdrücklich erwähnt. *B. Scholz*, Das Gewerbesteuer-Teilanrechnungsmodell (Fn 5), S.4*.

[121] Ebenda, S. 5* (insbesondere die Ausführungen zur Anrechnungstechnik).

gung kommunaler Besonderheiten in Einklang zu bringen, würde mit der Gewerbesteuer gleichsam wie mit einer ausländischen Steuer verfahren, auf deren Gestaltung die Bundesrepublik keinen Einfluß nehmen kann.

Auch sollte die verfassungsrechtliche Problematik des Teilanrechnungsmodells nicht unterschätzt werden[122]. Um darzulegen, daß dieses Modell ohne eine Verfassungsänderung eingeführt werden könnte, wird vor allem auf die geringe finanzausgleichspolitische Bedeutung der Gewerbesteuer hingewiesen. Die den Gemeinden abzutretenden Teile der Umsatzsteuer, die auf 20 Mrd. DM beziffert werden, seien nicht so bedeutend, daß sie deren zentrale Ausgleichsfunktion im grundgesetzlichen Finanzausgleichssystem gefährden könnten[123]. Noch viel weniger treffe dies auf die Einkommen- und Körperschaftsteuer zu, denen keine zentrale Ausgleichsfunktion zukomme und deren Aufkommen einen Aderlaß von 20 Mrd. DM noch leichter verkraften könne[123]. Ferner wird darauf verwiesen, daß schon im geltenden Recht versucht werde, die Doppelbelastung mit Einkommen und Gewerbesteuer zu verringern, indem die Gewerbesteuer als Betriebsausgabe bei der Einkommensteuer abzugsfähig ist[124]. Werde der Betriebsausgabenabzug durch eine Teilanrechnung ersetzt, so sei dies, bezogen auf die Steuerverteilung in Art. 106 GG, kein qualitativer, sondern nur ein quantitativer Unterschied. Offenbar wird es für verfassungsrechtlich zulässig erachtet, die Anrechnung der Gewerbesteuer wie den Übergang zum körperschaftsteuerlichen Anrechnungsverfahren einfachgesetzlich, d.h. durch Änderungen im Steuerrecht, herbeizuführen.

Während jedoch die Einführung des körperschaftsteuerlichen Anrechnungsverfahrens den Finanzausgleich nicht berührte, würde die Anrechnung der Gewerbesteuer auf die Einkommen-/Körperschaftsteuer oder Umsatzsteuer ihn grundlegend verändern. Die Anrechnung einer Gemeindesteuer auf eine Gemeinschaftsteuer wäre ein neues Element des Finanzausgleichs, von dessen Anwendung der Verfassungsgesetzgeber bei der Festlegung des Finanzausgleichs nicht ausgegangen ist und auch nicht auszugehen brauchte. Die Finanzverfassung stellt offensichtlich darauf ab, daß das Aufkommen von Steuern entweder ungeschmälert einer Ebene des Staates zugewiesen oder eine Beteiligung (Gemeinschaftsteuern, Einkommensteueranteil der Gemeinden, Gewerbesteuerumlage) eingerichtet wird. Eine Abtretung von Aufkommensteilen im Wege des einfachgesetzlichen Anrechnungsverfahrens ist in der Finanzverfassung an keiner Stelle vorgesehen und würde den Finanzausgleich zu einem höchst labilen Gebilde deformieren. Daß die Gewerbesteuer (und andere Abgaben) bei der Einkommensteuer als Betriebsausgabe abziehbar sind[125], widerlegt diesen Einwand nicht, denn die Abzugsfähigkeit bei der Bemessungsgrundlage gehört zu den wesentlichen und überkommenen Strukturelementen der Einkommen-/Körperschaftsteuer, von denen der Verfassungsgesetzgeber stillschweigend ausgegangen ist.

Indem vom Betriebsausgabenabzug auf die Anrechnung übergegangen wird, werden auch die beteiligten Abgaben Einkommensteuer und Gewerbesteuer de-

---

[122] Ebenda, S. 8*.
[123] Ebenda, S. 9*.
[124] Ebenda, S. 9* f.
[125] Ebenda.

formiert. Die Gewerbesteuer würde zu einer Vorbelastung der Einkünfte, wie Lohn-, Kapitalertrag- oder Körperschaftsteuer, die Einkommensteuer zu einer Endabrechnung auch für die Gewerbesteuer[126]. Beides widerspricht dem Typus dieser Abgaben, der durch ihre Aufnahme in die Finanzverfassung gewissermaßen festgeschrieben wurde. Will man dennoch das Anrechnungsverfahren einführen, wird man einer Änderung der Finanzverfassung wohl kaum aus dem Wege gehen können.

VII

Den vollständigen Abbau der Gewerbesteuer und ihren Ersatz durch eine Beteiligung der Gemeinden am Umsatzsteueraufkommen haben in Übereinstimmung mit *Wöhe* das *Karl-Bräuer-Institut*[127] und das *Institut Finanzen und Steuern*[128] vorgeschlagen. Beide Vorschläge sehen vor, daß zum finanziellen Ausgleich die Umsatzsteuer um zwei bis drei Prozentpunkte angehoben werden soll. Unterschiede gibt es jedoch hinsichtlich des Schlüssels für die Verteilung des Umsatzsteueranteils auf die Gemeinden. Während das *Institut Finanzen und Steuern* als Verteilungsschlüssel die Lohnsumme und das Gewerbekapital angewandt wissen will, schlägt das *Karl-Bräuer-Institut* die Beschäftigtenzahl und/oder den Nettoumsatz (Wertschöpfung) als Schlüssel vor.

Der Vorschlag des *Karl-Bräuer-Instituts* besitzt eine Reihe komparativer Vorteile. Der augenfälligste ist seine größere Einfachheit. Müßten die Betriebe Lohnsumme und Gewerbekapital weiterhin ermitteln, wie es das *Institut Finanzen und Steuern* vorschlägt, würden die Betriebe Hilfsarbeiten für eine originäre Verwaltungsaufgabe leisten. Der Schlüsselvorschlag des *Karl-Bräuer-Instituts* kommt ohne diese Hilfsdienste aus. Er kann nämlich hinsichtlich der Beschäftigtenzahl auf bereits vorliegende Statistiken zurückgreifen[129], aus denen die Finanzverwaltung leicht die erforderlichen Schlüsselwerte ermitteln könnte. Auch der Nettoumsatz kann von

---

[126] Vgl. auch die verfassungsrechtlichen Bedenken der Bundesregierung, die Gewerbesteuer wirke sich im Anrechnungsmodell beim Steuerzahler als Einkommensteuer aus. Antwort der Bundesregierung auf die Große Anfrage zur Lage der Städte, Gemeinden und Kreise, BT-Drs. 11/2822, S. 34.

[127] Siehe schon *Karl-Bräuer-Institut des Bundes der Steuerzahler*, Der Weg zu einem zeitgemäßen Steuersystem, Heft 20 der Schriftenreihe, 1971, S. 200 ff.; S. 212; ferner dasselbe, Zur Reform der Gemeindesteuern (Fn 57), S. 50 f., sowie dass., Abbau und Ersatz der Gewerbesteuer (Fn 56), S. 34.

[128] Vgl. *W. Heckt*, Modell für die Ablösung der Gewerbesteuer durch einen Gemeindeanteil an der Umsatzsteuer, *Institut Finanzen und Steuern*, Brief 211, 1982. Zuvor hatte das *Institut Finanzen und Steuern* einen anderen Vorschlag vertreten. Vgl. die Darstellung bei *G. Wöhe*, Die Gewerbesteuer (Fn 3), S. 145 f.

[129] Es handelt sich um die amtliche Beschäftigten- und Entgeltstatistik. Die erforderliche Untergliederung nach Kommunen wird von den Statistischen Landesämtern durchgeführt. Die Ergebnisse werden allerdings nicht in allen Ländern veröffentlicht. Vgl. *Karl-Bräuer-Institut des Bundes der Steuerzahler*, Abbau und Ersatz der Gewerbesteuer (Fn 56), S. 54.

der Finanzverwaltung in einem einfachen, pauschalierenden Verfahren auf der Grundlage der Umsatzsteuer-Voranmeldungen ermittelt werden[130]. Der Schlüssel des *Instituts Finanzen und Steuern* weist ferner den Nachteil auf, daß die Gewerbesteuer mit den zwei Teilbemessungsgrundlagen Lohnsumme und Gewerbekapital quasi weiterbestehen würde. Damit würden aber auch die mit der Gewerbesteuer verbundenen übermäßigen Steuerkraftunterschiede zwischen den Gemeinden tendenziell beibehalten[131]. Hingegen besitzt der Schlüssel des *Karl-Bräuer-Instituts* die steuerkraftnivellierende Wirkung der Wertschöpfungsteuer bei Gemeinden gleicher Größe[132], ohne die Nachteile dieser Abgabe[133] aufzuweisen.

Die Beteiligung an der Umsatzsteuer als Ersatz für die Gewerbesteuer hat schon für sich allein, also ohne Berücksichtigung des Verteilungsschlüssels, erhebliche gesamtwirtschaftliche und kommunalpolitische Vorteile[134]. An erster Stelle steht die vollständige Beseitigung der steuersystematischen und steuerpolitischen Mängel der Gewerbesteuer. Wie bereits dargelegt, können weder die Wertschöpfungsteuermodelle noch die Anrechnungsmodelle diesen Vorteil für sich in Anspruch nehmen, weil sie die Gewerbesteuer in der einen oder anderen Form beibehalten. Entfallen würden die Mehrfachbelastungen des gewerblichen Einkommens und Vermögens, das Steuerrecht würde transparenter und einfacher, die Vielzahl der Steuern würde verringert. Dies würde nicht nur die Steuerzahler, sondern auch Finanzverwaltung und Finanzgerichte entlasten. Weitere Vorteile sind der Abbau nationaler und internationaler Wettbewerbsverzerrungen, die Harmonisierung der Besteuerung in der Europäischen Wirtschaftsgemeinschaft und die bessere Anpassung der Besteuerung an konjunktur- und wachstumspolitische Erfordernisse. Kommunalpolitisch von Vorteil ist, daß die Einnahmen der Gemeinden verstetigt würden. Die Gemeinden würden eine verläßliche finanzielle Grundausstattung erhalten, über die sie am wirtschaftlichen Wachstum teilhaben würden. Diese verläßliche und kontinuierliche Steigerung des Aufkommens wird von vielen Gemeindevertretern bereits höher eingeschätzt als das kommunale Hebesatzrecht bei der Gewerbesteuer.

Natürlich sind auch die Beteiligungsmodelle auf Einwände gestoßen. So wurde bemängelt, daß eine Anhebung der Mehrwertsteuer zur Finanzierung des Gewerbesteuerabbaues die ertragsunabhängige Belastung der Unternehmen ebenfalls erhöhen würde und insofern kein Unterschied zur Einführung einer Wertschöpfungsteuer bestünde. Die Überwälzungschancen der Umsatzsteuer sind jedoch, von Ausnahmen abgesehen, durchweg günstiger einzuschätzen. Dazu tragen bei die vom Gesetzgeber geregelte Weitergabe, die Einheitlichkeit der Belastung (bei der Wertschöpfungsteuer sollen Hebesätze angewandt werden) und die Anknüpfung an den Umsatz (anstelle der Anknüpfung an den Einsatz von Produktionsfaktoren bei der Wertschöpfungsteuer).

---

[130] Ebenda, S. 49 ff.

[131] Vgl. dazu und zu weiteren Mängeln dieses Schlüssels im einzelnen *Karl-Bräuer-Institut des Bundes der Steuerzahler*, Abbau und Ersatz der Gewerbesteuer (Fn 56), S. 47 ff.

[132] Siehe dazu oben S. 120.

[133] Siehe dazu oben S. 118 ff.

[134] Vgl. zum folgenden *Karl-Bräuer-Institut des Bundes der Steuerzahler*, Abbau und Ersatz der Gewerbesteuer (Fn 56), S. 35 ff.

Die Beteiligungsmodelle werden jedoch vor allem wegen des Wegfalls des Hebesatzrechts und der Auflösung des Interessenbandes zwischen Gemeinden und Wirtschaft kritisiert. Die Gemeinden würden nicht mehr in der Lage sein, sich über die Hebesätze bei der Gewerbesteuer zusätzliche Einnahmen zu verschaffen. Deshalb müßte auch das Interesse an der Gewerbeförderung und der Gewerbeansiedlung nachlassen. Letzteres ist jedoch nicht zu befürchten, wenn die Schlüssel gewerbebezogen gestaltet werden. Die vom *Karl-Bräuer-Institut* vorgeschlagenen Schlüsselmerkmale Nettoumsatz und Beschäftigtenzahl sind offensichtlich gewerbebezogen. Sie halten das Interesse der Gemeinden an einer Ansiedlung von Gewerbebetrieben wach und wirken einer ausschließlichen Ansiedlung von Wohnbevölkerung entgegen.

Falsch wäre auch anzunehmen, daß das Beteiligungsmodell den Gemeinden überhaupt keinen Einfluß auf die Höhe ihrer Steuereinnahmen einräumen würde. Grundsätzlich ist jede Gemeinde in der Lage, durch eine entsprechende Gewerbepolitik Wertschöpfung und Beschäftigtenzahl in ihren Gemeindegrenzen zu erhöhen. Gelänge ihr dies besser als den Gemeinden im Durchschnitt, würde sie zusätzliche Einnahmen aus dem Umsatzsteueranteil erhalten.

Es darf auch nicht übersehen werden, daß das Hebesatzrecht bei der Gewerbesteuer weitgehend erschöpft ist. Selbst die Gemeinden räumen ein, daß sie mit ihm kaum noch zusätzliche Einnahmen erzielen können. Zudem beziehen die Gemeinden aus der Gewerbesteuer nur 15 v.H. ihrer Einnahmen[135]. Der finanzielle Verlust aus dem Wegfall des Hebesatzrechts wäre also relativ gering. Aber auch der politische Verlust sollte nicht überschätzt werden. Selbst die Länder besitzen praktisch keine eigenen Gesetzgebungskompetenzen im Bereich der Steuern, obwohl ihre Finanzautonomie verfassungsrechtlich in normativ stärkerer Form verbrieft ist als die der Gemeinden. Immerhin würden die Gemeinden nach Abbau der Gewerbesteuer noch ein Hebesatzrecht bei der Grundsteuer anwenden können. Ihnen steht ferner das Recht zu, Gebühren und Beiträge zu erheben. Sie entscheiden ferner über die Erhebung der nach dem Kommunalabgabengesetz zugelassenen Aufwand- und Verbrauchsteuern. Sie verfügen zudem über ein Steuererfindungsrecht. Auch können die Gemeinden Kredite aufnehmen. Ein beachtliches Finanzierungspotential bilden nicht zuletzt die Konzessionsabgabe sowie die Gewinne aus Regiebetrieben, Eigenbetrieben und Beteiligungen an Unternehmen.

Hinzu kommt die Finanzautonomie der Gemeinden über ihre Ausgaben. Haushaltsaufstellung, Haushaltsfeststellung, teilweise auch Haushaltsprüfung liegen in den Händen der Kommunen, auch wenn ein hoher und wachsender Anteil der Gemeindeausgaben aus sogenannten Pflichtaufgaben stammt. Haushaltspolitische Handlungsspielräume können schließlich auch durch Begrenzung von Ausgaben, Wegfall von Aufgaben und Privatisierung öffentlicher Dienstleistungen geschaffen werden. Aus verfassungsrechtlicher Sicht erfordert die Selbstverwaltung ohnehin keine eigenverantwortlich festzusetzenden Steuern[136].

[135] Der Städtetag 2/86, S. 117.

[136] Vgl. *Karl-Bräuer-Institut des Bundes der Steuerzahler*, Abbau und Ersatz der Gewerbesteuer (Fn 56), S. 64 ff.

Der Wegfall des Hebesatzrechts bei der Gewerbesteuer ist wahrscheinlich sogar ein Gewinn für die kommunale Willensbildung. Auf die Verzerrungen durch dieses Hebesatzrecht hat *Wöhe* ausdrücklich hingewiesen[137]. *Wöhe* kritisiert vor allem die Beeinflussung der kommunalen Willensbildung durch Großbetriebe. Andere, äußerst bedenkliche Verzerrungen ergeben sich daraus, daß die Gewerbesteuer für die Mehrheit der Steuerzahler unmerklich ist.[138] Von Hebesatzanhebungen bei der Gewerbesteuer sind nur Gewerbetreibende unmittelbar betroffen, die weitaus überwiegende Mehrheit der Gemeindebürger mag zwar davon erfahren, ist sich aber der Konsequenzen für die eigene indirekte Steuerbelastung zumeist nicht bewußt, weil sie eine Überwälzung von Gewerbesteuerlasten nicht bemerkt. Zusätzliche kommunale Ausgaben sind diesen Wählern willkommen, weil sie meinen, daß andere dafür aufzukommen haben. Der heimliche Griff in die Taschen des Bürgers verzerrt also die Wahlentscheidungen und ist nur schlecht mit den Idealen der Demokratie und der Selbstverwaltung zu vereinbaren, die eine offene und klare Finanzierung öffentlicher Leistungen verlangen.

Ein vollständiger Abbau der Gewerbesteuer und eine Beteiligung der Gemeinden an der Umsatzsteuer erfordern eine Änderung der Finanzverfassung[139]. Insofern gilt für das Beseitigungs- und Beteiligungsmodell nichts anderes als für die Wertschöpfungs- und Anrechnungsmodelle. Im Beteiligungsmodell besitzt die Verankerung der Umsatzsteuerbeteiligung obendrein eine selbständige kommunalpolitische Bedeutung. Sie soll die Beständigkeit der kommunalen Einnahmen aus der Umsatzsteuer verfassungsrechtlich absichern und Schutz vor der finanziellen Begehrlichkeit von Bund und Ländern gewähren.

Zu den hier behandelten Beteiligungsmodellen gehören auch jene Vorschläge, die zwar ebenfalls eine Beteiligung an der Umsatzsteuer vorsehen, jedoch daneben eine stark reduzierte Gewerbesteuer beibehalten[140] oder das kommunale Hebesatzrecht bei der Einkommensteuer aktivieren wollen[141]. Beide Vorschläge besitzen vermittelnden Charakter. Sie kommen den Gemeinden insofern entgegen, als sie Bemessungsgrundlagen für ein Hebesatzrecht bereitstellen. Bei Beibehaltung einer stark reduzierten Gewerbesteuer würden die gewichtigen Mängel der Gewerbesteuer zwar gemindert, aber nicht beseitigt. Das Hebesatzrecht bei der Einkommensteuer hätte eine Reihe von steuer- und kommunalpolitischen Vorteilen. Da mit diesem Hebesatzrecht aber auch zahlreiche Gefahren verbunden sein können, müßten an seine Aktivierung eine Reihe von Bedingungen geknüpft werden. Zu diesen Bedingungen gehören unter anderem eine Senkung der Einkommensteuer, damit das Hebesatzrecht bei seiner Einführung nicht zu Steuererhöhungen führt,

---

[137] *G. Wöhe*, Die Gewerbesteuer (Fn 3), S. 142 f.

[138] Vgl. zum folgenden *L. Schemmel*, Abbau und Ersatz der Gewerbesteuer, in: Der Steuerzahler 12/85, S. 217.

[139] Von Kritikern dieses Vorschlags wurde daher auch schon behauptet, die Beteiligung der Gemeinden an der Umsatzsteuer wäre ein Verstoß gegen das Grundgesetz, was offensichtlich falsch ist. Vgl. dazu *L. Schemmel*, Die Beteiligung der Gemeinden an der Umsatzsteuer wäre keinesfalls ein Verstoß gegen das Grundgesetz, Handelsblatt v. 09.03.1988.

[140] *W. Ritter*, Abbau der Gewerbesteuer, in: Betriebs-Berater 7/83, S. 389 ff.

[141] *B. Breuel*, Gewerbesteuer-Abbau statt Senkung des Spitzensteuersatzes, Handelsblatt v. 29.01.1987.

eine hohe Merklichkeit des Hebesatzrechts, damit unnötige oder überzogene Anhebungen unterbleiben, und ein Erhebungsverfahren, das dem Arbeitgeber keine zusätzlichen steuerlichen Hilfsarbeiten aufbürdet[142]. Nicht zu vermeiden wären zusätzliche Verwaltungskosten der Gemeinden für die Festsetzung der kommunalen Einkommensteuer und insbesondere für die Erhebung dieser Abgabe. Dies wäre der „Preis", den die Gemeinden und letztendlich die Bürger zu entrichten hätten, wenn sie ein kommunales Hebesatzrecht - entgegen den verfassungsrechtlichen Erfordernissen - für unerläßlich erachten.

VIII

Die Erfahrung von zwei „Steuerreformen" lehrt, daß sie anscheinend der falsche Rahmen für den Abbau der Gewerbesteuer sind. Die angekündigte Reform der Unternehmensbesteuerung ist bereits mit der Gewerbesteuergarantie des Bundeskanzlers vorbelastet. Sie räumt den Gemeinden und der Wirtschaft ein einzigartiges und im Grundgesetz nicht vorgesehenes Vetorecht für die Reform der Gewerbesteuer ein und hat bereits eine Blockade der Gewerbesteuerreform bewirkt, die nicht leicht zu überwinden sein dürfte. Die Vorschläge der EG-Kommission zur Mehrwertsteuer-Harmonisierung haben die Finanzierung des Gewerbesteuer-Abbaus aus harmonisierungsbedingten Mehreinnahmen scheinbar ungewiß werden lassen. Die Vielzahl der Gewerbesteuer-Reformvorschläge hat die Diskussion eher in die Länge gezogen als vertieft. So scheint es nicht ausgeschlossen, daß die Gewerbesteuer auch bei der angekündigten Reform der Unternehmensbesteuerung weitgehend unberücksichtigt bleibt. Ist die Gewerbesteuer etwa das ewige Stiefkind der Steuerreform?

Eine schematische Fortschreibung der Steuerreform-Erfahrungen aus den zurückliegenden fünfzehn Jahren erscheint jedoch nur in beschränktem Maße zulässig. Mit dem Beschluß der Mitgliedstaaten der EG, möglichst bis zum 31.12.1992 den Binnenmarkt zu vollenden, ist eine Entwicklung eingeleitet worden, die manches in einem neuen Licht erscheinen läßt. So erscheint eine Reform der Unternehmensbesteuerung dringender als je zuvor, um unnötige Wettbewerbsnachteile in dem verschärften Wettbewerb des europäischen Binnenmarktes abzubauen. Zu diesen unnötigen Wettbewerbsnachteilen gehört insbesondere die Sonderbelastung durch die Gewerbesteuer. Daß die Steuerharmonisierung keine Anhebung des deutschen Mehrwertsteuersatzes erforderlich machen sollte, wird überwiegend als unwahrscheinlich angesehen. So weit der europäische Binnenmarkt das Wirtschaftswachstum beschleunigt und dadurch auch die Steuereinnahmen ansteigen läßt, könnte er den Abbau der Gewerbesteuer mittelbar erleichtern. Daß bei alle-

---

[142] Das *Karl-Bräuer-Institut des Bundes der Steuerzahler* hat skizziert, welche Gestalt das kommunale Hebesatzrecht bei der Einkommensteuer unter diesen Bedingungen annehmen könnte. Vgl. dazu *Karl-Bräuer-Institut des Bundes der Steuerzahler*, Abbau und Ersatz der Gewerbesteuer (Fn 56), S. 68 ff.

dem eine äußerst zurückhaltende Entwicklung der Staatsausgaben, insbesondere der Abbau von Finanzhilfen, eine unabdingbare Rahmenbedingung darstellt, sollte sich fast schon von selbst verstehen.

Natürlich steigen die Chancen eines Abbaus der Gewerbesteuer, wenn auf die finanz- und betriebswirtschaftlich gebotene Beseitigung dieser Abgabe zugusten eines Teilabbaues oder einer Anrechnungslösung verzichtet wird. Das *Karl-Bräuer-Institut* hat zusätzlich zu seinem Abbauvorschlag einen solchen Stufenabbau in mehreren Varianten konzipiert[143], *Ritter* hat einen Teilabbau angeboten[144] und der rheinland-pfälzische Finanzminister *Wagner* hat ein sehr weit entwickeltes Anrechnungsmodell[145] vorgelegt. Wollte man aber eine Änderung der Finanzverfassung unbedingt vermeiden, müßte man ausschließlich solche Maßnahmen ergreifen, die durch Bundesgesetz geregelt werden können. Dies sind die Senkung der Gewerbesteuer-Meßzahlen, der Abbau eines weiteren Teils der Gewerbesteuer und Entlastungen im Gewerbesteuerrecht beispielsweise durch Anhebung des sogenannten Unternehmerfreibetrages. Auch die Finanzierung könnte sich auf bundesgesetzliche Maßnahmen konzentrieren. Der Abbau der Gewerbesteuerumlage, die Anhebung des Gemeindeanteils an der Einkommensteuer und die Aktivierung des kommunalen Hebesatzrechts an der Einkommensteuer können ohne Änderung der Finanzverfassung beschlossen werden. Auch wenn letztendlich auf einem dieser Wege eine Entlastung von Gewerbesteuer erreicht wird, besteht doch kein Zweifel daran, daß nur ein vollständiger Abbau der Gewerbesteuer im Sinne des Jubilars und im Interesse der Allgemeinheit an einem einfachen und gerechten Steuersystem wäre.

---

[143] *Karl-Bräuer-Institut des Bundes der Steuerzahler*, Abbau und Ersatz der Gewerbesteuer (Fn 56), S. 38 ff.
[144] Siehe Fn 140.
[145] Siehe Fn 119.

Die effektive Steuerbelastung von Unternehmen

Prof. Dr. *Lutz Fischer*, Institut für Ausländisches und Internationales Finanz- und Steuerwesen, Universität Hamburg

A. Einleitung

Steuerreformen haben weltweit Hochkonjunktur. In allen wichtigen Industriestaaten wurden jüngst entweder weitreichende Revisionen der Einkommensbesteuerung verwirklicht, auf den Gesetzesweg gebracht oder zumindest angekündigt.[1] Der weltweite Wettbewerb zwischen den Industriestaaten hat folglich auch die Steuersysteme erfaßt. Insbesondere der Unternehmensbesteuerung wird ein bedeutsamer Einfluß auf die internationale Wettbewerbsposition eines Landes zugesprochen. Diese Einschätzung gründet sich auf folgenden Erklärungszusammenhang: Mit fortschreitender Internationalisierung des Handels und der Produktion und der damit einhergehenden Intensivierung des Wettbewerbs auf den heimischen und ausländischen Märkten erfordert die Erhaltung und Stärkung der internationalen Konkurrenzfähigkeit des heimischen Unternehmenssektors die Schaffung von im internationalen Vergleich konkurrenzfähigen Produktionsbedingungen. Die Steuerbelastung der von den Unternehmen erwirtschafteten Ergebnisse stellt dabei neben zahlreichen anderen Wettbewerbsfaktoren eine zunehmend wichtigere Einflußgröße dar.

Diese Ansicht findet ihren Niederschlag in der allerjüngsten Diskussion über die Qualität des Unternehmensstandortes Bundesrepublik Deutschland, die von in- und ausländischen Investoren gerade unter Hinweis auf eine im internationalen Vergleich hohe Steuerbelastung der Unternehmensgewinne in Zweifel gezogen wird.

In diesem Zusammenhang spielt die vom *Institut der Deutschen Wirtschaft* entwickelte 70%-These eine wichtige Rolle. Danach tragen die Gewinne der deutschen Kapitalgesellschaften eine 70%-ige Steuerbelastung, wohingegen die von den in den wichtigsten Industriestaaten ansässigen Konkurrenten erzielten Gewinne nur zu einem weitaus geringeren Teil an die Fisci abzuführen seien.[2] Zur Sicherung der internationalen Wettbewerbsfähigkeit der deutschen Industrie sei angesichts dieses Belastungsbildes eine deutliche Absenkung der Unternehmenssteuerlast geboten.[3]

Das *Wirtschafts- und Sozialwissenschaftliche Institut des DGB* hat daraufhin die 70%-These einer kritischen Überprüfung unterzogen und als Gegenthese eine

---

* Dieser Beitrag ist in Zusammenarbeit mit meinem Assistenten Dipl.-Kfm. *Klaus Sieker* entstanden. Ihm sei an dieser Stelle herzlich gedankt.

[1] Vgl. die Übersicht in den BMF-Finanznachrichten Nr. 57/88 vom 8.9.1988, S. 4

[2] Vgl. *Fuest, R./Kroker, R.*, Irrtümer in der aktuellen Steuerdiskussion, Beiträge zur Wirtschafts- und Sozialpolitik, Institut der Deutschen Wirtschaft, Köln 1987, S. 26. Siehe auch *Langmann, H.-J.*, (Präsident des Bundesverbandes der Deutschen Industrie 1985/86), in: *Littmann, K./Langmann, H.-J.*, 70%-ige Steuerbelastung der deutschen Unternehmen - ja oder nein?, Hefte des I.I.F.S. der Universität Hamburg, zur internationalen Besteuerung, Nr. 36, Hamburg 1987, S. 1ff.

[3] Vgl. z.B. *Ritter, W.*, Steuerreform - und was nun?, BB 1987, S. 2237, 2242

20%-ige Steuerbelastung der deutschen Unternehmen festgestellt.[4] Angesichts dieser geringen Belastungshöhe sei eine Reduzierung der Unternehmenssteuerbelastung nicht begründbar.[5]

Auch *Littmann* lehnt die 70%-These als unzutreffend ab. Seinen Berechnungen zufolge beläuft sich die Steuerbelastung der deutschen Unternehmen auf durchschnittlich ca. 34%.[6] Einer wesentlichen Belastungsreduktion bedürfe es nicht; es sei jedoch eine Verbesserung der Belastungsstruktur dringend geboten.[7]

Politiker und Gesetzgeber, die eigentlichen Adressaten der referierten Untersuchungsergebnisse, dürfte angesichts dieser Spannweite der ins Feld geführten Belastungsziffern eine gewisse Ratlosigkeit befallen.[8] Zu ihrer Entstehung mag auch das Operieren mit einer neuen Vokabel, nämlich der **effektiven** Steuerbelastung beigetragen haben. Wie es scheint, hat *Littmann* diesen, der anglo-amerikanischen Steuerwelt schon länger geläufigen Begriff, in die hiesige Debatte eingeführt.[9] Sein Inhalt sei nachfolgend erläutert.

B. Das Konzept der effektiven Steuerbelastung

Das Konzept der effektiven Steuerbelastung wurde aus der Erfahrung geboren, daß eine als Verhältnis von Steuerzahllast zu versteuerndem Einkommen definierte Steuerbelastungsziffer (Nominalbelastung) für bestimmte Berechnungszwecke unbrauchbare Ergebnisse liefert. Dies gilt insbesondere für den internationalen Vergleich der Unternehmenssteuerbelastung. So vermag die z.B. von *Fuest/Kroker* gewählte Vorgehensweise, auf einen für alle Länder identischen Unternehmensgewinn die länderspezifischen Steuersätze anzulegen,[10] nur einen ersten Eindruck über die internationale Belastungssituation der deutschen Unternehmen zu vermitteln. Denn die Berechnungsprämisse einer für alle Länder identischen Steuerbemessungsgrundlage steht in Widerspruch zur Realität, wie das Beispiel Vereinigte Staaten zeigt.

Dort wurde mit dem Steuerreformgesetz 1986 der maximale Körperschaftsteuersatz (auf Bundesebene) drastisch von 46% auf 34% gesenkt, was nach dem von *Fuest/Kroker* verwendeten Berechnungsschema die Vereinigten Staaten als „Steueroase" erscheinen ließe. Die Steuersatzreduktion ist jedoch nur die halbe Wahrheit

---

[4] Vgl. *Scheibe-Lange, I.*, Zu hohe Belastung der Unternehmensgewinne mit Ertragsteuern?, WSI-Mitteilungen 1986, S. 772, 775

[5] Vgl. *Scheibe-Lange, I.*, a.a.O., S. 782

[6] Vgl. *Littmann, K.*, Die Steuerlast der Unternehmen, Heft 11 der Schriftenreihe der Klaus-Dieter-Arndt-Stiftung e.V., Bonn 1987, S. 18

[7] Vgl. *Littmann, K.*, a.a.O., S. 30f.

[8] Wie man hört, hat das Bundeswirtschaftsministerium nun das *Deutsche Institut für Wirtschaftsforschung (DIW)* mit einer Begutachtung der Steuerbelastung der deutschen Unternehmen im internationalen Vergleich beauftragt.

[9] Vgl. *Littmann, K.*, a.a.O., S. 5ff.

[10] Vgl. *Fuest/R./Kroker, R.*, a.a.O., S. 26

der us-amerikanischen Steuerreform. Denn zugleich wurde die Investitionsgutschrift (investment tax credit) abgeschafft, die Abschreibungsbedingungen erheblich verschlechtert und mit zahlreichen anderen Maßnahmen die Bemessungsgrundlage verbreitert. Per Saldo erhöht sich nach Schätzungen der US-Regierung die Steuerzahllast des Unternehmenssektors für den Zeitraum 1987 bis 1991 durch das US-Steuerreformgesetz 1986 um 120 Mrd. Dollar.[11] Die unter der Prämisse identischer Bemessungsgrundlagen durchgeführten Berechnungen können also irreführende Ergebnisse zeitigen.

Das Konzept der effektiven Steuerbelastung nimmt von dieser Prämisse Abstand und versucht, möglichst die ganze Vielfalt des Steuerrechts, insbesondere auch die Vorschriften zur Ermittlung der Bemessungsgrundlage, in einer Steuerbelastungsziffer zu erfassen.[12] Wie man diesem Ziel am besten nahekommt, ist strittig. Das Schrifttum hat eine ganze Reihe von Berechnungsmethoden erarbeitet. Ihre Würdigung bedingt zunächst die Entwicklung eines Beurteilungskriteriums. Als Ökonom ist man gewohnt, in den Kategorien zweckmäßig - unzweckmäßig zu denken.[13] Die diskutierten Berechnungswege haben sich also am Grad ihrer Zweckerfüllung beurteilen zu lassen. Wir wollen uns daher im nächsten Abschnitt zunächst mit den Zwecken von Steuerbelastungsrechnungen beschäftigen.

C. Zwecke von Steuerbelastungsrechnungen

Allen Steuerbelastungsrechnungen gemeinsam ist ihre Entscheidungshilfefunktion. Es läßt sich differenzieren in Steuerbelastungsrechnungen zur Fundierung einzelwirtschaftlicher Entscheidungen einerseits und zur Fundierung steuerpolitischer Entscheidungen andererseits. Das sei am Beispiel der Steuerbelastung der Unternehmensgewinne verdeutlicht.

Ein Investor stehe vor der Entscheidung, einen Produktionsbetrieb entweder im Inland oder im Ausland zu gründen. Strebt er eine Maximierung seines nach Steuern verfügbaren Einkommens an, wird er die länderspezifische Steuerbelastung der erwarteten Einkommensströme ermitteln und seiner Entscheidung zugrundelegen.

Die Steuerbelastung der Unternehmensgewinne ist darüber hinaus in zweifacher Hinsicht von steuerpolitischem Interesse. Zum einen geht es um die „Verteilungsfolgen“[14] der Besteuerung. Dahinter steht die Frage nach der gerechten Verteilung der von einem Gemeinwesen erhobenen Steuern auf seine Mitglieder, also etwa der Vergleich der Steuerbelastung der Unternehmereinkünfte mit jener der Arbeitnehmereinkünfte. Zum anderen interessiert der Einfluß der Unternehmensbesteue-

---

[11] Vgl. *CCH Inc.* (Hrsg.), Standard Federal Tax Reports, Extraausgabe Nr. 19 vom 8.5.1987, General Explanation of the Tax Reform Act of 1986, S. 1357

[12] Vgl. z.B. *Schneider, D.*, Wider leichtfertige Steuerbelastungsvergleiche, Wpg 1988, S. 281, 291

[13] Siehe nur *Wöhe, G.*, Betriebswirtschaftliche Steuerlehre I, Grundlagen - Der Einfluß der Besteuerung auf das Rechnungswesen der Betriebe, 5. Aufl., München 1978, S. 8f.

[14] *Schneider, D.*, Wider leichtfertige Steuerbelastungsvergleiche, a.a.O., S. 281

rung auf die gesamtwirtschaftliche Entwicklung. Dahinter verbergen sich Fragen nach dem Einfluß des Steuersystems auf die Investitionsfähigkeit und -bereitschaft der Unternehmen, sowie nach den gesamtwirtschaftlichen Wirkungen von steuerlichen Investitions-, Standort- und Branchenfördermaßnahmen.

Alle hier zu betrachtenden Untersuchungen verstehen sich primär als steuerpolitische Entscheidungshilfen, dienen also entweder der Bestimmung von Verteilungsfolgen oder von gesamtwirtschaftlichen „Entscheidungswirkungen"[15] der Unternehmensbesteuerung. Welche Berechnungsmethode diesem Untersuchungszweck gerecht wird, soll nun nachfolgend diskutiert werden.

D. Darstellung und Würdigung der Berechnungsmethoden

I. Internationaler Tarifvergleich

Die bereits angezeigte Untersuchung von *Fuest/Kroker* aus dem Jahre 1987 versucht mittels einer sog. Modellrechnung nachzuweisen, „daß die Bundesrepublik Deutschland unter steuerlichen Gesichtspunkten Standortnachteile gegenüber den wichtigen Konkurrenzländern aufweist und seit 1984 im Wettbewerb der Steuersysteme weiter zurückgefallen ist".[16]

Ermittelt wurde die Steuerbelastung des von einer Kapitalgesellschaft erzielten Gewinns mit „typischen" Unternehmenssteuern für den Fall der vollständigen Gewinnthesaurierung. Die Berechnungen hatten die nachfolgend aufgeführten Länderwerte zum Ergebnis.[17]

Tabelle 1: Internationaler Tarifvergleich

Land	Steuerbelastung des Gewinns in Prozent (1986)
Österreich	73,46
BR Deutschland	70,77
Japan	65,27
Frankreich	62,88
Schweden	58
USA	45,95 (ab 1.7.1987)
Italien	46,4
Niederlande	42
Schweiz	37,57
Großbritannien	35

[15] *Schneider, D.*, Wider leichtfertige Steuerbelastungsvergleiche, a.a.O., S. 283
[16] *Fuest, W./Kroker, R.*, a.a.O., S. 27
[17] Vgl. *Fuest, W./Kroker, R.*, a.a.O., S. 26

Das Modellhafte der Berechnungen zeigt sich u.a. in der Prämisse einer länderidentischen Bruttogewinnhöhe. Die behaupteten Standortnachteile der Bundesrepublik für ausländische Investoren bestehen jedoch auch dann nicht (jedenfalls nicht in dieser Deutlichkeit), wenn man obige Prämisse akzeptiert. Denn ausländische Muttergesellschaften vermögen durch relativ einfache Maßnahmen die Gewinnsteuerbelastung ihrer deutschen Töchter merklich zu senken.

Man denke zunächst an die Schütt-aus-Hol-zurück-Strategie, deren Einsatz eine Absenkung der Gesamtbelastung von 70,77% auf 63,86% bei einem angenommenen Quellensteuersatz von 15%[18] auf ins Ausland fließende Schachteldividenden bewirkt.[19]

Als weitere auf der Hand liegende Strategie sei die Gewährung von Gesellschafterdarlehen anstelle von Eigenkapital genannt. Die bei der deutschen Tochtergesellschaft als Betriebsausgabe abzugsfähigen Zinszahlungen an den ausländischen Gesellschafter tragen allenfalls deutsche Gewerbesteuer (Dauerschulden) und deutsche Quellensteuer. Nimmt man bspw. an, daß ein Bruttoerfolg von 100 DM zu 50 DM als Fremdkapitalzinsen und der nach Steuern verbleibende Rest als Dividende an eine US-Muttergesellschaft fließt, errechnet sich folgende Gesamtbelastung:

Beispiel[20]

Das Eigenkapital betrage 500, das Gesellschafterdarlehen ebenfalls 500, die Eigenkapitalrendite 10% vor Steuern, der (angemessene) Fremdkapitalzins 10%, der Hebesatz der Gewerbesteuer 400%. Der Einheitswert des Betriebsvermögens entspreche dem Eigenkapital; bei dem Gesellschafterdarlehen bzw. bei den darauf zu leistenden Zinsen handele es sich um (zur Hälfte) hinzurechnungspflichtige Dauerschulden bzw. Dauerschuldzinsen i.S.d. Gewerbesteuergesetzes. Die übrigen Hinzurechnungs- und Kürzungsbeträge sollen sich saldieren, so daß der Gewerbeertrag dem körperschaftsteuerpflichtigen Gewinn bzw. das Gewerbekapital dem Einheitswert entspricht. Der Gewinn werde in Verfolgung der Schütt-aus-Hol-zu-

[18] Vgl. z.B. Art. VI DBA-USA

[19] Die Schütt-aus-hol-zurück-Strategie vermittelt allerdings nicht nur im Verhältnis zu deutschen Tochtergesellschaften, sondern auch im Verhältnis zu Tochtergesellschaften im übrigen Ausland Steuervorteile. Vgl. dazu *Habermann, G.*, Steuerliche Überlegungen eines ausländischen Unternehmens bei Investitionen in der Bundesrepublik Deutschland, Hefte des I.I.F.S. der Universität Hamburg, zur Internationalen Besteuerung Nr. 40, Hamburg 1987, S. 5

[20] Die Berechnung basiert auf der derzeit geltenden Rechtslage. Die deutsche Bundesregierung plant eine Ergänzung des Körperschaftsteuergesetzes um einen § 8a, demzufolge Zinsen auf Gesellschafterdarlehen unter bestimmten Voraussetzungen den körperschaftsteuerpflichtigen Gewinn des Schuldners nicht mehr mindern dürfen. Eine entsprechende Änderung des KStG wird seit nunmehr 10 Jahren diskutiert. Ob und wann sie tatsächlich Gesetz wird, bleibt daher abzuwarten. Vgl. *Singbartl, H./Dötsch, E./Hundt, F.*, Die Änderungen des KStG durch das Steuerreformgesetz 1990 (Teil III), DB 1988, S. 1871ff.

rück-Strategie vollständig ausgeschüttet und der deutschen Tochtergesellschaft, soweit erforderlich, als weiteres Darlehen gewährt.

Unter den genannten Voraussetzungen werden dann folgende Steuerzahlungen fällig:

		DM
Vermögensteuer: 75% des Einheitswertes des Betriebsvermögens von 500 × 0,6%		2,25
Gewerbekapitalsteuer: 0,2% des Gewerbekapitals von 750 (500 Eigenkapital + 250 Dauerschulden) × 400% Hebesatz		6,00
Gewerbeertragsteuer: 20/120 von 69 (Gewinn von 50 + 25 Dauerschuldzinsen - 6 Gewerbekapitalsteuer)		11,50
Körperschaftsteuer: 56% von 50 minus Gewerbeertrag- und Gewerbekapitalsteuer		18,20
⁒ Ausschüttungsbedingte KSt-Minderung: 20/44 von 12,05 (50 – 2,25 – 6 – 11,50 – 18,2)	⁒	5,48
Quellensteuer: 15% der Dividende von 17,5[21]		2,63
Gesamtsteuerbelastung		35,10

Die gesamte Belastung des Bruttoerfolges beträgt im Beispielsfall 35,1%; die Gewährung eines Gesellschafterdarlehens anstelle von Eigenkapital hat also eine Halbierung der Steuerlast bewirkt. Daß ausländische Investoren von dieser Gestaltungsmaßnahme in weitem Umfang Gebrauch machen, ist gesicherte Erkenntnis und dem Gesetzgeber Beweggrund für die geplante Regelung des § 8a KStG. Das Beispiel illustriert nochmals ganz deutlich die Problematik von Berechnungen, die auf einer steuerrechtlich definierten Bemessungsgrundlage basieren. Das gilt für internationale Vergleiche der Unternehmenssteuerbelastung in Anbetracht der großen Unterschiede zwischen den nationalen Ermittlungsvorschriften in besonderem Maße.

Über die genannten Kritikpunkte hinaus begegnet den Berechnungen von *Fuest/Kroker* eine ganze Reihe weiterer Bedenken.

So haben ihre Ergebnisse nur Gültigkeit für den Fall einer ihren gesamten Gewinn thesaurierenden Kapitalgesellschaft. Beide Prämissen, Körperschaftsteuerpflicht und Vollthesaurierung, repräsentieren kaum die bundesdeutsche Unternehmenslandschaft. *Fuest/Kroker* begegnen dem Vorwurf mangelnder Repräsentativität ihre Ergebnisse mit der Erwägung, daß eine Teil- oder Vollausschüttung der Gewinne an einen 56%-iger Grenzsteuerbelastung unterliegenden Anteilseigner eine ebenso hohe Steuerbelastung zur Folge habe.[22] Diese Aussage ist zweifelsohne richtig, vermag jedoch den Einwand mangelnder Repräsentativität der Ergebnisse nicht zu entkräften. Nach Untersuchungen des *Ifo-Instituts* beläuft sich die durch-

[21] Gemäß Art. VII DBA-USA entsteht für die Zinszahlungen an die US-Muttergesellschaft keine deutsche Quellensteuer

[22] Vgl. *Fuest, W./Kroker, R.*, a.a.O., S. 27f.

schnittliche Grenzsteuerbelastung der von privaten Haushalten bezogenen Dividenden 48%, die von steuerbefreiten Organisationen, wie gemeinnützige Stiftungen und Gewerkschaften, auf 40%.[23,24]

Die Annahme einer Vollthesaurierung stellt auch in bezug auf im Ausland ansässige Unternehmen kein realitätsgerechtes Modellmerkmal dar. Außerdem wird eine Vollanrechnung der Körperschaftsteuer auf die Einkommensteuer bzw. Körperschaftsteuer der Anteilseigner neben der Bundesrepublik nur noch von Italien gestattet. Großbritannien, Frankreich, Japan und Kanada erlauben eine Teilanrechnung in unterschiedlicher Höhe; die Vereinigten Staaten, die Niederlande und die Schweiz gewähren keine Anrechnungsmöglichkeit.[25] Daraus resultiert mit zunehmender Ausschüttungsquote und wachsendem Grenzsteuersatz der Ausschüttungsempfänger eine zunehmende Verbesserung der relativen Belastungssituation der deutschen Unternehmen im Verhältnis zu den genannten Staaten mit Ausnahme von Italien.

Nicht übersehen werden sollte schließlich, daß in allen Staaten zahlreiche Unternehmen als Einzelunternehmen bzw. als Personengesellschaften geführt werden. Im Gegensatz zur Identität von Einkommensteuerspitzensatz und Körperschaftsteuertarifbelastung in Deutschland liegt der Spitzensatz des Einkommensteuertarifs in Großbritannien, Frankreich, Japan, Italien, den Niederlanden und Spanien über dem jeweiligen Körperschaftsteuersatz und in einigen Fällen auch über dem deutschen Höchstsatz von derzeit 56%.[26] Die deutsche Einkommensteuer-Nominalbelastung der von Einzelunternehmen bzw. Personengesellschaften erzielten Gewinne bewegt sich damit im international üblichen Rahmen. Eine den Realitäten gerecht werdende Untersuchung hätte weiter zu berücksichtigen, daß nur ca. 50% bzw. nur ca. 20% aller bundesdeutschen Unternehmen Gewerbeertragsteuer bzw. Gewerbekapitalsteuer schulden.[27] Auch insoweit kommt der 70%-igen Belastungsquote nur eingeschränkte Relevanz zu.

Die oben genannte Kritik richtet sich in gleicher Weise gegen die ebenfalls aus einer Modellrechnung hervorgegangene 20%-Gegenthese des WSI. Diese Berechnung weist darüber hinaus einen weiteren Fehler auf. Als im Ausschüttungsfall die Unternehmensgewinne belastend werden in dieser Berechnung nur die Gewerbe-

---

[23] Vgl. *Leibfritz, W.*, Steuerliche Belastung und staatliche Förderung der Kapitalbildung in der Bundesrepublik Deutschland, Ifo-Studien zur Finanzpolitik Nr. 36, München 1986, S. 37

[24] Auch die Belastungsangaben des Ifo-Instituts erscheinen überzeichnet. Denn die steuerbefreiten Organisationen gewähren ihren Beteiligungsgesellschaften in großem Umfang Gesellschafterdarlehen, wobei die von ihnen empfangenen Zinsen im wesentlichen steuerfrei bleiben. Die Ermittlung des durchschnittlichen Grenzsteuersatzes von 48% für die von privaten Haushalten bezogenen Dividenden basiert auf der Annahme, daß die Dividendeneinkünfte dem maximalen Grenzsteuersatz des jeweiligen Beziehers unterliegen, d.h., die Dividendeneinkünfte jener Steuerpflichtigen, die Einkünfte aus mehreren Einkunftsarten beziehen, tragen die höchste Grenzbelastung aller Einkunftsarten. Diese Annahme vermag ebensowenig wie ihr Gegenstück, der Ansatz des jeweils niedrigsten Grenzsteuersatzes, zu überzeugen. Rechnet man mit dem jeweiligen Durchschnittssteuersatz, was noch am ehesten vertretbar erscheint, sollte der vom Ifo-Institut ermittelte Wert um einige Prozentpunkte sinken.

[25] Vgl. BMF-Informationsdienst zur Finanzpolitik des Auslands Nr. 1/1988 v. 18.7.1988, S. 9

[26] Vgl. ebenda, S. 7

[27] Vgl. *Littmann, K.*, a.a.O., S. 38

und die Vermögensteuer angesehen, die sich in der Summe auf die besagten 20% belaufen.[28] Die von der Kapitalgesellschaft zu leistende Ausschüttungskörperschaftsteuer stelle nur eine Vorauszahlung auf die Einkommensteuer bzw. Körperschaftsteuer der Ausschüttungsempfänger dar und laste daher nicht auf dem Unternehmensgewinn.[29] Diesem Verständnis der Körperschaftsteuer mag man sich noch anschließen können; nur hat diese Ansicht zwingend die Einbeziehung der von den Anteilseignern zu leistenden Ertragsteuern in die Berechnung zur Konsequenz. Denn die Anteilseigner vermögen „ihrer" Kapitalgesellschaft nur die versteuerte Dividende zurückzugewähren und nur in diesem Umfange stehen der Unternehmung Finanzmittel für Investitionszwecke zur Verfügung.[30]

Auf der Prämisse identischer Bemessungsgrundlagen basierende internationale Tarifvergleiche können, so ist nach dem Vorgesagten zu folgern, nur einen groben Eindruck über die relative Belastungssituation der Unternehmen eines Staates vermitteln.[31] Selbst wenn sie ein repräsentatives Bild der länderspezifischen Unternehmensbelastung zeichnen sollten, entheben sie keinen Investor von der Notwendigkeit eines auf seinen Einzelfall abstellenden Vergleichs der zu erwartenden Steuerbelastung an den zur Wahl stehenden Standorten. Die Vielfalt der nationalen Steuerrechtsordnungen, die Besonderheiten des Einzelfalls und schließlich das steuerpolitische Instrumentarium, also jene Faktoren, denen für die Steuerbelastung im Einzelfall eine entscheidende Bedeutung zukommt, werden von einem internationalen Tarifvergleich gerade nicht erfaßt.

II. Statistische Berechnungen

1. Volkswirtschaftliche Gesamtrechnungen

In der Literatur findet sich des weiteren der Versuch, die Steuerlast der Unternehmen auf statistischem Wege zu ermitteln. Diesen Weg beschreitet u.a. *Littmann* in seinem bereits angesprochenen Beitrag.

Die sog. Modellrechnungen liefern seiner Ansicht nach keine ökonomisch sinnvoll verwertbaren Informationen, da sie nur die Nominalbelastung auswiesen.[32] Von Interesse sei allein die Effektivbelastung der Unternehmen, die angebe, „wieviel Prozent des wirtschaftlichen Einkommens von der Steuer in Anspruch genommen würden"[33]. Dieser Prozentsatz lasse sich näherungsweise aus den Volkswirtschaftlichen Gesamtrechnungen ableiten. Danach errechne sich die effektive Steuerbelastung der deutschen Unternehmen, ausgedrückt als Quotient des gesamt-

---

[28] Vgl. *Scheibe-Lange, I.*, a.a.O., S. 774f.
[29] Vgl. *Scheibe-Lange, I.*, a.a.O., S. 775
[30] Vgl. auch *Schneider, D.*, Wider leichtfertige Steuerbelastungsvergleiche, a.a.O., S. 285
[31] Vgl. ebenso *Schneider, D.*, Wider leichtfertige Steuerbelastungsvergleiche, a.a.O., S. 290f.
[32] Vgl. *Littmann, K.*, a.a.O., S. 16
[33] *Littmann, K.*, a.a.O., S. 7

wirtschaftlichen Aufkommens an Unternehmenssteuern zu dem Einkommen aus Unternehmertätigkeit, mit ca. 34% der Unternehmensgewinne.[34]

Littmann selbst weist auf drei problematische Aspekte seiner Vorgehensweise hin. Zunächst bereitet die exakte Ableitung der Einkommen aus Unternehmertätigkeit Schwierigkeiten, da die VGR diese Größe nicht separat, sondern nur zusammen mit dem Einkommen aus Vermögen und Vermietung ausweisen.[35]

Fernerhin stellt der Wert von 34% nur einen über alle Unternehmen gebildeten Durchschnitt der Gewinnsteuerbelastung dar. Eine weitergehende Differenzierung nach Unternehmensgröße, Wirtschaftssektor etc. sei zwar wünschenswert, doch ohne die Mithilfe der Unternehmen nicht machbar.[36]

Sein Ansatz eignet sich schließlich in Anbetracht der Schätznotwendigkeiten und der Unterschiede in den nationalen Rechenwerken nicht für internationale Vergleiche.[37]

Mindestens ebenso problematisch wie die Bestimmung der Einkommen aus Unternehmertätigkeit gestaltet sich die interpersonelle Zuordnung des Steueraufkommens. Aufgrund der weitreichenden Überschneidungen von veranlagter Einkommensteuer, Lohnsteuer und Körperschaftsteuer lassen sich nach Ansicht der Deutschen Bundesbank keine einigermaßen zutreffenden Belastungsrechnungen für bestimmte Einkommen oder Einkommenskategorien vornehmen.[38]

Littmanns Berechnungen liefern nach eigener Aussage Informationen darüber, „wie hoch gesamtwirtschaftlich der Anteil ist, den der Fiskus von den Unternehmensgewinnen in Anspruch nimmt".[39] Daß diese Information für einzelwirtschaftliche Entscheidungen irrelevant ist, bringt er selbst zum Ausdruck.[40] *Littmann* geht jedoch noch einen Schritt weiter. Seiner Ansicht nach kommt der Berechnung von effektiven Steuerbelastungen auch in steuerpolitischer Hinsicht nur eine sehr geringe Bedeutung zu.[41] So stelle auch seine eigene Berechnungsmethode, wie er zutreffend bemerkt, keine Steuerwirkungsanalyse dar, noch könne sie eine solche ersetzen.[42] Die aus seinen Berechnungen resultierenden Informationen sind also nach eigener, zutreffender Ansicht als steuerpolitische Entscheidungshilfe unbrauchbar,[43] wobei zu ergänzen ist, daß *Littmann* diese Ansicht für wie auch immer ermittelte Steuerlasten vertritt.[44]

---

[34] Vgl. *Littmann, K.*, a.a.O., S. 17f.

[35] Vgl. *Littmann, K.*, a.a.O., S. 17f.; siehe auch *Fuest, W./Kroker, R.*, a.a.O., S. 31ff.

[36] Vgl. *Littmann, K.*, a.a.O., S. 18f.

[37] Vgl. *Littmann, K.*, a.a.O., S. 20

[38] Vgl. *Deutsche Bundesbank*, Die Entwicklung des Steueraufkommens seit Beginn der achtziger Jahre, Monatsbericht Mai 1985, S. 31

[39] *Littmann, K.*, a.a.O., S. 17

[40] Vgl. *Littmann, K.*, a.a.O., S. 40

[41] Vgl. *Littmann, K.*, a.a.O., S. 27f.

[42] Vgl. *Littmann, K.*, a.a.O., S. 27f.

[43] Vgl. auch *Schneider, D.*, Wider leichtfertige Steuerbelastungsvergleiche, a.a.O., S. 282f.

[44] Vgl. *Littmann, K.*, a.a.O., S. 29f.

2. *Jahresabschlußstatistiken*

Die Ermittlung von effektiven Steuerbelastungen der Unternehmensgewinne auf Basis von veröffentlichten Handelsbilanzen spielt insbesondere in den Vereinigten Staaten eine wichtige Rolle. Anhand ihrer Ergebnisse sollte dem US-Gesetzgeber die aus verteilungspolitischer Sicht gebotene Reformbedürftigkeit der Einkommensbesteuerung nachgewiesen werden.

Den Berechnungen zufolge existierten vor der US-Steuerreform 1986 in der Höhe der durchschnittlichen Gewinnsteuerbelastung große Unterschiede zwischen Unternehmen verschiedener Wirtschaftszweige. Insbesondere die gemäß den Untersuchungsergebnissen sehr geringe Effektivbelastung des Bankensektors und einiger kapitalintensiver Großunternehmen wurde als verteilungspolitisches Ärgernis empfunden.[45]

Effektive Steuerbelastungen, ermittelt als Quotient von Ertrag- und Substanzsteuern zum Handelsbilanzgewinn, mögen insoweit zur Messung von Unterschieden in der durchschnittlichen Gewinnsteuerbelastung verschiedener Wirtschaftszweige noch in Grenzen geeignet sein, wenn man Repräsentativität der Grundgesamtheiten und die zum Ausgleich von periodisch stark schwankenden Gewinnen und Steuerzahlungen erforderlichen Zeitreihenanalysen zugrundelegt.

Wie das US-amerikanische Beispiel lehrt, schützen jedoch auch die unter den genannten Voraussetzungen ermittelten Ergebnisse nicht vor Fehlinterpretationen. So können sich durchaus Abweichungen zwischen Handelsbilanz und ökonomisch „richtigem" Gewinn ergeben. Außerdem muß auch das Ergebnis dieser Berechnungen zutreffend zugeordnet werden: Daß kapitalintensive Wirtschaftszweige in den Jahren 1981 bis 1986 nur geringe Körperschaftsteuerzahlungen zu leisten hatten, ist die Folge des 1981 in Kraft getretenen Economic Recovery Tax Act, der eine steuerliche Maximalförderung von Sachanlageinvestitionen zum Inhalt hatte. Folglich handelt es sich auch nur um eine Begünstigung dieser und nicht sämtlicher amerikanischer Unternehmen.

Ähnliches gilt für die Beurteilung der Besteuerungssituation des Bankensektors. Zum Zwecke der zinsgünstigen Finanzierung der ständig wachsenden Haushaltsdefizite haben die US-Gebietskörperschaften steuerbefreite Obligationen aufgelegt. US-Banken zeichneten dem Wunsche der Emittenten entsprechend ganz erhebliche Beträge. In ihren Erfolgsrechnungen führte nun selbstverständlich der in Anbetracht des Steuerprivilegs vom Marktzins vorgenommene Zinsabschlag zu geringen Steuerzahlungen. Die auf Basis ihrer Jahresabschlüsse ermittelte Steuerbelastung vermittelte somit einen unzutreffenden Eindruck von der Höhe der gesamten Leistungen dieses Wirtschaftszweiges an die öffentlichen Haushalte.[46]

Anhand von Bilanzstatistiken[47] ermittelte Durchschnittsbelastungen der Unternehmensgewinne sind auch zur Messung der Verteilungsfolgen des Steuerrechts in

[45] Vgl. *Spooner, G. M.*, Effective Tax Rates from Financial Statements, National Tax Journal 1986, S. 293

[46] Vgl. *Spooner, G. M.*, a.a.O., S. 299f.

[47] Für die Bundesrepublik Deutschland liegen zwei Bilanzstatistiken vor; zum einen die von der Deutschen Bundesbank jährlich veröffentlichte Bilanz- und Erfolgsrechnung der Un-

bezug auf bestimmte Gruppen von Einkommensbeziehern bzw. im Hinblick auf bestimmte Einkommenskategorien ungeeignet. Es mangelt bereits an einer einheitlichen Einkommensdefinition. So gehen bspw. Veräußerungsgewinne zwar in den Handelsbilanz- bzw. Steuerbilanzgewinn ein, stellen jedoch im Rahmen der Überschußeinkünfte keine steuerbaren Einnahmen dar.

Für internationale Vergleiche erweist sich die Berechnung von effektiven Steuerbelastungen auf Basis von Jahresabschlußstatistiken als gänzlich untauglich. Diese Vergleiche scheitern bereits an den mannigfachen Unterschieden in den Vorschriften zur Ermittlung des Jahresüberschusses. Entscheidungswirkungen des Steuerrechts können nur über die Grenzbelastung des Unternehmenserfolgs, die sich dem Jahresabschluß jedoch nicht entnehmen läßt, aufgedeckt werden.[48]

III. Veranlagungssimulation für ein Modellunternehmen

Als weitere Berechnungsmethode wird vom Schrifttum die Simulation einer Steuerveranlagung für ein Modellunternehmen diskutiert.[49] Kennzeichnend für diese Methode ist zum einen die Konstruktion einer in ihren steuerrelevanten Eigenschaften repräsentativen Modellunternehmung und zum anderen das Einfließen der Vorschriften zur Ermittlung der steuerlichen Bemessungsgrundlagen in die Berechnungsergebnisse, die aus diesem Grunde die effektive Steuerbelastung ausweisen.

Dic auf dieser Berechnungsmethode basierenden internationalen Vergleiche der Unternehmenssteuerbelastung weisen allerdings hinsichtlich der konkreten Durchführung der Veranlagungssimulation beträchtliche Unterschiede auf. Dies sei anhand zweier von Mitarbeitern des Ifo-Instituts verfaßter Studien illustriert.

Beide Arbeiten fragen nach der Steuerbelastung eines für die Bundesrepublik Deutschland repräsentativen Modellunternehmens für den Fall, daß die Veranlagung einmal auf Basis des deutschen Steuerrechts und ein anderes Mal unter hypothetischer Anwendung ausländischer Steuerrechtsordnungen erfolgt.[50] Als Unternehmenssteuern werden dabei alle in den Vergleichsländern erhobenen ertragsabhängigen und ertragsunabhängigen Steuern behandelt, auf bundesdeutsche Verhältnisse bezogen also die Einkommen- bzw. Körperschaftsteuer, die Gewerbesteuer, die Vermögensteuer und die Grundsteuer.[51]

---

ternehmen (enthalten in der November-Ausgabe der Monatsberichte) und zum anderen die vom Statistischen Bundesamt herausgegebene Statistik der Jahresabschlüsse der Aktiengesellschaften des Produzierenden Gewerbes (erscheint als Fachserie 2.2.1.).

[48] Vgl. *Schneider, D.*, Wider leichtfertige Steuerbelastungsvergleiche, a.a.O., S. 283

[49] Vgl. *Leibfritz, W./Meurer, C.*, Steuerliche Investitionsförderung im internationalen Vergleich, Schriftenreihe des Ifo-Instituts für Wirtschaftsforschung Nr. 117, Berlin/München 1985, S. 128ff.; *Leibfritz, W./Parsche, R.*, Steuerbelastung der Unternehmen der deutschen Werkzeugmaschinenindustrie im internationalen Vergleich, Ifo-Studien zur Finanzpolitik Nr. 46, München 1988; *OECD*, Two Reports by the Committee on Fiscal Affairs on Quantitative Aspects of Corporate Taxation, Paris 1985

[50] Vgl. *Leibfritz, W./Meurer, C.*, a.a.O., S. 128; *Leibfritz, W./Parsche, R.*, a.a.O., S. 1

[51] Vgl. *Leibfritz, W./Meurer, C.*, a.a.O., S. 131; *Leibfritz, W./Parsche, R.*, a.a.O., S. 49

Die Summe dieser Steuerzahlungen wird auf eine als „ökonomischer Gewinn" bezeichnete Größe bezogen, die Steuerbelastung mithin in Prozent des ökonomischen Gewinns ausgedrückt. In der Ableitung des ökonomischen Gewinns zeigen sich die ersten Unterschiede zwischen den beiden Studien.

Leibfritz/Parsche definieren diese Größe wie folgt:[52]

Steuerbilanzgewinn
\+ als Betriebsausgabe abzugsfähige Steuern
zuzüglich nicht abziehbarer Steuern (z.B. deutsche VSt)
\+ Differenz zwischen steuerlicher und ökonomischer Abschreibung auf Sachanlagen

= Ökonomischer Gewinn

Zur Berechnung der ökonomischen Abschreibung wird angenommen, daß die ökonomische Nutzungsdauer der längsten steuerlichen Nutzungsdauer in den untersuchten Ländern entspricht.[53] Steuerlicher und ökonomischer Gewinn unterscheiden sich mithin allein in bezug auf die Verteilung des Anschaffungsaufwandes sowie in der Behandlung bestimmter Steuerzahlungen.

Das der von *Leibfritz/Meurer* verfaßten Untersuchung zugrundeliegende Verhältnis von ökonomischem zu steuerbilanziellem Gewinn zeigt nachfolgendes Schema auf:[54]

Steuerbilanzgewinn
\+ Differenz zwischen steuerlicher und ökonomischer Abschreibung
\+ Differenz zwischen steuerlichem und ökonomischem Materialeinsatz
\+ abzugsfähige Steuern
\+ andere Absetzbeträge, wie Freibeträge oder die Bildung steuerfreier Investitionsrücklagen

= Ökonomischer Gewinn

Zur Ermittlung der ökonomischen Abschreibung werden die Anschaffungsausgaben für das Sachanlagevermögen linear über die ökonomische Nutzungsdauer, die für bewegliche Wirtschaftsgüter einheitlich mit 10 Jahren und für Gebäude mit 30 Jahren angesetzt wurde, verteilt.[55]

Leibfritz/Meurer erfassen also über ihre Definition des ökonomischen Gewinns nicht nur zwischenstaatliche Unterschiede bezüglich der Abschreibung des Sachanlagevermögens, sondern darüber hinaus die von den Vorschriften zur Vorratsbewertung sowie aus der Gewährung von Investitionsrücklagen resultierenden Wirkungen.

Die Studien unterscheiden sich ferner in ihren Annahmen über das Investitionsverhalten der Modellunternehmung. Die jüngere Untersuchung unterstellt eine jährliche Zunahme der Investitionen um 6%.[56] Damit können hohe Anfangsabschreibungen jedes Jahr neu in Anspruch genommen werden. Die „Steuervorteile", die aus dem Ansatz von im Vergleich zu ökonomischen Abschreibungen höheren

[52] Vgl. *Leibfritz, W./Parsche, R.*, a.a.O., S. 10
[53] Vgl. *Leibfritz, W./Parsche, R.*, a.a.O., S. 6
[54] Vgl. *Leibfritz, W./Meurer, C.*, a.a.O., S. 130
[55] Vgl. *Leibfritz, W./Meurer, C.*, a.a.O., S. 130
[56] Vgl. *Leibfritz, W./Parsche, R.*, a.a.O., S. 3

steuerlichen Abschreibungen erwachsen, werden also als dauerhafte Steuerersparnis behandelt oder anders ausgedrückt, die Rückzahlung des zinslosen Steuerkredits erfolgt außerhalb des Betrachtungszeitraumes. Die ältere Studie unterscheidet zusätzlich den Fall, daß nur in der Erstperiode eine (begünstigte) Neuinvestition durchgeführt wird.[57] Übertreffen die steuerlich zulässigen die ökonomisch gebotenen Abschreibungen, resultiert für den Fall der permanenten Neuanschaffung eine im Vergleich zur einmaligen Neuinvestition geringere effektive Steuerbelastung.

Ein weiterer Unterschied zeigt sich in den Annahmen über die Entwicklung des Preisniveaus. Während die jüngere Studie im Zeitablauf konstante Preise voraussetzt,[58] ermittelt die ältere Untersuchung die Steuerbelastung zusätzlich für den Fall einer länderidentischen Inflationsrate von 5%. Dies erfordert das Setzen von weiteren Annahmen, z.B. über das Verhältnis von Nominalzins zu Realzins sowie über die Entwicklung der Umsatzerlöse, der Material- und Personalausgaben und des Zinsaufwandes bei Inflation.[59]

Hinsichtlich weiterer, die Steuerbelastung beeinflussender Faktoren, liefert die 1988-er Studie differenziertere Ergebnisse. So wird im Gegensatz zur 1985-er Studie als Rechtsform der Modellunternehmung nicht nur die Kapitalgesellschaft, sondern auch das Einzelunternehmen diskutiert.[60] Des weiteren erfolgt nur in der jüngeren Untersuchung eine Differenzierung nach der Gewinnverwendung,[61] womit zugleich die zwischenstaatlichen Unterschiede in der Besteuerung der Anteilseigner von Kapitalgesellschaften in die Berechnungen Eingang finden.[62] Der 1988-er Studie kommt schließlich auch insofern eine größere Aussagekraft zu, als das Modellunternehmen nur Betriebe des Werkzeugmaschinenbaus zu repräsentieren hat, wohingegen der 1985-er Studie eine aus Unternehmen aller Zweige des Produzierenden Gewerbes gebildete und daher wenig homogene Grundgesamtheit zugrundeliegt.[63]

Die Ifo-Studien hatten die in der nachfolgenden Tabelle wiedergegebenen Belastungswerte zum Ergebnis.

---

[57] Vgl. *Leibfritz, W./Meurer, C.*, a.a.O., S. 131, 133

[58] Vgl. *Leibfritz, W./Parsche, R.*, a.a.O., S. 7

[59] Vgl. *Leibfritz, W./Meurer, C.*, a.a.O., S. 132f.

[60] Vgl. *Leibfritz, W./Meurer, C.*, a.a.O., S. 128; *Leibfritz, W./Parsche, R.*, a.a.O., S. 8

[61] Vgl. *Leibfritz, W./Meurer, C.*, a.a.O., S. 138 gehen von einer vollen Thesaurierung des von der Modellkapitalgesellschaft erzielten Gewinnes aus.

[62] Vgl. *Leibfritz, W./Parsche, R.*, a.a.O., S. 8, 35ff.

[63] Vgl. *Leibfritz, W./Meurer, C.*, a.a.O., S. 129f.

Tabelle 2: Steuerbelastung in Prozent des ökonomischen Gewinns einer deutschen Modellunternehmung[64]

Land	Ifo-Studie 1985[65] (Rechtsstand 1983)	Ifo-Studie 1988[66] (Rechtsstand 1987)	
	Kapitalgesellschaft	Kapitalgesellschaft	Einzelunternehmen[67]
A	54,7–56,3	–	–
D	57,5	56[68]–59[69]	59
CH	–	23	42
F	50,5	58	65
GB	35,4	36	55
I	–	39	54
J	52,9	49[70]–52[71]	70
S	11,4	–	–
USA	43,6	44	41

Welche Aussagekraft kommt nun diesen Berechnungen zu?

Die Verfasser der Ifo-Studien nennen selbst eine ganze Reihe von Einschränkungen. So bleiben für die Höhe der Steuerbelastung wichtige Vorschriften des Steuerrechts in beiden Analysen unberücksichtigt.[72] Dies betrifft insbesondere die Vorschriften zur Rückstellungsbildung, vor allem den Ansatz von Pensionsrückstellungen, die Regelung der intertemporalen Verlustverrechnung, die steuerliche Behandlung der Ausgaben zur Schaffung von immateriellen Wirtschaftsgütern, die Besteuerung von Veräußerungsgewinnen (z.B. nach § 6b EStG), die Existenz von progressiv verlaufenden Körperschaftsteuertarifen sowie die Erhebung von Mindeststeuern, wie sie insbesondere das US-amerikanische Ertragsteuerrecht vorsieht. Beide Studien vermögen schließlich auch nicht internationale Unterschiede in der Effizienz der Steuerverwaltung zu erfassen.

Die 1985-er Studie differenziert darüber hinaus nicht nach Rechtsform und Gewinnverwendung; die 1988-er Studie vernachlässigt die Vorschriften zur Vorratsbewertung sowie die steuerlichen Investitionsfördermaßnahmen.

Weiter bleiben auf ausländischen Direktinvestitionen beruhende Einkünfte und deren steuerliche Behandlung unberücksichtigt. Gleiches gilt für die Existenz und Besteuerung ausländischer und steuerbefreiter Anteilseigner. Schließlich wird von jeglicher Steuerplanung, die sich z.B. in der Bildung von Familiengesellschaften niederschlägt[73], abstrahiert.

---

[64] Die Angaben gelten unter Annahme konstanter Preise und permanenter Neuinvestitionen in das Sachanlagevermögen.

[65] Vgl. *Leibfritz, W./Meurer, C.*, a.a.O., S. 228ff.

[66] Vgl. *Leibfritz, W./Parsche, R.*, a.a.O., S. 27, 43

[67] Der ökonomische Gewinn beträgt DM 1 Mio. Die Angaben gelten für einen verheirateten Einzelunternehmer.

[68] Bei 50%-iger Gewinnausschüttung

[69] Bei 20%-iger Gewinnausschüttung

[70] Bei 50%-iger Gewinnausschüttung

[71] Bei 20%-iger Gewinnausschüttung

[72] Vgl. *Leibfritz, W./Meurer, C.*, a.a.O., S. 138; *Leibfritz, W./Parsche*, a.a.O., S. 9, 31; sowie *Littmann, K.*, a.a.O., S. 24f.

[73] Vgl. zu den steuerplanerischen Aspekten von Familiengesellschaften: *Wöhe, G.*, Be-

Die vorliegenden Untersuchungsergebnisse spiegeln somit im Grunde genommen nur die aus der unterschiedlichen Behandlung des Sachanlagevermögens in Kombination mit unterschiedlichen Steuersätzen resultierenden Belastungsdifferenzen wider. Welch vorläufigen Charakter diese Ergebnisse haben, erhellt das Schlußwort von *Leibfritz/Meurer*, wo es heißt: „Bei Änderung einzelner Modellannahmen, wie ... der zusätzlichen (Ergänzung des Verfassers) Berücksichtigung von Pensionsrückstellungen, wäre die effektive Steuerbelastung für die Bundesrepublik Deutschland ... zwar geringer, doch ist kaum anzunehmen, daß die Bundesrepublik Deutschland damit in die Gruppe der „Niedrigsteuerländer“ wechseln würde.“[74]

IV. Investitionstheoretischer Ansatz

1. Darstellung

In der wissenschaftlichen Diskussion über die Berechnung effektiver Steuerbelastungen spielt der investitionstheoretische Ansatz seit einigen Jahren eine zunehmend wichtigere Rolle. Mit Hilfe dieses Ansatzes soll der Einfluß der Besteuerung auf die Investitionstätigkeit bzw. Kapitalbildung einer Volkswirtschaft erforscht werden. Dabei interessieren zum einen die Wirkungen auf das Investitionsvolumen, also inwieweit von der Besteuerung Anreize bzw. Hemmnisse für die Vornahme von zusätzlichen Investitionen ausgehen. Zum anderen geht es um den Einfluß der Besteuerung auf die Investitionsstruktur, also um die Frage, ob die Besteuerung Investitionen in bestimmte Branchen oder Regionen lenkt.

Zusammengefaßt interessiert daher der Einfluß der Besteuerung auf Investitionsentscheidungen. Nimmt man an, daß die Wirtschaftssubjekte ihre Investitionsentscheidungen anhand der versteuerten Rendite der zur Wahl stehenden Investitionsobjekte treffen, so sind entscheidungsrelevant nur jene Steuerzahlungen, die eine Investition zusätzlich zu den von bereits realisierten Investitionsvorhaben verursachten Steuerzahlungen auslösen würde; es interessiert m.a.W. nur die **Grenz**steuerbelastung der Investitionsprojekte.[75] Letztere Größe kann regelmäßig nicht durch Anlegen des Tarif-Grenzsteuersatzes auf die Bruttorendite ermittelt werden, da Bruttorendite und Steuerbemessungsgrundlage nur ausnahmsweise übereinstimmen. Zur Erfassung von sich auf die Nettorendite auswirkenden Unterschieden zwischen diesen beiden Größen ist daher auf die **effektive** Grenzsteuerbelastung abzustellen.[76]

Die effektive Grenzsteuerbelastung gibt also den Abstand zwischen Brutto- und Nettorendite an. Setzt man ihren Absolutbetrag ins Verhältnis zur Bruttorendite, erhält man die effektive Grenzsteuerbelastung einer Investition, ausgedrückt in

---

triebswirtschaftliche Steuerlehre II/1, Der Einfluß der Besteuerung auf die Wahl und den Wechsel der Rechtsform des Betriebes, 4. Aufl., München 1982, S. 281ff.

[74] *Leibfritz, W./Meurer, C.*, a.a.O., S. 140

[75] Vgl. *Schneider, D.*, Wider leichtfertige Steuerbelastungsvergleiche, a.a.O., S. 284

[76] Vgl. *Schneider, D.*, Hochsteuerland Bundesrepublik Deutschland: Die Spannweite effektiver Grenzsteuerbelastungen für Investitionen, Wpg 1988, S. 329

Prozent der Bruttorendite des Investitionsobjekts.[77] Will man die auf einem Investitionsvorhaben insgesamt ruhende Steuerlast ermitteln, sind sowohl die auf Unternehmensebene als auch die auf Seiten der Geldgeber ausgelösten Steuerzahlungen in die Berechnung aufzunehmen. Die effektive Grenzsteuerbelastung ist sodann als Differenz zwischen dem vom Unternehmen erzielten Grenzertrag vor Steuern und dem einem Geldgeber nach Abzug aller Unternehmens- und privater Steuern verbleibenden Ertrag definiert.[78]

Setzt man den effektiven Grenzsteuersatz ins Verhältnis zur Nettorendite, erhält man die „steuerbedingte Mindestrenditenerhöhung".[79] Mit ihrer Hilfe läßt sich die zur Erzielung einer bestimmten Nettorendite mindestens erforderliche Bruttorendite ermitteln.

Bekanntermaßen hängt die Höhe der durch eine Neuinvestition ausgelösten Steuerzahlungen von der Ausprägung und dem Zusammenwirken einer Vielzahl von Faktoren ab. Zu nennen sind insbesondere: Die Rechtsform des investierenden Unternehmens, die Art des Investitionsobjektes, die Finanzierungsquelle, der Gewerbezweig sowie die Person des Geldgebers. Unter Vorgabe einer bestimmten Parameterkombination läßt sich sodann die effektive Grenzsteuerbelastung einer einzelnen Investition berechnen. Man gelangt dann beispielsweise zu folgender Aussage: Die effektive Grenzsteuerbelastung der von einer Kapitalgesellschaft des verarbeitenden Gewerbes unter Einsatz der von privaten Haushalten stammenden Fremdmittel durchgeführten Gebäudeinvestition beträgt X-Prozent. Über eine Aggregation der für einzelne Parameterkombinationen ermittelten Ergebnisse können sodann durchschnittliche effektive Grenzsteuerbelastungen für Unternehmen bestimmter Branchen, Regionen etc. berechnet werden.

Die jüngste, auf bundesdeutsche Verhältnisse abstellende investitionstheoretische Untersuchung zur effektiven Grenzsteuerbelastung von Investitionen stammt vom *Ifo-Institut* und datiert aus dem Jahre 1986.[80] Sie basiert auf der von *King/Fullerton* herausgegebenen Studie, an deren Erstellung das *Ifo-Institut* beteiligt war.[81] Das von dieser Untersuchung erstmals für einen internationalen Vergleich nutzbar gemachte Konzept der effektiven Grenzsteuerbelastung findet Anwendung. Die Untersuchung des *Ifo-Instituts* stellt also eine auf die Bundesrepublik begrenzte Aktualisierung der auf dem 1980 geltenden Steuerrecht und der damals gegebenen Wirtschaftsstruktur basierenden Arbeit von *King/Fullerton* dar.

Dem Vorgehen von *King/Fullerton* entsprechend werden effektive Grenzsteuerbelastungen für insgesamt 81 Parameterkombinationen berechnet.[82] Dazu wird differenziert in

- drei Investitionsarten: Ausrüstungen, Bauten, Vorräte

---

[77] Vgl. *Schneider, D.*, Hochsteuerland Bundesrepublik Deutschland ..., a.a.O., S. 329

[78] Vgl. *Leibfritz, W.*, Steuerliche Belastung und staatliche Förderung der Kapitalbildung ..., a.a.O., S. 6 (der Kurzfassung).

[79] *Schneider, D.*, Hochsteuerland Bundesrepublik Deutschland ..., a.a.O., S. 329

[80] Vgl. *Leibfritz, W.*, Steuerliche Belastung und staatliche Förderung ..., a.a.O.

[81] Vgl. *King, M. A./Fullerton, D.*, The Taxation of Income from Capital, Chicago/London 1984

[82] Vgl. *King, M. A./Fullerton, D.*, a.a.O., S. 13f.; *Leibfritz, W.*, Steuerliche Belastung und staatliche Förderung ..., a.a.O., S. 41

- drei Wirtschaftssektoren: Verarbeitendes Gewerbe, Handel, Sonstige nicht-finanzielle Dienstleistungen
- drei Finanzierungsarten: Fremdmittel, Kapitalerhöhung, Selbstfinanzierung mit einbehaltenen Gewinnen
- drei Gruppen von Geldgebern: Private Haushalte, Steuerbefreite Organisationen, Versicherungen.[83]

Berechnet wurde die effektive Grenzsteuerbelastung der von bundesdeutschen Kapitalgesellschaften durchgeführten Investitionen. Die Ergebnisse basieren auf einer für alle Investitionsvorhaben identischen, realen Bruttorendite von 10%. Es wurde alternativ mit drei Inflationsraten gerechnet. Die Ergebnisse sind in der nachfolgenden Tabelle wiedergegeben.[84]

Tabelle 3: Effektive Grenzsteuerbelastung der von bundesdeutschen Kapitalgesellschaften durchgeführten Investitionen in Prozent der Bruttorendite bei unterschiedlichen Annahmen über die allgemeine Preisentwicklung

	Inflationsrate 3,1%	Vollkommene Preisstabilität	Inflationsrate 10%
Investitionsarten			
Ausrüstungen	39,1	39,9	37,5
Bauten	40,5	44,3	17,7
Vorräte	56,1	56,4	55,3
Sektoren			
Verarbeitendes Gewerbe	45,1	45,4	36,8
Baugewerbe, Handel,	47,1	45,8	41,0
Sonstige nicht-finanzielle Dienstleistung	39,6	42,8	24,0
Finanzierungsarten			
Fremdmittel	7,5	19,8	− 30,5
Kapitalerhöhung	61,0	57,7	61,5
Einbehaltene Gewinne	85,7	73,2	109,1
Geldgebergruppen			
Private Haushalte	56,9	52,3	53,8
Steuerfr. Organisationen	16,7	25,4	− 12,6
Versicherungen	5,4	20,5	− 39,5
Insgesamt	44,2	44,9	34,7

Eine effektive Grenzsteuerbelastung von z.B. 39,1% (vgl. Spalte 1/Zeile 1 der *Tabelle 3*) besagt, daß dem Geldgeber vom 10%-igen Bruttoertrag einer Ausrüstungsinvestition bei einer Inflationsrate von 3,1% im über drei Wirtschaftszweige, drei Finanzierungsarten und drei Geldgebergruppen gewichteten Mittel 6,09% zufließen.

Ein Blick auf die Tabelle läßt eine außerordentlich große Spannweite der effektiven Grenzsteuerbelastungen erkennen. Sie reicht von minus 39,5% (Inflationsrate 10%, der Ertrag fließt steuerbefreiten Organisationen zu) bis zu maximal 109,1% (Inflationsrate 10%, Finanzierung mit einbehaltenen Gewinnen).

[83] Vgl. *Leibfritz, W.*, Steuerliche Belastung und staatliche Förderung ..., a.a.O., S. 41.
[84] Vgl. *Leibfritz, W.*, Steuerliche Belastung und staatliche Förderung ..., a.a.O., S. 68

Als über alle Kombinationen gewichteter Durchschnitt weist die Untersuchung eine effektive Grenzsteuerbelastung von 44,2% bei einer Inflationsrate von 3,1% aus. Diese Angabe ist allerdings angesichts der starken Streuung der Einzelwerte um den Durchschnittswert nicht sehr aussagekräftig.

2. *Würdigung*

Damit kommen wir zur kritischen Beurteilung dieser Berechnungsmethode. Vorbehalte bestehen in zweierlei Hinsicht, zum einen im Hinblick auf die der Methode innewohnenden Implikationen und Prämissen, zum anderen bezüglich ihrer Praktikabilität.

(1) Der investitionstheoretischen Ermittlung der effektiven Grenzsteuerbelastung liegt eine Vielzahl von ihren Aussagegehalt mehr oder minder stark beeinträchtigenden Annahmen und Vereinfachungen zugrunde. Erwähnenswert sind insbesondere die folgenden Punkte:[85]

- Es gehen nur die wichtigsten Vorschriften des Steuerrechts in die Berechnungen ein. Ausgeklammert bleiben z.B. die Vorschriften zur Rückstellungsbildung, Mindeststeuerregelungen, die Gewährung von ermäßigten Steuersätzen für Veräußerungsgewinne sowie die Existenz von progressiven Körperschaftsteuertarifen.[86]
- Die Steuerpflichtigen nehmen alle steuerlichen Investitionsvergünstigungen in Anspruch. Ihre Gewinn- und Steuersituation läßt die Vergünstigungen ausnahmslos wirksam werden.[87]
- Von der Existenz grenzüberschreitender Investitionen und Kapitalbewegungen wird abstrahiert.[88]
- Die Ausprägung der Parameter wird als im Zeitablauf konstant angenommen; d.h. die Bruttorendite, die Nettorendite und die Steuerbelastung werden auf Basis eines für die gesamte Nutzungsdauer des Investitionsgutes unveränderten Steuerrechts, Zinssatzes, Finanzierungsmix und Preissteigerungssatzes berechnet.[89]
- Für die Entwicklung des Marktzinses bei Inflation wird angenommen, daß der Marktzins um die Inflationsrate zunimmt.[90] Danach beträgt der Marktzins i bei einem Realzins i_0 von 4% und einer 10%-igen Inflationsrate p 14,4%[91]. Unterliegen die Zinseinkünfte einem Grenzsteuersatz s von 50%, erzielt der Geldge-

---

[85] Vgl. ausführlich zu den genannten und weiteren Kritikpunkten: *Bradford, D./Stuart, C.*, Issues in the Measurement and Interpretation of Effective Tax Rates, National Tax Journal 1986, S. 307ff.; *Fullerton, D.*, Which Effective Tax Rate?, National Tax Journal 1984, S. 23ff.; ders., The Use of Effective Tax Rates in Tax Policy, National Tax Journal 1986, S. 285ff.; *Schneider, D.*, Hochsteuerland Bundesrepublik Deutschland ..., a.a.O., S. 332ff.

[86] Vgl. *Fullerton, D.*, The Use of Effective Tax Rates ..., a.a.O., S. 289f.; *Schneider, D.*, Hochsteuerland Bundesrepublik Deutschland ..., a.a.O., S. 332

[87] Vgl. *Fullerton, D.*, The Use of Effective Tax Rates ..., a.a.O., S. 287

[88] Vgl. näher *Bradford, D./Stuart, C.*, a.a.O., S. 311

[89] Vgl. *Bradford, D./Stuart, C.*, a.a.O., S. 307; *Fullerton, D.*, The Use of Effective Tax Rates, ..., a.a.O., S. 286f.

[90] Vgl. *Leibfritz, W.*, Steuerliche Belastung und staatliche Förderung ..., a.a.O., S. 65

ber bei konstanten Preisen einen versteuerten Realzins von 2%; bei einer Inflationsrate von 10% würde er nach obiger Annahme einen negativen Realzins von $-3{,}2\%$ $[i - (i \times s) - p - p \times i_0]$, also einen Substanzverzehr akzeptieren.

Nimmt man demgegenüber an, daß die Geldgeber auch in einer Welt mit Steuern keiner Geldillusion unterliegen, sie also weiterhin einen versteuerten Realzins von 2% fordern, müßte der Marktzins bei einer 10%-igen Inflationsrate auf 24,4% ansteigen.

Wie ein Blick auf *Tabelle 3* zeigt, hängt die Höhe der effektiven Grenzsteuerbelastung in starkem Maße von der angenommenen Inflationsrate bzw. Nominalzinshöhe ab. Solange empirisch gesicherte Aussagen zum Verhältnis von Marktzins und Inflationsrate nicht existieren und man damit auf Plausibilitätserwägungen angewiesen ist, bleiben die Berechnungen auch insoweit notwendig unvollkommen.[92]

- Die Berechnungen erfordern die Kenntnis ökonomischer Abschreibungsraten. Deren Ermittlung bereitet erhebliche Probleme und ist nur auf dem Schätzwege möglich.[93]

(2) Wer internationale Steuerbelastungsvergleiche anstellt, sieht sich - unabhängig von der Berechnungsmethode - mit der Aufgabe konfrontiert, die vergleichsrelevanten Vorschriften der nationalen Steuerrechtsordnungen zu erheben. Das bereitet mit zunehmendem Differenzierungsgrad der Untersuchung wachsende Schwierigkeiten und berührt zudem die Vertrauenswürdigkeit der ermittelten Angaben. Infolge der in allen westlichen Industriestaaten zu beobachtenden enormen Änderungsintensität und -geschwindigkeit der Steuergesetzgebung sind die Berechnungsergebnisse darüber hinaus oftmals bereits im Zeitpunkt ihrer Veröffentlichung veraltet.

Die sowohl von *King/Fullerton* als auch von *Leibfritz* vorgenommene, der Repräsentativität der Berechnungsergebnisse an sich förderliche Differenzierung nach Investitionsarten, Wirtschaftssektoren, Finanzierungsquellen und Geldgebergruppen bedingt fernerhin eine sehr aufwendige und mit erheblichen Schätznotwendigkeiten verbundene Erhebung von Daten zur länderspezifischen Wirtschaftsstruktur. Um etwa die über drei Wirtschaftszweige, drei Finanzierungsquellen und drei Geldgebergruppen gewichtete durchschnittliche effektive Grenzsteuerbelastung von Ausrüstungsinvestitionen deutscher Kapitalgesellschaften berechnen zu können, bedarf es der Klärung folgender Fragen:

- Wie verteilen sich die gesamten Ausrüstungsinvestitionen auf die drei Wirtschaftszweige?
- Zu welchem Prozentsatz werden die drei Finanzierungsquellen zur Finanzierung der Ausrüstungsinvestitionen - getrennt nach Wirtschaftszweigen - herangezogen?
- Zu welchem Anteil haben die drei Geldgebergruppen zur Finanzierung - differenziert nach Finanzierungsquellen und Wirtschaftszeigen - beigetragen?

Die mit der Erhebung dieser Daten verbundenen Probleme seien am Beispiel der

[91] Vgl. *Schneider, D.*, Hochsteuerland Bundesrepublik Deutschland ..., a.a.O., s. 335
[92] Vgl. auch *Schneider, D.*, Hochsteuerland Bundesrepublik Deutschland ..., a.a.O., S. 335
[93] Vgl. *Leibfritz, W.*, Steuerliche Belastung und staatliche Förderung ..., a.a.O., S. 24f.

Ermittlung der Quote, zu der die Investitionen mit Eigenmitteln finanziert werden, illustriert. *Leibfritz* nimmt zunächst an, daß die Grenzinvestitionen mit einem über alle bereits realisierten Investitionsvorhaben gebildeten durchschnittlichen Eigenmittelanteil finanziert werden.[94] Zur Bestimmung dieses Anteils greift er auf die Bilanzstatistik der Deutschen Bundesbank zurück. Da dieses Rechenwerk die Eigenmittelquote unterschätze, seien zusätzliche Überlegungen zur Feststellung des „tatsächlichen" Eigenkapitals erforderlich. Er schlägt vor, als Eigenmittel den Marktwert des börsennotierten Aktienkapitals anzusetzen. Alternativ könnten die tatsächlichen Eigenmittel unter Ansatz von Wiederbeschaffungspreisen für das Anlagevermögen berechnet werden.[95]

Von dem gewiß nicht unanfechtbaren Inhalt dieser Vorschläge einmal abgesehen, sei hier das Augenmerk auf die Spannweite der sich in Abhängigkeit von der Berechnungsmethode ergebenden Eigenmittelquote gelenkt. Für das Verarbeitende Gewerbe wird ein Minimalwert von 45,8% und ein Maximalwert von 54,1% genannt; die effektive Grenzsteuerbelastung wird schließlich auf Basis einer Quote von 49,6% berechnet.[96]

Nicht weniger problematisch gestaltet sich die Ermittlung der übrigen Strukturdaten.[97, 98] Daß die Unvollkommenheit des Datenmaterials die Vertrauenswürdigkeit der Ergebnisse beeinträchtigt, bedarf keiner näheren Begründung. Da die Qualität der im Ausland verfügbaren Wirtschaftsstrukturdaten kaum besser zu beurteilen sein dürfte. sind internationale Steuerbelastungsvergleiche dieser Problematik in besonderem Maße ausgesetzt. Diese Schwierigkeiten lassen sich, wenn überhaupt, nur von einer international besetzten Forschergruppe bewältigen.[99] Das weitere Problem, die Nachvollziehbarkeit der Berechnungen durch Externe, bleibt indessen ungelöst.

(3) Trotz dieser zahlreichen und z.T. gewichtigen Vorbehalte vermag der investitionstheoretische Ansatz gleichwohl eine ganze Reihe, für die steuerpolitische Auseinandersetzung sehr wichtige Erkenntnisse zu vermitteln.

Die auf dieser Methode basierenden Untersuchungen machen zunächst einmal ganz deutlich, wie problematisch das Rechnen mit Tarifsteuersätzen sein kann. Sie vermitteln zugleich die möglicherweise als unbequem empfundene Erkenntnis, daß die Gewinnung von empirisch relevanten Belastungsurteilen einen enormen Untersuchungsaufwand verlangt, dessen Ursache in der oft beklagten Regelungsdichte und Undurchsichtigkeit der westlichen Steuerrechtsordnungen zu suchen ist.

---

[94] Vgl. *Leibfritz, W.*, Steuerliche Belastung und staatliche Förderung ..., a.a.O., S. 44

[95] Vgl. *Leibfritz, W.*, Steuerliche Belastung und staatliche Förderung ..., a.a.O., S. 44f.

[96] Vgl. *Leibfritz, W.*, Steuerliche Belastung und staatliche Förderung ..., a.a.O., S. 45, 49 (Tabelle 5, Sp. „1980")

[97] Vgl. *Leibfritz, W.*, Steuerliche Belastung und staatliche Förderung ..., a.a.O., S. 42ff.

[98] Welch immensen Aufwand die Erhebung der Wirtschaftsstrukturdaten bereitet, mag man an dem Umstand erkennen, daß der 1986 veröffentlichen Untersuchung *Leibfritz*' Strukturdaten aus dem Jahre 1980, die für die von *King/Fullerton* herausgegebene Studie erhoben worden waren, zugrundeliegen. Vgl. die Tabellen 4ff. bei *Leibfritz, W.*, Steuerliche Belastung und staatliche Förderung ..., a.a.O., S. 43ff.

[99] Nicht von ungefähr haben an der von *King/Fullerton* herausgegebenen Studie Forscher aus allen in den Vergleich einbezogenen Ländern mitgewirkt und insbesondere die Wirtschaftsstrukturdaten beigesteuert.

Diese Eigenschaften der heutigen Steuersysteme, so lehren uns die investitionstheoretischen Analysen, rufen eine außerordentlich große Spannweite der Steuerbelastung in Abhängigkeit von den konkreten Umständen des Einzelfalls hervor. Man mag diese Belastungsunterschiede als wettbewerbsverzerrend beklagen, sollte darüber jedoch nicht außer Acht lassen, daß diese Wirkungen vom Gesetzgeber teilweise gerade beabsichtigt sind. Ob die von der Legislative im Hinblick auf eine angestrebte Wirkung getroffene bzw. geplante Regelung ihren vorgegebenen Zweck zu erfüllen vermag, ist angesichts der komplexen Wirkungszusammenhänge regelmäßig nicht auf den ersten Blick erkennbar. Hier erweist sich das Konzept der effektiven Grenzsteuerbelastung als nützlich. Mit seiner Hilfe wird, jedenfalls in Grenzen, eine begründete Beurteilung der Zweckmäßigkeit des Gesetzgeberhandelns möglich.[100]

E. Das ungelöste Problem der Abgrenzung der Unternehmenssteuern

Den vorstehend diskutierten Methoden zur Berechnung der Unternehmenssteuerbelastung liegt eine weitgehend übereinstimmende Auffassung über den Begriff der Unternehmenssteuern zugrunde. Auf deutsche Verhältnisse bezogen, werden die folgenden Steuerarten als problemrelevant erachtet: Einkommen-, Körperschaft-, Gewerbe-, Vermögen- und (zuweilen) die Grundsteuer.

Diese Abgrenzung ist in mehrfacher Hinsicht angreifbar. Es fällt zunächst auf, daß die Erbschaftsteuer keine Beachtung findet. Dies mag seinen Grund in der Konzentration des Interesses auf die Verhältnisse der nicht-familiengebundenen Großunternehmen haben, in deren Überlegungen die von ihren Anteilseignern zu leistende Erbschaftsteuer keine Rolle spielt. Gänzlich anders ist die Bedeutung der Erbschaftsteuer für familiengebundene Betriebe zu beurteilen. Insbesondere in den Fällen, in denen sich der Nachlaß vornehmlich aus Betriebsvermögen zusammensetzt, zieht die mit Unternehmenstiteln zu tilgende Erbschaftsteuerschuld eine merkliche Schmälerung der Finanz- und Investitionskraft der betroffenen Betriebe nach sich.

Zwar nicht für bundesdeutsche, jedoch insbesondere für US-amerikanische Unternehmen bedeutsam ist ferner die unzureichende Erfassung der sog. impliziten Steuern. Darunter werden Unternehmensabgaben verstanden, die dem Gemeinwesen auf indirektem Wege zukommen, z.B. in Form eines teilweisen Zinsverzichts der Gläubiger von steuerbefreiten Obligationen. Der Frage der impliziten Steuern kommt, wie bereits ausgeführt, bei der Messung der Steuerbelastung des US-Bankensektors eine große Bedeutung zu.[101]

Einer Diskussion bedarf darüber hinaus die Rolle der weiteren, von den Unternehmen abzuführenden Steuern. Einige dieser Abgaben, insbesondere die Umsatz-

---

[100] Vgl. auch *Fullerton, D.*, The Use of Effective Tax Rates ..., a.a.O., S. 285f.; *Schneider, D.*, Hochsteuerland Bundesrepublik Deutschland ..., a.a.O., S. 337

[101] Vgl. *Spooner, G. M.*, a.a.O., S. 299f.

steuer, sind auf Überwälzung angelegt und werden aus diesem Grunde im allgemeinen als erfolgsunwirksam angesehen.[102] Daß die Überwälzung nicht immer vollständig gelingt, ist allseits bekannt und akzeptiert; ebenso offenkundig sind die mit einer Quantifizierung der Erfolgswirkung verbundenen Schwierigkeiten. Dies gilt in gleicher Weise für die im finanzwissenschaftlichen Schrifttum häufiger behauptete Überwälzbarkeit der Ertragsteuern.[103] Greifbarer sind indessen die von einer Besteuerung der Produktionsfaktoren ausgehenden Wirkungen. Man denke nur an die erst kürzlich in kraft getretene Anhebung der Mineralölsteuer sowie an die Einführung einer Erdgassteuer.[104] Unbestreitbar hat diese steuerbedingte Verteuerung des Energieeinsatzes eine Ertragsschmälerung für all jene Unternehmen zur Konsequenz, die unter Einsatz dieser Energieträger zu Weltmarktpreisen gehandelte Produkte herstellen.

Der sicherlich gewichtigste Mangel der herkömmlichen Abgrenzung der belastungsrelevanten Staatsabgaben liegt in dem Umstand begründet, daß auf diese Weise nur ein Abschnitt der gesamten finanzwirtschaftlichen Beziehungen zwischen einem Gemeinwesen und seinen Mitgliedern erfaßt wird.[105] Damit angesprochen sind in erster Linie die auf nichtsteuerlichem Wege gutgebrachten Transfers der öffentlichen Haushalte an Unternehmen und Private. Der „Elfte Subventionsbericht der Bundesregierung" vermittelt eine recht genaue Vorstellung vom Umfang dieser Leistungen. Danach belaufen sich die 1987 geleisteten Finanzhilfen des Bundes und der Länder an die Gewerbliche Wirtschaft (ohne Verkehr) auf ca. 9,7 Mrd. DM,[106] die Steuervergünstigungen (Investitionszulagen, Sonderabschreibungen etc.) dagegen nur auf 7,5 Mrd. DM.[107]

Selbstverständlich findet das Instrument der Finanzhilfe auch im Ausland Anwendung. Daraus resultiert insbesondere für internationale Steuerbelastungsvergleiche die Notwendigkeit einer Revision der bisherigen Praxis. Denn es mutet willkürlich an, nur solchen Leistungen verteilungspolitische und wirtschaftspolitische Relevanz zuzusprechen, die von den Steuergesetzen eines Landes geregelt werden.

Die übliche Abgrenzung verleitet darüber hinaus zu Fehlschlüssen, wie sich am Beispiel des Steuerreformgesetzes 1990 zeigen läßt. Dieses Gesetz sieht eine Streichung der nach dem Investitionszulagengesetz gewährten Investitionszulagen vor[108], was einen Anstieg der effektiven Grenzsteuerbelastung zur Folge hat. Zeitgleich sollen die Finanzhilfen des Bundes kompensationshalber erhöht werden.[109]

---

[102] Vgl. z.B. *Schneider, D.*, Wider leichtfertige Steuerbelastungsvergleiche, a.a.O., S. 287

[103] Vgl. dazu *Littmann, K.*, a.a.O., S. 25ff.

[104] Siehe Verbrauchsteueränderungsgesetz 1988 v. 20.12.1988, BGBl. 1988 I, S. 2270.

[105] Vgl. zu diesem Gedanken ausführlich: *McDaniel, P. R.*, Identification of the „Tax" in „Effective Tax Rates", „Tax Reform" and „Tax Equity", National Tax Journal 1985, S. 273ff.

[106] Vgl. Elfter Subventionsbericht der Bundesregierung, BT-Drs. 11/1338 v. 25.11.1987, S. 6, 233

[107] Vgl. Elfter Subventionsbericht der Bundesregierung, a.a.O., S. 6, 26f.

[108] Siehe Art. 6 § 9 StRefG 1990, BR-Drs. 300/88 v. 24.6.1988

[109] Vorgesehen ist eine Aufstockung der Mittel für die Gemeinschaftsaufgabe „Verbesserung der regionalen Wirtschaftsstruktur" um 500 Mio. DM. Siehe den Gesetzentwurf der Bundesregierung, Entwurf eines Steuerreformgesetzes 1990, BR-Drs. 100/88 v. 23.3.1988, S. 222f.

Dieser Ausgleich wird vom Indikator effektive Grenzsteuerbelastung verschwiegen, weil in diese Größe nach herkömmlichem Verständnis nur steuergesetzliche Regelungen eingehen.

Schließlich sei auf das Problem der Sozialabgaben hingewiesen. Die für die soziale Sicherung benötigten finanziellen Mittel werden in einigen Ländern nicht über eigene Abgaben, sondern allein über das Steuersystem beschafft. Auch solche Divergenzen müßten in internationalen „Steuer"-belastungsvergleichen Berücksichtigung finden.

F. Fazit

Welcher Weg sollte nun zur Berechnung der effektiven Steuerbelastung von Unternehmen im internationalen Vergleich eingeschlagen werden?

Der internationale Tarifvergleich vermag nur die Nominalbelastung des Unternehmenserfolgs auszuweisen. Seine Aussagekraft ist daher als gering einzustufen. Gleiches gilt für die statistischen Berechnungsmethoden, deren Verwendung man bereits wegen der mangelhaften Datenbasis nicht empfehlen kann.

Die Methode der Veranlagungssimulation und der investitionstheoretische Ansatz stellen dagegen von ihrer Konzeption her zweckmäßige Berechnungswege dar. Die Ergebnisse der bis heute vorliegenden, auf diesen Methoden basierenden Untersuchungen können allerdings auch nur als vorläufig bezeichnet werden. Denn erstens bleiben zahlreiche für die Höhe der Steuerbelastung bedeutsame Vorschriften des Steuerrechts ausgeklammert. Und zweitens hat man bisher versäumt, die Finanzhilfen in die Berechnungen aufzunehmen.

Können somit die bisherigen Forschungsarbeiten auch noch nicht voll befriedigen, sollten sie doch eines für jedermann erkennbar gemacht haben: Die Gewinnung von empirisch relevanten Belastungswerten erfordert diffizile und mühevolle Untersuchungen, nicht nur von der Sache her, sondern gerade auch im Hinblick auf ihren eigentlichen Verwendungszweck, nämlich in der steuerpolitischen Auseinandersetzung als Argumentationshilfe zu dienen.

Handelsspanne und Preispolitik

Prof. Dr. *Rudolf Gümbel*, Universität Frankfurt am Main

A. Problemstellung

(1) Die theoretische Analyse der Preispolitik der Handelsunternehmung mit ihren das ganze Sortiment betreffenden Aspekten bereitet große Schwierigkeiten. Der formale Apparat der Mikrotheorie liefert für große Sortimente mit starken artikelbezogenen Interdependenzen schwer interpretierbare Ergebnisse (*H. H. Weber*, 1970, z.B. S. 114, S. 137 u. S. 192; *H. Diller*, 1985, S. 217-219).

Angesichts dieses zweifelsfreien Tatbestands soll geprüft werden, in welcher Weise einfachere und bekannte Strukturmodelle dennoch Einsichten vermitteln, die auf dem bisher beschrittenen Weg schwer oder nicht zu gewinnen waren.

(2) Um die Grundkonzeption zu erläutern, werden zwei Fragestellungen als Testfälle analysiert:

- Wer profitiert von einer auf Preissenkung abzielenden Politik des oder der Preisführer in gesättigten Märkten?
- Gibt es theoriekonforme Argumente für eine Preissetzung in Form eines branchenspezifischen, einheitlichen Aufschlages auf die Einstandspreise?

Die traditionelle Kalkulationsform in Form einer branchenspezifischen Spannenkalkulation gilt im Handel seit Ausbreitung marktwirtschaftlichen Wettbewerbsdenkens als überholt. Die Praxis, aber auch die theoretisch orientierte Literatur (z.B. *Diller*, 1987; *Tietz*, 1985; *Müller-Hagedorn*, 1984) heben auf eine das Preis-Reaktionsmoment immer genauer abbildende Modellstruktur ab.

(3) Die Denkfigur der Preisabsatzfunktion zur Beschreibung des Preismengen-Zusammenhanges wird durch verhaltenswissenschaftliche Komponenten sinnvoll ergänzt. Hinter dem Interesse an der Preisstellung im einzelnen tritt der aus der Mikrotheorie stammende **Budget-** bzw. **Warenkorbgedanke** (*A. E. Ott*, 1960) eher zurück (*Müller-Hagedorn*, 1984, S. 192). Er ist im **Grundmodell der Theorie des privaten Haushalts deutlicher abbildbar** als in den daraus hergeleiteten Preisabsatzfunktionen (z.B. Einkommens- bzw. Substitutionseffekt).

Die Obergrenze der Budgetrestriktion beschreibt auf der Tauschwertebene die (prinzipiell realisierbaren) Handlungsalternativen des Entscheidungsfeldes unter Sicherheit bzw. ex post. Der jeweils realisierte Punkt auf der Budgetgeraden beschreibt mit der zugehörigen Indifferenzkurve den Bewertungszusammenhang auf der Gebrauchswertebene unter dem Aspekt der güterwirtschaftlichen Ersetzbarkeit. Sie äußert sich in dem Mengenverhältnis der Güter.

(4) Dies betrifft selbstverständlich auch die einzelnen Budgetteile, die sich etwa beim Lebensmitteleinkauf durch Konsumenten in einem Kassenzettel niederschlagen. Die Budgetaufteilung enthält bei gegebenen Preisen der Güter eine Information über die Nutzenfunktion in einem Punkt. Es sei denn, man unterstellt, Konsumenten handelten prinzipiell ihrem eigenen Interesse zuwider.

(5) Um die Bedeutung des Budgetgedankens für die Preispolitik im Handel herauszuarbeiten, verwenden wir statt der Preisabsatzfunktion das sie konstituierende Modell des privaten Haushalts. Damit wird überprüft, welche Zusammenhänge

- zwischen Haushalts- (Teil-)budget und einer Abgeltung von Einzel- und Gemeinkosten beim Händler bestehen. Damit läßt sich zeigen, daß es theoriekonforme Argumente für eine Preissetzung in Form eines branchenspezifischen, einheitlichen Aufschlages auf die Einstandspreise gibt und, daß
- der preissenkende Preisführer in gesättigten Märkten durch den von ihm bewirkten Einkommenseffekt beim Auftreten von Gemeinkosten seine Kalkulationsbasis tendenziell verschlechtert.

B. Preise, Spannen und Kosten

(1) Der Zusammenhang zwischen den Preisen, den Spannen und den Kosten wird in zwei Schritten hergeleitet. Im ersten Schritt wird der **effizienzbedingte Kostenvorteil der Handelsunternehmung** und seine **Nutzenwirkung** illustriert. Anschließend gilt es, das Problem einer **Verteilung fixer Gemeinkosten** (vor allem Personalkosten, Raumkosten etc.) in einer Form zu behandeln, die den markttheoretischen Anforderungen entspricht.

(2) Mit dieser Vorgehensweise soll deutlich gemacht werden, über welchen Typ von Informationen eine Handelsunternehmung verfügt bzw. verfügen müßte, um eine nachfragegerechte Preissetzung im Rahmen ihrer Arbitragefunktion durchführen zu können.

I. Effizienz- und Faktorabgeltungsproblem

(1) Um das Faktorabgeltungsproblem in Zusammenhang mit dem Effizienzproblem zu bringen, gehen wir von der Alternative des Direktvertriebes von Produzenten aus und stellen diesem die Einschaltung von Handelsunternehmungen gegenüber.

(2) Die Marktinanspruchnahme seitens eines Käufers erfordert Ressourcen, die lieferantenbedingt bzw. warenbedingt sein können. Geht man vom einfachsten Fall des Direktbezugs aus, dann beschreibt Gleichung (1) die Budgetbelastung B_d eines Durchschnittskonsumenten, der einen bestimmten Warenkorb mit j* Waren beschafft.

$$B_d = \Sigma_{j^*} (p_j + c_j) y_j + c_l \qquad (1)$$

p_j für die Güterpreise
c_j für die warenbedingten und
c_l für die lieferantenbedingten Beschaffungskosten

Betragen die lieferantenbedingten Beschaffungskosten z.B. c_l = 10 DM, so sind dies bei 10 Konsumenten 100 DM (= 10 × 10) Gesamtkosten. Ein Agent möge diese Beschaffungsaktivitäten mit Kosten von 20 DM bewältigen, d.h. für jeden Durchschnittskonsumenten könnte er 8 DM mehr für Waren ausgeben. Möchte der Agent mehr als seine Kosten ersetzt haben (z.B. 4 DM), dann verbleiben für jeden Durchschnittskonsumenten 7,60 DM für die Warenausgaben. Beim Agenten würde ein „Gewinn" von 4 DM entstehen, der durch Economies of Scale nur noch erhöht werden kann. Hier interessiert allerdings lediglich der Effizienzvorteil bei Einschaltung einer Handelsunternehmung in die Vertriebskette. Die lieferantenspezifischen Kosten ($c_j \geqslant 0$) wurden auf dieser Stufe eingeführt, um hierbei mögliche Substitutionseffekte abbildbar zu machen *(Abb. 1)*.

(3) Die Inanspruchnahme einer Handelsunternehmung als Beschaffungsquelle macht dann und nur dann einen Sinn, wenn mit dem gleichen Budgetbetrag (B_H) bei mindestens einer Ware größere Mengen disponiert werden können und/oder die anfallenden Beschaffungskosten des Käufers geringer sind, d.h. für $B_H = B_d$ gilt dann $U(B_H) > U(B_d)$, wobei U für den Nutzen des Durchschnittskonsumenten steht.

(4) Dies veranschaulichen wir in Gleichung (2), in der bei Inanspruchnahme einer Handelsunternehmung warenspezifische Beschaffungskosten verschwinden und nur noch ein lieferantenspezifischer Kostenblock (c_H) auftritt.

$$B_H = \underbrace{(\Sigma p_j y_j)}_{\text{Waren-}} + \underbrace{c_H}_{\text{Beschaffungs-}}. \tag{2}$$

kostenbudget des
Durchschnittskonsumenten (bei Inanspruchnahme des effizienteren Handelsvertriebs)

Der unmittelbar mengen- bzw. handelswirksame Betrag des Käuferbudgets ist der erste Term obiger Gleichung. Der zweite enthält die quellenbezogenen Kosten (Transportkosten etc.). Die relative Vorteilhaftigkeit im konkreten Fall operationalisiert sich dadurch, daß gelten muß:

$$c_H < \Sigma c_j y_j, \tag{3}$$

wobei hier auf die Abbildung lieferantenspezifischer Kosten in B_d verzichtet wird.

Abb. 1 illustriert dies, wie in der Haushaltstheorie üblich, dadurch, daß die Einschaltung des Handels über den warenwirksamen Budgetanteil (hier: Zweigüter-

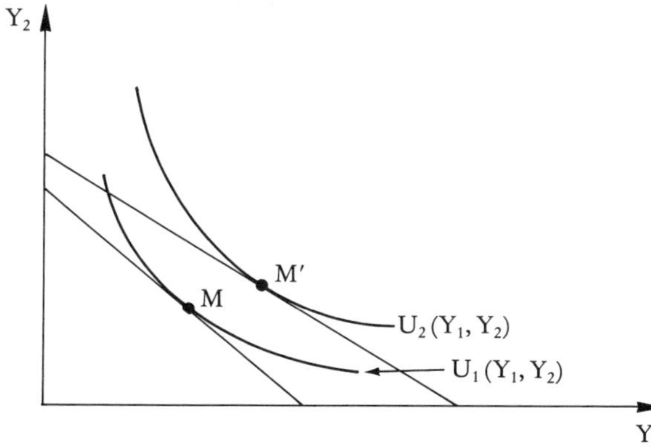

Abb. 1: Kostenbedingte Nutzenvorteile bei einer Einschaltung von Handelsunternehmungen

fall) ein höheres Nutzenniveau gestattet, als dies die Ausgangslage mit Inanspruchnahme des Direktvertriebes ermöglicht. Aus dem ersten Term von (2) [$\Sigma p_j y_j$] sind die Wareneinstands- und die Handlungskosten der Handelsunternehmung abzugelten.

(5) Der hier beschriebene Kontext ist u.a. im Rahmen der strategischen Planung und des Controlling im Handel dann von besonderer Bedeutung, wenn geringfügige Differenzen (Strecke MM′ in *Abb. 1*) zwischen dem Bezug aus unterschiedlichen Quellen die Tendenz zur Ausschaltung des Handels verstärken.

II. Kalkulation und Gemeinkosten: Spannenkalkulation

(1) Die oben angesprochenen Effizienzvorteile [Gleichung (3)] der Handelsunternehmung beruhen u.a. auf der Kontaktkostenreduktion und der Ersparnis von Einigungskosten (*Gümbel*, 1985). Die Handelsunternehmung steht ihrerseits i^* Lieferanten gegenüber, die zum Preis π_i die Warenmengen y_i liefern. Außerdem entstehen Personalkosten und Raumkosten, diese seien in der gegebenen Planungssituation konstant. Teilzeitbeschäftigung etc. bleibt hier noch außer Ansatz. Außerdem soll ein bestimmter Gewinn (G) erzielt werden. Dieser Gewinn resultiert aus einem Anteil an der Kostenersparnis und stellt ein Äquivalent zur handelsbedingten Nutzensteigerung beim Konsumenten dar.

(2) Stellt man dieses Problem mit den Mitteln der Haushaltstheorie dar, dann ergibt sich folgender Ansatz: Der Händler verfügt über ein bestimmtes Potential, das es ihm erlaubt, sein Kostenbudget, soweit es noch variabel ist, entweder für die Warenart I oder die Warenart II zu disponieren. Dies illustriert Gleichung (1). Sein Ziel ist es nun, bei der Ausübung der Arbitragefunktion, ausgehend von den hier als gegeben betrachteten Lieferpreisen der Produzenten, jene Preise zu finden, die bezüglich des Absatzmarktes vorteilhaft sind und folgender Gleichung genügen:

$$K_H = \pi_1 y_1 + \pi_2 y_2 + c_f + G. \tag{4}$$

bzw.

$$n\left(\sum_j^2 p_j y_j\right) = \pi_1 y_1 + \pi_2 y_2 + c_f + G, \tag{5}$$

wobei n die Anzahl der Durchschnittskonsumenten, c_f die fixen Handlungskosten und G den Gewinn der Handelsunternehmung symbolisiert.

(3) Nun ist zu prüfen, in welcher Relation die Absatzpreise (p_j) zu den Beschaffungspreisen π_i stehen und welche Bedeutung den Eigenschaften des Entscheidungsfeldes (insbesondere denen seines Randes (RS)) der Handelsunternehmung zukommen. In seiner graphischen Darstellung wird es durch die Fläche ORS bzw. sein effizienter Rand durch die Gerade RS (*Abb. 2a*) beschrieben. In *Abb. 2b* werden über der Strecke RS von *Abb. 2a* in der dritten Dimension die zugehörigen Erlös- und Kostenwerte abgetragen.

(4) Um das Faktorabgeltungsproblem in haushaltstheoretischer Sicht zu analysieren, folgen wir dem von *R. Descartes* (1637) in die analytische Geometrie einge-

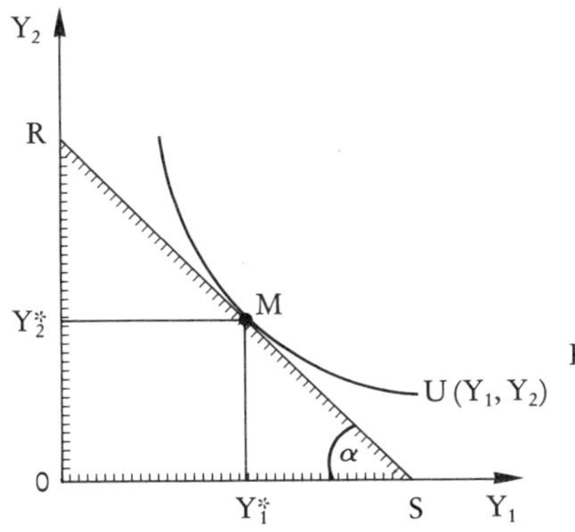

Abb. 2a: Das Entscheidungsfeld der Handelsunternehmung

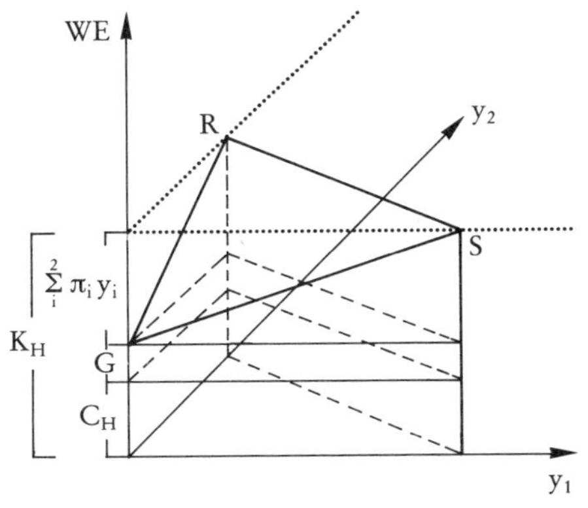

Abb. 2b: Erlöse und Kosten am effizienten Rand (RS)

führten Beweisprinzip (*Descartes*, 1637, S. 31f.), d.h. man setzt die Lösung voraus und beschreibt die Bedingungen ihrer Existenz. Gesucht ist eine Zahl H (Handelsspanne), die für beide Warenarten gilt und die Gleichung (5) wie folgt modifiziert:

$$n\,(\sum_{j}^{2} p_j\, y_j) = (\pi_1\, y_1 + \pi_2\, y_2)\,(1 + H), \tag{6}$$

mit

$$\underbrace{n\,(\sum_{j}^{2} p_j\, y_j) - c_f}_{\text{Wareneinkaufsbudget der Handelsunternehmung}} - G = (\pi_1\, y_1 + \pi_2\, y_2) \tag{7}$$

Das Wareneinkaufsbudget der Handelsunternehmung gestattet, für konstantes G und c_f unterschiedliche Mengenkombinationen der beiden Güterarten zu realisieren. Als Ausgangspunkt der Argumentation dient die Information des Punktes M, den die n Durchschnittskonsumenten allen anderen Budgetaufteilungen vorziehen. Dies bedeutet, daß die Gerade RS (Wareneinkaufsbudget der Handelsunternehmung) im Punkt M von der Indifferenzkurve mit dem höchsten Nutzenniveau tangiert wird. Der Händler wählt also jene Gütermengenkombination im Einkauf, die von seinen Durchschnittskonsumenten präferiert wird. Entscheidend ist also die **Relation der Einkaufspreise**. Der Händler maximiert dann den Nutzen seiner Durchschnittskonsumenten bei gegebenem Budget für den Wareneinkauf.

(5) Um Faktorabgeltung (c_f) und Gewinnanspruch (G) zu realisieren, bedarf es dann noch folgender Überlegungen: Die Steigung der Geraden RS (tg α) entspricht dem Verhältnis der Beschaffungspreise (π_1/π_2). Der Punkt M verliert seine Optimaleigenschaften, wenn die Absatzpreise des Händlers nicht die gleiche Proportion haben, dies bedeutet formal, daß

$$\pi_1/\pi_2 = p_1/p_2 \tag{8a}$$

bzw.

$$p_1/\pi_1 = p_2/\pi_2. \tag{8b}$$

bzw.

$$\frac{p_1}{\pi_1\,(1+H)} = \frac{p_2}{\pi_2\,(1+H)} = 1 \tag{8c}$$

gelten muß. Es gibt also eine theoriekonforme Zahl H, die man im Handel üblicherweise als Aufschlagsspanne bezeichnet, die bei einer Multiplikation von π mit (1 + H) den jeweiligen Verkaufspreis ergibt.

(6) Es ist bei dieser elementaren Modellstruktur überraschend, daß die traditionelle Kalkulationsweise der Händler mit einer einheitlichen Spanne je Unternehmung (Betriebshandelsspanne) eine solche Bestätigung erfährt. Sie gilt nicht nur für den Zweigüterfall und wird nur dann durchbrochen, wenn die sich ergebende Marktlösung in der Preisbildung keine Tangential-, sondern eine Ecklösung ist.

III. Test und Beispielsrechnung

Tabelle I: Test und Beispielsrechnung zur Spannenkalkulation

Nutzenfunktion Durchschnittskonsument	$U = y_1^{(1/8)}\,y_2^{(1/2)}$
Wareneinkaufsbudget von (n = 10) Durchschnittskonsumenten . . .	$10\,000 = p_1 y_1 + p_2 y_2$
Wareneinkaufsbudget des Händlers	$5\,000 = 2\,y_1 + 4\,y_2$
Fixe Gemeinkosten des Händlers	4 000
Gewinnanspruch	1 000

Gesucht wird das nutzenmaximale Wareneinkaufsbudget des Händlers (Lagrangeansatz), d.h. die notwendigen Bedingungen lauten dann:

$$0 = (1/8)\,y_1^{(-7/8)}\,y_2^{(1/2)} - 2\,\lambda$$
$$0 = (1/2)\,y_1^{(1/8)}\,y_2^{(-1/2)} - 4\,\lambda$$

Eliminieren von λ ergibt $y_2 = 2\,y_1$ bzw. $5\,000 = 2\,y_1 + 4\,(2\,y_1)$, d.h. die Lösung ist $y_1 = 500$ bzw. $y_2 = 1\,000$. Die Aufschlagsspanne beträgt 100%, bzw. (1 + H) = 2. Die Preise sind $p_1 = 4$ und $p_2 = 8$. Die folgende Wertetabelle zeigt die Zulässigkeit der Lösung.

$$n \times [(p_1 \times y_1) + (p_2 \times y_2)] = [(\pi_1 \times y_1) + (\pi_2 \times y_2) + c_f + G,$$
$$10 \times [(4 \times 50) + (8 \times 100)] = [(2 \times 500) + (4 \times 1\,000) + 4\,000 + 1\,000$$
$$2\,000 + 8\,000 = 1\,000 + 4\,000 + 4\,000 + 1\,000$$

(1) In einem Test mit Beispielsrechnung soll nun überprüft werden, welche Konsequenzen aus einer Abweichung von obiger Regel zu erwarten sind. *Tabelle I* beschreibt die Daten für einen beliebig zu wählenden Punkt M. Im Beispiel errechnet sich dieser Punkt M als Tangentialpunkt einer Nutzenindifferenzkurve mit der Ge-

raden, die die realisierbaren Warenmengenkombinationen für das Wareneinkaufsbudget des Händlers abbildet.

(2) Die Menge aller Preiskombinationen, die das Budget der Durchschnittskonsumenten erfüllen, ergibt sich aus (*vgl. Tabelle I*)

$$10.000 = 500\,p_1 + 1.000\,p_2 \qquad (9)$$

bzw.

$$p_2 = -(1/2)\,p_1 + 10. \qquad (10)$$

Überprüfen wir den Effekt einer Preiswahl mit $p_1 = 5$ und $p_2 = 7{,}5$. Dazu verwenden wir die beiden notwendigen Bedingungen *(Tabelle I)* und setzen die veränderten Preise ein:

$$0 = (1/8)\,y_1^{(-7/8)}\,y_1^{(1/2)} - 5\lambda$$
$$0 = (1/2)\,y_1^{(1/8)}\,y_2^{(-1/2)} - 7{,}5\lambda.$$

Eliminieren von λ ergibt $y_2 = (8/3)\,y_1$, d.h. $10.000 = 5\,y_1 + 7{,}5\,(8/3)\,y_1$, d.h. die Lösung ist $y_1 = 400$ (statt 500) bzw. $y_2 = 1.066{,}667$ (statt 1.000). Diese Mengenstruktur verletzt die Bedingung des Warenbeschaffungsbudgets ($2 \times 400 + 4 \times 1.066{,}6670 =$) $5066{,}668 > 5.000$. Dem entsprechen die vertikale und horizontale Distanz zwischen dem Punkt M und dem Punkt F in *Abb. 3*.

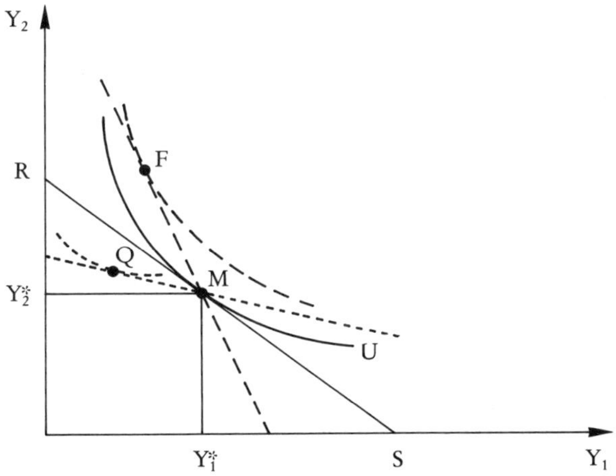

Abb. 3: Eigenschaften suboptimaler (Q) bzw. nicht realisierbarer Lösungen (F)

(3) Wollte der Händler bei gegebenen Beschaffungspreisen für die Ware von der oben postulierten Grundregel abweichen, dann negiert er, daß sein Entscheidungsfeld im Beschaffungsmarkt nach wie vor durch die Gerade RS begrenzt *(Abb. 3)* wird.

Nun gibt es beliebig viele Geraden, die bei einem von π_1/π_2 abweichenden Preisverhältnis p_1/p_2 in das Modell eingeführt werden könnten. Bei jeder dieser Geraden ist aber zu beachten, daß die Beschaffungsverhältnisse (Beschaffungsbudget) nur ein Operieren auf der Geraden RS ermöglichen. Auf dieser ist aber nach der Bewertung der Nachfrager (Durchschnittskonsument) allein der Punkt M vorteilhaft. Würde also bei willkürlicher Preiskalkulation eine Gerade existieren, die auch durch M ginge, und würden die Nachfrager das Preissignal interpretieren, dann würden sie nicht die Mengenkombination des Punktes M, sondern eine andere realisieren (*Abb. 3*, Punkt F). Dies bedeutet letztlich, daß die preispolitische Orientierung der Absatzplanung mit jener der Beschaffungsplanung nicht harmonisiert ist.

(4) Für das markttheoretische Modell, unter der Voraussetzung der Statik, bleibt also das durch den Beschaffungsmarkt bestimmte Verhältnis für den anbietenden Händler die bestimmende Kalkulationsgrundlage, sofern die Budgetrestriktion allein das Entscheidungsfeld begrenzt.

Abweichungen von diesem elementaren Fall ergeben sich, wenn

- beim Auftreten mehrerer Restriktionen eine Ecklösung vorliegt
  oder
- bei unvollkommener Information Preisrelationen seitens der Nachfrager verzerrt wahrgenommen werden. Der Händler wird abzuwägen haben, ob preisbezogene Information und/oder (betragsmäßige) Verstärkung von Preissignalen im Hinblick auf seine Ziele den vorteilhafteren Weg darstellen (Werbung vs. Loss Leader-Politik etc.).

(5) Bei jeder Mittelverteilung auf irgendwelche Beschaffungsquellen wägen die Käufer ab, ob sie durch eine Umverteilung der Mittel (bei gegebenen Preisen) eine Besserstellung ihrer Position erreichen könnten. Die Käufer signalisieren somit über das Mengenverhältnis der eingekauften Güter eine Information über die Grenzrate der Substitution. Dies ist letzlich die Botschaft, die die Theorie des privaten Haushaltes für die Kalkulationspraxis enthält. Diese Botschaft wird den Handelsunternehmungen übermittelt durch Mengenproportionen, die in den Vertragsdokumenten (Kassenzettel etc.) ihren Niederschlag finden. Ohne die entsprechende Theorie ist diese Information schlechterdings nicht zu entschlüsseln.

Es gibt also **theoriekonforme Argumente** für eine **Preissetzung in Form eines branchenspezifischen, einheitlichen Aufschlages auf die Einstandspreise**. Sie ist die theoriekonforme Grundregel, von der allfällige Abweichungen einer theoriekonformen Begründung bedürfen.

Hier zeigt sich deutlich die Überlegenheit des Grundmodells der Theorie des privaten Haushalts gegenüber dem daraus hergeleiteten Modell der Preisabsatzfunktion, weil der Bewertungszusammenhang von Warenkörben deutlich abbildbar ist.

C. Preispolitik in gesättigten Märkten

(1) Um die bislang wenig ausgeschöpfte Leistungsfähigkeit der oben verwendeten elementaren Modellstrukturen zu verdeutlichen, werden sie nunmehr verwendet, um die Frage **„Wer profitiert von einer auf Preissenkung abzielenden Politik des oder der Preisführer in gesättigten Märkten?“** zu analysieren, die etwa die Filialunternehmungen des Lebensmitteleinzelhandels immer mehr beschäftigt.

(2) Marktsättigung kann unterschiedliche Ursachen haben. **Personale** Sättigung liegt vor, wenn die Anzahl der Nachfrager in einer Marktumwelt nicht mehr zu erhöhen ist. **Räumliche** Sättigung resultiert aus der vollständigen Erfassung aller Distributionsgebiete (lokal, regional, national, kontinental, global). **Nutzenbedingte** Sättigung entsteht, wenn bei steigendem Wohlstand (Einkommen) die Nutzenbeiträge der entsprechenden Güter abnehmen bzw. die Einkommenselastizität gegen null tendiert (*Schwabe-Engel*sches Gesetz). Entsprechendes gilt für die Preiselastizität. Das Zusammenwirken beider illustriert der *Slutsky-Hicks*-Effekt. Ein preissenkender Anbieter ermöglicht eine Steigerung des Realeinkommens und löst zugleich einen Substitutionseffekt bei der Disposition des Budgets aus.

I. Das Zusammenwirken von Einkommens- und Substitutionseffekt

(1) Dazu werden die **Marktanteile** der **Ausgangslage** algebraisch und geometrisch *(Abb. 4)* auf das Grundmodell des privaten Haushalts abgebildet, um zu überprüfen, welche Konsequenzen bei einer Preissenkung des Anbieters 1 zu erwarten sind.

(2) In *Abb. 4* wird dieser Zusammenhang geometrisch veranschaulicht. Der Punkt A bezeichnet die Ausgangslage, der eine Preissenkung bei p_1 gegenüberge-

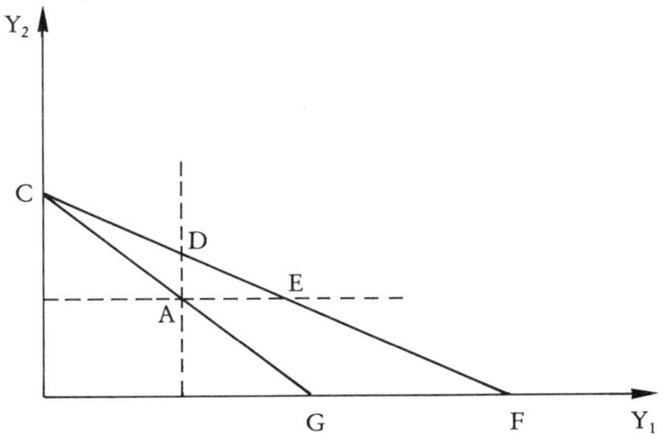

Abb. 4: Ausgangslage und Marktanteile sowie deren Veränderung durch Preissenkung des Anbieters 1

stellt wird. Sie bringt in jedem Fall eine Nutzensteigerung, da die Strecke CF von Indifferenzkurven eines höheren Niveaus geschnitten wird bzw. von einer tangiert wird. Je nach Gestalt der Nutzenfunktion liegt der neue Tangentialpunkt in einem unterschiedlichen Intervall der Strecke CF:

- Im Intervall DE profitieren beide Anbieter von der Preissenkung,
- im Intervall CD wird der Preis- und Kostenführer zum „Wohltäter" des zweiten Anbieters, und nur
- im Intervall EF profitiert der Preis- und Kostenführer und erlangt Budgetteile zu Lasten von Anbieter 2.

(3) Vor allem der Preis- und Kostenführer steht dabei vor dem Problem, daß die durch seine preispolitischen Aktivitäten freigesetzten Budgetteile beim Durchschnittskonsumenten in Einkommensverwendungen fließen, die (noch?) nicht im Sortiment der betrachteten Handelsunternehmung enthalten sind. Damit ist die nachfragetheoretische Basis des sog. Trading Up im Handel etwas genauer umschrieben.

II. Test und Rechenbeispiel

(1) Diesen aus dem Zusammenwirken von Einkommens- und Substitutionseffekt resultierenden Zusammenhang analysieren wir an einem einfachen Beispiel. Zwei Konkurrenten (1) und (2) bieten in einem Nutzenverbund stehende Artikel an, deren Preise sind gleich hoch ($p_1 = p_2 = 1$) und beide gehen von einer nachfrageseitigen Bewertung aus, die durch $U = y_1^{(1/2)}\, y_2^{(1/2)}$ beschrieben wird; die entsprechend indizierten y-Größen repräsentieren Gütermengen, der Markt ist symmetrisch aufgeteilt (50/50).

Konkurrent (1) erwägt wegen nur ihm allein möglicher Kostenvorteile eine Preissenkung um 50%. Das wertmäßige Volumen des Gesamtmarktes beträgt in der Ausgangslage 100 WE, eine personale bzw. räumliche Ausdehnung dieses Gesamtvolumens wird nicht angenommen.

(2) Aus den Daten ergibt sich für die (potentiellen) Marktanteile eine Relation

$$100 = 1\, y_1 + 1\, y_2, \qquad (1)$$

die der nachfrageseitigen Bewertung unterworfen wird:

$$U = y_1^{(1/2)}\, y_2^{(1/2)} \quad U \rightarrow (\text{Max})! \qquad (2)$$

Daraus wird die Lagrangefunktion gebildet

$$L(U) = y_1^{(1/2)}\, y_2^{(1/2)} - \lambda\, [100 - 1\, y_1 - 1\, y_2] \qquad (3)$$

und die partiellen Ableitungen lauten dann:

$$\delta L/\delta y_1 = (1/2)\, y_1^{(-1/2)}\, y_2^{(1/2)} - \lambda \qquad = 0 \qquad (4)$$

$$\delta L/\delta y_2 = (1/2)\, y_1^{(1/2)}\, y_2^{(-1/2)} - \lambda \qquad = 0 \qquad (5)$$
$$\delta L/\delta\lambda \;=\; -1\, y_1 \quad -1\, y_2 \qquad +100 \;=0. \qquad (6)$$

Aus (4) und (5) wird λ eliminiert

$$y_2 = y_1 \qquad (7)$$

und durch Einsetzen von (7) in (6) ergibt sich dann

$$y_1 = (100/2) = 50. \qquad (8)$$

Diese Rechnung hätte man sich also ersparen können, sie ergibt sich schon aus Symmetriegründen. Das gilt nicht für die nachfolgende.

(3) **Marktanteile nach Preissenkung von Anbieter (1):** Gegenüber der Gleichung (2.1) ändert sich nur der Koeffizient von y_1, d.h.

$$100 = (1/2)\, y_1 + (1)\, y_2 \qquad (1)$$

mit

$$U = y_1^{(1/2)}\, y_2^{(1/2)} \quad U \rightarrow (\mathrm{Max})! \qquad (2)$$

Daraus ergibt sich die Lagrangefunktion

$$L(U) = y_1^{(1/2)}\, y_2^{(1/2)} - \lambda\,[100 - (1/2)\, y_1 - (1)\, y_2], \qquad (3)$$

aus deren partiellen Ableitungen

$$\delta L/\delta y_1 = (1/2)\, y_1^{(-1/2)}\, y_2^{(1/2)} - (1/2)\lambda \quad = 0 \qquad (4)$$
$$\delta L/\delta y_2 = (1/2)\, y_1^{(1/2)}\, y_2^{(-1/2)} - \quad \lambda \quad = 0 \mid \times (-1/2) \qquad (5)$$
$$\delta L/\delta\lambda \;= 100 - (1/2)\, y_1 - (1)\, y_2 \quad = 0 \qquad (6)$$

durch Multiplikation von (5) mit (1/2) entsteht

$$\delta L/\delta y_1 = \quad (1/2)\, y_1^{(-1/2)}\, y_2^{(1/2)} - (1/2)\,\lambda = 0 \qquad (7)$$
$$\delta L/\delta y_2 = -\,(1/4)\, y_1^{(1/2)}\, y_2^{(-1/2)} + (1/2)\,\lambda = 0, \qquad (8)$$

woraus sich die Relation

$$(1/2)\, y_1^{(-1/2)}\, y_2^{(1/2)} = (1/4)\, y_1^{(1/2)}\, y_2^{(-1/2)} \qquad (8a)$$

ergibt, aus der durch Multiplikation beider Seiten mit $[(2\, y_1^{(1/2)}\, y_2^{(1/2)})]$

$$y_2 = (1/2)\, y_1 \qquad (9)$$

entsteht. Setzt man (9) in (1) ein, sind y_1 und y_2 bestimmbar, d.h.

$$100 = (1/2)\, y_1 + (1/2)\, y_1 \qquad (10)$$
$$y_1 = 100 \qquad (11)$$
$$y_2 = 100 - (1/2) \times 100 = 50 \qquad (12)$$

Tabelle II: Vergleich auf der Mengen- und Wertebene

	Umsatzvergleich in der Ausgangslage der Mengen (1)	(2)	der Umsatzwerte (1)	(2)
$p_1 = p_2$	50	50	50	50
$p_1 = (1/2)\, p_2$	100	50	50	50
Differenzen	+ 50	0	0	0

(4) **Marktanteile nach Preissenkung von Anbieter (1) und einer Änderung der α-Parameter** ($\alpha_1 = 1/10$); $\alpha_2 = 4/10$). Zur Lösung von Problemen dieser Art ist es grundsätzlich zweckmäßig, eine allgemeinere Notation anzustreben. Dadurch können auch Rechenfehler vermieden bzw. der numerische Rechenaufwand kann reduziert werden. Dabei bezeichnet M das wertmäßige Marktvolumen (hier: M = 100).

$$U = y_1^{\alpha 1}\, y_2^{\alpha 2} \quad U \rightarrow (\text{Max})! \qquad (1)$$
$$M = p_1 y_1 + p_2 y_2 \qquad (2)$$

Aus (1) und (2) ergibt sich die Lagrangefunktion

$$L\,(U) = U - \lambda\,[p_1 y_1 + p_2 y_2 - M] \qquad (3)$$

und in verkürzter Schreibweise (U') der partiellen Ableitungen

$$0 = U_1' \quad + p_1 \lambda \quad \mid \times p_2 \qquad (4a)$$
$$0 = U_2' \quad + p_2 \lambda \quad \mid \times p_1 \qquad (4b)$$
$$0 = p_1 y_1 + p_2 y_2 - M \qquad (4c)$$

Aus (5a) und (5b) resultiert

$$U_1' p_2 = U_2' p_1 \qquad (5)$$

bzw.

$$\frac{U_2'}{U_1'} = \frac{p_2}{p_1}\,. \qquad (6)$$

Die Bestimmung der U'-Größen aus (1) ergibt

$$U_1' = \alpha_1\, y_1^{(\alpha 1 - 1)}\, y_2^{\alpha 2} \qquad (7a)$$
$$U_2' = \alpha_2\, y_1^{\alpha 1}\, y_2^{(\alpha 2 - 1)} \qquad (7b)$$

$$\frac{U_2'}{U_1'} = \frac{\alpha_2 y_1^{\alpha 1} y_2^{(\alpha 2 - 1)}}{\alpha_1 y_1^{(\alpha 1 - 1)} y_2^{\alpha 2}} = \frac{\alpha_2 y_1}{\alpha_1 y_1} \qquad (7c)$$

Die rechten Seiten von (6) und (7c) werden gleichgesetzt

$$\frac{p_2}{p_1} = \frac{\alpha_2 y_1}{\alpha_1 y_2} \qquad (8a)$$

bzw.

$$y_2 = \frac{p_1 \alpha_2 y_1}{p_2 \alpha_1}. \qquad (8b)$$

Mit (8b) läßt sich in (4c) y_2 ersetzen und man erhält

$$M = p_1 y_1 + (p_2) \frac{p_1 \alpha_2 y_1}{p_2 \alpha_1} \qquad (9a)$$

Nach Kürzen von p_2 und Ausklammern ergibt sich

$$M = p_1 y_1 [1 + (\alpha_2/\alpha_1)], \qquad (9b)$$

bzw.

$$y_1 = M/\{p_1 [1 + (\alpha_2/\alpha_1)]\}. \qquad (9c)$$

Multipliziert man (9c) mit p_1, ergibt sich

$$p_1 y_1 = \frac{M}{[1 + (\alpha_2/\alpha_1)]} = \text{const. für } \alpha_1 \text{ und } \alpha_2, \qquad (10)$$

und es zeigt sich, daß für gegebene α-Werte der Erlös konstant bleibt. **Preissenkung und Veränderung der α-Werte** im Rechenbeispiel ergeben:

$$y_1 = \frac{100}{(1/2)[1 + ((4/10)/(1/10))]} = \frac{100}{2{,}5} = 40, \qquad (11)$$

d.h. die Veränderung der α-Werte mit steigendem Nutzenniveau bringt für den preissenkenden Anbieter einen Nachteil, wenn der Quotient (α_2/α_1) wegen $(\alpha_1 < \alpha_2)$ absolut größer als in der Ausgangslage wird:

$$y_2 = 100 - (1/2) \times 40 = 80. \qquad (12)$$

Der andere Anbieter wird dabei durch seinen in einem relativ gesättigten Markt operierenden Mitanbieter begünstigt (vgl. *Tabelle III*).

Tabelle III: Vergleich auf der Mengen- und Wertebene

	Umsatzvergleich nach Preissenkung			
	der Mengen		der Umsatzwerte	
	(1)	(2)	(1)	(2)
$p_1 = p_2$	50	50	50	50
$p_1 = (1/2)\, p_2$	40	80	20	80
Differenzen	− 10	+ 30	− 30	+ 30

In *Abb. 4* (Seite 167) wird dieser Zusammenhang geometrisch veranschaulicht.

(5) Der Preis- und Kostenführer steht vor dem Problem, durch preispolitische Aktivitäten freigesetzte Budgetteile beim Durchschnittskonsumenten, dies ist die nachfragetheoretische Basis der mit Trading Up konsumorientierten Sortimentspolitik, (auch) auf neue Sortimentsteile zu lenken.

Die Beobachtung des Zusammenwirkens von Einkommenseffekt und Substitutionseffekt wird, vor allem in gesättigten Märkten und insbesondere für den Preis- und Kostenführer, besonders wichtig im Hinblick auf die Abgeltung der fixen Gemeinkosten. Damit sollte gezeigt werden, in welcher Weise elementare Strukturmodelle einen Informationstyp liefern, der sich als Ausgangsfragestellung für die Marktforschung eignet.

Literaturverzeichnis

Albach, H.: Zur Sortimentskalkulation im Einzelhandel, in: Handelsbetrieb und Marktordnung, Festschrift für Carl Ruberg, Wiesbaden 1962, S. 14-42.

Borchardt, K.: Preisbildung und Konkurrenz im Einzelhandel unter besonderer Berücksichtigung der Probleme der Mehrproduktunternehmung, in JbNatStat, 1960, S. 32-57.

Descartes, R.: Discours de la méthode, pour bien conduire la raison et chercher la vérité dans les sciences, Leyden 1637.

Diller, H.: Preispolitik, Stuttgart u.a. 1985.

Gümbel, R.: Handel, Markt und Ökonomik, Wiesbaden 1985.

Müller-Hagedorn, L.: Handelsmarketing, Stuttgart u.a. 1984.

Ott, A. E.: Ein statisches Modell der Preisbildung im Einzelhandel, in: JbNatStat, 1960, S. 1-31.

Tietz, B.: Der Handelsbetrieb, München 1985.

Weber, H. H.: Grundzüge einer monopolistischen Absatztheorie, Köln u.a. 1970.

Zum Entwicklungsstand der EDV-Anwendung in der Industriellen Produktion

Prof. Dr. Dr. *Bernhard Hartmann*, Wirtschaftsprüfer,
Technische Universität Berlin

A. Einführung

Die Fachliteratur zum Thema ist kaum noch übersehbar, die Mengen wachsen progressiv. Die Literatur befaßt sich zunehmend mit Ausschnitten aus dem Geschehen, mit hochspezialisierter Weiterentwicklung sowie Einzelfällen. Unausgesprochen steht immer das Beispiel des vorbildlichen Betriebes vor Augen. Die Beispiele sind zum leichteren Verständnis vereinfachend stilisiert. Gesamtüberblicke, Teilüberblicke und Zusammenfassungen verallgemeinerter Anwendungen sind seltener. Dabei steht immer die Informatik im Mittelpunkt, kaum - wenn überhaupt - wird die Verbindung mit dem Gebäude der Betriebswirtschaftslehre, insbes. den Grundlagen der Funktionen sowie den Kostennutzen-Überlegungen hergestellt. Diese Aspekte werden als selbstverständlich vorausgesetzt oder als sekundär angesehen neben dem relativ neuen Spezialwissen. Die Einbettung in die Unternehmungs-Organisation wird ebenso zumeist vernachlässigt.

Grundlegend handelt es sich in der Fachliteratur um die Machbarkeit an sich, dieser sind alle anderen Aspekte untergeordnet. Auch auf die großen praktischen Schwierigkeiten bei der Einführung wird regelmäßig nicht hingewiesen, vor allem nicht auf die Kosten und Erträge, die langwierige Zeitdauer der Einführung, das Erfordernis gut ausgewählter Mitarbeiter. Solche kritischen Aspekte sollen in diesem Beitrag aufgrund der Erfahrung im Vordergrund stehen, ferner die bisher kaum vollzogene Integration des EDV-Stoffes mit der eigentlichen Basis, der Betriebswirtschaftslehre.

B. Entwicklungsgeschichte

Die kurze Entwicklungsgeschichte der EDV-Anwendung zeigt charakteristische Phasen. Zunächst wurde die schlichte Massendatenverarbeitung auf den unerläßlichen Gebieten gelöst, in der Buchhaltung und im betrieblichen Rechnungswesen. Das Wirtschaftswachstum in der Nachkriegszeit hätte insbesondere in den USA, Europa und Japan ohne EDV kaum realisiert werden können, vor allem nicht auf wirtschaftliche Weise. Diese Phase liegt in den USA hauptsächlich in den 50er-, in den europäischen Ländern in den 60er Jahren, wobei diese Zeitangaben lediglich eine vorherrschende Tendenz aufzeigen.

In der zweiten Phase wurde der Integrationseffekt ausgebaut. Es entstanden die Konzepte des MIS (Management Information System) und IMIS (Integrated Management Information System). Der Verfasser lehrte diese Konzepte in den 60er und 70er Jahren in zahlreichen Industrie- und Entwicklungsländern aller Kontinente[1].

Während vieler Jahre bildeten MIS und IMIS die Hauptthemen der EDV-Forschung und Anwendungsplanung. Währenddessen arbeiteten die Computer-Anwender selbständig und kontinuierlich weiter an individuellen EDV-Aufgaben, wobei punktweise beachtliche Teillösungen mit unterschiedlichem Schwierigkeitsgrad entstanden.

Diese zweite Phase, das MIS und IMIS, war ein Umweg, manche Praktiker meinen ein Irrweg, was m. E. keinesfalls zutrifft. Nach Jahren wurde immer mehr erkannt, daß schnellere hardware mit entsprechend großer Kapazität und Wirtschaftlichkeit sowie die dazugehörige software erforderlich, aber gar nicht verfügbar waren.

Die damalige Vision von MIS und IMIS hat die Anwendungsentwicklung nicht aufgehalten. Man strebte dem visionären Fernziel nach und erreichte dabei bedeutende Fortschritte. Heute sind beachtliche Teilgebiete der damaligen Vision realisiert.

In der dritten Entwicklungsphase ist eine neue Vision am weiten EDV-Horizont erschienen, das CIM (Computer Integrated Manufacturing). Das neue Ziel ist einleuchtend, überzeugend, bereits konkretisiert und nahezu realisierbar, vor allem erzwungen durch harte Konkurrenz, die sich die neuen Werkzeuge zunutze macht. Jedoch ist die Vision, abgesehen von einfachen organisatorischen Strukturen und Ausschnitten kaum irgendwo erreicht worden. Aber es gibt bereits zahlreiche realisierte Teilstücke mit beachtlichen technischen und wirtschaftlichen Erfolgen. Das Fernziel hat für die Entwicklung eine analoge Bedeutung wie einst das IMIS-Konzept: Systemtheoretisch und anwendungsmäßig war es wichtig, im Einzelfall von Anfang an das Endziel als großartige Modellösung anzusteuern. Praktisch kann aber nur an einzelnen individuellen Fällen gearbeitet werden, die zwar einerseits sehr bedeutende Vorteile bringen können, aber andererseits vom idealen Endziel

[1] *B. Hartmann:* „The Effect of EDP-System on the Internal Organization of the Firm", The International Journal of Accounting, 1966, No. 2, p. 101. „Total Business Systems", Grundlagen für ein neues organisatorisches Ganzheitsdenken beim Einsatz elekronischer Datenverarbeitungsanlagen im Betrieb". In: Gegenwartsfragen der Unternehmung, Festschrift für Prof. Hasenack 1966, S. 167. „Die künftige Entwicklung der integrierten Datenverarbeitung", Die Unternehmung, 1968, S. 114. „Impact of Computer on Organizational Structure", National Productivity Council (NPC Information) New Dehli, 1969, S. 483. „Integrierte Datenverarbeitung", Handwörterbuch der Organisation, 1969, Sp. 774. „Zur Systematik der Datenverarbeitungsintegration". In: Wissenschaftliche Betriebsführung und Betriebswirtschaftslehre, Festschrift für Prof. Schnutenhaus 1969, S. 187. „Integrierte Datenverarbeitung und Informationssystem in der Unternehmung". In: Automatisierte Datenverarbeitung in Forschung und Praxis 1970, S. 27. „Theory and Systems Development of Computer-Aided MIS", The Hongkong Management Association, Sept. 1971. Organisationssysteme der betriebswirtschaftlichen Elektronischen Datenverarbeitung, 1971. „Cybernetic Management System in the Japanese Steel Industry". Productivity 1973, Oct. - Dec., New Dehli, S. 254. „Unternehmensplanung mittels integrierter EDV-Systeme". In: Unternehmensführung und Organisation 1973, S. 129. „A Case Study of a Realized Cybernetic System in the Japanese Steel Industry", The Diebold Research Program, 1973, Document No. EC 27. Unternehmensführung mit Hilfe integrierter EDV-Organisationssysteme, 1973. „Die Lösung absatzpolitischer Probleme mit Hilfe von Management-Informationssystemen". In: Neuere Ansätze der Marketing-Theorie, Festschrift für Prof. Schnutenhaus 1974, S. 57.

wegtreiben, wobei die Teillösungen die Wege zementieren und das Endziel immer schwieriger erreichbar machen (s. Kapitel E).

Die zweite Entwicklungsphase hatte die verspätete Entwicklung der führenden europäischen Industrieländer und Japans den USA angenähert, in der dritten Phase des CIM ist der zeitliche Vorsprung der USA im wesentlichen eingeholt worden. Das gilt in großen Zügen sowohl für die Forschung als auch für die Anwendung. Man könnte fast insofern von einer einheitlichen Fortentwicklung aller führenden Industrieländer sprechen, wobei Forschung und Anwendung nahezu international integriert erscheinen, nicht zuletzt gefördert durch die auch forschungsmäßig international tätigen Computer-Produzenten sowie die Anwendung im internationalen Konzern. Diese Entwicklung erstreckt sich nicht nur auf die hardware, vielmehr wird - im Gegensatz zu den früheren Entwicklungsphasen - großer Wert gelegt auf die gleichzeitige Anwendungsforschung für die optimale software.

C. Grundlegende EDV-Erfahrungen zum Problem

Die empirisch entstandenen Hauptphasen des stufenweisen Arbeitsablaufes beim Aufbau von EDV-Organisationen (Informations-Systemen) sind folgende:

(1) Ist-Analyse: Systemabgrenzung, Faktenanalyse

(2) Soll-Konzept: Systemabgrenzung, Zielbildung, Aufgabenbildung, Aufgabenlokalisierung

(3) Realisierungsplanung: Datenströme, nach Sachgebieten aufgeteilt (Arbeitsinhalte, Pflichtenheft), Einführungsschritte mit begrenzt individueller Reihenfolge, Integrationsplanung

(4) Software-Entwicklung: Funktionsbildung, detaillierter Datenfluß (nach Datenkomplexen geordnet), Dokumentation, Output-Listen, Funktionsentwürfe, logische und physische Datenmodelle (mit Speicherstrukturen und Zugriffsnormen, Arbeitsanweisungen für Ablauf der Verarbeitungsprozesse), Implementierung (der software untergeordnet)

(5) Systemeinführung: Systeminstallation je Datenkomplex mit Personaleinsatz, Insellösungen, Gesamtintegration

(6) Besondere Stufen für Datenbanken (binden das Unternehmen aus praktischen Gründen als langwierige Organisationsinvestition für längere Zeit):
   (a) abstrakte Ebene eines Modells
   (b) konkretes Datenbankmodell
   (c) spezielle Datenbanksprache zur praktikablen Anwendung (Speichern, Ändern und Abfragen)

Wie leicht zu erkennen ist, bestehen die inhaltsschweren, umfangreichen Hauptstufen jeweils aus mehreren Unterstufen oder Phasen, an denen teilweise gleichzeitig gearbeitet werden kann. Manche Bearbeiter befassen sich mit mehreren Stufen gleichzeitig, in manchen Teilen nacheinander oder ineinander geschachtelt, manche Stufen oder Unterstufen werden auch von verschiedenen Bearbeitern gleichzeitig betreut. Praktisch wird eine diffizile Arbeits- und Zeitplanung benötigt; eine flexible Netzplanung ist unerlässlich.

Eine grundlegende Erfahrung bezieht sich auf die letzte Phase der Systemeinführung:
Insellösungen erscheinen vorerst unvermeidlich bis zur Gesamtintegration. Letztlich sind Vorgangsketten des betrieblichen Geschehens zu automatisieren, die quer durch die Organisation hindurchgehen, z.B. Anfrage des Kunden, wann x-Artikel in y-Mengen geliefert werden können:

- Wieviel Stück des Artikels x sind im Fertigteillager dispositionsfrei?
- Falls nicht ausreichend, wieviel Stück sind in den Halbfabrikaten (von der nächsten in Produktion befindlichen Serie) noch dispositionsfrei? Wann ist dieser Endtermin?
- Falls diese freie Stückzahl für den Kundenauftrag oder die Kundennachfrage nicht ausreicht, sind von der nächsten noch nicht aufgelegten Serie welche Stückzahlen noch disponibel, und wann ist der Fertigstellungstermin?

Die Abfragen lassen sich dadurch bewerkstelligen, daß man die einzelnen Dateien (Fertiglager, Halbfabrikate-Bestände, Kundenauftragssammlung für nachfolgende Serien) mit Terminal abfragt, so wie man früher in den entsprechenden riesigen Karteikästen die regelmäßig mit großen Fehlermengen befrachtet waren - umständlich und zeitraubend nachsah.

Das Idealschema stimmt mit der Wirklichkeit selten überein. Das Vermitteln des Wissens erfordert auch hier - wie in der gesamten BWL - das Vorführen des vorbildlichen Musters.

Die Dokumentation ist wohl nirgends vorbildlich. Die Programme sind während ihrer laufenden Anwendung verschiedenen Änderungen unterworfen. So gibt es extern veranlaßte Änderungen, z.B. beim Brutto-Lohnprogramm, Produktionsprogramm oder bei produktionstechnisch veränderter Fertigungs-Organisation. Dazu kommen Änderungen durch Anwendung technisch verbesserter und zumeist ökonomischerer hardware. Die individuellen und kreativen Künste eines guten Programmierers - der zugleich die Unternehmensorganisation seines Gebietes beherrscht - liegen nicht zuletzt im individuellen Improvisieren zur oft schnellen Anpassung der Programme aufgrund seines know-how (Tricks und Schliche im positiven Sinne). Solche Änderungen kann ein anderer Programmierer kaum nachvollziehen ohne eine historisch vollständige Sammlung sämtlicher Änderungs-Unterlagen. Gerade diese fehlt oft, weil die minuziöse Ausarbeitung viel zu kostspielig wäre und die Zeit einfach nicht verfügbar ist. Die Prüfung des aktuellen Standes genügt in aller Regel auch strengen Anforderungen der Bilanzprüfung für die Ordnungsmässigkeit der Buchführung einschließlich der Betriebsabrechnung, soweit diese zur Prüfung der in den Halb- und Fertigfabrikaten zu aktivierenden Gemeinkosten benötigt wird.

So elegant die Handhabung mit den Terminal-Abfragen von der Datenbank auch aussieht, muß man doch die Hand- bzw. Kopfarbeit betrachten, die in beträchtlichem, meist unterschätztem Ausmaß dazugehört: die einmalige Investition für die Planung und Einrichtung des Systems sowie die kontinuierliche Aktualisierung der Dateien. Das alles bedeutet Handarbeit mit beträchtlichem Aufwand; diese ist hochqualifiziert für die diffizile Datenorganisation und Systemeinrichtung, insbesondere für die Ausarbeitung und Implementierung sowie software bis zu den einfacheren Arbeiten für die kontinuierliche Datenpflege. Zumeist handelt es sich um Tausende von Endprodukt- und Teilproduktarten; auch wenn die Endprodukte nur aus Variationen bestehen und fertigungstechnisch nach dem Prinzip der Teile-Familienfertigung vereinfacht organisiert sind, bleibt es doch datentechnisch bei einer riesigen Anzahl von vorbereitenden Hand-Arbeitsgängen.

Will man die einzelnen Anfragen nach a) bis c) (siehe oben) weiter automatisieren, so daß bei Anfrage nach einem Artikel bis zu drei Antworten auf dem Bildschirm erscheinen, erfordert dies einen ausgeklügelten, allerdings einmaligen software-Aufwand. Weitere erhebliche Komplizierungen erwachsen daraus, daß sich ein Endprodukt zumeist aus fertigungs-organisatorischen Unteraufträgen (genannt Betriebsaufträgen) zusammensetzt. Der Kundenauftrag mit x Artikeln in y Mengen muß erst in Betriebsaufträge zerlegt werden. Dieses order-entry-system ist z. B. schon frühzeitig in der Stahlindustrie gelöst worden, zum Teil schon vor 20 Jahren. Die Halbfabrikate-Kartei ist in Betriebsaufträge zergliedert. Ein mehrstufiger Produktionsprozeß bewirkt eine Zunahme der Halbfabrikate-Bestände in der Fertigung. Die japanische Stahlindustrie hat die Problematik in mehreren permanenten Bearbeitungsstufen gelöst (*B. Hartmann*: Unternehmensführung mit Hilfe integrierter EDV-Organisationssysteme, 1973). Dabei ist an Zehntausende von Endproduktsorten in Kalt- und Warmwalzwerken zu denken, wovon einige tausend die Hauptumsatzträger bilden. Die große Produktanzahl ergibt sich durch Multiplizieren der Produktmerkmale (Artikelart, Dimension, Werkstoffart, zuzüglich Sonderfertigungen nach Kundenwünschen). Nach Einführung des order-entry-systems lassen sich schnell - bei nicht zu komplexen Zusammenhängen schon am Telefon - vor allem folgende Fragen beantworten:

(1) Wann können ab Lager oder aus dem laufenden Produktionsprogramm bestimmte Artikel in welchen Mengen im Zeitverlauf geliefert werden?
(2) Wann können neue Artikel nach Kundenzeichnung, die in das laufende Programm eingeschoben werden, ausgeliefert werden?
(3) Wann können bereits bestellte und in der Produktion befindliche Artikel, die auf Kundenwunsch zu ändern sind, ausgeliefert werden?

Diese Kombinationen oder Vorgangsketten laufen quer durch mehrere Organisationsbereiche, vor allem wenn auch noch die Nachschubfrage für benötigte Materialien einbezogen wird. In der Praxis bestehen noch vorherrschend Insellösungen, die bei einzelnen Organisationsgebieten isoliert bearbeitet werden und wo die automatische Integration noch fehlt, die die Nutzung unwahrscheinlich erleichtern, aber auch die Einrichtung dramatisch komplizieren würde.

Der Schwierigkeitsgrad wächst, je mehr man an die Realisierung des PPS mit Computerhilfe denkt. Das Detail der Fertigungsunterlagen zur EDV-Vorbereitung, auch wenn es sich nur auf einen Teil der Fertigung beschränkt, füllt viele Aktenordner. Demgegenüber läßt sich der theoretische Vorgang lehrbuchmäßig allgemein einfach formulieren und vertiefen: Optimalkombination von Material, Arbeit, Kapazitäten und Zeiträumen. Auch die systematische Vorgehensweise „top-down“ oder „bottom-up“ spricht sich als Überschrift sehr leicht aus, beansprucht aber viele Aktenordner für die Bearbeitung eines Einzelfalles. Demgemäß erfordert die Realisierung auch einige Jahre mit zahlreichen sehr befähigten Mitarbeitern.

Die Schwierigkeit der Aufgabe verdeutlicht die Zusammenarbeit zwischen westdeutscher und japanischer Stahlindustrie (zwischen zwei repräsentativen, bedeutenden Stahlproduzenten), die sich in folgenden Stufen vollzog:

(1) Ausgewählte EDV-Fachleute der westdeutschen Firma studierten mehrere Monate lang das System in Japan.

(2) Ausgewählte EDV-Fachleute der japanischen Firma studierten mehrere Monate lang das System der westdeutschen Firma, um die Weiterentwicklung nach japanischem Stande zu beraten.

(3) Die westdeutsche Firma hat die Weiterentwicklung mit ihrer Organisationsabteilung und EDV-Mannschaft in einigen Jahren weiter vervollkommnet und dabei m. E. das japanische System übertroffen.

In zahlreichen meist großen Unternehmungen vieler Branchen liegen heute umfassende Erfahrungen vor, die sich regelmäßig nur auf Teilgebiete der Teilfunktionskreise eines Gesamt-Integrationsmodells erstrecken.

D. PPS (Produktionsplanungs- und Steuerungssystem)

PPS ermittelt die betriebswirtschaftlichen Organisationsgrundlagen im Fertigungsbereich. Die Implementierung (mittels EDV) wird in separater Fachliteratur behandelt, die sich etwas später und progressiv entwickelte, wobei teilweise eine zeitliche Überlappung vorliegt.

Wie immer wird das klassische Lehrbuchbeispiel zur Veranschaulichung notwendigerweise vereinfacht. Demgegenüber steht die komplexe Wirklichkeit, besonders bei mehrstufiger Fertigung, wobei die isoliert leichter darstellbaren Untergebiete optimal zu koordinieren sind. Zusammengefaßt besteht das PPS aus folgenden Arbeitsstufen:

(1) Primärbedarfsplanung;

(2) Bedarfsplanung für die Vorprodukte (für Baugruppen und-untergruppen, Komponenten, Durchlaufzeiten in Perioden vor der Primärbedarfsproduktion, die zu Losen oder Betriebsaufträgen zusammengefaßt werden).

(3) Durchlaufterminierung; von den Endterminen zu 1. und 2. rückwärts gerechnet ergeben sich die Starttermine.

(4) Kapazitätsplanung; die erforderlichen Kapazitäten werden den verfügbaren gegenübergestellt, und zwar je Betriebsmittelgruppe, unterteilt nach Maschinen-Ausgleichszeiten für Terminverschiebungen bis zu Kapazitätserweiterungsmöglichkeiten; bei Kapazitätsunterdeckung muß notfalls der Produktionsplan angepaßt werden.

(5) Feinplanung mittel- und kurzfristig: Freigabe der einzelnen Produktions- oder Betriebsaufträge durch Einzelbestimmung von Reihenfolge, Terminen und Betriebsmitteln.

Die EDV dient nach heutigem Stande vorwiegend der notwendigen Information und Kombination, weniger den Entscheidungen, die wegen der Komplexität schwierig programmierbar sind, was vor allem auf folgenden Umständen beruht:

(1) Produktionsplan ≠ Absatzplan, bezogen auf Erzeugnisgruppen und -arten;
(2) Losgrößenberechnung, meist isoliert für jedes Produkt ohne Berücksichtigung der möglichen Interdependenzen, die horizontal und vertikal bestehen (bei mehrstufiger Produktion);
(3) Bei Kapazitätsengpässen vorzugsweise Schätzung der Wartezeiten gegenüber umständlicher Berechnung mit der Folgewirkung: bei vorsichtiger Schätzung Erhöhung der Durchlaufzeit, umgekehrt Stockungen.
(4) Kapazitätsausgleich fehlt sowohl horizontal wie vertikal; statt dessen wird in schwergewichtigen Fällen mehr punktuell und grob Simulation angewendet.

Vom Ideal der simultanen mengen- und terminmäßigen Kapazitätsplanung ist die Praxis noch weit entfernt. Die Übersetzung der Modelle in die Anwendung zeigt die Schwierigkeit schon in der Konzeption und noch mehr bei der EDV-Programmierung. Die Umsetzung von Standardmodellen (vereinfachten lehrbuchartigen Beispielen sukzessiver Planungssysteme) in die Wirklichkeit muß viel Betriebsindividuelles berücksichtigen.

E. CIM (Computer Integrated Manufacturing)

I. Grundsätzliches

Die computerintegrierte Fertigung ist ein Globalkonzept für den EDV-Einsatz in allen direkt und indirekt produktbezogenen Betriebsbereichen, um höhere Produktivität, größere Flexibilität, bessere Qualität und Terminverkürzung zu erreichen.

Die Integration aller betrieblichen Funktionen gab es schon immer, und zwar durch den Menschen (Unternehmer, Manager). Ohne leitende Zusammenfassung aller Funktionen eines Industriebetriebes gäbe es keine Produktion und keine Koordinierung von Ein- und Verkauf. Diese Integration durch den Menschen ist in unserer Wirtschaft auf oberster Stufe noch vorherrschend. Wir haben in der Bundesrepublik Deutschland etwa 50000 bis 100000 Industriebetriebe nach privaten und amtlichen Statistiken, wobei die Abgrenzungs-Kriterien, insbesondere die Abgrenzungen zum Großhandwerk, nicht genormt sind; die amtlichen Zählungen liegen viele Jahre zurück. Nur etwa 2000 Betriebe haben mehr als 500 Beschäftigte. Für die große Zahl der Klein- und Mittelbetriebe ist die Integration durch den Menschen vor allem im Fertigungsbereich auch auf unterer Ebene vorherrschend, wobei mehr oder weniger routinemäßig improvisiert wird. Die Computerhilfe nimmt in Teilbereichen allmählich zu, insbesondere im Materialwesen und bei der fertigungsmäßigen Strukturierung des Produktionsprogramms (Strukturstückliste). Das Vorbild der fortschrittlichen Speziallliteratur, nicht zuletzt der Computerproduzenten, sowie das Vorbild des Großbetriebes haben erhebliche Bedeutung für die systematische Integration durch CIM und CAD in der Zukunft. Von den 5000 Firmen des Maschinen- und Anlagenbaus benutzten 1987 erst etwa 200 CAD, wobei wiederum verschiedene Entwicklungsstufen bis zur Vollnutzung und Vollintegration nach heutigem Stande zu unterscheiden sind.

Auf dem Wege zur systematisierten Integration gab es bis zum Computer-Zeitalter einen Umweg:

Taylor trennte die planende von der ausführenden Arbeit. *Ford* rationalisierte die ausführende Arbeit am Werkstück und am Produkt durch Arbeitszergliederung nach Unterfunktionen und Komposition zum Endprodukt (Arbeitsteilung und -vereinigung). Die Realisierung am Fließband führte zur billigen Massenproduktion auch komplexer Erzeugnisse. CIM bedeutet eine planende Wiedervereinigung der Funktionsteilung durch automatisierte Integration, im höchsten Grade durch die flexible Transferstraße. Die Produktionseinheit „Transferstraße" besteht aus computergesteuerten Werkzeugmaschinen (NC = numeric controlled), die mit Fördereinrichtungen verbunden sind (z. B. Flurförderung), ergänzt durch Roboter mit den Funktionen Messen und Regeln. Am Ende der Straße trifft das fertige Produkt ein. Dabei kann es sich um stufenweise Fertigstellung handeln. Anstelle des traditionellen Verrichtungsprinzips ist nunmehr zufolge der fertigungstechnischen Integration das Erzeugnisprinzip getreten.

Eine analoge Entwicklung haben wir auch bei intellektueller Arbeit, und zwar bei allen Verwaltungsfunktionen des Unternehmens erlebt. Bis zur Computeranwendung führte die Funktionsteilung in der Verwaltung zur Abteilungsbildung (Finanzbuchhaltung, Lohnabrechnung, Betriebsabrechnung, Statistik, Einkauf, Verkauf usw.). Die EDV bewirkte die Zusammenfassung oder Integration in Funktionskreisen, wobei die früheren Abteilungen entfielen. M. a. W. wurde das klassische Organisationsschema der Abteilungsbildung aller Verwaltungsfunktionen aufgehoben. Daraus folgte konsequent die Bearbeitung der Verwaltungsfunktion über verschiedene Unternehmensbereiche und Bearbeitungsstationen hinweg (als Vorgangsketten)[2].

II. Theoretisches Konzept

Das CIM-Konzept besteht aus folgenden Aufbau-Stufen:

(1) Separate NC-Maschinen (Werkstücksbearbeitung je Maschine)

(2) NC-Maschinenverbund (Werkstücksbearbeitung mit programmiertem Wechsel von Werkstück, Werkzeug und Maschine)

(3) Flexible Fertigungszelle (wie (2), jedoch für mehrere gleichartige und verschiedenartige NC-Maschinen mit flexibler Materialflußverkettung und integrierter Computer-Steuerung)

(4) Flexible Fertigungsinsel (wie (3), jedoch Komplettbearbeitung der Werkstücke in fertigungstechnischen Komplexen)

[2] *B. Hartmann*: The Effect of EDP Systems on the Internal Organization of the Firm; The International Journal of Accounting, 1966, No. 2, S. 101. Hier werden permanent laufende datentechnische Funktionskreise beschrieben, die miteinander integriert sind; über das Wie gab es allerdings noch keine Aussage.

(5) Flexibler Fertigungsverbund (wie (4), jedoch Endprodukt-Bearbeitung durch Computer-Integration der einzelnen Fertigungs-Systeme, -Zellen und -Inseln).

Die höheren Integrations-Stufen sind kybernetisch als offene Systeme anzusehen. Das hört sich zwar theoretisch einfach an, sagt aber nichts aus über die dahinterstehenden großen Schwierigkeiten. Problematisch sind die Schnittstellen; dieser Begriff hat sich eingebürgert, genauer ist Verkettung oder Vernetzung. Es wurde gar nichts zerschnitten, vielmehr müssen separat gewachsene Elemente zusammengefügt werden. Das bedeutet eine sehr umfangreiche, mühsame, intellektuelle Arbeit auf beachtlicher Kreativitätsstufe. Dieser Aufwand entsteht nicht nur einmalig, sondern ist fortzusetzen bei jeder wesentlichen Produktteil-, Endprodukt- und Produktionsprogramm-Änderung. Denn es gibt keine CIM-Standardsysteme für Großbetriebe. Fertigungstechnik und -Organisation, Produkte und Produktionsprogramm sind betriebsindividuell EDV- sowie integrationstechnisch grundverschieden, so daß jedes Unternehmen eine hauseigene CIM-Gestaltung benötigt. Nur kleinere und mittelgroße Unternehmen können teilweise auf Standardsysteme zurückgreifen.

III. Praxis

Praktisch besteht ein fundamentaler Widerspruch zwischen Teil- und Insellösungen (abgeschlossene Teilkomplexe) einerseits und dem Ideal der Gesamt-Integration andererseits. Der erste, heute allein mögliche Weg verbaut den zweiten, für den es angesichts der riesigen Zahl von Variablen und Vernetzungen kein adäquates mathematisches Modell gibt und demgemäß keine software, ganz abgesehen von hardware-mäßigen Grenzen auch bei den größten und schnellsten Computern. In der USA-Industrie ist man von den mutig angesteuerten Gesamtkonzepten sehr bald zu den realistischen Zell- und Insel-Lösungen zurückgegangen, obwohl den Interdependenzen im Organisationszusammenhang prinzipiell nur ein simultaner Lösungsansatz adäquat ist.

Bei der Gesamt-Integration lassen sich zwei Stufen unterscheiden:

(1) Die Integration des Fertigungsbereiches allein.

(2) Die Integration des Fertigungsbereiches mit den kaufmännisch-administrativen Organisationssystemen; dazu gehören die Logistik mit dem Kunden- und Vertriebssystem sowie mit dem Lieferantensystem. Auch den Lieferanten sollen mittels Lieferterminabstimmung Kosten- und Preissenkungen durch Bestandsminimierung ermöglicht werden.

Das CIM-Konzept in der Idealvorstellung existiert nur in allgemeiner theoretischer Beschreibung. Die Realisierung stößt schnell - abgesehen von den noch nicht vorhandenen software-mäßigen Lösungen - an ökonomische Grenzen.

Der gewichtige Faktor der Variablen-Vielzahl, bedingt durch die kombinierbaren Produkt- und Fertigungsablauf-Varianten, soll an der Auto-Industrie verdeutlicht werden.

Modellvielfalt und individuelle Ausstattungswünsche werden zwar zu Verkaufspaketen zusammengefaßt, dennoch bleibt eine Anzahl-Explosion der Einzelteile,

Baugruppen und Bearbeitungsarten, die zu einem mehr individualisierten Fertigungsablauf führen. Jede Produktions-Variante muß datentechnisch und fertigungsorganisatorisch geplant werden. Die abnehmende Fertigungstiefe erzielt eine begrenzte Gegenwirkung auf die EDV-Arbeitsmengen.

Demgegenüber zeichnet sich die japanische Autoindustrie durch fertigungsorganisatorisch hohen Wiederholungsgrad aus, bedingt durch nicht-individuelle Massenproduktion. Es gibt weniger Modelle und keine Variantenvielfalt der Ausstattung. Das führt zu wesentlichen Verbilligungen in der Planung und Steuerung des Produktionsprozesses, im fertigungstechnischen Ablauf und schließlich in der Logistik. Die Kostenvorteile der JIT (Just-in-time; Kanban)-Belieferung der Arbeitsplätze kommen zum Tragen. Es handelt sich um das pull-System gegenüber dem teueren in Europa und Nordamerika üblichen zentral gesteuerten push-System.

Die Ausgestaltung des CIM-Systems ist abhängig von der Produkt-Palette und von den Fertigungstypen.

Der einfachste Typ bezieht sich auf standardisierte Produkte mit Fließfertigung und einstufiger Produktion. Der Schwierigkeitsgrad erhöht sich bei ungleichartigen Produkten, bei geringer Wiederholbarkeit sowie bei schwer übersehbarem Produktionsprozeß. Am schwierigsten erscheinen Kundenaufträge bei Großserienproduktion mit Produkt-Variationen, z. B. in der Autobranche. Wesentliche Störgrößen, die Eingriffe von Hand in den Regelkreis erfordern, sind:

(1) Die reichhaltigen Fertigungsunterlagen sind laufend zu aktualisieren wegen kontinuierlicher technischer Weiterentwicklung; im Laufe eines Jahres gibt es Tausende von kleineren und größeren Änderungsanweisungen.

(2) Absatzmarktschwankungen
Anstelle eines detailliert starren Planungsmodells entstehen bald zunehmend punktuelle Eingriffe von Hand.

Die Verflechtung der Bereiche über gemeinsame Daten (Datenbanken) verzahnt die Zusammenarbeit der verschiedenen Fachbereiche. Die unterschiedlichen Funktionen, insbesondere die großen Bereiche Fertigungs- und kaufmännische Verwaltung, sollten von Anfang an integriert als zwangsläufig zusammenwirkende Funktionen gesehen werden. Das bezieht sich auf die kompatible Struktur der Betriebsdaten (Stücklisten, Baugruppen, Arbeitsgänge, Maschinen, Zeiten) und der Daten der kaufmännischen Verwaltung (Leistungs- und Kostendaten) sowie auf deren kontinuierliche Erfassung und Verarbeitung.

Für ein voll integriertes Datenbanksystem gibt es keine Standard-software; diese muß individuell mühsam und zeitraubend entwickelt werden. Die Datenbanken werden in mehrere selbständige Teile zerlegt, die voneinander unabhängig sind. Damit werden auch Fehler für die Anwender eingegrenzt; dennoch kann eine größere Zahl von Anwendern gleichzeitig arbeiten, ohne sich gegenseitig zu behindern (z. B. durch Verminderung von Wartezeiten beim time-sharing). Dabei ist im Betrieb an Hunderte von Anwendern zu denken, die auf zentrale Bestände zugreifen. Noch komplexer wird das System, wenn OR-Methoden, Algorithmen, Feed-back (Regelkreise), heuristische Verfahren und vor allem Entscheidungs - Interdependenzen einbezogen werden. Vieles davon ist noch gar nicht realisierbar. Vor der individuellen software-Entwicklung steht noch die software-Forschung.

Mittelfristig muß man sich mit einer Grobplanung begnügen, wogegen die Feinplanung kurzfristig eingesetzt wird. Diese geschieht weitgehend von Hand, wobei die EDV wertvolle Hilfe leistet. Die Feinplanung kann schon Stunden und Tage nach dem Start veraltet sein. Besonders die kontinuierliche Weiterentwicklung der Produkte, Produktänderungen, Änderungen der Planmengen, und der Termine haben zu dieser arbeitstechnischen Zweiteilung von Grob- und Feinplanung geführt.

Ein unvollkommenes oder lückenhaftes CIM-System führt zu dem Ergebnis, daß im Fertigungsbetrieb bald etwas anderes stattfindet als geplant worden ist. CIM ist erst vollständig, wenn das Materialwesen mit der Konstruktion (CAD) und der Logistik (Einkauf, Lagerung, Entnahme und Transport) ebenfalls automatisiert und integriert ist. Im Prinzip ist die pedantische Vollkommenheit zu erstreben. Dennoch sollte CIM in der Regel nicht in einer großartigen Gesamtplanung konzipiert werden, sondern die Anwendung sollte sich auf bestimmte Erzeugnisgruppen des Produktionsprogrammes beschränken. Auch solche begrenzten fertigen CIM-Teilsysteme gibt es erst in einigen Prozent der Großbetriebe im In- und Ausland. Auf die CIM-immanente Diskrepanz zwischen Theorie und Anwendung wurde bereits unter dem theoretischen Aspekt hingewiesen. Diese Diskrepanz ist - bedingt durch die Komplexität der Durchführung - so schwierig und tiefgreifend wie bisher kein betriebswirtschaftliches Gebiet. Es ist gerechtfertigt, insofern von einem bedeutendem Novum der Betriebswirtschaftslehre in Forschung und Praxis zu sprechen.

In der heutigen Praxis bleiben die Industriebetriebe zumeist in der Grunddatenverwaltung und in der Materialwirtschaft stecken. Aber auch dieses Stadium bringt schon beachtliche Verbesserungen hinsichtlich des schnelleren Produktionsflusses und der damit verbundenen besseren Kapazitätsausnutzung und Kostensenkung. Ohne Computerhilfe können größere Unternehmen in produktionsmäßiger Hinsicht überhaupt nicht mehr betrieben werden. Allein die Datenbanken und eine Vielzahl der billigen Terminals tragen dazu bei, auf kaufmännischem und technischem Gebiet das Geschehen zu aktualisieren und Papierberge mit Einzeldaten zu vermeiden.

Dabei steht heute weniger die Fertigungszeitverkürzung im Vordergrund als die Verkürzung der Durchlaufzeit, also die Liegezeiten der Halbfabrikate. Vor allem in der Konsumgüter-Industrie dominiert das Ziel schnellerer Auslieferung.

Für CIM sprechen: der verstärkte internationale Wettbewerb im allgemeinen; die zunehmende Innovationsgeschwindigkeit des Produktionsapparates, insbesondere der großen NC-Maschinen und der Fertigungs-Roboter; die verkürzte Produkt-Lebensdauer; der große Wert der Lieferzeitverkürzung und Termintreue. Dagegen wirken einige Faktoren hemmend: Einführungsaufwand und Einführungsdauer im allgemeinen, da praktisch jede Lösung individuell erarbeitet werden muß; im besonderen die schwer herstellbare Kompatibilität der Programme auf software-, informations- und orgnisationstechnisch unterschiedlichen Gebieten, d. h. technische Fertigungsdaten müssen mit verwaltungstechnischen Daten koordiniert werden; schnelle Veralterung durch technische und wirtschaftliche Weiterentwicklung von hardware und software; häufige schnelle Produktänderungen bei Produktion für den Markt, was Eingriffe von Hand erfordert.

F. Logistik

Zur Veranschaulichung der Bedeutung sollen einige Beispiele dienen.

Bei einem großen Stahlproduzenten mit 30 Mio. t Jahresproduktion muß das Gewicht von mehr als 30 Mio. t jährlich von Erz und Schrott sowie von Halbfabrikaten zwischen den Produktionsstufen mehrfach bewegt werden. Dazu dienen rund 18000 Eisenbahnwaggons (werkseigene und bundesbahneigene). Schon in den 60er Jahren war ein EDV-System entwickelt worden, das sicherheitshalber permanent im Tandembetrieb arbeitete; bei Störungen lief also das zweite System weiter. Die Aufgabe besteht darin, die Eisenbahnwaggons maximal zu nutzen, so daß diese nahezu immer im Einsatz sind. Jeder Waggon wurde daher im jeweiligen Zustand (leer, Be- oder Entladung, dispositionsfreie Zeit - für jeweils Anfang und Ende) erfaßt.

In der Autoindustrie werden bei einer Jahresproduktion von 1 Mio. Fahrzeugen Gewichte von 1,5 bis 2 Mio. Tonnen bewegt. Dabei handelt es sich insgesamt um mehrere Mrd. Einzelteile. Diese müssen in der richtigen Art und Menge, zum richtigen Zeitpunkt und zum richtigen Arbeitsplatz transportiert werden. Dabei ist an die Vielzahl der Typen und Ausstattungen zu denken, was bei Auftragsbestellung, die besonders in der westdeutschen Autoindustrie vorherrscht, zu einigen Tausend Endproduktarten führt.

Die Autoindustrie, insbesondere die westdeutsche, unterliegt seit etwa einem Jahrzehnt einem verstärkt zunehmenden Käufermarkt mit wachsenden Kundenwünschen nach Produktvariation. Die Produktionsvarianten und deren Kombination untereinander nehmen zu: Modell, Farbe, Motor, Fahrwerkgetriebe, technische und modische Sonderausstattungen, die möglichst zu Paketen zusammengefaßt werden. Dazu kommen unterschiedliche internationale Sicherheits- und Abgasvorschriften. Die verschiedenen Variationsmerkmale sind miteinander zu multiplizieren, so daß tatsächlich einige Tausend Produktvarianten entstehen. Die vom Kunden gewünschten kurzfristigen Liefertermine bedingen eine große Absatzmarktflexibilität, die wiederum eine entsprechende Flexibilität in der Produktion voraussetzt.

Eine Federfabrik (von Eisenbahn-Pufferfedern bis zu kleinsten technischen Federn, aber ohne Uhr-Federn) produziert im mittelgroßen Betrieb etwa 20000 Endproduktarten. Diese Vielfalt wird aus technischen Gründen für die große Anzahl der Einsatzzwecke und -bedingungen benötigt. Eine mittelständische Kabelfabrik (für See- und Erdkabel bis zu Haushaltsleitungen, aber ohne Feindrähte) produziert trotz Normung annähernd 4000 Endprodukte. Ein größeres Unternehmen für Meß- und Regeltechnik muß über 3000 Endprodukte anbieten, z. B. für die Regelung von Kraftwerken und industriellen Prozessen (induktiv, elektronisch und pneumatisch). Zwar bildet nur ein Bruchteil die hauptsächlichen Umsatzträger, aber der Kunde will - sei es aus Haftungsgründen oder zur Vereinfachung seiner Produktion und Logistik - sämtliche Produkte eines Fachgebietes nur von einem Lieferanten beziehen, z. B. die komplizierten Kraftwerksregelungen. In diesem Fall ist zwar das Transportgewicht ziemlich unbedeutend, aber die Anzahl der Teile für Bezug, Lagerung, Zwischenlagerung und Transport innerhalb des Werksgeländes bis zu den Arbeitsstätten ist gegenüber den Schwergewichten der Stahl- oder Autoindustrie je Kunde unverändert.

Dazu kommt das Kommissioniersystem, was die Zusammensetzung verschiedener Lagerteile (Einzelteile, Einbauteile, Vorprodukte aus eigener oder fremder Fertigung) je Maschinen- oder Handarbeitsplatz für die Montage bezeichnet. Dabei ist die Anzahl der fertigungsorganisatorischen Typen beträchtlich; sie ist nicht nur vom Erzeugnis, sondern auch von der individuellen Fertigungsweise und deren Organisation abhängig.

Innerhalb einer Branche gibt es vor allem in mittelgroßen Unternehmungen erhebliche Unterschiede in der Fertigungs-Organisation, die historisch gewachsen sind und vielerlei Ursachen haben wie Finanzierung, Innovation, Automatisierungsgrad, Programmbreite, Qualität der Stamm-Belegschaft.

Über das Kommissioniersystem allein sind an der TU Berlin während der letzten Jahre mehrere technisch-wirtschaftliche Dissertationen erarbeitet worden. Die notwendigen empirischen Untersuchungen, die wissenschaftliche Durchdringung, die Verallgemeinerung der Erkenntnisse und die branchenmäßigen spezifischen Anwendungen sind außerordentlich diffizil. Dazu kommt die Automatisierung in Verbindung mit dem modernen Hochregallager für die automatisierte Lagerung, Beschickung und Entnahme sowie Kommissionierung. Über die automatisierten Lagerungssysteme allein gibt es zu Recht eine Anzahl von Dissertationen. Ebenso sind Dissertationen allein über innerbetriebliche Transportsystemtypen entstanden, die mehrere Einzelkomponenten (Transportmittel, Kapazität, Weg, Frequenz, abwechselndes Beschickungssortiment) und deren Abstimmung untereinander unter Beachtung von Begrenzungen und Präferenzen optimieren sollen. Bei diesen Dissertationen handelt es sich nicht um Einzelfälle auf der Basis empirischer Untersuchungen, sondern um die Weiterbildung von Anwendungstypen.

Schließlich ist an die Dauer der Kapitalbindung zu denken. Die Vorräte an Rohstoffen, Einzelteilen, Halb- und Fertigfabrikaten bilden im Industriebetrieb häufig 1/4 bis 1/3 der Bilanzsumme. Die Logistik benötigt einen wesentlichen Teil der gesamten Material-Verweilzeit im Unternehmen, wogegen die Produktionszeit gering ist.

Die Lieferanten werden möglichst in das Gesamtsystem durch Übersendung des Kunden-Produktionsprogramms einbezogen, um ihrerseits Kostenminderungen und niedrigere Verkaufspreise zu erzielen durch

(1) verbesserte Planung
(2) niedrigere Bestände
(3) zuverlässige zeitgerechte Lieferung, so daß der Abnehmer seinerseits mit relativ niedrigen Beständen auskommt und sich einer lagerlosen Produktionswirtschaft annähern kann.

In Praktiker-Sprache soll die Logistik 5 R (für richtig oder günstigst) erreichen: R-Menge, R-Sorte und Qualität, R-Zeitpunkt und R-Ort (Bedarf am Arbeitsplatz), R-Kosten (für Außen- und Innentransport sowie Lagerhaltung).

G. CAD (Computer Aided Design)

Dieses System soll erst am Ende des Beitrags behandelt werden, obwohl es funktionsmäßig am Anfang steht und die praktische Gewichtung offensichtlich ist. Aber die Substanz ist primär technischer und informatik-wissenschaftlicher Natur, nur das Endergebnis kann betriebswirtschaftlich ausgewertet werden.

Ende der 50er Jahre war in den USA das CAD-System modellmäßig vorführbereit. Die europäischen Besucher glaubten zuerst an einen „Türken", also an eine verblüffende Vorführung programmierter kostspieliger Einzelfälle, die als allgemeingültig verwertbar ausgegeben wurden. Die ersten Realisierungen präsentierten schlichte Anwendungsfälle. Bis zur Praxis-Reife, besonders bis zur flexiblen und wirtschaftlichen Anwendung auf komplexe Konstruktionen, vergingen noch viele Jahre. Anfangs fehlte es noch an beidem: der sehr aufwendigen hardware für die damals sehr teure große Rechnerkapazität und die sehr komplizierte software.

Die Konstruktion legt nach allgemeiner Schätzung 70% als Durchschnitt der Industrie-Branchen der Herstellkosten fest, obwohl sie selbst nur z. B. 10% der Herstellkosten ausmacht. Der Konstrukteur bestimmt im einzelnen die Materialien und die Bearbeitungsvorgänge durch Maschinen- und Handarbeit. Auf diese 70% hat der Betriebswirt keinen Einfluß, abgesehen von der markttechnisch bedingten Begrenzung der Gesamtkosten des Produktes. Für die Fertigungskosten im einzelnen ist nur der Ingenieur mit der Maschinentechnik für sämtliche Gestaltungen der Fertigungsorganisation bis zur flexiblen Transferstraße zuständig. Der Betriebswirt kann nur im nachhinein die Kosten für die verschiedenen Betriebsabrechnungszwecke erfassen; mit anderen Worten kann er im organisatorischen Fertigungsablauf nichts mehr ausrichten, es sei denn, er verfügt zusätzlich über eine Ingenieurausbildung, sei es in einem Simultan- oder Aufbaustudium (Wi-Ing).

CAD existiert bisher meist isoliert, d. h. es ist noch nicht in den Produktionsprozeß einbezogen. Dem stehen komplizierte Konstruktionsprodukte sowie die individuelle Computerarchitektur und Programmierung der Hersteller entgegen. Im Endstadium (Idealfall) entfällt auch das Erstellen der Konstruktionszeichnung (vom Plotter oder als Schirmbild-Foto); das output wird auf einer Kassette gespeichert, die ihrerseits die NC-Maschine steuert. Vorausgesetzt ist allerdings die Kompatibilität zwischen dem output des CAD-Systems und den komplexen Arbeitsmöglichkeiten der NC-Maschinen.

Zur Frage der künftigen Steuerhoheit der Europäischen Gemeinschaft

Prof. Dr. *Franz Klein*, Präsident des Bundesfinanzhofs

A. Die gegenwärtige Lage der Europäischen Gemeinschaft

Gegenwärtig bestehen immer wieder erhebliche Probleme, den Haushalt der Europäischen Gemeinschaft auszugleichen. Vor dem Agrarkompromiß und vor den Bemühungen des Finanzministerrats zur Deckung der Haushaltslücke im Jahre 1987 wurde das damalige Etatdefizit auf 10 bis 13 Mrd. DM beziffert. Die Ursache liegt vor allen Dingen in den ausgewucherten Agrarausgaben; sie ist aber auch in den wachsenden neuen Aufgaben der Gemeinschaft z.B. im Bereich der Forschungs- und Technologiepolitik oder der Strukturpolitik zu suchen. Diese Aufgaben werden im Zuge der bis 1992 geplanten Verwirklichung des europäischen Binnenmarktes erheblich zunehmen.

Bundeskanzler *Kohl* hat anläßlich der 20-Jahr-Feier des Bundesarbeitskreises Christlich Demokratischer Juristen am 6. Mai 1988 in Bonn gesagt: „Für die politische Zukunft Europas spielt das Europäische Parlament eine wesentliche Rolle. Warum soll es beispielsweise nicht möglich sein, durch Schaffung einer echten Gemeinschaftsabgabe dem Europäischen Parlament auch Verantwortung für die Einnahmeseite des Haushalts zu geben?“.

B. Angleichung der Steuersätze der indirekten Steuern

Neben der Schaffung einer Gemeinschaftsabgabe stellt auf dem Weg zum Binnenmarkt die Harmonisierung der indirekten Steuern das größte Problem dar. Die unterschiedlich hohe Besteuerung in den einzelnen Mitgliedsländern stellt derzeit einen der Hauptgründe für die Grenzkontrollen dar. Die Angleichung der Steuersätze wird damit zur Voraussetzung für den unbehinderten Warenaustausch.

Mit der Einführung der Mehrwertsteuer als erste gemeinsame Form der Umsatzsteuer wurde vor Jahren schon die Basis für eine Harmonisierung geschaffen. Nun geht es um die Höhe der Steuersätze. Sie variieren derzeit in der Gemeinschaft zwischen 0 und 38 v.H. In den meisten Mitgliedstaaten gibt es neben dem Normalsatz einen ermäßigten Steuersatz für wichtige Güter des täglichen Bedarfs, sowie einen höheren Luxussteuersatz. Der Regelsatz reicht von 12 v.H. in Luxemburg und Spanien bis 25 v.H. in Irland. Für bestimmte Güter des täglichen Bedarfs werden in Großbritannien und Irland gar keine Steuern erhoben; in Belgien dagegen bis zu 17 v.H. Beim Luxussteuersatz, den es nicht in allen EG-Ländern gibt (z.B. nicht in der Bundesrepublik), schießt Italien mit 38 v.H. den Vogel ab. Für diese unterschiedlichen Werte einen gemeinsamen Nenner zu finden, ist nicht leicht. Die EG-Kommission hat vorgeschlagen, sich künftig auf zwei Mehrwertsteuersätze zu beschränken - den Regelsatz und einen ermäßigten Satz. Sie geht außerdem davon aus, daß die Mehrwertsteuer innerhalb der EG nicht genau gleich hoch zu sein braucht. Eine Annäherung genüge.

Die Kommission ließ sich dabei von Erfahrungen in den USA leiten, wo die Verkaufssteuer der einzelnen Bundesstaaten um bis zu 5 v.H. differiert, ohne daß es zu Verzerrungen im Handelsverkehr kommt. Für den Normalsatz sieht die EG-Behörde deshalb eine Spanne zwischen 14 bis 20 v.H. vor, für den ermäßigten Satz (bestimmte Waren und Dienste für den Grundbedarf wie Lebensmittel, Heizung und Personenbeförderung) von 4 bis 9 v.H.

Jetzt steht die Mehrwertsteuer dem Staat zu, in dem die Waren letztendlich verbraucht werden. Beim grenzüberschreitenden Güteraustausch erfolgt eine Steuerrückerstattung im Ausfuhrland und eine erneute Belastung im Einfuhrland. Zur Abschaffung der Grenzkontrollen wird ein anderes System notwendig. Der Export soll künftig wie ein Inlandverkauf behandelt werden, wobei im Importland dann der Vorsteuerabzug erfolgt. Um sicherzustellen, daß die im Ausfuhrland erhobene und im einführenden Mitgliedstaat abgezogene Mehrwertsteuer dem Fiskus des Einfuhrlandes (wo der Endverbrauch stattfindet) zufließt, ist die Schaffung einer Clearingstelle geplant. Hier weist die Kommission auf schon bestehende internationale Clearingsysteme bei den Banken, Eisenbahnen oder Luftfahrtgesellschaften hin.

Die EG-Kommission will außerdem die spezifischen Verbrauchsteuern harmonisieren. Gegenwärtig existiert in den Mitgliedstaaten eine Vielzahl solcher Einzelsteuern, beispielsweise auf Tabak, Kaffee, Tee, Alkohol, Zucker, Salz, Zündhölzer, Wein, Mineralwasser oder Benzin. Brüssel möchte die spezifischen Steuern auf einige wenige Produkte begrenzen und die Höhe der Steuersätze harmonisieren. Dazu wurden vier Vorschläge gemacht, die sich auf Mineralöl, Zigaretten, sonstige Tabakwaren und Alkohol inklusive Wein und Bier beziehen. Die anderen spezifischen Verbrauchsteuern sollen abgeschafft werden.

Wie man sieht, ein weites Gebiet für die europäische Abgabengesetzgebung. Mit dieser Abgabengesetzgebung steht aber keineswegs die jeweilige Abgabe auch der EG zu. Da die Haushaltsprobleme nicht vorübergehender Art sind, tut Abhilfe not.

Die Schlußfolgerungen des Europäischen Rats von Brüssel am 11. und 12. Februar 1988 haben wichtige Veränderungen im Bereich der EG-Finanzverfassung und auch der EG-Agrarmarktpolitik gebracht. In der ersten Jahreshälfte 1988 mußten die notwendigen Rechtsakte auf EG-Ebene verabschiedet werden, um die politischen Beschlüsse für ein neues Finanzierungssystem, für die Haushaltsdisziplin und für die Stabilisatoren im Agrarbereich förmlich umzusetzen. Mit diesen Reformen sind wesentliche Voraussetzungen für eine solide Finanzwirtschaft der EG geschaffen worden.

C. Anforderungen an eine Finanzreform der EG

Wenn auch mit dem neuen Eigenmittelbeschluß - der noch der Zustimmung der nationalen Parlamente bedarf - der Finanzrahmen der Gemeinschaft auf 1,2 v.H. des Bruttosozialprodukts (BSP) erweitert wird, so kann doch noch nicht von einer Finanzreform der EG gesprochen werden, weil sie sich nur in einer bloßen Erhöhung der EG-Mittel erschöpft.

An eine wirkliche Finanzreform der EG sind drei Anforderungen zu stellen:

- Es muß eine dauerhafte Lösung gefunden werden. Ausscheiden sollten folglich Lösungen, von denen abzusehen ist, daß sie in einigen Jahren wiederum den Anforderungen nicht gerecht werden.
- Es muß eine möglichst gerechte Verteilung der Lasten unter den Mitgliedstaaten erfolgen. Das bedeutet, daß die reichen Länder verhältnismäßig mehr zu den Lasten beitragen müssen als die ärmeren.
- Das neue Finanzierungssystem sollte einen echten Fortschritt auf dem Wege zu einer europäischen Einigung bedeuten. Die Mitgliedstaaten der EG haben sich in der am 1. Juli d.J. in Kraft getretenen Einheitlichen Europäischen Akte auf das Ziel der Europäischen Union festgelegt. Es sollte daher nach Lösungen gesucht werden, die diesem Ziel näher kommen und nicht von ihm wegführen.

Diese letzte Anforderung wird nicht zwangsläufig schon dann erfüllt, wenn die EG-Finanzreform den ersten beiden der genannten Anforderungen genügt. Es sind auch dauerhafte und gerechte Lösungen denkbar, die zu einem System von Beiträgen der Mitgliedstaaten zurückführen. Es bedarf wohl keiner näheren Begründung, daß ein solches System, das bereits mit dem Beschluß des Rates vom 21. April 1970 über die Ersetzung der Finanzbeiträge der Mitgliedstaaten durch eigene Mittel der Gemeinschaft überwunden werden sollte, einen Rückschritt auf dem Wege zu einer europäischen Einigung bedeuten würde.

Soll die Finanzreform einen möglichen Fortschritt auf dem Wege zu einer europäischen Einigung darstellen, muß die Gemeinschaft mehr aus der Abhängigkeit von den Mitgliedstaaten gelöst werden. Das kann nur in der Weise geschehen, daß die Eigenmittel der Gemeinschaft verstärkt werden. Es müssen Wege gesucht werden, die EG stärker als bisher mit eigenen Steuereinnahmen auszustatten. Allerdings müssen solche Steuereinnahmen, die vom Gewicht her entscheidend zu einer dauerhaften Finanzierung der EG beitragen können, notwendig in Konkurrenz zu den nationalen Steuern treten oder auf deren Kosten gehen. Einfache und schnelle Lösungen wird es daher voraussichtlich nicht geben.

D. Erfahrungen aus der deutschen Verfassungsgeschichte

Die EG ist gegenwärtig noch weit von einer Europäischen Union oder gar von einem Bundesstaat entfernt. Wie schwierig aber selbst in einem Bundesstaat eine sachgerechte Steuerverteilung zwischen den verschiedenen Ebenen ist, zeigen im besonderen Maße die deutschen Erfahrungen seit 1871. Die Bundesrepublik Deutschland kann demgemäß als einziger Mitgliedstaat der EG mit einer föderalistischen Ordnung in besonderem Maße Erfahrungen in die Diskussion über ein neues Finanzsystem der Europäischen Gemeinschaft einbringen.

I. Das Finanzsystem nach der Reichsverfassung von 1871

Die Reichsverfassung vom 16. April 1871 beließ den Bundesstaaten (Ländern) gegenüber dem Reich finanzwirtschaftlich eine starke Stellung. Die ergiebigen und entwicklungsfähigen Hauptsteuern, insbesondere die direkten Steuern, standen den Ländern zu. Das Reich bekam nur die Zölle und die indirekten Steuern. Da das Reich daraus seinen Finanzbedarf nicht decken konnte, leisteten die Länder Matrikularbeiträge an das Reich. Zwar erhielt das Reich im Zuge der Entwicklung auch die Einnahmen aus einigen direkten Steuern, wie Tantiemestempel, Erbschaftsteuer und Talonsteuer, sowie einen Wehrbeitrag und die laufend erhobene Besitzsteuer. Im ersten Weltkrieg kamen die Kriegsteuer (eine einmalige Vermögenszuwachs- und Mehrgewinnsteuer) und die außerordentliche Kriegsabgabe (eine Steuer vom Mehreinkommen und Mehrgewinn) sowie neue Verbrauch- und Verkehrsteuern (darunter die Umsatzsteuer) hinzu. Das Reich blieb aber bis zuletzt von Matrikularbeiträgen der Länder abhängig. Es konnte wegen seiner unzureichenden Finanzausstattung seinen gestiegenen Verpflichtungen schließlich nur im Wege der Verschuldung gerecht werden. Die Schuldverpflichtungen des Reiches stiegen bereits in der Vorkriegszeit auf die damals beachtliche Höhe von 5 Mrd. Mark.

II. Die Weimarer Reichsverfassung

Während das Reich unter der Reichsverfassung von 1871 finanzwirtschaftlich eine verhältnismäßig schwache Stellung gegenüber den Ländern hatte, bestanden unter der Weimarer Reichsverfassung umgekehrte Verhältnisse. Das Reich hatte die Gesetzgebungskompetenz über die Abgaben und sonstigen Einnahmen, soweit sie ganz oder teilweise für seine Zwecke in Anspruch genommen wurden. Dies gab dem Reich die Möglichkeit zum Ausbau eines umfassenden Steuersystems. So wurden die Einkommensteuer, die Körperschaftsteuer, die Umsatzsteuer, die Erbschaftsteuer und die Grunderwerbsteuer Reichssteuern. Ferner wurden die Verbrauch- und Verkehrsteuern vom Reich erheblich ausgebaut. Den Ländern war damit weitgehend die Möglichkeit genommen, ihren Finanzbedarf durch selbst festgelegte Einnahmen zu decken. Das Reich beteiligte daher die Länder mit festen Hundertsätzen am Ertrag vor allem der Einkommen- und Körperschaftsteuer, der Umsatzsteuer, der Erbschaftsteuer, der Grunderwerbsteuer und der Kraftfahrzeugsteuer. Dabei wurden in die Beteiligung der Länder an der Einkommen-, Körperschaft- und Umsatzsteuer vertikale Ausgleichselemente (Ergänzungsanteil an steuerschwache Länder bei der Einkommen- und Körperschaftsteuer, teilweise Verteilung der Umsatzsteuer unter den Ländern nach der Einwohnerzahl) eingebaut.

III. Das Finanzsystem unseres Grundgesetzes

Das Grundgesetz hat als erste deutsche Verfassung eine umfassende Regelung des Finanzverfassungsrechts versucht, die Bund und Länder möglichst gleichberechtigt und sachgerecht am Gesamtertrag der nationalen Leistungen beteiligt. Bei den Beratungen im parlamentarischen Rat kam es dabei zu einschneidenden Einwirkungen der Alliierten, die von der Sorge um das Wiedererstehen eines zu starken Zentralstaates getragen waren. Das führte schließlich dazu, daß die Steueraufteilung zwischen Bund und Ländern zunächst nur vorläufig geregelt wurde. Art. 107 GG a.F. enthielt demgemäß den Verfassungsauftrag zur endgültigen Verteilung der der konkurrierenden Gesetzgebung des Bundes unterliegenden Steuern bis spätestens zum 31. Dezember 1954 durch einfaches Bundesgesetz mit Zustimmung des Bundesrates. Zur ersten großen Finanzverfassungsreform kam es dann 1955. Auch die hierdurch geschaffene Finanzverfassung erwies sich alsbald als unzureichend. 1969 erfolgte dann die zweite große Finanzreform, die zu der heute geltenden Finanzverfassung führte. Aber auch danach sind die verfassungspolitischen Diskussionen über die Finanzverfassung und etwa erforderliche Änderungen nicht verstummt.

Nach der gegenwärtigen Rechtslage sind Bundessteuern hauptsächlich die Zölle und die Verbrauchsteuern mit Ausnahme der Biersteuer. Den Ländern stehen die Vermögensteuer, die Erbschaftsteuer, die Kraftfahrzeugsteuer, die Biersteuer und die meisten Verkehrsteuern zu. Die Einkommen- und Körperschaftsteuer sowie die Umsatzsteuer sind Gemeinschaftssteuern von Bund und Ländern. Sie werden nach bestimmten Prozentsätzen auf Bund und Länder aufgeteilt.

Nach unseren deutschen Erfahrungen ist die sachgerechte Zuteilung von eigenen Steuereinnahmen also ein mühevoller und langer Weg. Auch bei der Ausstattung der EG mit eigenen Steuereinnahmen sind daher eher kleine und behutsame als große Schritte zu erwarten. Das darf aber nicht davon entbinden, über solche Schritte nachzudenken, um der europäischen Einigung näher zu kommen. Das bestehende Finanzierungssystem der EG muß daher eingehend in Richtung auf die Möglichkeiten zur Verstärkung der eigenen Steuereinnahmen der EG untersucht werden.

E. Die bisherige Finanzausstattung der EG

Maßgebend für die derzeitigen eigenen Mittel der Europäischen Gemeinschaft ist der Beschluß des Rates über das System der eigenen Mittel der Gemeinschaft vom 7. Mai 1985 (BGBl II 1691). Nach Art. 2 und 3 dieses Beschlusses stellen folgende Einnahmen eigene, in den Haushalt der Gemeinschaft einzusetzende Mittel dar:

- Abschöpfungen und andere Abgaben auf den Warenverkehr mit Nichtmitgliedstaaten, die von den Gemeinschaftsorganen im Rahmen der gemeinsamen Agrarpolitik oder im Rahmen der gemeinsamen Marktorganisation für Zucker vorgesehen sind,

- Zölle, die bei Einfuhr in die Gemeinschaft erhoben werden,
- bis zu 1,4 v.H. einer einheitlichen Bemessungsgrundlage der Mehrwertsteuer.

F. Mängel des bisherigen Systems

I. Keine Ertragshoheit der EG am Mehrwertsteueranteil

Obwohl der Beschluß des Rates über das System der eigenen Mittel der Gemeinschaft vom 7. Mai 1985 (siehe Art. 1 des Beschlusses) ebenso wie bereits der Beschluß des Rates vom 21. April 1970 über die Ersetzung der Finanzbeiträge der Mitgliedstaaten durch eigene Mittel der Gemeinschaft der EG eigene Mittel zuweisen will, ist dieses Ziel nur unvollkommen gelungen. Bei dem Mehrwertsteueranteil der EG handelt es sich nämlich nicht wirklich um eigene Einnahmen (eigene Steuergläubigerschaft) der Gemeinschaft. In der Bundesrepublik Deutschland, in der die Mehrwertsteuer Bund und Ländern gemeinsam zusteht, zeigt sich dies schon darin, daß die EG in der Ertragshoheit nicht gleichberechtigt neben Bund und Ländern steht. Der Mehrwertsteueranteil der EG wird daher nicht vorweg vor der Aufteilung auf Bund und Länder abgezogen, sondern er wird aus dem Steueranteil des Bundes aufgebracht.

Auch die anderen Mitgliedstaaten verstehen den Mehrwertsteueranteil weniger als etwas, das der EG kraft eigenen Rechts zusteht, sondern nach wie vor mehr als einen Finanzbeitrag des jeweiligen Landes. Deshalb ist in Art. 3 des Beschlusses des Rates über das System der eigenen Mittel der Gemeinschaft ein komplizierter Mechanismus zur Entlastung Großbritanniens vorgesehen. Außerdem gilt die gemeinschaftliche Bemessungsgrundlage der Mehrwertsteuer bisher nicht in allen Mitgliedstaaten. Griechenland, Spanien und Portugal wenden dieses System nicht an, sondern zahlen nationale Beiträge.

II. Keine unmittelbare Abhängigkeit der Mehrwertsteuerpflicht der Bürger von den Entscheidungen der EG

Für den Bürger in den Mitgliedstaaten der EG stellt sich der EG-Anteil an der Mehrwertsteuer lediglich als internes Verrechnungsproblem zwischen den Mitgliedstaaten und der EG dar. Die Höhe seiner Mehrwertsteuerpflicht ist allein von den Entscheidungen des nationalen Gesetzgebers abhängig. Die Höhe der Ausgaben der EG schlägt aus der Sicht des Bürgers daher allenfalls sehr entfernt auf die Höhe seiner Steuerpflicht durch.

G. Die Finanzverfassung der EG nach dem Ratsbeschluß vom 11. bis 13. Februar 1988

Mit dem neuen Eigenmittelbeschluß - der noch der Zustimmung der nationalen Parlamente bedarf - wird der Finanzrahmen der Gemeinschaft auf 1,2 v.H. des BSP erweitert. Bis 1992 stehen stufenweise jährliche Unterplafonds in Höhe von 1,15 v.H. (1988), 1,17 v.H. (1989), 1,18 v.H. (1990), 1,19 v.H. (1991) und 1,20 v.H. (1992) zur Verfügung; diese Unterplafonds enthalten Sicherheitsmargen von 0,03 v.H. BSP für unvorhergesehene Ausgaben. Bei voller Ausschöpfung der verfügbaren Unterplafonds ergäbe sich bis 1992 folgende Entwicklung der EG-Ausgaben:

1986:	72,8 Mrd. DM (Ist-Ausgaben)
1987:	73,2 Mrd. DM (Ist-Ausgaben)
1988:	92,8 Mrd. DM
1989:	100,3 Mrd. DM
1990:	107,1 Mrd. DM
1991:	114,6 Mrd. DM
1992:	122,8 Mrd. DM.

Neben den bisherigen drei Finanzierungsquellen Zölle, Agrarabschöpfungen und MWSt-Eigenmittel wird mit dem neuen Eigenmittelbeschluß eine 4. Finanzierungsquelle eingeführt; als Spitzenfinanzierung führen die Mitgliedstaaten Eigenmittelbeträge auf der Basis des Bruttosozialprodukts zu Marktpreisen ab. Bei der 3. Finanzierungsquelle (MWSt-Eigenmittel) wurde eine Modifikation beschlossen: die MWSt-Bemessungsgrundlage der einzelnen Mitgliedstaaten wird nur bis zu einer Höhe von 55 v.H. des nationalen BSP als Abführungsgrundlage berücksichtigt.

Auch die Ausgleichsregelung zugunsten des Vereinigten Königreichs wurde an das neue Finanzierungssystem angepaßt. Das Vereinigte Königreich erhält einen Ausgleich in bisheriger Höhe (66 v.H. der Differenz zwischen MWSt-Eigenmittelanteil und Rückflußanteil), muß sich jedoch die finanziellen Auswirkungen durch das neue Finanzierungssystem in voller Höhe anrechnen lassen. Die anderen Mitgliedstaaten finanzieren diesen Ausgleich anhand ihrer BSP-Anteile (bisher: MWSt-Eigenmittelanteile), wobei für drei Mitgliedstaaten Sonderregelungen beschlossen wurden; die Bundesrepublik Deutschland trägt zwei Drittel ihres eigentlichen Finanzierungsanteils, Spanien und Portugal erhalten Beitragserstattungen entsprechend den Beitrittsverträgen über die Ausgabenseite des EG-Haushalts.

Der neue Eigenmittelbeschluß regelt ferner die Übertragung des bisher den nationalen Haushalten zustehenden Aufkommens bei den EGKS-Zöllen auf den EG-Haushalt und ein neues Verfahren zur Abwicklung der Erhebungskosten bei den traditionellen Eigenmitteln (Zölle, Agrarabschöpfungen): Bisher führten die Mitgliedstaaten das Aufkommen an Zöllen und Agrarabschöpfungen in voller Höhe ab und erhielten anschließend - über die Ausgabenseite des EG-Haushalts - 10 v.H. als Erhebungskosten erstattet; nach dem neuen Verfahren behalten die Mitgliedstaaten 10 v.H. als Erhebungskosten ein, führen also nur 90 v.H. des Aufkommens an die Gemeinschaft ab. Auf diese Weise wird auf der Ausgabenseite zusätzlicher Spielraum für Sachpolitiken geschaffen.

Die festgelegte Orientierung an dem Bruttosozialprodukt der Mitgliedstaaten hat den großen Vorteil, daß sie zu einer gerechteren Lastenverteilung unter den Mitgliedstaaten führt. Sie hat aber den Nachteil, daß der Mehrwertsteueranteil der EG noch stärker den Charakter von wirklich eigenen Einnahmen der EG verliert. Ein von Mitgliedstaat zu Mitgliedstaat unterschiedlicher Anteil, der sich je nach Entwicklung des Bruttosozialprodukts verändert, weist von vornherein größere Nähe zu Finanzbeiträgen der Mitgliedstaaten als zu einer echten Ertragshoheit der EG auf. Auf dem Wege zu dem Ziel der Austattung der EG mit wirklich eigenen Einnahmen bringt der Vorschlag daher eher Rückschritte als Fortschritte.

H. Andere Ansätze

I. Grundsätzliches

(1) Will man die Ausstattung der EG mit wirklich eigenen Mitteln verstärken, müssen Wege gesucht werden, der EG neben den Zöllen und Abschöpfungen die Ertragshoheit an einer oder mehreren anderen Steuern oder Anteilen an Steuern zuzuweisen. Hier ist zunächst klarzustellen, daß die Ertragshoheit der EG nicht erfordert, daß die EG die betreffenden Steuern oder Steueranteile mit eigenen Behörden einzieht. Die Verwaltungskompetenz für eine Steuer sagt nach deutschem Verständnis nichts darüber aus, wem die Steuer als Steuergläubiger zusteht. So wird in der Bundesrepublik Deutschland z.B. die Biersteuer von Bundesfinanzbehörden verwaltet, steht aber den Ländern zu. Umgekehrt verwalten die Länder z.B. die Wechselsteuer, die dem Bund zusteht. Im übrigen bezieht der Bund seine Hauptsteuereinnahmen aus seinen Anteilen an der Einkommen- und Körperschaftsteuer sowie der Umsatzsteuer. Alle diese Steuern werden von Landesfinanzbehörden verwaltet, wenn auch im Auftrag des Bundes.

Nicht unbedingt notwendig ist auch eine Verknüpfung zwischen Ertragshoheit und Gesetzgebungszuständigkeit für die materielle Ausgestaltung der betreffenden Steuer. Bei uns hat der Bund die Gesetzgebungskompetenz für die weitaus meisten Landessteuern. Ebenso haben die Länder bei uns eine echte Ertragshoheit an ihren Anteilen an der Einkommen- und Körperschaftsteuer und an der Umsatzsteuer, obwohl der Bund die Gesetzgebungshoheit für diese Steuern hat.

Allerdings ist das bundesdeutsche Modell insoweit nicht ohne weiteres auf die EG übertragbar, als es sich bei der EG nicht um einen Bundesstaat handelt und die EG daher nicht vergleichsweise an der Gesetzgebung der Mitgliedstaaten mitwirkt wie die Länder über den Bundesrat an der Steuergesetzgebung des Bundes. Will man daher vermeiden, daß die eigenen Steuereinnahmen der EG weiterhin als bloßes internes Verrechnungsproblem zwischen Mitgliedstaaten und EG und damit letztlich doch als Finanzbeiträge der Mitgliedstaaten erscheinen, muß die EG unmittelbar dem Bürger gegenüber als Steuergesetzgeber in Erscheinung treten. Das kann in der Weise geschehen, daß die EG die gesamte Gesetzgebung für die betreffende Steuer einschließlich ihrer materiellen Ausgestaltung erhält. Es kann aber auch ausreichen, wenn die EG etwa durch ein Hebesatzrecht auf eine national festgesetzte Bemessungsgrundlage lediglich die Höhe der vom einzelnen Bürger zu entrichtenden Steuer unmittelbar beeinflussen kann.

(2) Eine Gesetzgebung der EG, die unmittelbar die vom einzelnen Bürger zu zahlende Steuerhöhe beeinflußt, kann allerdings nicht befürwortet werden, wenn die Gesetzgebung wie gegenwärtig durch den aus Regierungsvertretern der Mitgliedstaaten bestehenden Rat der EG ausgeübt wird. Steuergesetze mit ihren einschneidenden Wirkungen für den Bürger sollten nur durch Volksvertretungen mit unmittelbarer parlamentarischer Legitimation beschlossen werden können. Eine eigene Gesetzgebungshoheit der EG für ihr zu übertragende Steuern oder Steueranteile setzt daher eine stärkere Beteiligung des Europäischen Parlaments an dieser Gesetzgebung voraus. Die eher bescheidenen Fortschritte, die in dieser Hinsicht durch die Einheitliche Europäische Akte erzielt worden sind, reichen dafür nicht aus.

(3) Nicht in Betracht kommen kann außerdem, daß die EG ein praktisch unbegrenztes Zugriffsrecht auf alle möglichen Bemessungsgrundlagen nationaler Steuern oder ein unbeschränktes Steuerfindungsrecht erhält, wie es in Art. 71 Abs. 2 des vom Europäischen Parlament vorgelegten Entwurfs eines Vertrages zur Gründung der Europäischen Union vorgesehen ist. Ein solches generalklauselartiges Recht ist nicht einmal in einer zukünftigen Europäischen Union denkbar. Zu suchen ist demgemäß nach ganz bestimmten Steuern, die ganz oder zum Teil auf die EG übertragen werden können. Hier beginnen aber die eigentlichen Schwierigkeiten.

II. Kein Zugriff auf direkte Steuern

Ausscheiden bei dieser Suche nach Steuern, die ganz oder zum Teil auf die EG übertragen werden können, müssen wohl die direkten Steuern. Der gesamte Komplex der direkten Steuern ist in den einzelnen Mitgliedstaaten so unterschiedlich ausgestaltet und hat auch ein so unterschiedliches Gewicht im Rahmen der nationalen Steuersysteme, daß hier eine Harmonisierung, die bei einer völligen oder teilweisen Übertragung einer Steuer auf die EG zumindest weitgehend erfolgen müßte, gegenwärtig nicht in erreichbarer Sichtweite ist. Jedenfalls waren die Widerstände gegen Harmonisierungen in diesen Bereichen bisher so groß, daß mit einer Zustimmung der Mitgliedstaaten zur Übertragung von Hoheitsrechten nicht gerechnet werden kann.

III. Verbesserungen beim Mehrwertsteueranteil der EG

Da die EG bisher schon einen Mehrwertsteueranteil erhält, ist es am naheliegendsten, bei dieser Steuer nach Verbesserungen zu suchen. Die Mehrwertsteuer ist zudem eine Finanzierungsquelle, die sich zumindest weitgehend an der wirtschaftlichen Leistungsfähigkeit der Mitgliedstaaten orientiert.

Aus den Betrachtungen ausscheiden muß von vornherein ein Recht der EG zur Erhebung einer parallelen Mehrwertsteuer, die mit eigener Ausgestaltung neben die nationale Mehrwertsteuer treten würde. Eine solche Lösung würde zu einer weiteren erheblichen Komplizierung unseres Steuerrechts führen. Außer Acht bleiben kann auch ein Modell, wonach die EG die Gesetzgebung für die gesamte Mehrwertsteuer erhielte und die Mitgliedstaaten auf einen Anteil an der durch EG-Recht festgesetzten Steuer angewiesen wären. Die Durchsetzbarkeit eines solchen Modells ist gegenwärtig nicht vorstellbar.

Ernsthaft zu überlegen ist daher lediglich eine Lösung, bei der die Gesetzgebungskompetenz für die materielle Ausgestaltung der Mehrwertsteuer bei den Mitgliedstaaten verbleibt. Die EG kann dann nur ein Hebesatzrecht (möglicherweise in einem gewissen Rahmen) auf die Bemessungsgrundlage haben. Hierbei ist die Festlegung der Bemessungsgrundlage durch die EG kaum vorstellbar, aber auch nicht notwendig. Es geht vielmehr um die nationale Bemessungsgrundlage, auf die sowohl die EG einen Mehrwertsteuersatz als auch die Mitgliedstaaten einen nationalen Satz erheben. Das Modell ist folglich verhältnismäßig leicht realisierbar, da die völlige Harmonisierung der Bemessungsgrundlage nicht vorausgesetzt werden muß. Die Gesamtbelastung des Bürgers ist das Ergebnis beider Steuersätze auf die Bemessungsgrundlage. Ein erheblicher Nachteil dieses Modells liegt allerdings darin, daß nicht wie bisher eine Entlastung Großbritanniens möglich ist. Ein horizontaler Finanzausgleich, der naturgemäß zugunsten der finanzschwächeren Mitgliedstaaten geschaffen würde, könnte nicht wirtschaftsstarken Ländern zugute kommen und daher keine Entlastung Großbritanniens herbeiführen. Ein wesentlicher Vorteil liegt aber darin, daß bei Steuersatzänderungen die Verantwortlichkeit deutlicher als bisher wird.

IV. Übertragung von Sonderverbrauchsteuern

(1) Zu denken ist in erster Linie an eine Übertragung der Mineralölsteuer oder einer Benzinsteuer auf die EG. Hier wäre es denkbar, daß die EG auch die Gesetzgebung für die materielle Ausgestaltung der Steuer bekäme. Da die Mineralölsteuer eine aufkommensstarke Steuer ist, würde sie eine angemessene Dispositionsmasse für die EG darstellen können. Die EG würde mit der Mineralölsteuer zudem einen bedeutsamen Lenkungsfaktor für die Wirtschaft und die Umweltpolitik erhalten. Die Übertragung wäre schließlich ein erheblicher Beitrag zur Herstellung gleichmäßigerer Wettbewerbsbedingungen.

Gegen eine Übertragung der Mineralölsteuer spricht allerdings, daß in den Mitgliedstaaten erhebliche Unterschiede bei den Steuerbefreiungen und -ermäßigungen bestehen. Eine einheitliche Mineralölsteuer in der EG würde daher mit gravierenden Belastungsverschiebungen in den Mitgliedstaaten verbunden sein. Die Folgewirkungen sind kaum abschätzbar. Da eine Harmonisierung der Mineralölsteuer in der EG auch noch nicht in Angriff genommen worden ist, dürfte die Mineralölsteuer auf eine mittelfristige Sicht nicht als EG-Steuer in Frage kommen.

(2) In Betracht kommen könnte schließlich die Übertragung sonstiger Sonderverbrauchsteuern wie Tabaksteuer, Kaffee- und Teesteuer sowie Verbrauchsteuern

auf alkoholische Getränke. Eine Untersuchung der Auswirkungen der Übertragung dieser Steuern würde den Rahmen dieser Überlegungen sprengen. Diese Steuern haben aber auch bei weitem nicht das Volumen, um wie die Mineralölsteuer einen Mehrwertsteueranteil der EG ersetzen zu können. Die Übertragung einzelner dieser Steuern würde daher nichts an der Notwendigkeit eines Mehrwertsteueranteils der EG ändern. Die Probleme blieben also die gleichen, wie sie oben für die Mehrwertsteuer dargestellt worden sind.

I. Verbesserungsaussichten

Durchgreifende Verbesserungen der Steuerausstattung der EG mit eigenen Steuereinnahmen lassen sich folglich wohl am leichtesten mit einem Hebesatzrecht der EG für den Anteil an der Mehrwertsteuer erreichen. Die Durchsetzungsmöglichkeiten eines solchen Modells sind allerdings nicht als sehr hoch einzuschätzen.

Wie ausgeführt worden ist, müßte damit eine erhebliche Stärkung der Rechte des Europäischen Parlaments verbunden sein. Dies ist nach den Erfahrungen bei den Verhandlungen über die Einheitliche Europäische Akte zur Zeit aber nicht in allen Mitgliedstaaten der EG durchsetzbar. In der Bundesrepublik Deutschland würden erhebliche Finanzausgleichsprobleme entstehen. Bei einer echten Ertragshoheit der EG am Mehrwertsteueranteil könnte dieser nicht mehr zu Lasten des Bundesanteils gehen, sondern müßte vorweg vor der Aufteilung auf Bund und Länder abgezogen werden. Dies hätte erhebliche Auswirkungen auf die Finanzausstattung der Länder. Umgekehrt würde eine Übertragung der Mineralölsteuer auf die EG erhebliche Finanzausgleichsprobleme für den Bund mit sich bringen, da es sich um eine Bundessteuer handelt. Deshalb wären voraussichtlich nicht nur in anderen Mitgliedstaaten, sondern auch in der Bundesrepublik Deutschland erhebliche Widerstände zu erwarten.

Hinzu kommt schließlich die schon erwähnte Schwäche des Modells, daß die Lastenverteilungsgerechtigkeit zwischen reicheren und ärmeren Mitgliedstaaten geringer ist als bei den jetzigen Beschlüssen. Allerdings wäre hier eine Kombination möglich. So wäre es z.B. durchaus denkbar, daß die Mitgliedstaaten zu dem durch Hebesatz der EG festgesetzten (einheitlichen) Mehrwertsteueranteil Zusatzbeiträge abführen müßten, die am Bruttosozialprodukt ausgerichtet sind.

Zur Problematik der steuerrechtlichen Abschreibungen gem. § 254 HGB

Prof. Dr. *Karlheinz Küting*, Universität des Saarlandes

Problemstellung

Gem. § 254 Satz 1 HGB können Abschreibungen „auch vorgenommen werden, um Vermögensgegenstände des Anlage- oder Umlaufvermögens mit dem niedrigeren Wert anzusetzen, der auf einer nur steuerrechtlich zulässigen Abschreibung beruht". Der Sinn und Zweck dieser Vorschrift besteht einerseits darin, „die Einheit zwischen Handels- und Steuerbilanz soweit wie möglich zu wahren"[1]. Andererseits soll hierdurch sichergestellt werden, daß die Inanspruchnahme steuerrechtlicher Bewertungsvergünstigungen, deren Anerkennung bei der steuerrechtlichen Gewinnermittlung aufgrund der umgekehrten Maßgeblichkeit von einem entsprechenden Ausweis in der Handelsbilanz abhängig ist, nicht durch handelsrechtliche Vorschriften verhindert wird[2].

Jene Abschreibungen auf den „niedrigeren Wert..., der auf einer nur steuerrechtlich zulässigen Abschreibung beruht", waren nach altem Recht in §§ 154 Abs. 2 Nr. 2 und 155 Abs. 3 Nr. 2 AktG 1965 geregelt, um Gegenstände des Anlage- bzw. Umlaufvermögens mit dem niedrigeren Wert anzusetzen, der „für Zwecke der Steuern vom Einkommen und vom Ertrag für zulässig gehalten wird". In den maßgebenden Kommentierungen zum AktG 1965 wurden diese Abschreibungen offensichtlich nur deshalb fragmentarisch behandelt, weil sie in aller Regel - formal betrachtet - wie alle anderen Abschreibungen verrechnet und ausgewiesen wurden.

Eine völlig andere Situation stellt sich demgegenüber auf der Grundlage des neuen Rechts dar; denn nunmehr ist die im Schrifttum teilweise sehr kontrovers diskutierte Frage zu beantworten, wie jene steuerrechtlichen Abschreibungen i.S.v. § 254 HGB zu definieren und im einzelnen von den in § 253 HGB geregelten handelsrechtlichen Normalabschreibungen abzugrenzen sind. Die Beantwortung dieser Frage ist in zweifacher Hinsicht von großer praktischer Bedeutung:

(1) Im Unterschied zu handelsrechtlichen (planmäßigen und außerplanmäßigen) Normalabschreibungen, die lediglich auf der Aktivseite durch eine entsprechende Kürzung der Buchwerte der Vermögensgegenstände berücksichtigt werden dürfen, können steuerrechtliche Mehrabschreibungen gem. § 281 Abs. 1 HGB auf der Passivseite der Bilanz auch als Sonderposten mit Rücklageanteil bzw. in der GuV als „sonstige betriebliche Aufwendungen" ausgewiesen werden. Durch dieses allein für die Kategorie der steuerrechtlichen Abschreibungen bestehende Ausweiswahlrecht eröffnen sich - wie später zu zeigen ist - erhebliche bilanzpolitische Gestaltungsmöglichkeiten zur Beeinflussung der Vermögens-, Erfolgs- und Kapitalstruktur sowie der Bilanzsumme.

(2) Mit der Inanspruchnahme steuerrechtlicher Abschreibungen ist im Vergleich zu den handelsrechtlichen Normalabschreibungen eine wesentlich detailliertere Berichterstattung verbunden. So muß nach § 281 Abs. 2 Satz 1 HGB der Be-

---

[1] BT-Drucks. 10/317, S. 90.

[2] Vgl. BT-Drucks. IV/3269, S. 31.

trag der steuerrechtlichen Abschreibungen angegeben und hinreichend begründet werden. Darüber hinaus sind das Ausmaß, in dem das Jahresergebnis durch jene im Geschäftsjahr und in früheren Geschäftsjahren vorgenommenen Abschreibungen beeinflußt wurde, sowie ferner das Ausmaß erheblicher künftiger Belastungen, die sich hieraus ergeben, nach § 285 Nr. 5 HGB im Anhang anzugeben.

Vor diesem Hintergrund beschäftigt sich der vorliegende Beitrag zunächst mit dem Begriff und der Problematik der Ermittlung der steuerrechtlichen Abschreibungen i.S.v. § 254 HGB. Er stellt sodann die bilanzpolitische Bedeutung dieser Abschreibungskategorie heraus und skizziert schließlich, wie jene Abschreibungen im Rahmen der Konzernrechnungslegung behandelt werden.

A. Grundlagen

I. Begriffsbestimmung

Im Rahmen der Begriffsbestimmung sind zwei Problemkreise zu behandeln:

(1) Die Definition und Bezeichnung der in § 254 HGB geregelten steuerrechtlichen Abschreibungen;

(2) die Bestimmung und Bezeichnung des Unterschiedsbetrags zwischen der nach § 253 i.V.m. § 279 HGB und der nach § 254 HGB zulässigen Bewertung, der nach neuem Recht ausdrücklich in den Sonderposten mit Rücklageanteil eingestellt werden darf.

Die Diskussion um den Begriff der in § 254 HGB geregelten Abschreibungen auf den „niedrigeren Wert..., der auf einer nur steuerrechtlich zulässigen Abschreibung beruht", wird in der Literatur mit einer Vielzahl unterschiedlicher Bezeichnungen geführt. So werden derartige Abschreibungen u.a. als „Abschreibungen nach Steuerrecht"[3], „steuerrechtliche Mehrabschreibungen"[4], „steuerliche Sonderabschreibungen"[5] oder „nur steuerlich zulässige Abschreibungen"[6] bezeichnet. Ebenso wie sich bisher keine einheitliche Begriffsbestimmung für jene steuerrechtlichen Ab-

---

[3] *Biener, H./Berneke, W.*, Bilanzrichtlinien-Gesetz, Düsseldorf 1986, S. 108; BT-Drucks. 10/4268, S. 100.

[4] *Tietze, H.* in: *Küting, K./Weber, C.-P.* (Hrsg.), Handbuch der Rechnungslegung, Kommentar zur Bilanzierung und Prüfung, 2. Aufl., Stuttgart 1987, § 281 HGB, Rn. 3; *Groh, M.*, Das werdende Bilanzrecht in steuerlicher Sicht, in: DB 1985, S. 1851.

[5] *Bockholt, H.*u.a., Praktisches Lehrbuch Rechnungswesen, Landsberg am Lech 1986, S. 109; *Glade, A.*, Rechnungslegung und Prüfung nach dem Bilanzrichtlinien-Gesetz, Herne/Berlin 1986, § 281 HGB, Tz. 11ff.

[6] *Adler/Düring/Schmaltz*, Rechnungslegung und Prüfung der Unternehmen, 5. Aufl., Stuttgart 1987, § 254 HGB, Tz. 11; *Clemm, H./Pankow, M.*, Die nur steuerrechtlich zulässigen Abschreibungen i.S.v. § 254 HGB als Mehrbeträge gegenüber den Abschreibungen nach § 253 Abs. 1 bis 3 HGB, in: ZfB-Ergänzungsheft 1/1987, S. 83.

schreibungen i.S.v. § 254 HGB durchgesetzt hat, werden auch Inhalt und Ermittlung dieser Abschreibungen im Schrifttum kontrovers diskutiert.

Im Unterschied zu der von *Adler/Düring/Schmaltz*[7] und *Clemm/Pankow*[8] zugrunde gelegten Terminologie werden die nach § 254 HGB vorgenommenen Abschreibungen hier nicht als „nur steuerrechtlich zulässige Abschreibungen" bezeichnet. Diese Begriffsbestimmung würde dem Wesen derartiger Abschreibungen nicht gerecht; denn die Formulierung „nur" steuerrechtlich zulässige Abschreibung vermittelt den Eindruck, als seien steuerrechtliche Abschreibungen i.S.v. § 254 HGB in voller Höhe handelsrechtlich an sich nicht zulässig. Dies ist jedoch nicht der Fall; es sind vielmehr - wie später zu zeigen sein wird - Sachverhalte denkbar, in denen die nach § 254 HGB vorgenommenen Abschreibungen zumindest teilweise Abschreibungsbeträge enthalten, die auch ohne eine Bezugnahme auf die Regelung des § 254 HGB in der Handelsbilanz verrechnet werden könnten.

Der von *Glade*[9] gewählte Begriff der „steuerlichen Sonderabschreibungen" als Oberbegriff für jene Abschreibungen nach § 254 HGB ist terminologisch nicht präzise; denn der insbesondere in den Vorschriften des EStG und der EStDV für bestimmte subventionelle Bewertungsvergünstigungen verwendete Begriff der „Sonderabschreibung"[10] stellt - neben den „erhöhten Absetzungen" und „Bewertungsabschlägen" etc. - lediglich eine mögliche Abschreibungskategorie der „nur steuerrechtlich zulässigen Abschreibungen" i.S.v. § 254 HGB dar. Der Begriff „steuerliche Sonderabschreibungen" ist folglich zu eng und wird daher abgelehnt.

Hier wird eine andere Begriffsbestimmung zugrunde gelegt. Steuerrechtliche Abschreibungen i.S.v. § 254 HGB umfassen - vereinfacht formuliert - solche Abwertungen auf einen rein steuerrechtlich bedingten niedrigeren Wert, die an sich handelsrechtlich nicht begründet werden können. Handelsrechtlich begründete Abschreibungen auf Gegenstände des Anlage- und Umlaufvermögens können sich aber nur aus den sie konkretisierenden Regelungen des § 253 Abs. 2, 3 und 4 i.V.m. § 279 Abs. 1 HGB ergeben. Die nach § 254 HGB vorgenommenen Abschreibungen sind folglich vom Grundsatz her dadurch charakterisiert, daß sie über die nach § 253 i.V.m. § 279 Abs. 1 HGB zulässigen bzw. tatsächlich vorgenommenen Abschreibungen hinausgehen.

Jene Abschreibungen führen m.a.W. grundsätzlich dazu, daß unter Berücksichtigung steuerrechtlicher Vorschriften ein „Mehrbetrag", d.h. ein vergleichsweise höherer Abschreibungsaufwand, verrechnet werden kann als bei einer allein nach handelsrechtlichen Grundsätzen vorgenommenen Bewertung. Um den besonderen Charakter derartiger „Zusatz"-Abschreibungen bereits durch ihre Bezeichnung zum Ausdruck zu bringen, sollen sie im folgenden als „steuerrechtlich bedingte Mehrabschreibungen"[11] bzw. kurz als „steuerrechtliche Mehrabschreibun-

---

[7] A.a.O., § 254 HGB, Tz. 12 und 17.

[8] A.a.O., S. 83.

[9] A.a.O., § 281 HGB, Tz. 11ff.; vgl. auch die Geschäftsberichte der *Metallgesellschaft AG* 1986/87, S. 55; *LEW AG* 1986/87, S. 33; *RWE AG* 1986/87, S. 54.

[10] Vgl. z.B. §§ 7a, 7e-g EStG; §§ 82d und f EStDV.

[11] So auch *Selchert, F. W.*, Jahresabschlußprüfung der Kapitalgesellschaften, Wiesbaden 1988, S. 476.

gen"[12] bezeichnet werden. Wird demgegenüber der Begriff der handelsrechtlichen „Normalabschreibungen" verwendet, handelt es sich um Abschreibungen gem. § 253 i.V.m. § 279 Abs. 1 HGB.

Und schließlich sollen hier unter den Begriff der „nur steuerrechtlich zulässigen Bewertung" solche Bewertungsmaßnahmen subsumiert werden, die allein im Steuerrecht ausdrücklich geregelt sind. Nur steuerrechtlich zulässige Wertansätze sind somit um die gesamten Abschreibungen gekürzt, die aufgrund einer steuerrechtlichen Vorschrift in Anspruch genommen wurden.

II. Ermittlung der steuerrechtlichen Mehrabschreibung

Der Zusammenhang zwischen „steuerrechtlicher Mehrabschreibung", „handelsrechtlicher Normalabschreibung" und „nur steuerrechtlich zulässiger Bewertung" soll nunmehr am Beispiel der sog. Umweltschutzabschreibung nach § 7d EStG verdeutlicht werden.

Übersicht 1: Bestimmung der steuerrechtlichen Mehrabschreibung

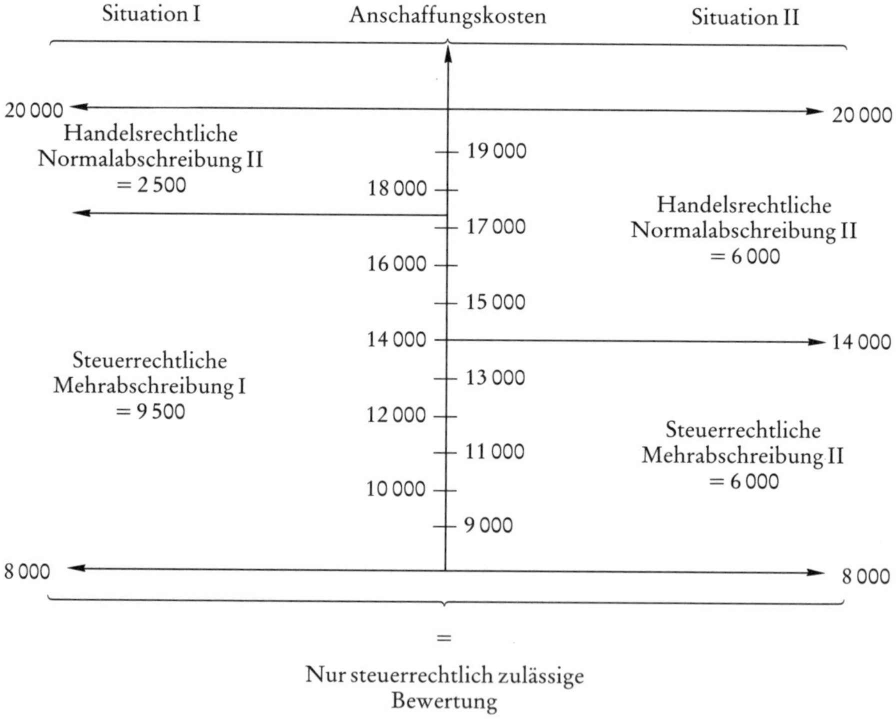

[12] Vgl. auch *Tietze*, in: *Küting/Weber*, a.a.O., § 281 HGB, Rn. 3; *Heidelberger Druckmaschinen AG*, Geschäftsbericht 1986, S. 25.

Gem. § 7d EStG kann der Steuerpflichtige im Wirtschaftsjahr der Anschaffung oder Herstellung bis zu 60% und in den folgenden Wirtschaftsjahren bis zur vollen Absetzung jeweils bis zu 10% der Anschaffungs- oder Herstellungskosten absetzen. Von dieser Möglichkeit soll der Steuerpflichtige bei einem Vermögensgegenstand, dessen Anschaffungskosten 20000 DM betragen, in vollem Umfang Gebrauch machen. Bei einer planmäßigen handelsrechtlichen Normalabschreibung wäre der Bilanzierende von einer voraussichtlichen betriebsgewöhnlichen Nutzungsdauer von 8 Jahren ausgegangen und hätte linear abgeschrieben. Gem. § 7d EStG schreibt er im 1. Jahr 12000 (= 0,6 × 20000) ab, während die handelsrechtliche Normalabschreibung 2500 (= 20000 : 8) betragen hätte. Die steuerrechtliche Mehrabschreibung beträgt in diesem Fall 9500 (12000 − 2500).

Die Konzeption des neuen Bilanzrechts erfordert - vgl. Situation I der *Übersicht 1* - stets eine „zweifache Bewertung"[13] zur Bestimmung des Umfangs der steuerrechtlichen Mehrabschreibung. Danach sind zum einen der auf einer nur steuerrechtlich zulässigen Bewertung beruhende niedrigere Wert (8000) und zum anderen der lediglich um handelsrechtliche Normalabschreibungen gekürzte höhere Wert (17500) zu ermitteln. Aus der Differenz zwischen dem Gesamtbetrag der nur steuerrechtlich zulässigen Bewertung und der handelsrechtlichen Normalabschreibung errechnet sich schließlich die steuerrechtliche Mehrabschreibung (9500). Damit wird deutlich, daß nicht die insgesamt aufgrund steuerrechtlicher Vorschriften vorgenommene Abschreibung, sondern allein der positive Unterschiedsbetrag zwischen der höheren nur steuerrechtlich zulässigen Abschreibung und der niedrigeren handelsrechtlichen Normalabschreibung eine steuerrechtliche Mehrabschreibung i.S.v. § 254 HGB darstellt.

Bei der aufgezeigten betragsmäßigen Ermittlung der steuerrechtlichen Mehrabschreibung können sich Probleme daraus ergeben, daß der Umfang der handelsrechtlichen Normalabschreibung nicht exakt fixiert ist und hier Wahlrechte und Ermessensspielräume gegeben sind. Je nach Ausnutzung dieser Wahlrechte und Spielräume stellt sich daher die steuerrechtliche Mehrabschreibung als verbleibende Restgröße zwischen dem insgesamt verrechneten Abschreibungsbetrag und der handelsrechtlichen Abschreibung in unterschiedlicher Höhe dar. Wird z.B. im vorliegenden Fall unterstellt (vgl. Situation II), daß der Bilanzierende anstelle der linearen auch die degressive Abschreibung in Höhe von 30% der Anschaffungskosten und damit die handelsrechtliche Normalabschreibung in Höhe von 6000 vornehmen könnte, ermittelt sich die steuerrechtliche Mehrabschreibung aus der positiven Differenz der Wertansätze 14000 und 8000. Wie *Übersicht 1* verdeutlicht, beträgt die steuerrechtliche Mehrabschreibung II in diesem Fall nur noch 6000.

Entscheidet sich der Bilanzierende letztlich für die Normalabschreibung I (2500), obwohl er ebenso die Normalabschreibung II (6000) wählen könnte, so wird deutlich, daß die insgesamt sich ergebende Mehrabschreibung I (9500) nicht in voller Höhe „nur steuerrechtlich zulässig" ist. Sie enthält vielmehr in Höhe der Differenz zwischen beiden Normalabschreibungen einen Abschreibungsbetrag (3500), der an sich auch nach § 253 Abs. 2 HGB zulässig wäre. Lediglich der über

---

[13] *Adler/Düring/Schmaltz*, a.a.O., § 254 HGB, Tz. 16; *Pankow, M./Gutike, H. J.*, in: Beck'scher Bilanz-Kommentar, München 1986, § 281 HGB, Anm. 2.

die Normalabschreibung II hinausgehende Abschreibungsbetrag in Höhe von 6000 (12000 – 6000) ist somit im Grunde genommen als „nur steuerrechtlich zulässig" i.S.v. § 254 HGB anzusehen; denn ohne die Regelung des § 254 HGB könnten in dieser Höhe weder handels- noch steuerrechtlich entsprechende Abschreibungsbeträge verrechnet werden.

Wie das vorliegende Beispiel zeigt, können steuerrechtliche Mehrabschreibungen somit in den Fällen, in denen das Handelsrecht Bewertungswahlrechte bzw. Ermessenspielräume gewährt, Abschreibungsbeträge enthalten, die an sich auch handelsrechtlich zulässig wären. Aus diesem Grunde werden jene unter Berufung auf § 254 HGB vorgenommenen Abschreibungen - wie oben ausgeführt - hier auch nicht als „nur steuerrechtlich zulässige Abschreibungen", sondern zweckmäßigerweise als „steuerrechtlich bedingte Mehrabschreibungen" bezeichnet.

Im Unterschied zu der hier zugrunde gelegten Begriffsbestimmung ermitteln sich steuerrechtliche Mehrabschreibungen nach der von *Clemm/Pankow* vertretenen Auffassung „durch Subtraktion der höchstzulässigen nichtsteuerlichen Abschreibungen von den steuerrechtlich zulässigen Abschreibungen"[14]. Auf den vorliegenden Fall bezogen, hätte diese Betrachtungsweise zur Folge, daß allein die Differenz (6000) zwischen der erhöhten Absetzung gem. 7d EStG (12000) und der - hier in Form der degressiven Abschreibung unterstellten - höchstzulässigen nichtsteuerlichen Abschreibung (6000) eine steuerrechtliche Mehrabschreibung i.S.v. § 254 HGB darstellte.

Dies hätte zwar den Vorteil, daß nur solche Beträge als Abschreibungen i.S.v. § 254 HGB verrechnet und in die Angaben gem. den §§ 281 Abs. 2 Satz 1 und 285 Nr. 5 HGB einbezogen würden, die ohne die Regelung des § 254 HGB in der Handelsbilanz nicht zum Ansatz kämen. Die von *Clemm/Pankow* vertretene Auffassung wird hier dennoch u.a. aus Praktikabilitätsgründen abgelehnt; denn hiernach wäre zur Ermittlung der so definierten steuerrechtlichen Mehrabschreibung stets eine „dreifache Bewertung" erforderlich:

(1) Zunächst müßte die ursprünglich geplante und ohne die Inanspruchnahme des § 254 HGB sonst vorgenommene Normalabschreibung I (2500) ermittelt werden;
(2) sodann wäre die nach § 253 i.V.m. § 279 Abs. 1 HGB höchstzulässige Normalabschreibung II (6000) zu berechnen und diese schließlich
(3) von der insgesamt steuerrechtlich zulässigen Abschreibung (12000) zu subtrahieren.

Das Ergebnis dieser Rechenoperation in Höhe von 6000 wäre dann als steuerrechtliche Mehrabschreibung i.S.v. § 254 HGB anzusehen. Diese Ermittlungsmethode führt gegenüber der hier präferierten „zweifachen Bewertung" zweifellos zu einer komplizierteren und aufwendigeren Abschreibungspraxis, die in vielen Fällen mit dem Grundsatz der Wirtschaftlichkeit kaum noch zu rechtfertigen wäre.

---

[14] *Clemm, H./Pankow, M.*, a.a.O., S. 90 („Nichtsteuerliche Abschreibungen" sind nach der Terminologie von *Clemm/Pankow* Abschreibungen nach § 253 Abs. 1, 2 und 3 HGB); im Ergebnis gl. A. bereits *Müller, E.*, Abschreibungen und Sonderposten mit Rücklageanteil nach dem Entwurf eines Bilanzrichtlinien-Gesetzes, in: DB 1984, S. 197ff.

Darüber hinaus ist in Frage zu stellen, ob die nach handelsrechtlichen Grundsätzen höchstzulässige Abschreibung angesichts der erheblichen Ermessensspielräume und Unsicherheiten, die mit der Ermittlung dieser Größe verbunden sind, überhaupt exakt bestimmt werden kann.

Vor diesem Hintergrund wird die Auffassung, daß bei der Ermittlung der steuerrechtlichen Mehrabschreibung stets der nach handelsrechtlichen Grundsätzen niedrigstmögliche Wertansatz bzw. die höchstzulässige Normalabschreibung zugrunde zu legen ist, nicht geteilt. Die handelsrechtliche Wertuntergrenze ist vielmehr betriebsindividuell zu bestimmen, so daß bei der Ermittlung der steuerrechtlichen Mehrabschreibung von denjenigen handelsrechtlichen Abschreibungsmethoden, -sätzen und Nutzungsdauern ausgegangen werden darf, die auch ohne die Inanspruchnahme der betreffenden Bewertungsvergünstigung Anwendung finden könnten[15].

Damit kann aber der Fall eintreten, daß z.B. bei einem der Abnutzung unterliegenden Vermögensgegenstand gleich mehrere Abschreibungsmethoden und insoweit auch unterschiedlich hohe handelsrechtliche Vergleichswerte in Betracht kommen können. In dieser Situation steht es dem Bilanzierenden grundsätzlich frei, bei der Bemessung der Normalabschreibung den handelsrechtlich niedrigst- oder höchstmöglichen Wertansatz oder aber einen Zwischenwert zugrunde zu legen. Der Umfang der steuerrechtlichen Mehrabschreibung hängt somit entscheidend davon ab, welcher fiktive Vergleichswert der nur steuerrechtlich zulässigen Bewertung gegenübergestellt wird. Hierdurch ergeben sich zugleich erhebliche bilanzpolitische Gestaltungsmöglichkeiten.

III. Abgrenzung von handels- und steuerrechtlichen Abschreibungen

1. Allgemeine Abgrenzung

Nach dem Wortlaut des § 254 Satz 1 HGB ist auf der Grundlage dieser Vorschrift lediglich der Ansatz solcher niedrigerer Werte erlaubt, die auf einer „nur" steuerrechtlich zulässigen Abschreibung beruhen. Die Formulierung „nur" ist auf den Wortlaut der Art. 35 Abs. 1 d und 39 Abs. 1 c der 4. EG-Richtlinie zurückzuführen, die ein entsprechendes Mitgliedstaatenwahlrecht einräumten, „außerordentliche Wertberichtigungen allein für die Anwendung von Steuervorschriften" zu gestatten.

Die Formulierungen „nur" bzw. „allein" implizieren, daß jene Abschreibungen, die sowohl handels- als auch steuerrechtlich zulässig sind, keine nur steuerrechtlich zulässige Bewertung i.S.v. § 254 HGB und damit auch keine „steuerrechtliche

---

[15] Gl. A. *Adler/Düring/Schmaltz*, a.a.O., § 254 HGB, Tz. 12 zur Ablehnung der Auffassung von *Clemm, H./Pankow, M.*, a.a.O., S. 84. Vgl. in diesem Sinne auch die Geschäftsberichte der *Mannesmann AG* 1986, S. 46 und 49; *LEW AG* 1986/87, S. 29; *RWE AG* 1986/87, S. 49, in denen darauf hingewiesen wird, daß für die Bemessung der steuerrechtlichen Mehrabschreibungen lineare Normalabschreibungen zugrunde gelegt wurden, während ansonsten grundsätzlich degressiv abgeschrieben wird.

Mehrabschreibung" begründen können. Positiv formuliert heißt dies, daß eine im Steuerrecht ausdrücklich geregelte Abschreibung lediglich dann als „nur" steuerrechtlich zulässig zu klassifizieren ist, wenn ihr keine oder nur eine geringere handelsrechtliche Abschreibung gegenübersteht. Dabei ist festzustellen, daß nicht jede ausschließlich im Steuerrecht explizit geregelte Abschreibung zwangsläufig auch den Tatbestand einer „nur" steuerrechtlich zulässigen Bewertung erfüllt. Vielmehr ist für jeden Einzelfall zu prüfen, ob der steuerrechtlichen Abschreibungsregelung eine korrespondierende Abschreibung im Handelsrecht gegenübersteht.

Übersicht 2 zeigt einen Vergleich der Abschreibungsarten im Handels- und im Steuerrecht und verdeutlicht, daß das Handels- und Steuerrecht „noch immer eine unterschiedliche Terminologie verwenden, obwohl sie dieselbe Sache regeln"[16]:

Übersicht 2: Abschreibungen im Handels- und im Steuerrecht

Handelsrecht	Steuerrecht
(1) Planmäßige Abschreibungen (§ 253 Abs. 2 Satz 1)	(1) Absetzungen • für betriebsgewöhnliche Abnutzung (AfA) (§ 7 Abs. 1 Satz 1 bis 3 EStG) • für Substanzverringerung (AfS) (§ 7 Abs. 6 EStG)
(2) Außerplanmäßige Abschreibungen (§ 253 Abs. 2 Satz 3, beachte § 279 Abs. 1 Satz 2); (§ 253 Abs. 3)*; (§ 253 Abs. 4, beachte § 279 Abs. 1 Satz 1)	(2) Außerplanmäßige Absetzungen • Absetzungen für außergewöhnliche technische oder wirtschaftliche Abnutzung (AfaA) (§ 7 Abs. 1 letzter Satz EStG) • Teilwertabschreibung (§ 6 Abs. 1 EStG)
(3) Außerplanmäßige Abschreibungen auf den niedrigeren steuerrechtlich zulässigen Wert (§ 254, beachte § 279 Abs. 2)	(3) Steuerrechtliche Sonderabschreibungen, erhöhte Absetzungen, Bewertungsabschläge (geregelt im EStG, z.B. § 7d u.a., in der EStDV und verschiedenen Spezialgesetzen)

* Die handelsrechtliche Möglichkeit, beim Umlaufvermögen unter bestimmten Voraussetzungen gemäß § 253 Abs. 3 Satz 3 auf einen unter dem Börsen- oder Markpreis oder auf einen unter dem beizulegenden Wert liegenden Wertansatz herabzugehen, gilt wegen des steuerrechtlichen Bewertungsvorbehalts (vgl. § 5 Abs. 4 EStG) nicht. Es wird allerdings, um Zufallsergebnisse auszuschalten, in der Steuerbilanz zugelassen, daß bei Waren, deren Preise stark schwanken, die Preisentwicklung an den internationalen Märkten etwa vier bis sechs Wochen vor und nach dem Bilanzstichtag berücksichtigt wird.

(1) Der planmäßigen Abschreibung des Handelsrechts entspricht die Absetzung für Abnutzung (AfA) und die Absetzung für Substanzverringerung (AfS) im Steuerrecht.
(2) Der außerplanmäßigen Abschreibung des Handelsrechts entsprechen - mit Ausnahme der steuerrechtlichen Abschreibung nach § 254 HGB - die Abset-

[16] *Wöhe, G.*, Betriebswirtschaftliche Steuerlehre. Der Einfluß der Besteuerung auf das Rechnungswesen des Betriebes. Steuerbilanz - Vermögensaufstellung - Steuerliche Betriebsprüfung, Bd. I, Halbbd. 2, 6. Aufl., München 1986, S. 189.

zung für außergewöhnliche technische oder wirtschaftliche Abnutzung (AfaA) und die Teilwertabschreibung.

Mit *Wöhe*[17] wird hier die Ansicht vertreten, daß die Teilwertabschreibungen in aller Regel nicht zu den Abschreibungen auf den niedrigeren steuerrechtlich zulässigen Wert i.S.v. § 254 zu rechnen sind. Vielmehr stellen Teilwertabschreibungen vom Grundsatz her auch handelsrechtlich zulässige Abschreibungen dar. Sie sind nichts anderes als das Resultat einer bereits tatsächlich eingetretenen Wertminderung aufgrund eines niedrigeren Börsen- oder Marktpreises bzw. beizulegenden Werts am Abschlußstichtag[18]; d.h., daß der Teilwert und der niedrigere beizulegende Wert i.S.d. § 253 Abs. 2 Satz 3 und Abs. 3 Satz 1 und 2 der Sache nach deckungsgleich sind.

Der Höhe nach können sich allerdings Unterschiede ergeben, weil im Rahmen der Teilwertermittlung definitionsgemäß im Umlaufvermögen auch zukünftige Gewinnerwartungen des fiktiven Erwerbers des Gesamtbetriebs zu berücksichtigen sind, die im Rahmen der verlustfreien Bewertung nach handelsrechtlichen Grundsätzen unberücksichtigt zu bleiben haben[19].

(3) Den nur steuerrechtlich zulässigen Abschreibungen i.S.v. § 254 im Handelsrecht entsprechen die in Form von Sonderabschreibungen, erhöhten Absetzungen und Bewertungsabschlägen gewährten subventionellen Bewertungsvergünstigungen im Steuerrecht. *Übersicht 3* enthält im übrigen die zur Zeit wichtigsten subventionellen Bewertungsvergünstigungen. Sie erhebt keinen Anspruch auf Vollständigkeit, da bestehende steuerrechtliche Abschreibungsmöglichkeiten je nach wirtschaftspolitischer Lage häufig zeitlich begrenzt bzw. kurzfristig neu eingeräumt werden.

Beim Bewertungsabschlag ist die Vergünstigung nicht - wie bei den beiden anderen Unterkategorien - auf mehrere Jahre verteilt; vielmehr erfolgt hier eine einmalige Wertkorrektur der Anschaffungs- bzw. der Herstellungskosten. Bei den sich über mehrere Perioden erstreckenden Wertkorrekturen ist dagegen zwischen Sonderabschreibungen und erhöhten Abschreibungen zu unterscheiden. Wird die Bewertungsvergünstigung statt der Absetzung für betriebsgewöhnliche Abnutzung (§ 7 Abs. 1 Sätze 1 bis 3 oder Abs. 4 EStG) oder statt der Absetzung für Substanzverringerung (§ 7 Abs. 1 Satz 4 EStG) gewährt, so spricht das Gesetz in aller Regel von erhöhten Abschreibungen, während Sonderabschreibungen i.d.R. neben der planmäßigen AfA nach § 7 EStG zugelassen werden.

2. *Subventionelle Bewertungsvergünstigungen*

Den klassischen bzw. typischen Fall der unter die Kategorie der steuerrechtlichen Abschreibungen i.S.v. § 254 HGB zu subsumierenden Bewertungsmaßnahmen stellen subventionelle Bewertungsvergünstigungen dar. Jene Vergünstigungen

---

[17] Ebenda, S. 190.

[18] Vgl. zur Ausnahme dieser Regelung *Tietze*, in: *Küting/Weber*, a.a.O., § 281, Rn. 11.

[19] Vgl. hierzu und zu weiteren Ausnahmefällen *Haeger, B.*, Die Bilanzierung steuerrechtlich bedingter Sachverhalte im handelsrechtlichen Jahresabschluß, Diss. Saarbrücken 1988, S. 246ff.

Übersicht 3: Wesentliche steuerrechtliche Abschreibungen i.S.d. § 254

Vorschrift	Art
I. **Sonderabschreibungen**	
§ 7e EStG	Anlagegüter Verfolgter und Vertriebener
§ 7f EStG	Anlagegüter privater Krankenhäuser
§ 7g EStG	Anlagegüter kleiner und mittlerer Betriebe
§ 76 EStDV	Anlagegüter von Land- und Forstwirten
§ 81 EStDV	Anlagegüter im Kohlen- und Erzbergbau
§ 82d EStDV	Anlagegüter, die der Forschung und Entwicklung dienen
§ 82f EStDV	Handelsschiffe, Seefischereischiffe sowie Luftfahrzeuge
§ 3 ZonRFG	Anlagegüter im Zonenrandgebiet
II. **Erhöhte Absetzungen**	
§ 7b EStG	Ein- und Zweifamilienhäuser sowie Eigentumswohnungen
§ 7d EStG	Anlagen für den Umweltschutz
§ 82a EStDV	Energiesparmaßnahmen
§ 82g EStDV	Baumaßnahmen i.S.d. Bundesbaugesetzes und des Städtebauförderungsgesetzes
§ 82i EStDV	Baudenkmäler
§ 14 BerlinFG	Anlagegüter in Berliner Betriebsstätten
§ 7 Schutzbaugesetz	Schutzräume
III. **Bewertungsabschläge**	
§ 80 EStDV	Importwarenabschlag
§ 6b EStG	Übertragung von Veräußerungsgewinnen
(Abschn. 35 EStR)	Übertragung von aufgedeckten Reserven bei Ersatzbeschaffung
(Abschn. 34 EStR)	Übertragung von Investitionszuschüssen
(§ 7c EStG)	Wertberichtigung von Wohnungsbaudarlehen
§ 6 Abs. 2 EStG	Sofortabschreibung nicht geringwertiger Wirtschaftsgüter (vgl. Abschn. 40 Abs. 7 EStR)

können aufgrund ihrer besonderen Zielsetzung und Wirkung im wesentlichen durch zwei Merkmale wie folgt charakterisiert werden:

a) Kriterium der Außerfiskalität

Subventionelle Bewertungsvergünstigungen werden vom Steuergesetzgeber entweder zeitlich, räumlich, sachlich und/oder auf einen bestimmten Personenkreis beschränkt aus primär wirtschafts-, insbesondere konjunktur- und strukturpolitischen sowie auch sozial- und umweltpolitischen Gründen gewährt (= Kriterium der Außerfiskalität). Sie „haben mit der normalen betrieblichen Gewinnermittlung nichts zu tun“[20]. Die besondere Zielsetzung dieser Vergünstigungen besteht vielmehr allein in der „Korrektur der Steuerbemessungsgrundlage zur Realisierung au-

[20] *Knobbe-Keuk, B.*, Bilanz- und Unternehmenssteuerrecht, 6. Aufl., Köln 1987, S. 171.

ßerfiskalischer Ziele des Gesetzgebers“[21]. Sie sind kurzum „ein wesentliches wirtschaftspolitisches Instrument zur Steuerung von Investitionen“[22].

Subventionelle Bewertungsvergünstigungen kürzen einerseits als Betriebsausgaben die ertragsteuerlichen Bemessungsgrundlagen. Andererseits kann aufgrund der Inanspruchnahme dieser Bewertungsmaßnahmen in den Folgejahren entsprechend weniger abgeschrieben und damit als Betriebsausgaben angesetzt werden. Mit der zunächst eintretenden Steuerersparnis geht folglich in späteren Perioden c.p. eine Steuermehrbelastung einher. Die Gewährung von Sonderabschreibungen und erhöhten Absetzungen etc. stellt somit eine Liquiditätshilfe dar; denn an sich fällige Steuerzahlungen werden zeitlich hinausgeschoben. Es erfolgt insofern i.d.R. eine zinslose Steuerstundung. Dabei ist der Stundungseffekt bei einem gegebenen Abschreibungsbetrag um so größer, je höher der individuelle Steuersatz ist und je später die Steuernachzahlung erfolgt.

Subventionelle Bewertungsvergünstigungen erhöhen im übrigen aufgrund des anfänglich geringeren Ertragsteueraufwands und der damit ggf. verbundenen geringeren Fremdmittelaufnahme die Rentabilität von Investitionsobjekten. Außerdem können ggf. die gestundeten Steuerbeträge solange zinswirksam angelegt werden, bis sie in späteren Perioden aufgrund der dann ansteigenden Steuerbelastungen aufgebraucht werden.

Jene Vergünstigungen haben als wirtschaftspolitisches Instrument jedoch „nur dann eine positive Wirkung, wenn die Ertragslage der begünstigten Unternehmen wenigstens so gut ist, daß durch die Inanspruchnahme der Bewertungsfreiheiten keine buchmäßigen Verluste entstehen. Denn Buchverluste können - soweit kein Verlustrücktragspotential vorhanden ist - keine sofortige Steuerverschiebung zur Folge haben, da auch ohne sie keine Steuerzahlung angefallen wäre. Somit tritt weder eine Liquiditätsverbesserung noch ein Zinsgewinn ein. Die Maßnahme ist zunächst wirkungslos. Lediglich der Verlustabzug würde erhöht.“[23]

b) Kriterium der Antizipation von Abschreibungsbeträgen ohne tatsächliche Wertminderung

Wie bereits die vorstehenden Ausführungen verdeutlichen, zeichnen sich subventionelle Bewertungsvergünstigungen dadurch aus, daß sie durch Aufwandsvorverrechnung zur Bildung stiller Reserven und damit zu interperiodischen Gewinnverlagerungen führen. Die aufwandsantizipierende Wirkung derartiger Abschreibungen ist auch der Grund dafür, daß in diesem Zusammenhang häufig von „vorweggenommenen“[24] bzw. „aufwandsantizipierenden Abschreibungen“[25], „Vorausab-

[21] *Wöhe, G.*, Betriebswirtschaftliche Steuerlehre..., a.a.O., S. 121.
[22] *Schuler, D. W.*, Der Einfluß von Sonderabschreibungen auf Zahlungsströme, Diss. Berlin 1975, S. 34.
[23] *Wöhe, G.*, Bilanzierung und Bilanzpolitik, 7. Aufl., München 1987, S. 760.
[24] *Kerth, A./Wolf, J.*, Bilanzanalyse und Bilanzpolitik, München/Wien 1986, S. 324; *Reibert, W.*, Die wirtschafts- und finanzpolitische Problematik von Sonderabschreibungen, Bochum 1975), S. 25.
[25] *Grefe, C.*, Zweckbindungsinstrumente steuerlicher Investitionshilfen. Kritische Analyse von Prosperitätsklauseln, Verlustklauseln, Entnahme- bzw. Ausschüttungssperren und Bindungsfristen, Thun/Frankfurt a.M. 1981, S. 19.

schreibungen"[26], „beschleunigten Abschreibungen"[27] oder auch von „Zusatzabschreibungen"[28] gesprochen wird.

Während handelsrechtliche Normalabschreibungen einer möglichst periodengerechten Aufwandserfassung dienen sollen und nicht zur willkürlichen Legung stiller Reserven führen dürfen, ist somit bei subventionellen Bewertungsvergünstigungen genau das Gegenteil der Fall; denn sie weichen nach allgemeiner Auffassung in „ihrer Zielsetzung von den betriebswirtschaftlichen Abschreibungen ab, die der Berücksichtigung des periodenmäßigen Wertverzehrs der betreffenden Anlagegüter dienen"[29]. Sonderabschreibungen, erhöhte Absetzungen und Bewertungsabschläge stehen m.a.W. in keiner kausalen Beziehung zum voraussichtlichen betriebs- oder marktbedingten (tatsächlichen) Wertminderungsverlauf der betreffenden Vermögensgegenstände[30].

Aufgrund der aufwandsantizipierenden Wirkung dieser Abschreibungen und angesichts der Tatsache, daß sie nicht der Erfassung tatsächlicher Wertminderungen dienen, sondern lediglich Ausdruck „fiktiver Wertminderungen"[31] sind, kann dieses charakteristische Merkmal der Bewertungsvergünstigungen auch mit dem „Kriterium der Antizipation von Abschreibungsbeträgen ohne tatsächliche Wertminderung" umschrieben werden.

c) Ergebnis

Die vorstehend charakterisierten subventionellen Bewertungsvergünstigungen stehen von ihrer Zielsetzung und Wirkung her in einem deutlichen Konflikt zu dem auf eine möglichst periodengerechte Erfassung des Wertverzehrs ausgerichteten Zweck der handelsrechtlichen Abschreibungen; denn sie führen sowohl im Jahr ihrer Inanspruchnahme als auch in den Folgejahren zu einer erheblichen Verfälschung der handelsrechtlichen Vermögens-, Finanz- und Ertragslage. Subventionelle Bewertungsvergünstigungen können daher auch nicht aus den GoB und den Bewertungsgrundsätzen des § 253 HGB abgeleitet werden. Soweit die Kriterien der Außerfiskalität und der Antizipation von Abschreibungsbeträgen ohne tatsächliche Wertminderung gleichzeitig erfüllt sind, wird man daher davon ausgehen können, daß der Tatbestand einer „nur steuerrechtlich zulässigen Bewertung" dem Grunde nach gegeben ist.

---

[26] *Wielens, H.*, Vermögensbildung durch Ausnutzung hoher Sonderabschreibungen, in: DB 1969, S. 1806.

[27] *Weichsel, L.*, Beschleunigte Abschreibung, Wachstum und Konjunktur, Köln/Opladen 1964, S. 14: *Schuler, D. W.*, a.a.O., S. 28.

[28] *Vom Stein, H.*, Verlustzuweisungsgesellschaften - rechtfertigender Grund einer Steuerrechtsänderung, Frankfurt a.M./Bern/New York 1985, S. 45.

[29] *Wall, F.*, Falsch verstandenes Maßgeblichkeitsprinzip (§§ 7a-f EStG), in: ZfB 1954, S. 296.

[30] Vgl. auch *Wöhe, G.*, Bilanzierung und Bilanzpolitik, a.a.O., S. 451.

[31] *Siegel, T.*, Besondere Bewertungsgrundsätze für das Anlagevermögen, das Umlaufvermögen und die Verbindlichkeiten, in: *Castan, E.* u.a., Beck'sches Handbuch der Rechnungslegung, München 1987, B 165, Rz. 34; ähnlich auch BGH-Urteil vom 12.3.1986, IV a ZR 183/84, in: BB 1986, S. 1129.

Die genannten Kriterien führen jedoch nicht in jedem Fall zu eindeutigen Lösungen und können von daher allenfalls als Hilfskriterien zur Qualifizierung steuerrechtlicher Abschreibungsregelungen herangezogen werden. Vielmehr ist im Einzelfall stets auch danach „zu fragen, ob es betriebswirtschaftliche Gründe gibt, die eine Abschreibung rechtfertigen und damit auch eine handelsrechtliche Abschreibung begründen“[32]. Völlig offen bleibt hierbei allerdings die bereits diskutierte Frage, wie diese betriebswirtschaftlichen Gründe im einzelnen zu definieren sind.

Diese Problematik sei am Beispiel der Sofortabschreibung der sog. geringwertigen Wirtschaftsgüter gem. § 6 Abs. 2 EStG verdeutlicht. Danach können die Wirtschaftsgüter des Anlagevermögens, sofern deren Anschaffungs- oder Herstellungskosten je Stück 800 DM nicht übersteigen, unter bestimmten Voraussetzungen im Jahr der Anschaffung in voller Höhe abgeschrieben werden. Nach *Jonas* ergibt sich diese Abschreibungsmöglichkeit „nur auf Grund steuerlicher Vorschriften“[33], und *Coenenberg* sprach in diesem Zusammenhang kurz von „steuerlichen Abschreibungsmöglichkeiten“[34].

Die Auffassung, daß die Sofortabschreibung eine spezifisch steuerrechtliche Regelung i.S.d. § 254 darstellt, wird hier nicht geteilt. Vielmehr ist die Möglichkeit zur Sofortabschreibung geringwertiger Wirtschaftsgüter ein Ausfluß des Grundsatzes der Vereinfachung oder Wirtschaftlichkeit der Buchführungs- und Bilanzierungsaufgaben[35]. Hiernach wäre die Sofortabschreibung nach § 6 Abs. 2 EStG „keine Steuerbegünstigung, sondern lediglich eine der Vereinfachung dienende Sondervorschrift zur Bewertung“[36]. Es handelt sich bei der Sofortabschreibung um eine ursprünglich auf Grund handelsrechtlicher Gepflogenheiten entstandene Vereinfachungsregelung, deren Anerkennung sich der Steuergesetzgeber nicht verschließen konnte.

Daß die Möglichkeit der Sofortabschreibung keine spezifisch steuerrechtliche Abschreibungsnorm darstellt, sondern als Vereinfachungsregelung auch den GoB entspricht, dürfte insoweit auch mit der Auffassung des Gesetzgebers im Einklang stehen; denn bei der Abfassung des neuen Bilanzrechts hat der Rechtsausschuß ausdrücklich erklärt, daß es „keinen begründeten Anlaß zu befürchten (gibt), daß die von Unternehmen geübte Praxis, solche Vermögensgegenstände (geringwertige Wirtschaftsgüter, d.V.) sofort als Aufwand zu behandeln, nach dem neuen Recht nicht als Grundsatz ordnungsmäßiger Buchführung... fortgeführt werden kann“[37].

---

[32] *Küting, K./Weber, C.-P.*, Der Übergang auf die neue Rechnungslegung - Fallstudie zur Umstellung auf das neue Bilanzrecht, 4. Aufl., Stuttgart 1986, S. 44.

[33] *Jonas, H. H.*, Die EG-Bilanzrichtlinie. Grundlagen und Anwendung in der Praxis, Freiburg im Breisgau 1980, S. 179.

[34] *Coenenberg, A. G.*, Jahresabschluß und Jahresabschlußanalyse, 8. Aufl., Landsberg am Lech 1985, S. 144; in der 10. Aufl. (Landsberg am Lech 1988, S. 123) betrachtet *Coenenberg* die Sofortabschreibung der sog. geringwertigen Wirtschaftsgüter „als steuerliche Vereinfachungsregel“, die „inzwischen auch in der Handelsbilanz als GoB anerkannt“ wird.

[35] *Hoffmann, W.-D.*, Praxisorientierte Einführung in die Rechnungslegungsvorschriften zum Bilanzrichtlinie-Gesetz, in: BB 1983, Beilage 1/1983 zu Heft 5/1983, S.4.

[36] *Schmidt, E.*, Geringwertige Wirtschaftsgüter des Anlagevermögens, in: DB 1979, S. 1249.

[37] BT-Drucks. 10/4268, S. 105.

B. Ausweistechnische Behandlung

I. Ausweis nach der Netto- oder Bruttomethode

Nach § 281 Abs. 1 HGB dürfen die nach § 254 HGB zulässigen Abschreibungen „auch in der Weise vorgenommen werden, daß der Unterschiedsbetrag zwischen der nach § 253 in Verbindung mit § 279 und der nach § 254 zulässigen Bewertung in den Sonderposten mit Rücklageanteil eingestellt wird". Der Gesetzgeber eröffnet somit ein ausdrückliches Wahlrecht, jene steuerrechtlichen Mehrabschreibungen entweder auf der Aktivseite oder passivisch durch eine Einstellung in den Sonderposten zu berücksichtigen.

Mit der nunmehr ausdrücklichen Kodifizierung des § 281 Abs. 1 HGB wird allerdings kein echtes bilanztechnisches Neuland betreten. Der Gesetzgeber hat hier vielmehr lediglich eine gesetzliche Grundlage für eine bilanzielle Ausweistechnik geschaffen, die das *IDW*[38] im Interesse der Aussagefähigkeit des Jahresabschlusses unter bestimmten Voraussetzungen schon nach dem AktG 1965 als zulässig angesehen hatte. Während der passivische Ausweis auf der Grundlage des AktG 1965 jedoch nur in relativ seltenen Ausnahmefällen praktiziert wurde[39], wird er nach neuem Recht von zahlreichen Unternehmen präferiert.

In Fortführung des obigen Beispiels zeigt *Übersicht 4* zunächst die ausweistechnische Behandlung der steuerrechtlichen Mehrabschreibungen auf der Grundlage der Netto- und Bruttomethode. Dabei wurde zur Verdeutlichung auch der Fall wiedergegeben, daß der Bilanzierende von der Möglichkeit der Inanspruchnahme der erhöhten Absetzung keinen Gebrauch macht. Der Jahresüberschuß vor Ertragsteuern soll sich vereinfachend in allen Perioden auf 30000 p.a. belaufen. Der Ertragsteuersatz wird mit 60% angenommen.

Wie *Übersicht 4* verdeutlicht, ergibt sich die im Sonderposten auszuweisende Wertberichtigung (9500) im vorliegenden Fall aus der positiven Differenz zwischen der nach § 253 Abs. 2 HGB zulässigen linearen Normalabschreibung (2500) und der nach § 7d EStG in Anspruch genommenen erhöhten Absetzung (12000). Die Dotierung des Sonderpostens erfolgt damit nicht etwa in voller Höhe der erhöhten Absetzung; sie ist vielmehr allein auf den so ermittelten Unterschiedsbetrag beschränkt.

Die Einstellung dieses Unterschiedsbetrags in den Sonderposten ist nach § 281 Abs. 2 Satz 2 HGB in dem Posten „sonstige betriebliche Aufwendungen" der GuV gesondert auszuweisen oder im Anhang anzugeben. Im Posten „Abschreibungen" der GuV wird im Unterschied zur Nettomethode demnach lediglich die handelsrechtliche Normalabschreibung verrechnet. Die Summe aus handelsrechtlicher Normalabschreibung (2500) und sonstigen betrieblichen Aufwendungen (9500)

---

[38] Vgl. Stellungnahme HFA 4/1968, Zum Ausweis von Sonderposten mit Rücklageanteil, in: WPg 1969, S. 17f.

[39] Vgl. z.B. die Geschäftsberichte der *Mannesmann AG* 1985 und *Klöckner-Humboldt-Deutz AG* 1985.

Übersicht 4: Behandlung steuerlicher Sonderabschreibungen

I. Keine Inanspruchnahme steuerlicher Sonderabschreibungen

a) Gewinn- und Verlustrechnung Ende der Periode	t_1	t_2	t_3	t_4	t_5	t_6	t_7	t_8	Summe
Jahresüberschuß I vor Ertragsteuern ⁒ handels-/steuerrechtliche Abschreibungen	30 000 2 500	30 000 2 500	30 000 2 500	30 000 2 500	30 000 2 500	30 000 2 500	30 000 2 500	30 000 2 500	240 000 20 000
Jahresüberschuß II vor Ertragsteuern ⁒ Ertragsteuern 60%	27 500 16 500	27 500 16 500	27 500 16 500	27 500 16 500	27 500 16 500	27 500 16 500	27 500 16 500	27 500 16 500	220 000 132 000
Jahresüberschuß nach Ertragsteuern	11 000	11 000	11 000	11 000	11 000	11 000	11 000	11 000	88 000
b) Handels- und Steuerbilanz Anlagevermögen	17 500	15 000	12 500	10 000	7 500	5 000	2 500	–	–

II. Inanspruchnahme steuerlicher Sonderabschreibungen

a) Gewinn- und Verlustrechnung Jahresüberschuß I vor Ertragsteuern ⁒ handelsrechtliche Abschreibungen (⁒ steuerliche Abschreibungen) Differenzabschreibungen = Zuführung/ Entnahme „Sonderposten mit Rücklageanteil“	 30 000 2 500 (12 000) ⁒ 9 500	 30 000 2 500 (2 000) 500	 30 000 2 500 (2 000) 500	 30 000 2 500 (2 000) 500	 30 000 2 500 (2 000) 500	 30 000 2 500 – 2 500	 30 000 2 500 – 2 500	 30 000 2 500 – 2 500	 240 000 20 000 (20 000) –
Jahresüberschuß II vor Ertragsteuern ⁒ Ertragsteuern 60%	18 000 10 800	28 000 16 800	28 000 16 800	28 000 16 800	28 000 16 800	30 000 18 000	30 000 18 000	30 000 18 000	220 000 132 000
Jahresüberschuß nach Ertragsteuern	7 200	11 200	11 200	11 200	11 200	12 000	12 000	12 000	88 000
b) Handelsbilanz Anlagevermögen	17 500	15 000	12 500	10 000	7 500	5 000	2 500	–	–
Sonderposten mit Rücklageanteil	9 500	9 000	8 500	8 000	7 500	5 000	2 500	–	–
c) Steuerbilanz Anlagevermögen	8 000	6 000	4 000	2 000	–	–	–	–	–

entspricht in t_1 dem in der Steuerbilanz als erhöhte Absetzung verrechneten Aufwand (12000).

Auf der Aktivseite der Bilanz ist der Vermögensgegenstand lediglich um die lineare Abschreibung zu kürzen und mit dem Restbuchwert (17500) auszuweisen, so daß auch nur die lineare Abschreibung in der Spalte „kumulierte Abschreibungen" des Anlagespiegels erfaßt wird. Die Mehrabschreibung ist dagegen als Unterschiedsbetrag zwischen höherem Handelsbilanzansatz (17500) und niedrigerem Steuerbilanzansatz (8000) in Gestalt der im Sonderposten ausgewiesenen Wertberichtigung (9500) für den externen Bilanzleser vom Grundsatz her unmittelbar aus der Bilanz ersichtlich.

Nach § 281 Abs. 1 Satz 3 HGB ist die Wertberichtigung insoweit wieder „aufzulösen, als die Vermögensgegenstände, für die sie gebildet worden ist, aus dem Vermögen ausscheiden oder die steuerrechtliche Wertberichtigung durch handelsrechtliche Abschreibungen ersetzt wird". Im vorliegenden Fall ist die Wertberichtigung somit in den Folgeperioden im Umfang der nunmehr höheren handelsbilanziellen Abschreibung sukzessive in Höhe von 500 (t_{2-5}) bzw. 2500 (t_{6-8}) p.a. aufzulösen. Die gewinnerhöhende Auflösung des Sonderpostens ist nach § 281 Abs. 2 Satz 2 HGB im Posten „sonstige betriebliche Erträge" der GuV gesondert auszuweisen oder im Anhang anzugeben. Mit der vollständigen Abschreibung des Vermögensgegenstands in t_8 ist schließlich auch die Wertberichtigung in vollem Umfang aufgelöst.

II. Kritische Würdigung der Ausweisalternativen

Macht der Bilanzierende von dem Ausweiswahlrecht des § 281 Abs. 1 HGB Gebrauch, werden die Nachteile der umgekehrten Maßgeblichkeit - soweit sie die Darstellung der Vermögenslage betreffen - aufgehoben; denn während die Nettomethode sowohl im Jahr der Inanspruchnahme der Mehrabschreibung als auch in den Folgejahren zu einer aus steuerrechtlichen Gründen zulässigen Unterbewertung der Vermögensgegenstände führt, ist bei Anwendung der Bruttomethode vom Grundsatz her unmittelbar „erkennbar, welche Wertansätze das betriebliche Vermögen handelsrechtlich zutreffend abbilden"[40] und in welchem Umfang darüber hinaus Abschreibungen vorgenommen wurden, für die „handelsrechtlich keine Notwendigkeit bestand"[41]. Der passivische Ausweis der Mehrabschreibungen dient insoweit „der handelsrechtlich richtigen Darstellung der Vermögenslage und verbessert die Aussagefähigkeit veröffentlichter Jahresabschlüsse"[42].

Bei Anwendung der Nettomethode ist der in der GuV aus betriebswirtschaftlicher Sicht zu erfassende Abschreibungsaufwand im Umfang der steuerrechtlichen Mehrabschreibung zunächst zu hoch. Aufgrund der aufwandsantizipierenden

---

[40] *Russ, W.*, Der Anhang als dritter Teil des Jahresabschlusses, 2. Aufl., Bergisch-Gladbach 1986, S. 137.

[41] *Forster, K.-H.*, Bilanzpolitik und Bilanzrichtlinie-Gesetz - welche Freiräume bleiben noch?, in: BB 1983, S. 32.

[42] *Wöhe, G.*, Bilanzierung und Bilanzpolitik, a.a.O., S. 166.

Wirkung der Mehrabschreibung ist der in künftigen Geschäftsjahren zu verrechnende Abschreibungsaufwand dagegen zu niedrig. Hierdurch wird die Aufwandsstruktur sowohl im Jahr der Inanspruchnahme der Mehrabschreibung als auch in den Folgejahren erheblich verfälscht.

Wie die *Übersicht 4* verdeutlicht, entspricht der in der GuV erfaßte Abschreibungsaufwand auf der Grundlage der Bruttomethode demgegenüber in jedem Jahr des Betrachtungszeitraums exakt demjenigen Abschreibungsaufwand, der sich für den Fall ergibt, daß keine erhöhte Absetzung in Anspruch genommen wird. Soweit der Ausweis der Abschreibungen in der GuV betroffen ist, ist die Bruttomethode damit im Ergebnis wesentlich aussagefähiger, da „die GuV-Abschreibungen nicht durch die steuerlichen Einflüsse verzerrt werden“[43], sondern vielmehr nur „die handelsrechtlich richtige Abschreibung geltend gemacht wird.“[44]

In der handelsrechtlichen Erfolgsrechnung jedoch wird der Jahresüberschuß bzw. -fehlbetrag im Ergebnis letztlich allein durch die Höhe der steuerrechtlichen Mehrabschreibung beeinflußt; denn:

(1) Übersteigen die jährlichen steuerbilanziellen Abschreibungen die handelsrechtlichen Normalabschreibungen, so wird in Höhe des Unterschiedsbetrags eine erfolgswirksame Einstellung in den Sonderposten gebucht. Der Jahreserfolg wird also letztlich allein durch die Höhe der gesamten steuerrechtlich bedingten Wertminderungen beeinflußt.

(2) Übersteigen dagegen die jährlichen handelsrechtlichen Normalabschreibungen in späteren Perioden die steuerbilanziellen Abschreibungen, wird die Normalabschreibung zwar als Aufwand gebucht; in Höhe des Unterschiedsbetrags zur niedrigeren steuerbilanziellen Abschreibung wird jedoch eine erfolgswirksame Auflösung des Sonderpostens gebucht, so daß auch in diesem Fall letztlich allein die steuerrechtlichen Korrekturen das Jahresergebnis beeinflussen.

Die Wahl der Ausweismethode hat somit keinen Einfluß auf die absolute Höhe des ausgewiesenen Jahreserfolgs, so daß sich das Jahresergebnis sowohl bei der Netto- als auch bei der Bruttomethode im Vergleich zur Nichtinanspruchnahme der erhöhten Absetzung zunächst vermindert (t_1) und in den Folgeperioden (t_{2-8}) entsprechend erhöht. Nach § 285 Nr. 5 HGB ist im Anhang zwar anzugeben, in welchem Umfang das Jahresergebnis durch die Anwendung steuerrechtlicher Vorschriften im Geschäftsjahr und in früheren Geschäftsjahren beeinflußt wurde und welche erheblichen künftigen Belastungen sich aus einer solchen Bewertung ergeben. Es ist jedoch zu bezweifeln, daß der mit dieser Angabepflicht beabsichtigte Zweck, die Auswirkungen der umgekehrten Maßgeblichkeit auf das Jahresergebnis transparent zu machen, in allen Fällen tatsächlich auch erreicht wird[45].

---

[43] *Gräfer, H.*, Der Jahresabschluß der GmbH, Herne/Berlin 1986, S. 76.
[44] *Heinhold, M.*, Der Jahresabschluß, München/Wien 1987, S. 129.
[45] Vgl. hierzu ausführlich *Haeger, B.*, a.a.O., S. 419ff.

III. Bilanzpolitische Bedeutung des Ausweiswahlrechts

Mit den als Netto- und Bruttomethode bezeichneten Formen des Ausweises steuerrechtlicher Mehrabschreibungen entweder auf der Aktiv- oder auf der Passivseite gewährt der Gesetzgeber lediglich in formaler Hinsicht zwei gleichwertige Ausweisalternativen. In materieller Hinsicht bestehen dagegen grundlegende Unterschiede; denn wie der vorstehende Vergleich der beiden Methoden verdeutlicht, ist vom Grundsatz her allein die Bruttomethode geeignet, ein den tatsächlichen Verhältnissen entsprechendes Bild der Vermögens-, Finanz- und Ertragslage zu vermitteln. Damit wird deutlich, daß die Festlegung der Ausweismethode zugleich eine Entscheidung von enormer bilanzpolitischer Bedeutung darstellt, da hiermit auf die Vermögens-, Erfolgs- und Kapitalstruktur sowie auf die Bilanzsumme Einfluß genommen werden kann. Dies sei an folgendem Beispiel verdeutlicht:

Übersicht 5: Bilanzen der MD Papierfabriken GmbH zum 31.12.1986

„tatsächliche" Bilanz zum 31.12.1986 (in Mio.)

Anlagevermögen	360	Eigenkapital	65
Umlaufvermögen und RAP	186	Sonderposten mit Rücklageanteil	
		– Unversteuerte Rücklagen	59
		– Wertberichtigungen	194
		Rückstellungen	62
		Verbindlichkeiten	166
	546		546

„fiktive" Bilanz zum 31.12.1986 (in Mio.)

Anlagevermögen	166	Eigenkapital	65
Umlaufvermögen und RAP	186	Sonderposten mit Rücklageanteil	59
		Rückstellungen	62
		Verbindlichkeiten	166
	352		352

Übersicht 5 enthält zunächst oben jene verkürzt dargestellte Bilanz, wie sie von der *MD Papierfabriken GmbH* zum 31.12.1986 tatsächlich aufgestellt und veröffentlicht wurde. Danach hat die Unternehmung von dem Ausweiswahlrecht des § 281 Abs. 1 HGB Gebrauch gemacht und steuerrechtliche Mehrabschreibungen als Wertberichtigungen im Sonderposten ausgewiesen. Der Anteil der Wertberichtigungen (194 Mio.) an der Bilanzsumme (546 Mio.) beläuft sich damit auf 35,5%, während der Anteil des gesamten Sonderpostens (253 Mio.) mit 46,3% sogar nahezu die Hälfte der Bilanzsumme ausmacht.

Die „fiktive" Bilanz der *Übersicht 5* enthält jene Wertverhältnisse, die sich für den Fall ergäben, daß die *MD Papierfabriken GmbH* von der Nettomethode Gebrauch gemacht hätte. Die in der „tatsächlichen" Bilanz ausgewiesenen Wertberichtigungen sind hiernach auf die Aktivseite umzugliedern, so daß sich das tatsächliche Anlagevermögen (360 Mio.) um 194 Mio. auf nur noch 166 Mio. vermindert. Bezogen auf das gesamte Anlagevermögen der „fiktiven" Bilanz, führt die Anwendung der Bruttomethode im vorliegenden Fall somit zu einer Erhöhung des

Anlagevermögens um rd. 117%[46]. Dieses Beispiel verdeutlicht die enorme Bedeutung des Ausweiswahlrechts nach § 281 Abs. 1 HGB für die Darstellung der Vermögenslage.

Ähnlich bedeutende Auswirkungen ergeben sich hinsichtlich der Darstellung der Kapitalstruktur und der aus der Bilanz abgeleiteten Kapitalstrukturkennzahlen. So ist etwa die Eigenkapitalquote eine der wichtigsten Kennzahlen überhaupt und definiert als Quotient aus Eigenkapital und Gesamtkapital. Wird der für bilanzanalytische Zwecke überwiegend präferierten hälftigen Zurechnung des Sonderpostens zum Eigen- bzw. Fremdkapital gefolgt, so ergibt sich für die „tatsächliche" Bilanz der *MD Papierfabriken GmbH* eine Eigenkapitalquote von 35,1%[47] gegenüber von nur 26,8%[48] auf der Grundlage der „fiktiven" Bilanz. Die Anwendung der Bruttomethode führt hier also zu einer um insgesamt 8,3%-Punkte höheren Eigenkapitalquote als bei der Nettomethode.

C. Steuerrechtliche Mehrabschreibungen im Konzernabschluß

I. Beibehaltungswahlrecht nach § 308 Abs. 3 HGB

Wurden in den Konzernabschluß zu übernehmende Vermögensgegenstände oder Schulden im Einzelabschluß eines in den Konzernabschluß einbezogenen Unternehmens mit einem nur nach Steuerrecht zulässigen Wert angesetzt, weil dieser sonst nicht bei der steuerrechtlichen Gewinnermittlung anerkannt würde, oder ist aus diesem Grunde auf der Passivseite ein Sonderposten gebildet worden, so dürfen diese Wertansätze und Posten nach § 308 Abs. 3 HGB unverändert in den Konzernabschluß übernommen werden.[49]

Aus der Sicht des externen Bilanzlesers ist dieses primär aus Vereinfachungsgründen eingeführte Beibehaltungswahlrecht des § 308 Abs. 3 HGB kritisch zu beurteilen; denn die grundsätzlich zulässige Übernahme steuerrechtlich bedingter Wertansätze und Posten in den Konzernabschluß führt im Ergebnis zu einem die Aussagefähigkeit des Konzernabschlusses beeinträchtigenden Konglomerat aus handelsrechtlich zulässigen Wertansätzen einerseits und steuerrechtlich motivierten Wertansätzen andererseits. Dieses Konglomerat ist um so kritischer zu beurteilen, als der Konzernabschluß nicht Grundlage der Besteuerung ist. „Da die fiktive steuerrechtliche Einheit Konzern insoweit auch keine Steuervorteile erlangen kann, hat die umgekehrte Maßgeblichkeit im Rahmen der Konzernrechnungsle-

---

[46] (194 Mio. : 166 Mio.) × 100. Bezogen allein auf das Sachanlagevermögen (343 Mio.) der tatsächlichen Bilanz ergibt sich sogar eine Steigerung von 130,2% (194 Mio. : 149 Mio.) × 100.

[47] (65 + (59 + 194) × 0,5) : 546.

[48] (65 + 59 × 0,5) : 352.

[49] Vgl. hierzu auch *Pohle*, in: *Küting, K./Weber, C.-P.* (Hrsg.), Handbuch der Konzernrechnungslegung. Kommentar zur Bilanzierung und Prüfung, Stuttgart 1989, Kommentierung zu § 308 HGB.

gung jegliche Existenzberechtigung verloren"[50]. Gleichwohl erlaubt der Gesetzgeber eine unveränderte Übernahme solcher Wertansätze in den Konzernabschluß.

II. Bilanzpolitische Bedeutung des Beibehaltungswahlrechts

Mit dem in § 308 Abs. 3 HGB kodifizierten Beibehaltungswahlrecht steht den Konzernleitungen künftig ein wichtiges konzernbilanzpolitisches Instrument zur Verfügung, um insbesondere „das optische Handikap einer im internationalen Vergleich niedrigeren Eigenkapitalquote zu verringern"[51]. Soweit die Kategorie der steuerrechtlichen Mehrabschreibungen betroffen ist, eröffnen sich danach im Rahmen der Konzernrechnungslegung die in *Übersicht 6* dargestellten Gestaltungsspielräume:

Übersicht 6: Behandlung steuerrechtlicher Mehrabschreibungen und Wertberichtigungen im Konzernabschluß

Fall	Einzelabschluß	Konzernabschluß
I	Nettomethode	Nettomethode
II	Nettomethode	Stornierung
III	Nettomethode	Bruttomethode
IV	Bruttomethode	Bruttomethode
V	Bruttomethode	Stornierung
VI	Bruttomethode	Nettomethode

Hiernach stellt sich zunächst die grundsätzliche Frage, ob steuerrechtliche Mehrabschreibungen bzw. Wertberichtigungen unter Berufung auf das Beibehaltungswahlrecht in § 308 Abs. 3 HGB überhaupt in den Konzernabschluß übernommen werden sollen (Fälle II und V). Dabei ist von Bedeutung, daß das Beibehaltungswahlrecht auch in der Weise ausgeübt werden kann, daß nur ein Teilbetrag der steuerrechtlichen Mehrabschreibungen (bzw. unversteuerten Rücklagen und unterlassenen Zuschreibungen) beibehalten bzw. rückgängig gemacht wird; denn „analog ist auch im Einzelabschluß eines einbezogenen Unternehmens eine nur teilweise Inanspruchnahme steuerlicher Erleichterungen möglich"[52].

So wäre es z.B. denkbar, daß lediglich die von den inländischen Konzernunternehmen vorgenommenen Mehrabschreibungen in den Konzernabschluß übernommen werden, während die der ausländischen Konzernunternehmen storniert werden. Ebenso ist es auch zulässig, nur einen Teilbetrag der steuerrechtlichen

[50] *Haeger, B.*, a.a.O., S. 425.

[51] *Busse von Colbe, W.*, Die neuen Rechnungslegungsvorschriften aus betriebswirtschaftlicher Sicht, in: WPg 1987, S. 125.

[52] *Arbeitskreis „Rechnungslegungsvorschriften in der EG-Kommission" der Gesellschaft für Finanzwirtschaft in der Unternehmensführung e.V. (GEFIU)*, Ausgewählte Probleme bei der Anwendung des Bilanzrichtlinien-Gesetzes, Bd. II, Stuttgart 1987, S. 42. Vgl. auch *Weirich, S.*, Die Bewertung im Konzernabschluß nach neuem Recht, in: WPg 1987, S. 82.

Mehrabschreibungen eines einzelnen einbezogenen Unternehmens beizubehalten oder aber Mehrabschreibungen zu übernehmen, während unversteuerte Rücklagen storniert werden.

Die Aussagefähigkeit des Konzernabschlusses wird durch eine nur teilweise Ausübung des Beibehaltungswahlrechts nicht eingeschränkt; ganz im Gegenteil führt jede Rückgängigmachung steuerrechtlich bedingter Sachverhalte - auch wenn es sich nur um Teilbeträge handelt - zu einer vergleichsweise zutreffenderen Darstellung der Vermögens-, Finanz- und Ertragslage des Konzerns; denn im Falle einer (teilweisen) Stornierung „wird nicht nur die internationale Vergleichbarkeit verbessert, sondern auch das Eigenkapital des Konzerns richtiger dargestellt"[53]. Hierin liegt „vielfach ein beachtliches Potential zur Darstellung eines höheren Eigenkapitals des Konzerns"[54]. Gerade dieser Aspekt dürfte für einige Konzerne mit ein Argument dafür gewesen sein, bei der erstmaligen Anwendung der neuen Vorschriften zur Konzernrechnungslegung von dem Beibehaltungswahlrecht des § 308 Abs. 3 HGB keinen Gebrauch zu machen[55].

Eine freiwillige Rückgängigmachung könnte somit z.B. dann vorteilhaft sein, wenn ein möglichst hoher Konzernjahresüberschuß oder eine möglichst günstige Kapitalstruktur gezeigt werden soll. Wie die ersten nach neuem Recht veröffentlichten Konzernabschlüsse zeigen, haben in der Tat zahlreiche Konzerne von der Möglichkeit der Stornierung steuerrechtlich bedingter Sachverhalte Gebrauch gemacht[56].

Entscheidet sich die Konzernleitung dagegen für eine (teilweise) Beibehaltung (Fälle I und IV), so stellt sich in einem nächsten Schritt die Frage, ob die im Einzelabschluß des einbezogenen Unternehmens für steuerrechtliche Mehrabschreibungen gewählte Ausweismethode im Rahmen der Konzernrechnungslegung geändert werden soll (Fälle III und VI). So könnte ein Wechsel von der Netto- zur Bruttomethode z.B. dann vorteilhaft sein, wenn eine hohe Konzernbilanzsumme oder eine möglichst günstige Kapitalstruktur gezeigt werden soll und umgekehrt.

---

[53] *Biener, H./Berneke, W.*, a.a.O., S. 361.

[54] *Weirich, S.*, a.a.O., S. 82.

[55] So hat z.B. die *Schering AG* (Geschäftsbericht 1985, S. 44) „im Interesse der Aussagefähigkeit des Konzernabschlusses von dem Wahlrecht Gebrauch gemacht, in den Einzelabschlüssen zur Ausnutzung der steuerlichen Möglichkeiten notwendigerweise enthaltene, nur nach Steuerrecht zulässige Wertansätze nicht in den Konzernabschluß zu übernehmen". Durch die Einstellung des Eigenkapitalanteils (247,6 Mio.) des Sonderpostens konnte das „Erwirtschaftete Kapital der Gruppe" auf 862,2 Mio. erhöht werden. So erhöhten sich auch im Abschluß der *Preussag AG* (Geschäftsbericht 1986, S. 57), die Gewinnrücklagen des Konzerns durch die Einstellung des Eigenkapitalanteils (159 Mio.) des aufgelösten Sonderpostens auf 185 Mio.

[56] Vgl. z.B. die Geschäftsberichte der *AESCULAP-Werke AG* (1986/87), S. 27; *Behrens AG* (1986), S. 21; S. 90; *Degussa AG* (1987), S. 47; *Haniel & Cie. GmbH* (1986), S. 52; *Hoechst AG* (1987), S. 54; *Mannesmann AG* (1986), S. 46; *Preussag AG* (1986), S. 57; *PWA AG* (1986), S. 32; *Schering AG* (1985), S. 44; *Siemens AG* (1987), S. 47; *VEBA AG* (1987), S. 6.

Das Steuerwesen der Unternehmung, Teil I*
- zugleich Anmerkungen zur Betriebswirtschaftlichen Steuerlehre -

Dr. Dr. h.c. *Klaus Kuhn*, Steuerberater, Essen

---

* Teil II betrifft die Organisation des Steuerwesens und die Auswahl der Aufgabenträger und wird später veröffentlicht.

A. Die Bedeutung der Steuern für die Unternehmung

Im modernen Wirtschafts- und Sozialstaat hat die öffentliche Steuerwirtschaft im Laufe der Zeit nicht nur aufgrund des steigenden Staatsbedarfs eine immer größere Bedeutung erlangt, sie hat darüber hinaus wirtschafts-, sozial- und kulturpolitische Funktionen übernommen und ist zu einem Ordnungsfaktor ganzer Volkswirtschaften geworden. Für die Bundesrepublik Deutschland wurde gar formuliert: „Der Staat des Grundgesetzes ist Steuerstaat.“[1]

Die Bedeutung der Besteuerung für die Volkswirtschaft wird deutlich am Anteil des Steueraufkommens am Bruttosozialprodukt, der im Jahre 1987 in der Bundesrepublik Deutschland bei 23,2% lag. Diese gesamtwirtschaftliche Steuerquote ist in den letzten 10 Jahren um 1,8% gesunken, allerdings um den Preis steigender Sozialbeiträge und öffentlicher Verschuldung.[2] Eine weitere Senkung auf den tiefsten Stand seit den 50er Jahren von 22,5% soll nach Verwirklichung der Steuerreform 1990 erreicht werden.[3] Dabei sind allerdings die erst später beschlossene Erdgassteuer sowie die nachträgliche Erhöhung anderer Verbrauchsteuern, die diesen Prozentsatz leicht erhöhen werden, nicht berücksichtigt.

Der Steueranteil am Bruttosozialprodukt, der absolut in den letzten zehn Jahren von rd. 300 Mrd. DM auf annähernd 470 Mrd. DM gestiegen ist, wird aufgebracht durch ein Steuersystem, das fast 50 Einzelsteuern umfaßt und das, abgesehen von der Einführung des Mehrwertsteuersystems im Jahre 1967 und des körperschaftsteuerlichen Anrechnungssystems im Jahre 1976, seit der Erzbergerschen Steuerreform in den Jahren 1919/1920 nicht mehr grundlegend verändert worden ist.[4] „Es entspricht trotz einer Anzahl größerer oder kleinerer Reformgesetze, die nach dem 2. Weltkrieg erlassen wurden, und trotz vieler in kurzen Abständen vollzogener Änderungen von Einzelregelungen nicht mehr in vollem Umfang den Anforderungen, die die heutige Wirtschafts- und Gesellschaftsordnung an ein modernes Steuersystem stellt.“[5]

An dieser zutreffenden Beurteilung hat sich auch durch das Steuerreformgesetz 1990 nichts geändert, da die Kritik am geltenden Steuerrecht[6] hierbei kaum beachtet wird. Im Gegensatz zu den revolutionären Steuerreformen in USA[7] und in

---

[1] *Isensee*, Steuerstaat als Staatsform, in: Festschrift für H. P. Ipsen, Tübingen 1977, S. 409.

[2] Vgl. *Institut „Finanzen und Steuern“*, grüner Brief Nr. 277, Bonn, im Mai 1988, Entwicklung wesentlicher Daten der öffentlichen Finanzwirtschaft in der Bundesrepublik Deutschland von 1977-1987.

[3] Vgl. Entwurf eines Steuerreformgesetzes 1990, Bundesrats-Drucksache 100/88 vom 23.3.88, S. 202.

[4] Vgl. *Wöhe, G.*, Die Steuern des Unternehmens, 5. Aufl., München 1983, S. 7.

[5] Ebenda.

[6] Vgl. ebenda, S. 15ff.; *Schneider, D.*, Grundzüge der Unternehmensbesteuerung, 4. Aufl., Wiesbaden 1985, insbes. S. 130ff., S. 154ff., S. 169f., S. 212ff.

[7] Vgl. *Flick, Hans F. W.*, Von der Steuerwüste zur Steueroase: USA 1980 bis 1986, in: DStR, 24. Jahrgang 1986, Beilage zu Heft 23.

Großbritannien[8] beschränkt sich diese Steuerreform auf eine zwar notwendige, insgesamt aber eher bescheidene Tarifreform bei der Einkommen- und Körperschaftsteuer, die Einführung einer (neuen) Erdgassteuer, die Erhöhung bestehender Verbrauchsteuern und mehr oder minder bedeutsame Korrekturen an bestehenden Gesetzen. Von diesen sind zu nennen die allgemeine steuerliche Anerkennung des Lifo-Verfahrens, die Aufhebung der zeitlichen Begrenzung des Verlustvortrages, die Vollverzinsung von Ansprüchen aus dem Steuerschuldverhältnis und die 10%ige Quellensteuer auf Zinserträge.

Eine entscheidende Senkung des Einkommen- und Körperschaftsteuertarifs sowie die Themen der Gewerbesteuer oder der vermögensteuerlichen Doppelbelastung sind außen vorgelassen und auf die nächste Legislaturperiode, in der nach den Ankündigungen der Bundesregierung eine Reform der Unternehmensbesteuerung in Angriff genommen werden soll, verschoben worden.[9]

Die Vielzahl der erhobenen Steuern hat nach einer Ordnung verlangt und zu verschiedenen Einteilungsversuchen der Steuern nach einer Fülle von Gesichtspunkten geführt, die aber im Ergebnis zu einer babylonischen Sprachverwirrung[10] geführt haben.

In Anlehnung an den dualistischen Aufbau der Finanzverwaltung wird im Steuerverwaltungs- und Steuerverfahrensrecht zwischen **Besitzsteuern** und **Verkehrsteuern** einerseits sowie **Zöllen** und **Verbrauchsteuern** andererseits unterschieden. Dabei fällt die Umsatzsteuer unter die Verkehrsteuern.

Der Finanzbericht 1987 des Bundesfinanzministers wie auch frühere Finanzberichte gliedern die Steuern in:

1. **Steuern auf das Einkommen und Vermögen**
   a) Steuern vom Einkommen
   b) Steuern vom Vermögensbesitz
   c) Steuern vom Gewerbebetrieb
2. **Steuern auf den Vermögensverkehr**
3. **Steuern auf die Einkommensverwendung**
   a) Steuern vom Umsatz
   b) Kraftfahrzeugsteuer
   c) Mineralölsteuer
   d) Zölle
   e) sonstige Steuern vom Verbrauch auf Aufwand

Eine weitverbreitete Einteilung ist die in **direkte** und **indirekte** Steuern, die trotz aller damit verbundenen definitorischen Mißverständnisse nicht ausrottbar ist und insbesondere im internationalen Steuerrecht noch die oberste Einteilung der Steuern ist.[11]

---

[8] Vgl. *Rudolph, J.*, Zur Nachahmung empfohlen, in: FAZ Nr. 74 vom 28.3.1988.
[9] Vgl. *Bangemann, M.*, Steuerpolitik für die 90er Jahre, Herford 1988.
[10] Vgl. *Schmölders, G., Hansmeyer, K.-H.*, Allgemeine Steuerlehre, 5. Aufl., Berlin 1980, S. 243.
[11] Vgl. *Bühler, O.*, Prinzipien des internationalen Steuerrechts, Amsterdam 1964, S. 14.

Wöhe[12] nimmt zur Darstellung der Steuern des Unternehmens eine Dreiteilung in (1) **Besteuerung der Einkommens- und Ertragserzielung**, (2) der **Vermögenssubstanz** und (3) der **Einkommens- und Vermögensverwendung** vor, hält aber für die Beurteilung des Einflusses der Besteuerung auf die unternehmerischen Entscheidungen eine andere, mehr betriebswirtschaftliche Einteilung für besser,[13] die praktisch der Einteilung von *Schneider*[14] entspricht und die Steuern danach ordnet, wo sie in einem Unternehmen greifen: bei den **Unternehmenstiteln**, den **Unternehmensleistungen** und beim **finanziellen Ergebnis**.[15]

Die Besteuerung des **finanziellen Ergebnisses** der Unternehmung[16] erfolgt durch die Einkommensteuer, die Körperschaftsteuer und den Teil der Gewerbesteuer, der auf den Gewerbeertrag als Steuergegenstand abstellt. Ferner zählt hierzu die an die Einkommensteuer anknüpfende Kirchensteuer.

Die Besteuerung der **Unternehmensleistungen** erfolgt allgemein durch die Umsatzsteuer, einschließlich der Einfuhrumsatzsteuer.

Zusätzlich werden einzelne Unternehmensleistungen mit Verbrauchsteuern belegt, zu denen die Mineralölsteuer und zukünftig auch die Erdgassteuer gehören. Weitere Steuern dieser Art sind die Biersteuer, die Einnahmen des Branntweinmonopols, die Kaffeesteuer, Schaumweinsteuer, Zuckersteuer bis hin zur Salzsteuer. Auch die Zölle (Einfuhrzölle) gehören in diese Kategorie von Steuern, die zusätzlich zur allgemeinen Umsatzsteuer erhoben werden.

In verschiedenen Bundesländern werden Unternehmensleistungen mit Getränkesteuern, Schankerlaubnissteuern, Vergnügungssteuern, Jagd- und Fischereisteuern belegt.

In der Europäischen Gemeinschaft werden im Zuge der Steuerharmonisierung weitere Verbrauchsteuern wie die Weinsteuer diskutiert.

Einige Unternehmensleistungen sind dagegen von der allgemeinen Umsatzsteuer befreit, werden jedoch mit Spezialsteuern belegt, so die Umsätze von Anteils- und Forderungsrechten mit der Börsenumsatzsteuer und der Wechselsteuer, die Leistungen aufgrund eines Versicherungsverhältnisses mit der Versicherungssteuer, die Umsätze von Grundstücken mit der Grunderwerbsteuer.

Die Besteuerung der **Unternehmensmittel** geschieht bei der Mittelbeschaffung durch die Gesellschaftsteuer und die Grunderwerbsteuer, beim Mitteleinsatz durch die (laufende) Grundsteuer und die Kraftfahrzeugsteuer, beim Wechsel der Verfügungsmacht durch die (einmalige) Erbschaft- und Schenkungssteuer sowie laufend auf den Bestand an Unternehmensmitteln durch die Vermögensteuer und den Teil der Gewerbesteuer, der auf das Gewerbekapital als Steuergegenstand abstellt.

---

[12] Vgl. *Wöhe, G.*, Die Steuern des Unternehmens, a.a.O., S. 14.

[13] Vgl. *Wöhe, G.*, Betriebswirtschaftliche Steuerlehre, Bd. II., 2. Halbband, 2. Aufl., Berlin/Frankfurt a. Main 1965, S. 65ff.

[14] Vgl. *Schneider, D.*, Grundzüge der Unternehmensbesteuerung, a.a.O., S. 81ff.

[15] Vgl. zur Kritik an den Einteilungsversuchen die in den vorhergehenden Fußnoten genannte Literatur.

[16] Unternehmung wird hier verstanden als „Institution, die als Anbieter und Nachfrager auf verschiedenen Märkten handelt und die Markthandlungen begleitende disponierende und produzierende Tätigkeiten ausführt“: *Schneider, D.*, Allgemeine Betriebswirtschaftslehre, 3. Aufl., München 1987, S. 23.

Die nachstehende Tabelle zeigt die **Steuereinnahmen** der **Bundesrepublik Deutschland** nach Steuerarten und Gebietskörperschaften für die Jahre 1977 bis 1987 in Mrd. DM.[17]

Den Steuern hinzutreten können **steuerliche Nebenleistungen** wie Verspätungszuschläge, Säumniszuschläge, Zwangsgelder, Kosten und, unter bestimmten, nach dem Steuerreformgesetz 1990 erweiterten Voraussetzungen, auch Zinsen.

Diese bisherige Darstellung zeigt zwar die volkswirtschaftliche Bedeutung der Steuern und die starke Einbeziehung der Unternehmung in das Besteuerungssystem, sagt aber noch nichts aus über die Belastung der Unternehmen mit Steuern.

Dies ist eine Frage, die für den Unternehmer im Hinblick auf sein verfügbares Einkommen, seine unternehmerischen Entscheidungen und seine Wettbewerbsfähigkeit ebenso bedeutsam ist wie für die staatliche Wirtschafts- und Finanzpolitik im Hinblick auf die gesamtwirtschaftlichen Folgen der bestehenden Besteuerung und geplanter Steuerrechtsänderungen (insbesondere unter dem Aspekt der Allokationseffizienz und der internationalen Wettbewerbsfähigkeit der Wirtschaft) und die Erreichung der mit den steuerlichen Regelungen angestrebten Ziele, z.B. der Gleichmäßigkeit der Besteuerung.

Welche Steuerlast relevant ist, ob die endgültige Steuerlast im Sinne der Finanzwissenschaft[18] oder ob die persönliche Steuerzahlung mangels Meßbarkeit der marktbestimmten Steuerlast als alleiniger Bestimmungsgrund der Steuerbelastung angesehen werden muß,[19] ist in den Steuerwissenschaften ebenso umstritten wie die Frage, welche Steuerzahlungen und welche Bezugsgrößen zur Feststellung einer zweckgerichteten Steuerlastquote anzusetzen sind.[20]

Diese Unklarheiten haben im Rahmen der Diskussion um die Steuerreform 1990 zu zum Teil grotesk anmutenden Berechnungen und Aussagen geführt. Während die einen von einer Steuerbelastung für Unternehmensgewinne von über 70% ausgehen,[21] begründen die anderen die Ablehnung einer Senkung der Unternehmenssteuern mit Belastungsquoten von „im Bereich von 34%“[22] oder im Falle der Vollausschüttung einer Kapitalgesellschaft von nur 20,6%.[23]

---

[17] Vgl. *Institut „Finanzen und Steuern“*, a.a.O., Tabelle 13 und die dort genannten Quellen.

[18] Vgl. *Schmölders, G., Hansmeyer, K. H.*, Allgemeine Steuerlehre, a.a.O., S. 138ff.

[19] Vgl. *Schneider, D.*, Grundzüge der Unternehmensbesteuerung, a.a.O., S. 10ff.

[20] Vgl. *Rose, G.*, Die Steuerbelastung der Unternehmung, Wiesbaden 1973; derselbe, Grundgerüst einer theoretischen Betriebswirtschaftlichen Wirkungslehre, in: Neuere Entwicklungen in der Unternehmenstheorie, hrsg. von *Helmut Koch*, Wiesbaden 1982, S. 221-245; *Schneider, D.*, Grundzüge der Unternehmensbesteuerung, a.a.O., Kapitel F.: Einführung in die Lehre von den Steuerbelastungsvergleichen, S. 228ff.

[21] Die Siebzig-Prozent-Rechnung, Das ungelöste Problem der Unternehmensbesteuerung; Herausgegeben vom *Institut der deutschen Wirtschaft* in Zusammenarbeit mit dem *Bundesverband der Deutschen Industrie e.V.*, Köln 1985.

[22] Vgl. *Littmann, K.*, Bittere Klagen mit falschen Zahlen, in: „Die Zeit“ vom 20.2.1987.

[23] Vgl. *Scheibe-Lange, I.*, Zu hohe Belastung der Unternehmensgewinne mit Ertragssteuern?, in: WSI-Mitteilungen 1986, S. 772ff.

Steuerarten	1977	1978	1979	1980	1981	1982	1983	1984	1985	1986	1987[5]
Gemeinschaftliche Steuern	209,2	225,9	245,5	267,3	272,1	277,9	291,4	305,1	324,1	333,7	348,8
1. Lohnsteuer	90,8	92,0	97,1	111,6	116,6	123,4	128,9	136,4	147,6	152,2	164,2
2. Veranlagte Einkommensteuer	35,5	37,5	37,6	36,8	32,9	30,6	28,3	26,4	28,6	29,9	30,7
3. Körperschaftsteuer	16,8	19,8	22,9	21,3	20,2	21,5	23,7	26,3	31,8	32,3	27,3
4. Kapitalertragsteuer	3,4	3,4	3,8	4,2	4,6	4,7	4,7	5,6	6,2	8,1	7,9
5. Mehrwertsteuer	39,4	46,6	51,0	52,9	54,3	53,7	59,2	55,5	51,4	58,6	67,4
6. Einfuhrumsatzsteuer	23,3	26,6	33,2	40,6	43,5	44,0	46,7	55,0	58,4	52,6	51,4
Bundessteuern	40,8	42,9	44,7	46,1	48,1	49,6	52,2	54,1	55,0	56,4	57,3
1. Mineralölsteuer	19,2	20,5	21,1	21,4	22,2	22,8	23,4	24,0	24,5	25,6	26,1
2. Tabaksteuer	9,8	10,5	10,7	11,3	11,3	12,2	13,9	14,4	14,5	14,5	14,5
3. Branntweinabgaben	3,7	3,9	4,0	3,9	4,5	4,3	4,3	4,2	4,2	4,1	4,1
4. Kapitalverkehrsteuern[1]	2,0	2,1	2,3	2,5	2,7	2,9	3,2	3,4	3,9	4,2	4,1
5. Zölle[2]	3,7	3,7	4,1	4,6	4,9	4,7	4,7	5,3	5,4	5,2	5,5
6. Sonstige Bundessteuern	2,4	2,2	2,5	2,4	2,4	2,6	2,7	2,7	2,7	2,7	2,9
Ländersteuern	15,0	15,0	16,6	16,1	16,4	17,0	18,4	18,6	18,5	21,3	22,2
1. Vermögensteuer	5,0	4,5	4,5	4,7	4,7	5,0	5,0	4,5	4,3	4,4	5,4
2. Kraftfahrzeugsteuer	5,9	6,3	7,6	6,6	6,6	6,7	7,0	7,3	7,4	9,4	8,3
3. Biersteuer	1,3	1,3	1,3	1,3	1,3	1,3	1,3	1,3	1,3	1,3	1,3
4. Sonstige Ländersteuern[3]	2,8	3,0	3,3	3,6	3,8	4,0	5,1	5,6	5,6	6,2	7,2
Gemeindesteuern	33,2	34,3	35,8	35,5	33,8	34,2	34,7	37,0	39,6	41,2	40,3
1. Gewerbesteuer E und K	23,0	24,0	25,1	27,1	26,0	26,1	26,2	28,3	30,8	32,0	31,4
2. Lohnsummensteuer	3,5	3,3	3,3	0,9	0,0	–	–	–	–	–	–
3. Grundsteuer A	0,4	0,4	0,4	0,4	0,4	0,4	0,4	0,4	0,4	0,4	0,4
4. Grundsteuer B	4,9	5,1	5,3	5,4	5,6	5,9	6,4	6,7	6,9	7,2	7,5
5. Sonstige Gemeindesteuern	1,4	1,5	1,7	1,7	1,8	1,8	1,7	1,5	1,5	1,5	1,0
Lastenausgleichsabgaben[4]	1,3	0,9	0,3	0,1	–	–	–	–	–	–	–
Steuereinnahmen insgesamt	299,4	319,1	342,8	365,0	370,3	378,7	396,6	414,7	437,2	452,4	468,7

* Abweichungen in den Summen durch Runden der Zahlen

1 Kapitalverkehrsteuern im engeren Sinne (Börsenumsatzsteuer, Gesellschaftsteuer), Versicherungsteuer und Wechselsteuer

2 Einschließlich EG-Anteil

3 Erbschaftsteuer und sonstige Verkehrsteuern (Ergänzung vom Verf.)

4 Vermögensabgabe, Hypotheken- und Kreditgewinnabgabe

5 Vorläufiges Ergebnis

Daß die Bundesrepublik Deutschland ein Hochsteuerland ist, dürfte dennoch ernsthaft nicht bestritten sein. *Schneider* hat die Fehlerhaftigkeit der Ableitung einzelwirtschaftlicher Steuerlastquoten aus volkswirtschaftlichen Steuerquoten nachgewiesen und damit die Rechnung von *Littmann* zutreffend widerlegt.[24] Ebenso wird von ihm nachgewiesen, daß die Berechnung der Steuerlastquote mit 20,6% von *Scheibe-Lange* wegen der Vernachlässigung der Grenzeinkommensteuerbelastung der in- oder ausländischen Anteilseigner methodisch und dementsprechend in ihrer Höhe entscheidend falsch ist.

Auch die 70%-Rechnung des *Instituts der deutschen Wirtschaft* wird methodisch kritisiert. Selbst wenn man diese Kritik voll akzeptiert, verbleibt dennoch eine Steuerlastquote, die deutlich über 60% liegt. Auch der an anderer Stelle abgehandelte „bisher umfassendste internationale Steuerbelastungsvergleich auf der Grundlage effektiver Grenzsteuerbelastungen" führt unter anderem zu der Aussage, die „Behauptung vom Hochsteuerland Bundesrepublik Deutschland wird durch effektive Grenzsteuerbelastungen für den Durchschnitt aller 81 Kombinationsfälle von Investitionen bestätigt."[25]

Dabei ist zu berücksichtigen, daß Steuerbelastungsziffern auf Modellvereinfachungen beruhen und deshalb über die tatsächliche steuerliche Belastung einer konkreten Unternehmung keine Aussage treffen können. Sie zeigen auch nicht, welche steuerliche Belastung im Einzelfalle auf die Unternehmung hätte zukommen können, wenn diese ihre unternehmerischen Entscheidungen ohne oder bei nur unzulänglicher Berücksichtigung der steuerrechtlichen Folgen durchgeführt hätte. Durch Nichtbeachtung potentieller Steuerbelastungen bei der Durchführung unternehmerischer Entscheidungen kann sich die steuerliche Belastung der Unternehmung wesentlich erhöhen und gegebenenfalls sogar existenzgefährdend auswirken.

Die Steuerbelastungsziffern sagen auch nichts aus zu der Frage, welche unternehmerischen Anpassungsentscheidungen aufgrund von aktuellen oder erwarteten nationalen oder internationalen Steuerrechtsänderungen erfolgen. Die Erforschung der hier angesprochenen Steuerwirkungen ist eine der auch für die Unternehmenspraxis wesentlichen Aufgaben der Betriebswirtschaftlichen Steuerlehre.[26]

Will man die Bedeutung der Besteuerung für die Unternehmung ermessen, muß man auch die Mitwirkungspflichten der Unternehmen im Besteuerungsverfahren berücksichtigen.

---

[24] Vgl. *Schneider, D.*, Wider leichtfertige Steuerbelastungsvergleiche, in: Die Wirtschaftsprüfung, Heft 10/1988, S. 281ff.

[25] *Schneider, D.*, Hochsteuerland Bundesrepublik Deutschland: Die Spannweite effektiver Grenzsteuerbelastungen für Investitionen, in: Die Wirtschaftsprüfung, Heft 11/1988, S. 330f.

[26] Vgl. zu den Meinungsverschiedenheiten über die Aufgaben der Betriebswirtschaftlichen Steuerlehre: *Rose, G.*, Grundgerüst einer theoretischen betriebswirtschaftlichen Steuerlehre, a.a.O., S. 221-245; *Schneider, D.*, Betriebswirtschaftliche Steuerlehre als Steuerplanungslehre oder als ökonomische Analyse des Steuerrechts? In: Unternehmung und Steuer, hrsg. von *Lutz Fischer*, Wiesbaden 1983, S. 21-27; *Wöhe, G.*, Die Aufgaben der Betriebswirtschaftlichen Steuerlehre und das Postulat der Wertfreiheit. In: Unternehmung und Steuern, a.a.O., S. 5-20.

Einmal handelt es sich um Mitwirkungspflichten des Steuerpflichtigen und anderer Beteiligter bei der Ermittlung und Sicherung des steuererheblichen Sachverhaltes.[27]

Zu diesen Mitwirkungspflichten gehören auch Unterrichtungspflichten über Unternehmungsgründungen und ähnliche Vorgänge sowie über die beabsichtigte Erstellung von Waren und Erbringung von Dienstleistungen, die Gegenstand einer Verkehrs- oder Verbrauchsbesteuerung werden können.

Ferner zählen hierzu Beweisbeschaffungs- und Beweissicherungspflichten wie Buchführungs- und Aufzeichnungspflichten sowie die Pflicht zur Abgabe von Steuererklärungen und Steueranmeldungen. Für steuerrechtlich relevante Sachverhalte außerhalb der Bundesrepublik Deutschland ist sogar eine erhöhte Mitwirkungspflicht vorgesehen.

Zum zweiten handelt es sich um Mitwirkungspflichten bei der Erfassung von anderen, potentiellen Steuerpflichtigen durch die Finanzverwaltung.[28]

Drittens besteht eine Mitwirkungspflicht der Unternehmen bei der Steuererhebung, indem die Unternehmen zu Hilfsorganen der Finanzverwaltung bei der Besteuerung anderer Personen bestimmt werden. So schuldet der Arbeitnehmer zwar die Lohnsteuer, der Arbeitgeber hat die Lohnsteuer jedoch zu berechnen, einzubehalten und an das Finanzamt abzuführen. Ähnlich ist es bei der Kapitalertragsteuer, die wie die Lohnsteuer eine Vorauszahlung auf die Einkommensteuer des Empfängers der Kapitalerträge ist. Das Unternehmen hat auch hier die Kapitalertragsteuer bei Auszahlung der Dividenden, aufgrund des Steuerreformgesetzes 1990 auch weitgehend der Zinsen, einzubehalten und an das Finanzamt abzuführen.

Sowohl bei der Lohnsteuer als auch bei der Kapitalertragsteuer haftet das Unternehmen für die Einbehaltung und Abführung dieser Steuern.

Diese Mitwirkungspflichten der Unternehmung verursachen erhebliche Aufwendungen und organisatorische Belastungen für die Unternehmung, die allerdings schwer zu quantifizieren sind und deshalb häufig vernachlässigt werden.

B. Die Aufgaben des Steuerwesens der Unternehmung und ihre Abgrenzung

Wie aufgezeigt wurde, ist die Unternehmung mit ihrem finanziellen Ergebnis, ihren Produkten und Leistungen und den Produktionsfaktoren unmittelbar Gegenstand der Besteuerung. Die hieraus resultierenden eigentlichen Steuerzahlungspflichten werden ergänzt um die Nebenleistungs- und die Mitwirkungspflichten der Unternehmung; insgesamt bilden sie das Steuerpflichtverhältnis i.w.S. und zu-

---

[27] Vgl. *Tipke, K.*, Steuerrecht, 10. Aufl., Köln 1985, S. 570ff.
[28] Vgl. *Tipke, K.*, Steuerrecht, a.a.O., S. 570.

sammen mit den Rechten das Steuerrechtsverhältnis zwischen der Unternehmung[29] und den Steuerberechtigten (Bund, Länder, Gemeinden, Kirchen).[30]

Die Erfüllung der Pflichten der Unternehmung aus dem Steuerrechtsverhältnis ist die **erste Aufgabe des Steuerwesens der Unternehmung**, die dadurch charakterisiert ist, daß sie der Unternehmung von außen gesetzt ist.[31]

Die Pflichten der Unternehmung mögen im finanzwirtschaftlichen Sinne als ein globales Äquivalent für die Bereitstellung öffentlicher Güter zu verstehen sein,[32] einzelwirtschaftlich haben diese Pflichten stets Ausgaben zur Folge, die die finanziellen Zielgrößen[33] einer Unternehmung, namentlich den Gewinn, beeinflussen.

Hieraus folgt, daß im Sinne einer Maximierung der Zielgrößen der Unternehmung diese Ausgaben innerhalb der Legalität der Höhe nach so gering und dem Zeitpunkt nach so günstig wie möglich gehalten werden müssen.

Hierzu gehört auch das Recht auf Ausnutzung von Steuervergünstigungen, die insbesondere aus sozialen, wirtschaftlichen oder aus anderen Gemeinwohlgründen oder aus Vereinfachungsgründen vom Steuer-Gesetzgeber gewährt werden.[34]

Steuervergünstigungen werden vielfach im Rahmen eines Wahlrechtes, dessen Ausnutzung der Unternehmung freigestellt ist, gewährt. Wahlrechte im Hinblick auf cinzelne Elemente des Steuertatbestandes kennt das Steuerrecht aber auch, ohne daß damit eine der Zielsetzungen von Steuervergünstigungen angestrebt wird, wenngleich jedes Wahlrecht einen Verstoß gegen die Gleichmäßigkeit der Besteuerung darstellt und damit den Charakter einer Steuervergünstigung erhält.[35] Diese Wahlrechte ermöglichen der Unternehmung, die Steuerlast nach Erfüllung des Steuertatbestandes alternativ zu beeinflussen und im Sinne der Maximierung der finanziellen Zielgrößen zu gestalten. Die Ausübung der Wahlrechte erfordert unternehmerische Entscheidungen, die zwar im steuerlichen Operationsbereich liegen, aber anders strukturiert sind als die Entscheidungen, die gemeinhin im Besteuerungsverfahren zu treffen sind.

Die zielentsprechende Ausnutzung der Wahlrechte kann man daher als eine **besondere Aufgabe des Steuerwesens der Unternehmung** im Rahmen des Besteue-

---

[29] Auch hier ist Unternehmung im Sinne der an früherer Stelle des Beitrags genannten Definition zu verstehen.

[30] Vgl. zum Steuerrechtsverhältnis *Tipke, K.*, Steuerrecht, a.a.O., S. 123ff.

[31] Vgl. zum Begriff der Aufgabe *Kosiol, E.*, Organisation der Unternehmung, Wiesbaden 1962, S. 41ff.

[32] Vgl. hierzu *Haller, H.*, Die Bedeutung des Äquivalenzprinzips für die öffentliche Finanzwirtschaft, in: Finanzarchiv, NF, Bd. 21, 1961, S. 248ff.

[33] Vgl. zu den Zielgrößen: *Schneider, D.*, Investition und Finanzierung, 5. Aufl., Wiesbaden 1980, S. 52ff. und die dort angegebene Literatur; *Wöhe, G.*, Einführung in die allgemeine Betriebswirtschaftslehre, 16. Aufl., München 1986, S. 110ff. und die dort angegebene Literatur.

[34] Vgl. zum Begriff der Steuervergünstigung und zur Abgrenzung von sog. Ausgrenzungsbefreiungen und scheinbaren Ausnahmebestimmungen: *Tipke, K.*, Steuerrecht, a.a.O., S. 132, 137.

[35] Vgl. zur Wertung von Wahlrechten *Birk, D.*, „Besteuerung nach Wahl" als verfassungsmäßiges Recht, NJW 1984, Heft 23, S. 1325ff.; *Schneider, D.*, Steuerbilanzen, Wiesbaden 1978, S. 31.

rungsverfahrens ansehen, die auch als **betriebliche Steuerpolitik** umschrieben wird.[36]

Von der Ausnutzung von Wahlmöglichkeiten im dargelegten Sinne zu trennen ist die Steuervermeidung, die vorliegt, wenn die Merkmale des gesetzlichen Steuertatbestands bewußt nicht erfüllt werden. Steuervermeidung, die auch nur Steuerverminderung sein kann, ist legal und zu unterscheiden von der Steuerumgehung und der Steuerhinterziehung.[37] Sie kann beim Steuersubjekt, beim Steuergegenstand, auch bei der Steuerbemessungsgrundlage oder sogar beim Steuersatz ansetzen.

Die Steuermeidung (Verminderung) muß jedoch im Rahmen der unternehmenspolitischen Zielsetzungen erfolgen. Nur wenn bei gegebenen unternehmerischen Handlungsalternativen durch unterschiedliche Erfüllung oder Vermeidung von steuerlichen Tatbestandsmerkmalen die Unternehmensziele nicht gestört werden, kann man von Steuerpolitik durch Steuervermeidung sprechen. Steuervermeidung um ihrer selbst willen, d.h. durch Verzicht auf zielgerichtete, steuerauslösende unternehmerische Handlungen, kann keine Aufgabe der unternehmerischen Steuerpolitik sein.

Aus diesem Grunde können die betrieblichen Hauptfunktionen Beschaffung, Leistungserstellung, Leistungsverwertung und Finanzierung prinzipiell auch nicht „steuerpolitisch" betrieben werden. Zwar werden die Entscheidungen in diesen betrieblichen Teilbereichen durch die Besteuerung beeinflußt, die durch sie ausgelöste Steuerwirkung ist aber nur einer von vielen Einflußfaktoren, die im Rahmen der jeweiligen unternehmerischen Teilpolitik bei der Entscheidungsfindung zu beachten sind.

Insgesamt ist der Spielraum der Steuervermeidung als Mittel der Steuerpolitik enger gezogen als gemeinhin angenommen wird, die Steuervermeidung als „Sachverhaltsgestaltungsalternative" aber ganz aus dem Aktionsparameter der Steuerpolitik herauszunehmen,[38] erscheint jedoch nicht gerechtfertigt.

Die Unternehmung kann Steuerpolitik aber auch dadurch betreiben, daß sie versucht, die Ausgestaltung der Steuergesetzgebung und die Auslegung der Steuergesetze durch die Finanzverwaltung und die Rechtsprechung zu beeinflussen, und zwar unter zweierlei Aspekten: Einmal geht es darum, daß durch die Steuergesetzgebung die Unternehmen möglichst gering belastet werden, zum anderen - und das muß vielfach als das Wichtigste angesehen werden - darum, daß die Steuergesetzgebung konkurrierende Unternehmen steuerlich gleichstellt, d.h. möglichst wettbewerbsneutral ist. Das Erfordernis der Wettbewerbsneutralität ist dabei nicht nur auf die inländische Besteuerung zu beziehen, sondern muß sich im Zeitalter der zunehmenden internationalen Handelsbeziehungen auch auf die EG und - als Endziel - auf den weltwirtschaftlichen Raum erstrecken.

Die Aufgaben des Steuerwesens der Unternehmung gehen aber noch über die dargelegten Teilaufgaben der Mitwirkung im Besteuerungsverfahren und der Aus-

---

[36] Vgl. *Mann, G.*, Betriebswirtschaftliche Steuerpolitik als Bestandteil der Unternehmenspolitik, WiSt, Heft 3, März 1973, S. 114.

[37] *Tipke, K.*, Steuerrecht, a.a.O., S. 132.

[38] Vgl. *Mann, G.*, Betriebswirtschaftliche Steuerpolitik als Bestandteil der Unternehmenspolitik, a.a.O., S. 114.

übung steuerpolitischer Handlungen hinaus. Die Anknüpfung der Besteuerung an eine Vielzahl von betrieblichen Konstitutionen und Handlungen führt als Folge der jeweiligen realisierten Entscheidungen zu Steuerrechtstatbeständen und damit zu Steuerbelastungen, die grundsätzlich durch das Steuerrecht determiniert und nur in den Grenzen der betrieblichen Steuerpolitik beeinflußbar sind.

Diese dispositionsbezogenen Steuerbelastungen müssen in den unternehmerischen Entscheidungskalkül einbezogen werden, weil sie nicht entscheidungsneutral sind. Darüber hinaus stellt sich sogar die Frage nach der Entscheidungsrelevanz von Steuerzahlungen in Form fixer Kosten,[39] die allerdings genereller Natur ist und in der Betriebswirtschaftslehre weiter diskutiert werden muß.[40]

Die **sachgerechte Berücksichtigung der Steuerbelastungen bei den unternehmerischen Entscheidungen ist die dritte Teilaufgabe des Steuerwesens der Unternehmung**, für die die Steuerwirkungslehre als eine der Hauptaufgabengebiete der Betriebswirtschaftlichen Steuerlehre[41] wesentliche Erkenntnisse zur Verfügung stellt.

C. Zu den Teilaufgaben des Steuerwesens der Unternehmung

I. Die Mitwirkung im Besteuerungsverfahren

Entsprechend der vorgenommenen Abgrenzung der Aufgaben des Steuerwesens ist die primäre Teilaufgabe die Erfüllung der Pflichten und Wahrung der Rechte aus dem Steuerrechtsverhältnis mit der Zielsetzung, im Sinne der Maximierung der Zielgrößen der Unternehmung die aus den Pflichten resultierenden Ausgaben der Höhe nach so gering und dem Zeitpunkt nach so günstig wie möglich zu halten.

Dies beinhaltet als Erfüllungssoll[42] für das Steuerwesen der Unternehmung

- die Erfüllung der Mitwirkungspflichten zu den geringstmöglichen Aufwendungen (Ausgaben),
- die Minimierung der Steueransprüche sowie die Maximierung der Steuervergütungsansprüche, die durch einen Tatbestand verwirklicht sein könnten, an den das Gesetz die Leistungspflicht oder den Vergütungsanspruch knüpft, durch Ausschöpfung aller Rechte, die im Rahmen des Steuerrechtsverhältnisses der Unternehmung gewährt werden,

---

[39] Vgl. *Schneider, D.*, Grundzüge der Unternehmensbesteuerung, a.a.O., S. 247.

[40] Vgl. die Auseinandersetzung *Schneider/Siegel: Schneider, D.*, Entscheidungsrelevante fixe Kosten, Abschreibungen und Zinsen zur Substanzerhaltung, in: DB 1984, Heft 49, S. 2521-2528; derselbe, Vollkostenrechnung oder Teilkostenrechnung, in: DB 1985, Heft 42, S. 2159-2162; *Siegel, Th.*, Zur Irrelevanz fixer Kosten bei Unsicherheit, ebenda, S. 2157-2159.

[41] Vgl. *Rose, G.*, Betriebswirtschaftliche Steuerlehre, Wiesbaden 1986, S. 16ff.; *Schneider, D.*, Grundzüge der Unternehmensbesteuerung, a.a.O., S. 39ff.; *Wöhe, G.*, Die Aufgaben der Betriebswirtschaftlichen Steuerlehre, a.a.O., S. 6f.

[42] Vgl. zum Begriff: *Bleicher, K.*, Zentralisation und Dezentralisation von Aufgaben in der Organisation der Unternehmung, Berlin 1966, S. 24f.

- die Beachtung der Steuerzahlungszeitpunkte sowie
- die weitestmögliche Vermeidung von steuerlichen Nebenleistungen.

Ausgeklammert wurde dabei die Ausnutzung von steuerlichen Wahlrechten, die einer besonderen Teilaufgabe des Steuerwesens zugeordnet wurden.

Diese Aufgabenerfüllung erfolgt im Rahmen des durch Rechtsnormen geordneten Besteuerungsverfahrens, das die Durchführung der Besteuerung, die Erhebung und Vollstreckung, den Rechtsschutz in Steuersachen sowie das Steuerordnungswidrigkeiten- und Steuerstrafverfahren beinhaltet.[43]

Im Mittelpunkt dieses Besteuerungsverfahrens, auf dessen vielfältige Pflichten und Rechte im Rahmen dieses Aufsatzes nicht näher eingegangen werden kann und derentwegen auf die vorgenannte sowie die einschlägige Steuerrechtsliteratur verwiesen wird, steht aus der Sicht der Unternehmung die Feststellung des Steuertatbestandes im weiteren Sinne als der Inbegriff der in den materiellen Steuerrechtsnormen enthaltenen Tatbestandsmerkmale, durch die die Steuerschuld ausgelöst wird.

Der Steuertatbestand läßt sich gliedern in das Steuersubjekt als Steuerschuldner, das Steuerobjekt (Tatbestand i.e.S., Steuergegenstand) als Inbegriff der sachlichen Voraussetzungen der Steuerschuld, durch den der Gesetzgeber beschreibt, welche besteuerungswürdigen wirtschaftlichen Vorgänge und Zustände er erfassen will, die Steuerbemessungsgrundlage (Besteuerungsgrundlage, Steuermaßstab) als quantifiziertes Steuerobjekt und den Steuersatz als der funktionalen Beziehung zwischen Steuerbemessungsgrundlage und Steuerbetrag.[44]

Daraus folgt die Notwendigkeit der Überprüfung, ob durch das unternehmerische Handeln überhaupt ein Steuerobjekt entstanden ist, ob dieses Steuerobjekt unter eine Ausgrenzungsbefreiung[45] fällt, wem gegebenenfalls dieses Steuerobjekt zuzuordnen ist, wie die Steuerbemessungsgrundlage zu ermitteln ist und welcher Steuersatz[46] in Anwendung kommt.

Diese Überprüfungsaufgaben betreffen unternehmerische Handlungen, die bereits durchgeführt, also ex-post-Betrachtungen sind und regelmäßig im Rahmen der Erstellung von Steuererklärungen und Steueranmeldungen, die die Unternehmung innerhalb des Steuerfestsetzungs- und Steuerfeststellungsverfahrens abzugeben hat, anfallen. Darüber hinaus werden sie relevant im Zusammenhang mit den besonderen Verfahren der Sachaufklärung durch die Finanzbehörden (Außenprüfung, Steuerfahndung und Steueraufsicht in Zoll- und Verbrauchsteuersachen).

Diese, wenn man so will, steuerrechtliche Betrachtung des unternehmerischen Handelns erfordert neben den Kenntnissen der unternehmerischen Aktivitäten erhebliche Steuerrechtskenntnisse aufgrund der Vielzahl der Steuergesetze und Steuertatbestände, die sich aber noch beträchtlich kompliziert, wenn eine Unterneh-

---

43 Zu den Teilbereichen des Besteuerungsverfahrens: vgl. *Tipke, K.*, Steuerrecht, a.a.O., S. 553ff.; *Rose, G.*, Betrieb und Steuern, Grundlagen der Betriebswirtschaftlichen Steuerlehre, Viertes Buch: Grundzüge des Besteuerungsverfahrens, Wiesbaden 1981; *Wöhe, G.*, Die Steuern des Unternehmens, a.a.O., S. 339ff.

44 Vgl. *Tipke, K.*, Steuerrecht, a.a.O., S. 131ff.

45 Vgl. zum Begriff der Ausgrenzungsbefreiung: *Tipke, K.*, Steuerrecht, a.a.O., S. 132.

46 In den Steuersatz muß man begrifflich auch steuerliche Zulagen und Zuschüsse einbeziehen.

mung transnationale Aktivitäten betreibt und damit internationales Steuerrecht und ausländische Steuerrechte zur Anwendung kommen.[47]

Solange die unternehmerischen Aktivitäten sich auf das Territorium des steuergesetzgebenden Staates beschränken, sind die Feststellungen des Steuersubjektes (im Sinne von Steuerschuldner) und des Steuerobjektes (Steuergegenstandes) noch relativ leicht zu treffen, die besonderen Schwierigkeiten entstehen hier bei der Ermittlung der Steuerbemessungsgrundlage und des Steuersatzes. Gehen hingegen die unternehmerischen Aktivitäten über das Territorium des Steuergläubigers hinaus in die Territorien anderer Steuergläubiger, entstehen erhebliche Probleme auch bei der Feststellung von Steuersubjekt und Steuerobjekt.

Im Rahmen der Besteuerungsprinzipien des internationalen Steuerrechts kann es zu Doppel- oder Minderbesteuerungen von unternehmerischen Aktivitäten kommen, die durch komplizierte nationale Gesetzesregelungen oder internationale Abkommen vermieden oder verringert werden.[48] Die hierbei relevanten und problematischen Merkmale der beschränkten und unbeschränkten Steuerpflicht sowie der Gleichartigkeit der Steuern sind unselbständige Teile der Steuersubjekt- oder Steuerobjektbeschreibung, obwohl sie in der Regel in der Literatur getrennt von diesen behandelt werden.[49]

Die Feststellung der Steuerbemessungsgrundlage als weiterem wesentlichen Teil des Steuertatbestandes ist generell eine schwierige und wichtige Aufgabenstellung des Steuerwesens der Unternehmung. Mit den Steuerbemessungsgrundlagen, insbesondere für die Besteuerung des finanziellen Ergebnisses und der Unternehmensmittel, hat sich neben dem Steuerrecht auch die Betriebswirtschaftliche Steuerlehre eingehend auseinandergesetzt.[50]

Die Ungenauigkeit oder Unschärfe der diesbezüglichen gesetzlichen Vorschriften und ihrer Interpretation durch Finanzverwaltung und Rechtsprechung verschafft Möglichkeiten, die Steuerbelastung der Unternehmung durch eine zielgerichtete Subsumtion eines Sachverhaltes unter den gesetzlichen Tatbestand oder Interpretation eines Tatbestandsmerkmals zu mindern. In der Literatur[51] sind derartige Möglichkeiten herausgearbeitet und als „rechnungspolitische Spielräume" den steuerlichen Wahlrechten (Optionen) gleichgestellt worden.[52] Diese Gleichstellung erscheint nicht zweckmäßig, da diese „Spielräume" eben nicht durch Gesetz, Rechtsprechung oder Finanzverwaltung alternativ zugestanden sind, sondern durch Sachverhalts- oder Tatbestandsauslegung quasi definitiv entstehen.

---

[47] Vgl. zur Begriffsbildung: *Bühler, O.*, Prinzipien des internationalen Steuerrechts, a.a.O., S. 1ff.

[48] Vgl. *Bühler, O.*, Prinzipien des Internationalen Steuerrechts, a.a.O.; *Jacobs, Otto H.*, Internationale Unternehmensbesteuerung, München 1983.

[49] Vgl. *Tipke, K.*, Steuerrecht, a.a.O., S. 135.

[50] Aus der Fülle der Literatur seien hier nur beispielhaft genannt: *Rose, G.*, Betrieb und Steuern, Grundlagen zur Betriebswirtschaftlichen Steuerlehre, Erstes Buch: Die Ertragsteuern, 9. Aufl., Wiesbaden 1986; Drittes Buch: Die Substanzsteuern, 6. Aufl., Wiesbaden 1986; *Schneider, D.*, Steuerbilanzen, a.a.O., *Wöhe, G.*, Betriebswirtschaftliche Steuerlehre, Bd. I, 2. Halbband, 6. Aufl., München 1986.

[51] Vgl. *Bauer, J.*, Grundlagen der handels- und steuerrechtlichen Rechnungspolitik der Unternehmung, Wiesbaden 1981, S. 72ff.

[52] Vgl. *Rose, G.*, Betriebswirtschaftliche Steuerlehre, a.a.O., S. 279ff.

Sie sind im hier verstandenen Sinne kein Mittel der Steuerpolitik, sondern Aufgabe des Steuerwesens im Rahmen des Besteuerungsverfahrens. Diese „Spielräume" werden auch dann gegeben sein, wenn es im übrigen keine Wahlrechte im Steuerrecht gäbe. Man kann dabei wie der Verfasser die Meinung vertreten, daß diese Aufgabenstellung der Ausnutzung von Spielräumen wichtiger ist als die der Ausnutzung von Wahlrechten, weil dabei mehr als bei dieser eine nachhaltige Senkung der Steuerbelastung der Unternehmung bewirkt werden kann.

Gerade bei der Findung von Spielräumen im Zusammenhang mit der Feststellung der Bemessungsgrundlage sind neben den notwendigen Rechtskenntnissen auch Kenntnisse der Betriebswirtschaft und die Anwendung deren Instrumentarien und Methoden gefragt.[53, 54]

Ein besonderes Anwendungsgebiet betriebswirtschaftlicher Erkenntnisse bei der Feststellung von Steuerbemessungsgrundlagen ergibt sich bei grenzüberschreitenden Geschäftsbeziehungen aus der Problematik des internationalen Steuerrechts, insbesondere in internationalen Konzernen. Der hierbei an die Bemessungsgrundlage anzulegende steuerliche Prüfungsmaßstab des sog. Fremdverhaltens (dealing-at-arm's length) hat zu Grundsätzen der Ermittlung des arm's length-Entgeltes geführt, die eine Einbeziehung des betriebswirtschaftlichen Instrumentariums der Unternehmung notwendig und sinnvoll machen.[55]

Eine weitere wesentliche Aufgabenstellung im Rahmen des Besteuerungsverfahrens erwächst dem Steuerwesen der Unternehmung durch die besonderen Verfahren der Sachaufklärung, die den Finanzbehörden zugestanden sind,[56] insbesondere durch die steuerliche Außenprüfung, auf die *Wöhe* ausführlich eingegangen ist.[57]

Die Unternehmung hat insbesondere bei der steuerlichen Außenprüfung schon während der Prüfung das Recht auf Gehör, d.h. sie soll laufend über die festgestellten Sachverhalte und die möglichen steuerlichen Auswirkungen unterrichtet werden.[58] Im übrigen ist über das Ergebnis der Prüfung eine Schlußbesprechung mit der Unternehmung abzuhalten, die der Klärung der strittig gebliebenen Sachverhalte, der rechtlichen Beurteilung von Prüfungsfeststellungen und der Darstellung der steuerlichen Auswirkungen dient.[59] Erhöhte Mitwirkungspflichten der Unter-

---

[53] Vgl. *Kuhn, K.*, Stand und Aufgaben der betriebswirtschaftlichen Bewertungslehre unter besonderer Berücksichtigung der steuerlichen Wertkonventionen, in: BFuP, Heft 1 Januar 1968, S. 15ff. Die dort u.a. angesprochene Untersuchung von *D. Schneider* zur wirtschaftlichen Nutzungsdauer von Anlagegütern hat in der Praxis inzwischen für die Bildung von Anlageeinheiten als Bemessungsgrundlage für verschiedene Steuerarten wesentliche Aspekte geliefert.

[54] Vgl. zu Einzelthemen beispielhaft: *Höffken, E.*, Die Festbewertung in betriebswirtschaftlicher und steuerlicher Sicht, Inaugural-Dissertation an der Hochschule für Wirtschafts- und Sozialwissenschaften Nürnberg, Im Juli 1960; *Kuhn, K.*, Zur Frage der Einbeziehung von Unterbeschäftigungskosten in die Herstellungskosten von Wirtschaftsgütern; in: Neue Betriebswirtschaft, 20. Jahrgang, Heft 7/1967, S. 9ff.

[55] Vgl. zu den steuerlichen Bestimmungsmethoden *Jacobs, Otto H.*, Internationale Unternehmensbesteuerung, a.a.O., S. 382ff.

[56] Vgl. zu den besonderen Verfahren: *Tipke, K.*, Steuerrecht, a.a.O., S. 579.

[57] Vgl. *Wöhe, G.*, Betriebswirtschaftliche Steuerlehre, Bd. I, 2. Halbband, a.a.O., S. 553-597.

[58] *Tipke, K.*, Steuerrecht, a.a.O., S. 582.

[59] Vgl. *Wöhe, G.*, Betriebswirtschaftliche Steuerlehre, Bd. I, 2. Halbband, a.a.O., S. 596f.

nehmung im Sinne der Ermittlung der Besteuerungsgrundlagen ergeben sich bei Auslandsbeziehungen und beim Einsatz von EDV-Anlagen für Buchführungszwecke.[60]

Die Mitwirkung des Steuerwesens bei den besonderen Verfahren der Sachaufklärung erfordert nicht nur große Kenntnisse des (materiellen) Steuerschuldrechts, sondern auch des steuerlichen Verfahrensrechts und gegebenenfalls des Steuerstraf- und Steuerordnungswidrigkeitsrecht. Hinzutreten muß gerade bei der steuerlichen Außenprüfung aber der Einsatz von betriebswirtschaftlichen Kenntnissen im Hinblick auf die Sachverhaltsdiskussion, die Möglichkeiten der erneuten Ausübung von steuerpolitischen Wahlrechten, die Planung der finanziellen Auswirkungen der Außenprüfung und die Methoden der Außenprüfung.[61]

Die Bedeutung der steuerlichen Außenprüfung für die Unternehmung gewinnt durch die Vollverzinsung von Ansprüchen aus dem Steuerschuldverhältnis aufgrund der Steuerreform 1990 eine andere Dimension und erfordert völlig neue Überlegungen und Instrumente.[62]

Mit der Darstellung dieser Schwerpunkte der Mitwirkung des Steuerwesens der Unternehmung im Besteuerungsverfahren soll keine Wertung der zahlreichen anderen, auch bedeutsamen Aufgabenstellungen verbunden sein; der Rahmen dieses Aufsatzes verbietet es jedoch, auf diese einzugehen.

II. Die Steuerpolitik als besondere Aufgabe im Besteuerungsverfahren

Als zweite Teilaufgabe des Steuerwesens der Unternehmung wurde die Steuerpolitik herausgestellt. Sie umfaßt - wie dargelegt - als steuerpolitisches Erfüllungssoll des Steuerwesens

- die zielgerichtete Ausübung von Wahlrechten im Besteuerungsverfahren,
- Steuervermeidungen im Rahmen der unternehmenspolitischen Zielsetzungen sowie
- die Beeinflussung der Steuergesetzgebung und deren Auslegung.

Als Wahlmöglichkeiten im Sinne steuerpolitischer Handlungsalternativen werden nur solche angesehen, die vom Gesetzgeber oder der Finanzverwaltung ausdrücklich für einen realisierten Sachverhalt zugestanden und deshalb Wahlrechte mit einem Anspruch des Unternehmens im Besteuerungsverfahren sind. „Spielräume" werden nicht als steuerpolitisches Mittel verstanden.

Eine Vielzahl solcher Wahlmöglichkeiten wird in den Arbeiten von *Bauer* und *Michels* deutlich gemacht, wo über 100 rechnungspolitische Instrumente[63] und

---

[60] Vgl. *Giesberts, F. J.*, Die steuerliche Betriebs- und Außenprüfung, 2. Aufl., Bonn 1987, S. 89f.

[61] Vgl. zu den Methoden der Außenprüfung *Wöhe, G.*, Betriebswirtschaftliche Steuerlehre, Bd. I, 2. Halbband, a.a.O., S. 569ff.

[62] Vgl. auch *Hörger, H.*, *Kemper, N.*, Die Vollverzinsung von Ansprüchen aus dem Steuerschuldverhältnis, in: Die Wirtschaftsprüfung, Heft 18/1988, S. 528ff.

[63] Vgl. *Bauer, J.*, Grundlagen einer handels- und steuerrechtlichen Rechnungspolitik der Unternehmung, a.a.O.

mehr als 120 Rechtswahlmöglichkeiten[64] herausgearbeitet und nach verschiedenen interessanten Kriterien systematisiert werden, wobei allerdings zu berücksichtigen ist, daß bei *Bauer* auch „Spielräume" einbezogen sind.

Weiterhin ist zu beachten, daß einerseits nicht alle Wahlmöglichkeiten jedem Unternehmen zur Verfügung stehen, und daß andererseits diese durch das Steuerrecht ständig geändert werden.

Die Ausübung derartiger Wahlrechte muß wie die Erfüllung der Aufgabe der Mitwirkung im Besteuerungsverfahren vom Steuerwesen unter dem Aspekt der Maximierung der finanziellen Zielgrößen der Unternehmung erfolgen, und dies bedeutet wie dort zunächst Minimierung der Steuerzahlungen und Maximierung der Steuererstattungsansprüche.

Bei Ausübung von Wahlrechten geht es aber vielfach um zeitliche Verlagerungen von Steuerzahlungen oder Steuerbemessungsgrundlagen, so daß in die Vorteilhaftigkeitsentscheidung prinzipiell der Zeitfaktor eingearbeitet werden muß, d.h. es muß bei den alternativen Zahlungsströmen mit Barwerten gerechnet werden, soweit, was häufig in der Praxis der Fall ist, die Vorteilhaftigkeit einer Alternative nicht offensichtlich ist.[65]

Darüber hinaus kann der Zeitpunkt der durch die Wahlentscheidung ausgelösten Steuerzahlungen im Rahmen der Finanzpolitik der Unternehmung eine besondere Rolle spielen. Aus diesem Grunde wurden über den Barwertaspekt noch hinausgehende Zielsetzungen definiert,[66] die aber in dieser abstrakten Form für die steuerpolitische Aufgabe des Steuerwesens der Unternehmung keine konkrete Entscheidungshilfe abgeben können.[67]

Die Wahlentscheidungen (Optionsentscheidungen) sind zwar als solche charakterisiert, daß sie erst nach Realisierung des gesetzlichen Steuertatbestandes getroffen werden. Das bedeutet jedoch nicht, daß die Optionsmöglichkeiten nicht auch schon ex-ante in der Planungsphase unternehmerischen Handelns berücksichtigt werden müssen. Dies gilt stets dann, wenn bei alternativen unternehmerischen Entscheidungen Steuerbelastungen zu berücksichtigen sind, deren Höhe von der Ausnutzung von Optionen abhängt, die mit dem Sachverhalt der Entscheidung verbunden sind. Auch wenn gesamtunternehmensbezogene Ergebnis- und Finanzplanungen vorgenommen werden,[68] müssen die Optionsmöglichkeiten, die durch die geplanten Sachverhalte entstehen, beachtet werden.

Diese Wahlentscheidungen (Optionsentscheidungen) werden in der Betriebswirtschaftlichen Steuerlehre eingeteilt in „rechnungspolitische Wahlrechte" und

---

[64] Vgl. *Michels, R.*, Steuerliche Wahlrechte, Analyse der außerbilanziellen Wahlrechte (Rechtswahlmöglichkeiten), ihre Zuordnung zu Entscheidungsträgern und Entwicklung von Entscheidungshilfen, Wiesbaden 1982.

[65] Vgl. zum Konzept der Steuerbarwertminimierung: *Marettek, A.*, Steuerbilanz und Unternehmenspolitik, Freiburg i. Br. 1971, S. 169ff.

[66] Vgl. *Mann, G.*, Betriebswirtschaftliche Steuerpolitik als Bestandteil der Unternehmenspolitik, a.a.O., S. 117; *Michels, R.*, Steuerliche Wahlrechte, a.a.O., S. 37ff.

[67] Vgl. hierzu auch *Hebig, M.*, Grundsätze der betrieblichen Steuerpolitik in deutschen Großunternehmen, in: Die Aktiengesellschaft, Heft 6/1986, S. 162f.

[68] Vgl. zur Ergebnis- und Finanzplanung und die Berücksichtigung von Steuern *Hahn, D.*, Planungs- und Kontrollrechnung - PuK, 3. Aufl., Wiesbaden 1985, S. 398ff.

„Rechtswahlmöglichkeiten".[69] Obwohl diese Einteilung nicht zweifelsfrei ist, hat sie doch den Blick erweitern und auf die Rechtswahlmöglichkeiten richten helfen, die bisher weitgehend vernachlässigt waren.

Während die Rechtswahlmöglichkeiten eindeutig Gegenstand der Steuerpolitik des Unternehmens sind, ist dies bei den in der Literatur genannten rechnungspolitischen Wahlrechten nur begrenzt der Fall, da die Mehrzahl dieser Wahlrechte im Zusammenhang mit der Steuerbilanz stehen und diese im deutschen Steuerrecht weitgehend durch den Grundsatz der Maßgeblichkeit der Handelsbilanz für die Steuerbilanz und seine Umkehrung eingeengt sind. Eine Steuerbilanzpolitik, die der hier vertretenen Definition von Steuerpolitik entspricht, kann es daher nur insoweit geben, als der - fast unheilvolle - Maßgeblichkeitsgrundsatz nicht relevant wird, weil die Unternehmung keine Handelsbilanz aufstellen muß oder die Handelsbilanz praktisch weitgehend an der Steuerbilanz orientiert wird, wozu das BiRiLiG ausreichende Möglichkeiten gelassen hat,[70] oder das relevante Steuerrecht wie in den USA oder Großbritannien den Maßgeblichkeitsgrundsatz überhaupt nicht kennt.[71] Auch bei den Wahlrechten, die sich im Rahmen der Vermögensaufstellung als Bemessungsgrundlage für die Besteuerung des Gesamtbestandes an Unternehmensmitteln ergeben, wirkt sich der Maßgeblichkeitsgrundsatz indirekt aus, so z.B. bei der Teilwertermittlung für das bewegliche Anlagevermögen oder die Erzeugnisbestände.[72]

Mit dieser Einschränkung sind Gegenstände der Steuerpolitik und damit Aufgabe des Steuerwesens der Unternehmung die Wahlrechte der Steuerbilanz, der Vermögensaufstellung und sonstiger steuerlicher Ergänzungsrechnungen.

Auf die zahlreichen Wahlrechte kann hier nicht näher eingegangen werden, hierzu wird auf die angeführte Literatur und die dort zitierten Quellen verwiesen.

Die zweite steuerpolitische Teilaufgabe des Steuerwesens der Unternehmung ist die Steuervermeidung (Steuerminderung) im Rahmen der unternehmenspolitischen Zielsetzung, die, wie dargelegt wurde, grundsätzlich nicht an unternehmerische Handlungen im Bereich der betrieblichen Hauptfunktionen Beschaffung, Leistungserstellung, Leistungsverwertung und - von einigen allerdings wichtigen Ausnahmen abgesehen[73] - Finanzierung anknüpfen kann.

Nun gibt es aber auch Steuertatbestände, die nicht im Bereich der betrieblichen Hauptfunktionen verwirklicht werden, sondern an die Aufbauelemente der Unternehmung anknüpfen. Zu diesen Aufbauelementen zählen die Produktionsfaktoren, der Standort der Betriebe, die Rechtsform der Unternehmung und die Rechtsorganisation von Unternehmenszusammenschlüssen.[74]

---

[69] Vgl. *Rose, G.*, Betriebswirtschaftliche Steuerlehre, a.a.O., S. 281.

[70] Vgl. § 254, §§ 279ff. HGB.

[71] Vgl. zur Kritik des Maßgeblichkeitsprinzips auch *Wöhe, G.*, Betriebswirtschaftliche Steuerlehre, Bd. I, 2. Halbband, a.a.O., S. 63.

[72] Vgl. z.B. Abschnitt 52f. der Vermögensteuer-Richtlinien 1986, BStBl. I/1986, Sonder-Nr. 2.

[73] Vgl. u.a. *Kuhn, K.*, Die Sacheinlage bei Kapitalgesellschaften in betriebswirtschaftlicher Sicht, ZfB, 36. Jahrgang 1966, S. 647ff.

[74] Vgl. *Wöhe, G., Bieg, H.*, Grundzüge der Betriebswirtschaftlichen Steuerlehre, 2. Aufl., München 1984, S. 1.

Mit der Wahl der Produktionsfaktoren nach Art und Menge werden ebenso wie mit der Wahl des Standortes elementare unternehmerische Entscheidungen zur Erreichung der Zielsetzung getroffen, die den Aufbau der Unternehmung und seine weitere Entwicklung in der Regel langfristig bestimmen. Auch für die diesbezüglichen Entscheidungen gilt, daß die hierdurch ausgelöste Steuerlast zwar bei der Entscheidungsfindung zu beachten ist, sie aber eben nur einer von mehreren quasi gleichrangigen Einflußfaktoren ist und deshalb nicht Gegenstand einer selbständigen Steuerpolitik sein kann.

Anders sieht es dagegen mit der Wahl der Rechtsform und der Rechtsorganisation von Unternehmenszusammenschlüssen aus.[75] Diese sind nicht unbedingt von elementarer Bedeutung für die Erreichung der unternehmerischen Zielsetzung, hier bestehen unternehmerisch nicht selten gleichwertige oder annähernd gleichwertige Handlungsalternativen mit allerdings sehr unterschiedlichen Steuertatbeständen und dementsprechenden Steuerwirkungen. Hier überwiegt u.U. das Gewicht der steuerlichen Belastung die anderen Entscheidungsgrundlagen so gravierend, daß Wahl und Wechsel der Rechtsform und der Rechtsorganisation Gegenstand der Steuerpolitik der Unternehmung sein können, obwohl es sich hier um Sachverhaltsgestaltungen handelt.

Die hier angesprochenen Möglichkeiten der Steuervermeidung als Aufgabe der Steuerpolitik der Unternehmung werden besonders aktuell, wenn die rechtsform- oder rechtsorganisationsabhängige Besteuerung materiell so grundsätzlich geändert wird wie z.B. durch die Einführung des körperschaftsteuerlichen Anrechnungsverfahrens am 1. Januar 1977.

Die Betriebswirtschaftliche Steuerlehre hat den Einfluß der Besteuerung auf die rechtsinstitutionellen Entscheidungen der Unternehmung umfassend herausgearbeitet und dabei auch viele Gestaltungsmöglichkeiten dargelegt, die nach den hier dargelegten Kriterien zum Gegenstand der Steuerpolitik der Unternehmung zählen.[76]

Ein aktuelles Beispiel für eine derartige steuerpolitische Sachverhaltsgestaltung ist das Vorgehen der *AEG* im Geschäftsjahr 1987. Durch eine für das Unternehmensziel irrelevante Änderung der Rechtsorganisation wurde die Auflösung stiller Reserven und damit die Ausnutzung eines auslaufenden Verlustvortrages möglich.[77]

Die steuerpolitischen Entscheidungen im Hinblick auf Wahlrechte und Steuervermeidung (Steuerminderung) sind relativ einfach zu treffen, wenn die Entscheidungswirkung nur die abgelaufene Abrechnungsperiode betrifft oder bei mehrperiodischen Steuerwirkungen keine Verböserung eintreten kann, die ohne die Wahlentscheidung hätte vermieden werden können. In allen anderen Fällen setzt die Ermittlung der vorteilhaftesten Entscheidung eine Prognose der Steuerwirkungen

[75] Zu den zahlreichen Arten von Unternehmenszusammenschlüssen vgl. neben *Wöhe, G.*, Einführung in die Allgemeine Betriebswirtschaftslehre, a.a.O., S. 313ff. insbesondere *Schubert, W./Küting, K.*, Unternehmungszusammenschlüsse, München 1981.

[76] Vgl. *Rose, G.*, Betriebswirtschaftliche Steuerlehre, a.a.O., S. 83ff., *Wöhe, G.*, Betriebswirtschaftliche Steuerlehre, Bd. II, 2. Halbband, a.a.O., S. 129ff.

[77] Vgl. Geschäftsbericht 1987 der *AEG Aktiengesellschaft*, S. 28.

voraus, die durch die verschiedenen Wahlmöglichkeiten in den zukünftigen Abrechnungsperioden ausgelöst werden können.

Die von der Betriebswirtschaftlichen Steuerlehre entwickelten, zum Teil wegen der Materie zwangsläufig komplexen Optionskalküle können bei der Erstellung der Prognose eine wertvolle Entscheidungshilfe darstellen[78]. Die eigentlichen Schwierigkeiten einer solchen Prognose sind aber in der Ungewißheit über die Entwicklung der für die steuerlichen Tatbestände relevanten wirtschaftlichen Vorgänge und Zustände in der Planungsperiode sowie in der Ungewißheit über die Entwicklung der steuerlichen Normen und ihrer Interpretation durch Rechtsprechung und Finanzverwaltung begründet und können durch die Optionskalküle nicht gelöst werden. Diese Wahlentscheidungen bleiben Entscheidungen unter Ungewißheit,[79] oft mit dem Charakter echter Führungsentscheidungen im Sinne *Gutenbergs*.[80]

Die dritte steuerpolitische Teilaufgabe des Steuerwesens der Unternehmung ist die Beeinflussung der Steuergesetzgebung und ihrer Interpretation durch die Finanzverwaltung und Rechtsprechung unter den dargelegten Aspekten. Hierzu bieten sich grundsätzlich zwei Wege an.

Einmal kann die Unternehmung versuchen, ihre Vorstellungen über die Unternehmensbesteuerung und deren Elemente unmittelbar den verantwortlichen Institutionen und Personen (Bundes- und Landesregierungen, Finanzministerien, Bundestags-, Landtags- oder Gemeinderatsmitgliedern) zu übermitteln. Dieser Weg wird allerdings nur für wenige Großunternehmen gangbar sein, er ist zudem wegen der Singularität des Vortrags nur von begrenzter Wirkung und kann praktisch nur die nationalen Entscheidungsträger erreichen.

Zum anderen - und dies wird der Regelfall sein - werden in den für die Unternehmung zuständigen Verbänden (Wirtschaftsvereinigungen, Industrie- und Handelskammern) Steuerausschüsse gebildet, in denen eine Meinungsbildung der Mitgliedsunternehmen über die Unternehmensbesteuerung und ihrer Elemente erfolgt. Diese Verbände tragen ihre Änderungsvorschläge dann unmittelbar oder mittelbar über Dachverbände (*BDI, DIHT* etc.) den Regierungen, den Ministerien oder den Abgeordneten des Bundestages, der Landtage oder der Gemeinden vor, vielfach auch anläßlich von offiziellen „Anhörungen". Dies geschieht auch im Hinblick auf Richtlinien und Erlasse der Finanzverwaltung. In diesem Zusammenhang muß auch die Steuerreformkommission 1971 genannt werden, die trotz aller Kritik[81] erhebliche Beiträge zur Fortentwicklung der Unternehmensbesteuerung - u.a. Konzeption des körperschaftsteuerlichen Anrechnungssystems - geleistet hat und

---

[78] Vgl. *Rose, G.*, Betriebswirtschaftliche Steuerlehre, a.a.O., S. 282 sowie die dort angegebene Literatur, derselbe, Steuerliche Wahlrechte als Gegenstände anwendungsorientierter betriebswirtschaftlicher Forschung, in: Zukunftsaspekte der anwendungsorientierten Betriebswirtschaftslehre, Stuttgart 1986, S. 349 bis 362 sowie die dort angegebene Literatur.

[79] Vgl. zu den Entscheidungen unter Ungewißheit: *Schneider, D.*, Allgemeine Betriebswirtschaftslehre, a.a.O., S. 229ff., *Wöhe, G.*, Einführung in die allgemeine Betriebswirtschaftslehre, a.a.O., S. 129ff.

[80] *Gutenberg, Erich*, Grundlagen der Betriebswirtschaftslehre, Erster Band, Die Produktion, 21. Aufl., Berlin, Heidelberg, New York 1975, S. 131ff.

[81] Vgl. u.a. *Schneider, D.*, Grundzüge der Unternehmensbesteuerung, a.a.O., S. 134, 161.

in die der Jubilar als Vertreter der Betriebswirtschaftslehre und der Verfasser als Vertreter des *Bundesverbandes der Deutschen Industrie* berufen waren.[82]

Eine besondere Bedeutung kommt dieser Steuerpolitk der Unternehmung im Hinblick auf das Außensteuerrecht (Doppelbesteuerungsabkommen) zu. Investitionen deutscher Unternehmen im Ausland hängen vielfach davon ab, ob mit den in Betracht kommenden Staaten Doppelbesteuerungsabkommen bestehen und wie sie ausgestaltet sind. Die an Auslandsinvestitionen interessierten Unternehmen müssen daher bemüht sein, ihre Vorstellungen über die Ausgestaltung dieses Außensteuerrechts den hierfür verantwortlichen Stellen nahe zu bringen. Wichtige Foren sind hierfür auf privatwirtschaftlicher Ebene die *International Fiscal Association (IFA)*, die vor 50 Jahren in Den Haag gegründet wurde[83] und auf zwischenstaatlicher Ebene die *Organization for Economic Cooperation and Development (OECD)*.

Ein weiterer wichtiger Gesichtspunkt für diese betriebliche Steuerpolitik ist die Harmonisierung der Steuern unter dem Aspekt des politischen Ziels der Vollendung des Binnenmarktes der EG bis 1992. Solange innerhalb der EG Wettbewerbsverzerrungen durch Steuern zu verzeichnen sind, kann sich die EG nicht zu einem echten Binnenmarkt entwickeln.

Die Probleme aufzuzeigen und den verantwortlichen Regierungen und der Kommission der EG vorzutragen, ist daher für alle jene Unternehmen von größter Bedeutung, die im Wettbewerb mit anderen Ländern der EG stehen, und das werden ab 1992 nicht nur die Großunternehmen sein.[84]

Für alle Unternehmen, die im Wettbewerb mit Ländern außerhalb der EG stehen, spielen die Bestimmungen im Rahmen des *General Agreement of Tariffs and Trade (GATT)* eine bedeutende Rolle. Aufgabe des Steuerwesens der Unternehmung ist es daher auch, auf die diesbezüglichen Verhandlungen Einfluß zu nehmen, damit die Belange der Wirtschaft und der einzelnen Wirtschaftszweige genügend berücksichtigt werden.

III. Die Einbeziehung der dispositionsbezogenen Steuerbelastung in die (anderen) Teilpolitiken der Unternehmung

Die dispositionsbezogenen Steuerbelastungen müssen, wenn die Steuern nicht entscheidungsneutral ausgestaltet sind, in die Entscheidungskalküle der Unternehmung einbezogen werden.

Auf die Frage der Entscheidungsrelevanz von Steuerzahlungen in Form dispositionsunabhängiger fixer Kosten[85] kann hier nicht näher eingegangen werden; die Unternehmenspraxis sieht diese Fragestellung jedenfalls mit größtem Interesse.

---

[82] Vgl. Gutachten der Steuerreformkommission 1971, Schriftenreihe des Bundesministeriums der Finanzen, Heft 17, Bonn 1971. Wegen der interessanten Zusammensetzung der Kommission und der Unterkommission wird auf die nicht numerierte Seite nach dem Vorwort und auf S. 20f. verwiesen.

[83] Vgl. *Dirksen, W.*, International Fiscal Association, IFA 1938-1988, Rotterdamm 1988.

[84] Vgl. zu den Aspekten: *Bangemann, M.*, Steuerpolitik für die 90er Jahre, a.a.O., S. 81ff.

[85] Vgl. die an späterer Stelle hierzu angegebene Literatur.

Eine Aufgabenstellung des Steuerwesens der Unternehmung ist zunächst die Festlegung, welche Komplexe unternehmerischer Entscheidungen in den verschiedenen unternehmenspolitischen Teilbereichen für die Einbeziehung der Steuerlast in den Entscheidungskalkül relevant sind.

Daß bei der Standortwahl die Steuerbelastung einen bedeutenden Einflußfaktor darstellt, ist in Praxis und Wissenschaft ebenso eindeutig wie bei der Wahl oder dem Wechsel der Rechtsform- und Rechtsorganisation.

Die Betriebswirtschaftliche Steuerlehre hat die steuerlichen Folgen der unternehmerischen Entscheidung im Bereich dieser betrieblichen Konstitution weitgehend analysiert und deutlich gemacht.[86]

Im Bereich der Finanz- und Investitionspolitik der Unternehmung liegen die Dinge nicht so eindeutig.

Bezüglich der Bilanzpolitik als einem Subbereich dieser Unternehmenspolitik besteht in der Praxis und Wissenschaft ebenfalls kein Zweifel, daß sie, soweit das Maßgeblichkeitsprinzip greift, nicht ohne Einbeziehung der Steuerbelastung in die unternehmerischen Entscheidungen durchgeführt werden darf.

Die Betriebswirtschaftliche Steuerlehre hat zur Bilanzpolitik wesentliche Beiträge geleistet und Entscheidungsmodelle entwickelt, die dem Steuerwesen der Unternehmung wertvolle Anregungen und Unterstützung geben können.[87]

Auch im finanzpolitischen Bereich der Kapitalaufbringung werden die dispositionsbezogenen Steuerbelastungen in der Praxis weitgehend berücksichtigt; für diesen Entscheidungskomplex hat die Betriebswirtschaftliche Steuerlehre ebenfalls viele Beiträge geleistet,[88] wobei jedoch darauf hinzuweisen ist, das die betriebswirtschaftlichen Kapitaltheorien die Steuerwirkungen noch nicht ausreichend untersucht haben.[89]

Für den investitionspolitischen Bereich wird die Notwendigkeit der Einbeziehung der Steuerbelastung in den Entscheidungskalkül in der Praxis hingegen nicht generell bejaht. Sie wird im wesentlichen auf solche alternativen Investitionsentscheidungen beschränkt, bei denen Steuervergünstigungen, betriebliche Konstitutionen wie Standort oder Rechtsform oder besondere Steuertatbestandsmerkmale wie z.B. beim Leasing bei den Handlungsalternativen unterschiedlich relevant werden. Für die übrigen Investitionsentscheidungen wird die Besteuerung als entscheidungsneutral angesehen, obwohl die Betriebswirtschaftslehre den Nachweis geliefert hat, daß diese Entscheidungsneutralität bei den geltenden Steuerrechten prak-

---

[86] Vgl. *Jacobs, Otto H.*, Unternehmensbesteuerung und Rechtsform, München 1988; *Rose, G.*, Betriebswirtschaftliche Steuerlehre, a.a.O., S. 75 bis 224; *Wöhe, G.*, Betriebswirtschaftliche Steuerlehre, Bd. II, 1. Halbband, 4. Aufl., München 1982, 2. Halbband, 3. Aufl., München 1982.

[87] Vgl. beispielhaft: *Marettek, A.*, Steuerbilanz- und Unternehmenspolitik, a.a.O.; *Wöhe, G.*, Bilanzierung und Bilanzpolitik, 7. Aufl., München 1987.

[88] Vgl. *Rose, G.*, Betriebswirtschaftliche Steuerlehre, a.a.O., S. 235ff. sowie die dort angegebene Literaturt, ferner *Wöhe, G.*, Die Steuern des Unternehmens, a.a.O., S. 130.

[89] Vgl. zu dieser Aussage: *Rose, G.*, Steuerrechtliche Wahlrechte als Gegenstände anwendungsorientierter Forschung, a.a.O., S. 351ff.

tisch nicht gegeben ist, und auch Entscheidungsmodelle unter Einbeziehung der generellen Besteuerung entwickelt hat.[90]

Das Problem für das Steuerwesen der Unternehmung bei der Festlegung der steuerlich relevanten Komplexe liegt darin, daß diese entscheidungstheoretischen Ansätze selbst in der betriebswirtschaftlichen Investitionstheorie nicht generell anerkannt werden und die Besteuerung in vielen Investitionsuntersuchungen vernachlässigt wird.[91]

Im Bereich der Produktionspolitik können die Steuern Bedeutung für die Substitution von Produktionsfaktoren, auf die Kostenverläufe und die Ausbringungsmenge sowie auf die Produktionsverfahren haben. Dabei ist auch der Kostencharakter der einzelnen Steuerarten von Bedeutung.

In der unternehmerischen Praxis sind diese Fragestellungen meist sehr unzulänglich beantwortet. Hier auf mehr Klarheit zu drängen, ist eine schwierige Aufgabe des Steuerwesens der Unternehmung, da auch die Betriebswirtschaftslehre sich nicht sehr intensiv hiermit beschäftigt hat. Nicht einmal der Kostencharakter der Steuern ist nach Auffassung des Verfassers zielentsprechend geklärt.[92]

Ähnliches wie für die Produktionspolitik gilt für den Bereich der Absatzpolitik. Dies ist darin begründet, daß die Steuerwirkungen und das damit verbundene Problem der Steuerüberwälzung[93] nicht ausreichend erforscht sind, so daß auch das Steuerwesen der Unternehmung nur begrenzt auf wissenschaftliche Erkenntnisse zurückgreifen kann.[94]

Nach der Festlegung der Komplexe von unternehmerischen Entscheidungen in den unternehmenspolitischen Teilbereichen, die für die Einbeziehung der Steuerlast relevant sind, ergibt sich die weitere Aufgabenstellung des Steuerwesens der Unternehmung, die Steuerbelastungen zu quantifizieren, die in den jeweiligen - generalisierenden oder fallbezogenen - Entscheidungskalkül Eingang finden müssen.

Die Quantifizierung der Steuerbelastung setzt erhebliche Kenntnisse im nationalen, bei transnationalen Entscheidungsalternativen auch im internationalen und sogar im ausländischen Steuerrecht voraus.[95] Die Quantifizierung selbst beinhaltet

---

[90] Vgl. zum Einfluß der Besteuerung auf Investitionsentscheidungen insbesondere: *Albach, H.*, Steuerreform und Investitionspolitik, Wiesbaden 1970; *Mellwig, W.*; Investition und Besteuerung, Wiesbaden 1985; *Schneider, D.*, Investition und Finanzierung, a.a.O., S. 248ff.

[91] Vgl. hierzu *Rose, G.*, Steuerrechtliche Wahlrechte als Gegenstände anwendungsorientierter Forschung, a.a.O., S. 351ff.

[92] Vgl. zum Einfluß der Besteuerung auf Produktionsentscheidungen: *Cordes, W., Höffken, E.*, Steuern als Kosten, in: Zur Besteuerung der Unternehmung, Berlin 1968, S. 31 bis 79; *Döring, U.*, Kostensteuern. Der Einfluß von Steuern auf kurzfristige Produktions- und Absatzentscheidungen, Stuttgart 1984; *Fischer, L.*, Die betriebliche Auswahl von Produktionsverfahren unter dem Einfluß der Besteuerung, in: Zur Besteuerung der Unternehmung, a.a.O., S. 103-122, *Rose, G.*, Betriebswirtschaftliche Steuerlehre, a.a.O., S. 261ff.; *Wöhe, G., Bieg, H.*. Grundzüge der betriebswirtschaftlichen Steuerlehre, 2. Aufl., München 1984, S. 373ff.

[93] Vgl. *Schneider, D.*, Grundzüge der Unternehmensbesteuerung, a.a.O., S. 47ff.

[94] Vgl. *Rose, G.*, Absatz und Besteuerung, in: Zur Theorie des Absatzes, Wiesbaden 1973, S. 381ff.; *Wöhe, G., Bieg, H.*. Grundzüge der betriebswirtschaftlichen Steuerlehre, a.a.O., S. 407ff.; *Simon, H.*, Preispolitik und Steuern, in: Der Betrieb, Heft 4/1983, 36. Jahrgang, S. 185-188 sowie die dort angegebene Literatur.

[95] Vgl. zu der Abgrenzung der Steurrechte: *Bühler, O.*, Prinzipien des Internationalen Steuerrechts, a.a.O., S. 1ff.

eine Anwendung betriebswirtschaftlicher Methoden, die aber ohne Kenntnis des Steuerrechts nicht und selbst dann nur schwer durchführbar ist. Die Höhe der Steuerzahlungen für einzelne Handlungsalternativen festzustellen ist nicht nur wegen der Ungewißheit über die Umwelt im Planungszeitraum schwierig, sondern auch wegen der Komplexität der Steuersysteme aller Industriestaaten im Hinblick auf die Bemessungsgrundlagen, die meist von den entsprechenden wirtschaftlichen Begriffen inhaltlich abweichen und eine Vielzahl von Interdependenzen aufweisen, und wegen der Unbestimmtheit der Rechtsnormen sowie der Unbeständigkeit der Normen und Normeninterpretation. Dieses „Phänomen der steuerlichen Ungewißheit“[96] zwingt häufig dazu, die Quantifizierung der Steuerbelastungen der Handlungsalternativen anhand modellhafter Vereinfachungen vorzunehmen, auf die im Rahmen dieses Aufsatzes nicht näher eingegangen werden kann.[97]

Eine zusätzliche Aufgabenstellung ergibt sich im Falle angekündigter Steuerrechtsänderungen im Planungszeitraum.

Steuerrechtsänderungen können bei allen Bestandteilen des Steuerrechtstatbestandes einsetzen oder sogar neue Tatbestände begründen. Für die Unternehmung ergibt sich hieraus die Notwendigkeit zu überprüfen, ob die betrieblichen Konstitutionen (Aufbauelemente) und Prozesse (Hauptfunktionen) nach der zu erwartenden Steueränderung noch als zielentsprechend anzusehen und ob gegebenenfalls Anpassungsentscheidungen in Richtung einer „Steuerausweichung“ oder einer „Steuerüberwälzung“ zu treffen sind.[98]

Das Steuerwesen der Unternehmung hat dabei die zu erwartenden Steuerrechtsänderungen in die Entscheidungskalküle einzuarbeiten und Handlungsalternativen aufzuzeigen.

Besonders relevant wird diese Aufgabe, wenn eine wesentliche Steuerart in ihrem System verändert wird, wie z.B. beim Übergang von der kumulativen Allphasenumsatzsteuer zur Mehrwertsteuer.[99]

Ein weiteres Aufgabengebiet des Steuerwesens der Unternehmung muß die Mitwirkung bei der unternehmerischen Alternativengenerierung im Rahmen der generellen Zielplanung und der strategischen Planung der Unternehmung sein.[100] Ohne die Beachtung des Problemumfeldes der Besteuerung können gesamtunternehmensbezogene Alternativen, insbesondere in multinationalen Unternehmungen, nicht sinnvoll entwickelt werden.

---

[96] Vgl. *Rose, G.*, Betriebswirtschaftliche Steuerlehre, a.a.O., S. 11ff.; *Schneider, D.*, Grundzüge der Unternehmensbesteuerung, a.a.O., S. 228ff.

[97] Vgl. zu den Quantifizierungsmethoden und der Einbeziehung von Steuern in Entscheidungsmodelle: *Mellwig, W.*, Investition und Besteuerung, a.a.O., S. 69ff.; *Rose, G.*, Betriebswirtschaftliche Steuerlehre, a.a.O., S. 31ff. sowie die dort angegebene Literatur; *Schneider, D.*, Investition und Finanzierung, a.a.O., S. 248ff.

[98] Zur Problematik des Einflusses von Steuerrechtsänderungen vgl. *Schneider, D.*, Grundzüge der Unternehmensbesteuerung, a.a.O., S. 39ff.

[99] Vgl. *Stein, H.-G.*, Der Übergang auf die Mehrwertsteuer und sein Einfluß auf unternehmerische Dispositionen, Inaugural-Dissertation an der Ludwig-Maximilians-Universität zu München, 1968.

[100] Vgl. zu Szenario-Technik und den dabei angewendeten Methoden: *Hahn, D.*, Planungs- und Kontrollrechnung, a.a.O., S. 173ff.

D. Schlußbemerkung

Die Herausarbeitung der drei Teilaufgaben des Steuerwesens der Unternehmung war nicht nur notwendig, um die Komplexität der Gesamtaufgabe aufzeigen zu können, sondern auch, um sachgerechte Kriterien für die Organisation und die Auswahl der Aufgabenträger des Steuerwesens entwickeln zu können, wie dies in einem Teil II dieses Aufsatzes später geschehen soll.

Der Leser dieses Beitrags wird vielleicht vermissen, daß die betriebliche Steuerplanung explicit nicht als Aufgabe des Steuerwesens herausgestellt ist, obwohl die Betriebswirtschaftliche Steuerlehre häufig die Steuerplanungslehre als eines ihrer Hauptaufgabengebiete herausstellt[101] oder im Rahmen der betriebswirtschaftlichen Steuergestaltungslehre zwischen betrieblicher Steuerplanung und Steuerpolitik unterschieden wird.[102] Die Erreichung der unterschiedlichen Ziele der Teilaufgaben kann nur durch zweckbewußtes Handeln sichergestellt werden, und dies bedeutet: durch Planung.[103] Insoweit wird die Steuerplanung hier als integrierter Bestandteil der verschiedenen Teilaufgaben des Steuerwesens der Unternehmung verstanden.[104]

---

[101] Vgl. *Rose, G.*, Betriebswirtschaftliche Steuerlehre, a.a.O., S. 16ff.

[102] Vgl. *Wöhe, G.*, Betriebswirtschaftliche Steuerlehre, Bd. I, 5. Aufl., München 1978, S. 7; *Heigl, A.*, Betriebliche Steuerplanung, in: HWB, 4. Aufl., 3. Bd., Stuttgart 1976, Sp. 3768-3775.

[103] Vgl. zum Begriff der Planung: *Schneider, D.*, Allgemeine Betriebswirtschaftslehre, a.a.O., S. 195; *Hahn, D.*, Planungs- und Kontrollrechnung, a.a.O., S. 29ff. sowie die dort angegebene Literatur.

[104] Anders z.B. *Heigl, A.*, Betriebliche Steuerplanung, in: HWB, 4. Aufl., 3. Bd., Stuttgart 1976, Sp. 3768-3775.

Ertragsteuerliche Bedeutung des Begriffs „Wirtschaftsgut"

Prof. Dr. *Heinz Kußmaul*, Universität Bielefeld

Aufgabe der Betriebswirtschaftlichen Steuerlehre ist es, unter Heranziehung steuerrechtlicher und anderer Daten

- erstens Steuerwirkungen aufzuzeigen,
- zweitens daraus folgende Steuergestaltungen zu erarbeiten und
- drittens - aufbauend auf diesen Erkenntnissen - Vorschläge zu Änderungen des Steuerrechts zu unterbreiten[1].

In diesem Beitrag werden die wesentlichen ertragsteuerlichen Wirkungen, die durch die Auslegung des steuerlichen Terminus „Wirtschaftsgut" bewirkt werden, sowie mögliche, daraus resultierende Gestaltungsmöglichkeiten aufgezeigt. Angesichts der fehlenden gesetzlichen Definition des Begriffs „Wirtschaftsgut" sind die vor allem von der Rechtsprechung des BFH geschaffenen Kriterien zu betrachten.

A. Voraussetzungen für das Vorliegen eines Wirtschaftsgutes

I. Traditionell maßgebende Begriffsmerkmale

Der steuerliche Gewinn ist nach § 4 Abs. 1 EStG als „Unterschiedsbetrag zwischen dem Betriebsvermögen am Schluß des Wirtschaftsjahrs und dem Betriebsvermögen am Schluß des vorangegangenen Wirtschaftsjahrs, vermehrt um den Wert der Entnahmen und vermindert um den Wert der Einlagen", zu ermitteln; da § 6 Abs. 1 Satz 1 EStG für Zwecke der Bewertung des nach § 4 Abs. 1 und § 5 EStG anzusetzenden Betriebsvermögens auf das Erfordernis der „Bewertung der einzelnen Wirtschaftsgüter" hinweist, wird die Zusammensetzung des Betriebsvermögens aus einzelnen Wirtschaftsgütern ersichtlich. Im folgenden werden nur die positiven Wirtschaftsgüter betrachtet; die negativen Wirtschaftsgüter, für die ersatzweise der zutreffendere Begriff „wirtschaftliche Last" verwendet wird, werden grundsätzlich mit den Schulden gleichgestellt[2]. „Da Inhalt und Umfang des Begriffs Wirtschafts-

---

[1] Vgl. dazu schon in ähnlicher Weise *Wöhe, Günter:* Betriebswirtschaftliche Steuerlehre, Band I: Grundlagen. Der Einfluß der Besteuerung auf das Rechnungswesen des Betriebes, 5. Aufl., München 1978, S. 9-10.

[2] Vgl. dazu BFH-Urteil vom 16.4.1958, I 27/57 U, BStBl. III 1958, S. 260-261, s.bes.S. 260; *Freericks, Wolfgang:* Bilanzierungsfähigkeit und Bilanzierungspflicht in Handels- und Steuerbilanz, Köln, Berlin, Bonn, München 1976, S. 346; *Kußmaul, Heinz:* Nutzungsrechte an Grundstücken in Handels- und Steuerbilanz, Hamburg 1987, S. 80; *May, Erich:* Das Wirtschaftsgut. Kritische Analyse der steuerlichen Lehre vom Wirtschaftsgut aus betriebswirtschaftlicher Sicht, Wiesbaden 1970, S. 99-100; *Wöhe, Günter:* Betriebswirtschaftliche Steuerlehre, Band I, 2. Halbband: Der Einfluß der Besteuerung auf das Rechnungswesen des Betriebes. Steuerbilanz - Vermögensaufstellung - Steuerliche Betriebsprüfung, 6. Aufl., München 1986, S. 17.

gut für die steuerliche Gewinnermittlung von zentraler Bedeutung sind, hat sich dazu eine umfangreiche Rechtsprechung und Literatur entwickelt"[3]. Dabei sind folgende Kriterien maßgebend[4]:

(1) Vorliegen von Ausgaben: Ein Wirtschaftsgut muß sich immer auf eine Ausgabe bzw. auf eine geldwerte Leistung zurückführen lassen, die allerdings nicht unbedingt beim Bilanzierenden gegeben sein muß. Dabei ist die einmalige und stoßweise Entrichtung von Zahlungen ein erstes Indiz für das Vorliegen eines Wirtschaftsgutes.

(2) Vorliegen eines Vorteils: Nicht die Ausgabe selbst, sondern der mit einer Ausgabe erlangte Vorteil ist zu aktivieren. Der Vorteil muß einen über die einzelne Periode hinausreichenden zukünftigen wirtschaftlichen Nutzen darstellen.

(3) Selbständige Bewertbarkeit des Vorteils: Ein Wirtschaftsgut ist nur gegeben, wenn sein Wert unmittelbar - für sich - festgestellt werden kann. Dazu müssen die Ausgaben einem Gut im Zugangszeitpunkt zugerechnet werden können.

(4) Greifbarkeit des Vorteils: Ein Wirtschaftsgut muß bei der fiktiven Veräußerung des gesamten Unternehmens greifbar sein, d.h. als Einzelheit ins Gewicht fallen, oder einen Vorteil darstellen, der sich „nicht so ins Allgemeine verflüchtigt, daß (er) nur als Steigerung des good will des ganzen Unternehmens in die Erscheinung tritt"[5]. Zu Recht weist *Moxter* darauf hin, daß bei immateriellen Gütern die Greifbarkeit so ausgelegt wird, daß ihr Vorhandensein nachweisbar sein muß[6]. In der neueren Rechtsprechung wird die Greifbarkeit dahingehend interpretiert, daß wirtschaftliche Vorteile durch ein Recht, eine rechtsähnliche Position oder durch die Aufgabe eines Rechts hinreichend konkretisiert sein müssen[7]. Diese rechtliche Orientierung dient vor allem zur Objektivierung von Vorteilen und damit zu einer formalen Zugangskontrolle.

Da nach § 5 Abs. 1 EStG das Betriebsvermögen anzusetzen ist, „das nach den handelsrechtlichen Grundsätzen ordnungsmäßiger Buchführung auszuweisen ist", bestimmen sich die Bilanzierungspflichten, -verbote und -rechte nach den handelsrechtlichen Bilanzierungsvorschriften, sofern nicht zwingende steuerliche Normen dagegen sprechen[8].

---

[3] So zu Recht *Wöhe, Günter:* Betriebswirtschaftliche Steuerlehre, Band I, 2. Halbband, a.a.O., S. 17, mit zahlreichen Hinweisen auf die entsprechende Literatur.

[4] Vgl. dazu vor allem *Eibelshäuser, Manfred:* Immaterielle Anlagewerte in der höchstrichterlichen Finanzrechtsprechung, Wiesbaden 1983, S. 75-176; *Freericks, Wolfgang:* a.a.O., S. 310-335; *Jacobs, Otto H.:* Das Bilanzierungsproblem in der Ertragsteuerbilanz. Ein Beitrag zur steuerlichen Lehre vom Wirtschaftsgut, Stuttgart 1971, S. 80-91; *Kußmaul, Heinz:* Nutzungsrechte..., a.a.O., S. 44-52; *Wöhe, Günter:* Betriebswirtschaftliche Steuerlehre, Band I, 2. Halbband, a.a.O., S. 21-25.

[5] So der RFH schon 1931: vgl. RFH-Urteil vom 21.10.1931, VI A 2002/29, RStBl. 1932, S. 305-308, s.bes. S. 307.

[6] Vgl. *Moxter, Adolf:* Bilanzrechtsprechung, 2. Aufl., Tübingen 1985, S. 22.

[7] Vgl. zur Konkretisierung *Biergans, Enno:* Einkommensteuer und Steuerbilanz, 4. Aufl., München 1988, S. 168-169 und *Meyer, Dirk E.:* Einkommensteuerliche Behandlung des Nießbrauchs und anderer Nutzungsüberlassungen, Herne, Berlin 1984, S. 36-81.

[8] Vgl. als Vertreter der allgemeinen Meinung *Wöhe, Günter:* Betriebswirtschaftliche Steuerlehre, Band I, 2. Halbband, a.a.O., S. 20.

II. Der Verweis durch das Maßgeblichkeitsprinzip auf das Handelsrecht

Auf der Grundlage des Maßgeblichkeitsprinzips der Handelsbilanz für die Steuerbilanz müßte als Grundvoraussetzung für dessen Anwendbarkeit eine inhaltliche Gleichheit des handelsrechtlichen Begriffs des Vermögensgegenstandes mit dem steuerrechtlichen Begriff des Wirtschaftsgutes gegeben sein[9]. Für den gesetzlich nicht definierten Vermögensgegenstandsbegriff wird trotz unterschiedlicher Auslegung das Merkmal der selbständigen Verkehrsfähigkeit - zurückgehend auf Formulierungen von *Herman Veit Simon*[10], der als Vermögensbestandteil ansieht, „was dem Rechtssubjekt als Gegenstand des Erwerbs gegenübersteht" und der auf die „thatsächliche Fähigkeit der Übertragung" abstellt - als hauptsächlich maßgebendes Kriterium herangezogen[11]. Wenn die vor allem herangezogene Auslegung der Verkehrsfähigkeit im Sinne der selbständigen Veräußerbarkeit, d.h. der selbständigen Übertragbarkeit, zugrunde gelegt wird[12], dann werden offensichtlich folgende Inkonsistenzen übersehen[13]:

(1) Mit der selbständigen Veräußerbarkeit ist die Orientierung am Schuldendekkungspotential im Konkursfall verbunden. Dies läßt sich nicht mit dem dem Jahresabschluß zugrunde liegenden Going-Concern-Prinzip vereinbaren, es sei denn, man sieht das Fortführungsprinzip lediglich als objektivierungsbedingte Einschränkung des Zerschlagungsprinzips an.

(2) Auch nach derzeitiger Auslegung werden z.B. Belieferungsrechte oder Mietrechte in der Handelsbilanz zu den immateriellen Anlagewerten gezählt, obwohl sie nicht einzeln veräußert werden können. Auch andere immaterielle Güter wie z.B. generell Warenzeichen oder häufig Lizenzen und Konzessionen können nicht einzeln veräußert werden, ohne daß dies ihre Eigenschaft als Vermögensgegenstand beeinträchtigen soll.

---

[9] Vgl. zum Maßgeblichkeitsprinzip ausführlich *Wöhe, Günter:* Bilanzierung und Bilanzpolitik. Betriebswirtschaftlich - Handelsrechtlich - Steuerrechtlich, 7. Aufl., München 1987, S. 204-208; derselbe: Maßgeblichkeitsprinzip, in: Handwörterbuch des Steuerrechts, hrsg. von *Georg Strickrodt, Günter Wöhe, Christian Flämig, Günther Felix* und *Heinz Sebiger*, 2. Aufl., München, Bonn 1981, Zweiter Band, S. 986-987.

[10] Vgl. *Simon, Herman Veit:* Die Bilanzen der Aktiengesellschaften und der Kommanditgesellschaften auf Aktien, 4. Aufl. (Nachdruck der zweiten umgearbeiteten Auflage), Berlin 1910, S. 166.

[11] Vgl. z.B. *Freericks, Wolfgang:* a.a.O., S. 142; *Institut der Wirtschaftsprüfer*: Zur Frage der Bedeutung aktienrechtlicher Bewertungsvorschriften für das Steuerrecht, WPg 1967, S. 666-669, s.bes. S. 667; *Schneider, Dieter:* Steuerbilanzen. Rechnungslegung als Messung steuerlicher Leistungsfähigkeit, Wiesbaden 1978, S. 119.

[12] Vgl. dazu z.B. *Freericks, Wolfgang:* a.a.O., S. 142; *Saage, Gustav*: Veränderte Grundlagen der Gewinnermittlung nach Handels- und Steuerrecht, DB 1969, S. 1661-1667 und S. 1709-1714, s.bes. S. 1710; *Schneider, Dieter:* a.a.O., S. 119; vgl. dazu und zu weiteren Kriterien *Kußmaul, Heinz:* Sind Nutzungsrechte Vermögensgegenstände bzw. Wirtschaftsgüter?, BB 1987, S. 2053-2065, s.bes. S. 2053-2054, wo auch auf die Auslegung im Sinne der abstrakten Veräußerbarkeit und der selbständigen Verwertbarkeit sowie auf die Heranziehung der zusätzlichen Kriterien der selbständigen Bewertbarkeit sowie des Vorhandenseins eines Wertes (zukünftigen Nutzens, Vorteils) hingewiesen wird.

[13] Vgl. dazu ausführlich *Kußmaul, Heinz:* Nutzungsrechte..., a.a.O., S. 33-44.

(3) Die Berufung auf *Simon* ist unzutreffend, weil es ihm nur um die Aktivierungsfähigkeit rechtlich ungeschützter wirtschaftlicher Vorteile bei Vorliegen ihrer tatsächlichen Übertragung ging, während er Rechte generell für aktivierungsfähig hielt.

Unter Berücksichtigung dieser Kritikpunkte ergeben sich verschiedene Ansatzpunkte zur Modifizierung des Kriteriums der selbständigen Verkehrsfähigkeit. Maßgebend scheint mir, daß das Kriterium der Verkehrsfähigkeit die Aufgabe hat, „die als *Einzelheit* des kaufmännischen Verkehrs faßbaren Güter zu kennzeichnen".[14] Auf dieser Grundlage ist es m.E. möglich, eine Überstimmung der Begriffe „Vermögensgegenstand" und „Wirtschaftsgut" herzustellen, zumal die derzeitigen Wirtschaftsgutkriterien auf die Einzelveräußerbarkeit nicht Bezug nehmen (z.B. Bierlieferungsrecht; selbständige Gebäudeteile; Nießbrauchsrecht; Wettbewerbsverbot; Zuschüsse für Versorgungsleistungen). Da das Maßgeblichkeitsprinzip vorschreibt, daß der steuerliche Begriff des Wirtschaftsguts „nicht weitergehen (darf) als der handelsrechtliche Begriff des Vermögensgegenstands"[15], beschreitet der BFH zwei Wege, um diesem Anspruch gerecht zu werden:

(1) Er paßt sich an das Handelsrecht an, indem er Vorteile nur noch dann für aktivierungsfähig hält, wenn sie als Objekte greifbar und rechtlich konkretisiert sind[16]. In dieser Rechtsprechung ist ein Abgehen von der früheren - insofern aktivierungsfreudigeren - Rechtsprechung zu sehen, mit dem Ziel, einen Nachweis für das tatsächliche Vorhandensein eines Gutes zu liefern[17].

(2) Er unterlegt schon der Handelsbilanz eine weitere Aktivierungsdefinition, die durch die Erweiterung des Vermögensgegenstandsbegriffs nach Aufgabe der Zugrundelegung des Zerschlagungsfalls möglich geworden sei[18]. Da auf diese Weise anstatt der herkömmlichen Definition des Vermögensgegenstandes eine auf Kriterien des BFH basierende Interpretation zustande kommt, erfährt die insofern hergestellte Übereinstimmung Kritik in der Literatur[19].

Angesichts einer fehlenden handelsrechtlichen Rechtsprechung findet die steuerliche Rechtsprechung Eingang in die handelsrechtliche Handhabung. M. E. ist der Weg des BFH durchaus konsequent, von der schon im Handelsrecht nicht konsequent eingehaltenen und einhaltbaren Heranziehung des Einzelveräußerbarkeitskriteriums abzugehen und sich objektivierungsbedingt daran zu orientieren, ob ein als Objekt einzeln greifbarer und rechtlich konkretisierter Vorteil gegeben

---

[14] So *Roland, Helmut:* Der Begriff des Vermögensgegenstandes im Sinne der handels- und aktienrechtlichen Rechnungslegungsvorschriften, Göttingen 1980, S. 158.

[15] BFH-Urteil vom 26.2.1975, I R 72/73, BStBl. II 1976, S. 13-16, s.bes. S. 14.

[16] Vgl. z.B. BFH-Urteil vom 18.6.1975, I R 24/73, BStBl. II 1975, S. 809-811 und BFH-Urteil vom 31.3.1976, I R 85/74, BStBl. II 1976, S. 475-476.

[17] In diesem Sinne *Eibelshäuser, Manfred:* a.a.O., S. 242 und *Moxter, Adolf:* Aktivierungsgrenzen bei „immateriellen Anlagewerten", BB 1978, S. 821-825, s.bes. S. 824.

[18] So *Beisse, Heinrich:* Tendenzen der Rechtsprechung des Bundesfinanzhofs zum Bilanzrecht, DStR 1980, S. 243-252, s.bes. S. 245, der die Rechtsprechung in die Kategorie „Rechtsprechung zum Handelsbilanzrecht" einordnet und in diesem Zusammenhang auf die Gleichsetzung der Begriffe „Vermögensgegenstand" und „Wirtschaftsgut" hinweist.

[19] Vgl. z.B. *Mellwig, Winfried:* Erfolgsteuerliche Aktivierungsprobleme bei Mobilien-Leasingverträgen, BB 1981, S. 1808-1815, s.bes. S. 1814.

ist. Daraus ergibt sich eine Annäherung an den eigentlichen Inhalt des Begriffs des Vermögensgegenstandes, der die als Einzelheit des kaufmännischen Verkehrs faßbaren Güter kennzeichnen soll, wozu grundsätzlich eine Orientierung am Vorliegen eines Rechts oder rechtsähnlichen Verhältnisses erfolgt. Auch *Moxter* erkennt die teilweise Aufgabe der umsatzbezogenen Ausgabenaktivierung durch den BFH und die von diesem objektivierungsbedingt gewählte formalrechtliche Betrachtungsweise an und sieht darin „das einzig richtige Verfahren“.[20] Diese Vorgehensweise führt zu einer objektivierungsbedingt eingeschränkten Ermittlung des Fortführungsvermögens und bietet einen geeigneten Ansatzpunkt für gemeinsame Aktivierungskriterien in Handels- und Steuerbilanz, wie auch die Darstellung in *Übersicht 1* skizzieren soll.

Übersicht 1: Annäherung der Begriffsmerkmale von Wirtschaftsgut und Vermögensgegenstand auf der Grundlage des Maßgeblichkeitsprinzips

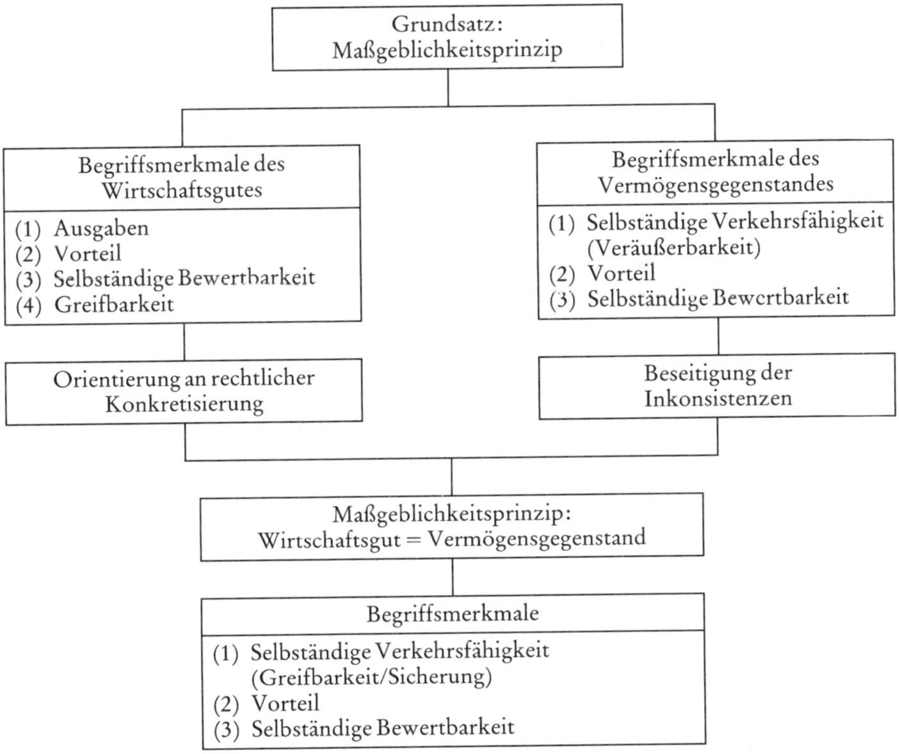

Auf diese Weise wird es auch ermöglicht, Nutzungsrechte, die nicht durch das Eigentumsrecht gesichert sind, als Vermögensgegenstände bzw. Wirtschaftsgüter

---

[20] *Moxter, Adolf:* Wirtschaftliche Gewinnermittlung und Bilanzsteuerrecht, StuW 1983, S. 300-307, s.bes. S. 305.

anzusetzen[21]. Bei einer Orientierung an der tatsächlichen Einzelveräußerbarkeit wäre fast allen Nutzungsrechten an Sachen die Vermögensgegenstandseigenschaft abzusprechen, obwohl deren Werthaltigkeit nicht durch die Möglichkeit zur Veräußerung oder Weiterüberlassung, sondern durch die Möglichkeit zur Nutzung zum Ausdruck kommt. Insofern zeigt sich die Eignung einer Orientierung an der bürgerlich-rechtlichen Definition des Vermögensgegenstandes, so daß Vermögensgegenstände durch die rechtlich für den Fall des typischen Geschehensablaufs und damit der Fortführung des Unternehmens gesicherten Vorteile, die eine einzeln erfaßbare und bewertbare Herrschaftsmöglichkeit gewähren, dargestellt werden. Damit wäre also die rechtlich gesicherte Nutzungsposition unter Beachtung erforderlicher Objektivierungsrestriktionen maßgebend, so daß das Vorhandensein eines aktivierungsfähigen Vorteils nicht mehr in erster Linie an dessen Abgangsfähigkeit, sondern an dessen Zugangsfähigkeit und rechtlicher Sicherung gemessen würde.

Voraussetzung für ein bilanzierungsfähiges Wirtschaftsgut ist einerseits - wie schon aus der steuerlichen Gewinndefinition in § 4 Abs. 1 EStG hervorgeht - dessen Zugehörigkeit zum Betriebsvermögen des Bilanzierenden. Andererseits muß es dem Vermögen des Bilanzierenden zugerechnet werden, da die Vermögenszugehörigkeit einen Bestandteil eines Vermögensgegenstandes und damit auch Wirtschaftsgutes darstellt; dabei ist grundsätzlich das rechtliche Eigentum, in Ausnahmefällen nach § 39 Abs. 2 AO das wirtschaftliche Eigentum maßgeblich[22].

B. Ertragsteuerwirkungen bei Vorliegen eines Wirtschaftsgutes

Im Falle des Zugangs eines Vorteils entfaltet die Auslegung des Terminus „Wirtschaftsgut" ertragsteuerliche Auswirkungen. Dabei wird im folgenden zwischen unmittelbaren Auswirkungen und mittelbaren Auswirkungen, die sich durch die Verbindung des Wirtschaftsgutbegriffs mit anderen Regelungen ergeben, unterschieden und gezeigt, welche wichtigsten ertragsteuerlichen Wirkungen damit verbunden sind.

I. Unmittelbare begriffsabhängige Auswirkungen

1. *Steuerverschiebungseffekte*

Die unmittelbaren begriffsabhängigen Auswirkungen lassen sich auf die Fälle der Steuerverschiebungs- und Steuervermeidungseffekte zurückzuführen. Typische Steuerverschiebungseffekte beruhen darauf, daß bei Vorliegen eines bestimmten

[21] Vgl. dazu und zum folgenden ausführlich *Kußmaul, Heinz:* Bilanzierung von Nutzungsrechten an Grundstücken. Zugleich ein Vorschlag zur Interpretation des Begriffs „Vermögensgegenstand", StuW 1988, S. 46-60, s.bes. S. 55-57.

[22] Vgl. dazu ausführlich unter Darstellung verschiedener theoretischer Ansatzpunkte und der derzeitigen Handhabung *Kußmaul, Heinz:* Nutzungsrechte..., a.a.O., S. 55-77.

Sachverhalts - z.B. Kauf oder Herstellung einer Sache, Zahlungen für ein erworbenes Recht -, der zum Zugang eines Wirtschaftsgutes führt, durch Aktivierung in Höhe der dafür zu leistenden Ausgaben die sofortige vollständige Verrechnung dieser Ausgaben als Aufwand vermieden wird. Die Auswirkungen werden zunächst für die Kapitalgesellschaften aufgezeigt, die nur proportionalen Ertragsteuern unterliegen[23]:

(1) Körperschaftsteuer- und Gewerbeertragsteuerzahlungen werden bei Nichtvorliegen eines Wirtschaftsgutes in die Zukunft verlagert. Dadurch kommen bei konstantem Steuersatz Liquiditäts- und Rentabilitätseffekte zustande. Nur erwähnt seien die endgültigen Steuervorteile, die substanzsteuerlich bei Nichtvorliegen eines Wirtschaftsgutes - dessen Begriffsinhalt dort im Ergebnis etwas weiter gefaßt wird als im Ertragsteuerrecht - resultieren[24].

(2) In Verlustsituationen ergeben sich die geschilderten Auswirkungen nicht, weil die Steuerbemessungsgrundlagen gleich Null sind. Eine Sofortwirkung ist aber nach § 8 KStG i.V.m. § 10d EStG bei einem Verlustrücktrag, eine zeitverschobene Wirkung bei einem Verlustvortrag gegeben.

(3) Ein Kompensationseffekt kommt bei Veräußerung des Gutes zustande. Je nach Höhe der seither bereits verrechneten Abschreibungen verändert sich der steuerpflichtige Veräußerungserfolg. Je später die Veräußerung erfolgt, um so größer ist wegen des Zinseffekts der Vorteil bei Nichtvorliegen eines Wirtschaftsgutes. Auch bei Nichtveräußerung des einzelnen Gutes kann sich ein Kompensationseffekt im Falle der Unternehmensauflösung oder -veräußerung ergeben, sofern nicht bis dorthin eine Vollabschreibung erfolgt ist.

Übersicht 2: Charakterisierung der typischen Steuerverschiebungswirkungen

Kein Wirtschaftsgut	Wirtschaftsgut
Sofortige Aufwandsverrechnung der AK/HK [Bei Veräußerung Ertrag in Höhe des Veräußerungserlöses]	Aufwandsverrechnung der AK/HK über die Laufzeit als Abschreibungen [Bei Veräußerung Ertrag in Höhe der Differenz zwischen Veräußerungserlös und Restbuchwert]

Sonderwirkungen zeigen sich bei Einzelunternehmen und Personengesellschaften:

(1) Auch in Gewinnsituationen liegt kein reiner Steuerverschiebungseffekt vor, da sich der Einkommensteuersatz laufend verändert; dabei ist der durchschnittliche Grenzsteuersatz maßgebend.

(2) Der Steuersatz ist bei jedem Gesellschafter unterschiedlich, da er auch von der Höhe der sonstigen individuellen Einkünfte (auch des Ehepartners) sowie den jeweiligen persönlichen Verhältnissen abhängt.

---

[23] Vgl. dazu auch die Charakterisierung in *Übersicht 2.*

[24] Vgl. zu Begriff und Umfang des substanzsteuerlichen Betriebsvermögens u.a. *Haberstock, Lothar:* Steuerbilanz und Vermögensaufstellung, 2. Aufl., Hamburg 1984, S. 239-243 und *Wöhe, Günter:* Betriebswirtschaftliche Steuerlehre, Band I, 2. Halbband, a.a.O., S. 465-476.

(3) Auch die Verlustverrechnung erfolgt gesellschafterbezogen und ist abhängig von der Höhe der sonstigen Einkünfte. Hier bestehen entsprechende Rücktrags- und Vortragsmöglichkeiten im persönlichen Bereich, die wiederum Steuersatzveränderungen zur Folge haben[25].
(4) Kompensationseffekte sind entsprechend denen bei Kapitalgesellschaften zu beachten. Bei Veräußerung des Unternehmens oder eines Mitunternehmeranteils sowei bei Betriebsaufgabe sind aber absolute Änderungen der Kompensation durch Gewährung des Freibetrages nach § 16 Abs. 4 EStG und der Steuerermäßigung nach § 34 EStG (Steuersatzreduzierung) und durch Befreiung von der Gewerbesteuer die Folge[26].
(5) Personenorientierte Effekte zeigen sich - nur im Gewinnfall - bei personenbezogenen Kapitalgesellschaften für den Fall der sofortigen Gewinnausschüttung an die Anteilseigner; dabei ist die Anwendung des „Schütt-aus-hol- zurück"-Verfahrens möglich[27].

2. *Wirtschaftsguteffekte ohne Vorliegen eines Wirtschaftsgutes*

a) Bildung eines aktiven Rechnungsabgrenzungspostens

Der aufgezeigte Wirtschaftsguteffekt ergibt sich auch in den Fällen der Erfolgsperiodisierung durch Vorliegen eines aktiven Rechnungsabgrenzungspostens (nach § 5 Abs. 4 EStG). Da eine Erfolgsperiodisierung entsprechend dem Erhalt der Leistung erfolgt, ist bei gleichbleibendem, kontinuierlichem Leistungserhalt eine vergleichbare Auswirkung wie bei linearer Abschreibung eines Anlagegutes festzustellen. Der Anwendungsbereich ist beschränkt auf die Fälle, in denen die Voraussetzungen für die Bildung eines Rechnungsabgrenzungspostens erfüllt sind[28]:

(1) Die Ausgabe liegt vor dem Aufwand.
(2) Der Aufwand ist einer späteren Periode zuzurechnen, wobei die Aufwandszurechnung entsprechend der empfangenen Gegenleistung vorzunehmen ist.
(3) Der Aufwand muß für eine bestimmte Zeit erfolgen.

---

[25] Vgl. § 10d EStG.

[26] Vgl. Abschnitt 40 Abs. 1 GewStR.

[27] Vgl. dazu u.a. *Kußmaul, Heinz:* Unternehmerkinder. Ihre zivil- und steuerrechtliche Berücksichtigung in personenbezogenen, mittelständischen Familienunternehmen, Köln, Berlin, Bonn, München 1983, S. 249-254 und *Wöhe, Günter; Bieg, Hartmut:* Grundzüge der Betriebswirtschaftlichen Steuerlehre, 2. Aufl., München 1984, S. 358-363.

[28] Vgl. zu den Voraussetzungen eingehend u.a. *Feldgen, Dieter,* in: Handbuch der Rechnungslegung, hrsg. von *Karlheinz Küting* und *Claus-Peter Weber,* 2. Aufl., Stuttgart 1987, § 250, Rn. 10-33; *Hüttemann, Ulrich:* Posten der aktiven und passiven Rechnungsabgrenzung, in: Handbuch des Jahresabschlusses in Einzeldarstellungen, hrsg. von *Klaus von Wysocki* und *Joachim Schulze-Osterloh,* Abt. II/8, S. 1-34, Köln 1985, s.bes. Anm. 12-31; *Kropff, Bruno*: Aktiengesetz. Kommentar von *Ernst Gessler, Wolfgang Hefermehl, Ulrich Eckardt* und *Bruno Kropff,* Band III, München 1973, § 152, Anm. 90-107; *Kußmaul, Heinz:* Nutzungsrechte..., a.a.O., S. 106-113.

b) Zurechnung zu einem anderen Wirtschaftsgut

Auch bei Zurechnung eines bestimmten Vorteils zu einem anderen Wirtschaftsgut tritt der Wirtschaftsguteffekt auf, ohne daß ein eigenständiges Wirtschaftsgut gegeben ist. So werden beim Zugang eines Wirtschaftsgutes diesem auch die Nebenkosten des Erwerbs (z.B. Fundamentierungskosten, Transportkosten) zugerechnet. In diesem Zusammenhang können Abgrenzungsprobleme, z.B. beim Kauf einer EDV-Anlage bezüglich der Systemsoftware, auftreten, die nach herkömmlicher Handhabung Bestandteil des körperlichen Gegenstandes „EDV-Anlage" ist[29], nach einzelnen Meinungen zumindest bei gesonderter Inrechnungstellung und bei Austauschbarkeit mit anderer Systemsoftware aber als eigenständiges Wirtschaftsgut angesehen wird[30]. Beim Erwerber eines ganzen Unternehmens stellt sich neben dem generellen Wertzurechnungsproblem auf die einzelnen Wirtschaftsgüter vor allem die Frage, ob sich bestimmte Wirtschaftsgüter derart konkretisiert haben, daß ihnen ein eigenständiger Wert zugemessen werden kann, so daß sie vom Firmenwert[31] abgesondert werden können (z.B. Wettbewerbsverbote; Geschäftsbeziehungen)[32]. Dadurch, daß der Firmenwert durch die Neuregelung des § 7 Abs. 1 EStG zu einem in 15 Jahren abnutzbaren Wirtschaftsgut deklariert wird, ergibt sich in all den Fällen ein unterschiedlicher Verteilungseffekt, in denen das Einzelgut eine andere Nutzungsdauer als der Firmenwert aufweist.

Auch bei Gebäuden sind Abgrenzungsprobleme zu registrieren, die derzeit dazu führen, daß Betriebsvorrichtungen (mit dem Gebäude fest verbundene Maschinen oder maschinelle Anlagen, z.B. Lastenaufzug, Backofen) und andere Gebäudeteile als selbständige Wirtschaftsgüter angesehen und als solche behandelt werden[33]. Wird eine maschinelle Anlage (z.B. ein Personenaufzug) dem Wirtschaftsgut „Gebäude" zugerechnet, dann erfolgt eine Verteilung über die Laufzeit des Gebäudes, während im anderen Fall eine Verteilung der Aufwandsverrechnung über die kürzere Laufzeit der Betriebsvorrichtung (z.B. ein Lastenaufzug) stattfindet. Bei Ersatz des genannten Gutes wird allerdings im ersten Fall ein sofort abzugsfähiger Erhaltungsaufwand angenommen, während im zweiten Fall über die Laufzeit zu verteilende Anschaffungskosten eines neuen Wirtschaftsgutes gegeben sind. Zwar ist

---

[29] Vgl. dahingehend *Hartmann, Bernhard:* Die Bilanzierung eines entgeltlich erworbenen EDV-Systems (Computersystems) als abnutzbares körperliches Wirtschaftsgut, WPg 1972, S. 289-299, s.bes. S. 292-296; *Schmidt, Eberhard:* Software als materielle oder immaterielle Wirtschaftsgüter, FR 1985, S. 149-152, s.bes. S. 151; *Walter, Norbert:* Ertragsteuerliche Behandlung von Software (Computerprogrammen) - Im Lichte der jüngsten BFH-Rechtsprechung und der neueren Datenverarbeitungstechniken -, DB 1980, S. 1766-1769 und S. 1815-1819, s.bes. S. 1816-1817.

[30] Vgl. dahingehend *Richter, Martin:* Die immateriellen Anlagewerte, in: Handbuch des Jahresabschlusses in Einzeldarstellungen, hrsg. von *Klaus von Wysocki* und *Joachim Schulze-Osterloh*, Abt. II/2, S. 1-36, Köln 1984, s.bes. Anm. 6 und *Sontheimer, Jürgen:* Die Besteuerung von Software, DStR 1983, S. 350-356, s.bes. S. 352 sowie neuerdings BFH-Urteil vom 3.7.1987, III R 147/86, DB 1987, S. 2615.

[31] Vgl. zum Firmenwert grundsätzlich *Wöhe, Günter:* Zur Bilanzierung und Bewertung des Firmenwertes, StuW 1980, S. 89-108.

[32] Vgl. dazu *Biergans, Enno:* a.a.O., S. 173-177.

[33] Vgl. dazu BFH-Beschluß vom 26.11.1973, GrS 5/71, BStBl. II 1974, S. 132-137 sowie *Kußmaul, Heinz:* Nutzungsrechte..., a.a.O., S. 121-126.

die Grenze zwischen Herstellungs- und Erhaltungsaufwand fließend, doch sind derzeit die in *Übersicht 3* aufgezeigten Abgrenzungsmerkmale maßgebend[34].

Übersicht 3: Gegenüberstellung von Herstellungs- und Erhaltungsaufwand

Erhaltungsaufwand	Herstellungsaufwand
1. Keine Veränderung der Wesensart des Gutes durch Instandhaltung	1. Mehrung des Gutes in seiner Substanz („plus“)
	oder
2. Erhaltung des Gutes in ordnungsmäßigem Zustand	2. Veränderung des Gutes bezüglich seiner bisherigen Verwendungs- und Nutzungsmöglichkeit („aliud“)
	oder
3. Regelmäßiger Anfall von Instandhaltungen und Verursachung etwa konstanter Aufwendungen	3. Verbesserung des Gutes dahingehend, daß ein neues - aber gleichartiges - Gut entstanden ist („secundum“)

3. *Steuervermeidungseffekte*

Immer dann, wenn Ausgaben für einen Sachverhalt getätigt werden, der einen nicht abnutzbaren Vermögensvorteil darstellt, ergibt sich eine „dauernde“ Steuerverschiebung, d.h. ein Steuervermeidungseffekt, sofern ein Wirtschaftsgut nicht gegeben ist. Die Auswirkungen, die grundsätzlich mit denen bei den Steuerverschiebungseffekten vergleichbar sind, beinhalten folgende Besonderheiten[35]:

(1) Hier ist eine „endgültige“ Steuerersparnis festzustellen, sofern keine Veräußerung des Gutes erfolgt. Je später eine Veräußerung stattfindet, um so größer ist der Liquiditäts- und Rentabilitätseffekt.

(2) Sofern innerhalb des Planungshorizonts keine Veräußerung vorgesehen ist, zeigen sich Kompensationseffekte allenfalls bei Veräußerung bzw. Aufgabe oder Liquidation des Unternehmens, wobei bei Einzelunternehmen und Personengesellschaften wiederum die besonderen Freibeträge und Steuersatzermäßigungen hervorzuheben sind.

(3) In Grenzfällen besteht die Tendenz, bei den nicht abnutzbaren Vorteilen das Entstehen eines Wirtschaftsgutes bzw. die Zurechnung zu einem nicht abnutzbaren Sachgut oder anderen Gut zu vermeiden; nicht abnutzbar sind z.B. der Grund und Boden, Forderungen und zeitlich nicht begrenzte Konzessionen.

---

[34] Die *Übersicht 3* ist entnommen aus *Kußmaul, Heinz:* Berechtigung und Hauptanwendungsbereiche der Aufwandsrückstellungen, DStR 1987, S. 675-684, s.bes. S. 679, wo auch weiter auf die begriffliche Abgrenzung Bezug genommen wird; vgl. außerdem u.a. *Knop, Wolfgang; Küting, Karlheinz,* in: Handbuch der Rechnungslegung, hrsg. von *Karlheinz Küting* und *Claus-Peter Weber,* 2. Aufl., Stuttgart 1987, § 255, Anm. 198-212; *Streim, Hannes:* Rückstellungen für Großreparaturen. Begriffsexplikation und Zweckmäßigkeitsanalyse, BB 1985, S. 1575-1583, s.bes. S. 1577-1578; *Wöhe, Günter:* Betriebswirtschaftliche Steuerlehre, Band I, 2. Halbband, a.a.O., S. 151-155.

[35] Vgl. dazu auch die Charakterisierung in *Übersicht 4*.

Auch in diesen Fällen wird ersichtlich, daß sich Wirtschaftsguteffekte - bei nicht abnutzbaren Wirtschaftsgütern - ohne Vorliegen eines eigenständigen Wirtschaftsgutes ergeben, wenn nämlich eine Wertzurechnung zu einem nicht abnutzbaren Wirtschaftsgut erfolgt.

(4) Der vorliegende Wirtschaftsguteffekt ergab sich bis zur Umsetzung des Bilanzrichtlinien-Gesetzes auch bezüglich des damals nicht abnutzbaren Wirtschaftsguts „Firmenwert“. Aus diesem Grund bestand ein großes praktisches Bedürfnis, die abnutzbaren Firmenwertbestandteile (wie z.B. Kundenbeziehungen, Belieferungsrechte, Warenzeichen, Konzessionen) als selbständige Wirtschaftsgüter abzusondern.

(5) Die zivilrechtliche Einheit „Grundstück“ ist nach § 6 Abs. 1 Nr. 1 und 2 EStG in ein abnutzbares Wirtschaftsgut „Gebäude“ und in ein nicht abnutzbares Wirtschaftsgut „Grund und Boden“ aufzuteilen. Daraus ergibt sich das Problem der Aufteilung des Gesamtkaufpreises, das angesichts der unterschiedlichen Abschreibungsverrechnungsmöglichkeiten wichtige ertragsteuerliche Auswirkungen beinhaltet[36].

Übersicht 4: Charakterisierung der typischen Steuervermeidungswirkungen

Kein Wirtschaftsgut	Wirtschaftsgut
Sofortige Aufwandsverrechnung der AK/HK [Bei Veräußerung Ertrag in Höhe des Veräußerungserlöses]	Keine Aufwandsverrechnung (ausnahmsweise Teilwertabschreibung) [Bei Veräußerung Ertrag in Höhe der Differenz zwischen Veräußerungserlös und AK/HK (bzw. Restbuchwert)]

II. Mittelbare begriffsabhängige Auswirkungen

Neben den unmittelbaren begriffsabhängigen Auswirkungen sind mittelbare Auswirkungen im Zusammenhang mit der Interpretation des Begriffs „Wirtschaftsgut“ zu registrieren, von denen im folgenden einige wesentliche aufgezeigt werden. Diese mittelbaren Auswirkungen sind vor allem eine Folge

- der gesetzlichen Verwendung des Begriffs „Wirtschaftsgut“,
- der Voraussetzung der Zugehörigkeit zum Betriebsvermögen für das Vorliegen eines bilanzierungsfähigen Wirtschaftsgutes und
- der Bindung von Steuervergünstigungen an das Vorliegen eines Wirtschaftsgutes.

1. Gesetzliche Verwendung des Begriffs „Wirtschaftsgut“

Während die Einteilung in die abnutzbaren und die nicht abnutzbaren Wirtschaftsgüter maßgebend für die planmäßige Abschreibungsverrechnung ist, sind die Ein-

---

[36] Vgl. dazu u.a. *Biergans, Enno:* a.a.O., S. 319-320 und *Wöhe, Günter:* Betriebswirtschaftliche Steuerlehre, Band I, 2. Halbband, a.a.O., S. 224-226.

teilungen in bewegliche und unbewegliche Wirtschaftsgüter, in Wirtschaftsgüter des Anlage- und Umlaufvermögens und in materielle und immaterielle Wirtschaftsgüter maßgebend für die Anwendung bestimmter Bewertungsverfahren und für die Wahrnehmung von außerplanmäßigen Abschreibungen. Neben diesen von der *Art* des Wirtschaftsgutes abhängigen, bewertungsbedingten steuerlichen Auswirkungen entfaltet die Verwendung des Wirtschaftsgutbegriffs auch weitere steuerliche Auswirkungen.

a) Aktivierungsverbot originärer immaterieller Anlagewerte

Zwar führen die Regelungen des § 248 Abs. 2 HGB und des § 5 Abs. 2 EStG, die ein Aktivierungsverbot für nicht entgeltlich erworbene immaterielle Anlagewerte vorsehen, zu einer Ungleichbehandlung erstens materieller und immaterieller selbst erstellter Güter, zweitens entgeltlich erworbener und selbst erstellter Güter und drittens selbst erstellter immaterieller Anlagegüter und Umlaufgüter - diese sind aktivierungspflichtig[37] -, sie sind aber unumgänglich zu beachten. In diesen Fällen ergibt sich der „Nicht-Wirtschaftsgut-Effekt" trotz Vorliegens eines Wirtschaftsgutes. Diese Regelung bewirkt im Regelfall des Vergleichs zur Aktivierung abnutzbarer Anlagegüter den typischen Steuerverschiebungseffekt, im Ausnahmefall des Vergleichs zur Aktivierung nicht abnutzbarer Anlagegüter resultiert der erwähnte Steuervermeidungseffekt. Der aufgezeigte Kompensationseffekt für den Fall der Veräußerung des Gutes zeigt sich bei bestimmten Gütern wie z.B. Patenten bei Einzelveräußerung, ansonsten bei Unternehmensveräußerung bzw. -aufgabe.

Auch bei bestimmten entgeltlich zugegangenen immateriellen Anlagewerten wird das Vorliegen eines entgeltlichen Geschäfts abgelehnt, weil die jeweiligen Güter beim Veräußerer nicht bereits vor dem Erwerb vorhanden waren - z.B. Wettbewerbsverbote, Belieferungsrechte[38] - oder weil sie nicht die konkrete Gegenleistung für den erhaltenen Vorteil darstellen - z.B. Zuschüsse für Stromanschlüsse[39]. Obwohl diese Einschränkungen gesetzlich nicht belegt und m.E. deshalb problematisch sind, weil damit einerseits die Frage des Erwerbs abhängig vom zugrunde liegenden Rechtsverhältnis gemacht wird und weil damit andererseits verkannt wird, daß jeder Erwerb eine Erweiterung der Verfügungsmacht voraussetzt, wofür das Objekt des Erwerbs rechtlich einzeln faßbar sein muß[40], bewirken sie das Zustandekommen der „Nicht-Wirtschaftsgut-Wirkungen" auch bei bestimmten entgeltlich erworbenen immateriellen Anlagewerten.

---

[37] Vgl. zur Kritik u.a. *Biergans, Enno:* a.a.O., S. 184-186; *Müller-Dahl, Frank P.:* Betriebswirtschaftliche Probleme der handels- und steuerrechtlichen Bilanzierungsfähigkeit, Berlin 1979, S. 145-159; *Wurl, Hans-Jürgen:* Zum Problem der Bilanzierung von Aufwendungen für Forschung und Entwicklung, ZfB 1974, S. 159-178, s.bes. S. 173-178.

[38] Vgl. z.B. BFH-Urteil vom 26.2.1980, VIII R 80/77, BStBl. II 1980, S. 687-688.

[39] Vgl. z.B. BFH-Urteil vom 13.12.1984, VIII R 249/80, BStBl. II 1985, S. 289-291.

[40] Vgl. dazu *Kußmaul, Heinz:* Sind Nutzungsrechte..., a.a.O., S. 2056; vgl. ebenfalls kritisch *Fahrholz, Bernd:* Leasing in der Bilanz. Die bilanzielle Zurechnung von Leasing-Gütern und die Frage der Aktivierbarkeit des Nutzungsrechtes des Leasing-Nehmers, Köln, Berlin, Bonn, München 1979, S. 141-142; *Moxter, Adolf:* Die Aktivierungsvoraussetzung „entgeltlicher Erwerb" im Sinne von § 5 Abs. 2 EStG, DB 1978, S. 1804-1809; *Roland, Helmut:* a.a.O., S. 171.

b) Wirtschaftliche Zurechnung von Anlagegütern

Da ein Wirtschaftsgut bei einem Bilanzierungssubjekt nur dann vorliegt, wenn es zu seinem Bilanzvermögen gerechnet werden kann, erfährt die Ausnahmeregelung des § 39 Abs. 2 Nr. 1 AO eine besondere Bedeutung. Dort wird vom Grundsatz der Zurechnung beim bürgerlich-rechtlichen Eigentümer abgewichen. Bei Treuhandverhältnissen, bei Sicherungsübereignung bzw. Eigentumsvorbehalt, bei Eigenbesitz (wenn jemand fremdes Eigentum als ihm gehörig behandelt) und bei einer tatsächlichen Herrschaft über ein Wirtschaftsgut durch den rechtlichen Nichteigentümer in der Weise, „daß er den Eigentümer im Regelfall über die gewöhnliche Nutzungsdauer von der Einwirkung auf das Wirtschaftsgut wirtschaftlich ausschließen kann“, hat nach § 39 Abs. 2 Nr. 1 AO eine Zurechnung des Wirtschaftsguts beim rechtlichen Nichteigentümer zu erfolgen. Diese Formulierung hat vor allem Auswirkungen für die Zurechnung von Leasing-Objekten beim Nutzungsberechtigten. Sofern die Grundmietzeit bestimmte Prozentsätze der betriebsgewöhnlichen Nutzungsdauer über- bzw. unterschreitet und sofern in bestimmten Fällen zusätzliche Vereinbarungen (Optionen) bestehen, erfolgt eine Zurechnung beim Leasing-Nehmer[41]. Für ihn bedeutet dies, daß er die Mietzahlungen nicht mehr vereinbarungsgemäß aufwandswirksam verteilen kann. Er kann lediglich den Zins- und Kostenanteil in der Grundmietzeit verrechnen, während er den Anschaffungskostenanteil auf die betriebsgewöhnliche Nutzungsdauer des genutzten Gutes verteilen muß. Die wirtschaftliche Zurechnung beim Leasing-Nehmer führt bei ihm also zu einem Liquiditäts- und Rentabilitätsnachteil im Vergleich zum Nichtvorliegen eines Wirtschaftsgutes, außerdem zu einer absoluten Steuermehrbelastung durch die hälftige Hinzurechnung der Dauerschulden und Dauerschuldzinsen bei der Gewerbesteuer, falls die Leasing-Verbindlichkeit - wie näher in Abschnitt 47 Abs. 7 Nr. 1 GewStR ausgeführt - eine Laufzeit von mehr als zwölf Monaten aufweist.

c) Entnahme und Einlage von Wirtschaftsgütern

Der Grenzbereich zwischen Unternehmens- und Unternehmerbereich ist in der Praxis besonders wichtig, weil sich bei entsprechender Gestaltung dieses Grenzbereichs endgültige Steuerersparnisse erzielen lassen. Nach § 4 Abs. 1 Satz 2 EStG sind Entnahmen „alle Wirtschaftsgüter (Barentnahmen, Waren, Erzeugnisse, Nutzungen und Leistungen), die der Steuerpflichtige dem Betrieb für sich, für seinen Haushalt oder für andere betriebsfremde Zwecke im Laufe des Wirtschaftsjahrs entnommen hat“. Einlagen sind nach § 4 Abs. 1 Satz 5 EStG „alle Wirtschaftsgüter (Bareinzahlungen und sonstige Wirtschaftsgüter), die der Steuerpflichtige dem Betrieb im Laufe des Wirtschaftsjahrs zugeführt hat“. Während der Einlagebegriff streng an das Vorliegen eines Wirtschaftsguts im obigen Sinne gebunden ist, wird der Wirtschaftsgutbegriff für Zwecke der Entnahme - und nur hierfür - ausgedehnt auf Nutzungen und Leistungen. Dadurch wird die betriebliche Aufwandsverrech-

---

[41] Vgl. dazu z.B. *Wöhe, Günter:* Betriebswirtschaftliche Steuerlehre, Band I, 2. Halbband, a.a.O., S. 274-284.

nung entsprechend gekürzt[42]. Bezüglich des nicht betrieblichen Nutzungsanteils erfolgt also für den Fall des Vorliegens einer Entnahme jeweils im Jahr des Anfalls eine Korrektur des anteiligen betrieblich geltend gemachten Aufwands (auch der Abschreibungen), so daß im Unterschied zu sonstigen Entnahmen - die erfolgswirksam zum Teilwert vorzunehmen sind - bei der Nutzungsentnahme lediglich eine Aufwandskompensation stattfindet. Damit soll eine Verlagerung privater Aufwendungen in den Betriebsbereich verhindert werden (z.B. gemischt genutzte Wirtschaftsgüter; privater Einsatz eines Arbeitnehmers).

Dagegen ist es für eine Einlage erforderlich, daß ein Wirtschaftsgut zugeführt wird. Für den Fall, daß sich ein Wirtschaftsgut im (Privat-)Vermögen eines Einzelunternehmers oder Personengesellschafters befindet, wird allgemein eine gesetzeszweckorientierte Auslegung von § 4 Abs. 1 Satz 5 EStG gefordert, wonach auch Nutzungs-(Aufwands-)Einlagen möglich sind, wenn sich das genutzte Gut im (rechtlichen oder wirtschaftlichen) Eigentum des Unternehmers befindet[43]. In der Literatur[44] und einem Vorlagebeschluß des ersten Senats des BFH[45] wird argumentiert, der Entnahme- und Einlagebegriff müßten in vergleichbarer Weise ausgelegt werden, so daß auch Nutzungseinlagen zuzulassen seien, sofern sich ein Sachgut im Eigentum einer anderen Person (z.B. des Ehepartners eines Einzelunternehmers) befindet. Zu Recht weist der Große Senat des BFH darauf hin, daß aus dem Wortlaut von § 4 Abs. 1 nicht geschlossen werden kann, „Nutzungen hätten die Eigenschaft von Wirtschaftsgütern"[46], weil sie die Kriterien, denen ein Wirtschaftsgut gerecht werden muß, nicht erfüllen[47]. Neben einer sachorientierten Argumentation kann gegen die Einlagefähigkeit von Nutzungen auch eine wortlautorientierte Interpretation vorgebracht werden. So schließt *Ley* aus dem Wortlaut des § 4 Abs. 1 Satz 5 EStG, daß Nutzungseinlagen nur in dem Umfang möglich sind, in dem auch Nutzungsentnahmen vorkommen können; aus der Voraussetzung für die Nutzungsentnahmen, daß das Wirtschaftsgut dem Steuerpflichtigen zugerechnet wird, folgert sie, auch Nutzungseinlagen seien nur dann zulässig, wenn das betreffende Wirtschaftsgut dem Steuerpflichtigen zugerechnet wird[48]. Zur Vermeidung negativer Auswirkungen bietet sich die Einräumung einer gesicherten Rechtsposition an, die - vom BFH anerkannt -[49] unter bestimmten Voraussetzungen als Wirtschafts-

---

[42] Vgl. BFH-Urteil vom 9.10.1953, IV 536/52 U, BStBl. III 1953, S. 337-339; BFH-Urteil vom 26.7.1979, IV R 170/74, BStBl. II 1980, S. 176-181, s.bes. S. 181 sowie erläuternd *Biergans, Enno:* a.a.O., S. 501-502.

[43] Vgl. zuletzt BFH-Beschluß vom 26.10.1987, GrS 2/86, DB 1988, S. 529-536, s.bes. S. 532.

[44] Vgl. u.a. *Meyer, Dirk E.:* Einkommensteuerliche Behandlung..., a.a.O., S. 289-294 sowie weitere Literaturhinweise bei *Kußmaul, Heinz:* Nutzungsrechte..., a.a.O., S. 285.

[45] Vgl. BFH-Beschluß vom 20.8.1986, I R 41/82, BStBl. II 1987, S. 65-75.

[46] So BFH-Beschluß vom 26.10.1987, Gr S 2/86, DB 1988, S. 529-536, s.bes. S. 531; vgl. dazu auch *Groh, Manfred:* Nutzungseinlage, Nutzungsentnahme und Nutzungsausschüttung - Zum Beschluß des Großen Senats vom 26.10.1987 Gr S 2/86, DB 1988, S. 529 -, DB 1988, S. 514-524 und S. 571-575, s. bes. S. 515-518.

[47] Vgl. dazu eingehend *Kußmaul, Heinz:* Sind Nutzungsrechte..., a.a.O., S. 2060-2062.

[48] Vgl. *Ley, Ursula:* Nutzungseinlagen bei unentgeltlicher Nutzungsüberlassung?, DStR 1985, S. 261-262, s.bes. S. 262.

[49] Vgl. neuerdings unter Verweis auf die einschlägigen Urteile BFH-Beschluß vom 26.10.1987, Gr S 2/86, DB 1988, S. 529-536, s.bes. S. 532, unter Verweis darauf, daß bei ihrer Bewertung dem Zweck der Einlageregelung Rechnung zu tragen ist.

gut „Nutzungsrecht" zugeführt werden kann[50]. Durch die Einlageregeln ergibt sich bei Zuführung eines Wirtschaftsguts „Nutzungsrecht" eine endgültige Steuerersparnis im Vergleich zur bloßen Überlassung eines Vorteils. Bei Zuführung eines Nutzungsrechts erfolgt eine Aufwandsverrechnung - entsprechend der betrieblichen Nutzung - der Fremdaufwendungen im Unternehmen. Allerdings will der Große Senat des BFH bei verdeckter Zuführung von Vorteilen an Kapitalgesellschaften die verdeckte Einlage eines Nutzungsrechts nicht wie bei Einzelunternehmen und Personengesellschaften sowie bei offenen Einlagen in Kapitalgesellschaften anerkennen, weil das Nutzungsrecht „während der Nutzungsdauer abgeschrieben werden müßte und dadurch die gezogenen Nutzungen der Besteuerung entzogen würden. Dem Gesellschafter, der Privatmann ist, würden aus der Nutzungsüberlassung auf Grund eines solchen Rechts mangels einer Gegenleistung der Gesellschaft keine Einkünfte entstehen; die Erhöhung des Werts der Beteiligung ist keine Einnahme i.S. der §§ 8, 20, 21 EStG."[51]

2. *Voraussetzung der Zugehörigkeit zum Betriebsvermögen für das Vorliegen eines Wirtschaftsgutes*

Grundsätzlich kann ein bilanzierungsfähiges Wirtschaftsgut nur vorliegen, wenn es zum Betriebsvermögen des Unternehmens gehört. Sachgüter, die zum rechtlichen oder wirtschaftlichen Eigentum von Kapitalgesellschaften bzw. zum Gesamthandsvermögen von Personengesellschaften gehören, werden - bis auf wenige Ausnahmefälle - generell dem Betriebsvermögen zugeordnet. Abgrenzungsprobleme sind dagegen u.a. bei gemischt genutzten Gütern zu registrieren, die sich im Eigentum eines Einzelunternehmers oder Personengesellschafters befinden. Hier erfolgt eine Zurechnung zum Betriebsvermögen bei mehr als 50%iger betrieblicher Nutzung; bei einem zwischen 10% und 50% liegenden betrieblichen Nutzungsanteil kann das Wirtschaftsgut dagegen entweder dem Betriebs- oder dem Privatvermögen zugeordnet werden[52].

Eine besondere Bedeutung des Wirtschaftsgutbegriffs ergibt sich erst dadurch, daß die soeben skizzierte Regelung bei Grundstücken (bei Grund und Boden und Gebäuden) nicht greift. Nach dem Beschluß des Großen Senats des BFH aus dem Jahre 1973[53] wird ein Gebäude entsprechend seiner Nutzung wegen der unterschiedlichen „Nutzungs- und Funktionszusammenhänge" in mehrere Wirtschaftsgüter aufgeteilt (in einen eigenbetrieblich genutzten, fremdbetrieblich genutzten, fremden Wohnzwecken dienenden und eigenen Wohnzwecken dienenden Gebäu-

---

[50] Vgl. mit einem theoretischen Vorschlag zur umfassenden, nicht nur einlageorientierten, bilanziellen Erfassung von Nutzungsrechten *Kußmaul, Heinz:* Bilanzierung von Nutzungsrechten..., a.a.O., S. 46-60.

[51] So BFH-Beschluß vom 26.10.1987, Gr S 2/86, DB 1988, S. 529-536, s.bes. S. 534.

[52] Vgl. die Regelung in Abschnitt 14a Abs. 1 EStR; vgl. zum gesamten Komplex der Zurechnung von Wirtschaftsgütern zum Betriebsvermögen u.a. *Biergans, Enno:* a.a.O., S. 207-225; *Kußmaul, Heinz:* Nutzungsrechte..., a.a.O., S. 133-149; *Wöhe, Günter:* Betriebswirtschaftliche Steuerlehre, Band I, 2. Halbband, a.a.O., S. 26-31.

[53] Vgl. BFH-Beschluß vom 26.11.1973, Gr S 5/71, BStBl. II 1974, S. 132-137, s.bes. S. 136.

deteil). Die hauptsächliche Folge dieser Aufteilung liegt darin, daß - bei Einzelunternehmen und Personengesellschaften - jeder Gebäudeteil gesondert zum Betriebsvermögen oder zum Privatvermögen gerechnet wird[54]. Während z.B. ein zu 40% betrieblich genutzter PKW dem Privatvermögen zugerechnet werden kann, wird der 40%ige eigenbetriebliche Nutzungsanteil des Grundstücks notwendigerweise als dem Betriebsvermögen zugehöriges Wirtschaftsgut qualifiziert.

Beim Vergleich der Behandlung des Wirtschaftsguts „eigenbetrieblich genutzter Gebäudeteil" mit dem nicht gesondert dem Betriebsvermögen zurechenbaren Nicht-Wirtschaftsgut „betrieblich genutzter Sachgutanteil (z.B. 40%iger PKW-Anteil)" zeigen sich folgende Auswirkungen:

(1) Da bei im Eigentum des Steuerpflichtigen befindlichen Gütern auch bei Zurechnung zum Privatvermögen Abschreibungen und Reparatur- und sonstige Aufwendungen im Wege der Nutzungseinlage entsprechend dem betrieblichen Nutzungsanteil verrechnet werden können, sind insoweit keine Unterschiede in den beiden Fällen der Zurechnung bzw. Nichtzurechnung zum Betriebsvermögen festzustellen.

(2) Unterschiede ergeben sich im Fall der Veräußerung des Gutes, weil das zum Privatvermögen gehörige Gut nur bei Spekulationsgeschäften (im Sinne des § 23 EStG) einen steuerpflichtigen Veräußerungsgewinn hervorruft, während bei einer Zurechnung zum Betriebsvermögen der Veräußerungserfolg immer (in voller Höhe) steuerwirksam ist, sowie bei der Berücksichtigung von Abschreibungen auf den niedrigeren Teilwert, die nur im Betriebsvermögen möglich ist.

(3) Da ein bilanzierungsfähiges Wirtschaftsgut nur bei Zugehörigkeit zum Betriebsvermögen gegeben ist, kann eine erfolgswirksame Entnahme aus dem Betriebsvermögen allein wegen einer veränderten Nutzungsart zustande kommen[55].

3. *Bindung von Steuervergünstigungen an das Vorliegen eines Wirtschaftsgutes*

Das Vorliegen eines Wirtschaftsgutes im Betriebsvermögen eines Unternehmens ist manchmal auch Voraussetzung dafür, daß steuerliche Vergünstigungen in Anspruch genommen werden können. Steuerverschiebungseffekte entstehen durch die Inanspruchnahme von Sonderabschreibungen, die nicht - wie planmäßige und außerplanmäßige Abschreibungen - einer Erfassung des Wertverzehrs von Wirtschaftsgütern dienen, sondern die eine vom Gesetzgeber eingeräumte Möglichkeit darstellen, einen Teil der Anschaffungs- oder Herstellungskosten bereits kurz nach der Inbetriebnahme von Anlagen oder schon vorher (Sonderabschreibungen auf Anzahlungen) gewinnmindernd geltend zu machen[56]. Die Inanspruchnahme von

---

[54] Vgl. dazu im einzelnen Abschnitt 13b und 14 EStR sowie u.a. *Wöhe, Günter:* Betriebswirtschaftliche Steuerlehre, Band I, 2. Halbband, a.a.O., S. 227-230.

[55] Vgl. dazu BFH-Urteil vom 27.1.1977, I R 48/75, BStBl. II 1977, S. 388-389, s.bes. S. 388 sowie BFH-Urteil vom 31.1.1985, IV R 130/82, BStBl. II 1985, S. 395-398, s.bes. S. 396-397.

[56] Vgl. zur Systematisierung der Arten der Sonderabschreibungen *Biergans, Enno:* a.a.O., S. 404-413.

Sonderabschreibungen ist stets an das Vorliegen bzw. den späteren Zugang eines Wirtschaftsgutes gebunden. Dabei erfolgt üblicherweise eine Begrenzung auf bestimmte Wirtschaftsgüter (z.B. auf Anlagegüter, auf bewegliche Güter oder auf materielle Güter). Daneben müssen allerdings auch bestimmte andere Voraussetzungen erfüllt sein. Z.B. ist § 7f EStG brachenbezogen - er begünstigt private Krankenhäuser - und § 7g EStG ist größenbezogen, da er nur kleine und mittlere Betriebe begünstigt.

Die Auswirkungen der Sonderabschreibungen liegen in einem typischen Steuerverschiebungseffekt mit den entsprechenden Liquiditäts- und Rentabilitätswirkungen, weil in Höhe der Sonderabschreibung eine Aufwandsvorverlagerung erfolgt. Angesichts der regelmäßigen Bindung an das Vorliegen materieller Wirtschaftsgüter treten zwar kaum Abgrenzungsprobleme auf, es kann aber – wie bei § 7g EStG, der eine (fast) ausschließliche Nutzung des Wirtschaftsgutes im Betrieb des Steuerpflichtigen vorschreibt - erforderlich sein, daß das genutzte Gut im (wirtschaftlichen) Eigentum des Steuerpflichtigen steht und nicht nur gemietet wird.

Auch die Bildung und Übertragung steuerfreier Rücklagen kann zum skizzierten Steuerverschiebungseffekt führen[57]. Während ihre Bildung z.B. an das Entstehen eines Veräußerungsgewinns bei Veräußerung bestimmter Wirtschaftsgüter (§ 6b EStG) gebunden sein kann, ergibt sich der unmittelbare Einfluß des Vorliegens eines Wirtschaftsgutes dadurch, daß die Übertragung der steuerfreien Rücklagen nach § 6b EStG grundsätzlich auf die Anschaffungs- oder Herstellungskosten abnutzbarer beweglicher Wirtschaftsgüter begrenzt ist. Bei Veräußerungsgewinnen aus Wirtschaftsgütern mit einer längeren Laufzeit ist darüber hinaus eine Übertragung auf die Anschaffungs- oder Herstellungskosten entsprechender Wirtschaftsgüter möglich.

Die Auswirkung der Übertragung einer steuerfreien Rücklage auf ein neu angeschafftes Gut liegt bei Vorliegen eines entsprechenden neu angeschafften Guts in einem typischen Steuerverschiebungseffekt, während Steuervermeidungseffekte dann auftreten, wenn eine Übertragung steuerfreier Rücklagen auf nicht abnutzbare Wirtschaftsgüter (Grund und Boden; Wertpapiere) erfolgt, so daß die ansonsten vorliegende Wirkung der Abschreibungsminderung entfällt. Bestimmte Kompensationseffekte ergeben sich bei Veräußerung des neu angeschafften Guts bzw. bei Veräußerung oder Aufgabe des Unternehmens.

Endgültige Vorteile zeigen sich im übrigen auch bei dem steuerähnlichen Instrument der Investitionszulage, deren Gewährung - im Unterschied zu den Sonderabschreibungen und steuerfreien Rücklagen auch im Verlustfalle, sofern bei diesen nicht ein Verlustabzug wirksam wird - zu Vermögensvorteilen führt. Auch ihr Erhalt ist regelmäßig an das Vorliegen von Anschaffungskosten - manchmal auch Herstellungskosten - abnutzbarer Wirtschaftsgüter des Anlagevermögens gebunden[58].

---

[57] Vgl. dazu ausführlich *Wöhe, Günter:* Betriebswirtschaftliche Steuerlehre, Band I, 2. Halbband, a.a.O., S. 329-351.

[58] Vgl. zu den Investitionszulagen und -prämien grundlegend *Wöhe, Günter; Bieg, Hartmut:* a.a.O., S. 368-369.

C. Wirtschaftsgutbezogene Gestaltungsmöglichkeiten

I. Gestaltungsbereiche

1. Zuordnungsgestaltungen

Als Zuordnungsgestaltungen werden diejenigen bezeichnet, bei denen im Falle eines vorliegenden Guts durch bloße Bilanzierungs- oder Bewertungsentscheidungen bestimmte steuerliche Folgen bewirkt werden können. Sie ergeben sich bei gemischt genutzten Gütern - zwischen 10%igem und 50%igem betrieblichem Nutzungsanteil besteht ein willkürlich ausübbares Zuordnungswahlrecht - und bei anderen Gütern, deren Zuordnung zum Betriebsvermögen gewillkürt werden kann (z.B. selbständige Gebäudeteile, die nicht eigenbetrieblich und nicht für eigene Wohnzwecke genutzt werden; Wertpapiere; Bargeld; Sparguthaben, soweit sie zur Aufrechterhaltung der Liquidität erforderlich sind); derartige Zuordnungsentscheidungen bestehen regelmäßig nur bei Gütern, die sich im Eigentum eines Einzelunternehmers oder Personengesellschafters befinden[59].

2. Verhaltensorientierte Gestaltungen

Neben reinen Zuordnungsentscheidungen kann durch vertragliche bzw. tatsächliche Gestaltungen Einfluß auf das Entstehen bzw. Bestehen eines Wirtschaftsgutes genommen werden. Im folgenden werden einige Gestaltungen systematisiert aufgezeigt[60].

a) Gestaltungen, die zur Entstehung bzw. zum Zugang eines Wirtschaftsgutes führen

• Beim **Erwerb eines gesamten Unternehmens**: Es besteht u.U. die Möglichkeit zur Absonderung bestimmter Firmenwertbestandteile (z.B. Wettbewerbsverbot, Verlagsrecht, Warenzeichenrecht, Konzession) und zu ihrer Behandlung als eigenständige Güter.
• Beim **Zugang immaterieller Vorteile**: Der Zugang eines immateriellen Wirtschaftsguts kann durch Gestaltung der Zahlungsvereinbarungen verhindert werden. So werden laufende Zahlungen z.B. für Mieten oder Lizenzen nicht als geeignet dafür angesehen, einen entgeltlichen Erwerb zu bilden, während ein einmaliges, gegebenenfalls in Raten zu leistendes Entgelt wie z.B. bei einer Pauschallizenz dem Kriterium des entgeltlichen Erwerbs gerecht werde[61]. Durch die Art der Vertrags-

[59] Vgl. dazu Abschnitt 14 Abs. 3 und 9 sowie Abschnitt 14a EStR und erläuternd z.B. *Kußmaul, Heinz:* Nutzungsrechte..., a.a.O., S. 135-149.
[60] Vgl. zu bestimmten Gestaltungshinweisen auch *Pfleger, Günter:* Bilanzpolitische Sachverhaltsgestaltungen im Dezember, DB 1985, S. 2465-2468.
[61] So die Darstellung bei *Richter, Martin:* a.a.O., Anm. 23.

gestaltung kann z.B. beim Erhalt von Software oder von Know-How - und bei Vorliegen von Einmalzahlungen - der Zugang eines Wirtschaftsguts vermieden werden (z.B. Dienstvertrag zur gemeinsamen Softwareerstellung eines Mitarbeiters des EDV-Herstellers mit EDV-Experten des nutzenden Unternehmens).

- Beim **Zugang materieller Güter**: Durch Abspaltung (gesonderte Vereinbarung z.B. für die Systemsoftware) kann ein eigenständiges immaterielles Gut zustande kommen oder ein Teil der Anschaffungskosten (z.B. Schulungsaufwand) evtl. als Sofortaufwand verrechnet werden.
- Bei **Nutzung materieller Güter**: Es bestehen die Möglichkeiten des Kaufs oder der Miete eines Gutes, wobei nur im ersten Fall der Zugang eines Wirtschaftsgutes vorliegt; bei Miete erfolgt für den Fall von Einmalzahlungen aber eine Rechnungsabgrenzung, wodurch Erfolgsverlagerungseffekte verhindert werden.
- Bei **Leasing-Verträgen über materielle Güter:** Angesichts der genauen steuerlichen Abgrenzungsregelungen für die Zurechnungsfälle beim Leasing-Nehmer ergibt sich eine vertragliche Gestaltungsmöglichkeit, die zur Zurechnung beim Leasing-Geber oder beim Leasing-Nehmer führt.
- Bei **Nutzung immaterieller Güter**: Bei unmittelbarer betrieblicher Nutzung selbst erstellter immaterieller Güter liegt zwar ein Wirtschaftsgut vor, das aber bei langfristig gewollter Nutzung nicht aktiviert werden darf[62]. Wenn ein Sofortaufwand - z.B. wegen einer Verlustsituation - vermieden werden soll, muß eine Herstellung durch ein verbundenes Unternehmen und ein Verkauf an das nutzende Unternehmen oder - in Grenzfällen - eine Zurechnung des selbst erstellten Gutes zum Umlaufvermögen erfolgen.
- Bei **Einlage von Vorteilen**: Wegen der damit verbundenen endgültigen Steuervorteile ist es - außer bei der Nutzung von Sachgütern, die sich im Eigentum eines Einzelunternehmers oder eines Personengesellschafters befinden - von entscheidender Bedeutung, daß ein Wirtschaftsgut (und nicht nur eine Nutzung oder Leistung) zugeführt wird. Dies gilt sowohl für Wirtschaftsgüter, die sich im Eigentum eines Kapitalgesellschafters befinden, als auch für solche, die im Eigentum einer mit dem Einzelunternehmer, Personengesellschafter oder Kapitalgesellschafter „verbundenen Person" (Ehepartner, verbundenes Unternehmen) stehen. Sofern allerdings eine gesicherte Rechtsposition vorliegt, erkennt die Rechtsprechung in den meisten Fällen auch bei einer Nutzungsüberlassung die Einlage eines Wirtschaftsguts in Form eines Nutzungsrechts an.

b) Gestaltungen, die den Zeitpunkt des Zugangs bzw. Abgangs eines Wirtschaftsgutes beeinflussen

Vor allem bei Sachverhalten am Ende eines Geschäftsjahrs kann es zu Gestaltungsüberlegungen kommen, die den Zugangszeitpunkt dem alten oder dem neuen Geschäftsjahr zuordnen. Abgesehen davon, daß dadurch die Normalabschreibung (um ein halbes Jahr) vorgezogen werden kann[63], wird davon die Inanspruchnahme von Sonderabschreibungen im alten oder im neuen Geschäftsjahr beeinflußt. End-

---

[62] Vgl. § 248 Abs. 2 HGB sowie § 5 Abs. 2 EStG.
[63] Vgl. Abschnitt 43 Abs. 8 EStR.

gültige Vorteile oder langfristig wirkende Verschiebungseffekte können an den Zugang im alten Geschäftsjahr gebunden sein (z.B. bei Auslaufen des Zwei-Jahres-Zeitraums zur Übertragung steuerfreier Rücklagen nach § 6b EStG).

Der Zugangszeitpunkt kann z.B. beeinflußt werden durch:

- den Zeitpunkt der Lieferung beweglicher Anlagegüter bzw. den Montagezeitpunkt (bei Zugehörigkeit der Montage zum Kaufvertrag),
- den Zeitpunkt des Übergangs der Verfügungsmacht bei Immobilien,
- den Zeitpunkt der Erstellung von Restarbeiten an Anlagegütern,
- die Durchführung von Zahlungen (bei Bindung von Sonderabschreibungen an den Zugang oder an die Vornahme von Anzahlungen).

Der Abgangszeitpunkt hat insbesondere Einfluß auf den Zeitpunkt der Gewinnrealisierung. Dies kann auch im Zusammenhang mit „Sale-and-Lease-back"-Verfahren von Interesse sein, bei denen ein Wirtschaftsgut des Unternehmens abgeht, ehe später die Nicht-Wirtschaftsgüter „Nutzungen" zugeführt werden[64].

c) Gestaltungen, die zum Abgang eines Wirtschaftsgutes führen

Angesichts dessen, daß auch der Abgang von Nutzungen und Leistungen bei einer Entnahme als Wirtschaftsgut angesehen wird, ergibt sich in diesen Fällen wie auch in Fällen entgeltlicher Geschäfte nur die Frage der Art des Abgangs. Während bei Einmalabgang eines Wirtschaftsguts eine sofortige Gewinnrealisierung erfolgt, resultiert bei einer Überlassung in Form einer Dauerleistung eine laufende Erfolgsrealisation (durch den Erhalt von Mietzahlungen oder durch Nutzungsentnahmen bzw. verdeckte Gewinnausschüttungen). Außer bei im Eigentum von Einzelunternehmern und Personengesellschaftern stehenden Wirtschaftsgütern, die bei mindestens 90%iger Privatnutzung als notwendigerweise entnommen gelten, besteht jeweils ein Gestaltungsspielraum für die „Art des Abgangs". Ausnahmsweise werden Wirtschaftsgüter des Gesamthandsvermögens nicht dem Betriebsvermögen zugerechnet, wenn ihre Übernahme nicht betrieblich veranlaßt war[65]. Auch bei immateriellen Gütern kann entweder die Veräußerung eines Rechts (Patent) oder eines Vorteils (Überlassungsvertrag von Know-How) erreicht werden.

II. Einflußfaktoren

1. Nicht-ertragsteuerliche Faktoren

Während es bei reinen Zuordnungsentscheidungen und auch bei bestimmten verhaltensorientierten Entscheidungen - vor allem bei Geschäften zwischen Betriebs- und Privatbereich und zwischen „verbundenen Personen" - allein auf steuerliche Einflußfaktoren ankommt, sind insbesondere bei Vertragsbeziehungen zwischen fremden Dritten die zivilrechtlichen Gestaltungsfaktoren sowie die daraus resultie-

---

[64] Im Zusammenhang damit ergibt sich auch eine Beeinflussung der Höhe des Verkaufspreises und der Leasing-Raten: dies ist aber ein Bewertungsproblem.

[65] Vgl. u.a. BFH-Urteil vom 6.6.1973, I R 194/71, BStBl. II 1973, S. 705-706, s. bes. S. 705; BFH-Urteil vom 16.3.1983, IV R 36/79, BStBl. II 1983, S. 459-463, s. bes. S. 460-461.

renden Auswirkungen maßgebend. So kann sich die Risikokonstellation z.B. durch die Vereinbarung veränderter Zahlungskonditionen mit fremden Dritten - laufende Zahlungen anstatt einer Einmalzahlung - oder durch den Abschluß eines Dienstvertrags anstatt eines Werkvertrags verändern. Im übrigen sei nochmals auf die Bindung der Steuerbilanz an die Handelsbilanz hingewiesen, d.h., das Maßgeblichkeitsprinzip verhindert weitgehend, daß steuerlich Nicht-Wirtschaftsgut-Effekte wahrgenommen werden können, wenn nicht gleichzeitig auch ein verringerter Vermögensausweis in der Handelsbilanz hingenommen wird.

Schließlich ist noch einmal daran zu erinnern, daß neben den ertragsteuerlichen Auswirkungen, die ausschließlich Thema dieses Beitrags sind, auch andere, vor allem substanz- und verkehrsteuerliche Auswirkungen, zu beachten sind, wobei es substanzsteuerlich wegen der fehlenden Zweischneidigkeit der Bilanz[66] stets vorteilhaft ist, wenn ein Wirtschaftsgut nicht ausgewiesen wird.

2. *Ertragsteuerliche Faktoren*

Die Berücksichtigung der ertragsteuerlichen Einflußfaktoren führt zum Ergebnis, daß in jedem Einzelfall eine konkrete Entscheidung erforderlich ist, für die vor allem folgende Faktoren maßgeblich sind:

(1) Grundgrößen

- Neben der Rechnungsgröße „Zinssatz" (für diesbezügliche Quantifizierungen) ist generell die Nutzungsdauer wegen der dadurch angezeigten „Verschiebungsdauer" von Interesse. Im Extremfall wird damit entschieden, ob ein Steuerverschiebungseffekt oder ein Steuervermeidungseffekt erzielbar ist.
- Generell ist in die Entscheidung einzubeziehen, ob eine Verlustsituation vorliegt und - wenn ja - welche Verlustverrechnungsmöglichkeiten gegeben sind.
- Schließlich ist die Wahrscheinlichkeit des Vorkommens einer Veräußerung des Einzelguts und darüber hinaus die Höhe des Veräußerungserlöses und damit auch des Veräußerungserfolgs eine maßgebliche ertragsteuerliche Größe. In diesem Zusammenhang ist - in Ausnahmefällen - zu untersuchen, wie wahrscheinlich innerhalb des Planungszeitraums die Unternehmensauflösung ist.

(2) „Personenorientierte" Sondereinflüsse

- Durch die Abhängigkeit des Steuersatzes von persönlichen Einflüssen und anderen Einkünften der Gesellschafter ist die Höhe der durchschnittlichen Grenzsteuersätze mit den damit verbundenen Progressionseffekten vor allem bei Einzelunternehmern und Personengesellschaftern, u.U. auch bei Kapitalgesellschaftern, entscheidungserheblich.
- Auch die Verlustverrechnungsmöglichkeiten sind bei Einzelunternehmen und Personengesellschaften personenabhängig, wobei vor allem die Höhe der sonstigen Unternehmereinkünfte sowie die seines Ehepartners im Einzelfall heranzuziehen sind.

---

[66] Vgl. dazu *Wöhe, Günter:* Betriebswirtschaftliche Steuerlehre, Band I, 2. Halbband, a.a.O., S. 98-99 und S. 407-409.

- Bei Unternehmensveräußerung bzw. -aufgabe sowie bei Veräußerung eines Mitunternehmeranteils sind die beschränkten Kompensationseffekte durch Freibetrags- und Steuersatzermäßigungsregelungen hervorzuheben.

(3) Externe Sondereinflüsse

Dazu sind die gesamten bilanziellen Vorschriften zu beachten, die entscheidungserheblich sein können, wie z.B.

- die Wirkungsbegrenzung durch Bildung eines Rechnungsabgrenzungspostens,
- das Aktivierungsverbot originärer immaterieller Anlagewerte,
- die Vorschriften zur wirtschaftlichen Zurechnung,
- die Entnahmevorschriften bei Nutzungen und Leistungen,
- die Einlagebindung an die Zuführung von Wirtschaftsgütern und
- die Auswirkungen durch die Voraussetzung der Zugehörigkeit zum Betriebsvermögen für ein Wirtschaftsgut.

Außerdem ist zu überprüfen, ob das Vorliegen eines Wirtschaftsguts zur Wahrnehmung bestimmter Steuervergünstigungen berechtigt, wie z.B.

- zur Vornahme von Sonderabschreibungen und
- zur Zurechnung aufzulösender steuerfreier Rücklagen.

Ziel meines Beitrags war es, die Voraussetzungen für das Vorliegen eines Wirtschaftsgutes aufzuzeigen und ausgehend von diesem steuerrechtlichen Datum, d.h. der Auslegung des Begriffs „Wirtschaftsgut“, die damit verbundenen ertragsteuerlichen Auswirkungen zu systematisieren und darzustellen, welche Gestaltungsmöglichkeiten sich für einen Steuerpflichtigen dadurch ergeben können.

Das Verhältnis der Steuerbilanz zur Handelsbilanz

Steuerberater *Karl-Heinz Mittelsteiner*, Hamburg

A. Einleitung

Mit der Umsetzung der europäischen Richtlinien in nationales Recht durch das Bilanzrichtlinien-Gesetz wurden die handelsrechtlichen Vorschriften für die Rechnungslegung neu gestaltet. Dabei wurden insbesondere die früher nur für Aktiengesellschaften im Aktiengesetz geregelten Rechnungslegungsvorschriften in das HGB übernommen. Diese Rechnungslegungsvorschriften gelten für Unternehmen aller Rechtsformen, ergänzt um Vorschriften für Kapitalgesellschaften; gleichzeitig wurden eine Reihe neuer Vorschriften zur Bilanzierung eingeführt. Entsprechend der europäischen Zielsetzung hat auch der nationale Gesetzgeber versucht, die Aussagekraft eines handelsrechtlichen Jahresabschlusses zu verbessern. Diesem Ziel dienen bei Kapitalgesellschaften die Vorschriften über den Anhang sowie die Pflicht zur Erstellung eines Lageberichtes und Vorschriften zur Offenlegung und Prüfung der Jahresabschlüsse.

Nachdem offenbar eine weitgehende Vereinheitlichung der handelsrechtlichen und steuerrechtlichen Rechnungslegungsvorschriften nicht erreicht werden konnte, mußten in den einkommensteuerrechtlichen Bilanzierungs- und Bewertungsgrundsätzen (§§ 4-6 EStG) Regelungen zu der Frage getroffen werden, welche der beiden Bilanzen jeweils maßgeblich sein soll.

Es war vorhersehbar, daß sich bei der außerordentlich unterschiedlichen Zielsetzung eines Jahresabschlusses nach Handelsrecht und eines Jahresabschlusses nach Steuerrecht Probleme ergeben.

B. Unterschiedliche Bewertungsgrundsätze für alle Kaufleute und für Kapitalgesellschaften

Das Handelsgesetzbuch, zuletzt durch Artikel 1 des Bilanzrichtlinien-Gesetzes vom 19.12.1985 (BGBL I, S. 2355) geändert, enthält in den §§ 238-261 Vorschriften für alle Kaufleute und in den §§ 264-289 ergänzende Vorschriften für Kapitalgesellschaften.

Nach § 243 Abs. 1 ist der Jahresabschluß „nach den Grundsätzen ordnungsmäßiger Buchführung“ aufzustellen. Die ergänzenden Vorschriften für Kapitalgesellschaften enthalten den Grundsatz (§ 264 Abs. 2 Satz 1), daß der Jahresabschluß der Kapitalgesellschaft „unter Beachtung der Grundsätze ordnungsmäßiger Buchführung“ ein den tatsächlichen Verhältnissen entsprechendes Bild der Vermögens-, Finanz- und Ertragslage der Kapitalgesellschaft zu vermitteln hat.

Ganz offensichtlich hat der deutsche Gesetzgeber damit unterschiedliche Bewertungsgrundsätze für Kapitalgesellschaften einerseits und den übrigen Kaufleuten andererseits statuiert.

Beisse[1] führt dazu aus, daß kurz vor Verabschiedung des Bilanzrichtlinien-Gesetzes eine dramatische Konzeptionsänderung auf dem Gebiete des Handelsbilanzrechts erfolgte.

Im Fachschrifttum der letzten drei Jahre stoßen die unterschiedlichen Auffassungen über das Verhältnis der beiden Normen (§ 243 Abs. 1 und § 264 Abs. 2 HGB) mit aller Schärfe aufeinander.

Tatsächlich ist nicht geklärt, welcher Generalnorm das Bilanzrecht zu folgen hat. Die Konzeption des Gesetzgebers erscheint zunächst eindeutig. Im Ersten Abschnitt des Dritten Buches des HGB, der die „Vorschriften für alle Kaufleute" zusammenfaßt, führt er mit § 243 Abs. 1 den Rechtszustand vor Inkrafttreten des Bilanzrichtlinien-Gesetzes fort, während es sich bei der Regelung des § 264 Abs. 2 HGB um „ergänzende Vorschriften für Kapitalgesellschaften" handelt.

Enthält also § 243 Abs. 1 die Generalnorm, während § 264 Abs. 2 HGB als Spezialvorschrift zurückzutreten hat?

Dieser Auffassung wird offensichtlich nicht zugestimmt. Schon *Niehus*[2] bezeichnete die Vorschrift des § 264 Abs. 2 Satz 1 HGB als die zentrale Vorschrift des Bilanzrichtlinien-Gesetzes. Offensichtlich beruht diese Vorschrift auf einem Kompromiß zwischen den deutschen Vorstellungen, die von dem Wortlaut des § 149 AktG a.F. geprägt waren und den angelsächsischen Wünschen, die eine Verankerung des Grundsatzes des „true and fair view" zum Ziele hatten. Der Kompromiß im Rahmen der 4. EG-Richtlinie führte dahin, daß folgender Wortlaut in die Richtlinie aufgenommen wurde:

„Der Jahresabschluß hat ein den tatsächlichen Verhältnissen entsprechendes Bild der Vermögens-, Finanz- und Ertragslage der Gesellschaft zu vermitteln".

Diese Regelung wurde zwar inhaltlich in das Bilanzrichtlinien-Gesetz übernommen; eingefügt wurden jedoch die Worte „unter Beachtung der Grundsätze ordnungsmäßiger Buchführung".

Im gegenwärtigen Zeitpunkt ist nicht abzusehen, in welcher Richtung sich das Handelsbilanzrecht entwickeln wird. Folgt man dem oft strapazierten „Willen des Gesetzgebers", so ist aus den Gesetzesmaterialien festzustellen, daß der Bundestag die Anwendung des „true and fair view" auf Kapitalgesellschaften begrenzen und alle anderen Bilanzierenden von zusätzlichen Anforderungen im Sinne dieser Generalklausel verschonen wollte. Folgt man dieser Meinung, wird das Prinzip des „true and fair view" beträchtlich abgewertet.

Es ist nicht zu verkennen, daß diese Frage über den Maßgeblichkeitsgrundsatz auch für das Steuerrecht von weittragender Bedeutung sein kann. Dabei ist für die handelsrechtliche Aussagekraft § 264 Abs. 2 Satz 2 sicherlich von Bedeutung. Nach dieser Vorschrift sind im Anhang (§§ 284 ff.) zusätzliche Angaben zu machen, wenn „besondere Umstände" dazu führen, daß der Jahresabschluß ein den tatsächlichen Verhältnissen entsprechendes Bild im Sinne des § 264 Abs. 1 nicht vermittelt.

---

[1] „Blick durch die Wirtschaft" 21. Januar 1988.

[2] ZGR 1985, S. 543.

C. Unterschiedliche Zielsetzung für die Handelsbilanz und die Steuerbilanz

Die Vorschriften für die steuerrechtliche und die handelsrechtliche Gewinnermittlung stimmen formell auf den ersten Blick überein.

Nach § 242 HGB hat der Kaufmann zu Beginn seines Handelsgewerbes und für den Schluß eines jeden Geschäftsjahres einen das Verhältnis seines Vermögens und seiner Schulden darstellenden Abschluß aufzustellen. Er hat für den Schluß eines jeden Geschäftsjahres eine Gegenüberstellung der Aufwendungen und Erträge des Geschäftsjahres aufzustellen.

Nach § 4 Abs. 1 EStG ist Gewinn der Unterschiedsbetrag zwischen dem Betriebsvermögen am Schluß des Wirtschaftsjahres und dem Betriebsvermögen am Schluß des vorangegangenen Wirtschaftsjahres, vermehrt um den Wert der Entnahmen und vermindert um den Wert der Einlagen.

Demgegenüber stimmen die materiellen Bewertungsvorschriften für handelsrechtliche Zwecke einerseits und für steuerrechtliche Zwecke andererseits nicht überein. Die unterschiedlichen Zielsetzungen von Handelsbilanz und Steuerbilanz - auf die noch näher einzugehen ist - führen auch zu unterschiedlichen Jahresergebnissen durch eine Ausnutzung der Bilanzierungs- und Bewertungswahlrechte, die das Handelsrecht einräumt.

Die Handelsbilanz dient in erster Linie der Rechenschaftslegung und der Information sowie der Bemessung der Ausschüttungen. Der Gesetzgeber sorgt dafür, daß sowohl die Gläubiger als auch die Anteilseigner und (insbesondere bei Gewinnbeteiligung) die Belegschaft, aber auch die am Unternehmen interessierte Öffentlichkeit durch den Jahresabschluß keine unrichtigen Informationen über die Finanz-, Vermögens- und Ertragslage des Unternehmens erhalten. Dabei wird der Schutz der Gläubiger durch Höchstwertvorschriften erreicht; diese verhindern, daß durch den Ausweis von noch nicht realisierten Gewinnen die Lage der Gesellschaft zu günstig dargestellt wird und daß solche Gewinne ausgeschüttet werden. Sogenannte Mindestwertvorschriften verhindern, daß unangemessene stille Rücklagen gebildet werden.

Die Steuerbilanz dagegen hat in erster Linie die Aufgabe einer periodenrichtigen Gewinnermittlung. Der in einer Periode erzielte Gewinn soll besteuert werden und nicht durch Bewertungswahlrechte vorgezogen oder verschoben werden.

Schon aus dieser Gegenüberstellung der Zielsetzungen ergeben sich die Probleme der Maßgeblichkeit und der sogenannten umgekehrten Maßgeblichkeit zwischen der Handelsbilanz und der Steuerbilanz. Das geltende Recht kennt allerdings den Begriff einer „Steuerbilanz“ überhaupt nicht. Lediglich § 60 Abs. 2 EStDV enthält für Bilanzen (Handelsbilanzen), die den steuerlichen Vorschriften nicht entsprechen, eine Verpflichtung bei Einreichung der Steuererklärung. Danach sind Ansätze oder Beträge in der Bilanz, die den steuerlichen Vorschriften nicht entsprechen, durch Zusätze oder Anmerkungen den steuerlichen Vorschriften anzupassen. Der Steuerpflichtige kann auch eine den steuerlichen Vorschriften entsprechende Bilanz (Steuerbilanz) der Steuererklärung beifügen.

D. Maßgeblichkeit der Handelsbilanz für die Steuerbilanz

Unter dem Maßgeblichkeitsprinzip versteht man, daß die nach den handelsrechtlichen Vorschriften vorgenommene Bilanzierung für die Erstellung der Steuerbilanz maßgeblich ist, soweit dem nicht besondere steuerliche Vorschriften entgegenstehen.

Der Grundsatz dieser Maßgeblichkeit verdankt seine Entstehung dem Umstand, daß für die Besteuerung auf die Sachverhalte des wirtschaftlichen Geschäftsverkehrs zurückgegriffen wird. Seit der Einführung der doppelten Buchführung und der ständig weiterentwickelten Grundsätze ordnungsmäßiger Buchführung wird ein Jahresergebnis ermittelt, das im wesentlichen auch der Besteuerung zugrunde gelegt werden kann.

Nach § 5 Abs. 1 EStG ist für die (steuerliche) Gewinnermittlung das Betriebsvermögen anzusetzen, das nach den handelsrechtlichen Grundsätzen ordnungsmäßiger Buchführung auszuweisen ist.

Maßgebend für die steuerliche Gewinnermittlung sind danach die konkreten Ansätze in der Handelsbilanz, soweit diese den handelsrechtlichen Vorschriften und den ungeschriebenen Grundsätzen ordnungsmäßiger Buchführung entsprechen. Dies gilt sowohl für den Ansatz der Höhe nach (Bewertung) als auch für den Ansatz dem Grunde nach. Nur soweit zwingende steuerrechtliche Vorschriften oder Grundsätze Abweichungen gebieten, sind diese zulässig.

Nach ständiger Rechtsprechung des BFH führen handelsrechtliche Aktivierungswahlrechte zu einem steuerrechtlichen Aktivierungsgebot und handelsrechtliche Passivierungswahlrechte zu einem steuerrechtlichen Passivierungsverbot. Eine Ausnahme gilt für vor dem 1. Januar 1987 erteilte Pensionszusagen (§ 6a EStG). In diesen Fällen soll das Steuerrecht das handelsrechtliche Wahlrecht übernehmen (vgl. dazu die Kritik bei *Bordewin*[3]).

Zweifel sind hinsichtlich der handelsrechtlichen Bilanzierungshilfen aufgetreten. Die Inanspruchnahme einer Bilanzierungshilfe nach § 269 HGB wird von *Knobbe-Keuk*[4] als für die steuerliche Gewinnermittlung maßgebend angesehen, während *Bordewin*[5] dieses ablehnt.

Aus dem Maßgeblichkeitsgrundsatz, wonach steuerrechtlich der Wertansatz der Handelsbilanz zu übernehmen ist, sofern nicht eine Anpassung an zwingende steuerrechtliche Vorschriften oder Grundsätze geboten ist, ergibt sich auch ein Grundsatz der „umgekehrten" Maßgeblichkeit.

Nach § 247 Abs. 3 und § 254 HGB dürfen steuerfreie Rücklagen, Sonderabschreibungen usw. auch in der Handelsbilanz gebildet werden. Dabei gilt für Kapitalgesellschaften die ergänzende Regelung, daß nach Steuerrecht die Inanspruchnahme der Vergünstigung in der Handelsbilanz die Voraussetzung für die steuerli-

---

[3] *Bordewin, A.*, Zur Maßgeblichkeit der Handelsbilanz für die steuerliche Gewinnermittlung, in: DStR, 26. Jg. (1988), S. 668–670.

[4] Bilanz- und Unternehmenssteuerrecht 1987, S. 121f.

[5] Vgl. *Hartmann, Böttcher, Nissen, Bordewin,* Kommentar zum EStG, §§ 4, 5, Randziffer 180.

che Anerkennung ist. Damit hat der Gesetzgeber die Handelsbilanz auch für das Subventionsrecht geöffnet. Es verstößt daher nicht gegen die Grundsätze ordnungsmäßiger Buchführung und Bilanzierung, Subventionsrecht in der Handelsbilanz anzuwenden.

Nach *Bordewin*[6] handelt es sich bei den Vorschriften über steuerfreie Rücklagen und Sonderabschreibungen somit um Ansatz- bzw. Bewertungswahlrechte, die zwar im Steuerrecht geschaffen, vom Handelsrecht aber übernommen worden sind. Damit gelte für sie nichts anderes, als für andere handelsrechtliche Ansatz- und Bewertungswahlrechte. Diese Wahlrechte werden in der Handelsbilanz ausgeübt und in die Steuerbilanz übernommen. Er verneint damit eine „umgekehrte" Maßgeblichkeit, kommt aber wohl zum gleichen Ergebnis.

E. Entwurf eines Erlasses des Bundesministers der Finanzen zur Maßgeblichkeit der Handelsbilanz für die Steuerbilanz

Während es für die handelsrechtlichen Bilanzierungs- und Bewertungsvorschriften einer allmählichen Fortentwicklung durch die Praxis, die Wissenschaft und die Rechtsprechung bedarf, ist die Finanzverwaltung verständlicherweise daran interessiert, eine Gleichmäßigkeit der Besteuerung sicherzustellen.

Schon im Frühjahr 1986 begannen erste Gespräche zwischen dem Bundesministerium der Finanzen und den Finanzministern (-senatoren) der Länder zu Fragen des Maßgeblichkeitsgrundsatzes.

Der Entwurf eines Anwendungsschreibens des Bundesministers der Finanzen wurde im Mai 1987 den Ländern zugeleitet, aber offenbar unter dem Eindruck einer bevorstehenden Gesetzesänderung im Steuerreformgesetz 1990 bisher nicht verabschiedet.

Zur Maßgeblichkeit der Handelsbilanz für die Steuerbilanz werden im Erlaßentwurf folgende Grundsätze aufgestellt.

I. Gegenstand der Bilanzierung

Die Maßgeblichkeit der Handelsbilanz für die Steuerbilanz bezieht sich nicht auf das Ergebnis, sondern auf die einzelnen Positionen der Bilanz. Der Gegenstand der Bilanzierung im Handelsrecht (§ 246 HGB) stimmt daher grundsätzlich mit dem Gegenstand der Bilanzierung im Steuerrecht überein. Er bestimmt sich nach den handelsrechtlichen Grundsätzen ordnungsmäßiger Buchführung, die sich aus den §§ 238-263 HGB ergeben. Dabei entspricht der Begriff des Wirtschaftsguts im Steuerrecht den Begriffen des Vermögensgegenstands oder der Schuld im Handelsrecht (BFH-Urteil vom 26.2.1975, BStBl. 1976 II Seite 13). Der Umfang der bilan-

---

[6] a.a.O. (Fußnote 4).

zierbaren Rechnungsabgrenzungsposten ist in § 250 Abs. 1 und 2 HGB sowie in § 5 Abs. 4 EStG übereinstimmend geregelt; die nach § 250 Abs. 3 HGB zugelassene aktive Abgrenzung des Unterschiedsbetrages zwischen Ausgabe- und Rückzahlungsbetrag bei Darlehenschulden gilt auch für das Steuerrecht (BFH-Urteil vom 19.1.1978, BStBl. 1978 II Seite 262). Handelsrechtliche Bilanzierungshilfen (§ 269 HGB) bleiben demgegenüber für die steuerliche Gewinnermittlulng außer Betracht.

II. Handelsrechtliche Ansatzgebote und -verbote

Für die konkrete Bilanzierung zum Zwecke der steuerlichen Gewinnermittlung ergibt sich aus der Maßgeblichkeit der Handelsbilanz, daß handelsrechtliche Aktivierungs- und Passivierungsgebote sowie -verbote zu beachten sind (BFH-Beschluß vom 3.2.1969, BStBl. 1969 II Seite 291). Nach dem Vollständigkeitsgebot des § 246 HGB sind daher grundsätzlich alle Wirtschaftsgüter und bilanzierbaren Rechnungsabgrenzungsposten auszuweisen. Die Posten, die in der Handelsbilanz nicht ausgewiesen werden dürfen, dürfen auch zum Zwecke der steuerlichen Gewinnermittlung nicht bilanziert werden (vergleiche z.B. das Aktivierungsverbot für selbstgeschaffene immaterielle Vermögensgegenstände des Anlagevermögens und die klarstellende entsprechende Regelung des § 5 Abs. 2 EStG für selbstgeschaffene immaterielle Wirtschaftsgüter des Anlagevermögens).

III. Handelsrechtliche Ansatzwahlrechte

Handelsrechtliche Aktivierungs- und Passivierungswahlrechte sind für die steuerliche Gewinnermittlung nicht maßgeblich (BFH-Beschluß vom 3.2.1969, a.a.O.). Vielmehr besteht bei handelsrechtlichen Aktivierungswahlrechten ein Ansatzzwang und bei handelsrechtlichen Passivierungswahlrechten ein Ansatzverbot für die steuerliche Gewinnermittlung. Für das Disagio nach § 250 Abs. 3 HGB ist daher in der Steuerbilanz ein aktiver Rechnungsabgrenzungsposten auch dann anzusetzen, wenn in der Handelsbilanz auf den Ausweis eines Rechnungsabgrenzungspostens verzichtet wird. Demgegenüber darf z.B. eine Rückstellung für eine nach dem 31.12.1986 begründete mittelbare Pensionsverpflichtung in der Steuerbilanz nicht gebildet werden, wenn für die Verpflichtung § 6a EStG nicht entsprechend anzuwenden ist, unabhängig davon, ob die Verpflichtung nach Artikel 28 Abs. 1 Satz 2 EGHGB in der Handelsbilanz passiviert wird oder nicht. Wegen der Rückstellung für unterlassene Instandhaltung, für die vor Inkrafttreten des Bilanzrichtlinien-Gesetzes auch dann nur handelsrechtlich ein Passivierungswahlrecht bestanden hat, wenn die Instandhaltungsarbeiten bis zum Ablauf der Drei-Monatsfrist abgeschlossen worden sind, vergleiche das BMF-Schreiben vom 11.4.1984 (BStBl. 1984 I Seite 261). Handelsrechtliche Bilanzierungswahlrechte, die im Handels-und Steuerrecht übereinstimmend geregelt sind, müssen in der Handelsbilanz und in der Steuerbilanz einheitlich ausgeübt werden (BFH-Urteil vom 25.4.1985, BStBl.

1986 II Seite 350); die in der Handelsbilanz getroffene Entscheidung ist für die steuerliche Gewinnermittlung bindend. Pensionsrückstellungen für Altzusagen im Sinne von Artikel 28 Abs. 1 Satz 1 EGHGB dürfen in der Steuerbilanz daher nur gebildet werden, wenn sie in der Handelsbilanz ausgewiesen sind; im Rahmen des § 6a EStG müssen sie in der Steuerbilanz ausgewiesen werden, wenn sie in die Handelsbilanz eingestellt worden sind. Gleiches gilt für mittelbare Verpflichtungen - auch aufgrund von Neuzusagen - nach Artikel 28 Abs. 1 Satz 2 EGHGB, wenn § 6a EStG für die Verpflichtung entsprechend anwendbar ist.

IV. Handelsrechtliche Bewertungswahlrechte

Besteht nach Handelsrecht die Möglichkeit, einen Vermögensgegenstand entweder mit den vollen oder nur mit einem Teil der Anschaffungskosten/Herstellungskosten zu bewerten, so müssen die Anschaffungskosten/Herstellungskosten nach § 6 EStG in der Steuerbilanz gleichwohl in vollem Umfang angesetzt werden. Der Wertverzehr des Anlagevermögens - soweit er durch die Fertigung eines Erzeugnisses veranlaßt ist - muß daher bei der Bewertung des Erzeugnisses in der Steuerbilanz angesetzt werden (vergleiche Abschnitt 33 Abs. 4 EStR), obwohl angemessene Teile dieses Wertverzehrs nach § 255 Abs. 2 HGB nicht in die Bewertung der Herstellungskosten des Erzeugnisses einbezogen werden müssen. Gleiches gilt für die Passivseite der Bilanz. Die Abrechnungsverpflichtung nach § 14 VOB/B ist daher in der Steuerbilanz mit den Vollkosten (Einzel- und Gemeinkosten) zu bewerten, auch wenn sich für das Handelsrecht etwas anderes ergibt (BFH-Urteil vom 25.2.1986, BStBl. 1986 II Seite 788). Die Verpflichtung zum Ansatz der vollen Anschaffungskosten/Herstellungskosten in der Steuerbilanz läßt die Möglichkeit unberührt, aus Vereinfachungsgründen auch für die steuerliche Gewinnermittlung auf den Ansatz der vollen Anschaffungskosten/Herstellungskosten zu verzichten (vergleiche z.B. Abschnitt 33 Abs. 5 EStR). Der steuerliche Bewertungsvorbehalt ist auch bei Methodenwahlrechten zu beachten. Das Vorratsvermögen ist daher für die steuerliche Gewinnermittlung auch dann nach dem Durchschnitt zu bewerten (Abschnitt 36 Abs. 2 EStR), wenn in der Handelsbilanz die Bewertung z.B. nach der sogenannten Lifo-Methode vorgenommen wird, es sei denn, es wird eine entsprechende Verbrauchsfolge nachgewiesen oder es greift § 74a EStDV.

V. Steuerrechtliche Bewertungswahlrechte

Räumt das Steuerrecht in den Fällen eine Wahlmöglichkeit ein, in denen das Handelsrecht einen bestimmten Wertansatz vorschreibt, ist der handelsrechtlich vorgeschriebene Wert auch für die steuerliche Gewinnermittlung zu übernehmen. Bei der Bewertung des Umlaufvermögens ist der handelsrechtlich anzusetzende niedrigere Wert (§ 253 Abs. 3 HGB) daher auch für die steuerliche Gewinnermittlung bindend.

VI. Übereinstimmende Bewertungswahlrechte im Handels- und Steuerrecht

Bewertungswahlrechte, die gleichermaßen im Handels- und Steuerrecht zugelassen werden, können nur einheitlich ausgeübt werden (BFH-Urteil vom 25.4.1985, a.a.O.; § 6 Abs. 3 Satz 1 EStG); der in die Handelsbilanz eingestellte Wert ist für die steuerliche Gewinnermittlung bindend. Wählt z.B. der Kaufmann die lineare Abschreibung für ein Wirtschaftsgut, so ist diese Abschreibung nach Maßgabe des § 7 EStG auch für die steuerliche Gewinnermittlung zwingend.

Der Erlaßentwurf führt weiter aus, daß sich aus dem Zwang, gleichlautende Bilanzierungs- und Bewertungswahlrechte in Handels- und Steuerbilanz übereinstimmend ausüben zu müssen, ergibt, daß bestimmte Bilanzansätze in der Steuerbilanz nur gewählt werden dürfen, wenn sie in der Handelsbilanz ebenfalls erscheinen (sogenannte umgekehrte Maßgeblichkeit). Diese Notwendigkeit soll jedoch entfallen, wenn zwingende Vorschriften des Steuerrechts einer übereinstimmenden Bilanzierung entgegenstehen (BFH-Urteil vom 24.4.1985, BStBl. 1986 II S. 324).

Die Frage, wie weit Handelsbilanz und Steuerbilanz bei bestimmten Steuervergünstigungen voneinander abhängen, sei in § 6 Abs. 3 EStG geregelt.

Erhöhte Absetzungen, Sonderabschreibungen und Abschreibungen nach § 6 Abs. 2 EStG müssen nach Auffassung der Finanzverwaltung in der Handelsbilanz und bei der steuerlichen Gewinnermittlung gleichermaßen vorgenommen werden. Zu den Abschreibungsvergünstigungen nach § 6 Abs. 3 EStG zählen die für Gebäude maßgebenden linearen AfA nach § 7 Abs. 4 EStG und degressive AfA nach § 7 Abs. 5 EStG jedoch nicht.

Einer Zuschreibung in der Handelsbilanz bei abnutzbarem Anlagevermögen, insbesondere nach einer Teilwertabschreibung, kann nach Verwaltungsmeinung für die steuerliche Gewinnermittlung nicht gefolgt werden. Der uneingeschränkte Wertzusammenhang für Wirtschaftsgüter des abnutzbaren Anlagevermögens ist nach Auffassung der Finanzverwaltung jedoch nach § 6 Abs. 3 Satz 2 und 3 EStG insoweit durchbrochen, als die niedrigere Bewertung infolge übereinstimmender Inanspruchnahme bilanzieller Steuervergünstigungen nach § 6 Abs. 3 Satz 1 EStG durch spätere Zuschreibungen in der Handelsbilanz rückgängig gemacht wird. Bei nichtabnutzbaren Anlagegütern (z.B. Beteiligungen) und bei Wirtschaftsgütern des Umlaufvermögens soll die spätere Zuschreibung in der Handelsbilanz stets dazu führen, daß dieser Bewertung in der Steuerbilanz zu folgen und ein entsprechend höherer Gewinn für Zwecke der Besteuerung auszuweisen ist.

Die Zulassung der durch Gesetz geregelten steuerfreien Rücklagen soll von dem Ausweis eines Sonderpostens mit Rücklageanteil (§ 247 Abs. 3 HGB) in der Handelsbilanz nur in den Fällen abhängen, in denen dies gesetzlich ausdrücklich vorgeschrieben ist (z.B. § 6b Abs. 3 EStG). In den Fällen der nach Abschnitt 34 und 35 EStR und gemäß § 3 Zonenrandförderungsgesetz zugelassenen steuerfreien Rücklagen sei der Ausweis in der Handelsbilanz Voraussetzung für die steuerliche Anerkennung.

Bei den übrigen steuerfreien Rücklagen (z.B. § 74 EStDV; §§ 1, 3 Auslandsinvestitionsgesetz) ist die Behandlung in der Handelsbilanz für die steuerliche Anerkennung danach ohne Bedeutung.

Eine erste Prüfung der für den Anwendungserlaß zur Maßgeblichkeit vorgesehenen Regelungen zeigt sehr deutlich, daß die Finanzverwaltung in einigen Punkten die sich aus § 5 EStG ergebenden Grenzen zu überschreiten versucht.

In der Bundesratsdrucksache 100/88 vom 23.3.1988 war in § 5 Abs. 1 EStG folgende Ergänzung geplant.

„Steuerrechtliche Ansatz- oder Bewertungswahlrechte sind in Übereinstimmung mit der handelsrechtlichen Jahresbilanz auszuüben; dies gilt nicht für das Recht auf Bildung einer Rücklage für Preissteigerung aufgrund des § 51 Abs. 1 Nr. 2 Buchstabe b".

Gleichzeitig sollte § 6 Abs. 3 EStG aufgehoben und § 6 Abs. 1 Nr. 1 Satz 4 EStG in der Weise neu gefaßt werden, daß bei abnutzbaren Wirtschaftsgütern des Anlagevermögens eine Teilwertanhebung über den letztjährigen Bilanzansatz hinaus möglich wird, d.h., eine Wertaufholung bis zu den Anschaffungs- oder Herstellungskosten abzüglich zwischenzeitlicher AfA.

Es wird deutlich, daß diese Gesetzesänderungen wesentliche Bereiche des Anwendungserlasses überflüssig machen würden. Im Augenblick ist nicht abschließend zu übersehen, ob und wann die vorgesehenen Gesetzesänderungen aufgenommen werden und wann der - gegebenenfalls entsprechend geänderte - Anwendungserlaß mit den Spitzenorganisationen der Wirtschaft und der steuerberatenden- und wirtschaftsprüfenden Berufe erörtert wird.

F. Zusammenfassung

Meine in der Einleitung gegebene Prognose, daß sich „bei der außerordentlich unterschiedlichen Zielsetzung eines Jahresabschlusses nach Handelsrecht und eines Jahresabschlusses nach Steuerrecht Probleme ergeben werden", dürfte sich bestätigen.

Zur Zeit fehlen zwar noch die vorgesehenen Neuregelungen in den §§ 5 und 6 EStG sowie der Anwendungserlaß des Bundesministers der Finanzen zur Maßgeblichkeit der Handelsbilanz für die Steuerbilanz. Gleichwohl kann nicht damit gerechnet werden, daß damit die offenen Fragen geklärt sind.

Im handelsrechtlichen Bereich wird insbesondere die Frage im Raum stehen, ob § 243 Abs. 1 die Generalnorm und § 264 Abs. 2 HGB eine Spezialvorschrift sein soll. Auch die unterschiedlichen wirtschafts-, finanz- und sozialpolitischen Funktionen sowie die Bilanzinteressen der Rechnungslegungsadressaten werden das schon jetzt außergewöhnlich umfangreiche Schrifttum weiterhin beschäftigen. Dabei muß auch berücksichtigt werden, daß es im handelsrechtlichen Bereich - im Gegensatz zum steuerrechtlichen - keine Koordinierung der Rechtsentwicklung geben wird. Impulse dazu werden sich erst aus einer höchstrichterlichen Rechtsprechung im Laufe vieler Jahre ergeben. Die maßgeblichen Kommentare zum HGB werden in vielen Fragen unterschiedliche Auffassungen vertreten und behaupten.

Demgegenüber wird es im Steuerrecht, zumindest in den Fragen der Maßgeblichkeit der Handelsbilanz für die Steuerbilanz (und umgekehrt) durch Verwaltungsanweisungen wesentlich schneller gelingen, einheitliche Grundsätze zu erarbeiten, auch wenn diese von Zeit zu Zeit durch den Bundesfinanzhof korrigiert werden müssen.

In diesem Zusammenhang stellt sich aber auch die Frage, in welchem Umfange Kaufleute in der Bundesrepublik Deutschland eine Handelsbilanz und eine Steuerbilanz aufstellen und wieviele Kaufleute nur *eine* Bilanz aufstellen, weil für sie die Handelsbilanz gleich der Steuerbilanz ist. *Döllerer*[7] hat sich mit dieser Frage auseinandergesetzt und dazu auch entsprechende Erhebungen angestellt. Er hat festgestellt, daß Aktiengesellschaften und Gesellschaften mit beschränkter Haftung fast immer zwei Bilanzen erstellen, wobei bei letzterer Rechtsform dies in Zukunft wohl nur bei den sogenannten mittleren und großen Kapitalgesellschaften gilt. Personenhandelsgesellschaften und Einzelkaufleute haben in der Vergangenheit nach Döllerer zu über 90 % nur eine Bilanz erstellt.

Der Grund für die Gepflogenheit, nur eine Bilanz aufzustellen, liegt offenbar in der Erkenntnis, daß eine mit der Steuerbilanz übereinstimmende Handelsbilanz besser geeignet ist, die Aufgaben der Handelsbilanz zu erfüllen, als eine von der Steuerbilanz abweichende Handelsbilanz. In der Praxis kommt die Steuerbilanz wegen des Verbots der Unterbewertung der Wahrheit näher, als eine mit stillen Reserven gepolsterte Handelsbilanz.

Wöhe[8] weist allerdings darauf hin, daß sich nach Inkrafttreten des Bilanzrichtlinien-Gesetzes für die GmbH die Situation verändert habe. Durch die Pflicht zur Offenlegung des handelsrechtlichen Jahresabschlusses können bilanzpolitische Überlegungen, durch die externe Bilanzadressaten in ihren Entscheidungen beeinflußt werden sollen, die Aufstellung einer selbständigen Handelsbilanz als zweckmäßig erscheinen lassen. Eine Verwendung der Steuerbilanz als Handelsbilanz würde automatisch zu einer Offenlegung des steuerpflichtigen Gewinns führen. Bei einer (geplanten) Einbeziehung der GmbH & Co. KG in die Prüfungs- und Offenlegungsvorschriften des HGB werden ähnliche Überlegungen dann auch für diese Rechtsform anzustellen sein.

---

[7] Vgl. *Baetge* (Hrsg.): Der Jahresabschluß im Widerstreit der Interessen, IDW Verlag 1983, S. 159ff.

[8] *Wöhe, G.*, Das Prinzip der Maßgeblichkeit der Handelsbilanz für die Steuerbilanz nach Inkrafttreten des Bilanzrichtliniengesetzes, 1986.

Steuerrechtssprünge und Betriebswirtschaftliche Steuerplanung

Prof. Dr. *Gerd Rose*, Universität zu Köln

A. Einführung

Das Phänomen der Ungewißheit gehört zu den Standardthemen der Allgemeinen Betriebswirtschaftslehre; sie beschäftigt sich mit dieser Problematik, weil in ökonomische Planungen Erwartungen zukünftiger Zustände einbezogen werden, denen regelmäßig nur ein beschränkter Sicherheitsgrad zugesprochen werden kann oder die vollständig unsicher sind[1]. Insbesondere die betriebswirtschaftliche Entscheidungstheorie hat sich vielfältig und ausgiebig mit der Verarbeitung solcher Daten in dispositionsvorbereitenden Planungen (vor allem durch Aufstellung von Entscheidungsregeln) auseinandergesetzt[2]. Daß es überdies neben allgemeinökonomischen auch spezielle steuerliche (d.h. steuerrechtsinduzierte) Ungewißheiten gibt, ist ebenfalls - zumindest im Bereich der Betriebswirtschaftlichen Steuerlehre - erörtert worden[3]. So hat auch *Günter Wöhe*, vor allem angeregt durch seine verdienstvolle Mitarbeit in der Steuerreformkommission 1971, mehrfach die unsicherheitsfördernde Kompliziertheit des Steuerrechts und seine partiell (vor allem im Bereich der Gewinnermittlungsvorschriften) unzureichende Kodifizierung beklagt[4]. Dagegen hat in der bisherigen Diskussion die gefährlichste Ausprägung der steuerrechtsspezifischen Ungewißheit, nämlich die sich jeder kalkülisierbaren Eingrenzung entziehende Ungewißheit durch „Steuerrechtssprünge", nach meinem Eindruck noch nicht die Beachtung gefunden, die sie gerade bei planenden Betriebswirten unbedingt antreffen sollte[5]. Selbst in *Günter Wöhes* umfangreichem Oeuvre habe ich nur eine einzige Stelle gefunden, die deutlich auf die Planungsstörungen durch ständige Änderungen des Steuerrechts hinweist[6]. Um so berechtigter

---

[1] Vgl. *Wöhe, Günter*, Einführung in die Allgemeine Betriebswirtschaftslehre, 16. Auflage München 1986, S. 129ff.

[2] Dazu gibt *Wöhe*, (FN 1), S. 135ff., einen guten Überblick.

[3] Vgl. etwa *Siegel, Theodor*, Steuerwirkungen und Steuerpolitik in der Unternehmung, Würzburg/Wien 1982, S. 74ff.; Verf., Betriebswirtschaftliche Steuerlehre, Eine Einführung für Fortgeschrittene, Wiesbaden 1986, S. 11ff.; *Wacker, Wilhelm H.*, Auswirkungen der steuerlichen Änderungsgeschwindigkeit auf die Unternehmensentscheidungen, WiSt 1987, S. 287ff.

[4] *Wöhe, Günter*, Steuerreform - Einkommensteuer, Lohnsteuer, StKongrRep 1971, S. 49, 52f.; ders., Möglichkeiten und Grenzen einer großen Steuerreform, DStR 1971, S. 199; ders., Betriebswirtschaftliche Steuerlehre, Band I/1, 6. Auflage München 1988, S. 75f.

[5] Auch bei den Steuerjuristen sind es nur vereinzelte Stimmen, die die mangelnde Dispositionssicherheit im Steuerrecht beklagen. Hervorzuheben ist vor allem *Friauf, Karl Heinrich*, Steuergleichheit, Systemgerechtigkeit und Dispositionssicherheit als Prämissen einer rechtsstaatlichen Einkommensbesteuerung, StuW 1985, S. 308ff.; ders., Steuerrechtsänderungen und Altinvestitionen, StbJb 1986/87, S. 279ff. Aber auch Friauf erkennt nicht die ganze Breite und Vielfalt der Verunsicherungsfaktoren.

[6] *Wöhe, Günter*, Der Einfluß der Besteuerung auf die unternehmerischen Entscheidungen, StKongrRep 1966, S. 33, 50.

erscheint mir das Bedürfnis, mit meinem Beitrag[7], der zum Teilbereich der wertend-normativen Betriebswirtschaftlichen Steuerlehre zu rechnen ist[8], erneut um Verständnis für ein schon mehrfach vorgetragenes Anliegen[9] zu werben, nicht zuletzt in der Hoffnung, in künftigen Veröffentlichungen des Jubilars wenn nicht Unterstützung, so doch mindestens einen kritischen Reflex dazu zu finden, der dokumentiert, daß es sich bei den Bemühungen um Verbesserung der Planbarkeit von Steuerkonsequenzen um eine bedeutsame betriebswirtschaftliche Forderung handelt.

B. Begriffsklärungen

I. Steuerrechtssprünge

Unter Steuerrechtssprüngen versteht dieser Beitrag sog. uneingrenzbare Ungewißheiten, die die zukünftige Steuerrechtsentwicklung betreffen[10]. Es geht dabei um überraschende, gewissermaßen mutative Änderungen des Steuerrechts, wie es bisher gesetzlich normiert, verwaltungsseitig geregelt oder durch judikative Interpretation festgelegt war[11]. Im Gegensatz zu den Ungewißheiten, die aus den vielfältigen, im Schrifttum und in der Rechtsprechung diskutierten Einzelstreitfragen um die Auslegung und Anwendung geltender steuerlicher Rechtsnormen „eingrenzbar", d.h. in der Breite ihrer Auswirkungen erkennbar sind, kann sich die langfristige Steuerplanung auf Steuerrechtssprünge eben grundsätzlich nicht einrichten; diese treten unvorhersehbar ein, sie haben aleatorischen Charakter[12].

---

[7] Da schon aus Umfangsgründen keine detaillierte Darstellung angestrebt ist, sind Literatur und Judikatur nur beispielhaft zitiert; Auslassungen enthalten deshalb keine Wertung. Meinem Wissenschaftlichen Mitarbeiter, Herrn Dipl.-Kfm. *Thomas Rödder*, danke ich für die vielfältigen Hilfen und kritischen Anregungen im Verlauf der Entstehung dieses Beitrags. Das Manuskript ist Anfang August 1988 abgeschlossen worden.

[8] Dazu Verf., (FN 3), S. 19f.

[9] Vgl. etwa Verf., Verunsicherte Steuerpraxis, StbJb 1975/76, S. 47ff.; ders., Der Bundesfinanzhof und die betriebswirtschaftliche Steuerplanung, in: Der Bundesfinanzhof und seine Rechtsprechung, Grundfragen - Grundlagen, Festschrift für Hugo von Wallis, hrsg. von *Franz Klein* und *Klaus Vogel*, Bonn 1985, S. 275ff.; ders., Steuerliche Absicherung langfristiger Dispositionen - ein Gesetzgebungsvorschlag, StbJB 1987/88, S. 361ff.

[10] Zu den Dimensionen der Ungewißheit Verf., (FN 3), S. 13.

[11] Bedeutsam ist die Erfassung aller drei Quellen, aus denen das Steuerrecht gespeist wird. Dieser mehrfache Ursprung des Steuerrechts findet im Schrifttum kaum die gebührende Beachtung. Vgl. aber *Klein, Franz*, Unstetes Steuerrecht - Unternehmerdisposition im Spannungsfeld von Gesetzgebung Verwaltung und Rechtsprechung, Augsburger Universitätsreden, Heft 10, Augsburg 1987, S. 5.

[12] Vgl. Verf., Steuerliche Absicherung ..., (FN 9), S. 361, 367.

Verursacht werden Steuerrechtssprünge nicht nur vom Gesetzgeber (Beispiele: §§ 2a[13], 15 Abs. 1 Satz 2[14], 15a EStG[15], Wohneigentumsförderungsgesetz[16], Einführung der Vollverzinsung[17], Streichung des § 19 Abs. 3 UStG[18]), sondern auch von der Finanzverwaltung als „Quasi-bzw. Interims-Gesetzgeber“ (Beispiele: 10%-Erlaß zum verdeckten Nennkapital[19], Schenkungsteuer bei Umwandlung von Familienstiftungen[20], Änderung des Satzes 4 in Abschn. 139 Abs. 12 EStR betr. Ermittlung des Rentenbarwerts bei Betriebsveräußerungen gegen Leibrente[21]) und vom Bundesfinanzhof, und zwar offen als „Änderung der Rechtsprechung“ gekennzeichnet wie auch verdeckt (Beispiele: Anerkennung der Möglichkeit einer unentgeltlichen verdeckten Einlage des originären Geschäftswerts[22], generelle Beurteilung von EDV-Standardprogrammen als immaterielle, nicht materielle Wirtschaftsgüter[23]). Die Steuerrechtssprünge durch Steuerrechtsprechungsänderungen des BFH sind nicht nur besonders zahlreich[24], sondern auch - mangels einer „Vorwarnzeit“ - im Gegensatz zu Gesetzesänderungen, denen ein mehrstufiges Verfahren vorgeschaltet ist, besonders überraschend; sie treffen außerdem bevorzugt für betriebswirtschaftliche Planungen besonders wichtige Bereiche, vor allem die der

---

[13] Dazu etwa *Vogel, Klaus*, Verbot des Verlustausgleichs für bestimmte ausländische Verluste, BB 1983, S. 180ff., der von einem „Schnellgesetz“ spricht.

[14] Kritisch zu dieser „rechtsprechungsentschärfenden“ Regelung *Knobbe-Keuk, Brigitte*, Zum Entwurf eines Gesetzes zur vordringlichen Regelung von Fragen der Besteuerung von Personengesellschaften, BB 1985, S. 941, 946f.

[15] Dazu *Knobbe-Keuk, Brigitte*, Der neue § 15a EStG - Ein Beispiel für den Gesetzgebungsstil unserer Zeit, StuW 1981, S. 97ff.; *Kröner, Michael*, Verrechnungsbeschränkte Verluste im Ertragsteuerrecht, Wiesbaden 1986, S. 245ff.

[16] Vgl. etwa *Eggesiecker, Fritz*, Selbstgenutztes Wohneigentum, Neues Steuerrecht, neue Möglichkeiten, neue Beratungsschwerpunkte, FR 1986, S. 605ff.

[17] Die Regelung ist, im wesentlichen durch die Einfügung eines § 233a in die AO, im Zuge der Steuerreform 1990 geschaffen worden. Vgl. dazu *Loos, Gerold*, Steuerzinsenabzug bei Vollverzinsung systemgerecht!, DB 1988, S. 20f.

[18] Die Änderung des § 19 UStG ist Teil der Steuerreform 1990. Vgl. dazu *Dickopf, Judith*, Steuerreform und Umsatzsteuerrecht. Zur geplanten Neugestaltung der Besteuerung der Kleinunternehmer, BB 1988, S. 956f.

[19] Vgl. BMF-Erlaß IV B 7 - S 2742 - 3/87 vom 16.3.1987, BStBl I 1987, S. 373f.; dazu *Schneeloch, Dieter*, Verdecktes Nennkapital, DStR 1987, S. 458ff. Im Jahre 1990 soll überdies ein besonderer § 8a KStG zur Gesellschafter-Fremdfinanzierung in Kraft treten.

[20] Vgl. *Niedersächsisches Finanzministerium*, Erlaß S 3800-74-34 vom 6.12.1983, BB 1984, S. 259f.; dazu *Meyer-Arndt, Lüder*, Schenkungsteuer bei Umwandlung einer Familienstiftung?, BB 1984, S. 1542ff.

[21] Dazu *Richter, Heinz*, Betriebsveräußerung gegen Leibrente, Gedanken zur Neufassung des Abschn. 139 Abs. 12 EStÄR, DStR 1988, S. 178f.

[22] BFH I R 202/83 vom 24.3.1987, BStBl II 1987, S. 705ff.; vgl. dazu die Anmerkung von LS, DStR 1987, S. 560f.

[23] BFH III R 7/86 vom 3.7.1987, BStBl II 1987, S. 728ff.; vgl. dazu *Mathiak, Walter*, Rechtsprechung zum Bilanzsteuerrecht, StuW 1988, S. 79, 82f.

[24] Einen Überblick über wichtige Rechtsprechungsänderungen aus der jüngeren Zeit geben *Lohse, W. Christian*, und *Madle, Ulrich*, Rechtsprechungsänderungen des BFH bei Ertragsteuern und Umsatzsteuern, DStR 1988, Beilage zu Heft 11. Beispiele aus vergangenen Jahren enthalten die in FN 9 genannten Beiträge des Verf.

steuerlichen Gewinnermittlung und der Mitunternehmerschaftsbesteuerung, weil hier die Legislative erhebliche Interpretationsspielräume gelassen hat[25].

II. Betriebswirtschaftliche Steuerplanung

Wöhe und *John* stellen im Vorwort zu ihrem diesbezüglichen Beitrag im agplan-Handbuch zur Unternehmensplanung[26] heraus, daß „die steuerliche Planung ... keine selbständige Teilplanung ... sondern für sämtliche Teilpläne und damit für die Gesamtplanung relevant“ ist. Sie sehen die „Aufgabe der steuerlichen Planung ... darin, beim Abwägen von zur Wahl stehenden Handlungsalternativen die steuerlichen Auswirkungen dieser Alternativen in der Weise zu berücksichtigen, daß alle legalen Steuerausweichmöglichkeiten genutzt und unter Beachtung der steuerlichen Belastung des Betriebes die übergeordnete unternehmerische Zielsetzung ... realisiert wird.“ Selbst wenn man die im letzten Satzteil enthaltenen aktiven Aufgabenelemente der Steuerplanung als ggf. zu einengend formuliert ansieht[27], bleibt im Kern mit der weiteren Fassung „Mitwirkung bei betriebswirtschaftlichen Planungen hinsichtlich der steuerbezogenen Komponente“ eine genügend operationale Begriffsbestimmung dessen übrig, was unter betriebswirtschaftlicher Steuerplanung hier verstanden werden soll[28]; zur Klarstellung sei nur noch darauf hingewiesen, daß nach dem Verständnis dieses Beitrags unter „Betrieb“ jede Wirtschaftseinheit fällt, also auch die ökonomische Sphäre einer Privatperson.

Über die Notwendigkeit einer betriebswirtschaftlichen Steuerplanung braucht angesichts der schon oft belegten nachteiligen Konsequenzen, die eine Außerachtlassung der i.d.R. erheblichen Steuereinflüsse auf den Erfolg einer Disposition haben kann, wohl kein Wort verloren zu werden. Die Möglichkeit einer betriebswirtschaftlichen Steuerplanung existiert, weil die Steuerbelastung nicht nur gewichtig, sondern auch (in Grenzen) gestaltbar ist[29]. Da eine tiefgehende Beziehung zum Steuerrecht als Planungsmaterie und - wegen der durch Steuerzahlungen bewirkten Liquiditätsentzüge - eine starke Verbundenheit mit dem Finanzbereich der Unternehmung besteht, herrscht Einigkeit darüber, daß seriöse Steuerplanung eine sorg-

---

[25] Vgl. auch Verf., Der Bundesfinanzhof ..., (FN 9), S. 282ff., sowie Verf., Schwerpunkte der Steuerplanung in der mittelständischen Unternehmung, in: Festschrift 40 Jahre DER BETRIEB, Stuttgart 1988, S. 93ff.

[26] *Wöhe, Günter/John, Gerd*, Steuerliche Planung, in: *Grünewald/Kilger/Seift* (Hrsg.), agplan-Handbuch zur Unternehmensplanung, Berlin 1970 ff., Kennziffer 2741, S. 5.

[27] Zum Begriff der Steuerplanung vgl. etwa die Erörterungen bei *Wagner, Franz W./Dirrigl, Hans*, Die Steuerplanung der Unternehmung, Stuttgart/New York 1980, S. 3f.; ein weites Begriffsverständnis präferiert z.B. *Eisenach, Manfred*, Entscheidungsorientierte Steuerplanung, Wiesbaden 1974, S. 26f.; für ein enges Verständnis tritt dagegen *Mann, Gerhard*, Betriebswirtschaftliche Steuerpolitik als Bestandteil der Unternehmenspolitik, WiSt 1973, S. 111, 116, ein.

[28] Vgl. auch Verf., Betriebliche Steuerplanung, ap 1977, S. 57ff., Verf., Der Bundesfinanzhof ..., (FN 9), S. 275; Verf., (FN 3), S. 19.

[29] Verf., (FN 3), S. 15.

fältige Steuerrechts- und - ihr folgend - eine möglichst weitgehende quantifizierende Steuerwirkungsanalyse erfordert[30].

C. Wirkungen von Steuerrechtssprüngen

I. Ergebniswirkungen

Rechtssprünge sind im konkreten Fall nur relevant, wenn sie die Disposition eines Betroffenen tangieren, in welchem Stadium diese sich auch immer befinden mag; anderenfalls haben Rechtssprünge für den Disponierenden weder rechtliche noch ökonomische Konsequenzen.

Aus Steuerrechtssprüngen können steuerliche wie nichtsteuerliche Ergebniswirkungen resultieren. Die erstgenannten entstehen durch Steuerbelastungsveränderungen, die zweitgenannten in Gestalt sonstiger positiver wie auch negativer Ergebniswirkungen. Es gibt auch Steuerrechtssprünge, die für die betrachtete Disposition, obwohl sie diese berühren, weder steuerliche noch nichtsteuerliche Ergebniskonsequenzen haben.

Zu den letztgenannten „wirkungslosen" Steuerrechtssprüngen gehören die Fälle, in denen die neue rechtliche Regelung bzw. Würdigung des relevanten Sachverhalts die daraus resultierenden Bemessungsgrundlagen und die tarifliche Beurteilung unverändert läßt. Ein erworbener Firmenwert konnte z.B. nach der alten Regelung des § 6 Abs. 1 Nr. 2 EStG auf seinen niedrigeren Teilwert abgeschrieben werden; die Neueingruppierung in § 6 Abs. 1 Nr. 1 EStG ändert an dieser Möglichkeit grundsätzlich nichts[31]. Auch hat die Umorientierung der Rechtsprechung zum umsatzsteuerlichen Eigenverbrauch bei Gesellschaften durch Abkehr von der Fiktions- und Hinwendung zur Realakttheorie, soweit Sachverhalte des sog. Gesellschafterverbrauchs (§ 1 Abs. 1 Nr. 3 UStG) betroffen waren, regelmäßig keine Auswirkungen auf die Umsatzsteuerbelastung entsprechender Vorgänge[32]. In beiden Beispielsfällen entstehen außerdem keine zusätzlichen, dem Rechtssprung zuzurechnenden nichtsteuerlichen Aufwendungen.

Sieht man sich dagegen die hinsichtlich der Steuerbelastung nicht-neutralen Fälle an, so sind darunter aus der Sicht des jeweils konkret betroffenen Steuerpflichtigen drei Typen zu unterscheiden:

---

[30] Vgl. die Skizze eines ordnungsgemäßen Ablaufs der Steuerplanung in Verf., (FN 3), S. 273.

[31]) Allerdings ergeben sich Änderungen der Abschreibungsmöglichkeit im Detail, wenn man der Ansicht ist, daß mit der Rechtsänderung auch der sog. „Einheitstheorie" die Grundlage entzogen worden ist; vgl. zum Ganzen *Wagner, Franz W./Schomaker, Helmut*, Die Abschreibung des Firmenwertes in Handels- und Steuerbilanz nach der Reform des Bilanzrechts, DB 1987, S. 1365ff.

[32] Dazu im einzelnen *Reiss, Wolfram*, Neubesinnung bei der Eigenverbrauchsbesteuerung?, StuW 1984, S. 175ff.

- Typ A: Rechtssprünge, die zum Nachteil der vom Steuerpflichtigen getroffenen Disposition wirken, also eine Steuerverschärfung beinhalten.
- Typ B: Rechtssprünge, die zum Vorteil der Disposition des Steuerpflichtigen eine Steuermilderung mit sich bringen.
- Typ C: Rechtssprünge, die eine bei der Vorbereitung der Realisationsentscheidung verworfene mögliche Disposition nun hinsichtlich der Steuerbelastung besser als die realisierte stellen; dabei kann es sein, daß die realisierte Disposition selbst untangiert bleibt.

Beim Typ A liegt die Konsequenz auf der Hand: Das kalkulierte ökonomische Ergebnis der Disposition verschlechtert sich, es fällt ungünstiger aus, als es bei der Entscheidungsfindung zugrundegelegt wurde. Ist die Verschlechterung erheblich, so kann sie zur (relativen oder absoluten) Unrentierlichkeit der realisierten Maßnahme führen. Beispiele sind die überraschend von § 2a EStG getroffenen Auslandsinvestitionen oder die Darlehensfinanzierung durch Gesellschafter einer Kapitalgesellschaft, deren steuerliche Behandlung als „verdecktes Nennkapital" durch das BMF-Schreiben vom 16.3.1987 nun „teurer" geworden ist[33].

Rechtssprünge vom Typ B wirken sich wegen ihrer steuerbelastungsverringernden Konsequenz auf das Ergebnis einer Disposition vorteilhaft aus; man muß bei ihrer richtigen Einordnung allerdings sorgfältig prüfen, ob die Steuerrechtsänderung mit belastungsminderndem Charakter wirklich *nur* die zu beurteilende Disposition betrifft. Betrifft sie auch andere, bei der Entscheidungsfindung verworfene, Alternativen, wie dies insbesondere bei Tarifänderungen der Fall ist, so kann der Typ C vorliegen.

Typ C ist dadurch charakterisiert, daß die auf der bisherigen Steuerrechtsbasis vorkalkulierte Steuerbelastung der realisierten Disposition entweder unverändert bleibt oder sich sogar vermindert, aber andere Alternativen nunmehr relativ günstiger stellt. Ist die Verbesserung der Steuerbelastung der anderen (nicht realisierten) Alternativen so groß, daß sich die Entscheidung für die verwirklichte Disposition unter diesem Aspekt als ökonomisch ungünstig erweist, so ist in wirtschaftlicher Wertung eine Fehlentscheidung getroffen worden. Als Beispiel hierfür kann die Anschaffung einer (vor Steuern gerechnet) weniger rentierlichen 25%-Beteiligung an der Kapitalgesellschaft X wegen des steuerlichen Schachtelprivilegs vor der Senkung der begünstigten Beteiligungsgrenze auf 10% dienen[34]; wäre diese spätere Senkung bei der Planung bekannt gewesen, so hätte man für den gleichen Investitionsbetrag eine (vor Steuern gerechnet) rentierlichere 12%-Beteiligung an der Kapitalgesellschaft Y erworben. Ähnlich wäre der Fall eines vor der Rechtsprechungsänderung abgelehnten „Mantelkaufs" zu beurteilen[35]; statt dafür eine neue Tochter-Unternehmung zu gründen oder die geplante wirtschaftliche Aktivität einer ei-

---

[33] Dazu FN 13 und 19.

[34] Zur Senkung der Beteiligungsgrenze vgl. etwa *Hundt, Florenz*, Änderungen des Außensteuerrechts durch das Steuerentlastungsgesetz 1984, DB 1984, S. 209f.

[35] Dazu BFH I R 318-319/83 vom 29.10.1986, BStBl II 1987, S. 310ff.; vgl. dazu auch *Autenrieth, Karlheinz*, Verlustvortrag beim Mantelkauf, DStZ 1987, S. 203ff. Im Zuge der Steuerreform 1990 wird durch den neu eingefügten § 8 Abs. 4 KStG diese Rechtsprechungsänderung allerdings wieder mit Wirkung für nach dem 23.6.1988 abgeschlossene Rechtsgeschäfte (§ 54 Abs. 4 KStG) „korrigiert".

genen Betriebsstätte anzuvertrauen, hätte man das Projekt günstiger unter Ausnutzung der steuerlichen Verlustabzugsmöglichkeiten beim Erwerb eines Verlust-Mantels realisieren können.

Durch Steuer-Rechtssprünge können aber auch nichtsteuerliche Ergebniswirkungen hervorgerufen werden. Neben den - über einen Rechtssprung in der Vorbereitungsphase einer Disposition eintretenden - Planänderungskosten (verursacht durch die Umstellung der Planung auf die neue Steuerrechtslage) sowie den durch evtl. neu eingeführte steuerliche Aufzeichnungs- oder Dokumentationspflichten (z.B. bei Auslandsbeziehungen) resultierenden Organisations- bzw. Steuerverwaltungskosten müssen vor allem durch Steuerrechtsänderungen erforderlich oder überflüssig werdende Investitionen genannt werden. So wurde beispielsweise ab 1975 eine Kennzeichnungspflicht für Werbegeschenke eingeführt, ohne deren Erfüllung der Abzug als Betriebsausgabe untersagt war[36]; um diese Pflicht zu erfüllen, mußten bei Werbegeschenkherstellern oder Werbetreibenden Investitionen in Kennzeichnungsvorrichtungen vorgenommen werden, die Kosten (vor allem in Form von Abschreibungen) verursachten; ab 1986 ist durch eine erneute Gesetzesänderung die Kennzeichnungspflicht wieder in Fortfall gekommen[37]; entsprechende - vielleicht kurz zuvor getätigte - Investitionen in solche Vorrichtungen oder die bisher geforderte Kennzeichnung zugleich mit durchführende Herstellungsanlagen sind (ganz oder teilweise) überflüssig geworden; der auf sie entfallende Abschreibungsaufwand führt (auch) zu einer nichtsteuerlichen Ergebniswirkung.

Steuerliche und nichtsteuerliche Ergebniswirkungen können natürlich kombiniert auftreten, und zwar sich gegenseitig verstärkend, sich neutralisierend oder sogar überkompensierend.

II. Zielwirkungen

Spezifisch steuerliche Ungewißheiten sowohl eingrenzbarer als auch nichteingrenzbarer Natur haben für den (steuerplanenden) Disponenten nicht nur Ergebnis-, sondern auch Zielwirkungen. Er wird nämlich - als Reaktion auf die steuerliche Ungewißheit mit ihren ökonomischen Konsequenzen - in sein Zielsystem das Streben nach möglichst weitgehender steuerlicher Dispositionssicherheit aufnehmen, um zu gewährleisten, daß die Prognosen über die Steuerwirkungen in der betrieblichen Planung nicht zu weit von der späteren Realität abweichen können[38].

Steuerliche Dispositionssicherheit ist bei allen längerfristig vorzubereitenden und/oder längerfristig wirksamen Aktivitäten besonders wichtig. Sie wäre (nur) dann gegeben, wenn der Entscheidungsträger darauf vertrauen kann, daß das seiner betriebswirtschaftlichen Disposition zugrundegelegte Steuerrecht in seinen we-

---

[36] Zur Kennzeichnungspflicht vgl. *Philipowski, Rüdiger*, Werbegeschenke als Betriebsausgaben, BB 1984, S. 1724ff.

[37] Zu damit entstandenen neuen Zweifelsfragen *Kottke, Klaus*, Unbeschränkte Abziehbarkeit von betrieblich veranlaßten Geldgeschenken? DB 1986, S. 2511ff.

[38] Vgl. auch Verf., Schwerpunkte ..., (FN 25), S. 102.

sentlichen Teilen, d.h. insbesondere in den erfaßten Tatbeständen, den Bemessungsgrundlagen, den Tarifen und den Formalerfordernissen (z.B. Nachweis- oder Kennzeichnungspflichten), auch auf die später verwirklichten Sachverhalte angewandt wird, d.h. bei den einschlägigen Steuerveranlagungen maßgebend ist. Das Anstreben von steuerlicher Dispositionssicherheit ist also vor allem ausgerichtet auf einen wirksamen Schutz vor Rechtssprüngen; es erfaßt aber auch das Bemühen um die Bewältigung eingrenzbarer steuerlicher Ungewißheiten[39].

Eingrenzbare steuerliche Ungewißheiten können (bei vorhandenen fundierten steuerrechtlichen Kenntnissen) mit Hilfe der herkömmlichen Methoden der Entscheidungstheorie, d.h. durch die Anwendung von bestimmten Entscheidungsregeln (z.B. *Bayes*-Prinzip, Maximin-Regel, Maximax-Regel, *Hurwicz*-Regel, *Savage-Niehans*-Regel, *Laplace*-Regel[40]) oder/und die Einplanung von Bandbreiten (z.B. Zwei- oder Drei-Werte-Methode[41]) bewältigt werden; derartige Methoden erhöhen zwar nicht den Grad der Vollkommenheit einer Information, erlauben es aber, das Steuerrisiko in Grenzen „berechenbar" zu machen[42].

Rechtssprünge dagegen können ex definitione nicht in irgendeiner Form „kalkulierbar" gemacht werden. Deshalb ist der disponierende Steuerpflichtige zur Verwirklichung seiner Zielsetzung „Anstreben von steuerlicher Dispositionssicherheit" insoweit auf Maßnahmen angewiesen, die außerhalb des Betriebs stehende Instanzen (vor allem der Gesetzgeber) zur Verfügung stellen. Damit angesprochen sind die im Steuerrecht selbst angesiedelten Heilungs- bzw. Abwehr- oder Milderungsregelungen, die der Steuerpflichtige aus Vertrauensschutzgründen zu seinen Gunsten in Anspruch nehmen kann[43].

Was derartige Regelungen angeht, so kann zunächst festgestellt werden, daß ganz offensichtlich für die nichtsteuerlichen Ergebniswirkungen keine Abhilfe- bzw. Milderungsmöglichkeit existiert. D.h.: Führt ein Steuerrechtssprung zu belastenden Konsequenzen nichtsteuerlicher Natur, so muß der Steuerpflichtige sie ungemildert tragen. Ebenso eindeutig existieren auch keine Heilungs-, Abwehr- oder Milderungsregelungen in bezug auf die Konsequenzen aus Steuerrechtssprüngen vom Typ C, jedenfalls wenn und insoweit die realisierte eigene Disposition davon direkt entweder nicht oder nur (ebenfalls) günstig (Typ B) betroffen ist. Insoweit, wie hier ein Schutz vor den Ergebniswirkungen von Rechtssprüngen nicht besteht, mangelt es an Dispositionssicherheit. Sie wird realistischerweise in naher Zukunft auch nicht erreicht werden können.

Mit der Analyse des Instrumentariums der Abwehr- und Milderungsmöglichkeiten für die Steuerrechtssprünge mit den steuerbelastungsverändernden Konsequenzen vom Typ A aber muß man sich im Detail beschäftigen[44].

---

[39] Vgl. auch Verf., Steuerliche Absicherung ..., (FN 9), S. 374ff.

[40] Dazu *Wöhe, Günter*, (FN 1), S. 138ff.

[41] Vgl. Verf., (FN 3), S. 275.

[42] Vgl. auch *Wöhe, Günter*, (FN 1), S. 136f.

[43] Dazu im Überblick z.B. *Wassermeyer, Franz*, Vertrauensschutz im Steuerrecht, Inf. 1984, S. 69ff.; *Klein, Franz*, Die Bindung der Finanzverwaltung an Treu und Glauben, DStR 1985, S. 391ff.; ders., (FN 11), S. 5ff.; Verf., Steuerliche Absicherung ..., (FN 9), S. 376ff.; *Thiel, Jochen*, Vertrauensschutz im Besteuerungsverfahren, DB 1988, S. 1343ff.

[44] Nur mit derartigen Rechtssprüngen befaßt sich im übrigen - wenn überhaupt - fast das gesamte Schrifttum zu Vertrauensschutzproblemen.

D. Möglichkeiten zur Erlangung von Dispositionssicherheit in den Phasen einer längerfristigen Disposition

I. Steuerrelevante Phasen einer längerfristigen Disposition

1. Phasen vor der Realisation

Betrachtet man den Ablauf der Überlegungen, Entscheidungen und Handlungen, die typischerweise mit einer längerfristig vorzubereitenden oder/und längerfristig wirksamen betriebswirtschaftlichen Disposition[45] (z.B. einer Investition in Anlagevermögen, der Begründung einer mehrperiodigen Lieferverbindung oder der Installation einer größere Teile der Belegschaft betreffenden Sozialmaßnahme) verbunden sind, so wird erkennbar, daß der eigentlichen Realisation bzw. dem Beginn einer - selbst wieder Zeit in Anspruch nehmenden - Realisation gewöhnlich zwei, meist sogar drei voneinander unterscheidbare Phasen vorangehen: zwei, die in das eigentliche „Planungsstadium" fallen, und (ggf.) eine, die man als „Vorlaufstadium" bezeichnen könnte.

Am Anfang steht eine Planungsinitiative, also eine von den zuständigen Entscheidungsträgern selbst entwickelte oder zur Weiterverfolgung freigegebene Grundidee. Deren nähere Konkretisierung sowie die Entwicklung einer Konzeption für den eigentlichen Planungsablauf vollzieht sich in einer Vorplanungs-Phase, deren Dauer natürlich projektabhängig ist. An ihrem Ende steht der eigentliche Planungsbeginn. Jetzt wird - in der Phase der Planausarbeitung - das überlegt, berechnet, abgewogen, zusammengestellt, was bei rationalem Vorgehen zur Vorbereitung der Realisationsentscheidung erforderlich ist[46].

Mit der Realisationsentscheidung ist das eigentliche Planungsstadium beendet. Es ist „disponiert". Man kann deshalb den Zeitpunkt, in dem diese Entscheidung getroffen wird, als „Dispositionszeitpunkt" bezeichnen. Denn nun beginnen Aktivitäten, die nicht mehr lediglich mit „Möglichkeiten" spielen, sondern der Realisierung eines konkreten Projektes dienen.

In sehr vielen Fällen, die zu den hier im Interessenmittelpunkt stehenden längerfristigen, gewichtigen Dispositionen gehören, beginnt nun die tatsächliche Realisation (bei einer Bauwerke betreffenden Investitionsentscheidung also z.B. das Ausheben der Baugrube) nicht sofort im Anschluß an den Dispositionszeitpunkt; es folgt vielmehr ein „Vorlaufstadium", in dem die für die eigentliche Realisation noch notwendigen Vorarbeiten stattfinden. Das können Maßnahmen technischer Natur (z.B. Festlegung der Einzelheiten eines Bauarbeitsablaufplans), rechtlicher Natur (z.B. detaillierte Ausarbeitung und Begutachtung eines Vertragstextes) oder wirtschaftlicher Natur (z.B. Vorbereitung der genauen Finanzierungsweise) sein.

---

[45] Zu den Arten wirtschaftlicher Dispositionen vgl. Verf., Steuerliche Absicherung ..., (FN 9), S. 364f.

[46] Vgl. zum Planungsprozeß auch *Wöhe, Günter*, (FN 1), S. 126.

2. *Phasen nach der Realisation*

Mit der eigentlichen Realisation (bei einer punktförmig festgelegten Disposition, z.B. dem Erwerb eines Patents oder der Erteilung einer Jubiläumsgeldzusage an die Mitarbeiter) bzw. dem Realisationsbeginn (bei einer zeitraumbeanspruchenden Disposition, z.B. dem Bau eines Fabrikgebäudes oder dem Produktionsbeginn für eine Produktserie mit mehrjähriger Laufzeit) wird das Realisationsstadium eingeleitet. Der interessierende Sachverhalt ist bzw. wird nun verwirklicht.

Wenn in diesem Stadium jetzt einzelne Phasen unterschieden werden, dann geschieht das ausschließlich für die speziellen Zwecke dieser Untersuchung, also im Hinblick auf ihre steuerliche Relevanz. Um eine genügende Differenzierung zu erreichen und unnötige Wiederholungen zu vermeiden, sollen in diesem Stadium vier - in erster Linie vom Veranlagungsrhythmus bestimmte - Phasen unterschieden werden:

- die Phase nach der Realisation (dem Realisationsbeginn) bis zur Erteilung des ersten Steuerbescheids, der den realisierten Sachverhalt betrifft bzw. seine Würdigung einschließt (Steuerbescheid I),
- die Phase zwischen dem Steuerbescheid I und dem auf ihn folgenden Steuerbescheid II (nur relevant bei zeitraumbezogenen Steuern, insbesondere den Ertragsteuern),
- die Phase vor einer steuerlichen Außenprüfung (Betriebsprüfung), die die (beiden) vorangehenden Phasen nach der Realisation bzw. die diese betreffenden Steuerveranlagungen einschließt, und
- die Phase nach Beendigung der Außenprüfung bis zur nächstfolgenden Steuerveranlagung; diese Phase könnte natürlich bei entsprechend langfristig wirksamen Dispositionen über den Steuerbescheid III auf weitere, durch Veranlagungen markierte Phasen ausgedehnt werden, was aber keine Erkenntnisvermehrung bewirkt.

3. *Zusammenfassendes Phasenschema*

Man kann die vorstehend gemachten Vorschläge zur zeitlichen Einteilung einer längerfristigen Disposition an einer Skizze verdeutlichen, wie sie nachstehend abgebildet ist. In dieser Abbildung sind die beschriebenen Phasen innerhalb des Zeitstrahls durch eingekreiste arabische Ziffern ① bis ⑦ gekennzeichnet. Im übrigen wird daran die verwendete Terminologie noch einmal transparent.

II. Einzelanalyse der Phasen

In der **Phase 1**, dem Stadium der „Vorplanung“, ist nach gegenwärtig gültigem Recht eine Absicherung gegen in dieser Zeitspanne eintretende Steuerrechtssprün ge nicht möglich. Keines der bekannten, im weiteren Untersuchungsgang noch zu erörternden Instrumente greift, insbesondere kann das Finanzamt dem Steuerpflichtigen auch noch keine „verbindliche Auskunft“ erteilen, weil eben noch kein

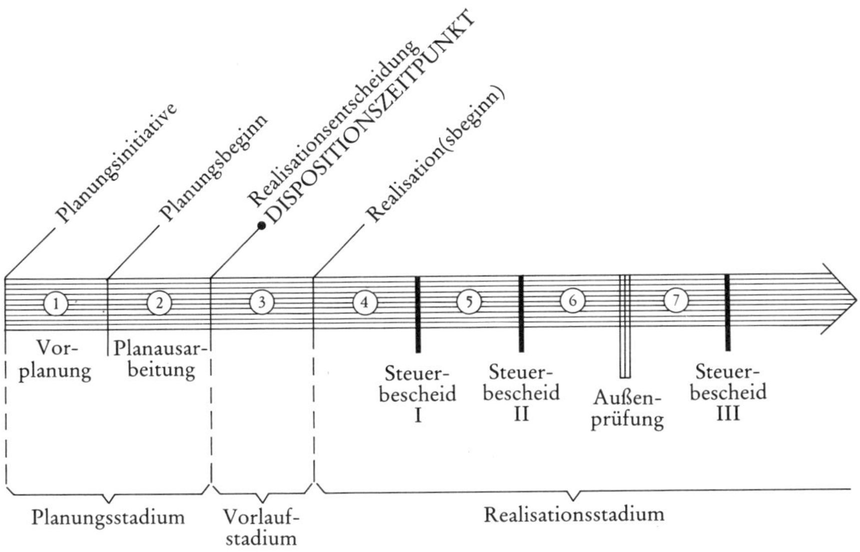

„ernsthaft geplanter Sachverhalt" vorliegt, dessen steuerrechtliche Würdigung „gesichert" werden könnte[47]. Mangels gravierender Ergebniswirkungen eines Rechtssprungs in dieser Phase besteht auch noch kein schützenswertes (wenn überhaupt vorhandenes) Interesse des Steuerpflichtigen an einer Sicherung.

Das Stadium der „Planausarbeitung" **(Phase 2)** ist dagegen, so gesehen, wesentlich wichtiger. Hier werden von den entscheidungsvorbereitenden Stellen oder Personen alle relevanten Daten und Prognosen zusammengetragen, die die mögliche Disposition berühren - darunter selbstverständlich auch die aus dem Steuerrecht stammenden. Sobald hier nun die Vorbereitungen und Überlegungen so weit gediehen sind, daß eine „in sich abgeschlossene Darstellung eines ernsthaft geplanten Sachverhalts" gegeben werden kann, besteht grundsätzlich die Möglichkeit, das (voraussichtlich) zuständige Finanzamt um die Erteilung einer verbindlichen Auskunft gemäß dem BMF-Schreiben vom 24.6.1987 zu bitten[48]. Der Auskunftbegehrende muß zu diesem Zweck in seinem „schriftlichen" Antrag sein „besonderes steuerliches Interesse" belegen, insbesondere „eine ausführliche Darlegung des Rechtsproblems mit eingehender Begründung des eigenen Rechtsstandpunktes" liefern und „konkrete Rechtsfragen" formulieren[49]. Diese Anforderung setzt nun

---

[47] Zu diesem Erfordernis etwa *Kaligin, Thomas/Rieckmann, Walter*, Die Neuregelung der verbindlichen Zusage nach dem bundeseinheitlichen Erlaß vom 24.6.1987, StB 1988, S. 87, 88f.

[48] IV A 5 - S 0430 - 9/87, BStBl I 1987, S. 474. Obwohl das Schreiben es ablehnt, auch „alternativ gestaltete" Darstellungen zu akzeptieren, bestehen m.E. keine Bedenken dagegen, für den Fall ernsthaft erwogender Alternativen zwei (oder auch mehr) Anträge zu stellen, von denen jeder die Anforderungen für sich erfüllt.

[49] Zu den Voraussetzungen im einzelnen vgl. etwa *Kaligin, Thomas/Rieckmann, Walter*, (FN 47), S. 87ff.; *Krabbe, Helmut*, Auskünfte mit Bindungswirkung nach Treu und Glauben, DB 1987, S. 2067ff.; *Neufang, B./Horn, M.*, Die Zusage im Steuerrecht, Inf. 1988, S. 337ff.; *Pfeiffer, Thomas*, Anspruch auf Erteilung einer verbindlichen Zusage außerhalb der gesetzlich normierten Fälle, DB 1987, S. 2380ff.; *Thiel, Jochen*, (FN 43), S. 1346ff.

freilich „Rechtsunsicherheit" voraus[50], was bei (ex definitione eben gerade nicht erwarteten) Rechtssprüngen regelmäßig, d.h. wenn nicht ausnahmsweise zusätzlich eine eingrenzbare Unsicherheit besteht, nicht gegeben sein wird; die Finanzverwaltung wird deshalb den Antrag häufig abschlägig bescheiden. Hat das Finanzamt aber nun - trotzdem - eine verbindliche Auskunft erteilt (was u.a. auch nicht geschieht, wenn es sich um eine Angelegenheit handelt, bei der „die Erzielung eines Steuervorteils im Vordergrund steht"), so tritt im wesentlichen[51] unter zwei Bedingungen ein Schutz vor eingrenzbaren Ungewißheiten sowie grundsätzlich vor Rechtssprüngen der Rechtsprechung und der Verwaltung ein: (1) Der Sachverhalt muß genau so, wie er im Auskunftsantrag beschrieben worden ist, verwirklicht worden sein, und die Auskunft muß Bindungswirkung erlangt haben. (2) Die verbindliche Auskunft darf ihre Wirkung nicht verloren haben.

Was die zu (1) genannte Voraussetzung angeht, so ergibt sich zunächst aus ihrem (vom BMF-Schreiben explizit formulierten) Vorhandensein, daß eine Bindungswirkung der verbindlichen Auskunft gar nicht erst eintritt, wenn sich der realisierte Sachverhalt in wesentlichen Punkten nicht mit dem der Auskunft zugrundegelegten deckt[52]. Bedeutsam ist außerdem, daß es bis heute umstritten ist, ob die Bindungswirkung erst mit der Disposition (Bindungswirkung durch Treu und Glauben) oder schon durch Bekanntgabe der Auskunft (Bindungswirkung durch Verwaltungsaktqualität) erfolgt[53]. Mit dieser Unsicherheit im Grundsätzlichen verbunden sind auch Zweifel, ob die verbindliche Auskunft gegen Rechtssprünge abzusichern geeignet ist, die in den Phasen 2 und 3 nach Erteilung der Zusage, aber vor Realisation des Sachverhalts eingetreten sind. Unklar ist ferner, wie ein weiteres denkbares Zwischenstadium zwischen Realisationsbeginn und Realisationsbeendigung (etwa bei der Errichtung eines Bauwerks bis zu dessen Inbetriebnahme oder bei der Installation eines Montagebandes bis zum tatsächlichen Produktionsbeginn) beurteilt werden müßte, vor allem dann, wenn aufgrund des Rechtssprungs die Realisation abgebrochen wird[54].

Die zu (2) genannte Voraussetzung schließt zunächst einmal - nach dem Text des Schreibens ganz eindeutig - den Schutz vor Rechtssprüngen des Steuergesetzgebers aus. Wie weit darüber hinaus die grundsätzlich[55] für jeden Verwaltungsakt gem. §§ 130, 131 AO bzw. hier ggf. analog § 207 AO geltenden Aufhebungs- bzw. Änderungsmöglichkeiten bestehen und damit auch der Schutz vor Rechtssprüngen der

[50] Vgl. etwa *Pfeiffer, Thomas* (FN 49), S. 2381; *Tipke/Kruse*, AO/FGO, 12. Auflage Köln 1965/86 (Loseblatt), Stand: Juni 1988, Vor § 204 AO, Tz. 9.

[51] Zu weiteren eher formellen Voraussetzungen der Bindungswirkung vgl. *Thiel, Jochen*, (FN 43), S. 1347ff.

[52] Gedanke des § 206 Abs. 1 AO; vgl. auch *Thiel, Jochen*, (FN 43), S. 1348.

[53] Dazu etwa *Kaligin, Thomas/Rieckmann, Walter*, (FN 47), S. 87; *Krabbe, Helmut*, (FN 49), S. 2069; *Pfeiffer, Thomas*, (FN 49), S. 2383; *Thiel, Jochen*, (FN 43), S. 1349; *Tipke/Kruse*, (FN 50), Vor § 204 AO, Tz 16.

[54] Unklar insoweit auch *Tipke/Kruse*, (FN 50), Vor § 204 AO, Tz 2 (s. auch § 207 AO Tz 4): „Im Planungsstadium läßt sich noch korrigieren; ist die Gestaltung erst einmal ins Werk gesetzt, dann kann ihre spätere Nichtanwendung verheerende Folgen haben." Vgl. auch *Schick, Walter*, in: *Hübschmann/Hepp/Spitaler*, AO/FGO, 8. Auflage Köln 1951/86 (Loseblatt), Stand: Dezember 1987, Vor § 207 AO, Tz 47.

[55] Zu den sonstigen Bestandteilen des Korrektursystems der AO vgl. *Tipke/Kruse*, (FN 50), Vor § 130 AO, Tz 3, § 207 AO, Tz 1.

Rechtsprechung und der Finanzverwaltung eingeschränkt sein könnte, sagt der BMF nicht[56]; viel spricht allerdings dafür, daß insoweit die Ausführungen im AE-AO vom 24.9.1987 „zu § 207" Nr. 2[57] einschlägig sind, die im Rahmen des § 207 Abs. 2 AO gerade auch Steuerrechtssprünge in der Rechtsprechung und der Verwaltungspraxis für eine Aufhebung bzw. Änderung des Zusageverwaltungsaktes für die Zukunft ausreichen lassen[58].

Auf das „Vorlaufstadium" **(Phase 3)** wurde schon oben eingegangen. In dieser Phase ist also sowohl noch die Einholung einer verbindlichen Auskunft möglich (denn der Sachverhalt ist ja noch nicht realisiert) als auch der durch deren Erteilung gewährte Schutz in seiner Wirkungsbreite begrenzt.

Die **Phase 4** liegt im Realisationsstadium. Ein Sachverhalt ist verwirklicht, hat aber noch keine für das Veranlagungsverfahren vorgesehene steuerrechtliche Würdigung durch die Finanzbehörde erfahren. Es existiert kein ihn betreffender oder einschließender Steuerbescheid (I), und eine Außenprüfung hat sich mit ihm auch noch nicht befaßt. In dieser Phase ist die Erteilung einer verbindlichen Auskunft nach wohl überwiegender Auffassung nicht (mehr) möglich; es ist ja kein Sachverhalt „geplant", sondern schon (teil-) realisiert[59]. Wenn der Schutz einer vorher erteilten verbindlichen Auskunft nicht besteht oder ein solcher obsolet geworden ist, kann hier, soweit zu sehen, nach geltendem Recht äußerstenfalls die sog. Rückwirkungsrechtsprechung des BVerfG eingreifen[60], die allerdings nur in seltenen Ausnahmefällen, dabei gar nicht gegen die permanent auftretenden Änderungen des Steuerrechts für die Zukunft und überdies wohl zur Zeit nur gegenüber Rechtssprüngen der Legislative, nicht gegenüber solchen der Judikative und der Exekutive[61], ihre Wirkung entfaltet.

---

[56] Der Erlaß spricht nur eine „Änderung von Rechtsvorschriften" an; vgl. auch den Text des § 207 Abs. 1 AO.

[57] IV A 5 - S 0062 - 38/87, BStBl I 1987, S. 664, 706.

[58] Vgl. etwa *Krabbe, Helmut*, (FN 49), S. 2069; *Thiel, Jochen*, (FN 43), S. 1349, der allerdings bei Dauersachverhalten darauf hinweist, daß „eine angemessene Orientierungs- und Umstellungsfrist zu bewilligen" sei, s. auch AEAO, (FN 56), BStBl I 1987, S. 706.

[59] So etwa *Krabbe, Helmut*, (FN 49), S. 2068; *Schick, Walter*, (FN 54), Vor § 204 AO, Tz 31; aA *Kaligin, Thomas/Rieckmann, Walter*, (FN 47), S. 88; *Tipke/Kruse*, (FN 50), Vor § 204, AO Tz 9.

[60] Vgl. etwa BVerfG 2 BvR 475/78 vom 22.3.1983, BVerfGE 63, S. 343ff.; BVerfG 2 BvL 2/83 vom 14.5.1986, BStBl II 1986, S. 628ff.; zur neuen Tendenz in der Rückwirkungsrechtsprechung des BVerfG vgl. *Bauer, Hartmut*, Bundesverfassungsgericht und Rückwirkungsverbot, JuS 1984, S. 241ff.; *Fiedler, Jürgen*, Neuorientierung der Verfassungsrechtsprechung zum Rückwirkungsverbot und zum Vertrauensschutz?, NJW 1988, S. 1624ff.; *Hahn, Hartmut*, Rückwirkung von Steuergesetzen, NWB F. 2, S. 5051ff.; *Institut „Finanzen und Steuern"*, Brief Nr. 269: „Zur Rückwirkung im Steuerrecht", Bonn 1987. Nach der neueren Rückwirkungslehre gelten wohl folgende Grundsätze: Normen haben „Rückwirkung", wenn ihr zeitlicher Anwendungsbereich vor dem Zeitpunkt ihres rechtlichen Gültigwerdens beginnt. Die Rückwirkung ist „echt", wenn die Norm nachträglich ändernd in schon abgewickelte Tatbestände eingreift; eine echte Rückwirkung ist grundsätzlich unzulässig. Die Rückwirkung ist „unecht", wenn die Norm auf laufende Geschehnisse für die Zukunft wirkt und die Rechtspositionen nachträglich entwertet; die unechte Rückwirkung ist nur in Ausnahmefällen unzulässig. Eine Norm hat „Rückanknüpfung", wenn sie den Eintritt ihrer Rechtsfolgen von Gegebenheiten aus der Zeit vor ihrer Verkündung abhängig macht; eine Rückanknüpfung kann nur ganz ausnahmsweise unzulässig sein.

[61] Allerdings prognostiziert *Hahn, Hartmut*, (FN 60), S. 5054, insoweit einen Auffassungswandel.

In der **Phase 5**, der zweiten Phase im Realisationsstadium, gilt hinsichtlich etwaiger Steuerrechtssprünge im Zeitraum nach dem Steuerbescheid I und vor dem Steuerbescheid II das gleiche, was zu Phase 4 herausgestellt wurde. Hinsichtlich der Beurteilungen der Disposition im Steuerbescheid I aber greift nun § 176 AO ein. Diese wichtige gesetzliche Vorschrift verhindert alle Änderungen der (endgültigen, vorläufigen oder unter Nachprüfungsvorbehalt ergangenen) ersten Veranlagung zum Nachteil des Steuerpflichtigen, soweit eine solche auf bestimmten speziellen nachträglichen Rechts(auffassungs)änderungen beruhen würde[62].

Phase 6 unterscheidet sich von Phase 5 nicht grundsätzlich, nur erstreckt sich der Schutz des § 176 AO jetzt auf zwei Veranlagungen, die mit den Steuerbescheiden I und II erfolgt sind. (Phase 6 steht stellvertretend für viele weitere, im Realisationsstadium erfolgende Veranlagungsabschnitte vor einer Außenprüfung.)

Die Außenprüfung, mit der die **Phase 7** eingeleitet wird, verändert an den Analyseergebnissen grundsätzlich nichts; was zu den Phasen 5 und 6 gesagt ist, gilt auch hier. Sie wird aber deshalb besonders herausgestellt, weil eine Außenprüfung die weitere Schutzmöglichkeit einer verbindlichen Zusage gem. §§ 204-207 AO eröffnet: Der geprüfte Steuerpflichtige kann einen Antrag stellen, ihm verbindlich die künftige steuerrechtliche Behandlung eines geprüften Sachverhaltes in einer bestimmten Weise zuzusagen, wenn hinsichtlich dieser Behandlung Rechtsunsicherheit besteht; das Finanzamt wird diesem Antrag regelmäßig stattgeben[63]. Bei genauerer Betrachtung des einschlägigen Normenkomplexes (auch unter Heranziehung der ihn betreffenden Passagen im AEAO) wird allerdings die Begrenztheit des durch ihn vermittelten Schutzes deutlich: Automatisch verliert er seine Wirkung bei einer Änderung der Rechtsvorschriften, auf denen die Entscheidung beruht (§ 207 Abs. 1 AO); und die Finanzverwaltung kann die Zusage gem. § 207 Abs. 2 AO mit Wirkung für die Zukunft jederzeit aufheben oder ändern (was sie eben regelmäßig bei Rechtssprüngen aus dem Rechtsprechungs- und dem Verwaltungsbereich tun wird)[64].

III. Regelungslücken

Führt man sich noch einmal die drei, im Teil C.I mit Großbuchstaben bezeichneten Typen von Steuerrechtssprüngen mit steuerbelastungsverändernder Wirkung vor Augen, so kann im Ergebnis zunächst positiv festgestellt werden:

- Gegen die Steuerrechtssprünge vom Typ B ist kein Schutz nötig.
- Gegen die Steuerrechtssprünge vom Typ C ist keine Abhilfe möglich.
- Gegen die Wirkungen von Steuerrechtssprüngen des Typs A wird durch einige Regelungen der AO, durch das BMF-Schreiben vom 24.6.1987 sowie durch die

---

[62] Dazu etwa *Felix, Günther*, Änderungssperre wegen Vertrauensschutzes, § 176 AO, KÖSDI 1986, S. 6509ff.; *Thiel, Jochen*, (FN 43), S. 1344f. Besonders praxisrelevant sind die Fälle der BFH-Rechtsprechungsänderung (§ 176 Abs. 1 Satz Nr. 3 AO) und der gerichtlichen Nichtanerkennung allgemeiner Verwaltungsvorschriften (§ 176 Abs. 2 AO).

[63] Dazu *Thiel, Jochen*, (FN 43), S. 1345.

[64] Dazu AEAO, (FN 57), S. 706.

Rückwirkungsrechtsprechung des BVerfG ein gewisser Schutz geboten; sofern sich der Steuerpflichtige der ihm angebotenen Möglichkeiten, Anträge auf verbindliche Auskünfte oder verbindliche Zusagen zu stellen, bedient, ergreift dieser Schutz auch rechtliche Beurteilungen, die *vor* einer Veranlagung erfolgen[65], wobei allerdings gewisse Zweifel bestehen hinsichtlich solcher Rechtssprünge, die vor der Realisation bereits eingetreten sind.

Darüber hinaus bleiben aber fühlbare Regelungslücken bestehen: Einen verläßlichen Schutz vor den Konsequenzen eines Steuerrechtssprungs aus dem Bereich der Legislative in einem zukünftigen, noch nicht veranlagten Zeitabschnitt gibt es überhaupt nicht; lediglich dann, wenn eine verbindliche Zusage nach einer Außenprüfung erteilt wurde, ist die Verwaltung durch den AEAO angehalten, etwaige Billigkeitsmaßnahmen in Erwägung zu ziehen[66]. Auch der Schutz gegen zukünftige Rechtsauffassungsänderungen im Bereich der Judikative bzw. Exekutive ist eher fragmentarisch; § 176 AO erfaßt nur spezielle Situationen, und verbindliche Auskünfte (auch solche im Anschluß an eine Außenprüfung) sollen jedenfalls mit Wirkung für die Zukunft korrigierbar sein.

Wie bereits festgestellt, existiert ein Schutz gegen nichtsteuerliche belastende Ergebniswirkungen eines Rechtssprungs überhaupt nicht.

E. Abhilfevorschläge zur Schließung einiger Regelungslücken

I. Gesetzliche Anordnung allgemeiner Übergangsregelungen bei Steuerrechtssprüngen

Ein wertvoller Beitrag zur Erhöhung der Steuerrechtssicherheit würde darin bestehen, daß der Gesetzgeber die Anordnung gäbe, bei jeder Änderung von ihm gesetzter Normen, von Rechtsprechungsauffassungen und von finanzverwaltungsseitig getroffenen Regelungen allgemeine (also nicht nur für einen Individualfall geltende) Übergangsvorschriften zu erlassen[67]. Dieses Instruments bedienen sich die Steuergesetze bereits in nicht wenigen Fällen - wenn die Legislative selbst den Steuerrechtssprung herbeigeführt hat. Auch die Finanzverwaltung greift in solcher Weise bei Rechtsprechungsänderungen gelegentlich ein. Aber eine Lücken ausschließende Norm gibt es insoweit noch nicht. Um effizient zu sein, sollte sie die Finanzverwaltung zu solchen Übergangsregelungen verpflichten (also nicht etwa eine „Selbstverpflichtung" des Gesetzgebers schaffen), weil die Exekutive viel schneller (vor allem auf Rechtsprechungs-Rechtssprünge) reagieren kann, und kei-

---

[65] Auf das mögliche Eingreifen der Rückwirkungsrechtsprechung in Sonderfällen sei ebenfalls hingewiesen.

[66] AaO, (FN 57), S. 706. Vgl. auch *Klein, Franz*, (FN 11), S. 11f.

[67] Dazu Verf., Steuerliche Absicherung ..., (FN 9), S. 385; in diesem Sinne auch *Klein, Franz*, (FN 11), S. 19; *Thiel Jochen*, (FN 43), S. 1348. Vgl. auch *Köppe, Rüdiger*, Übergangsvorschriften im Steuerrecht, SteuerStud 1988, S. 194ff.

ne Ausnahmen zulassen. Will der Gesetzgeber selbst einmal derartige Übergangsvorschriften verhindern, so müßte er (was ihm natürlich möglich ist) dies expressis verbis in das ändernde, d.h. den Rechtssprung verursachende Gesetz schreiben; so würde die vorgeschlagene Vorschrift einen diese Ausnahme betreffenden Begründungszwang schaffen[68].

Wie die Übergangsregelungen im Einzelfall aussehen sollten, wäre möglicherweise nicht für alle Fälle festzuschreiben. Optimal im Sinne des hier vertretenen Anliegens einer Verbesserung der Planbarkeit der Steuerkonsequenzen einer betriebswirtschaftlichen Disposition wäre zwar eine Festschreibung in Gestalt einer Weiteranwendung der vor dem Rechtssprung maßgebenden steuerrechtlichen Regelungen für die bereits disponierten, d.h. im Vorlauf- oder Realisationsstadium befindlichen Projekte. Jedoch kann man bei längerfristig wirksamen Dispositionen wohl billigerweise auch Anpassungsmaßnahmen des Steuerpflichtigen erwarten und deshalb fordern; werden sie nicht durchgeführt oder sind sie unmöglich, müßte eine allmähliche Überleitung auf den neuen Rechtszustand erfolgen[68].

Der große Vorzug dieser Lösung läge in ihrer Allgemeinheit; sie ersparte eine Fülle anderenfalls nötiger Einzelfallentscheidungen.

II. Gesetzliche Qualifizierung von belastenden Steuerrechtssprung-Konsequenzen als „Unbilligkeit"

In Anlehnung an die vom AEAO in den Ausführungen „Zu § 207" Nrn. 1 und 2[69] bereits angedeutete Lösung wäre - und zwar als generelle Regelung, aber mit Wirkung für Einzelfälle - in § 163 AO ausdrücklich zu vermerken, daß belastende Steuerrechtssprünge immer eine „Unbilligkeit" darstellen und deshalb eine abweichende Festsetzung von Steuern rechtfertigen bzw. notwendig machen; daß (auch) in diesem Zusammenhang eine Definition des Steuerrechtssprungs ratsam ist, die vor allem Änderungen der Rechtsprechung einschließt, sei ausdrücklich erwähnt[70].

Volle Dispositionssicherheit wäre damit zwar nicht erreicht; ermöglicht würde aber eine wesentliche Milderung der durch die Rechtssprünge eintretenden steuerlichen Ergebniswirkungen.

III. Einführung eines verbindlichen Vertrauensschutzbescheides

Will man die Dispositionssicherheitsregelungen noch weiter individualisieren, so bestünde schließlich die Möglichkeit, dem Steuerpflichtigen auf seinen begründeten und detaillierten Antrag hin einen verbindlichen „Vertrauensschutzbescheid"

---

[68] So auch Verf., Steuerliche Absicherung ..., (FN 9), S. 388, wo dieses Anliegen in einen Gesetzgebungsvorschlag umgesetzt worden ist (§ 163 Abs. 3 AO-Entwurf).

[69] AaO, (FN 57), S. 706.

[70] S. Verf., Steuerliche Absicherung ..., (FN 9), S. 388, wo die vorgeschlagene Regelung in einem § 163 Abs. 2 AO-Entwurf ihren Niederschlag gefunden hat.

zu erteilen, der nach dem Muster der verbindlichen Auskunft ausgestaltet sein könnte, allerdings mit drei wesentlichen Abweichungen[71]:

(1) Der Bescheid sollte **die** Steuerrechtslage „festschreiben", die im Dispositionszeitpunkt existiert, also nicht auf den gewöhnlich später liegenden Realisations(beginn)zeitpunkt bzw. auf den Zeitpunkt der Auskunftserteilung abstellen und so den Schutz auf die wichtige Phase 3 ausdehnen bzw. diesen sicherstellen.

(2) Er sollte gerade auch bei Steuerrechtssprüngen der Gesetzgebung Bestand haben.

(3) Eine Aufhebungs- oder Änderungsmöglichkeit für die Zukunft sollte nur gegeben sein, wenn der Steuerpflichtige zu einer die ungünstigen Folgen der ursprünglichen Disposition beseitigenden oder erheblich mildernden Dispositionsänderung in der Lage ist. Allerdings wären, um dem Gesetzgeber (nicht der Rechtsprechung und der Verwaltung!) den ihm gebührenden Handlungsspielraum zu lassen, zumutbare Tarifänderungen von der Bindungswirkung auszunehmen[72].

Gegenüber der Billigkeitsregelung hat dieser Vorschlag m.E. den Vorzug, bereits im vorhinein und nicht erst später Klarheit zu schaffen. Er entlastet außerdem die Verwaltung von späteren Ermessens-Überlegungen und ermöglicht so eine zügige Veranlagung. Um Mißbräuche zu vermeiden, könnte eine Gebühr erhoben werden[73].

F. Zusammenfassung

Steuerrechtssprünge sind unvorhersehbar eintretende Änderungen des geschriebenen, judizierten oder verwaltungsseitig praktizierten Rechts. Sie bewirken uneingrenzbare Ungewißheiten, die sich - im Gegensatz zu den eingrenzbaren Ungewißheiten - nicht mit den herkömmlichen Mitteln der betriebswirtschaftlichen Entscheidungstheorie kalkülisierbar machen lassen. Deshalb stellen sie eine erhebliche Gefahr für die betriebswirtschaftliche Steuerplanung dar. Mit dieser Gefahr hat sich das betriebswirtschaftliche Schrifttum bisher m.E. nicht intensiv genug beschäftigt; auch die einschlägige steuerrechtliche Literatur befaßt sich nur mit einem Teilgebiet der Problematik.

Die derzeit gegebenen Möglichkeiten zur Erlangung von Dispositionssicherheit in den einzelnen Phasen einer längerfristigen Disposition sind vorstehend analysiert worden. Das Ergebnis der Untersuchung besteht - grob zusammengefaßt - darin, daß gegen nichtsteuerliche belastende Ergebniswirkungen (z.B. aus Kosten

---

[71] S. näher Verf., Steuerliche Absicherung ..., (FN 9), S. 385f., 388f., und den dort vorgestellten § 163a AO-Entwurf.

[72] Vgl. den § 163a Abs. 4 AO-Entwurf in Verf., Steuerliche Absicherung ..., (FN 9), S. 386, 389.

[73] Vgl. den § 163a Abs. 5 AO-Entwurf in Verf., Steuerliche Absicherung ..., (FN 9), S. 386, 389.

verursachenden Dokumentationsmaßnahmen oder überflüssig gewordenen Investitionen) überhaupt keine Schutzmöglichkeit besteht, während die sog. Rückwirkungsrechtsprechung des BVerfG, § 176 AO, die verbindliche Auskunft nach dem BMF-Schreiben vom 24.6.1987 und die verbindliche Zusage nach § 204 AO einzelne steuerbelastungsverschärfende Wirkungen eines bestimmten Typs von Rechtssprüngen verhindern oder mildern können. Die Möglichkeiten zur Erreichung eines wichtigen Ziels der betriebswirtschaftlichen Steuerplanung, nämlich der steuerlichen Dispositionssicherheit, sind jedoch nicht umfassend genug. Es bestehen selbst hinsichtlich der steuerlichen Ergebniswirkungen eines Rechtssprunges deutliche Regelungslücken. Zur Schließung wichtiger Regelungslücken werden deshalb in diesem Beitrag Abhilfevorschläge gemacht, die sich an den Gesetzgeber wenden.

Sofortabschreibung, sofortiger Verlustausgleich und Marktlenkung von Risikokapital

Prof. Dr. *Dieter Schneider*, Ruhr-Universität Bochum

Problemstellung

Günter Wöhe sieht m. E. zu Recht die betriebswirtschaftliche Aufgabe der Anlagenabschreibung darin, „das gleiche oder ein funktionsgleiches Anlagegut nach Ablauf seiner wirtschaftlichen Nutzungsdauer wiederbeschaffen zu können“[1]. Diese Finanzierungsfunktion der Abschreibungen ist allerdings auf einer Sitzung des Ausschusses „Unternehmensrechnung“ im *Verein für Socialpolitik* (4./5. März 1988 in Essen) lebhaft bestritten worden, wenngleich als alternative Aufgabe nur gängige Lehrbuchphrasen genannt wurden, wie: Die planmäßigen Abschreibungen nach § 253 Abs. 2 HGB und die AfA nach § 7 EStG dienen zur Erfassung des Wertverzehrs bzw. einer Aufwandsverteilung oder (wenigstens sprachlich genauer:) einer Ausgabenverteilung über die Jahre der Nutzung hinweg.

Mit solchen Aussagen wird lediglich gesagt, was buchungstechnisch die Anlagenabschreibung darstellt. Aber es wird gerade eine Antwort auf die Frage umgangen, die *Wöhe* mit dem Verweis auf die Finanzierungsfunktion beantwortet: Warum soll ein Abschreibungsausgangsbetrag auf die einzelnen Abrechnungsperioden der geschätzten Nutzungsdauer verteilt werden?

Gewinnermittlungsregeln sind aus Grundsatzentscheidungen über die Wirtschaftsordnung abzuleiten. Dieser Beitrag betrachtet eine ordnungspolitische Norm „Marktlenkung von Risikokapital“ als vorgegeben und fragt: Wie müßte eine Verrechnung von Anlagenabschreibungen und Verlusten in der handels- und steuerrechtlichen Gewinnermittlung aussehen, wenn durch die Wirtschaftsordnung eine Marktlenkung von Risikokapital verwirklicht werden soll? Im folgenden steht die steuerliche Gewinnermittlung im Vordergrund. Was im weiteren zur Investitionsneutralität von Steuerzahlungen ausgeführt wird, kann aber auf die Gewinnverwendung allgemein erweitert werden, soweit Gewinnausschüttungen nicht Zielzahlungen (Entnahmen) für die in einer Unternehmung Entscheidenden (wie z. B. den Mehrheitsanteilseigner) darstellen. Die im folgenden ansatzweise untersuchte **Gewinnverwendungsneutralität der Gewinnermittlung** beschränkt sich handelsrechtlich also insbesondere auf Gewinnbeteiligungen nicht leitender Arbeitnehmer und von Minderheitsgesellschaftern bzw. Kleinaktionären, deren Auszahlungswünsche vom Management als lästig empfunden werden.

Teil A erörtert Marktlenkung von Risikokapital als ordnungspolitische Aufgabe und weist die in den letzten Jahren vielfach empfohlene Cash-flow-Besteuerung als Fata morgana für eine Wettbewerbsordnung zurück.

Teil B belegt, daß bei einem sofortigen Verlustausgleich, wie er zur Förderung der Risikobereitschaft bei Investitionen und damit zur Risikokapitalbildung wirtschaftstheoretisch geboten ist, eine Innenfinanzierung durch Verrechnung von Abschreibungen entbehrlich wird.

---

[1] *Günter Wöhe*: Bilanzierung und Bilanzpolitik. 7. Aufl., München 1987, S. 450.

Teil C zieht Folgerungen aus dem ordnungspolitischen Ziel einer Marktlenkung von Risikokapital für die planmäßige und verlustvorwegnehmende Abschreibungsverrechnung und damit zugleich für ausschlaggebende Bestandteile einer wirtschaftsordnungsbezogenen Bilanztheorie.

A. Marktlenkung von Risikokapital gegen Innenfinanzierung mittels Cash-flow-Besteuerung

I. Marktlenkung von Kapital durch Beschränkung der Innenfinanzierung

Wer mit *Adam Smith*, *Karl Marx* und den Modern Austrian Economics Wettbewerb als Rivalität unter Marktteilnehmern versteht[2], und im Wettbewerb eine Verwertung von Wissen sieht, das in einer Volkswirtschaft keiner in seiner Gesamtheit besitzt[3], für den verlangt eine wissenschaftliche Beschäftigung mit Wettbewerb per Definition eine Modellbildung mit Unsicherheit und einer Ungleichverteilung des Wissens. Nur bei ungleichem Wissensstand zwischen investierenden Unternehmungen, ihren Geldgebern und insbesondere auch zwischen diesen Kapitalmarktteilnehmern und dem Staat, der Finanzmärkte über Handels-, Wirtschafts- und Steuerrecht reguliert, kann überhaupt eine Wirtschaftsordnung bestehen, die auf Wettbewerb beruht.

Zum Glaubensbekenntnis einer Wettbewerbsordnung gehört, daß Marktlenkung insbesondere für das Risikokapital gewährleistet sein müsse[4]. Marktlenkung von Risikokapital betrifft die Allokation derjenigen Gelder für Investitionszwecke, die Gläubiger vor Verlustgefahren aus risikoreichen Investitionen schützen und als Insolvenzpuffer für „Festbetragsansprüche"[5], wie Zinsen tragende Schulden einer Unternehmung, dienen. Dabei ist im Auge zu behalten, daß sich eine marktwirtschaftliche Ordnung von einer nicht marxistisch-doktrinären, sondern z. B. konkurrenz-sozialistischen Wirtschaftsordnung in der Hauptsache nur noch durch die

[2] Vgl. näher *G. B. Richardson*: Adam Smith on Competition and Increasing Returns. In: Essays on Adam Smith, edited by *Andrew S. Skinner* and *Thomas Wilson*. Oxford 1975, S. 350-360; *John E. Elliott*: Continuity and change in the evolution of Marx's theory of alienation: from the Manuskripts through the Grundrisse to Capital. In: History of Political Economy, Vol. 11 (1979), S. 317-362; *Don Lavoie*: Rivalry and central planning. The socialist calculation debate reconsidered. Cambridge u.a. 1985, z.B. S. 22, 48.

[3] Vgl. *F. A. Hayek*: The Use of Knowledge in Society. In: The American Economic Review, Vol. 35 (1945), S. 519-530, hier S. 524 f.

[4] Vgl. *Ludwig Mises*: Neue Beiträge zum Problem der sozialistischen Wirtschaftsrechnung. In: Archiv für Sozialwissenschaft und Sozialpolitik, Band 51 (1924), S. 488-500, hier S. 495, gegen *Eduard Heimann*: Mehrwert und Gemeinwirtschaft, kritische und positive Beiträge zur Theorie des Sozialismus. Berlin 1922; *Don Lavoie* (Fn. 2), S. 164-178; *Alfred Schüller*: Eigentumsrechte, Unternehmenskontrollen und Wettbewerbsordnung. In: Ordo, Band 30 (1979), S. 325-346, hier S. 332.

[5] *Wolfgang Stützel*: Die Aktie und die volkswirtschaftliche Risiko-Allokation. In: Geld und Versicherung, hrsg. von *Michael Jung* u. a., Karlsruhe 1981, S. 193-211, hier S. 208.

Existenz von Kapitalmärkten unterscheidet, auf denen Profite aus Kapital ohne eigenen Arbeitseinsatz verdient werden können.

Marktlenkung von Risikokapital bedeutet an erster Stelle Beteiligungsfinanzierung statt Innenfinanzierung. Die Einkünfte aus Risikokapital sind vertraglich bzw. von Gesetzes wegen ergebnisabhängig, wobei hier zur Vereinfachung nur Finanzierungstitel mit ausschließlich ergebnisabhängigen Einkünften betrachtet werden, also keine Vorzugsaktien, Options- und Wandelrechte oder gewinnabhängig verzinsliche Darlehen.

Gebildet wird Risikokapital nicht nur über den Kapitalmarkt als Inbegriff sämtlicher Finanzmärkte, sondern in viel stärkerem Maße durch Innenfinanzierung in den Unternehmungen: zum ersten durch Nichtausschüttung ausgewiesener Gewinne (offene Selbstfinanzierung), zum zweiten durch Verstecken versteuerter Gewinne im handelsrechtlichen Jahresabschluß (stille Selbstfinanzierung) und zum dritten durch Vergünstigungen in den steuerrechtlichen Gewinnermittlungsvorschriften. So schaffen in Gewinnjahren steuerrechtliche Sonderabschreibungen, soweit sie tatsächlich Steuervergünstigungen darstellen, ebenso Risikokapital wie z. B. Rückstellungen für einen schwankenden Jahresbedarf in der Sachversicherung (§ 20 Abs. 2 KStG).

Die Konsequenzen einer Forderung nach Marktlenkung von Risikokapital für die Gewinnverwendung sind bekannt: Handelsrechtlich werden schärfere Zugriffsrechte über erhöhte Mindestausschüttungen, Ausschüttungszwang bis hin zu einer über den Gewinn hinausgehenden Verpflichtung zur Ausschüttung hierfür im Schrifttum diskutiert[6]. Die Abhängigkeit zwischen Ergebnisverwendung in Form offener oder stiller Selbstfinanzierung und Marktlenkung von Risikokapital bleibt in diesem Beitrag ausgeklammert. Obwohl ohne Änderungen der handelsrechtlichen Gewinnermittlung und Ergebnisverwendung Marktlenkung von Risikokapital kaum zu fördern ist, müssen auch die Wirkungen des Steuerrechts auf eine Marktlenkung von Risikokapital untersucht werden.

Marktlenkung von Risikokapital verlangt nicht nur Beschränkung der Innenfinanzierung in Form zurückbehaltener Gewinne. Marktlenkung von Risikokapital erfordert auch eine Prüfung, ob die Innenfinanzierung als Folge von Vorschriften zur steuer- und handelsrechtlichen **Gewinnermittlung** diesem ordnungspolitischen Ziel entspricht. Infrage zu stellen sind dabei vor allem die Regelungen zur

---

[6] Vgl. z. B. *F. A. Hayek*: The Corporation in a Democratic Society: In Whose Interest Ought It To and Will It Be Run? In: ders.: Studies in Philosophy, Politics and Economics. Chicago 1967, S. 300-312, bes. S. 307-309; *Schüller* (Fn. 4), bes: S. 334-336; *Dieter Reuter*: Welche Maßnahmen empfehlen sich, insbesondere im Gesellschafts- und Kapitalmarktrecht, um die Eigenkapitalausstattung der Unternehmen langfristig zu verbessern? In: Verhandlungen des Fünfundfünfzigsten Deutschen Juristentages, Bd. 1 (Gutachten). München 1984, B 1-B 122, bes. B 85 f.; *Paul Pütz, Hans Willgerodt*: Gleiches Recht für Beteiligungskapital. Baden-Baden 1985, z. B. S. 112-114; *Franz W. Wagner*: Ausschüttungszwang und Kapitalentzugsrechte als Instrumente marktgelenkter Unternehmenskontrolle? In: Kapitalmarkt und Finanzierung, hrsg. von *Dieter Schneider*, Berlin 1987, S. 409-425; ders.: Allokative und distributive Wirkungen der Ausschüttungskompetenzen von Hauptversammlung und Verwaltung einer Aktiengesellschaft. In: ZGR, Jg. 17 (1988), S. 210-239; *Günter Niedernhuber*: Ausschüttungsregelungen für Aktiengesellschaften - Eine ökonomische Analyse. Hamburg 1988.

Verrechnung von Verlustvorwegnahmen in Form von Teilwertabschreibungen und Rückstellungsbildungen sowie Sonderabschreibungen und sogar die planmäßige Absetzung für Abnutzung.

Demgegenüber geht der Hauptstrom wirtschaftstheoretischer Steuerreformüberlegungen von einer Verstärkung steuerbedingter Innenfinanzierung aus, denn es wird über eine Cash-flow-Besteuerung, also eine Steuerbemessungsgrundlage Einnahmenüberschuß einschließlich „Sofortabschreibung", sofortigem Verlustausgleich und „Steuerfreiheit von Zinsen" Investitionsneutralität zu erreichen versucht. Investitionsneutralität besagt: Steuerzahlungen sollen weder die Rangordnung in den Rentabilitäten der Investitionsvorhaben noch den Investitionsumfang beeinträchtigen.

II. Voraussetzungen einer Cash-flow-Besteuerung

Das Schrifttum empfiehlt die sogenannte Cash-flow-Besteuerung (oder flow-of-funds-Besteuerung)[7] regelmäßig nur im Rahmen einer Besteuerung von Unternehmungen als Institutionen, die zugleich selbständig steuerpflichtig sind. Obwohl meistens von „Corporate Taxation" geredet wird, darf nicht nur an den Kreis der nach irgendeinem (z. B. dem geltenden deutschen) Körperschaftsteuerrecht steuerpflichtigen Institutionen gedacht werden. Mit Unternehmungen als selbständig Steuerpflichtige sind also nicht nur Kapitalgesellschaften, Gewerbebetriebe der öffentlichen Hand, Vereine und andere dem deutschen Körperschaftsteuergesetz unterliegenden Institutionen gemeint oder Personengesellschaften, die in einzelnen anderen Ländern einer Körperschaftsteuer unterworfen sind. Wenn Investitionsneutralität erreicht werden soll, muß jedes investierende Unternehmen: Land- und Forstwirtschaft, freiberufliche Tätigkeit, der Einzelkaufmann und die Personengesellschaft, jeder, der in Grundstücke investiert, um Einkünfte aus Vermietung und Verpachtung zu erzielen, ja sogar der einzelne Steuerpflichtige als Sparer bzw. Börsenspekulant in seiner Investitionstätigkeit als „selbständig steuerpflichtiges Un-

---

[7] Vgl. *E. Cary Brown*: Business-Income Taxation and Investment Incentives. In: Income, Employment and Public Policy. Essays in Honor of Alwin H. Hansen, hrsg. von *Lloyd A. Metzler* u.a., New York 1948, S. 300-316, hier S. 304 f., 310; wiederabgedruckt in: Readings in the Economics of Taxation. London 1959, S. 525-537; ferner *Vernon L. Smith*: Tax Depreciation Policy and Investment Theory. In: International Economic Review, Vol. 4 (1963), S. 80-91; The Structure and Reform of Direct Taxation, Report of a Committee chaired by Professor *J.E. Meade*. London 1978, S. 230-245; *Robin Boadway, Neil Bruce* and *Jack Mintz*: Corporate taxation and the cost of holding inventories. In: Canadian Journal of Economics, Vol. 15 (1982), S. 278-293; dies.: On the Neutrality of Flow-of-funds Corporate Taxation. In: Economica, Vol. 50 (1983), S. 49-61; *John A. Kay, Mervyn A. King*: The British Tax System. 3rd ed., Oxford 1983, S. 185-189; *Robin Boadway* and *Neil Bruce*: A General Proposition on the Design of a Neutral Business Tax. In: Journal of Public Economics, Vol. 24 (1984), S. 231-239; *W.E. Diewert*: Neutral Business Income Taxation Revisited. Discussion Paper No. 85-01, January 1985. Department of Economics, University of British Columbia, Vancouver; *Hans-Werner Sinn*: Kapitaleinkommensbesteuerung. Tübingen 1985, z. B. S. 125-128, 302-306, 319-321; *Jochen Sigloch*: Abschreibungsfreiheit und Zinsbesteuerung. In: Kapitalmarkt und Finanzierung, hrsg. von *Dieter Schneider*. Berlin 1987, S. 169-186.

ternehmen" steuerrechtlich eingestuft werden. Verzichtet der Steuergesetzgeber an irgendeiner Stelle auf die Gleichbehandlung aller Investitionen, ergeben sich sofort Verstöße gegen eine Investitionsneutralität der Besteuerung.

Eine Cash-flow-Besteuerung, welche die Gleichgewichtsbedingungen für Investitionsneutralität sichert, verlangt folgende Voraussetzungen:

(1) Vollständige Kenntnis der Zahlungsströme und nur eine Zukunftslage wird betrachtet.

(2) Nichtüberwälzbarkeit: Die Zahlungsströme im Modell ohne Steuern gleichen denen bei Besteuerung (bis auf die Steuerzahlungen).

(3) Nichtenteignung: Das, was im Modell als Gewinn gilt, wird mit einem Grenzsteuersatz s belastet, wobei $1 > s \geqq 0$ ist.

(4) Der Grenzsteuersatz ist während des gesamten Planungszeitraums konstant und gleich hoch.

(5) Ein sofortiger Verlustausgleich erfolgt bei einem Ausgabenüberschuß in einem Zeitpunkt, und zwar in Höhe des Betrages Grenzsteuersatz mal Ausgabenüberschuß; insbesondere ist eine solche Zubuße des Fiskus für die Anfangsinvestitionsausgabe erforderlich.

(6) Steuerzahlungen werden im Zeitpunkt eines Einnahmenüberschusses, steuerliche Verlustzubußen im Zeitpunkt eines Ausgabenüberschusses geleistet.

(7) Der Zahlungssaldo eines Investitionsvorhabens gilt in jedem Zahlungszeitpunkt als Steuerbemessungsgrundlage: ein Einnahmenüberschuß als zu versteuernder Gewinn, ein Ausgabenüberschuß als anteilig mit dem Grenzsteuersatz auszugleichender Verlust. Im Unterschied zur Besteuerung des kapitaltheoretischen Gewinns fehlt jeder Periodisierungsbetrag. Aufgrund dieses übervereinfachend als „Sofortabschreibung" bezeichneten Sachverhaltes löst bereits die Anfangsinvestitionsausgabe in t_0 eine steuerbedingte Innenfinanzierung aus: Minderung der Steuerzahlungen aus früheren Investitionen oder Verlustausgleichszahlungen des Fiskus.

(8) Der Kalkulationszinsfuß entspricht dem Konkurrenzgleichgewichtspreis für die einjährige Geldüberlassung und ist nach Steuern von der Höhe des konstanten Grenzsteuersatzes unabhängig. Gleichgültig, ob der Steuersatz 0, 50 oder 90% beträgt, stets muß der betriebswirtschaftlich richtige Kalkulationszinsfuß dem Konkurrenzgleichgewichtszins vor Steuern gleichen.

Werden die unkorrigierten Zahlungssalden aus einer Investition besteuert (7) und bleibt der Kalkulationszinsfuß „steuersatzunabhängig" (8), so gilt: Die Rangordnung der einzelnen Investitionsvorhaben wird dann durch die Besteuerung nicht verändert, wenn die Rendite nach Steuern gleich der Rendite vor Steuern ist, also ein Steuerkeil verschwindet. Wenn r die Rendite vor Steuern, r_s die Rendite nach Steuern, i den Konkurrenzgleichgewichtspreis für die einperiodige Geldüberlassung beim Steuersatz 0 und i_s den Kalkulationszinsfuß bei positivem Steuersatz bezeichnet, so gilt in diesem Modell für sämtliche Investitionen:

$$r = r_s \geq i = i_s. \tag{1}$$

Die Bedingung, daß die Rendite vor Steuern der Rendite nach Steuern entspricht, läßt sich dadurch erreichen, daß die Besteuerung proportional zum Steuersatz sowohl den Ertragswert der Investition als auch deren Anschaffungsausgaben kürzt. Also sind bei 50% Steuersatz sowohl der Ertragswert als auch die Anschaffungsausgaben durch den Abzug von Steuerzahlungen und das Einschießen eines steuerlichen Verlustausgleichs zu halbieren, bei 90% Steuersatz wären Ertragswert und Anschaffungsausgaben mittels Steuerzahlungen und steuerlichem Verlustausgleich zu dezimieren. Offensichtlich läßt jede Kürzung eines jeden Zahlungssaldos in jedem Zahlungszeitpunkt proportional zum konstanten Grenzsteuersatz die Rendite unverändert.

Um die Anwendungsmöglichkeiten des Modells einer investitionsneutralen Cash-flow-Besteuerung zu erkennen, muß zunächst der Sprachgebrauch geklärt werden bei der Bedingung (7), die als die Bemessungsgrundlage den Zahlungsstrom einer Investition benennt.

Die Bezeichnung „Cash-flow"-Besteuerung bzw. Einnahmenüberschußrechnung mit „Sofortabschreibung" bei Steuerfreiheit von Zinsen schafft hinsichtlich der Begriffe „Cash-flow" und „Sofortabschreibung" Mißverständnismöglichkeiten. Da angelsächsische Finanztheoretiker ebenso nachlässig in der Begriffsbildung (d. h. im Bedeutungsinhalt) für die benutzten Symbole sind wie sorgfältig in deren mathematischer Handhabung, müssen beide Begriffe erklärt werden, um die Pferdefüße dieses Steuerrechtssystems zu erkennen:

(a) Cash-flow ist hier ein Zahlungssaldo. Nicht gemeint ist das, was in Bilanzanalysen auch als Cash-flow bezeichnet wird: Teil einer Kapitalflußrechnung, die auf Änderungen in aufeinanderfolgenden Bilanzen und Gewinn- und Verlustrechnungen aufbaut.

(b) Was Zahlungen sind, ist nicht eindeutig, weil unterschiedliche Geldbegriffe benutzt werden können. Als Übereinkunft empfiehlt sich, als Zahlungen nur Änderungen von Zentralbankguthaben und in der Geldmenge M_1 während eines Abrechnungszeitraums anzusehen. Die Geldmenge M_1 besteht aus Bargeld und Sichteinlagen bei Kreditinstituten sowie Postscheckguthaben[8].

(c) Nicht alle Ausgaben im Sinne einer Abnahme der Geldmenge M_1 und der Zentralbankguthaben bei einer Unternehmung während einer Abrechnungsperiode dürfen in den zu besteuernden Cash-flow eingehen:
- Lebenshaltungsausgaben des Unternehmers bzw. allgemeiner: Entnahmen der Gewinnempfänger sind dem Cash-flow zuzuzählen; denn solche Entnahmen während einer Abrechnungsperiode stellen eine Vorwegnahme der Gewinn- bzw. Einkommensverwendung dar.
- Zahlungen an Geldgeber in Finanzmärkten sind nicht vom steuerpflichtigen Cash-flow abzuziehen. In einem solchen Modell bleiben auch Zahlungen von Geldgebern in Finanzmärkten, also z. B. Einlagen (einschließlich der stillen Beteiligung des Fiskus über einen sofortigen Verlustausgleich) außerhalb des Steuerpflicht auslösenden Cash-flows. In diesem Modell beschränkt sich die steuerliche Rechnungslegung auf einen „realwirtschaftlichen Zahlungsstrom", in dem Zahlungen für die Finanzierung: für Schulden und Beteiligungskapital, nicht berücksichtigt sind. Wie hierbei die Bedin-

[8] Vgl. Monatsberichte der Deutschen Bundesbank, Jg. 39 (1987), Nr. 12, Statistischer Teil, S. 2 f.

gung (8), ein steuersatzunabhängiger Kalkulationszinsfuß, eingehalten werden kann, wird in Abschnitt IV erörtert.

- Ausgaben für Finanzinvestitionen durch eine Unternehmung und Einnahmen hieraus werden vom Schrifttum mitunter aus der Berechnung des zu versteuernden Cash-flows herausgenommen[9]. Ein solches Vorgehen erzwänge ein Nebeneinander zweier Buchhaltungen, einer für steuerpflichtige und einer für steuerfreie Investitionszahlungen. Praktisch ergäben sich zahlreiche Abgrenzungsprobleme, z. B.: Bewirkt eine 51% Beteiligung an einem Lieferanten steuerpflichtige oder steuerfreie Zahlungen? Derartige Abgrenzungsfragen öffnen regelmäßig Chancen zu einer Arbitrage gegen das Steuerrecht. Um solchen vermeidbaren Einwänden gegen eine Cash-flow-Besteuerung zu begegnen, werden hier alle Zahlungen aus Investitionen einer Unternehmung in den zu versteuernden Cash-flow einbezogen.

(d) Die Minderung des steuerpflichtigen Betrags in Höhe der Anfangs-Investitionsausgabe als „Sofortabschreibung“ zu bezeichnen, ist zumindest bilanzrechtlich nicht korrekt. Nach geltendem Bilanzrecht wird eine Anlage aktiviert im Zeitpunkt der Inbetriebnahme. Sofortabschreibung bedeutet Aufwandsverrechnung des aktivierten Betrages im Zeitpunkt der Inbetriebnahme. Die Inbetriebnahme kann aber um Jahre vor oder nach der ersten Teilzahlung für eine Investition liegen. Die „Sofortabschreibung“ im Modell der Cash-flow-Besteuerung betrifft die gewinnmindernde Verrechnung von Ausgabensalden in einzelnen Zahlungszeitpunkten und nicht die Ausbuchung der gemäß Bilanzrecht zu aktivierenden „Anschaffungs- oder Herstellungskosten“ im Zeitpunkt der Inbetriebnahme.

(e) Sobald irgendein Investitionsvorhaben in seinen „realwirtschaftlichen“ Zahlungsströmen abgebildet und damit in das Modell ausdrücklich aufgenommen wird, ist es „sofort abzuschreiben“. „Sofortabschreibung“ muß nicht nur für abnutzbare Anlagen, sondern auch für nicht bebaute Grundstücke, Finanzanlagen, Vorräte und Forderungen erfolgen, sobald diese als Investitionsvorhaben angesehen werden. Schließlich gibt es keinen ökonomischen Grund, der - außer durch den Verlauf der Zahlungsströme - abschreibungsfähige „abnutzbare“ von nicht abschreibungsfähigen „nicht abnutzbaren“ Wirtschaftsgütern = Investitionsvorhaben zu trennen erlaubt. Investitionsneutralität läßt sich nur für Investitions- bzw. Finanzierungsvorhaben, abgebildet in Zahlungsströmen, definieren. Anders ausgedrückt: **„Sofortabschreibung“ ist für alle Wirtschaftsgüter geboten, die nicht zur Geldmenge M_1 zählen** (Zentralbankguthaben darin eingeschlossen).

III. Das Ausmaß innenfinanzierter Investitionen durch „Sofortabschreibung“

Da „Sofortabschreibung“ jene Korrektur bildet, die Investitionsneutralität bei einer Besteuerung von Einnahmenüberschüssen wahrt, werden die Erträge einer Investition, also auch Zins- und Tilgungseinnahmen aus Finanzanlagen, steuerpflich-

---

[9] Vgl. *Meade* (Fn. 7), S. 232.

tig. Dies bedeutet, daß auch eine explizit in einen Finanzplan aufgenommene Wiederanlage, z. B. der Steuererstattung aufgrund der Sofortabschreibung, sich nur mit $(1-s)i$ verzinst. Dieser Sachverhalt kann erhebliche Verständnisschwierigkeiten schaffen, denn

- einerseits wurde in Bedingung (8) der Kalkulationszinsfuß als steuersatzunabhängig eingeführt und damit behauptet, Erträge aus Finanzanlagen seien „steuerfrei",
- andererseits wird jetzt verkündet: Finanzanlagen unterliegen wie alle anderen Investitionen der Sofortabschreibung und ihre Einnahmenüberschüsse sind steuerpflichtig, sobald sie in einen Finanzplan aufgenommen werden und damit (weil im Modell Plan = Ist gilt) in die steuerrechtliche Einnahmenüberschußrechnung einzubeziehen sind.

Die Verständnisschwierigkeiten lösen sich, wenn man zwischen der ökonomischen Wirkung (Nettoverzinsung zu i, also steuerunabhängiger Kalkulationszinsfuß) und der steuerrechtlichen Handhabung unterscheidet, die, abgebildet in einem vollständigen Finanzplan, diese ökonomische Wirkung erzeugt:
Für jede Investition, deren Rendite im „exogen vorgegebenen" Kalkulationszinsfuß abgebildet wird, gilt: Deren Einnahmenüberschüsse sind beim Empfänger **im Ergebnis** steuerfrei. Dieses Ergebnis kommt wie folgt zustande:

Wird irgendeine Investition: Maschinen, unbebaute Grundstücke, Beteiligungen, Darlehen, ausdrücklich in ihren Zahlungsströmen wie in einem Finanzplan abgebildet, gehen ihre Zahlungen in den steuerpflichtigen Cash-flow ein. Dies bedeutet: Die Investitionsausgabe führt zu einem steuerlichen Aufwand in gleicher Höhe. Die so ersparte Steuerzahlung (der Zuschuß des Fiskus) ist sofort wieder anzulegen. Dabei wird vorausgesetzt, die Investition der ersparten Steuerzahlung sei nur zum Konkurrenzgleichgewichtspreis für die einperiodige Geldüberlassung i möglich. Sobald die Zahlungsströme einer solchen Investition versteuert werden, sinkt ihre Rendite nach Steuern, aber vor Berücksichtigung der Sofortabschreibung, auf $(1-s)i$. Diese versteuerte Rendite ist auch von der Wiederanlage der Steuererstattungen wegen einer Sofortabschreibung zu erzielen. 1 000 DM Anfangsinvestitionsausgaben lösen bei 50% Grenzsteuersatz 500 DM Einzahlung des Fiskus als anteiligen Verlustausgleich aus. Werden die 500 DM eine logische Sekunde später investiert, erzielen sie wiederum $(1-s)i$ und verursachen erneut einen anteiligen Verlustausgleich von diesmal 250 DM. Werden diese 250 DM eine logische Sekunde später investiert, erzielen sie $(1-s)i$ und bewirken diesmal einen anteiligen Verlustausgleich von 125 DM usw. Als Summe dieser unendlichen geometrischen Reihe errechnen sich die ersparten Steuerzahlungen bzw. Steuererstattungen der gedanklich in einem Zeitpunkt zusammengerafften Sofortabschreibungen mit Reinvestition auf den Betrag $sI/(1-s)$, d. h. bei $s = 50\%$ auf den Betrag der Anfangsinvestitionsausgabe, bei $s = 90\%$ auf das Neunfache.

Die Rendite dieser Wiederanlagen gleicht $(1-s)i$ für den Betrag $sI/(1-s)$. Aus $(1-s)i\ sI/(1-s)$ folgt eine versteuerte Einnahme von isI bzw. eine versteuerte Rendite von is. Versteuerte Rendite der Investition vor Sofortabschreibung $(1-s)i$ und versteuerte Rendite aus sämtlichen sofort reinvestierten Steuererstattungen is addieren sich zu: $(1-s)i+is=i$.

Damit löst sich der „Widerspruch" auf zwischen der Annahme steuerfreier Zinseinnahmen einerseits und der steuerrechtlichen Sofortabschreibung auf sämtliche Investitionen, einschließlich Finanzanlagen mit steuerpflichtigen Zinseinnahmen, andererseits.

Die unendliche Reihe von Wiederanlagen aus Steuererstattungen aufgrund der steuerrechtlichen Sofortabschreibung beweist zugleich, daß bei einer **Cash-flow-Besteuerung Investitionsneutralität hinsichtlich des Investitionsumfangs nicht gewahrt wird**. Damit die Rendite nach Steuern der Rendite vor Steuern gleicht, müssen zusätzlich zur Anfangsinvestitionsausgabe I in deren Zeitpunkt sämtliche Steuererstattungen auf die Sofortabschreibung in einer unendlichen geometrischen Reihe reinvestiert werden. Damit beträgt der Investitionsumfang U insgesamt

$$U = I + \frac{sI}{1-s} = \frac{I}{1-s}, \tag{3}$$

also bei s = 50% das Doppelte der Anfangsinvestitionsausgabe I, bei s = 90% das Zehnfache. Eine Cash-flow-Besteuerung gewährleistet somit **lediglich die Gleichgewichtsbedingung** für den Investitionsumfang $r = r_s = i = i_s$. Aber sie erreicht dies nur **durch eine zum Versteuerungsfaktor (1−s) umgekehrt proportionale Ausweitung des Investitionsumfangs**: Werden ohne Steuern 3 Hochöfen und 4 Tanker investiert, so sind es bei 50% Steuersatz 6 Hochöfen und 8 Tanker oder eine den gleichen Investitionsumfang bewirkende Mischung; beim Steuersatz 90% 30 Hochöfen und 40 Tanker usw. Die sog. Investitionsneutralität der Cash-flow-Besteuerung führt also einen steuerbedingten Kapazitätseffekt der Investitionen auf das 1/(1−s)-fache herbei!

Der Sachverhalt, daß eine Cash-flow-Besteuerung gegenüber einer Nichtbesteuerung oder einer Besteuerung des kapitaltheoretischen Gewinns einen um das 1/(1−s)-fache höheren Investitionsumfang erzwingt, ist ein starkes Argument gegen ihre praktische Verwirklichung; denn es ist nicht einzusehen, warum im Verhältnis zur Erhöhung des Grenzsteuersatzes gleichzeitig die sich mindestens zum Konkurrenzgleichgewichtszins rentierenden Investitionsvorhaben steigen sollen.

Länder, die zeitweise Sofortabschreibung oder eine fast-Sofortabschreibung (beschleunigte Abschreibungen) einführten, haben die Erfahrung gemacht, daß im Konjunkturablauf die Investitionen zyklisch stark schwankten. Die steuerbedingte Ausweitung des Investitionsumfangs kann als eine Erklärung für diese Beobachtung angesehen werden[10].

Warum die Ausweitung der Investitionen auf das 1/(1−s)-fache als elementarer Verstoß gegen Investitionsumfangs-Neutralität von den Anhängern einer Cash-flow-Besteuerung nicht erkannt wurde, ist schwer zu verstehen. Vermutlich hat ein sturer Glaube an die Unfehlbarkeit einer Gleichgewichtsbedingung die Autoren so stark geblendet, daß sie die Folgen aus der Gleichgewichtsbedingung für das tatsächliche Investitionsvolumen übersahen.

---

[10] Schweden, 1938-1951, Großbritannien 1972-84, vgl. zu Schweden *Nils Västhagen*: Das Experiment der Abschreibungsfreiheit in Schweden. Wiesbaden 1961.

IV. Steuersatzunabhängiger Kalkulationszinsfuß und steuerbedingter Renditenhebel

Bedingung (8), der steuersatzunabhängige Kalkulationszinsfuß, wurde bisher dahin erläutert, daß die Geldgeber Erträge als Folge von Finanzierungsverträgen über Schuldtitel oder Beteiligungen steuerfrei empfangen. Vier Einwände sprechen gegen die Realisierbarkeit der Bedingung (8):

(a) Erträge aus Finanzanlagen dürfen beim Steuerpflichtigen nur insoweit steuerfrei sein, als ihre Rendite dem Konkurrenzgleichgewichtspreis für die einjährige Geldüberlassung entspricht (das *Meade-Committee* berücksichtigt dies insoweit als es mit einer Steuerfreiheit von Zinsen, wie sie Staatsanleihen erbringen, argumentiert). Da Konkurrenzgleichgewichtspreise nicht beobachtet werden können, stellt sich die Frage: Welche Zins- und Gewinnanteilszahlungen sind steuerfrei zu halten und welche nicht? Würde jede beliebige Zins- oder Dividendenhöhe steuerfrei gestellt, ließe sich jede Steuerzahlung in den Unternehmungen auf doppelte Weise vermeiden:

- Alle vor Ende des Steuerjahres zu erwartenden Gewinne werden reinvestiert und die Investitionen sofort abgeschrieben. Soweit damit in der Unternehmung Steuerzahlungen vermieden werden, steigt der Kurs von Anteilsrechten auf einem vollkommenen Kapitalmarkt im Gleichgewicht. Steuerfreiheit von Erträgen aus Finanzanlagen impliziert Steuerfreiheit von Kursgewinnen.
- Falls diese Innenfinanzierung nicht erfolgt, könnten überhöhte Zinsen auf Gesellschafterdarlehen gezahlt werden bzw. über Verträge, die Wandel- und Optionsanleihen koppeln, Einnahmenüberschüsse aus Investitionen in der Rechtsform steuerfreier Zinszahlungen die Unternehmung verlassen, was nur durch sehr umfangreiche, komplizierte Rechtsetzungen verhindert werden könnte.

(b) Praktisch erfolgen Zahlungen an Fremdkapitalzinsen nicht nur als jährliche Zahlungen, sondern es werden z. B. Anleihen mit Disagio ausgegeben bis hin zu Zerobonds. Damit Steuerfreiheit genau des Konkurrenzgleichgewichtspreises für einjährige Geldüberlassung erreicht wird, sind über mehrere Perioden sich erstreckende Vergütungen in einen „ökonomischen" (kapitaltheoretischen) Gewinn dieser Finanzierungstitel umzurechnen. Bei einer Anleihe mit Disagio ist also z. B. der negative Ertragswert zu berechnen und es hat eine Ertragswertzuschreibung zu erfolgen, die das steuerfreie Zinseinkommen erhöht. Rechtsgestaltungen in Finanzierungsverträgen wie z. B. ein Disagio, aber auch eine teilweise Tilgung während der Laufzeit eines Kredits, schränken einen für die Cash-flow-Besteuerung immer wieder herausgehobenen Vorteil ein: die steuertechnische Einfachheit; denn jede Zahlung an die Geldgeber, die vom kapitaltheoretischen Gewinn abweicht, verlangt eine Berechnung des kapitaltheoretischen Gewinns bei jedem solchen Finanzierungsvertrag, um Investitionsneutralität zu bewahren mittels steuerfreier „Zinsen" (=kapitaltheoretische Gewinne bei mehrperiodiger Finanzierung, die den jährlichen Konkurrenzgleichgewichtspreisen entsprechen).

Bei Beteiligungsfinanzierung kommen in den USA z. B. heute Steuerersparnisse dadurch vor, daß Gewinne zum Rückkauf von Aktien durch das Unternehmen verwandt werden, anstatt zu Dividendenzahlungen[11], was in Deutschland aktienrechtlich unzulässig wäre. Kurssteigerungen aus Rückkäufen von Aktien, die aus Geldern finanziert werden, die ohne Steuern als Dividenden ausgeschüttet worden wären, verlangen in gleicher Weise die Berechnung von Ertragswertabschreibungen, damit Steuerfreiheit nur für den jährlichen Konkurrenzgleichgewichtspreis für die Risikokapitalüberlassung gewährt wird.

(c) Sobald Finanzierungserträge steuerfrei gestellt oder über Sofortabschreibung praktisch eine Steuerfreiheit der Investitionsrendite, zumindest in Höhe des Konkurrenzgleichgewichtszinssatzes, erreicht wird, darf bei einer Unternehmung als selbständigem Steuerpflichtigen der Finanzierungsaufwand nicht den steuerpflichtigen Gewinn mindern. Fremdkapitalzinsen sind wie Dividendenzahlungen aus versteuertem Gewinn zu leisten, also bei der Ermittlung des steuerpflichtigen Gewinns nicht abzugsfähig. Die Bedingung der Nichtabzugsfähigkeit von „Zinsen" ist notwendig, damit nicht in der Unternehmung als selbständig Steuerpflichtigem der Kalkulationszinsfuß durch die Besteuerung sinkt und eine nochmals das Investitionsvolumen erhöhende Gleichgewichtsbedingung $r = r_s \geq (1-s)i$ entsteht.

Doch hier kann sich folgende Verständnisschwierigkeit ergeben: Wenn eine Unternehmung selbst Steuerpflichtiger ist und einen Konkurrenzgleichgewichtspreis von z. B. $i = 6\%$ an Kapitalmarktteilnehmer zu zahlen hat, dann bewirkt die Besteuerung doch in der Unternehmung eine Mindestrenditenerhöhung von $i/(1-s)$; bei einem Grenzsteuersatz von 60% wären also in der Unternehmung 15% vor Steuern zu verdienen, um 6% steuerlich nicht abzugsfähigen Aufwand zahlen zu können. Während bei einem Steuersatz von Null 6% Verzinsung die Renditegrenze für Investitionen bilden, müßte diese bei 60% Steuersatz auf 15% steigen, und damit könnte von Investitionsneutralität nicht mehr gesprochen werden. Warum gilt die Mindestrenditenerhöhung für Unternehmensinvestitionen bei einer Cash-flow-Besteuerung nicht?

Die Bedingung für die Mindestrenditenerhöhung für Unternehmensinvestitionen gilt natürlich auch bei einer Cash-flow-Besteuerung. Es muß nur beachtet werden, daß die Mindestrenditenerhöhung auf das auf dem Kapitalmarkt aufgenommene Geld zu beziehen ist. Dieses Geld hat zunächst mindestens eine Rendite von 6% vor Steuern zu erbringen. Zusätzlich bewirkt die Sofortabschreibung mit steuerlichem Verlustausgleich Steuerminderzahlungen oder Steuererstattungen, die sofort investiert werden müssen und insgesamt das Investitionsvolumen aus jeder auf dem Kapitalmarkt aufgenommenen Mark auf einen Investitionsumfang von $1/(1-s)$ erhöhen. Die von der Unternehmung verdiente Mindestrendite beträgt damit

$$6\% \times \frac{1}{1\text{-}0{,}6} = 15\%.$$

Als Folge der Sofortabschreibung mit sofortiger Reinvestition, erneuter Sofortabschreibung und Reinvestition usw. tritt eine Art steuererstattungsbedingter

11 Vgl. *John B. Shoven*: The Tax Consequences of Share Repurchases and Other Non-Dividend Cash Payments to Equity Owners. In: Tax Policy and the Economy, Vol. 1, ed. by *L. Summers*, National Bureau of Economic Research, Cambridge (Mass.) 1986, S. 29-54; *Laurie Simon Bagwell* and *John B. Shoven*: Cash Distributions Shareholders. Arbeitspapier April 1988, wird veröffentlicht in: Journal of Economic Perspectives.

„Renditenhebel“ analog zum Verschuldungshebel ein. Dieser Renditenhebel sichert, daß eine steuerbedingte Mindestrenditenerhöhung für das auf dem Kapitalmarkt aufgenommene Geld erreicht wird, ohne den über den Kapitalmarkt finanzierten Investitionsumfang gegenüber einer Welt ohne Steuern zu beeinträchtigen.

Dieser Renditenhebel ist aber praktisch nicht zu verwirklichen: Dazu müßten die Steuererstattungen durch den Fiskus und die Wiederanlage der anteilig erstatteten Investitionsausgabe zeitgleich mit der Anfangsinvestitionsausgabe anfallen. Die Steuererstattung für eine Investition kann aber frühestens nach einem Einkommen- oder Körperschaftsteuervorauszahlungstermin erfolgen, und hierbei nur für die bis zu diesem Zeitpunkt bereits durchgeführten Investitionen. Selbst wenn die Investitionsplanung kaum Zeit beanspruchen sollte, könnte bei der günstigsten steuertechnischen Annahme (Steuererstattung in jedem Vorauszahlungszeitpunkt) eine Investition im ersten Vierteljahr erst zu einer Steuererstattung in Form einer verringerten Einkommen- oder Körperschaftsteuervorauszahlung zu Beginn des zweiten Vierteljahres führen und damit im zweiten Vierteljahr die erste Reinvestition ermöglichen. Deren Steuererstattung flösse zu Beginn des dritten Vierteljahres zu und erlaubt in diesem die zweite Reinvestition usw. Zusätzliche Investitionen zu planen, erfordert aber regelmäßig Zeit, die durch Liefer- und Inbetriebnahmefristen noch erweitert wird. Damit bleibt dann in jedem Fall eine durch die Besteuerung bedingte Minderung der Rentabilität nach Steuern.

V. Wettbewerbsfeindlichkeit der Cash-flow-Besteuerung

Cash-flow-Besteuerung maximiert die Innenfinanzierung zu Lasten einer Marktlenkung von Risikokapital. Deshalb ist eine Cash-flow-Besteuerung wettbewerbsfeindlich, solange nicht das Handels- und Gesellschaftsrecht in der Weise revolutioniert ist, daß Zwangsausschüttungen bzw. anteilige Kapitalrückzahlungen gesetzlich vorgeschrieben werden. Wettbewerb ist zudem nur bei Unsicherheit und Ungleichverteilung des Wissens unter Marktteilnehmern denkbar. Für vernünftige Entscheidungen unter Ungewißheit ist aber bei Risikoabneigung der Investoren längst erwiesen, daß Sofortabschreibung nicht investitionsneutral wirkt. Sie kann sogar die Risikobereitschaft mindern[12]. In den Beweisen, daß eine Cash-flow-Besteuerung auch für einzelne Modellierungen von Ungewißheit investitionsneutral wirke, wird angenommen, die geplante Rendite entspreche dem steuerfreien Marktzinssatz, daher muß der Kapitalwert, der Steuerzahlungen auslösen könnte, null sein. Solche Modellierungen bieten als Erkenntnis eigentlich nur die Trivialität, daß Investitionen dann durch die Besteuerung nicht beeinträchtigt werden, wenn Investitionen keine Steuerzahlungen zur Folge haben.

---

[12] Vgl. *Dieter Schneider*: Investition und Finanzierung. 5. Aufl., Wiesbaden 1980, S. 338-346. Zur behaupteten Neutralität unter Ungewißheit vgl. *G. Fane*: Neutral Taxation under Uncertainty. In: Journal of Public Economics, Vol. 33 (1987), S. 95-105, bes. S. 97-101; *Wolfram F. Richter*: Comment on G. Fane: „Neutral Taxation under Uncertainty“. Arbeitspapier, Dortmund, September 1987.

Cash-flow-Besteuerung für Unternehmungen wird vor allem deshalb empfohlen, weil darin eine zweckmäßige Teil-Erhebungstechnik für eine persönliche Konsumausgabensteuer gesehen wird. Ausschlaggebend ist hierbei, daß nur in einem vollkommenen und vollständigen Kapitalmarkt im Gleichgewicht eine persönliche Konsumausgabensteuer Art und Ausmaß von Investitionen nicht beeinträchtigt. In einer Welt, in der Liquiditätsprobleme existieren und in der Geld für Investitionszwecke folglich auch über Konsumverzicht gebildet werden muß, erzwingt bei gegebener Konsumsumme eine persönliche Konsumausgabensteuer Konsumverzicht[13]. Dies mindert die Investitionen des nicht staatlichen Bereichs in einer Volkswirtschaft. Da eine Cash-flow-Besteuerung nur einen von mehreren Wegen bezeichnet, um ein Steuerrecht zu konstruieren, das die persönlichen Konsumausgaben als hauptsächliche Maßgröße steuerlicher Leistungsfähigkeit ansieht, bedeutet eine Ablehnung der Cash-flow-Besteuerung noch keine Entscheidung gegen eine persönliche Konsumausgabensteuer. Doch solange Liquidität beschränkt ist, wird eine persönliche Konsumausgabensteuer nicht den Anspruch erfüllen, investitionsneutral zu sein.

Wettbewerb kann nur in einem Noch-nicht-Gleichgewicht stattfinden. Investitionsneutrale Modell-Steuersysteme setzen jedoch einen vollkommenen und im Hinblick auf die Versicherbarkeit von Risiken vollständigen Kapitalmarkt im Gleichgewicht voraus. Für das Ableiten von Handlungsempfehlungen zur Steuerrechtspolitik gilt:

Modelle zu einer investitionsneutralen Besteuerung erweisen sich damit außerhalb vollkommener und vollständiger Finanzmärkte im Gleichgewicht, also unter Wettbewerb, als Fata morgana. Das heißt: Modelle mit investitionsneutraler Besteuerung informieren nicht über die Richtung des einzuschlagenden Weges einer allokationsverbessernden Unternehmensbesteuerung, die unter Wettbewerb eine Tendenz zum Wegschwemmen von Unternehmergewinnen durch die Konkurrenz fördern, zumindest nicht behindern soll. Der Weg zur **Errichtung** eines Gleichgewichtszustandes aus einem beobachtbaren Ungleichgewicht, in dem Unternehmer wegen erwarteter positiver Kapitalwerte investieren, ist nicht durch (Steuer-) Rechtsetzungen vorgezeichnet, die lediglich für den Nullpunkt von Wettbewerb (den Gleichgewichtszustand selbst) mathematisch als notwendig abgeleitet worden sind.

B. Entbehrlichkeit von Abschreibungen bei sofortigem Verlustausgleich

Statt als Norm für Steuerrechtsänderungen die Fata morgana einer Investitionsneutralität der Besteuerung weiter modellmäßig zu entfalten, erscheint eine andere Forschungsstrategie fruchtbarer: Wettbewerb ist per Definition mit Unsicherheit

---

[13] Vgl. *Dieter Schneider*: Wachstumsneutrale Unternehmensbesteuerung bei Wettbewerb und als Principal-Agent-Problem. In: ZfbF, Jg. 39 (1987), S. 431-454, hier S. 435-440.

und Ungleichverteilung des Wissens und folglich mit Liquiditätsproblemen behaftet. Deshalb ist nach Steuerrechtssystemen zu suchen, die bei rationaler Unternehmungsplanung zwar möglichst wenig die Rangordnung in den Rentabilitäten der Investitionsvorhaben verzerren, aber den mit Investitionsneutralität verbundenen Anspruch aufgeben, daß der Umfang der Investitionen durch die Besteuerung nicht beeinträchtigt werden dürfe.

Sobald Liquidität zum Problem wird, ist eine Voraussetzung dafür, daß Steuerzahlungen die Rangordnung von Investitionsvorhaben nicht verzerren, daß die Zwangsausgaben aus den Investitionseinnahmen bezahlt werden können. Die Vermögensteuer und andere nicht einnahmen- bzw. gewinnabhängige Steuern sind somit durch eine aufkommensgleiche Steuer zu ersetzen, deren Bemessungsgrundlage der erzielte Einnahmenüberschuß nach Durchführung der Investitionen - aber unter vorläufiger Ausklammerung der Investitionsausgaben - bildet. Wie die Investitionsausgabe als Aufwand zu verrechnen ist, hängt von der betriebswirtschaftlichen Aufgabe ab, die eine solche Abschreibungsverrechnung erfüllen soll.

In einer Wettbewerbsordnung ist der ökonomische Sinn eines steuerlichen Abschreibungsverfahrens aus dem Zweck steuerlicher Rechnungslegung herzuleiten: Einkommensbemessung. Für ein handelsrechtliches Abschreibungsverfahren wäre zusätzlich zu prüfen, ob ein aus der (handelsrechtlichen) Einkommensbemessung abgeleitetes Abschreibungsverfahren wegen einer über die Einkommensbemessung hinausreichenden Informationsfunktion im Hinblick auf die Berichterstattung zu ergänzen wäre. Nachdem für die Einkommensbemessungsfunktion das Ziel Investitionsneutralität der Gewinnverwendung als Fata morgana zurückgewiesen wurde, bleibt als Aufgabe lediglich eine Ausklammerung der Einlage bzw. ihres „ökonomischen Wertes" aus der Besteuerung, damit aus der Einkommensbesteuerung keine Vermögensbestandsbesteuerung wird. Diese Aufgabe kann als sinngleich der Finanzierungsfunktion für eine Ersatzbeschaffung angesehen werden.

Entgegen *Wöhe* bedarf es dann jedoch nicht in Zeiten konstanter Preise einer Verteilung der vollen Anschaffungs- bzw. Herstellungskosten und in Zeiten steigender Preise einer Abschreibungshöhe, „als ob die jeweiligen Wiederbeschaffungskosten von Anfang der Nutzungsdauer an die Grundlage der Ermittlung aller jährlichen Abschreibungsbeträge gewesen wären"[14]. *Wöhe* übersieht hierbei nicht nur Zinswirkungen, sondern auch, daß ein sofortiger Verlustausgleich als anteilige fiskalische Barsubvention eines Ausgabenüberschusses in einem Zahlungszeitpunkt nach der Anfangsinvestitionsausgabe erforderlich ist, um eine investitionshemmende Wirkung der Besteuerung abzubauen. Sofortiger Verlustausgleich heißt, daß der Fiskus zum stillen Teilhaber wird, der in Höhe des Steuersatzes eine anteilige und unbeschränkte Zubußepflicht im Falle eines Ausgabenüberschusses übernimmt (nicht: im Falle eines Verlustes, wie er sich nach geltendem Steuerrecht errechnet). Eine steuerbedingte Innenfinanzierung aufgrund von Vorwegnahmen drohender Verluste in der Gewinnermittlung läßt sich dadurch vermeiden, denn

[14] *Wöhe* (Fn. 1), S. 386.

ein sofortiger Verlustausgleich macht Teilwertabschreibungen oder Rückstellungsbildungen entbehrlich[15].

Steuerrechtlich ist für das Sichern einer Finanzierung der Ersatzbeschaffung sogar bei steigenden Preisen ein Abschreibungsverfahren überflüssig, wenn bei einem gleichbleibenden Steuersatz ein sofortiger Verlustausgleich gegeben ist und im Zeitpunkt der Ersatzbeschaffung die Ausgaben für die Ersatzbeschaffung als Aufwand verrechnet werden dürfen[16]. Sofortabschreibung mit sofortigem Verlustausgleich würde bedeuten, daß die Anfangsausstattung steuersatzabhängig subventioniert würde mit der Folge eines Vermeidens von Steuerzahlungen durch Investitionsausgaben.

Eine verzinsliche Anlage von Einnahmenüberschüssen in Sach-, Immaterial- oder Finanzanlagen der Unternehmung erlaubt jedoch, von einer Verrechnung der Wiederbeschaffungsausgaben als Aufwand im Ersatzzeitpunkt abzuweichen. Während der Investitionsdauer können Teile der Einnahmenüberschüsse von der Besteuerung freigestellt werden, wenn dieser Aufwand so bemessen wird, daß unter Berücksichtigung der Wiederanlagerendite insgesamt nicht mehr und nicht weniger als die Ersatzbeschaffungsausgaben im Ersatzzeitpunkt angehäuft werden.

Bei konstanten Preisen wäre damit ein Abschreibungsverfahren geboten, das mit nomineller Kapitalerhaltung verträglich ist und hierbei soviel an Aufwand zu verrechnen erlaubt, daß bei Beendigung der Unternehmung eine Rückzahlung der Einlage bzw. bei ihrem Weiterbestehen eine Finanzierung der Ersatzbeschaffung abnutzbarer Anlagen sichergestellt ist.

Die Verwaltungspraxis zum Preussischen Einkommensteuergesetz von 1891 hatte diesen Gedanken verwirklicht, bis ihr der Vorsitzende der Steuerveranlagungskommission zweier oberschlesischer Kreise, *von Wilmowski*, 1895 vorhielt, daß dann bei einem Gebäude mit 50-jähriger Nutzungsdauer und 4% Zinsen jährlich nur 0,63%, also insgesamt weniger als ein Drittel der Anschaffungskosten, als Aufwand verrechnet werden dürften[17]. *Von Wilmowski* deutet als erster die Abschreibung als Verteilung von Anschaffungsausgaben und gilt seitdem als einer der Begründer der sog. dynamischen Bilanzauffassung. Gegen deren Prinzip einer sog. „periodengerechten" Verteilung von Anschaffungsausgaben spricht neben der In-

---

[15] Vgl. *Dieter Schneider*: Sofortiger Verlustausgleich statt Teilwertabschreibung - ein Problem der Steuerreform. In: Wpg, Jg. 23 (1970), S. 68-72. *Günter Wöhe* steht in Anlehnung an die Steuerreformkommission 1971 (deren Mitglied er war) dem sofortigen Verlustausgleich als Ersatz für Vorwegnahme drohender Verluste und entgehender Gewinne, z. B. durch den derzeitigen Teilwert, ablehnend gegenüber. Er greift deren Argument auf, Einkünfte aus Gewerbebetrieb seien mit Nicht-Gewinneinkünften „wegen der völlig unterschiedlichen Risiken und Struktur der Einkunftsquellen nicht vergleichbar" (*Günter Wöhe*: Betriebswirtschaftliche Steuerlehre. Band I, 2. Halbband. 6. Aufl., München 1986, S. 180 f.). Falls dies zuträfe, müßte jedoch die Einkommensteuer insgesamt aufgegeben werden: Könnte es verfassungsgemäß sein, nicht vergleichbare Einkünfte zu addieren und einem einheitlichen, progressiven Tarif zu unterwerfen? Leider hat *Wöhe* diesen und die anderen Einwände gegen die Auffassung der Steuerreformkommission 1971 (vgl. *Dieter Schneider*: Eine Reform der steuerlichen Gewinnermittlung? In: StuW, Jg. 48 (1971), S. 326-341, hier S. 338 f.) keiner Widerlegung für Wert erachtet.

[16] Vgl. näher *Dieter Schneider*: Steuerbilanzen. Wiesbaden 1978, S. 56 f., 90-94.

[17] Vgl. *B. von Wilmowski*: Die Abschreibungen für Abnutzung von Gebäuden, Maschinen, Betriebsgeräthschaften u.s.w. sowie für den Verbrauch der Substanz der Mineralmasse eines

haltslosigkeit von „periodengerecht“, daß bei sofortigem Verlustausgleich bzw. bei unbeschränkter Haftung die Periodisierung von Investitionsausgaben keinen wirtschaftlichen Sinn hat. Selbst wenn ein sofortiger Verlustausgleich fehlt, verrechnet in einer Welt mit innerbetrieblicher Wiederanlage die Verteilung von Anschaffungsausgaben über die Nutzungsdauer zu viel als Aufwand, solange die Preise konstant bleiben. Bei positivem Wiederanlagezins genügt als Abschreibungsausgangsbetrag der Barwert der Anschaffungs- = Ersatzbeschaffungsausgaben. Bei jährlichen Preissteigerungen über der Wiederanlagerendite reicht die Verteilung von Anschaffungsausgaben über die Nutzungsdauer nicht aus, um eine Ersatzbeschaffung zu finanzieren.

Die hier skizzierte steuerrechtliche Gewinnermittlung ist eine Erweiterung einer Einnahmenüberschußrechnung mit Festwertrechnung bzw. Erhaltung des mengenmäßigen Anfangsinventars als Vermögensstamm. Der naheliegende Einwand, damit würden die Schwierigkeiten nur auf die Abgrenzung von Ersatzbeschaffung (Erhaltung des mengenmäßigen Anfangsinventars) gegen Kapazitätserweiterung (Wachstum) verlagert, sticht aus drei Gründen nicht:

(1) Nur bei Sofortabschreibung sämtlicher Sach-, Immaterial- und Finanzinvestitionen außer dem Halten von Geld verschwindet dieses Abgrenzungsproblem, weil nur noch Konsum und das Horten von Zahlungsmitteln Steuerzahlungen herbeiführen. Probleme der Rechtsverwirklichung einer Besteuerung ausschließlich der Einkommensverwendung durch Nicht-Investition, sind aber zu trennen von der Besteuerung der Einkommenserzielung, weil außerhalb eines generellen Gleichgewichts, also z. B. unter Wettbewerb, für Steuerwirkungen die Frage ausschlaggebend wird, wer eine Steuer zu zahlen hat: Unternehmungen als Investoren oder Konsumenten; denn der Steuerzahler ist immer derjenige, den eine Steuer belastet, zumindest bis zum Beweis einer nicht den Gewinn mindernden Überwälzung.

(2) Jeder Nachweis einer kapazitätserweiternden Finanzierung von Abschreibungen unterstellt, daß Kapazitäts- („Substanz“-) erhaltung und -erweiterung eindeutig trennbar sind. Die Suche nach einem Abschreibungsverfahren, das eine kapazitätserweiternde Innenfinanzierung vermeidet, geht von derselben Modellannahme aus, Kapazitätserhaltung und -erweiterung seien trennbar.

(3) Wie praktisch das Abgrenzungsproblem zwischen Wachstum und Kapazitätserhaltung gelöst wird, ist ein nachgelagertes Anwendungsproblem, das nicht mit der konzeptionellen Frage vermengt werden darf, welches Abschreibungsverfahren durch eine Norm Marktlenkung von Risikokapital bedingt wird.

Die Antwort auf dieses konzeptionelle Problem lautet: Wachstum ist in einer Wettbewerbsordnung über marktgelenktes Risikokapital zu finanzieren, nicht über Abschreibungen, aus deren Finanzierungseffekt Kapazitätserweiterungen folgen. Deshalb sind Abschreibungen so zu regeln, daß jeder Kapazitätserweite-

---

Bergwerks nach den Bestimmungen des Einkommensteuer=Gesetzes vom 24. Juni 1891. In: Verwaltungsarchiv, Zeitschrift für Verwaltungsrecht und Verwaltungsgerichtsbarkeit, Band 3 (1895), S. 366-383, hier S. 368.

Eine der ersten Quellen zu dieser Ansparungs-Abschreibung ist *Dionysius Lardner*: Railway Economy. London 1850, S. 52 f.

rungseffekt unterbleibt[18], jedoch die Finanzierung einer Ersatzbeschaffung gewahrt ist.

Die Abschreibungsverrechnung auf einen Nicht-Kapazitätserweiterungseffekt zu beschränken, steht und fällt allerdings mit dem sofortigen Verlustausgleich.

Auf Finanzmärkten (also handelsrechtlich) bedeutet sofortiger Verlustausgleich den Verzicht auf beschränkte Haftung und damit auf eine Handelbarkeit von Anteilsrechten mittels Inhaberpapieren. Eine Marktlenkung von Risikokapital schließt für Anteilseigner ein Gebot eines sofortigen Verlustausgleichs aus. Das hat zur Folge:

Während im Hinblick auf die Besteuerung Innenfinanzierung durch Anlagenabschreibungen, Rückstellungen usw. beseitigt werden könnte, muß handelsrechtlich zumindest bei beschränkter Haftung schon für einen drohenden Verlust eine Ausschüttungssperre greifen. Zur Erhaltung einer Haftungsmasse in Höhe der Einlagen ist jedoch keine Aufwandsverrechnung für eine Vorwegnahme drohender Verluste und keine Periodisierung einmaliger Ausgaben für mehrjährige Kapazitäten nötig, sondern es reichen offen auszuweisende Zwangsrücklagen aus. Eine solche Verbesserung der sog. „Informationsfunktion“ des handelsrechtlichen Jahresabschlusses, die Zwangsrücklagen an die Stelle von Unterbewertungen des Reinvermögens setzt, hat schon Ende des 19. Jahrhunderts *Léautey* gefordert[19].

Die Bemessung der als Ausschüttungssperre gedachten Zwangsrücklagen ist nicht Gegenstand dieser Untersuchung. Als erster Schritt hierzu bietet sich die Anwendung der bisherigen Grundsätze der Verlustvorwegnahme und einer gleichmäßigen Verteilung einmaliger Ausgaben über die geschätzte Nutzungsdauer der Wirtschaftsgüter an, was gegenüber den sehr viel weiter gehenden Unterbewertungsmöglichkeiten des geltenden Bilanzrechts bereits zu ausschlaggebend höheren ausschüttungsfähigen Gewinnen führen würde.

Um einerseits über einen steuerlichen sofortigen Verlustausgleich die Risikobereitschaft zu Investitionen zu erhöhen, andererseits die Handelbarkeit von Risikokapitalanteilen mit Beschränkung der Haftung auf den gezeichneten Betrag zu gewährleisten, sind steuerrechtliche und handelsrechtliche Gewinnermittlung streng zu trennen.

Tritt ein sofortiger Verlustausgleich an die Stelle des derzeitigen Steuerrechts mit AfA, Teilwertabschreibungen und Rückstellungsbildung, so steigt zunächst der steuerpflichtige Gewinn erheblich mit der Folge, daß bei unveränderten Steuersätzen weit höhere Steuerzahlungen zu leisten wären. Damit diese Steuerzahlungen nicht die Risikokapitalbildung mindern, wären neben dem Streichen von auch im Verlustfall zu zahlenden Steuern kompensierende Senkungen der Gewinnsteuersätze erforderlich.

---

18 Darauf verweist auch *Christian Seidl*: Krise oder Reform des Steuerstaates? In: StuW, Jg. 64 (1987), S. 185-214, hier S. 210, der S. 209 in völliger Verkennung der die Investitionsentscheidungen unter Unsicherheit hemmenden Wirkung eines nicht sofortigen Verlustausgleichs sogar Verlustvor- und -rücktrag abschaffen will; vgl. dazu näher *Dieter Schneider*: Was verlangt eine marktwirtschaftliche Steuerreform: Einschränkung des Verlust-Mantelkaufs oder Ausweitung des Verlustausgleichs durch handelbare Verlustverrechnungsgutscheine? In: Betriebs-Berater, Jg. 43 (1988), S. 1222-1229, hier S. 1225 f.

19 Vgl. *Eugène Léautey*: Traité des inventaires et des bilans. Paris o.J. (1897), S. 244 f.

Die bisher zulässige steuerrechtliche Verlustberücksichtigung begünstigt die Innenfinanzierung solcher Unternehmungen, die ihre Risiken über verschiedene Geschäftsbereiche verteilt haben und innerbetrieblich Verluste ausgleichen können. Eine Erweiterung des Verlustrücktrags (§ 10d EStG) über zwei Jahre und in der Höhe unbeschränkt sowie die Übernahme des Verlustrücktrags in die Gewerbeertragsteuer würden Neugründungen weiterhin benachteiligen. Ein Verlustvortrag vermiede dies dann, wenn er nicht nur (wie ab 1990 vorgesehen) zeitlich unbeschränkt aufrechenbar wäre, sondern vom Abschlußstichtag an zum Marktzins verzinst würde. Doch selbst dann dienen Gewinne, die gegen steuerlich anrechnungsfähige Verluste aufgerechnet werden, lediglich der Innenfinanzierung.

Als rein steuerrechtliche Maßnahme zur Verbesserung der Marktlenkung von Risikokapital wäre zu erwägen, ob nicht der sofortige Verlustausgleich innerhalb einer Unternehmung ersetzt werden könnte durch das Schaffen eines handelbaren Verfügungsrechts in Form von Verlustverrechnungsgutscheinen[20]. Die Schwierigkeiten bei der Verlustverrechnung bildeten ein gewichtiges Argument gegen das Integrationsverfahren bei der Körperschaftsteuer[21]. Über ein neues Verfügungsrecht Verlustverrechnungsgutscheine die Förderung der Innenfinanzierung durch einen sofortigen Verlustausgleich in eine Marktlenkung zumindest der Verlustverrechnung für Risikokapital umzuwandeln, würde voraussetzen, daß das Schaffen von handelbaren Verlustverrechnungsgutscheinen nicht neben einen innerbetrieblichen Verlustausgleich (jedenfalls soweit dieser Konzernbildungen über Organschaft betrifft) oder neben einen verzinslichen Verlustvortrag bzw. -rücktrag tritt, sondern an die Stelle dieser Teil-Institutionalisierungen für einen sofortigen Verlustausgleich.

C. Ergebnis

Das ordnungspolitische Ziel einer Marktlenkung von Risikokapital verlangt für Rechtsetzungen zur Gewinnermittlung keinesfalls eine Sofortabschreibung, erst recht keine Cash-flow-Besteuerung. Näher zu prüfen wären hingegen folgende Vorschläge:

(1) Eine Bildung von Risikokapital durch Innenfinanzierung ist zurückzudrängen. Dies erreicht steuerlich z. B. eine Gewinnermittlung über eine Einnahmenüberschußrechnung ohne Verlustvorwegnahmen und ohne planmäßige Abschreibung (Absetzung für Abnutzung), jedoch unter Aufwandsverrechnung für Ersatzbeschaffungsausgaben im Ersatzzeitpunkt (Festwertrechnung) mit sofortigem Verlustausgleich.

(2) Durch den sofortigen Verlustausgleich wird der Fiskus zum anteilig unbeschränkt Haftenden, deshalb müssen steuer- und handelsrechtliche Gewinnermittlung strikt getrennt werden.

---

[20] Vgl. *Schneider* (Fn. 18), S. 1227.

[21] Vgl. *Dieter Schneider*: Körperschaftsteuerreform und Gleichmäßigkeit der Besteuerung. In: StuW, Jg. 52 (1975), S. 97-112, hier S. 108-111.

(3) Ein sofortiger Verlustausgleich begünstigt Innenfinanzierung. Deshalb wäre zu erwägen, an die Stelle innerbetrieblicher Verlustverrechnung über Organschaft, eines Verlustrücktrags bzw. verzinslichen (unbeschränkten) Verlustvortrags ein Verfügungsrecht in Form handelbarer Verlustverrechnungsgutscheine zu setzen.

(4) Soweit das Steueraufkommen durch Änderungen der Bemessungsgrundlagen erhöht wird, würde der Gesamtbetrag an Risikokapital beeinträchtigt. Dies verlangt kompensierende Senkungen der Gewinnsteuersätze.

Es versteht sich von selbst, daß Gedanken zur Einschränkung steuerbedingter Innenfinanzierung das helle Entsetzen bei allen Unternehmenspraktikern, Verbandsvertretern und jenen Hochschullehrern hervorrufen müssen, die ökonomische Rationalität vor allem dem Management, nicht aber einer Plankoordination über den Kapitalmarkt zubilligen. Daß die ersten Modellergebnisse für eine Besteuerung unter einer Wettbewerbsordnung, die eine Marktlenkung von Risikokapital wünscht, weitgehend den Verkündigungen aus wachstumsneutralen Kapitaleinkommensteuersystemen widersprechen, ist bei der ordnungspolitischen Sterilität der neoklassischen Wachstums- und Gleichgewichtstheorie gleichfalls nicht verwunderlich.

Die Überlegungen zur Marktlenkung von Risikokapital durch Minimierung der Innenfinanzierung über Gewinnermittlungsvorschriften sind als Denkanstoß gedacht. Aufgrund der einschränkenden Modellannahmen können es noch keine Handlungsempfehlungen für eine Steuerreform sein, zumal eine solche Besteuerung eine auf natürliche Personen bezogene ex-post-Gleichmäßigkeit der Besteuerung zu verhindern droht.

Aber wenn Steuerrecht und Bilanzrecht als Wirtschaftsordnungsprobleme begriffen werden, muß auch über die Konsequenzen einer ordnungspolitischen Grundsatzentscheidung „mehr Marktlenkung von Geld für Investitionszwecke" für das Steuerrecht und das Recht der Gewinnermittlung nachgedacht werden. Im Hinblick auf eine ökonomische Analyse des Rechts der Gewinnermittlung gilt dabei:

Sobald eine Wettbewerbsordnung als Ziel eines zu reformierenden Bilanzrechts vorausgesetzt wird, bedarf es einer Bilanztheorie, die Innenfinanzierung auf das für eine Marktlenkung von Risikokapital unerläßliche Maß zurückführt. Eine solche wirtschaftsordnungsbezogene Bilanztheorie wurde hier ansatzweise vorgestellt. Sie entlarvt, wie wenig das, was das Bilanzrichtlinien-Gesetz fordert und was heute GoB bzw. „Bilanz im Rechtssinne" heißt, mit den ordnungspolitischen Grundvorstellungen einer sozialen Marktwirtschaft vereinbar ist.

Rechnungslegung und Offenlegung der Bilanzpolitik in Japan

Prof. Dr. *Ryuji Takeda*, Universität Kobe/Japan

A. Rechnungslegung in Japan

In Japan existieren drei Gesetze, die die Rechnungslegung der Unternehmung regeln: erstens das Handelsgesetz, zweitens das Börsengesetz (darin gibt es keine ausführlichen Bilanzierungs- und Bewertungsvorschriften, sondern nur Vorschriften über Publizität (§ 193) und Prüfung (§ 193-2)), drittens das Körperschaftsteuergesetz (siehe *Abb. 1*).

Nach § 193 Börsengesetz müssen die Aktiengesellschaften, die in irgendeiner Weise den organisierten Kapitalmarkt beanspruchen, die vorgesehenen Dokumente[1] nach der Rechtsverordnung über Begriffsbestimmungen, Form und Verfahren der Bilanzierung usw. aufstellen, einer Verordnung des Finanzministeriums, die gemäß den vom Finanzminister akzeptierten GoB (Bilanzierungsgrundsätze der Unternehmung = Generally Accepted Accounting Principles in Japan) erlassen worden ist. Wie oben gesagt, enthält das Börsengesetz keine detaillierten Vorschriften zur Bilanzerstellung, sondern überträgt dem japanischen „Business Accounting Board (Kigyo-Kaikei-Shingikai)“ die Befugnis zur Aufstellung der GoB.

Es ist des weiteren nach § 193-2 Börsengesetz lediglich geregelt, daß die Abschlüsse von einem Wirtschaftsprüfer (bzw. einer Wirtschaftsprüfungsgesellschaft) geprüft werden müssen. Dabei überläßt das Börsengesetz ebenfalls dem „Business Accounting Board“ die Befugnis der Aufstellung der Prüfungsgrundsätze.

Nach dem Handelsgesetz (den Rechnungslegungsvorschriften für den Kaufmann allgemein und für die Aktiengesellschaft) sind die Jahresabschlüsse aufzustellen, die der Hauptversammlung vorgelegt werden.

Die nach dem Börsengesetz aufzustellenden Jahresabschlüsse sind im allgemeinen dem Finanzminister und den Wertpapierbörsen vorzulegen. Bei der Aufstellung der Jahresabschlüsse müssen die „Bilanzierungsgrundsätze der Unternehmung (Kigyo-Kaikei-Gensoku)“ als materielle Rechnungslegungsrichtlinien sowie die Rechtsverordnung über Begriffsbestimmungen, Form und Verfahren der Bilanzierung usw. als formale Vorschriften beachtet werden.

Die Unterschiede zwischen Jahresabschlüssen nach dem Handelsgesetz und dem Börsengesetz liegen in dem Termin der Berichterstattung (vgl. *Abb. 2*) sowie in der Ausführlichkeit der Jahresabschlußinhalte. Die Jahresabschlüsse nach dem Börsengesetz werden kurz nach der Aufstellung der handelsrechtlichen Bilanzen aufgestellt und sind vom Inhalt her gesehen viel ausführlicher als die handelsrechtlichen Bilanzen. Diese Unterschiede haben ihren Ursprung im jeweiligen Bilanzierungszweck. Wegen des dem Vorstand anvertrauten Kapitals hat sich der Zweck der Aufstellung handelsrechtlicher Bilanzen an den Aktionären zu orientieren, die

---

[1] Gewinn- und Verlustrechnung, Bilanz, Herstellungskostenrechnung, Gewinnverteilungsrechnung, Anhang (Aufgliederung und Erläuterung der Entwicklung der einzelnen Bilanzpositionen), Cash-Flow-Rechnung, Bericht über wesentliche Beziehungen zu anderen Unternehmen etc.

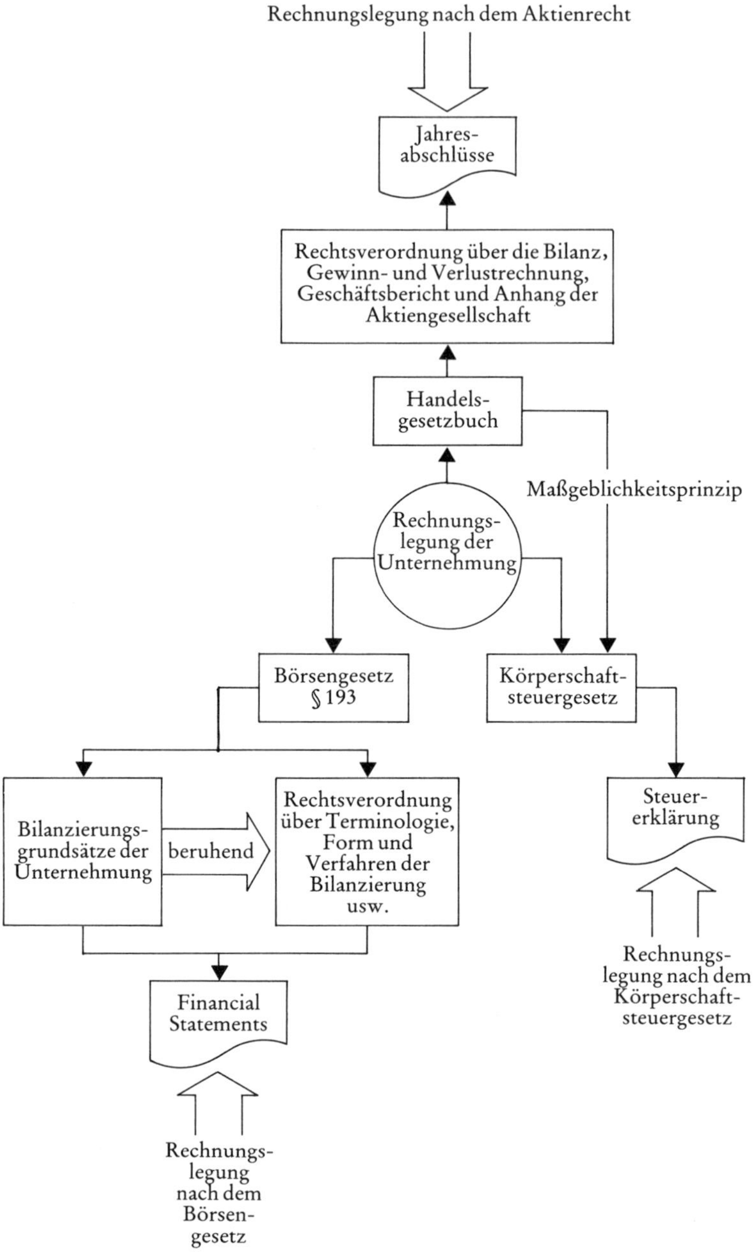

Abb. 1: Drei Systeme der Rechenschaftslegung in Japan

keinen Einblick in das Geschehen des Unternehmens haben und deswegen auf die Information durch den veröffentlichten Jahresabschluß angewiesen sind. Nach den der Hauptversammlung vorgelegten Jahresabschlüssen können die Aktionäre beurteilen, ob der Vorstand das ihm anvertraute Kapital unter Beachtung der Sorgfalt

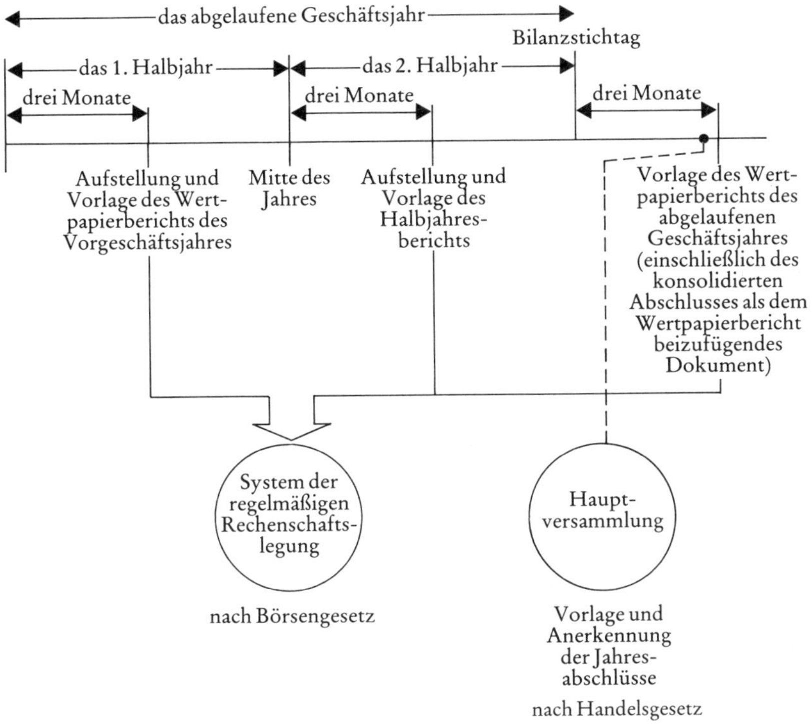

Abb. 2: Verhältnisse zwischen der Aufstellung der Abschlüsse nach dem Börsengesetz und nach dem Handelsgesetz im Zeitablauf

eines ordentlichen und gewissenhaften Geschäftsleiters verwaltet hat. Die Abschlüsse nach dem Börsengesetz dagegen haben die Aufgabe, den ausreichend qualifizierten Investoren ausführlichere Informationen zur Verfügung zu stellen.

Die folgenden Punkte verdeutlichen ebenfalls, daß die Rechnungslegung nach dem Börsengesetz die Aufgabe der ausführlicheren Informationslieferung hat:

(1) In der Mitte des Jahres müssen eine Zwischenbilanz und eine Zwischengewinn- und Verlustrechnung aufgestellt werden; dies ist nach dem Handelsgesetz nicht erforderlich. Aufgabe der Aufstellung der Zwischenbilanzen ist es, eine Prognose des Erfolgs des ganzen Jahres zu ermöglichen. Um diese Aufgabe erfüllen zu können, müssen die im 1. Halbjahr entstandenen Aufwendungen für Vertrieb und allgemeine Verwaltung teilweise in das 2. Halbjahr verschoben (transitorische Abgrenzung) und, im umgekehrten Fall, solche im 2. Halbjahr zu erwartenden Aufwendungen teilweise im 1. Halbjahr vorweggenommen werden (antizipative Abgrenzung). Die von den am Bilanzstichtag anzuwendenden ordnungsmäßigen Bilanzierungsgrundsätzen abweichenden speziellen Zwischenbilanzierungsverfahren finden sich in den Aufstellungsgrundsätzen für Zwischenbilanzen (diese werden vom japanischen „Business Accounting Board" erstellt).

(2) Im Handelsgesetz gibt es keine Vorschrift zur Aufstellung konsolidierter Abschlüsse. Dies liegt darin begründet, daß das Handelsgesetz den Schutz der Ak-

tionäre und Gläubiger einzelner Unternehmungen regelt. Dagegen schreibt das Börsengesetz die Aufstellung konsolidierter Abschlüsse vor. Hier sind derartige Informationen zum Schutze der Investoren erforderlich.

Nach dem Handelsgesetz ist es wichtig, daß die Abschlüsse in der Hauptversammlung von den Aktionären akzeptiert werden, da sich das Ergebnis der Tätigkeit des Vorstandes in diesen Bilanzen widerspiegelt.

Wenn die Aktionäre das Resultat der Tätigkeit des Vorstandes nicht akzeptieren, haben sie das Recht, die Entlassung des Vorstandes zu beantragen. Infolgedessen ist der Zweck der Rechnungslegung nach dem Handelsgesetz ein anderer als nach dem Börsengesetz.

B. Pflicht zur Aufstellung des Jahresabschlusses

Der Vorstand der Aktiengesellschaft hat nach § 281 Abs. 1 Handelsgesetz für den Schluß eines jeden Geschäftsjahres die folgenden Unterlagen und den Anhang zum Jahresabschluß aufzustellen:

1. Bilanz,
2. Gewinn- und Verlustrechnung,
3. Geschäftsbericht sowie
4. Vorschlag für die Gewinnverwendung (oder den Verlustausgleich).

Die fünf Unterlagen (einschließlich des Anhangs) müssen aufgrund von § 281 Abs. 2 Handelsgesetz durch den Kansayaku (aktienrechtlichen Prüfer) geprüft und gemäß § 282 fünf Jahre lang ab zwei Wochen vor der ordentlichen Hauptversamm-

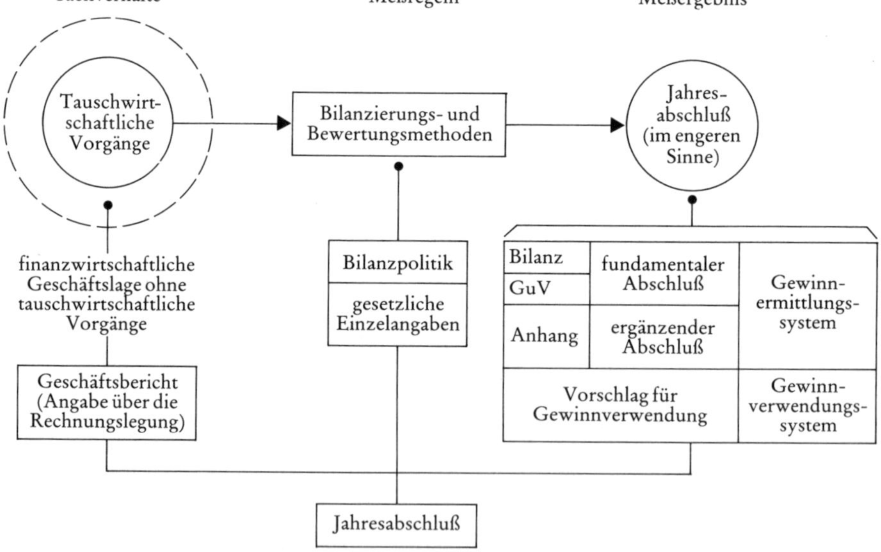

Abb. 3: Begriffliches Bild von Rechnungslegung und Jahresabschluß

lung in dem Hauptgeschäft (drei Jahre lang in den Zweiggeschäften) aufbewahrt werden.

Der Zusammenhang solcher Unterlagen mit der Rechnungslegungstätigkeit läßt sich zusammengefaßt wie folgt darstellen (siehe *Abb. 3*):

Zu beachten ist dabei, daß das japanische Handelsgesetz nur von den vom Vorstand aufzustellenden Unterlagen spricht; es gibt keine Definition des Jahresabschlusses. Wenn jedoch nach herrschender Auffassung unter dem Jahresabschluß die vom Abschlußprüfer zu prüfenden Unterlagen zu verstehen sind, so kann der Jahresabschluß in Japan im engeren Sinne als aus Bilanz, GuV, Bilanzierung und Bewertung erläuternden Angaben im Anhang sowie Gewinnverwendungsvorschlag bestehend angesehen werden.

Aus *Abb. 3* geht folgendes hervor:

(1) Unter der Rechnungslegungstätigkeit kann allgemein verstanden werden, daß die tauschwirtschaftlichen Vorgänge durch die Bilanzierungs- und Bewertungsmethoden (Meßregeln) im Jahresabschluß (Meßergebnis) reflektiert werden. Die Tätigkeit des Messens in der Rechnungslegung ist ein „mapping process". Das Meßergebnis, d.h. der Jahresabschluß, ist den Informationsempfängern offenzulegen. Dieser Prozeß ist der **Kommunikationsprozeß**.

(2) Das Rechnungslegungssystem besteht aus zwei Teilsystemen, dem Gewinnermittlungssystem und dem Gewinnverwendungssystem. Bilanz, GuV und Anhang gehören zu dem Gewinnermittlungssystem, der Vorschlag für Gewinnverwendung zu dem Gewinnverwendungssystem. Innerhalb des Gewinnermittlungssystems besteht eine Zweiteilung: Bilanz und Gewinn- und Verlustrechnung bilden den fundamentalen Teil, der Anhang den ergänzenden Teil.

(3) Es genügt nicht, nur das Meßergebnis, d.h. den Jahresabschluß den Interessenten offenzulegen, weil daraus das Zustandekommen des Meßergebnisses nicht vollständig ersichtlich wird. Vielmehr müssen auch die im Rahmen der Bilanzpolitik angewendeten **Bilanzierungs- und Bewertungsmethoden**, d.h. die Meßregeln, dargelegt werden. Über die Ausübung dieser Bilanzpolitik ist stets in verbaler Form zu berichten.

(4) Der Jahresabschluß im engeren Sinne liefert ein den tauschwirtschaftlichen Vorgängen entsprechendes Bild. Andere wichtige Verhältnisse werden im Jahresabschluß nicht abgebildet. Es handelt sich um die finanzwirtschaftliche Lage und den finanzwirtschaftlichen Geschäftsverlauf (ohne tauschwirtschaftliche Vorgänge), die nach japanischem Handelsrecht im **Geschäftsbericht** anzugeben sind.

Gemäß § 45 der Rechtsverordnung über die Bilanz usw. der Aktiengesellschaft müssen im Geschäftsbericht auch die Schwerpunkte der Geschäftstätigkeit der Gesellschaft, der Geschäftsverlauf und der Erfolg im Geschäftsjahr usw. sowie andere Geschäftsvorgänge von besonderer Bedeutung angegeben werden. Der Geschäftsbericht enthält darüber hinaus Angaben über die finanzielle Lage. Soweit der Geschäftsbericht auch Angaben über die Rechnungslegung enthält, ist er als Bestandteil des Jahresabschlusses anzusehen. Der Jahresabschluß (im weiteren Sinne) besteht also aus Bilanz, GuV, Geschäftsbericht (soweit er Angaben über die Rechnungslegung enthält), Anhang (soweit die Angaben die Rechnungslegung betreffen) und Vorschlag zur Gewinnverwendung. Dieser Jahresabschluß im weiteren

Sinne ist zu unterscheiden von den vom Vorstand insgesamt zu erstellenden Unterlagen. Eine Übersicht darüber findet sich in *Abb. 4*.

Abb. 5 stellt ferner die Unterschiede zwischen dem Jahresabschluß in Deutschland und in Japan dar.

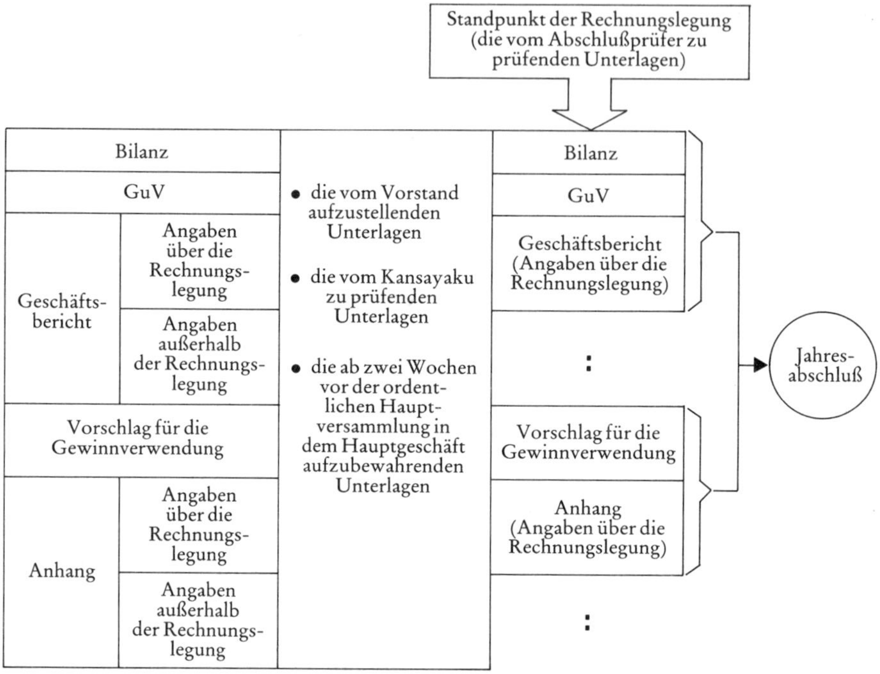

Abb. 4: Vom Vorstand aufzustellende Unterlagen und Jahresabschluß

C. Angaben zur Bilanzpolitik

Nach § 3 der „Rechtsverordnung über die Bilanz, GuV, Geschäftsbericht und Anhang der Aktiengesellschaft" ist die wichtige Bilanzpolitik (accounting policy) in der Bilanz und GuV zu vermerken und zu erläutern, welche Bilanzierungs- und Bewertungsmethoden angewendet worden sind. Diese Vorschrift ist in die Rechtsverordnung im Rahmen der Reform von 1981 neu eingeführt worden. Die Einbeziehung der Bilanzpolitik in die Angabepflicht ist zwar formell gesehen neu, nicht aber materiell.

In *Abb. 6* sind die Unterschiede im Umfang der offenzulegenden Bilanzpolitik im Handelsrecht und Börsenrecht dargestellt.

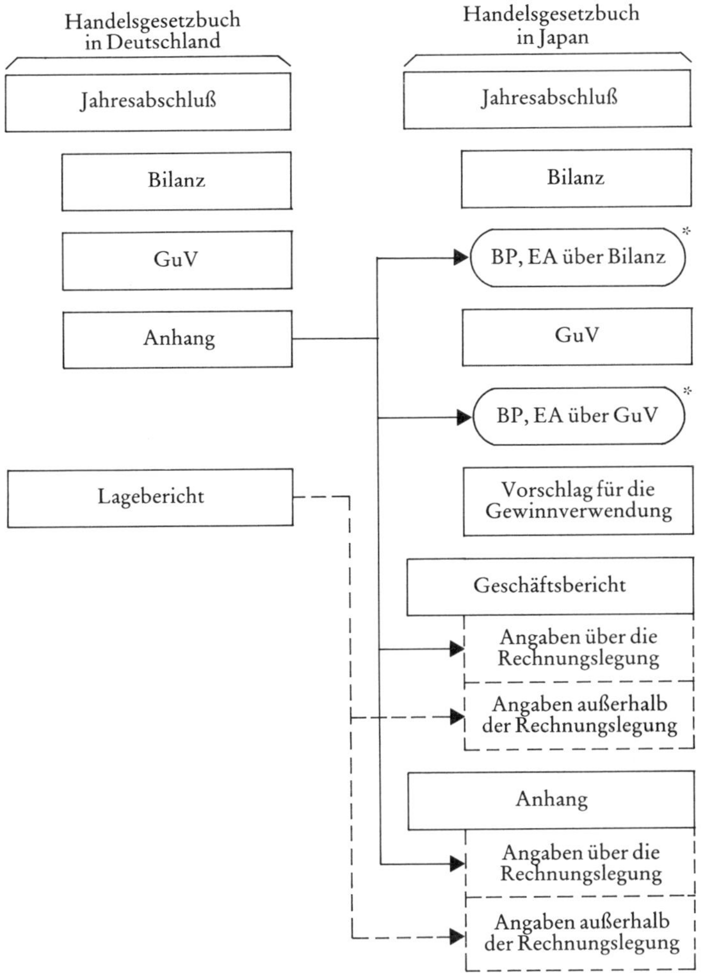

* Die von der „Rechtsverordnung über die Bilanz, Gewinn- und Verlustrechnung, Geschäftsbericht und Anhang der Aktiengesellschaft" geforderten Einzelangaben (EA) und Erläuterungen zur Bilanzpolitik (BP).

Abb. 5: Vergleich der vom Gesetz geforderten Unterlagen in Deutschland und in Japan

Rechtsverordnung über Begriffsbestimmungen, Form und Verfahren der Bilanzierung usw. nach dem Börsengesetz	Rechtsverordnung über Bilanz, GuV, Geschäftsbericht und Anhang der AG nach dem Handelsgesetz
① Bewertungsmethoden für Wertpapiere ② Bewertungsmethoden für Vorratsvermögen	} ⓐ Bewertungsmethoden bei Gegenständen des Vermögens
③ Abschreibungsmethoden bei Gegenständen des Anlagevermögens	ⓑ Abschreibungsmethoden bei Gegenständen des Anlagevermögens
④ Bilanzierungshilfen (deferred charges)	————
⑤ Grundlagen der Umrechnung von in Fremdwährung dargestelltem Vermögen und Schulden in Yen	————
⑥ Bilanzierungsmethode für Rückstellungen	ⓒ Bilanzierungsmethode für wichtige Rückstellungen
⑦ Periodisierungsgrundsatz des Aufwands und Ertrags	————
⑧ sonstige wichtige Angaben zur Bilanzpolitik	ⓓ sonstige wichtige Angaben zur Bilanzpolitik

Abb. 6: Vergleich des Inhalts der Bilanzpolitik im Börsen- und Handelsrecht

Zu *Abb. 6* folgendes:

(1) Da die Rechenschaftslegung nach dem Handelsgesetz als Vermögensrechnung (Gläubigerschutz) orientiert ist, während die Rechnungslegung nach dem Börsengesetz der Bereitstellung von Informationen für Investoren dienen soll, sind ④, ⑤ und ⑦ gemäß Börsenrecht handelsrechtlich nicht geregelt.

(2) Der Posten ⓓ im Handelsrecht bedeutet eine „basket-clause“. Es ist zulässig, Angaben im Sinne von ④, ⑤ und ⑦ in der Handelsbilanz zu machen. In der Praxis wird es dabei keine Probleme geben.

Es ist die Frage zu klären, an welchen Stellen der Bilanz und/oder GuV usw. über die Bilanzpolitik zu berichten ist.

Wir haben die Veröffentlichungspraxis der börsennotierten Aktiengesellschaften untersucht. Die Statistik über die Praxis der Angaben über die Bilanzpolitik ist im unteren Teil der *Abb. 7* dargestellt.

Theoretisch ist es am besten, die Bilanzpolitik getrennt in der Bilanz und GuV darzustellen, aber in der Praxis fällt es schwer, die auf Bilanz und die auf GuV bezogene Bilanzpolitik zu trennen. Infolgedessen überwiegt der „C“-Typ bei der gegenwärtigen Veröffentlichungspraxis der großen Aktiengesellschaften in Japan. Bei den „Financial Statements“ nach dem Börsengesetz müssen sich alle Aktiengesellschaften nach Typ „D“ richten.

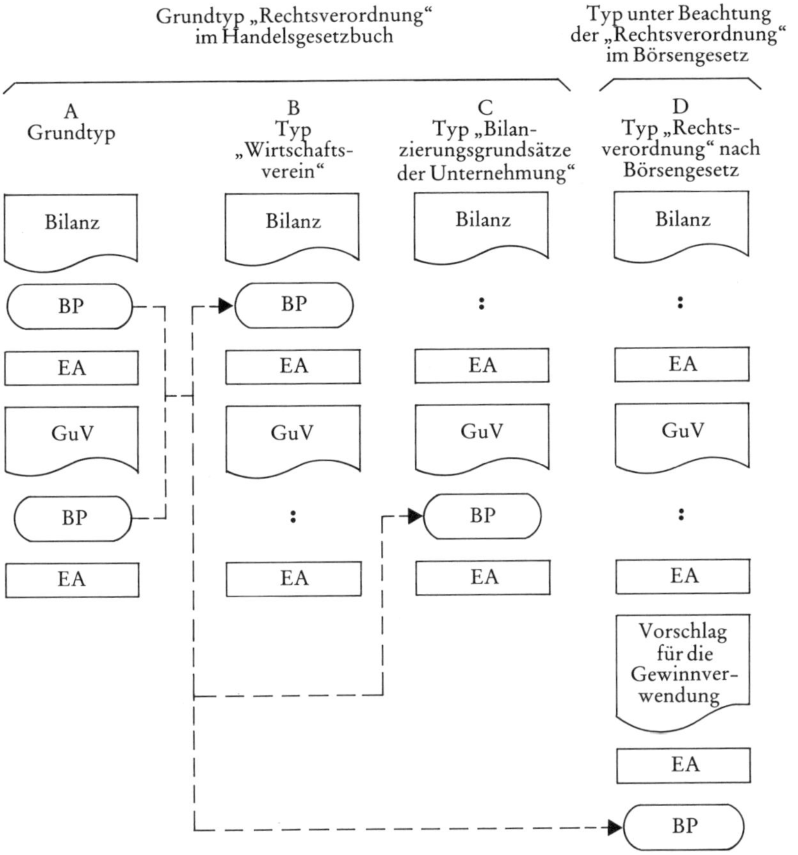

1985	434	13 (3.0%)	96 (22.1%)	325 (74.0%)	0 (0%)
’86	434	14 (3.2%)	90 (20.8%)	330 (76.0%)	0 (0%)
’87	469	14 (3.0%)	91 (19.4%)	364 (77.6%)	0 (0%)

Abb. 7: Angabestelle der Bilanzpolitik nach dem Aktiengesetz und die Zahl der Aktiengesellschaften

D. Änderungen der Bilanzpolitik

Die Stetigkeit der Bilanzierungs- und Darstellungsmethoden wird nach dem Handelsgesetz nicht ausdrücklich verlangt. Hat man aber die Bilanzpolitik geändert, muß der Abschlußprüfer bei der großen Aktiengesellschaft die Meinung über die Angemessenheit der Abweichung sowie ihre Begründungen im Prüfungsbericht

(Bestätigungsvermerk) äußern (§ 281-3 Abs. 2 Ziff. 5 Handelsgesetz, § 13 Abs. 2 „Gesetz über die Sonderfälle des Handelsgesetzes zur Prüfung usw. der Aktiengesellschaften"). Dabei müssen die grundlegenden Vorschriften beachtet werden: erstens sind die Abweichungen der Bilanzpolitik (einschließlich der Darstellung des Einflusses der Abweichungen und ausschließlich ihrer Begründung) in der Fußnote der Bilanz oder GuV anzumerken (§ 3 Abs. 2 „Rechtsverordnung" nach Handelsgesetz), zweitens ist die Begründung von Abweichungen zwingend als Angabe im Anhang vorgeschrieben (§ 46 Abs. 2). Die erste Vorschrift hat die Wirkung einer direkten Offenlegung (die direkte Zusendung der Bilanz und GuV an die Aktionäre); die zweite Vorschrift hat die Wirkung einer indirekten Offenlegung (die Offenlegung in den Haupt- und Zweiggeschäften, wo die Aktionäre und Gläubiger den Anhang einsehen und kopieren können).

Insoweit haben die Vorschriften der handelsrechtlichen Rechtsverordnung eine gewisse Wirkung, in der Praxis Stetigkeitsunterbrechungen zu hemmen, so daß man dies dahin interpretieren kann, daß hier - wenn auch nicht wortwörtlich, so doch auf indirektem Wege - eine Sollvorschrift im Sinne des Verordnungsgebers vorliegt.

Das Stetigkeitsprinzip der Bilanzpolitik ist eine Mußvorschrift im Börsenrecht (einschließlich der „Bilanzierungsgrundsätze" und „Rechtsverordnung" nach Börsengesetz) und eine Sollvorschrift im Handelsgesetz im oben interpretierten Sinne. Ist das Stetigkeitsprinzip eine Sollvorschrift, kommt eine Gesetzwidrigkeit im Handelsgesetz nicht unmittelbar in Frage (ausschließlich des Ausnahmefalls der Falschdividende), auch wenn die Stetigkeit der Bilanzpolitik unterbrochen wird. Nach dem Börsengesetz ist die Publizität von Stetigkeitsunterbrechungen in der Fußnote als **„exception matter"** im Prüfungsbericht behandelt worden (zur Terminologie „Muß- oder Sollvorschrift" vgl. *Eckes, Burkhard*: Bewertungsstetigkeit - Muß- oder Sollvorschrift?, Betriebs-Berater, 40. Jg., Heft 22).

Nach den „Bilanzierungsgrundsätzen der Unternehmung" sind die auf den vorhergehenden Jahresabschluß angewandten Methoden bei der Bewertung der Vermögensgegenstände und Schulden sowie bei der Ertrags- und Aufwandsperiodisierung beizubehalten, wenn kein begründeter Ausnahmefall vorliegt, der eine Abweichung gestattet. Es entsteht immer wieder die Frage, was der begründete Ausnahmefall ist.

Es gibt drei Fälle von Abweichungen:

(1) die Abweichung der angewandten Methode, die mit der Änderung des Sachverhaltes begründet wird,
(2) die Abweichung der angewandten Methode, die mit der Änderung der Methodenanzahl als Folge einer Änderung von Gesetz oder Rechtsverordnung begründet wird und
(3) die Abweichung der angewandten Methode, die mit der Änderung der Entscheidungsgrundlagen bei der Rechnungslegung begründet wird.

In *Abb. 8* ist ein Modell der Stetigkeitsabweichungen wiedergegeben.

Bei der „Änderung des Sachverhalts" muß man die bis dahin angewandte Methode durch eine dem neuen Sachverhalt entsprechende Methode ersetzen. In diesem Fall liegt keine Stetigkeitsunterbrechung vor, sondern nur eine Änderung der Methode. Dieser Fall ist deswegen aus der Änderung der Bilanzpolitik auszuscheiden.

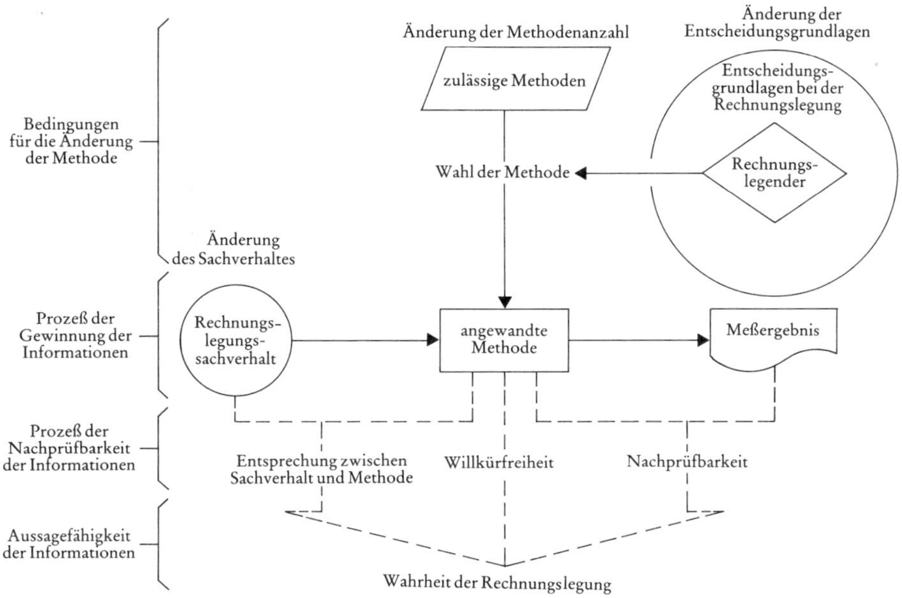

Abb. 8: Wahlprozeß der Bewertungsmethoden und Nachprüfbarkeitsprozeß der Information

Aus der „Änderung der Methodenanzahl" entsteht das Problem der neuen Wahl der Bilanzpolitik. Wenn die bis dahin angewandte Methode tatsächlich nicht mehr durch die Änderung von Gesetz und Rechtsverordnung anwendbar wird, muß eine andere Methode gewählt werden. Falls neue Methoden im Gesetz usw. erlaubt worden sind, hat man das Recht, zwischen den Methoden zu wählen. Diese Fälle gehören nicht zur Änderung der Bilanzpolitik, weil sie durch Gesetz oder Rechtsverordnung zwingend bedingt sind. Es handelt sich nicht um eine Stetigkeitsunterbrechung, sondern nur um die Änderung der Methode.

Bei der „Änderung der Entscheidungsgrundlagen" gibt es schwerwiegendere Fragen, weil die Änderung der Bilanzpolitik vom subjektiven Urteil abhängt. Der Rechnungslegende (accountant) wählt freiwillig eine der zulässigen Methoden auf Grund seines Werturteils (Motivierung, Zielsetzung).

Hat der Rechnungslegende freiwillig eine Methode gewählt, ist sie nur relativ richtig. Es geht dann um die Frage, ob eine Änderung der Entscheidungsgrundlagen erkennbar ist. Es ist sehr schwer, dies zu entscheiden. In diesem Fall ist es wichtig, einen Konsens über die Voraussetzungen für die Durchbrechung der Bilanzkontinuität zu bilden.

Der Sonderausschuß Bilanzrichtlinien-Gesetz des IdW hat die Stellungnahme „Zum Grundsatz der Bewertungsstetigkeit (§ 252 Abs. 1 Nr. 6 HGB) und zu den Angaben bei Abweichungen von Bilanzierungs- und Bewertungsmethoden (§ 284 Abs. 2 Nr. 3 HGB)" veröffentlicht, in der viele Beispiele als begründete Ausnahmefälle im Sinne des Gesetzes bezeichnet sind (in: Die Wirtschaftsprüfung, 41. Jg., Nr. 1/2, 1988, S. 49). Nach meiner Meinung können die dort bezeichneten Beispiele in drei Kategorien nach *Abb. 8* eingeordnet werden.

I. Änderung des Sachverhaltes:
① Einbeziehung in einen Konzernverbund.
② Mengenmäßig erhebliche Kapazitäts- und Bestandsveränderungen, sofern die bisher angewandten Bewertungsmethoden dafür unangemessen sind.
③ Produktions- oder Sortimentsumstellungen.

II. Änderung der Methodenanzahl:
Änderung von Gesetzen und Rechtsverordnungen

III. Änderung der Entscheidungsgrundlagen:
① Nutzung ansonsten vom Verfall bedrohter steuerlicher Verlustvorträge.
② Einleitung von Sanierungsmaßnahmen.
③ Wesentliche Veränderungen in der Gesellschafterstruktur.
④ Änderungen in der unternehmerischen Konzeption etwa bei Wechsel des Managements.
⑤ Grundlegend andere Einschätzung der Unternehmensentwicklung.
⑥ Übergang oder Verzicht auf die Anwendung von Bewertungsvereinfachungsverfahren.
⑦ Technische Umwälzungen.
⑧ Wesentliche Veränderungen des Beschäftigungsgrades.
⑨ Wesentliche Änderungen in der Finanz- und Kapitalstruktur.
⑩ Ergebnisse einer steuerlichen Betriebsprüfung.

Bei den Fällen I. und II. ist die Abweichung der angewandten Methode in der Fußnote als eine beigefügte Information anzugeben. Dies genügt für die Offenlegung solcher Umstände. Bei Fall III. sind dagegen die Erörterung und der Einfluß der Abweichungen in der Fußnote anzugeben und die Begründung der Abweichungen im Anhang offenzulegen. Darüber hinaus muß der Abschlußprüfer sein Urteil über die Angemessenheit der Abweichungen sowie über die Begründungen im Prüfungsbericht abgeben. Der Unterschied zwischen I., II. und III. liegt daher darin, ob eine Beurteilungspflicht seitens des Abschlußprüfers besteht oder nicht.

Aus *Abb. 8* geht folgendes hervor:
(1) Es ist die dem Sachverhalt entsprechende Methode zu wählen (Entsprechung zwischen Sachverhalt und Methode).
(2) Die angewandte Methode muß willkürfrei sein (Willkürfreiheit).
(3) Das durch die angewandte Methode gewonnene Meßergebnis muß intersubjektiv nachprüfbar sein (Nachprüfbarkeit).

Sind diese drei Bedingungen erfüllt, kann von Wahrheit der Rechnungslegung gesprochen werden. Man hat dann eine operationale Definition (operational definition) der Wahrheit der Rechnungslegung.

Die Abschreibung des freiberuflichen Praxiswertes - Steuerrechtliche Gleichbehandlung oder Sonderprogramm zur Mittelstandsförderung?

Prof. Dr. *Franz W. Wagner*, Universität Tübingen

A. Problemstellung

Neben der Untersuchung des Einflusses der Besteuerung auf unternehmerische Entscheidungen und auf das betriebliche Rechnungswesen hat *Günter Wöhe* als „dritte Hauptaufgabe" der Betriebswirtschaftlichen Steuerlehre, an deren Entstehung als wissenschaftlicher Disziplin er maßgeblich beteiligt war, gefordert, „aus ihren Erkenntnissen praktische Folgerungen für eine mögliche Gestaltung der Steuergesetze zu ziehen"[1].Unter den Aufsatzveröffentlichungen von *Wöhe* zum Bilanzsteuerrecht nimmt ein Beitrag „Zur Bilanzierung und Bewertung des Firmenwertes"[2] einen bedeutenden Platz ein. Darin wird die zu den Aufgaben der Betriebswirtschaftlichen Steuerlehre gerechnete rechtskritische Tradition, an deren Umsetzung in die Praxis sich *Wöhe* bereits als Mitglied der *Steuerreformkommission* 1971 beteiligte[3], aufgegriffen und in einen konkreten Änderungsvorschlag umgesetzt. Mit der Bilanzrechtsreform ist der Gesetzgeber im Grundsatz der Empfehlung von *Wöhe* gefolgt, für den derivativen Firmenwert eine Absetzung für Abnutzung vorzusehen[4].

Die mit dem Reformvorschlag verbundene Absicht, eine „klare und praktikable Rechtsgestaltung herbeizuführen"[5], ist allerdings noch nicht verwirklicht: Während man die alte Rechtslage als unbefriedigend bezeichnen konnte, wird man die neue zusätzlich als unklar bezeichnen müssen. Dies gilt insbesondere für die Frage der Teilwertabschreibung des Firmenwertes, sowie das Verhältnis von Firmenwert zum Praxiswert von Freiberuflerpraxen, insbesondere aber zum Sozietätspraxiswert. Da dem Praxiswert mittlerweile zahlenmäßig eher größere Bedeutung zukommt als dem Firmenwert und sich aus seiner steuerlichen Behandlung ökonomisch reizvolle Fragestellungen ergeben, möchte ich meine Untersuchung auf den Praxiswert konzentrieren. Nach einer Darstellung der Entwicklung und des gegenwärtigen Standes der Diskussion werde ich eine kritische Analyse des Steuerrechts aus ökonomischer Sicht vornehmen und die ökonomischen Wirkungen aufzeigen, die sich aus verschiedenen steuerlichen Modalitäten ergeben.

---

[1] *Wöhe, G.*, Betriebswirtschaftliche Steuerlehre, Bd. I/1: Die Steuern des Unternehmens - Das Besteuerungsverfahren, 6. Aufl., München 1988, S. 25.

[2] *Wöhe, G.*, Zur Bilanzierung und Bewertung des Firmenwertes, StuW 1980, S. 89.

[3] Vgl. Gutachten der Steuerreformkommission, Bonn 1971.

[4] Vgl. Artikel 10 Abs. 15 des Bilanzrichtlinien-Gesetzes vom 19.12.1985, BGBl. I 1985, S. 2355, BStBl. I 1985, S. 704, sowie Beschlußempfehlung und Bericht des Rechtsausschusses zum Entwurf eines Bilanzrichtlinien-Gesetzes vom 18.11.1985 (BT-Drucks. 10/4268), S. 101, zu § 7 EStG: S. 147.

[5] *Rid, M.*, Die Behandlung des Geschäftswerts im Ertragsteuerrecht, DStR 1978, S. 659 (663).

B. Die steuerliche Behandlung von Firmenwert und Praxiswert bis zur Bilanzrechtsreform

Während für die Handelsbilanz niemals strittig war, daß der beim Erwerb eines Unternehmens entstehende Firmenwert abschreibungspflichtig sei, um in der Bilanz keine zu hohe Haftungsmasse auszuweisen[6], wurde der Posten in der Steuerbilanz seit über 80 Jahren als „nichtabnutzbar" angesehen[7]. Bis zur Bilanzrechtsreform wurde der Firmenwert durch § 6 Abs. 1 Nr. 2 EStG als nichtabnutzbares Wirtschaftsgut eingestuft, bei dem folglich keine Absetzung für Abnutzung, sondern nur eine Teilwertabschreibung möglich war.

Bei der qualitativen Eingruppierung in die Gruppen der abnutzbaren und nichtabnutzbaren Wirtschaftsgüter handelt es sich zunächst um eine dogmatische Festlegung, da der Firmenwert als bloße rechnerische Saldogröße[8] nichts anderes darstellt als die Differenz zwischen dem Kaufpreis für eine Unternehmung und der Summe der Teilwerte der einzelbewertungsfähigen Wirtschaftsgüter, mithin die vom Steuerbilanzrecht bereitgehaltenen Kategorien dem Phänomen erst angepaßt werden müssen. Entsprechend schwierig gestaltete sich die Situation der Judikatur.

Da Nichtabnutzbarkeit kein Grund sein kann, eine Teilwertabschreibung zu versagen, sah die Judikatur die Notwendigkeit, für die Unzulässigkeit der Teilwertabschreibung des Firmenwertes einen theoretischen Unterbau zu liefern. Dieser bestand in der bislang angewandten „Einheitstheorie". Demnach ist der Firmenwert „ein einheitliches Wirtschaftsgut, das nicht zerlegt werden kann, auch wenn die Umstände, auf denen es beruht, im Laufe der Zeit wechseln (Einheitstheorie...)"[9]. Er kann „insbesondere nicht in einen erworbenen, sich allmählich verflüchtigenden Wert einerseits und einen vom Unternehmen neu geschaffenen, nicht aktivierungsfähigen Wert andererseits zerlegt werden"[10]. Dies bedeutet, daß Teilwertabschreibungen nur dann zulässig sein sollten, „wenn der Geschäftswert in seiner Gesamtheit einschließlich seiner zwischenzeitlich angewachsenen originären Bestandteile gesunken ist"[11].

Zu dieser Vorstellung wurde die Judikatur im Grundsatz genötigt, wollte sie nicht den Gesetzgeber, der sich auf die Fiktion der Nichtabnutzbarkeit festgelegt hatte, ins Unrecht setzen: Zwar ließ sich schwerlich behaupten, daß der derivative Firmenwert allein nicht abnutzbar sei, doch konnte man die Abnutzung in Abrede stellen, indem man ihn mit dem vom Erwerber selbstgeschaffenen originären Firmenwert zusammenfaßte und die Behauptung aufstellte, beide bildeten eben ein

---

[6] Vgl. *Moxter, A.*, Bilanzlehre, Bd. 1: Einführung in die Bilanztheorie, 3. Aufl., Wiesbaden 1984, S. 93ff.

[7] Vgl. OVG vom 2.4.1902, Slg. 10, S. 309, zit. n. *Doralt, W.*, Der Firmenwert in der Handels- und Steuerbilanz, Berlin 1976, S. 52.

[8] Vgl. *Wagner, F. W.*, Der Firmenwert in der Steuerbilanz - Ein ertragswertorientiertes Abschreibungsverfahren, WPg 1980, S. 477 (479).

[9] BFH vom 15.4.1958 I 61/57 U, BStBl. III 1958, S. 330 (331).

[10] BFH vom 9.2.1977 I R 130/74, BStBl. II 1977, S. 412 (413).

[11] Ebenda, S. 413.

„einheitliches“ Wirtschaftsgut; der Vorzug dieser Fiktion lag darin, daß sie nicht nachprüfbar und damit auch nicht widerlegbar war.

Natürlich konnte das Argument nicht überzeugen, es existiere eben nur ein Firmenwert, der sich aus originären und derivativen Bestandteilen zusammensetze. Obwohl die überwältigende Mehrheit aller einschlägigen Literaturbeiträge gegenüber der Einheitstheorie kritisch eingestellt war[12], gelang es zunächst nicht, ihr argumentativ überzeugend zu begegnen, da die betriebswirtschaftliche Literatur zur Unternehmensbewertung zu der Zeit, als die Grundsätze der Judikatur entwickelt wurden, noch auf der Suche nach dem objektiven Unternehmenswert - dem „valor intrinsecus“ - war und die Vorstellung des Unternehmenswertes als investitionstheoretischer Ertragswert sich noch nicht durchgesetzt hatte[13]. Daher konnte vom BFH der Firmenwert zunächst noch als „ein von den persönlichen Eigenschaften des Unternehmers losgelöster, dem Unternehmen als solchem innewohnender anerkannter Wert“[14] interpretiert werden und dies durchaus noch unter Berufung auf die damals herrschende Meinung in der Betriebswirtschaftslehre.

Selbst damals war allerdings schon deutlich, daß man eine solche Definition nicht würde verwenden können, wenn es um die Abschreibung des freiberuflichen Praxiswertes ging. In Fortsetzung der Tradition des RFH, der bereits eine Abschreibung des Praxiswertes für zulässig erachtet hatte[15], stellte der BFH in seinem Urteil vom 15.4.1958[16] erstmalig grundsätzliche Überlegungen über den Praxiswert und seine Abschreibung an. Da die Rechtsprechung beim Praxiswert nicht durch eine gesetzliche Definition und durch keine Klassifikation hinsichtlich der Abnutzbarkeit gebunden war, konnte sie aufgrund von Plausibilitätsüberlegungen sich für die Fiktion der Abnutzbarkeit entscheiden. Um allerdings zu verhindern, daß diese Einordnung auf den Firmenwert übergriff, war eine Abgrenzung zwischen Praxiswert und Firmenwert erforderlich. Dies gelang dem BFH verhältnismäßig leicht dadurch, daß er den Praxiswert gegenüber dem Firmenwert zu einem „aliud“ erklärte: „Der Wert einer freiberuflichen Praxis ist kein Geschäftswert (Unternehmenswert) in diesem Sinne... Da er ausschließlich personenbezogen ist, verflüchtigt er sich verhältnismäßig rasch. Regelmäßige Absetzungen auf ihn können daher in der Regel nicht versagt werden“[17]. Wenn es sich laut Definition des BFH zwischen Firmenwert und Praxiswert um etwas gänzlich Ungleiches handelte, so war die unterschiedliche Behandlung nur folgerichtig und keine Verletzung des Gleichheitsgrundsatzes. Bei der Auseinandersetzung mit abweichenden Literaturmeinungen konnte die Rechtsprechung hinsichtlich des Firmenwerts auf den Gesetzestext verweisen und hinsichtlich des Praxiswertes sich den bemerkenswerten Hinweis er-

---

[12] Vgl. die Literaturübersicht bei *Herrmann, C./Heuer, G./Raupach, A.*, EStG/KStG mit Nebengesetzen, Komm., § 6 EStG Rdn. 862, E. 437f. von 12/1985.

[13] Vgl. *Busse von Colbe, W.*, Der Zukunftserfolg, Wiesbaden 1957.

[14] Auf diesem Wortlaut beruhen etwa die BFH-Urteile vom 10.11.1960 IV 62/60 U, BStBl. III 1961, S. 95 (96), vom 5.8.1970 I R 180/66, BStBl. II 1970, S. 804 (805), vom 28.10.1976 IV R 76/72, BStBl. II 1977, S. 73 (74), vom 12.8.1982 IV R 43/79, BStBl. II 1982, S. 652 (654).

[15] Vgl. RFH vom 30.1.1929 VI A 369/28, RStBl. 1929, S. 326, vom 28.7.1938 IV 5/38, RStBl. 1938, S. 955, vom 24.2.1944 IV 102/43, RStBl. 1944, S. 582.

[16] I 61/57 U, a.a.O. (Fn. 9).

[17] Ebenda, S. 331.

lauben, die Zulassung einer Abschreibung sei „ohnehin nur als Ausnahme" gedacht[18]. Erstaunlicherweise wurde die Frage, warum innerhalb eines an die Grundsätze der Gleichbehandlung gebundenen Rechts denn Ausnahmen zugunsten bestimmter Steuerpflichtiger gemacht würden, nicht gestellt. Die Begünstigten hatten hierzu keinen Grund. Und der Gesetzgeber hatte sich bezüglich der Abnutzbarkeit nicht festgelegt und scheute wohl auch davor zurück, Fiktionen mit extrem geringer Plausibilität zu bilden.

Daß die Rechtsprechung selbst den Praxiswert bezüglich seiner Abnutzbarkeit doch nicht für etwas gänzlich anderes hielt als den Firmenwert, zeigten dann die Urteile zum „Sozietätspraxiswert". Eine Abweichung von den Grundsätzen für die Abschreibung des Praxiswertes findet sich in der BFH-Rechtsprechung erstmals im Urteil von 23. Januar 1975[19]. Für den Fall, daß eine Steuerberater-Einzelpraxis in eine Gesellschaft bürgerlichen Rechts unter Aufnahme eines Berufsträgers als Sozius erfolgt, stellte der BFH fest, daß „die für die ausnahmsweise Zulassung einer Praxiswertabschreibung maßgebenden Gründe gerade nicht bestehen. Denn das den Praxiswert bestimmende, persönliche Vertrauensverhältnis zum Praxisinhaber besteht weiter fort, und der Umstand, daß der Mandatsträger einen Sozius erhalten hat, wirkt sich in der Regel eher förderlich als nachteilig aus, so daß keine Veranlassung für die Annahme besteht, der Praxiswert verflüchtige sich wegen der Bildung einer Sozietät nunmehr schneller"[20]. Daraus folgerte der BFH , daß für den Sozietätspraxiswert eine AfA nicht zu gewähren sei.

Da der BFH aber bereits die „aliud-Theorie" zwischen Firmenwert und Praxiswert aufgestellt hatte, wäre es als inkonsequent erschienen, sich zur Unterstützung der Fiktion der Nichtabnutzbarkeit des Sozietätspraxiswertes ausdrücklich derselben Version der Einheitstheorie zu bedienen, die zur Versagung der Firmenwertabschreibung verwendet wurde. So blieb denn die Rechtsprechung zum Sozietätspraxiswert bislang ohne den Hintergrund einer „Theorie". Diese zu entwickeln wäre auch nicht leicht gefallen, denn offensichtlich befand sich der BFH in einer „Verlegenheit" und einem „Begründungsdilemma"[21]: Wenn er die Abschreibung des Praxiswertes für Freiberufler in 3-8 Jahren zuließ, die AfA des Firmenwertes mit Verweis auf das Gesetz aber gänzlich versagte, so befand er sich auf einem sehr schmal gewordenen Grat der Argumentation: Zwischen einem Handelsvertreter, dessen Kaufpreismehrbetrag abschreibbar war und einem „personenbezogenen Gewerbebetrieb", dem jede Abschreibung des Firmenwertes verweigert wurde, zu unterscheiden, erforderte Kriterien, deren Plausibilität keine Überzeugungskraft mehr hatte. In dieser Situation fühlte sich die Rechtsprechung zwar einerseits gebunden, das Gesetz sinnvoll auszulegen, doch andererseits enthielten ihre Verweise auf die Bindung durch das Gesetz zunehmend an den Gesetzgeber appellierende Untertöne, und schließlich schloß sich auch die Rechtsprechung dem Ruf nach einer gesetzlichen Neuregelung an[22].

---

[18] BFH vom 23.1.1975 IV R 166/71, BStBl. II 1975, S. 381 (382).

[19] Vgl. ebenda.

[20] Ebenda.

[21] *Mathiak, W.*, Rechtsprechung zum Bilanzsteuerrecht, StuW 1983, S. 69 (72).

[22] Vgl. z.B. BFH vom 21.7.1982 I R 177/77, BStBl. II 1982, S. 758, und schließlich: Bundesfinanzhof, Jahresbericht 1984, DStZ 1985, S. 174 (177).

C. Firmenwert und Praxiswert nach der Bilanzrechtsreform

Der Gesetzgeber ist mit der Bilanzrechtsreform 1985 den Forderungen nach einer AfA für den Firmenwert eines Gewerbebetriebs oder eines Betriebs der Land- und Forstwirtschaft nachgekommen und hat ihn nunmehr als abnutzbares Wirtschaftsgut mit einer Nutzungsdauer von 15 Jahren qualifiziert[23]. Doch wurden damit keineswegs alle Streitfragen gelöst. Ungeklärt von der Rechtsprechung blieben bislang vor allem die Fragen, ob für die Begründung einer möglichen Teilwertabschreibung auf den Firmenwert die Einheitstheorie noch immer eine Barriere darstellt[24] und welche Konsequenzen die Umgruppierung des Firmenwertes in die Gruppe der abnutzbaren Wirtschaftsgüter für den Sozietätspraxiswert hat, dessen Nichtabnutzbarkeit zwar anders als die des Firmenwertes begründet, aber doch gleichwohl als gegeben angesehen wurde.

Da der Firmenwert nun als abnutzbar gilt, ist für die Rechtsprechung die Notwendigkeit entfallen, dem Gesetzgeber durch die Einheitstheorie einen Beweis für die Richtigkeit seiner bisherigen Einordnung des Firmenwertes unter die Gruppe der nichtabnutzbaren Wirtschaftsgüter zu liefern; somit ist die Einheitstheorie nicht nur verzichtbar geworden, sondern auch unvereinbar mit der neuen Gesetzeslage[25]. Daher überwiegen in der Literatur die Stimmen, die den „Tod der Einheitstheorie" konstatieren[26].

---

[23] Vgl. §§ 6 Abs. 1 Nr. 2, 7 Abs. 1 S. 3 EStG nach der Änderung durch Artikel 10 Abs. 15 des Bilanzrichtlinien-Gesetzes vom 19.12.1985, a.a.O. (Fn. 4); Einwände gegen die Abnutzbarkeit erhebt *Borst, G.*, Die steuerliche Behandlung des Geschäftswertes, Praxiswertes und geschäftswertähnlicher Wirtschaftsgüter nach dem Bilanzrichtlinien-Gesetz, BB 1986, S. 2170 (2171); dazu vgl. aber *Wagner, F. W./Schomaker, H.*, Die Abschreibung des Firmenwertes in Handels- und Steuerbilanz nach der Reform des Bilanzrechts, DB 1987, S. 1365 (1368).

[24] Diese Ansicht vertreten neben dem BMF-Schreiben vom 20.11.1986, BStBl. I 1986, S. 532, vor allem: *Blümich/Falk*, EStG, Komm., § 6 Rdn. 912, E 331 f. von 6/1986; *Borst, G.*, a.a.O. (Fn. 23); *Paus, B.*, Veräußerung des Bruchteils eines Sozietätsanteils, DStZ 1988, S. 434 (435); *Schmidt, L.*, in: *Schmidt, L.* (Hrsg.), EStG-Komm., 7. Aufl., München 1988, § 5 Rdn. 23 d; *Glanegger, P.*, in: *Schmidt, L.* (Hrsg.), a.a.O., § 6 Rdn. 60; ebenso wohl *Mathiak, W.*, Rechtsprechung zum Bilanzsteuerrecht, StuW 1986, S. 287 (290).

[25] Daß die Einheitstheorie mit der Fiktion vom nichtabnutzbaren Firmenwert steht und fällt - vgl. *Wagner, F. W./Schomaker, H.*, a.a.O. (Fn. 23), S. 1367f. -, zeigt sich besonders an dem Urteil des BFH vom 2.2.1972 I R 96/70, BStBl. II 1972, S. 381 (382); kritisch hierzu: *Moxter, A.*, Die Geschäftswertbilanzierung in der Rechtsprechung des Bundesfinanzhofs und nach EG-Bilanzrecht, BB 1979, S. 741 (745f.).

[26] Vgl. z.B. *Brandenberg, H.*, Abschreibung des Praxiswerts und firmenwertähnlicher Wirtschaftsgüter nach Änderung der §§ 6 und 7 EStG durch das Bilanzrichtlinien-Gesetz, DB 1986, S. 1791 (1792); *Diers, F. U.*, Die Abschreibung firmenwertähnlicher Wirtschaftsgüter, DB 1987, S. 1064 (1065); *Döllerer, G.*, Handelsbilanz und Steuerbilanz nach den Vorschriften des Bilanzrichtlinien-Gesetzes, BB-Beilage 12/1987, S. 13; *Herrmann, C./Heuer, G./Raupach, A.*, a.a.O. (Fn. 12), § 6 Anm. 2e, E 42 von 12/1985, § 7 Anm. 198b, E 134 von 12/1986; *Seeger, S.*, in der 5. Aufl. von *Schmidt, L.* (Hrsg.), a.a.O. (Fn. 24), § 6 Rdn. 61 (a.A. *Glanegger* dort in der 6. Aufl., § 6 Rdn. 60, und ebenso wie *Schmidt* in der 7. Aufl., vgl. Fn. 24); *Schneeloch, D.*, Steuerliche Behandlung des Altgeschäftswertes, BB 1987, S. 2414 (2418); *ur*, Geschäftswert: Teilwertabschreibung nach Aufgabe der Einheitstheorie, FR 1986, S. 91; *Wagner, F. W./Schomaker, H.*, a.a.O. (Fn. 23); *Zeitler, F.-Ch.*, Der Firmenwert und verwandte immaterielle Wirtschaftsgüter in der Bilanz, DStR 1988, S. 303 (304).

Von unmittelbarem Interesse für die Problemstellung dieses Beitrags ist die zweite Frage, was nämlich die Umqualifikation des Firmenwertes für den bisher gleichbehandelten Sozietätspraxiswert bedeutet. Diese Frage ist aufgeworfen worden in einem Schreiben des BMF vom 20.11.1986[27]. Dort wird festgestellt, daß die Umqualifikation des Firmenwertes zwar an der schon bisher bestehenden Abnutzbarkeit des „einfachen" Praxiswertes nichts ändert, doch soll die Bilanzrechtsreform Folgen für den Sozietätspraxiswert haben. „In den Fällen, in denen nach der Rechtsprechung des BFH der erworbene Praxiswert sich nicht abnutzt, weil der Praxisinhaber weiterhin entscheidenden Einfluß im Unternehmen ausübt..., ist es nicht zu beanstanden, wenn die nunmehr für den Geschäfts- oder Firmenwert maßgebenden Vorschriften über Nutzungsdauer... und Abschreibungsbeginn... analog angewandt werden"[28].

Wenngleich die Finanzverwaltung hierdurch angewiesen wird, die AfA auf den Sozietätspraxiswert nicht zu beanstanden, ist nach Auffassung der Literatur sehr wohl Grund zu rechtlichen Einwänden gegeben[29]. Wenn der Praxiswert gegenüber dem Firmenwert als „aliud" galt und der Sozietätspraxiswert lediglich als Sonderfall des Praxiswertes, so ist es aufgrund der Einordnung des BFH in der Tat unverständlich, daß die Änderung der Regelung des Firmenwertes auf den Sozietätspraxiswert durchschlagen sollte. Der scharfe Trennungsstrich, den die Rechtsprechung zwischen dem Firmenwert und dem Praxiswert gezogen hatte, erweist sich nun als störend, weil er verhindert, daß aus einer Neuregelung des Firmenwertes Schlüsse auf den Sozietätspraxiswert gezogen werden können[30]. Als Fazit aus diesem Widerpruch bleibt nur entweder zu konstatieren, daß die BMF-Stellungnahme rechtssystematisch unhaltbar ist oder den Schluß zu ziehen, daß die bisherige Unterscheidung zwischen Firmenwert, Praxiswert und Sozietätspraxiswert immer schon willkürlich war und das BMF-Schreiben aus der Einsicht in diese Tatsache heraus versucht, diese willkürliche Ungleichbehandlung nun zu beenden.

D. Kritische Analyse der BFH-Rechtsprechung aus ökonomischer Sicht

Die von der BFH-Rechtsprechung vorgenommene Unterscheidung zwischen Firmenwert, Praxiswert und Sozietätspraxiswert im Sinne der Kategorien „abnutzbar" und „nichtabnutzbar" kann von der Entwicklung der modernen betriebswirtschaftlichen Theorie nicht mehr gedeckt werden. In allen drei Fällen bezahlt der Käufer eines Gewerbebetriebs oder einer freiberuflichen Praxis als Kaufpreis für ein Unternehmen mehr, als der Summe der Teilwerte der vorhandenen einzelbewertungsfähigen Wirtschaftsgüter entspricht. Wenn der Käufer einer Unterneh-

---

[27] A.a.O. (Fn 24).

[28] Ebenda.

[29] Vgl. neben *Borst, G.*, a.a.O. (Fn. 23), S. 2171f., vor allem *Söffing, M.*, Abschreibung des Sozietätspraxiswerts, DB 1987, S. 1753 m.w.N.

[30] Vgl. *Söffing, M.*, a.a.O. (Fn. 29), S. 1756f.

mung oder Freiberuflerpraxis mit modernen betriebswirtschaftlichen Bewertungsverfahren vertraut ist, so kommt in seiner Wertberechnung ein Ausdruck namens Firmenwert oder Praxiswert gar nicht vor[31]. Für seine Entscheidung ist nur der auf seinen Einnahmeerwartungen basierende Ertragswert einerseits und der vom Verkäufer geforderte Preis andererseits von Bedeutung, wobei der gezahlte Preis nicht über dem errechneten Wert liegen wird.

Eine Größe namens Firmenwert oder Praxiswert gewinnnt für den Investor erst dann an Bedeutung, wenn er vor dem Problem steht, seine Ertragswertüberlegungen und deren Umsetzung in einen Preis zu verbuchen[32]. Die dabei entstehenden Schwierigkeiten und das mangelnde Verständnis der Rechtsprechung hierfür werden ausschließlich dadurch verursacht, daß der zukunftsbezogene Firmen- oder Praxiswert im vergangenheitsorientierten Bilanzrecht einen Fremdkörper bildet, der nun mit buchhalterischem Leben zu erfüllen ist: Wenn die Differenzgröße zwischen zukunfts- und vergangenheitsbezogener Bewertung in die Kategorien des Bilanzrechts eingeordnet werden soll, so muß entschieden werden, ob sie als Wirtschaftsgut gelten und wie sie im Zeitablauf bewertet werden soll.

Gesetzgebung und Judikatur stehen vor dem Problem, inwieweit sie sich hierbei von ökonomischen Begründungsmöglichkeiten leiten lassen wollen oder ob sie durch Formulierung letztlich unbegründbarer Fiktionen sich lediglich an robusten und leicht justiziablen Kriterien orientieren wollen[33]. Soweit durch Anwendung der bekannten Auslegungskriterien für die Bewertung des Firmen- oder Praxiswertes eine befriedigende Lösung gefunden werden kann, besteht für ein Ausweichen vor ökonomisch begründbaren Maßstäben kein Anlaß.

Bereits der Wortsinn des Gesetzes liefert für eine betriebswirtschaftliche Interpretation des Teilwertbegriffs eindeutige Anhaltspunkte: Die allgemeine Definition für den Teilwert in § 6 EStG fordert, den Betrag anzusetzen, „den ein Erwerber des ganzen Betriebs im Rahmen des Gesamtkaufpreises für das einzelne Wirtschaftsgut ansetzen würde; dabei ist davon auszugehen, daß der Erwerber den Betrieb fortführt". Damit ergeht die Aufforderung, sich bei der Interpretation des Teilwertes der Methoden der Gesamtbewertung von Unternehmen zu bedienen, soweit deren Anwendung möglich ist. Hier besteht für die Rechtsprechung, die sich bislang auf die Aktualität des Standes der betriebswirtschaftlichen Literatur aus der Nachkriegszeit verlassen hat, ein Nachholbedarf[34].

---

[31] Vgl. *Wagner, F. W.*, a.a.O. (Fn. 8), S. 479.

[32] Vgl. ebenda.

[33] So wird die Einheitstheorie entgegen Gesetzeswortlaut und -begründung - vgl. *Wagner, F. W./Schomaker, H.*, a.a.O. (Fn. 23), S. 1368 - weiter vertreten, um „eine nur schwer zu bewältigende Beobachtung der noch vom Geschäftsveräußerer herrührenden Komponenten, wie z.B. Kundenstamm etc. ..., und die entsprechende Zuordnung von Erträgen" zu vermeiden, *Glanegger, P.*, in: *Schmidt, L.* (Hrsg.), a.a.O. (Fn. 24), § 6 Anm. 60. Doch erst jüngst bestätigte der BFH, wie sehr auch nach altem Recht Erträge daraufhin aufzuschlüsseln und zu analysieren waren, ob etwa bei der Kaufentscheidung von „unrichtigen Voraussetzungen ausgegangen" wurde oder „aus welchen Gründen die Durchschnittsgewinne geringer geworden sind", BFH vom 5.2.1988 III R 229/84, NV 1988, S. 432.

[34] Vgl. etwa *Moxter, A.*, Grundsätze ordnungsmäßiger Unternehmensbewertung, 2. Aufl., Wiesbaden 1983; *Dirrigl, H.*, Die Bewertung von Beteiligungen an Kapitalgesellschaften - Betriebswirtschaftliche Methode und steuerlicher Einfluß, Hamburg 1988.

Die Wertschätzung eines Erwerbers für ein Unternehmen kann durch finanzielle und nichtfinanzielle Motive bestimmt sein. Sofern nichtfinanzielle, „affektive" Motive wie Prestigeinteressen u.ä. den Grund für den Erwerb eines Unternehmens liefern, kann steuerlich eine Aktivierung dieser Kaufpreisbestandteile als Firmenwert oder Praxiswert schon deshalb nicht in Frage kommen, als hierfür geleistete Zahlungen keine Betriebsausgaben darstellen. Die einzige Möglichkeit, derartig motivierte Kaufpreisbestandteile zu verbuchen, besteht darin, eine Privatentnahme anzunehmen[35]. Sofern finanzielle Motive einen über dem Wert der einzelbewertungsfähigen Wirtschaftsgüter liegenden Kaufpreis rechtfertigen, ist der Differenzbetrag ausschließlich durch einen über dem Substanzwert liegenden Ertragswert zu erklären. In diesem Fall wird der Firmen- oder Praxiswert im Kaufzeitpunkt durch die Differenz zwischen Ertragswert und Substanzwert bestimmt; diese Differenz bietet auch in späteren Zeitpunkten die einzige sinnvolle Erklärung für die Teilwertermittlung des Firmen- oder Praxiswertes. Da die Bilanzierung originären immateriellen Anlagevermögens nicht zulässig ist, kann die weitere Entwicklung des Teilwertes nur von dem Teil des Ertragswertes abhängig sein, von dem im Erwerbszeitpunkt erkennbar ausgegangen wurde: nur der derivative Ertragswert kann den derivativen Firmenwert oder Praxiswert bestimmen[36].

Wird eine Unternehmung oder eine Praxis erworben, dann hat der Erwerber den Ertragswert aufgrund der unterschiedlichen Annahmen bezüglich der Höhe und der Struktur, sowie der Unsicherheit der Erträge zu errechnen, wobei sich das Risiko sowohl im Zähler der Bewertungsformel als auch im Diskontierungszinsfuß berücksichtigen läßt[37].

Je nach Zeitdauer und Struktur der erwarteten Überschüsse kommt eine entsprechende Berechnungsformel zur Anwendung, die von wenigen Perioden bis zu einem unendlichen Planungshorizont gehen kann. Je weniger die Erträge von der Person des bisherigen Eigners abhängig sind, um so eher kann der Erwerber davon ausgehen, daß sie auch nach dem Ausscheiden des bisherigen Eigners weiterfließen und umgekehrt. Dies kann im Ergebnis durchaus zu der vom BFH geäußerten Vermutung führen, daß sich der Ertragswert einer Freiberufler-Praxis schneller „verflüchtigt" als der Ertragswert eines gewerblichen Unternehmens. Hingegen stellt die „aliud-Theorie" zwischen Firmen- und Praxiswert für die Erfassung der auf einen Ertragswert wirkenden Einflußfaktoren eine zu grobe Kategorisierung dar, die dem Problem auch nicht näherungsweise gerecht wird.

Trotzdem kann man der Rechtsprechung zubilligen, daß sie auf eher intuitive Art versucht hat, das Phänomen der Ertragswertabschreibung zu erfassen. So stellt etwa die Kreierung der „Fehlmaßnahme" einen Versuch dar, die Ertragswertverringerung durch Umsatzrückgang zu erfassen[38]. Gleichzeitig hat sich die Judikatur

---

[35] Vgl. *Wagner, F. W./Schlecht, M.*, Zur steuerlichen Behandlung der Abfindung lästiger Gesellschafter, StuW 1985, S. 108 (113).

[36] Vgl. *Wagner, F. W.*, a.a.O. (Fn. 8), S. 481.

[37] Vgl. *Moxter, A.*, a.a.O. (Fn. 34), S. 146ff.; *Ballwieser, W.*, Die Wahl des Kalkulationszinsfußes bei der Unternehmensbewertung unter Berücksichtigung von Risiko und Geldentwertung, BFuP 1981, S. 97.

[38] Vgl. z.B. BFH vom 18.1.1967 I 77/64, BStBl. III 1967, S. 334, vom 20.4.1977 I R 234/75, BStBl. II 1977, S. 607 (608), vom 13.4.1983 I R 63/79, BStBl. II 1983, S. 667.

jedoch durch die „Einheitstheorie" wiederum selbst daran gehindert, eine Ertragswertverringerung auch dann noch zu erkennen, wenn sie nicht in unmittelbarem zeitlichen Zusammenhang zum Erwerb stand. Den Versuchen der Judikatur, den ökonomischen Gehalt der Ertragswertverringerung zu erfassen, mangelt es somit an einer theoretisch tragfähigen Leitlinie. Diese kann gewonnen werden, wenn die Bestimmungsfaktoren für den Teilwert von Firmenwert, Praxiswert und Sozietätspraxiswert gemeinsam in der Entwicklung des Ertragswerts gesucht werden, was jedoch nicht besagt, daß sie sich nicht im Zeitablauf unterschiedlich entwickeln und damit nicht verschiedene „Strukturtypen der Ertragswertabschreibung" rechtfertigen könnten[39]. Die Begründung muß auf die Ertragserwartungen gestützt werden, die den Erwerber im Erwerbszeitpunkt nachweislich zu seiner Entscheidung bewogen haben.

Wenn die Überschüsse einer Unternehmung, für die der Erwerber im Erwerbszeitpunkt einen Betrag über dem Substanzwert der einzelbewertungsfähigen Wirtschaftsgüter bezahlt hat, im Zeitablauf fallen, dann sinkt hierdurch der Ertragswert entsprechend: Werden die Erträge abgeschöpft, so sind sie eben nicht mehr im „Topf". Nur in dem Fall, daß der Erwerber von einer unendlichen Ertragsdauer ausgehen würde, bliebe der Ertragswert durch den Zeitablauf unverändert[40].

Macht man den Ertragswert, soweit er im Kaufpreis abgegolten wurde, auch in den Folgejahren zum Maßstab des Teilwertes, so wäre als Voraussetzung einer Ertragswertabschreibung darzulegen, inwieweit die während eines Geschäftsjahres angefallenen Überschüsse auf dem derivativen Ertragswert beruhen und welche Anteile der Überschüsse den zusätzlichen Bemühungen des Erwerbers zuzuordnen sind. Ein solcher Nachweis läßt sich am ehesten führen, wenn die Erfolge aus Umsätzen mit einem überschaubaren namentlich bekannten Kundenkreis herrühren[41].

Die Frage, auf welchen Ertragserwartungen der Kaufpreis aufbaut, unterstellt, daß sich der Käufer von den Ertragserwartungen Vorstellungen gemacht hat und aufgrund von Wert/Preis-Vergleichen erkennt, welchen Vorteil er in Kaufverhandlungen erzielt[42].

Die hierbei auftretenden Objektivierungsprobleme sind gewiß nicht zu unterschätzen, aber sie dürfen auch nicht dadurch umgangen werden, daß die Teilwertabschreibung vor unüberwindliche Barrieren gestellt wird, indem durch die Einheitstheorie die gesamte Problematik verdeckt wird. Bevor über Objektivierungsprobleme gesprochen wird, muß zunächst einmal geklärt werden, wie die Beweispflicht für den Steuerpflichtigen, der eine Teilwertabschreibung vornehmen will, überhaupt definiert sein muß. Erst in einem zweiten Schritt, in dem über unvermeidliche Vereinfachungen des Nachweises einer Teilwertabschreibung zu befinden ist, kann dann über robuste Kriterien der Beweisführung gesprochen werden.

Wird durch eine sich gegenüber ökonomischen Begründungen verschließende „Überobjektivierung" auch demjenigen eine Teilwertabschreibung verweigert, der

---

39 Zum Verfahren der Ertragswertabschreibung vgl. *Wagner, F. W.*, a.a.O. (Fn. 8), S. 481ff.
40 Vgl. ebenda, S. 482.
41 Vgl. *Wagner, F. W./Schomaker, H.*, a.a.O. (Fn. 23), S. 1371.
42 Vgl. *Moxter, A.*, a.a.O. (Fn. 34), S. 9ff.

in der Lage ist, die Ertragswertentwicklung und damit den Teilwertverlauf zu dokumentieren, so würden materiell bedeutsame Argumente dem Bedürfnis nach Rechtssicherheit bereits geopfert, bevor über ihre Berechtigung entschieden werden kann.

Dies gilt ebenso für die Abgrenzung zwischen Praxiswert und Sozietätspraxiswert, da auch hier lediglich qualitative Kriterien zu undifferenziert sind. Wenn jemand beim Eintritt in eine Sozietät dafür bezahlt, daß er künftig über einen Gewinnverteilungsschlüssel an den gemeinsamen Erfolgen einer Sozietät partizipiert, dann wird auch hier durch Erzielung der im Kaufpreis abgegoltenen Überschüsse der Ertragswert im Zeitablauf verändert. In diesem Fall war jedoch die Abschreibung vom BFH verweigert worden mit der Begründung, daß der Eintritt eines Sozius in eine Praxis sich eher förderlich auswirke[43]. Dieses Argument geht am Problem vorbei, denn hier wird die ohnehin unhaltbare Einheitstheorie von derivativem und originärem Firmenwert zu einer Einheitstheorie von originärem Praxiswert des Aufnehmenden und derivativem Praxiswert des eintretenden Gesellschafters erweitert, ohne daß dies ausdrücklich erwähnt wird. Da aber beim Eintritt in eine Sozietät genauso wie beim Erwerb einer Praxis anzunehmen ist, daß der Kaufpreis nur im Hinblick auf zeitlich begrenzte Erlöse bezahlt wird und diese im Zeitablauf dann auch anfallen, gibt es keinen Grund, zwischen dem Praxiswert und dem Sozietätspraxiswert prinzipiell in dem Sinne zu differenzieren, daß im Fall des Sozietätspraxiswertes eine Teilwertabschreibung aufgrund einer Ertragswertverringerung nicht zulässig sein sollte.

Eine Teilwertabschreibung kann allerdings nur zur Anwendung kommen, wenn der Ertragswert innerhalb der AfA-Frist soweit abnimmt, daß der Teilwert des derivativen Praxiswertes unter dessen Restbuchwert sinkt[44]. Da kaum ein Erwerber einen derartig langen Nachhall der Bemühungen des Seniorpartners in den Erlösen im Kaufpreis für seinen Anteil abgelten wird, darf die AfA-Dauer für den Sozietätspraxiswert nicht wesentlich über der des Praxiswertes liegen. Das gänzliche Versagen jeder AfA wird der Ertragswertentwicklung jedenfalls nicht gerecht.

Als Fazit der voranstehenden Überlegungen ergibt sich, daß sowohl für den Firmenwert, als auch den Praxiswert und den Sozietätspraxiswert neben der AfA stets die Möglichkeit einer Teilwertabschreibung auf den derivativen Wert in Betracht kommen muß. Den Maßstab für den niedrigeren Teilwert liefert der Ertragswert, von dem der Erwerber beim Kauf ausging. Wird nachgewiesen, daß sich der Ertragswert verringert, so kann eine Teilwertabschreibung nicht versagt werden.

---

[43] Vgl. BFH vom 23.1.1975 IV R 166/71, a.a.O. (Fn. 18), S. 382.

[44] Vgl. *Wagner, F. W./Schomaker, H.*, a.a.O. (Fn. 23), S. 1369.

E. Ökonomische Konsequenzen der Praxiswertabschreibung

Bislang wurde die Untersuchung auf die durch das geltende Recht vorgegebenen Kriterien im Sinne einer „de lege lata"-Analyse beschränkt. Damit wurde noch nicht der „ersten Hauptaufgabe" der betriebswirtschaftlichen Steuerlehre im Sinne von *Wöhe*[45], nämlich der Untersuchung des Einflusses der geltenden Besteuerung auf betriebswirtschaftliche Entscheidungen Rechnung getragen. Zwischen den beiden Problemstellungen bestehen freilich enge Zusammenhänge[46]. Zwar sind ökonomische Wirkungen von Besteuerungsnormen kein Kriterium für deren Gültigkeit im rechtlichen Sinne, doch kann ein Steuersystem letztlich nicht ohne Berücksichtigung seiner ökonomischen Wirkungen konzipiert werden. Steuerwirkungen entstehen, weil Individuen bestrebt sind, Steuern zu vermeiden, d.h. sich an der nach Einbeziehung von Steuern vorteilhaftesten Handlung orientieren. Die Wirkung besteht darin, daß die Entscheidung nach Einbeziehung der Besteuerung anders erfolgt, als wenn die durch sie ausgelösten Steuern vernachlässigt worden wären[47].

Da die Steuerwirkungen infolge von Steuerausweichhandlungen ihrerseits nun aber nicht zu gesamtwirtschaftlich unsinnigen Entscheidungen führen sollten, kann das Steuersystem nicht beliebig konzipiert werden. Der Gesetzgeber muß vielmehr darauf achten, daß trotz der steuervermeidenden Ausweichhandlungen die wirtschaftlichen Entscheidungen nach Berücksichtigung von Steuern sich nicht zu stark von einem „wirtschaftlich vernünftigen" Ergebnis unterscheiden, wie es ohne Berücksichtigung von Steuern aufgrund des Marktprozesses zustande gekommen wäre.

Im Grundsatz sollten Steuern daher so erhoben werden, daß sie wirkungsneutral sind[48]; sollten aber einzelne gezielte Wirkungen beabsichtigt sein, so können sie dadurch erreicht werden, daß in gewünschten Ausnahmefällen von diesem Grundsatz durch bewußte „Steuervergünstigungen" abgewichen wird, etwa durch Sonderabschreibungen auf Umweltschutzinvestitionen u.ä.[49]. Nicht wünschenswert wäre es hingegen, wenn ein Steuersystem durch eine Fehlkonzeption Wirkungen entfaltet, die nicht gewollt sind und dem Zweck der Besteuerung zuwiderlaufen.

Ein wirkungs- oder entscheidungsneutrales Steuersystem wird am einfachsten dadurch erreicht, daß die ökonomischen Zielgrößen der Steuerpflichtigen als Steuerbemessungsgrundlagen gewählt werden[50]. Wenn das Zielerreichungsausmaß selbst die Steuerbemessungsgrundlage bildet, dann werden bei Grenzsteuersätzen

---

[45] *Wöhe, G.*, a.a.O. (Fn. 1), S. 24.

[46] *Wagner, F. W.*, Die zeitliche Erfassung steuerlicher Leistungsfähigkeit, in: *Hax, H./ Kern, W./Schröder, H.-H.* (Hrsg.), Zeitaspekte in betriebswirtschaftlicher Theorie und Praxis, Stuttgart 1988, S. 261-277.

[47] Vgl. *Schneider, D.*, Investition und Finanzierung, 5. Aufl., Wiesbaden 1980, S. 249f.

[48] Vgl. *Harberger, A.C.*, Tax Neutrality in Investment Incentives, in: *Aaron, H. J./Boskin, M. J.* (Hrsg.), The Economics of Taxation, Washington D.C. 1980, S. 299ff.

[49] Vgl. ebenda.

[50] Vgl. *Strobel, W.*, Der Einfluß der Gewinnsteuer auf Investitionsentscheidungen, ZfB 1970, S. 375 (376).

unter 100% das Maximum der Bruttozielbeiträge und der Nettozielbeiträge durch die gleiche Alternative realisiert, und es kommt zu keiner Steuerwirkung. Nicht umsonst stützt sich das Steuersystem im wesentlichen auf das Einkommen und den Konsum, da diese gleichzeitig auch Zielgrößen für die ökonomische Betätigung von Steuerpflichtigen bilden.

Da die Vermeidung von Steuerwirkungen kein ausdrückliches Ziel des geltenden Steuerrechts ist und in die Gesetzgebung nicht durch ausdrückliche Begründung, sondern eher intuitiv eingegangen ist, kann aus dem Aufzeigen von unerwünschten Wirkungen nicht geschlossen werden, daß hierin ein Verstoß gegen das geltende Recht liegt. Gleichwohl müssen Gesetzgeber und Rechtsprechung sich befragen lassen, ob sie die Entstehung bestimmter Wirkungen auch bedacht haben, und wenn dies nicht der Fall ist, ggf. über Änderungen nachdenken.

Steuerwirkungen können sich auch aus der Abschreibungsfähigkeit oder Nichtabschreibungsfähigkeit von Firmen- und Praxiswert sowie aus der Art der Abschreibung ergeben. Im Rahmen einer auf einem Vermögensvergleich basierenden Einkommensteuer würden Steuerwirkungen dann vermieden, wenn die Abschreibung so vorgenommen würde, daß der sog. „ökonomische Gewinn" besteuert wird[51]. Dieser errechnet sich, indem von den jeweiligen Zahlungsüberschüssen die Abschreibung in Höhe des Ertragswertverlustes abgezogen wird. Wäre dies der Fall, so ginge von der Abschreibung weder ein Anreiz auf den Erwerb von Unternehmen oder Praxen aus, noch würden diese Investitionen gegenüber anderen Anlageformen diskriminiert. Dabei sind in diesem Fall die durch Gesetz geforderte und die steuerwirkungsneutrale Abschreibung identisch.

Ist der Barwert der zulässigen Abschreibung hingegen höher als der der Ertragswertabschreibung, so bildet die Abschreibung einen Investitionsanreiz; ist er niedriger, oder liegt ein Abschreibungsverbot vor, so wird die entsprechende Investition diskriminiert[52].

Dies kann nun am Beispiel des Praxiserwerbs verdeutlicht werden:

(1) Es sei angenommen, daß ein Erwerber einer Praxis folgende Zahlungsüberschüsse Z_t für einen Zeitraum von $t = 1, ..., 5$ Perioden erwarte. Von dem Vorhandensein einzelbewertungsfähiger Wirtschaftsgüter wird zur Vereinfachung der Darstellung abgesehen.

t	1	2	3	4	5
Z_t	+ 400 000	+ 360 000	+ 320 000	+ 280 000	+ 240 000

Diese Überschüsse weisen eine fallende Struktur auf, da der Erwerber mit einer „Verflüchtigung" des Kundenstammes rechnet; außerdem seien sie bereits um seinen kalkulatorischen Unternehmerlohn bei alternativem Einsatz seines Humankapitals gekürzt. Der Erwerber verfüge über ausreichend Eigenkapital, das er in einer Alternativanlage der gleichen Risikoklasse zum Zinssatz $i = 0,2$

[51] *Schneider, D.*, a.a.O. (Fn. 47), S. 279 ff.
[52] Vgl. ebenda, S. 252f.

anlegen könnte. Dann errechnet sich der Praxiswert W_0, verstanden als maximal zahlbarer Grenzpreis, wie folgt als Barwert der erwarteten Überschüsse:

$$W_0 = \sum_{t=1}^{5} Z_t \cdot (1+i)^{-t} \qquad (1)$$
$$= 1\,000\,000$$

(2) Dieser Kalkül ist insoweit noch unvollständig, als der potentielle Erwerber einer Praxis oder eines Anteils an einer Sozietätspraxis bei seiner Entscheidung die steuerlichen Folgen berücksichtigen muß. Wird zunächst davon ausgegangen, daß er den Gewinn nach § 4 Abs. 3 EStG ermittelt, ein Steuersatz $s = 0{,}5$ gilt und daß der Kaufpreis nicht abschreibbar ist, so ergibt sich folgende Berechnung für den Praxiswert unter Berücksichtigung von Steuern (W_s):

$$W_s = \sum_{t=1}^{5} Z_t \cdot (1-s)\,(1+i\,(1-s))^{-t} \qquad (2)$$
$$= 620\,921$$

Bei einer endlichen Reihe von Zahlungsüberschüssen und voller Versteuerung der Rückflüsse ohne Abschreibung des Kaufpreises sinkt der Ertragswert, da der Erwerb gegenüber der alternativen Finanzanlage schlechter gestellt ist; bei dieser sind nur die Zinsen zu versteuern und die Rückzahlung des Kapitals bleibt steuerfrei. Dies bedeutet, daß der Erwerber infolge der Nichtabschreibbarkeit des Praxiswertes nur einen Preis von 620 921 DM für die gleiche Praxis bieten könnte und der Erwerb gegenüber alternativen Finanzinvestitionen insoweit diskriminiert ist.

(3) Nun sei angenommen, daß für den Praxiswert eine Nutzungsdauer von $n = 5$ Jahren anerkannt werde und der Erwerber die AfA bei seiner Wertermittlung bereits berücksichtigt.

Der Wert einer Praxis mit linear abschreibbarem Praxiswert W_{SA} errechnet sich wie folgt:

$$W_{SA} = \sum_{t=1}^{5} (Z_t - s\,(Z_t - W_{SA}/5))\,(1+i\,(1-s))^{-t} \qquad (3)$$

Der Grenzpreis bestimmt gleichzeitig die AfA; löst man (3) nach W_{SA} auf[53] und setzt man die entsprechenden Zahlenwerte ein, so ergibt sich:

$$W_{SA} = 1\,000\,000$$

[53] Vgl. *Gratz, K.*, Grundprobleme individueller und kollektiver Steuerplanung, Berlin 1982, S. 81ff.

Es ergibt sich durch die AfA auf den Praxiswert der gleiche Höchstpreis für den Erwerber wie in (1). Dieses Ergebnis ist jedoch nicht generell gültig, sondern durch die Annahme des Beispiels bedingt. Hier entspricht die lineare AfA genau der Ertragswertabschreibung. Dies ist tendenziell bei fallendem Verlauf der in die Praxiswertberechnung eingehenden Überschüsse gegeben[54].

Das Ergebnis der Beispielsrechnung zeigt, daß es - wie zu erwarten war - durch die Abschreibung des Praxiswertes zu einer Begünstigung des Erwerbs gegenüber der Nichtabschreibung kommt, weil der dadurch errechnete Grenzpreis aus der Sicht des Erwerbers höher liegt. Falls der Erwerber mit seinem Preisgebot bis zu dem ihm bei rationalem Verhalten möglichen Maximalpreis geht, steigt mit der Möglichkeit der Abschreibung auch der vom Erwerber gezahlte Preis.

Da anzunehmen ist, daß die Möglichkeit der Abschreibung des Praxiswertes sich auf die Bewertungskalküle potentieller Erwerber auswirken wird, muß im Gesamtmarkt mit einem Anstieg der Marktpreise für Praxen gerechnet werden. Dies bedeutet, daß die Zulassung der Praxiswertabschreibung die Vermögensposition aller veräußerungsbereiten Inhaber von Praxen verbessert; genau dies ist die ökonomische Wirkung der von der Rechtsprechung beim Praxiswert gegenüber dem Firmenwert gemachten „Ausnahme". Sie stellt im Ergebnis eine Vermögensumverteilung zugunsten der - im Regelfall aus Altersgründen - ihre Tätigkeit beendenden Freiberufler dar und kann gewissermaßen als durch die Rechtsprechung konstituierter Beitrag des Steuerzahlers zu deren Altersversorgung angesehen werden, wenngleich man nicht wird davon ausgehen dürfen, daß die implizierte „Mittelstandsförderung" als Motiv für die Handhabung des Praxiswertes durch die Rechtsprechung gedient hat. Die durch die Praxiswertabschreibung ermöglichte Erhöhung des Verkaufspreises ist bei ertragsstarken Praxen am größten, da die Abschreibung des Praxiswertes dort als Argument in der Bewertungsfunktion des Erwerbers am stärksten zu Buche schlägt.

Der preissteigernde Vorteil liegt beim Sozietätspraxiswert durch die Versagung der Abschreibung aber nicht vor, wie sich an der Differenz zwischen den Fällen (2) und (3) zeigt. Da rational handelnde Erwerber den Nachteil erkennen werden und zu quantifizieren in der Lage sind, wäre der Eintritt in eine Sozietät entweder für den Erwerber oder den Veräußerer oder für beide steuerlich ein schlechtes Geschäft.

Da aber die Gründung einer Sozietät wegen der verbesserten Möglichkeit der Übertragung des Klientenstamms vom Senior- auf den Juniorpartner eine Möglichkeit für beide darstellt, den Wert der Praxis zu steigern, wird genau dies durch die steuerliche Behandlung des Sozietätspraxiswertes beeinträchtigt, ohne daß ein sich aus dem Steuerrecht ergebender zwingender Grund hierfür erkennbar wäre, wie im vorstehenden Abschnitt gezeigt wurde.

Zwar können Steuerwirkungen auf die Preisbildung auf Märkten aus rechtlicher Sicht keine Handhabe für die Rechtsprechung bilden, doch könnten sich hieraus Schlußfolgerungen für den Gesetzgeber ergeben, Praxiswert und Sozietätspraxiswert in bezug auf die Abschreibungsdauer gleichzustellen.

---

[54] Vgl. *Dirrigl, H.*, a.a.O. (Fn. 34), S. 291ff.

F. Schlußfolgerung

Es wurde gezeigt, wie sich die Handhabung von Firmenwert, Praxiswert und Sozietätspraxiswert entwickelt hat und welche Möglichkeiten innerhalb des geltenden Rechts bestehen, die steuerliche Behandlung auf einheitliche betriebswirtschaftliche Begründungen zurückzuführen; Hinweise auf deren Anwendung können der Teilwertdefinition unmittelbar entnommen werden.

Daraus ergibt sich, daß die bisherige Handhabung der Teilwertabschreibung durch die Judikatur dann nicht zu greifen braucht, wenn der Steuerpflichtige schlüssig eine Verringerung des Ertragwertes, von dem er im Erwerbszeitpunkt ausging, nachweisen kann. Dieser Nachweis ist nicht auf die Fehlmaßnahme bisheriger Prägung beschränkt und darf nach der Bilanzrechtsreform nicht mehr durch die Einheitstheorie eingeengt werden.

Die Zulassung einer Abschreibung hat Auswirkungen auf die Preisbildung für Unternehmen und Praxen und im Ergebnis die Wirkung einer Vermögensumverteilung zugunsten des Veräußerers. Die differenzierende Behandlung zwischen Praxiswert und Sozietätspraxiswert hingegen führt zu Preiseffekten, die effizienten vertraglichen Arrangements zwischen Senior- und Juniorpartner einer Sozietät im Wege stehen und entweder zur Verringerung des Humankapitals und damit der Altersversorgung des Veräußerers oder zur Verschlechterung der Startchancen des Erwerbers führen.

Überlegungen zur Anwendbarkeit des Bootstrap-Verfahrens bei betriebswirtschaftlichen Prüfungen

Viktoria v. Oertzen, Dipl.-Kfm. *Rudolf Krämmer*, Prof. Dr. *Klaus v. Wysocki*,
Universität München

A. Problemstellung

Der HFA empfiehlt bei Jahresabschlußprüfungen die Anwendung stichprobengestützter Prüfungsmethoden.[1] Er läßt für Verfahren mit zufallsgesteuerter Auswahl, ebenso wie § 241 Abs. 1 HGB für die Stichprobeninventur, nur anerkannte mathematisch-statistische Stichprobenverfahren zu.[2]

Den derzeit im Prüfungswesen angewendeten mathematisch-statistischen Stichprobenverfahren ist gemeinsam, daß als Majorprämisse für den Repräsentationsschluß von der zufällig ausgewählten[3] Stichprobe auf die Grundgesamtheit die Annahmen über die Wahrscheinlichkeitsverteilung der Stichprobenergebnisse dienen.[4] Von der Richtigkeit dieser Verteilungshypothesen hängt die Zulässigkeit des Schlusses und damit die Gültigkeit des Prüferurteils ab.

Bei der Bestimmung von Durchschnitts- oder Gesamtwerten (heterograder Fall)[5] wird dem Rückschluß auf die Grundgesamtheit in der Regel die Annahme zugrundegelegt, daß die Schätzfunktion, also der Stichprobenmittelwert, normalverteilt sei.[6]

Die bevorzugte Verwendung der Normalverteilung wird neben ihrer rechentechnisch einfachen Handhabung[7] mit dem Zentralen Grenzwertsatz begründet, der aussagt, daß die Stichprobenmittelwerte für große Stichprobenumfänge annähernd normalverteilt sind.[8] Der notwendige Stichprobenumfang hängt dabei von der Gestalt der Verteilung des untersuchten Merkmals in der Grundgesamtheit ab. Empirische Untersuchungen[9] haben gezeigt, daß in Prüffeldern diese oft erheblich von der Glockenkurve der Normalverteilung abweicht.[10] Die Annahme, daß die Stichprobenmittelwerte normalverteilt sind, ist in diesem Fall bei geringen Stich-

---

[1] Vgl. *IdW*, HFA 1/1988, Abschn. A

[2] Vgl. *IdW*, HFA 1/1988, Abschn. D. III. 1.a; vgl. hierzu auch: *Wöhe*, Einführung 1986, S. 919; *Wöhe*, Bilanzierung 1987, S. 183

[3] Vgl. zum Begriff der Zufallsauswahl, *Rüger*, Statistik 1988, S. 113 ff.

[4] Vgl. *v. Wysocki*, Grundlagen 1988, S. 189; *v. Wysocki*, Auswahl 1986, S. 393

[5] Für die Prüfung auf Fehleranteile (homograder Fall) stellt die statistische Methodenlehre mit der hypergeometrischen Verteilung das exakte Verteilungsmodell für das dem prüferischen Vorgehen entsprechende „Ziehen ohne Zurücklegen" zur Verfügung. Vgl. *v. Wysocki*, Bestimmung 1981, S. 334 f.

[6] Vgl. *v. Wysocki*, Grundlagen 1988, S. 225

[7] Vgl. *v. Wysocki*, Grundlagen 1988, S. 203

[8] Vgl. *Cochran*, Stichprobenverfahren 1972, S. 56

[9] Vgl. hierzu besonders *Burgstahler/Jiambalvo*, Sample 1986, S. 233 ff.; *Ham/Losell/Smieliauskas*, Study 1985, S. 387 ff.; *Johnson/Leitch/Neter*, Characteristics 1981, S. 270 ff.; *Ramage/Krieger/Spero*, Study 1979, S. 72 ff.

[10] Die Verteilungen der Soll-Merkmalsausprägungen der Elemente der Grundgesamtheit bzw. der Soll-Ist-Abweichungen wiesen häufig erhebliche Schiefe, eine starke Konzentration um den Nullpunkt oder auch die sogenannten „heavy tails", d.h. hohe Häufigkeiten an den Rändern der Verteilung, auf. Vgl. auch *Pöhlmann*, Jahresabschlußprüfung 1987, S. 124; zum Begriff „heavy tails" vgl. *Büning/Trenkler*, Methoden 1978, S. 35

probenumfängen nicht gültig.[11] Deshalb ist auch der darauf basierende Repräsentationsschluß unzulässig. Zur Lösung des Problems bieten sich zwei Möglichkeiten an: Einerseits kann der Stichprobenumfang soweit erhöht werden, daß eine ausreichende Annäherung an die Normalverteilung gegeben ist. Dies ist in Hinblick auf die Wirtschaftlichkeit der Stichprobenprüfungen kaum praktikabel. Andererseits können „verteilungsfreie" Verfahren[12] angewendet werden, die auf eine theoretische Verteilungsannahme verzichten.

Die verteilungsfreien Resampling-Verfahren ermöglichen den Rückschluß auf die Grundgesamtheit allein anhand der Stichprobeninformationen.[13] In jüngerer Zeit wird für die Anwendung im betriebswirtschaftlichen Prüfungswesen eines dieser Verfahren, das „Bootstrap-Verfahren", diskutiert,[14] das speziell für die Anwendung bei kleinen Stichproben entwickelt wurde.[15]

B. Das Bootstrap-Verfahren[16]

Die Vorgehensweise des Bootstrap-Verfahrens kann wie folgt beschrieben werden:[17]

(1) Aus einer Grundgesamtheit wird eine Stichprobe mit dem Umfang n zufällig ausgewählt (reale Stichprobe).

(2) Aus dieser Stichprobe werden anschließend zufällige Stichproben vom Umfang n „mit Zurücklegen" gezogen (Pseudostichproben).

(3) Aus den Mittelwerten dieser Pseudostichproben wird die empirische Bootstrap-Verteilung der Schätzgröße (Stichprobenmittelwert) konstruiert. Dies setzt voraus, daß die Anzahl der Pseudostichproben groß genug ist.[18]

(4) Aus der empirischen Bootstrap-Verteilung läßt sich anschließend der Mittelwert sämtlicher Mittelwerte der Pseudostichproben als Schätzgröße für den Mittelwert der Grundgesamtheit ermitteln.

Die Verfasser haben sich für die ersten Versuche auf die einfachste Methode zur Ermittlung eines Konfidenzintervalles für den Mittelwert der Grundgesamtheit auf der Grundlage der empirischen Bootstrap-Verteilung beschränkt. Die Methode

---

[11] Vgl. *Cochran*, Stichprobenverfahren S. 56 ff.; zu den Folgen der Verletzung von Verteilungsannahmen vgl. *Pöhlmann*, Jahresabschlußprüfung 1987, S. 128 und *Huber*, Statistics 1981, S. 2 f.

[12] Vgl. zu den verteilungsfreien Verfahren: *Gibbons*, Methods 1985, S. 1 ff.; *Schaich/Hamerle*, Prüfverfahren 1984, S. 48 ff.;

[13] Zu diesen Verfahren vgl. *Efron*, Jackknife 1982, S. 1 ff.

[14] Vgl. *Pöhlmann*, Jahresabschlußprüfung 1987, S. 143 ff.; *v. Wysocki*, Grundlagen 1988, S. 245 ff.

[15] Vgl. *Bunke/Riemer*, Note 1983, S. 517

[16] Das Bootstrap-Verfahren wurde erstmalig von *Efron* 1979 vorgestellt. Vgl. *Efron*, Bootstrap 1979, S. 1 ff.

[17] Vgl. *v. Wysocki*, Grundlagen 1988, S. 245 f.

[18] Die Anzahl der Pseudostichproben ist dabei so groß zu wählen, daß die empirische Bootstrap-Verteilung hinreichend an die theoretische Bootstrap-Verteilung angenähert ist. Die Untersuchungen haben ergeben, daß in der Regel eine Zahl von 1 000 Pseudostichproben ausreichend ist. Vgl. auch *Efron*, Errors 1981, S. 140

basiert auf der Anwendung des Bootstrap-Punktschätzers für den Mittelwert:[19]

$$\mu_{boot} = \frac{1}{B} \sum_{i=1}^{B} \mu(i)$$

wobei $\mu(i)$ der Mittelwert der i-ten Pseudostichprobe ist und B die Anzahl der Pseudostichproben wiedergibt.

Das Konfidenzintervall[20] für den Mittelwert wird wie folgt konstruiert:
Die relativen Häufigkeiten der Mittelwerte in der empirischen Bootstrap-Verteilung werden zu einer empirischen Verteilungsfunktion (Summenkurve[21]) kumuliert. Die Grenzen des Konfidenzintervalles werden bestimmt, indem man die oberen und unteren Extremwerte entsprechend dem geforderten Sicherheitsgrad „abschneidet".[22] Bei einem vorgegebenen Sicherheitsgrad von 95%[23] würde man also 2,5% „von unten und von oben abschneiden".

C. Darstellung der Untersuchung

I. Versuchsanordnung

Ziel der von den Verfassern durchgeführten Versuche war es festzustellen, ob sich das Bootstrap-Verfahren in Hinblick auf die Wirtschaftlichkeit, Schätzgenauigkeit und Aussagesicherheit im Vergleich zum Normalverteilungsverfahren bei Auswahlprüfungen bewährt.[24]

Zu diesem Zweck wurde die Untersuchung auf angenommene, empirisch relevante Prüffeldverteilungen konzentriert, bei denen davon ausgegangen werden kann, daß das Normalverteilungsverfahren zu unbefriedigenden Ergebnissen führt.[25] Das Verhalten des Bootstrap-Verfahrens bei diesen Prüffeldverteilungen wurde mit Hilfe simulierter Zufallsstichproben getestet.[26]

---

[19] Vgl. *Efron*, Errors 1981, S. 145 f.

[20] Als Konfidenzintervall wird das Intervall bezeichnet, das den unbekannten „wahren Wert" der Grundgesamtheit mit einem vorgegebenen Sicherheitsgrad überdeckt. Vgl. *IdW*, HFA 1/1988, Abschn. D. III. 2. c

[21] Zum Begriff vgl. *Ferschl, Statistik 1985, S. 36*

[22] *Vgl. v. Wysocki*, Grundlagen 1988, S. 246

[23] Diese Bedingung besagt, daß das Schätzverfahren bei einer großen Anzahl von Stichprobenversuchen in mindestens 95% der Fälle zu Konfidenzintervallen führen muß, die den gesuchten wahren Mittelwert der Grundgesamtheit überdecken. Vgl. *v. Wysocki/Schmidle*, Verwendung 1979, S. 419

[24] Zur Untersuchung wurde das Programm „Bootstrap-Analyse" der Begleitdiskette zu *v. Wysocki*, Grundlagen des betriebswirtschaftlichen Prüfungswesens, 3. Aufl., München 1988 verwendet.

[25] Vgl. zur Methodik: *Mandl*, Untersuchungen 1984, S. 35 ff. und S. 69 ff.; *Neter/Loebbeke*, Behavior 1975, S. 11 ff.

[26] Vgl. zur Begründung von Simulationsstudien: *v. Wysocki*, Überlegungen 1981, S. 275 f. Insgesamt wurden ca. 2000 Stichproben und ca. 25000000 Pseudostichproben zur Untersuchung herangezogen.

Die Konfidenzintervalle wurden auf Grundlage eines Sicherheitsgrades von 95% - dies entspricht einer Irrtumswahrscheinlichkeit von 5% - [27] ermittelt.

Die Versuche wurden auf die einfache Mittelwertschätzung und die Differenzenschätzung[28] beschränkt.

Aus den untersuchten Prüffeldern wurden jeweils 100 Stichproben des Umfangs n = 50, n = 100, n = 200 und n = 300 „ohne Zurücklegen" gezogen und die entsprechenden Konfidenzintervalle nach dem Bootstrap- und nach dem Normalverteilungsverfahren errechnet. Die Bootstrap-Konfidenzintervalle wurden anhand von 10000 Pseudostichproben ermittelt, um in jedem Fall eine ausreichende Glättung der empirischen Bootstrap-Verteilung zu erreichen.

Der Vorzug der gewählten Versuchsanordnung besteht darin, daß die Leistungsfähigkeit des Bootstrap- wie auch des Normalverteilungsverfahrens anhand der wahren Mittelwerte der Elemente der Grundgesamtheit überprüft werden konnte.[29]

II. Auswertungskriterien

Bei der Beurteilung der Untersuchungsergebnisse lag das Hauptaugenmerk auf dem Vergleich des Bootstrap-Verfahrens mit dem Normalverteilungsverfahren. Es wurde von folgenden Beurteilungskriterien ausgegangen:

1. Genauigkeitsanforderungen

Die Schätzgenauigkeit des angewendeten Verfahrens wird durch die Breite des ermittelten Konfidenzintervalles repräsentiert. Diesem steht der vom Prüfer festzulegende Toleranzbereich gegenüber.[30] Innerhalb dieser Versuchsreihe werden der Beurteilung der Schätzgenauigkeit zwei Toleranzbereiche zugrundegelegt, die mit ± 5% und ± 1% vom wahren Mittelwert der Elemente der Grundgesamtheit vorgegeben werden.

Die Genauigkeitsanforderungen gelten als erfüllt, wenn die Breite der errechneten Konfidenzintervalle kleiner oder gleich der Breite des jeweiligen Toleranzbereiches ist. In den Abbildungen, in denen die Untersuchungsergebnisse zusammengefaßt sind, wird unter Punkt A der Prozentsatz derjenigen Intervalle angegeben, die diese Anforderungen erfüllen. Bei der Differenzenschätzung konnten nur diejenigen Stichproben betrachtet werden, die mindestens eine Abweichung enthalten, da nur für diese ein Konfidenzintervall berechnet werden kann.

---

[27] Vgl. *IdW*, HFA 1/1988, Abschn. D. III. 2.b

[28] Vgl. *IdW*, HFA 1/1981, Abschn. II. 2

[29] Vgl. zur Vorgehensweise: *v. Wysocki/Schmidle*, Verwendung 1979, S. 419

[30] Vgl. *IdW*, HFA 1/1988, Abschn. D. III. 2.c

2. *Aussagesicherheit*

Die Einhaltung des vorgegebenen Sicherheitsgrades, der in dieser Untersuchung 95% nicht unterschreiten darf, stellt das zentrale Kriterium zur Beurteilung eines Stichprobenverfahrens dar. Zur Überprüfung werden jeweils 100 Stichproben gleichen Umfangs gezogen. Die entsprechenden Konfidenzintervalle werden soweit möglich errechnet und daraufhin überprüft, ob sie den wahren Mittelwert der Elemente der Grundgesamtheit überdecken.[31]

Der Prozentsatz derjenigen Intervalle, für die das zutrifft, wird in den Abbildungen zur Darstellung der Untersuchungsergebnisse unter Punkt B angegeben. Für die einfache Mittelwertschätzung bezieht sich dieser Prozentsatz auf alle Stichproben. Bei der Differenzenschätzung bezieht sich der Prozentsatz „richtiger" Aussagen nur auf die Stichproben, die mindestens eine Abweichung enthalten.

Der Prozentsatz aller Stichproben, die keine Abweichung enthalten, wird unter Punkt B.3 angegeben.

3. *Lage, Breite und Aussagesicherheit des Bootstrap-Konfidenzintervalls im Vergleich zum Intervall auf der Grundlage der Normalverteilung*

Unter Punkt C der Abbildungen wird das Bootstrap-Verfahren mit dem Normalverteilungsverfahren vereinfacht verbal verglichen. Die Aussagen fassen den Vergleich der Lage, der Breite und der Aussagesicherheit der Konfidenzintervalle zusammen.

III. Untersuchungsergebnisse

1. *Einfache Mittelwertschätzung*[32]

Der Untersuchung der einfachen Mittelwertschätzung wurden zwei Prüffelder mit einem Umfang von N = 10 000 Elementen zugrundegelegt.[33]

a) Normalverteiltes Prüffeld[34]

Das normalverteilte Prüffeld wurde auf Grund seiner statistischen Eigenschaften gewählt, da hier die Anwendungsvoraussetzungen für die Normalverteilung im-

---

[31] Vgl. *Mandl*, Untersuchung 1984, S. 32; *v. Wysocki/Schmidle*, Verwendung 1979, S. 419

[32] Vgl. zum Verfahren der einfachen Mittelwertschätzung: *v. Wysocki*, Grundlagen 1988, S. 225 ff.

[33] Es wurden darüberhinaus Prüffelder mit einem Umfang von N = 2 000 Elementen untersucht, um festzustellen, ob die Prüffeldgröße Einfluß auf die Ergebnisse hat. Da die Versuche zeigten, daß dies nicht der Fall ist, wird auf eine Darstellung der Ergebnisse verzichtet.

[34] Das Prüffeld wurde mit Hilfe eines Zufallszahlengenerators unter Anwendung des Zentralen Grenzwertsatzes konstruiert.

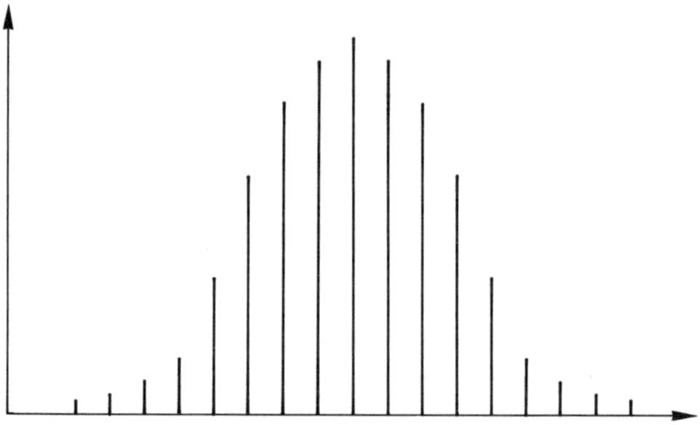

Abb. 1: Normalverteiltes Prüffeld

Beurteilungskriterium	n = 50	n = 100	n = 200	n = 300
A. Genauigkeitsanforderungen: Breite des Konfidenzintervalls kleiner oder gleich				
1. ± 5% des wahren Mittelwertes der Grundgesamtheit				
a) Normalverteilung	100% erfüllt			
b) Bootstrap	100% erfüllt			
2. ± 1% des wahren Mittelwertes der Grundgesamtheit				
a) Normalverteilung	0% erfüllt			75% erfüllt
b) Bootstrap	0% erfüllt			60% erfüllt
B. Aussagesicherheit				
1. Normalverteilung	98%	93%	97%	96%
2. Bootstrap	97%	94%	97%	96%
C. Beurteilung des Bootstrap im Vergleich zur Normalverteilung				
1. Lage Konfidenzintervall	leichte Rechtsverschiebung		keine wesentliche Veränderung	
2. Breite Konfidenzintervall	wenig enger	gleich	wenig breiter	breiter
3. Aussagesicherheit	geringer	höher	gleich	gleich

Abb. 2: Einfache Mittelwertschätzung: Normalverteiltes Prüffeld

N = 10000, je 100 Stichproben, B = 10000

mer erfüllt sind[35] und somit eine optimale Vergleichsgrundlage zur Beurteilung des Bootstrap-Verfahrens vorliegt.

In *Abbildung 2* zeigen sich nur bei einem Stichprobenumfang von n = 300 deutliche Unterschiede zwischen dem Bootstrap- und dem Normalverteilungsverfahren. Das Normalverteilungsverfahren bleibt bei diesem Stichprobenumfang in 75% der untersuchten Stichproben im vorgegebenen Toleranzbereich von ±1% des wahren Mittelwertes der Elemente der Grundgesamtheit. Dagegen halten nur 60% der errechneten Bootstrap-Konfidenzintervalle diesen Toleranzbereich ein. Dieses Ergebnis wird auch durch den Vergleich der Breite der Bootstrap-Konfidenzintervalle mit der Breite der Normalverteilungs-Konfidenzintervalle bestätigt, der zeigt, daß ab einem Stichprobenumfang von n = 200 die errechneten Bootstrap-Konfidenzintervalle breiter sind.

Die leichte Rechtsverschiebung der Bootstrap-Konfidenzintervalle bei geringen Stichprobenumfängen ist rein zufällig.

Bei der Untersuchung der Aussagesicherheit zeigen sich nur minimale Unterschiede zwischen den beiden Verfahren.

Nach diesen Ergebnissen ist das Bootstrap-Verfahren gerade bei geringen Stichprobenumfängen ebenso anwendbar wie das Normalverteilungsverfahren.

b) Stark rechtsschiefes Prüffeld

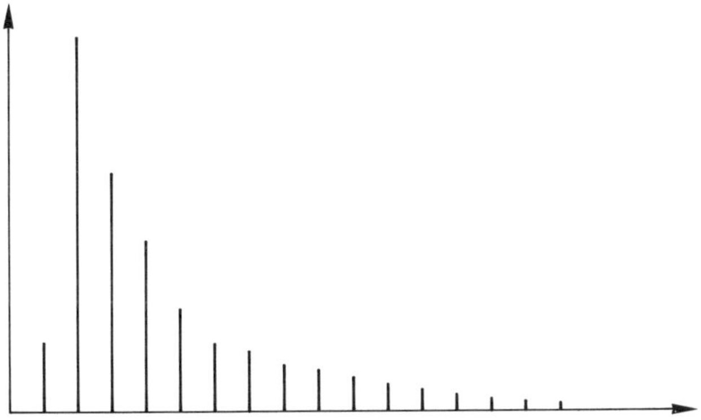

Abb. 3: Stark rechtsschiefes Prüffeld

Das stark rechtsschiefe Prüffeld wurde wegen seiner praktischen Bedeutung - typische Lagergrundgesamtheit[36] - und seiner in bezug auf die Normalverteilungshypothese sehr ungünstigen statistischen Eigenschaften gewählt.[37]

Abbildung 4 zeigt, daß das Bootstrap-Verfahren Vorteile gegenüber dem Normalverteilungsverfahren aufweist, da seine Aussagesicherheit bei jedem Stichprobenumfang höher ist als die des Normalverteilungsverfahrens. Dies läßt sich mit der extremen Rechtsschiefe der Verteilung erklären, die durch das Bootstrap-Ver-

[35] Vgl. *Mandl*, Untersuchungen 1984, S. 35

[36] Vgl. *Mandl*, Untersuchungen 1984, S. 35; *Neter/Loebbecke*, Behavior 1975, S. 17 ff.

[37] Vgl. *Cochran*, Stichprobenverfahren 1972, S. 56 ff.

Beurteilungskriterium	n = 50	n = 100	n = 200	n = 300
A. Genauigkeitsanforderungen: Breite des Konfidenzintervalls kleiner oder gleich				
1. ± 5% des wahren Mittelwertes der Grundgesamtheit				
a) Normalverteilung	0% erfüllt			
b) Bootstrap	0% erfüllt			
2. ± 1% des wahren Mittelwertes der Grundgesamtheit				
a) Normalverteilung	0% erfüllt			
b) Bootstrap	0% erfüllt			
B. Aussagesicherheit				
1. Normalverteilung	92%	88%	88%	82%
2. Bootstrap	93%	93%	89%	85%
C. Beurteilung des Bootstrap im Vergleich zur Normalverteilung				
1. Lage Konfidenzintervall	deutliche Rechtsverschiebung			
2. Breite Konfidenzintervall	enger	mit steigendem n zunehmend breiter		
3. Aussagesicherheit	höher			

Abb. 4: Einfache Mittelwertschätzung: Stark rechtsschiefes Prüffeld

N = 10000, je 100 Stichproben, B = 10000

fahren offensichtlich besser berücksichtigt wird. Das Normalverteilungsverfahren geht von einer symmetrischen Verteilung der Stichprobenmittelwerte aus. Da die untersuchten Stichprobenumfänge zu klein sind, um nach dem Zentralen Grenzwertsatz eine gute Annäherung an eine symmetrische Verteilung zu erreichen, kommt es beim Normalverteilungsverfahren häufiger zu Fehlschätzungen. Beim Bootstrap-Verfahren hingegen liegen dem Rückschluß auf die Grundgesamtheit ausschließlich die Information der realen Stichprobe zugrunde. Ist diese repräsentativ für die Grundgesamtheit, so sind ihre Elemente ebenfalls stark rechtsschief verteilt. Die Bootstrap-Verteilung vernachlässigt also die Schiefe der Grundgesamtheit nicht. Auch in der bemerkenswerten Rechtsverschiebung der Bootstrap-Konfidenzintervalle gegenüber den Normalverteilungs-Konfidenzintervallen wird die bessere Berücksichtigung der Schiefe des Prüffeldes durch das Bootstrap-Verfahren deutlich.

Insgesamt ist jedoch sowohl die Schätzgenauigkeit als auch die Aussagesicherheit beider Verfahren unbefriedigend, da die Genauigkeitsanforderungen und der vorgegebene Sicherheitsgrad in keinem Fall eingehalten werden.

Die Ergebnisse der Untersuchung der einfachen Mittelwertschätzung zeigen, daß das Bootstrap-Verfahren dem Normalverteilungsverfahren geringfügig vorzuziehen ist.

2. *Differenzenschätzung*

Die Vorgehensweise der Differenzenschätzung[38] ist wie folgt: Die Stichprobenelemente werden hinsichtlich ihres tatsächlichen Wertes (Sollwert) und des Wertes in der zugrundeliegenden Buchhaltung (Istwert) überprüft. Anhand des Mittelwertes der festgestellten Soll-Ist-Abweichungen in der Stichprobe wird auf die durchschnittliche Soll-Ist-Abweichung der Elemente der Grundgesamtheit geschlossen. Der durchschnittliche Wert der Elemente der Grundgesamtheit wird aus dem durchschnittlichen Istwert zuzüglich der geschätzten durchschnittlichen Soll-Ist-Abweichung errechnet.[39]

$$\mu_{Y(d)} = \mu_X + \mu_d$$

wobei μ_X der durchschnittliche Istwert in der Grundgesamtheit und $\mu_d = \mu_y - \mu_x$ die durchschnittliche Soll-Ist-Abweichung in der Stichprobe ist.

Der Untersuchung liegt bei der Differenzenschätzung eine Grundgesamtheit mit N = 10000 Elementen zugrunde. Angeregt durch einige empirische Studien über Fehlercharakteristika in Prüffeldern und deren Einfluß auf die Zuverlässigkeit der Schätzgrößen[40] wurden spezielle Fehlermuster, d.h. Verteilungen der Soll-Ist-Abweichungen in der Grundgesamtheit, konstruiert.

Die Istwerte des Prüffeldes wurden erzeugt, indem die Fehlermuster mittels eines EDV-Programms mit den Sollwerten in verschiedenen Raten (10% und 1%) kombiniert wurden.[41]. Es wurden unterschiedliche Fehlerraten untersucht, um festzustellen, welche Auswirkungen die Fehlerhäufigkeit auf die Schätzergebnisse der beiden Verfahren hat. Der Schwerpunkt lag hierbei auf der Überprüfung niedriger Fehlerraten, die für betriebswirtschaftliche Prüfungen typisch sind.[42] Die Problematik bei niedrigen Fehlerraten ist, daß die Schätzung auf die vom Zufall abhängige Anzahl von Fehlern in der Stichprobe hochempfindlich reagiert. Zudem treten vermehrt Stichproben ohne Abweichungen auf. Der Prüfer kann hier mit Hilfe der Differenzenschätzung kein Urteil fällen. Deshalb bleiben diese Stichproben bei der vorliegenden Untersuchung außer Betracht.

Insgesamt wurden drei Fehlermuster, also sechs Prüffelder, untersucht.

---

[38] Dieses Verfahren zieht zur Ermittlung eines Schätzwertes für den Mittelwert der Elemente der Grundgesamtheit neben den Stichprobeninformationen zusätzliche Hilfsinformationen heran, die in enger Beziehung zu den zu schätzenden Größen stehen oder denen ein derartiger Zusammenhang unterstellt werden kann. Vgl. *v. Wysocki/Schmidle*, Verwendung 1979, S. 418 ff.

[39] Vgl. *v. Wysocki*, Grundlagen 1988, S. 239

[40] Vgl. *Burgstahler/Jiambalvo*, Sample 1986, S. 233 ff.; *Neter/Loebbecke*, Behavior 1975, S. 7 ff.; *Neter/Loebbecke*, Behavior 1977, S. 501 ff.

[41] Zur Vorgehensweise vgl. *Mandl*, Untersuchungen 1984, S. 73

[42] Vgl. *v. Wysocki*, Grundlagen 1988, S. 189

a) Fehlermuster I, ausschließlich große Über- und Unterbewertungen

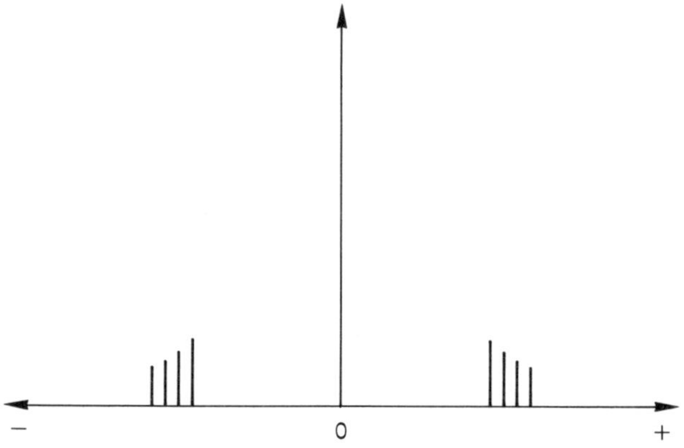

Abb. 5: Fehlermuster I, ausschließlich große Über- und Unterbewertungen

Fehlermuster I, das ausschließlich große, symmetrisch verteilte Über- und Unterbewertungen aufweist, wurde vor allem auf Grund seiner mangelnden Eignung für das Normalverteilungsverfahren[43] gewählt, seine praktische Bedeutung ist nicht unerheblich.[44]

Das Bootstrap- und das Normalverteilungsverfahren liefern bei dem Prüffeld mit hoher Fehlerrate *(Abb. 6)* annähernd gleiche Ergebnisse.

Bei dem Prüffeld mit geringer Fehlerrate dagegen *(Abb. 7)* zeigen sich gravierende Schwächen des Bootstrap-Verfahrens im Vergleich zum Normalverteilungsverfahren hinsichtlich der Einhaltung des Sicherheitsgrades. Die vorgegebene Grenze von 95% wird von den Bootstrap-Konfidenzintervallen bei keinem Stichprobenumfang eingehalten. Dagegen liegen die Ergebnisse des Normalverteilungsverfahrens in allen Fällen innerhalb des vorgegebenen Sicherheitsgrades.

Auch die im Vergleich zu den Normalverteilungs-Konfidenzintervallen engeren Bootstrap-Konfidenzintervalle bei einem Stichprobenumfang von n = 50 können sich auf die Beurteilung nicht positiv auswirken, da diese mit einem starken Verlust an Aussagesicherheit einhergehen.

Hier wirkt sich offensichtlich die Vorgehensweise des Bootstrap-Verfahrens insbesondere in dem Prüffeld mit niedriger Fehlerrate negativ aus: Die zur Bildung der Bootstrap-Verteilung notwendigen Pseudostichproben werden aus der realen Stichprobe „mit Zurücklegen“ gezogen. Die in der realen Stichprobe vorhandenen großen Abweichungen können deshalb in einer Pseudostichprobe über- oder unterrepräsentiert und im Extremfall überhaupt nicht enthalten sein. Das „Ziehen mit Zurücklegen“ kann also zu sehr unterschiedlichen Pseudostichproben führen. Die für die einzelnen Pseudostichproben errechneten Mittelwerte und Streuungen können deshalb sehr stark voneinander abweichen. Da die Streuungen innerhalb

[43] Vgl. *Pöhlmann*, Jahresabschlußprüfung 1987, S. 126 ff.
[44] Vgl. *Johnson/Leitch/Neter*, Characteristics 1981, S. 284

<table>
<tr><th>Beurteilungskriterium</th><th>n = 50</th><th>n = 100</th><th>n = 200</th><th>n = 300</th></tr>
<tr><td>A. Genauigkeits-anforderungen:
Breite des Konfidenz-intervalls kleiner oder gleich
1. ± 5% des wahren Mittelwertes der Grundgesamtheit
a) Normalverteilung
b) Bootstrap</td><td colspan="3">0% erfüllt
0% erfüllt</td><td>5% erfüllt
0% erfüllt</td></tr>
<tr><td>2. ± 1% des wahren Mittelwertes der Grundgesamtheit
a) Normalverteilung
b) Bootstrap</td><td colspan="4">0% erfüllt
0% erfüllt</td></tr>
<tr><td>B. Aussagesicherheit
1. Normalverteilung
2. Bootstrap
3. Stichprobe ohne Abweichung</td><td>99%
95%
0%</td><td>97%
97%
0%</td><td>90%
90%
0%</td><td>98%
98%
0%</td></tr>
<tr><td>C. Beurteilung des Boot-strap im Vergleich zur Normalverteilung
1. Lage Konfidenz-intervall</td><td colspan="4">keine signifikante Verschiebung</td></tr>
<tr><td>2. Breite Konfidenz-intervall</td><td>wenig enger</td><td>wenig breiter</td><td colspan="2">breiter</td></tr>
<tr><td>3. Aussagesicherheit</td><td>geringer</td><td colspan="3">gleich</td></tr>
</table>

Abb. 6: Differenzenschätzung: Fehlermuster I, ausschließlich große Über- und Unterbewertungen, Fehlerrate 10%

N = 10000, je 100 Stichproben, B = 10000

der einzelnen Pseudostichproben, die zur Stabilisierung der Schätzung beitragen könnten, bei der Ermittlung der Bootstrap-Konfidenzintervalle nicht berücksichtigt werden, kann es zu häufigeren Fehlschätzungen kommen.

Eine Anwendung des Bootstrap-Verfahrens bei einem derartigen Fehlermuster ist also nicht unproblematisch.

Beurteilungskriterium	n = 50	n = 100	n = 200	n = 300
A. Genauigkeits-anforderungen: Breite des Konfidenz-intervalls kleiner oder gleich				
1. ± 5% des wahren Mittelwertes der Grundgesamtheit				
a) Normalverteilung	20% erfüllt	0% erfüllt	100% erfüllt	
b) Bootstrap	25% erfüllt	0% erfüllt	100% erfüllt	
2. ± 1% des wahren Mittelwertes der Grundgesamtheit				
a) Normalverteilung	0% erfüllt		5% erfüllt	10% erfüllt
b) Bootstrap	0% erfüllt		10% erfüllt	15% erfüllt
B. Aussagesicherheit				
1. Normalverteilung	100%	97%	98%	97%
2. Bootstrap	83%	91%	78%	84%
3. Stichprobe ohne Abweichung	57%	32%	8%	4%
C. Beurteilung des Bootstrap im Vergleich zur Normalverteilung				
1. Lage Konfidenzintervall	keine signifikante Verschiebung			
2. Breite Konfidenzintervall	enger	gleich		wenig breiter
3. Aussagesicherheit	geringer			

Abb. 7: Differenzenschätzung: Fehlermuster I, ausschließlich große Über- und Unterbewertungen, Fehlerrate 1%

N = 10000, je 100 Stichproben, B = 10000

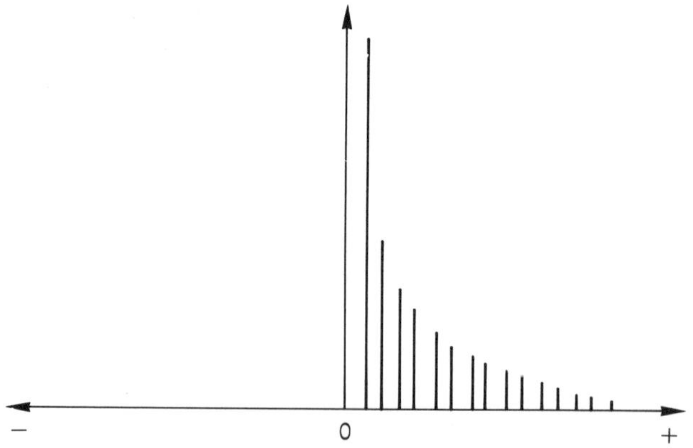

Abb. 8: Fehlermuster II, nur Überbewertungen

b) Fehlermuster II, nur Überbewertungen (siehe *Abb. 8*)

In Fehlermuster II finden sich ausschließlich überbewertete Elemente, die rechtsschief verteilt sind. Ein derartiger Abweichungstyp ist in der Praxis vor allem bei der Prüfung von Forderungen und anderer Aktivposten[45] anzutreffen und weist zudem ungünstige statistische Eigenschaften auf Grund der Asymmetrie der Verteilung auf.[46]

Wie nach den Ergebnissen der einfachen Mittelwertschätzung zu erwarten war, zeigt sich, daß hier insbesondere die Untersuchung der Aussagesicherheit beim Bootstrap-Verfahren bessere Resultate erbringt als beim Normalverteilungsverfahren. Der Prozentsatz derjenigen Konfidenzintervalle, die den wahren Mittelwert der Elemente der Grundgesamtheit überdecken, ist beim Bootstrap-Verfahren besonders in dem Prüffeld mit niedriger Fehlerrate bei jedem Stichprobenumfang deutlich höher als beim Normalverteilungsverfahren.

<table>
<tr><th>Beurteilungskriterium</th><th>n = 50</th><th>n = 100</th><th>n = 200</th><th>n = 300</th></tr>
<tr><td>A. Genauigkeitsanforderungen:
Breite des Konfidenzintervalls kleiner oder gleich
1. ± 5% des wahren Mittelwertes der Grundgesamtheit
a) Normalverteilung
b) Bootstrap</td><td>45% erfüllt
45% erfüllt</td><td>40% erfüllt
40% erfüllt</td><td>60% erfüllt
60% erfüllt</td><td>80% erfüllt
75% erfüllt</td></tr>
<tr><td>2. ± 1% des wahren Mittelwertes der Grundgesamtheit
a) Normalverteilung
b) Bootstrap</td><td colspan="2">10% erfüllt
10% erfüllt</td><td>5% erfüllt
5% erfüllt</td><td>0% erfüllt
0% erfüllt</td></tr>
<tr><td>B. Aussagesicherheit
1. Normalverteilung
2. Bootstrap
3. Stichprobe ohne Abweichung</td><td>65%
65%
0%</td><td>72%
75%
0%</td><td>80%
82%
0%</td><td>92%
95%
0%</td></tr>
<tr><td>C. Beurteilung des Bootstrap im Vergleich zur Normalverteilung
1. Lage Konfidenzintervall</td><td colspan="4">deutliche Rechtsverschiebung</td></tr>
<tr><td>2. Breite Konfidenzintervall</td><td colspan="2">enger</td><td colspan="2">wenig breiter</td></tr>
<tr><td>3. Aussagesicherheit</td><td>gleich</td><td colspan="3">höher</td></tr>
</table>

Abb. 9: Differenzenschätzung: Fehlermuster II, nur Überbewertungen, Fehlerrate 10%
N = 10000, je 100 Stichproben, B = 10000

[45] Vgl. *Johnson/Leitch/Neter*, Characteristics 1981, S. 283
[46] Vgl. *Cochran*, Stichprobenverfahren 1972, S. 56 ff.

Beurteilungskriterium	n = 50	n = 100	n = 200	n = 300
A. Genauigkeitsanforderungen: Breite des Konfidenzintervalls kleiner oder gleich				
1. ± 5% des wahren Mittelwertes der Grundgesamtheit a) Normalverteilung b) Bootstrap	100% erfüllt 100% erfüllt			
2. ± 1% des wahren Mittelwertes der Grundgesamtheit a) Normalverteilung b) Bootstrap	75% erfüllt 85% erfüllt	65% erfüllt 70% erfüllt	80% erfüllt 80% erfüllt	75% erfüllt 80% erfüllt
B. Aussagesicherheit 1. Normalverteilung 2. Bootstrap 3. Stichprobe ohne Abweichung	78% 82% 53%	68% 75% 38%	44% 56% 11%	57% 62% 6%
C. Beurteilung des Bootstrap im Vergleich zur Normalverteilung				
1. Lage Konfidenzintervall	deutliche Rechtsverschiebung			
2. Breite Konfidenzintervall	enger		wenig enger	
3. Aussagesicherheit	deutlich höher			

Abb. 10: Differenzenschätzung: Fehlermuster II, nur Überbewertungen, Fehlerrate 1%
N = 10000, je 100 Stichproben, B = 10000

Auch die Genauigkeitsanforderungen werden bei dem Prüffeld mit niedriger Fehlerrate durch die Bootstrap-Konfidenzintervalle häufiger erfüllt als durch die Normalverteilungs-Konfidenzintervalle.

Die deutliche Rechtsverschiebung der Lage der Bootstrap-Konfidenzintervalle, die - wie oben bereits erläutert - durch die bessere Berücksichtigung der Schiefe der Verteilung zu erklären ist, tritt auch hier auf.

Insgesamt muß jedoch bei diesem Abweichungstyp festgestellt werden, daß der vorgegebene Sicherheitsgrad von 95% nur in dem Prüffeld mit hoher Fehlerrate bei einem Stichprobenumfang von n = 300 durch das Bootstrap-Verfahren eingehalten wird. Das Normalverteilungsverfahren kann den Anforderungen an die Aussagesicherheit in keinem Fall genügen.

Die Anwendung des Bootstrap-Verfahrens kann hier also nur in Hinblick auf die schlechteren Ergebnisse des anderen anerkannten mathematisch-statistischen Verfahrens[47] empfohlen werden.

c) Fehlermuster III, sehr viele kleine Abweichungen, wenige Ausreißer

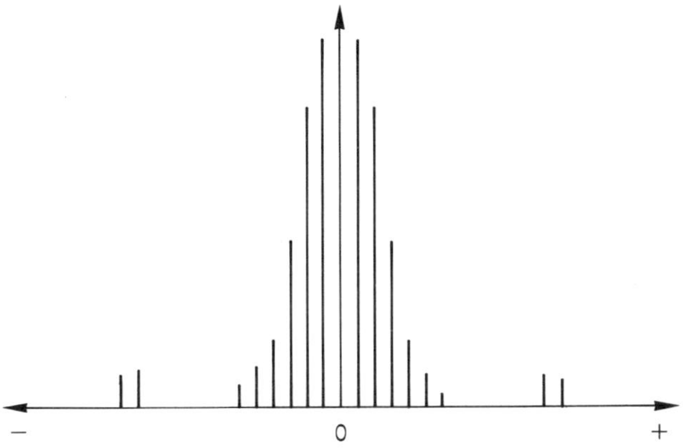

Abb. 11: Fehlermuster III, sehr viele kleine Abweichungen, wenige Ausreißer

Das dritte Fehlermuster weist eine starke Konzentration der fehlerhaften Elemente um den Nullpunkt auf und einige wenige große Abweichungen. Ein Prüffeld, das eine derartige Fehlerverteilung hat, dürfte in der Realität sehr häufig anzutreffen sein.[48] Es kann insbesondere bei niedrigen Fehlerraten sehr leicht falsch beurteilt werden, da die bereits dargestellte Problematik niedriger Fehlerraten durch das Auftreten von Ausreißern noch verstärkt wird.

Wie die beiden *Abbildungen 12* und *13* zeigen, ist die Aussagesicherheit des Bootstrap-Verfahrens bei beiden Fehlerraten deutlich geringer als die des Normalverteilungsverfahrens. Dies ist wieder auf die Instabilität der Mittelwerte und der Streuungen der Pseudostichproben bei einer derartigen Prüffeldstruktur zurückzuführen.

Die Untersuchung der Schätzgenauigkeit zeigt, daß sich beide Verfahren in bezug auf die Einhaltung der Genauigkeitsanforderungen in nichts nachstehen.

Das Bootstrap-Verfahren ist nach den vorliegenden Untersuchungen bei diesem Fehlermuster dem Normalverteilungsverfahren unterlegen.

---

[47] Vgl. *IdW*, HFA 1/1981, Abschn. II. 2

[48] Vgl. *Johnson/Leitch/Neter*, Characteristics 1981, S. 284; *Ramage/Krieger/Spero*, Study 1979, S. 76

Beurteilungskriterium	n = 50	n = 100	n = 200	n = 300
A. Genauigkeitsanforderungen: Breite des Konfidenzintervalls kleiner oder gleich				
1. ± 5% des wahren Mittelwertes der Grundgesamtheit				
a) Normalverteilung	0% erfüllt			
b) Bootstrap	0% erfüllt			
2. ± 1% des wahren Mittelwertes der Grundgesamtheit				
a) Normalverteilung	0% erfüllt			
b) Bootstrap	0% erfüllt			
B. Aussagesicherheit				
1. Normalverteilung	91%	99%	95%	95%
2. Bootstrap	88%	93%	89%	90%
3. Stichprobe ohne Abweichung	0%	0%	0%	0%
C. Beurteilung des Bootstrap im Vergleich zur Normalverteilung				
1. Lage Konfidenzintervall	keine signifikante Verschiebung			
2. Breite Konfidenzintervall	wenig breiter	breiter		
3. Aussagesicherheit	geringer			

Abb. 12: Differenzenschätzung: Fehlermuster III, sehr viele kleine Abweichungen, wenige Ausreißer, Fehlerrate 10%

N = 10000, je 100 Stichproben, B = 10000

Beurteilungskriterium	n = 50	n = 100	n = 200	n = 300
A. Genauigkeits-anforderungen: Breite des Konfidenz-intervalls kleiner oder gleich				
1. ± 5% des wahren Mittelwertes der Grundgesamtheit				
a) Normalverteilung	85% erfüllt	70% erfüllt	60% erfüllt	50% erfüllt
b) Bootstrap	85% erfüllt	70% erfüllt	60% erfüllt	50% erfüllt
2. ± 1% des wahren Mittelwertes der Grundgesamtheit				
a) Normalverteilung	50% erfüllt	60% erfüllt		50% erfüllt
b) Bootstrap	50% erfüllt	60% erfüllt		50% erfüllt
B. Aussagesicherheit				
1. Normalverteilung	94%	93%	80%	75%
2. Bootstrap	65%	69%	70%	65%
3. Stichprobe ohne Abweichung	53%	35%	16%	3%
C. Beurteilung des Bootstrap im Vergleich zur Normalverteilung				
1. Lage Konfidenz-intervall	keine signifikante Verschiebung			
2. Breite Konfidenz-intervall	enger		wenig enger	wenig breiter
3. Aussagesicherheit	geringer			

Abb. 13: Differenzenschätzung: Fehlermuster III, sehr viele kleine Abweichungen, wenige Ausreißer, Fehlerrate 1%

N = 10000, je 100 Stichproben, B = 10000

D. Zusammenfassung

Die Ergebnisse der vorstehenden Versuchsreihe zeigen, daß das Bootstrap-Verfahren bei schiefen Verteilungen dem Normalverteilungsverfahren sowohl bei der einfachen Mittelwertschätzung als auch bei der Differenzenschätzung überlegen ist, weil durch die Berücksichtigung der Schiefe in der Intervallschätzung die Aussagesicherheit bei allen untersuchten Stichprobenumfängen erhöht wird.

Bei symmetrischen Verteilungen lieferte das Bootstrap-Verfahren dagegen sowohl bei spitzen Verteilungen (Fehlermuster III) als auch bei abgeplatteten Verteilungen (Fehlermuster I) unbefriedigendere Ergebnisse als das Normalverteilungsverfahren. Daraus kann der Schluß gezogen werden, daß das Bootstrap-Verfahren auf Grundgesamtheiten, deren Verteilungen in ihrer Wölbung (Steilheit)[49] erheblich von der Normalverteilung abweichen, empfindlicher reagiert als das Normalverteilungsverfahren. Die Wölbung hat entscheidenden Einfluß auf die Stabilität der Streuungen der realen Stichprobe und der Pseudostichproben[50], die die Zuverlässigkeit der Schätzungen maßgeblich bestimmen.

Die unbefriedigenden Ergebnisse des Bootstrap-Verfahrens könnten u.U. auf die in diesem Beitrag verwendete einfache Schätzgröße zur Ermittlung der Konfidenzintervalle für den Mittelwert zurückgeführt werden. Diese berücksichtigt die Streuungen der Werte innerhalb der Pseudostichproben nicht. Es bietet sich daher an, das Bootstrap-Verfahren mit einer anderen Schätzgröße, die diese Streuungen zur Stabilisierung der Schätzung verwendet,[51] erneut zu testen.

Die Untersuchung zeigt überdies, daß ein dringender Bedarf nach einem verteilungsfreien Verfahren für die mathematisch-statistische Auswahlprüfung besteht, weil auch die Ergebnisse des Normalverteilungsverfahrens bei Vorliegen der überprüften Verteilungen in der Grundgesamtheit nicht befriedigend sind. Aus diesem Grund sollten weitere Resampling-Verfahren erprobt werden.[52]

Literaturverzeichnis

Bickel, Peter J.; *Freedman, David A.* (Theory 1981): Some Asymptotic Theory for the Bootstrap, in: The Annals of Statistics, Vol. 9, No. 6, 1981, S. 1196-1217

Büning, Herbert; *Trenkler, Götz*: Nichtparametrische statistische Methoden, Berlin 1978

Bunke, O.; *Riemer, S.* (Note 1983): A Note on Bootstrap and Other Empirical Procedures for Testing Linear Hypotheses without Normality, in: Mathematische Operationsforschung und Statistik, Series Statistic, Nr. 4, 1983, S. 517-526

Burgstahler, David; *Jiambalvo, James* (Sample 1986): Sample Error Characteristics and Projection of Error to Audit Populations, in: The Accounting Review, Vol. 61, No. 2, April 1986, S. 233-248

Cochran, William G. (Stichprobenverfahren 1972): Stichprobenverfahren, Berlin/New York 1972

Efron, Bradley (Bootstrap 1979): Bootstrap Methods: Another Look at the Jackknife, in: The Annals of Statistics, Vol. 7, 1979, S. 1-26

Efron, Bradley (Erros 1981): Nonparametric Standard Errors and Confidence Intervals, in: The Canadian Journal of Statistics, Vol. 9, No. 2, 1981, S. 139-172

Efron, Bradley (Jackknife 1982): The Jackknife, the Bootstrap and Other Resampling Plans, Philadelphia 1982

Ferschl, Franz (Statistik 1985): Deskriptive Statistik, 3. Auflage, Heidelberg/Wien 1985

Gibbons, Jean D. (Methods 1985): Nonparametric Methods for Quantitative Analysis, 2. Auflage, Columbus/Ohio 1985

---

[49] Vgl. *Ferschl*, Statistik 1985, S. 112 f.

[50] Vgl. *Cochran*, Stichprobenverfahren 1972, S. 62

[51] Eine solche Schätzgröße wird in dem Beitrag von *Bickel/Freedman* zum Bootstrap-Verfahren vorgestellt. Vgl. *Bickel/Freedman*, Theory 1981, S. 1196 f.

[52] Hier sei insbesondere auf das Jackknife-Verfahren (vgl. *Tukey*, Bias 1958, S. 614 ff. und *Miller*, Jackknife 1974, S. 1 ff.) oder das Random-Subsampling-Verfahren (vgl. *Efron*, Jackknife 1982, S. 69 ff.) hingewiesen.

Ham, Jane; Losell, Donna; Smieliauskas, Wally (Study 1985): An Empirical Study of Error Characteristics in Accounting Populations, in: The Accounting Review, Vol. 60, July 1985, S. 387-406
Huber, Peter J. (Statistics 1981): Robust Statistics, New York 1981
Institut der Wirtschaftsprüfer in Deutschland e. V. (Hrsg.) (IdW, HFA 1/1981): Stellungnahme des Hauptfachausschusses 1/1981: Stichprobenverfahren für die Vorratsinventur zum Jahresabschluß, in: Die Wirtschaftsprüfung, 1981, S. 479-491
Institut der Wirtschaftsprüfer in Deutschland e. V. (Hrsg.) (IdW, HFA 1/1988): Stellungnahme des Hauptfachausschusses 1/1988: Zur Anwendung stichprobengestützter Prüfungsmethoden bei der Jahresabschlußprüfung, in: Die Wirtschaftsprüfung, 1988, S. 240-247
Johnson, Johnny R.; Leitch, Robert A.; Neter, John (Characteristics 1981): Characteristics of Errors in Accounts Receivable and Inventory Audits, in: The Accounting Review, Vol. 56, April 1981, S. 270-293
Mandl, Gerwald (Untersuchungen 1984): Untersuchungen über Anwendungsvoraussetzungen und Effizienz statistischer Stichprobenverfahren in der Buchprüfung, Wien 1984
Miller, Rupert G. (Jackknife 1974): The Jackknife – A Review, in: Biometrika, Vol. 61, 1974, S. 1-15
Neter, John; Loebbecke, James K. (Behavior 1975): Behavior of Major Statistical Estimators in Sampling Accounting Populations - An Empirical Study, New York 1975
Neter, John; Loebbecke James K. (Behavior 1977): On the Behavior of Statistical Estimators When Sampling Accounting Populations, in: Journal of the American Statistical Society, Vol. 72, No. 9, 1977, S. 501-507
Pöhlmann, Helmut (Jahresabschlußprüfung 1987): Jahresabschlußprüfung auf Stichprobenbasis, Pfaffenweiler 1987
Ramage, John G.; Krieger, Abba M.; Spero, Leslie L. (Study 1979): An Empirical Study of Error Characteristics in Audit Populations, in: Journal of Accounting Research, Vol. 17, Supplement 1979, S. 72-102
Rüger, Bernhard (Statistik 1988): Induktive Statistik, 2. Auflage, München 1988
Schaich, Eberhard; Hamerle, Alfred (Prüfverfahren 1984): Verteilungsfreie statistische Prüfverfahren, Berlin/Heidelberg 1984
Tukey, John W. (Bias 1958): Bias and Confidence in Not Quite Large Samples, in: The Annals of Mathematical Statistics, Vol. 29, 1958, S. 614 ff.
Wöhe, Günter (Einführung 1986): Einführung in die Allgemeine Betriebswirtschaftslehre, 16. Auflage, München 1986
Wöhe, Günter (Bilanzierung 1987): Bilanzierung und Bilanzpolitik, 7. Auflage, München 1987
v. Wysocki, Klaus (Bestimmung 1981): Zur Bestimmung der Vertrauensgrenzen bei der Anteilswertprüfung mit Hilfe mathematisch-statistischer Stichprobenverfahren, in: Schmalenbachs Zeitschrift für betriebswirtschaftliche Forschung, 1981, S. 333-351
v. Wysocki, Klaus (Überlegungen 1981): Überlegungen zu den Grundsätzen ordnungsmäßiger Stichproben-Inventur, in: Management und Kontrolle, Festgabe für Erich Loitlsberger zum 60. Geburtstag, hrsg. von *Seicht, Gerhard*, Berlin 1981, S. 273-292
v. Wysocki, Klaus (Auswahl 1986): Auswahl von Prüfelementen bei der Jahresabschlußprüfung, in: Der Schweizer Treuhänder, 1986, S. 391-396
v. Wysocki, Klaus (Grundlagen 1988): Grundlagen des betriebswirtschaftlichen Prüfungswesens, 3. Auflage, München 1988
v. Wysocki, Klaus; Schmidle, Lothar (Verwendung 1979): Die Verwendung gebundener Schätzverfahren bei der Stichprobeninventur, in: Die Wirtschaftsprüfung, 1979, S. 417-432

Übersicht über Veröffentlichungen von Günter Wöhe

I. Bücher:

(1) Methodologische Grundprobleme der Betriebswirtschaftslehre, Meisenheim am Glan 1959
(2) Einführung in die Allgemeine Betriebswirtschaftslehre, 16. Aufl., München 1986 (1. Aufl., Berlin u. Frankfurt a.M. 1960)
(3) Betriebswirtschaftliche Steuerlehre, Bd. I, 1. Halbband, Die Steuern des Unternehmens – Das Besteuerungsverfahren, 6. Aufl., München 1988 (1. Aufl., Berlin u. Frankfurt a.M. 1962)
(4) Betriebswirtschaftliche Steuerlehre, Bd. I, 2. Halbband, Der Einfluß der Besteuerung auf das Rechnungswesen des Betriebes, 6. Aufl., München 1986 (1. Aufl., Berlin u. Frankfurt a.M. 1962)
(5) Betriebswirtschaftliche Steuerlehre, Bd. II, 1. Halbband, Der Einfluß der Besteuerung auf die Wahl und den Wechsel der Rechtsform des Betriebes, 4. Aufl., München 1982 (1. Aufl., Berlin u. Frankfurt a.M. 1963)
(6) Betriebswirtschaftliche Steuerlehre, Bd. II, 2. Halbband, Der Einfluß der Besteuerung auf Unternehmenszusammenschlüsse und Standortwahl im nationalen und internationalen Bereich, 3. Aufl., München 1982 (1. Aufl., Berlin u. Frankfurt a.M. 1965)
(7) Die Steuern des Unternehmens, 5. Aufl., München 1983 (1. Aufl., München 1972)
(8) Bilanzierung und Bilanzpolitik – betriebswirtschaftlich – handelsrechtlich – steuerrechtlich, 7. völlig neu bearbeitete Auflage, München 1987 (1. Aufl., München 1971)
(9) Die Handels- und Steuerbilanz, JuS-Schriftenreihe, Bd. 56, München 1977.
(10) Übungsbuch zur Einführung in die Allgemeine Betriebswirtschaftslehre, 5. Aufl., München 1986 (1. Aufl., München 1975) (zusammen mit *H. Kaiser* und *U. Döring*)
(11) Grundzüge der Betriebswirtschaftlichen Steuerlehre, 2. Aufl., München 1984 (1. Aufl., München 1978) (zusammen mit *H. Bieg*)
(12) Grundzüge der Unternehmensfinanzierung, 5. Aufl., München 1988 (1. Aufl., München 1978) (zusammen mit *J. Bilstein*)
(13) Betriebswirtschaftslehre und Unternehmensbesteuerung. Ausgewählte Aufsätze, München 1984

II. Ton-Cassetten:

Grundzüge der Betriebswirtschaftslehre. Multi-Media Programm bestehend aus 8 Ton-Cassetten, 100 Transparentfolien, Tonband-Drehbuch, Dozenten-Handbuch und 4 Arbeitsbüchern mit Testfragen, München 1975 (zusammen mit *H. Kaiser*)

III. Aufsätze in Fachzeitschriften und Sammelbänden:

(1) Zur Problematik der Werturteile in der Betriebswirtschaftslehre, ZfhF 1959, S. 165-179
(2) Die Betriebswirtschaftliche Steuerlehre – eine spezielle Betriebswirtschaftslehre?, ZfhF 1961, S. 49-70
(3) Bildung, Auflösung und Übertragung stiller Rücklagen im Steuerrecht aus der Sicht der bwl. Steuerlehre, ZfbF 1966, S. 98-117
(4) Steuerfreie Rücklagen, zwischen Billigkeit und Wirtschaftspolitik, Der Volkswirt 1966, S. 393-396

(5) Der Einfluß der Besteuerung auf die unternehmerischen Entscheidungen, StKgR 1966, München und Berlin 1966, S. 33-51
(6) Sind die Anforderungen an die Ordnungsmäßigkeit der Buchführung noch zeitgemäß?, StKgR 1967, München und Berlin 1967, S. 213-222
(7) Aktuelle Probleme einer großen Steuerreform aus der Sicht der betriebswirtschaftlichen Steuerlehre, Landesfachkongreß 1969 der Kammer der Steuerbevollmächtigten Rheinland-Pfalz, o.O. 1969, S. 18-26
(8) Möglichkeiten und Grenzen einer großen Steuerreform, DStR 1971, S. 199-205
(9) Zur Reform der Unternehmensbesteuerung, 1. Teil: Die Körperschaftsteuer, DStR 1971, S. 263-275
(10) Zur Reform der Unternehmensbesteuerung, 2. Teil: Die Gewerbesteuer, DStR 1971, S. 295-301
(11) Zur Reform der Unternehmensbesteuerung, 3. Teil: Die Gewinnermittlungsvorschriften des Einkommensteuergesetzes, DStR 1971, S. 391-402
(12) Grundprobleme der Körperschaftsteuer- und Gewerbesteuerreform, ZfbF 1971, S. 502-533
(13) Steuerreform – Einkommensteuer, Lohnsteuer, StKgR 1971, München und Berlin 1971, S. 49-78
(14) Die GmbH in der Körperschaftsteuerreform, GmbHR 1971, S. 245-251
(15) Steuerliche Planung (zusammen mit *G. John*), AGPLAN-Handbuch zur Unternehmensplanung, hrsg. von *J. Fuchs* und *K. Schwantag*, Berlin 1970 ff. (Loseblatt), 2. Aufl. 1980, Kennziffer 2741, S. 1-98
(16) Die Körperschaftsteuerreform unter besonderer Berücksichtigung des Anrechnungsverfahrens, 1. Teil: DStR 1972, H. 10, S. 303-308; 2. Teil: DStR 1972, H. 11, S. 334-339
(17) Zur Reform der Körperschaftsteuer, Wirtschaftsdienst 1972, H. 8, S. 409-415
(18) Betriebswirtschaftslehre, Der neue Teismann, 39. Aufl., Essen 1987, S. 83-182 (zusammen mit *G. John* und *H. Kaiser*)
(19) Betriebwirtschaftliche Statistik, Der neue Teismann, 39. Aufl., Essen 1987, S. 413-434 (zusammen mit *H. Kaiser*)
(20) Betriebswirtschaftliche Steuerlehre, Der neue Teismann, 39. Aufl., Essen 1987, S. 831-869 (zusammen mit *G. John*)
(21) Besteuerung und Gesellschaftspolitik, DStR 1973, H. 1/2, S. 3-12
(22) Handelsbilanz und Steuerbilanz, StKgR, München und Berlin 1973, S. 291-317
(23) Vermögensbildung und unternehmerische Entscheidung, Der Steuerzahler 1974, Nr. 2, S. 24-25
(24) Die Interdependenzen zwischen Vermögensbildung, Gewinnbeteiligung und Mitbestimmung, Die Aktiengesellschaft 1974, H. 4, S. 97-106
(25) Der Einfluß der Besteuerung auf eine integrierte Produktions-, Investitions- und Finanzierungsplanung, in: Schriften zur Unternehmensführung, Bd. 19, Wiesbaden 1974, S. 31-62 (zusammen mit *U. Döring*)
(26) Die deutsche Körperschaftsteuer. Ihr gegenwärtiger Stand und ihre Problematik, in: „Keizaizin" (Homo Economicus), Osaka, Japan, 1974, Nr. 327, S. 44-56 (in japanischer Sprache)
(27) Heutiger Stand und Problematik der Unternehmensbesteuerung in Deutschland, in: The Annals of the School of Business Administration, Kobe University, Japan, Nr. 19, 1975, S. 1-21
(28) Steuerreform und Gesellschaftspolitik, Wirtschaftsdienst 1975, Heft 1, S. 18-25
(29) Steuern als Mittel der Wirtschaftspolitik, StKgR 1975, S. 169-195
(30) Steuerreform, Investitionsfinanzierung und Vermögensbildung, DStR 1976, S. 3-13
Die Handels- und Steuerbilanz. Betriebswirtschaftliche, handelsrechtliche und steuerrechtliche Grundsätze der Bilanzierung.
(31) 1. Teil: Begriffliche und verrechnungstechnische Grundlagen, JuS 1975, S. 621-626
(32) 2. Teil: Das System der doppelten Buchführung und die Grundsätze ordnungsmäßiger Buchführung und Bilanzierung, JuS 1975, S. 768-773
(33) 3. Teil: Gliederung der Bilanz und Inhalt der Bilanzpositionen, JuS 1976, S. 14-19
(34) 4. Teil: Allgemeine Bewertungsgrundsätze, JuS 1976, S. 77-83

(35) 5. Teil: Bilanzierung und Bewertung der Aktiva, JuS 1976, S. 146-153
(36) 6. Teil: Bilanzierung und Bewertung der Passiva, JuS 1976, S. 216-222
(37) 7. Teil: Der Geschäftsbericht, JuS 1976, S. 293-300
(38) 8. Teil: Der Jahresabschluß des Konzerns, JuS 1976, S. 356-359 und S. 497-501
(39) 9. Teil: Ziele und Instrumente der Bilanzpolitik, JuS 1976, S. 565-573
(40) Die Gewerbesteuer – ein Stiefkind der Steuerreform, in: Der Bürger als Objekt der staatlichen Finanzpolitik. Festschrift für Willy Haubrichs zum 65. Geburtstag, hrsg. von *G. Schmölders*, *G. Wöhe* und *E.H. Buchholz*, Bad Wörishofen o.J. (1976), S. 127-151
(41) Bemerkungen zur Steuerbilanzpolitik, BFuP 1977, S. 216-229
(42) Betriebswirtschaftliche Auswirkungen der Körperschaftsteuerreform, DBW 1977, S. 25-52
(43) Gegenwärtige Entwicklungstendenzen der Betriebswirtschaftslehre, in: Betriebswirtschaftslehre, Teil I, Grundlagen, hrsg. von *E. Grochla*, Stuttgart 1978, S. 3-21
(44) Probleme des Treuhandwesens aus betriebswirtschaftlicher und steuerrechtlicher Sicht, StKgR 1979, S. 301-357
(45) Die Familienunternehmung als Instrument der Steuerminimierung, NSt, Heft 7/8 1980, S. 1-32; 2. Aufl., Heft 14/15 1984
(46) Die Besteuerung von Treuhandverhältnissen, WiSt 1980, S. 217-223
(47) Zur Bilanzierung und Bewertung des Firmenwertes, Steuer und Wirtschaft 1980, S. 89-108
(48) Der Einfluß der Besteuerung auf die Wahl der Unternehmensform, ZfbF 1980, S. 519-538
(49) Die sogenannte Große Steuerreform in der Bundesrepublik Deutschland – Erwartung und Wirklichkeit –, Österreichische Steuer-Zeitung 1981, S. 122-135
(50) Die Aufgaben der Betriebswirtschaftlichen Steuerlehre und das Postulat der Wertfreiheit. In: Festschrift zum 80. Geburtstag von Peter Scherpf, Wiesbaden 1983, S. 5-20
(51) Kritische Anmerkungen zur Steuer- und Ausgabenpolitik. Von einem Mitglied der Eberhard-Kommission künftigen Steuerreformern ins Stammbuch geschrieben. In: Stationen. Festschrift für Rudolf Eberhard zum 70. Geburtstag, hrsg. von *Theodor Maunz*, Darmstadt 1984
(52) Die Neugestaltung des deutschen Bilanzrechts auf der Grundlage der Bilanzrichtlinie der Europäischen Gemeinschaft. In: The Annals of the School of Business Administration Kobe University, No. 29, Kobe/Japan 1985, S. 79-100
(53) Betriebswirtschaftliche Beratung mittelständischer Unternehmen. In: Steuerberater-Kongreß-Report 1985, S. 183-208
(54) Kritische Anmerkungen zur Steuer- und Ausgabenpolitik. In: Grenzen für den Steuerstaat, hrsg. vom Präsidium des Bundes der Steuerzahler e.V., Wiesbaden 1985, S. 49-77
(55) Möglichkeiten und Grenzen der Bilanzpolitik im geltenden und im neuen Bilanzrecht. In: DStR 1985, S. 715-721 und S. 754-761
(56) Gegenwärtige theoretische Ansätze der Betriebswirtschaftslehre. Diskussionsbeiträge, Fachbereich Wirtschaftswissenschaft, Universität des Saarlandes, Saarbrücken 1985
(57) Methodologische Entwicklungstendenzen der Betriebswirtschaftslehre nach dem Zweiten Weltkrieg. In: Betriebswirtschaftslehre und Wirtschaftspraxis, Festschrift für Bernhard Hartmann zum 70. Geburtstag; hrsg. von *E. Schult* und *Th. Siegel*, Berlin 1986, S. 185-204.
(58) Die bilanzpolitischen Entscheidungsspielräume des Unternehmens bei der Aufstellung des Jahresabschlusses nach neuem Recht. In: Gedächtnisschrift für Dietrich Schultz; hrsg. von *G. Jahr*, Köln, Berlin, Bonn, München 1987, S. 419-444
(59) Der Standort des steuerberatenden Berufs nach Inkrafttreten des Bilanzrichtlinien-Gesetzes. In: DStR 1987, S. 3-12
(60) Bilanzpolitische Spielräume nach neuem deutschen Handelsrecht. In: Der Schweizer Treuhänder, Jg. 1987, S. 371-377
(61) Bilanzpolitische Spielräume nach neuem Handelsrecht, BFuP 1988, S. 50-64

IV. Beiträge in Handwörterbüchern:

(1) Handwörterbuch des Rechnungswesens, hrsg. von *E. Kosiol*, Stuttgart 1970; Stichwörter: Einheitswert; Gemeiner Wert; Vermögensermittlung, steuerrechtliche
2. Aufl., Stuttgart 1981; Stichwörter: Verbindlichkeiten, Bewertung der; Vermögensermittlung, steuerrechtliche

(2) Management-Enzyklopädie, 6 Bde, München 1971; Stichwort: Unternehmensformen, Bd. 5
2. Aufl., 10 Bde, München 1984/85; Stichwort: Unternehmensformen, Bd. 9

(3) Handwörterbuch des Steuerrechts unter Einschluß von Betriebswirtschaftlicher Steuerlehre, Finanzrecht, Finanzwissenschaft (HwStR), 2 Bde, 2. Aufl., München und Bonn 1981; Stichwörter: Abschreibung; Anrechnungssystem, körperschaftsteuerliches; Bergschaden; Betriebswirtschaftliche Steuerlehre; Betrieb und Unternehmung; Bewertung; Bilanz; DM-Eröffnungsbilanz; Finanzierung und Besteuerung; Gewerbesteuer, Reform der; Handelsbilanz; Hauptabschlußübersicht; Instandhaltungsrückstellung; Jahresabschluß; Körperschaftsteuer; Leasing; Leverage-Effekt; Maßgeblichkeitsprinzip; Nutzungsdauer; Rechnungswesen, betriebliches; Rücklage; Rücklage, steuerfreie; Rückstellung; Sonderbilanz; Standortwahl und Besteuerung; Steuerbilanz; Steuerbilanzpolitik; Steuerreformkommission; Steuerrückstellung; Unternehmensform und Besteuerung; Vermögensteuer

(4) Handbuch des kaufmännischen Geschäftsführers, 2 Bde, München 1973; Stichwort: Bestimmungsgründe für die Wahl der Unternehmensform, Bd.1

(5) Handwörterbuch der Betriebswirtschaft, hrsg. von *E. Grochla* und *W. Wittmann*, 4. Aufl., Stuttgart 1974/76; Stichwörter: Betriebswirtschaftslehre, Entwicklungstendenzen der Gegenwart, Bd. 1, Stuttgart 1974; Steuerarten und Betrieb, Bd. 3, Stuttgart 1976

(6) Handwörterbuch der Finanzwirtschaft, hrsg. von *H.E. Büschgen*, Stuttgart 1976; Stichwort: Steuern und Finanzierung

(7) Handwörterbuch der Wirtschaftswissenschaft (HdWW), hrsg. von *W. Albers* u.a., Stuttgart, New York, Tübingen, Göttingen, Zürich 1977 ff.; Stichwörter: Bewertung, steuerliche, Bd. 1, 1977; Bewertung in der Steuerbilanz, Bd. 1, 1977; Jahresabschluß, Bd. 4, 1978

(8) Lexikon der Wirtschaftsprüfung, hrsg. von *W. Lück*, München 1980, Stichwörter: Anschaffungskosten; Anschaffungswertprinzip; Aufsichtsrat; Aufsichtsratbezüge, (Prüfung der); Bericht des Aufsichtsrates; Betriebliches Rechnungswesen; Bewertung; Bewertungsänderung; Bewertungsgrundsätze; Bewertungsmethode; Bewertungswahlrecht; Bilanz; Bilanzierungspflicht; Bilanzkontinuität; Bilanzkurs; Bilanzierungswahlrecht; Einzelbewertung; Handelsbilanz; Herstellungsaufwand; Herstellungskosten, steuerliche; Jahresabschluß; Kapitalerhöhung; Kapitalherabsetzung; Maßgeblichkeitsprinzip der Handelsbilanz für die Steuerbilanz; Mehrstimmrechtsaktien; Niederstwertprinzip; Pauschalwertberichtigung; Rechnungslegung; Sonderabschreibungen; Sonstige Steuern; Scheingewinn; Tageswertprinzip; Umwandlung; Umwandlungsbeschluß; Umwandlungsbilanz; Umwandlungsgesetz; Umwandlungsstichtag; Verschmelzung; Wandelschuldverschreibung
2. Aufl. unter dem Titel: Lexikon der Rechnungslegung und Abschlußprüfung, Marburg 1988

(9) Lexikon der Betriebswirtschaft, hrsg. von *W. Lück*, München 1983, Stichwörter: Anschaffungskosten; Anschaffungswertprinzip; Bewertung; Bewertungsgrundsätze; Bewertungsmethode; Bewertungsvorschriften; Bewertungswahlrecht; Bilanz; Bilanzierungswahlrechte; Bilanzkontinuität; Bilanzkurs; Einzelbewertung, Grundsatz der; Gemeinschaftskontenrahmen; Handelsbilanz; Herstellungsaufwand; Herstellungskosten; Industriekontenrahmen; Kapitalerhöhung; Kapitalherabsetzung; Kontenrahmen; Maßgeblichkeitsprinzip; Mehrstimmrechtsaktien; Methodologie der Betriebswirtschaftslehre; Niederstwertprinzip; Pauschalwertberichtigung; Rechnungslegung; Rechnungswesen, betriebliches; Rechnungswesen, Grundbegriffe des; Scheingewinn; Steuerbemessungsgrundlage; Steuersystem; Umwandlung; Umwandlungsbilanz; Umwandlungsgesetz (UmwG)

(10) Handwörterbuch der Revision (HWRev), hrsg. von *A.G. Coenenberg* und *K.v. Wysocki*, Stuttgart 1983; Stichwort: Leasing-Verträge, Prüfung der
(11) Vahlens Großes Wirtschaftslexikon, hrsg. von *E. Dichtl* und *O. Issing*, 2 Bde, München 1987. Stichwörter: Aktie, Aktienstimmrecht, Ausschüttung und Wiedereinlage, Außenfinanzierung, bedingte Kapitalerhöhung, Beteiligungsfinanzierung, Bezugsrecht, Dividende, eigene Aktien, Eigenfinanzierung, Finanzierung, Finanzierung aus Abschreibungen, Finanzierung aus Pensionsrückstellungen, genehmigtes Kapital, Inhaberaktie, Innenfinanzierung, Kapitalerhöhung, Kapitalerhöhung aus Gesellschaftsmitteln, Kapitalerhöhung gegen Einlagen, Kapitalfreisetzungseffekt, Kapitalherabsetzung, Kapitalherabsetzung durch Einziehung von Aktien, Kux, Mehrstimmrechtsaktie, Namensaktie, ordentliche Kapitalherabsetzung, Sanierung, Selbstfinanzierung, Stammaktie, Umfinanzierung, vereinfachte Kapitalherabsetzung, Vorratsaktie, Vorzugsaktie
(12) Handbuch der Rechnungslegung, Kommentar zur Bilanzierung und Prüfung, hrsg. von *K. Küting* und *C.P. Weber*, 2. Aufl., Stuttgart 1987; Stichwort: Treuhandverhältnisse
(13) Handbuch der Konzernrechnungslegung, Kommentar zur Bilanzierung und Prüfung, hrsg. von *K. Küting* und *C.-P. Weber*, Stuttgart 1988; Stichwort: Überblick über die Konzernbesteuerung
(14) Handwörterbuch der Öffentlichen Betriebswirtschaft, hrsg. von *K. Chmielewicz* und *P. Eichhorn*, Stuttgart 1988; Stichwort: Steuern

V. Schriften zur Unternehmensführung des Instituts für Unternehmensführung, Hamburg (nicht im Buchhandel)

Lehrheft: Betriebliche Funktionen (1966)
Lehrheft: Bilanz- und Steuerpolitik (1967)
Lehrheft: Betriebliche Finanzierungspolitik (1968)

VI. Mitherausgeberschaften

(1) Handwörterbuch des deutschen Steuerrechts und der Steuerwissenschaften, 2 Bde, 2. Aufl., München und Bonn 1981, hrsg. zus. mit *G. Felix*, *Ch. Flämig*, *H. Sebiger* und *G. Strickrodt*, mitbegründet von W. Hartz
(2) Der Bürger als Objekt der staatlichen Finanzpolitik. Festschrift f. Willy Haubrichs zum 65. Geb., Bad Wörishofen, o.J. (1976), hrsg. zus. mit *G. Schmölders* und *E.H. Buchholz*
(3) Lernbücher für Wirtschaft und Recht (zus. mit *G. Lüke*), Verlag Vahlen, München
(4) Steuer und Wirtschaft, Zeitschrift für die gesamte Steuerwissenschaft, hrsg. von *K. Tipke* u.a., Verlag O. Schmidt, Köln
(5) Schriften zur Bilanz- und Steuerlehre (zus. mit *K. Küting*), Schäffer Verlag, Stuttgart